中国移民史

葛剑雄 主编

第四卷（上） 辽宋金元时期

吴松弟 著

复旦大学出版社

目录

第一章 辽宋金元时期移民的社会与自然背景 … 1

第一节 辽朝 … 2

第二节 北宋 … 4

第三节 南宋 … 6

第四节 金朝 … 8

第五节 西夏 … 10

第六节 大理、高昌、黑汗、西辽、吐蕃等 … 11

第七节 蒙古国和元朝 … 13

第八节 自然环境的变迁 … 15

第二章 辽北宋西夏时期华北地区的人口迁移 … 19

第一节 燕云地区的人口迁移 … 19

  一 境内的契丹、渤海和汉族移民 … 19

  二 本区对北宋的移民 … 22

第二节 北宋初期被征服国人口向开封的迁移 … 24

  一 迁移过程 … 25

  二 移民与开封和北宋的文化发展 … 29

第三节 北汉国人口的外迁 … 32

第四节	北宋中后期京西地区的人口迁移	36
第五节	西夏国的汉族移民和西北边族的内迁	40
	一 西夏境内的汉族移民	40
	二 西北非汉族人口的内迁	42
第六节	北宋的西北屯田和移民	46

第三章 辽金时期东北地区的人口迁移（上） ... 52

第一节	辽代汉族的迁入	53
	一 迁移过程	53
	二 分布状况	57
第二节	金代汉族的迁入	62
	一 迁移过程	62
	二 分布状况	65
第三节	契丹族的迁移	67
	一 辽代的迁移	67
	二 金代的第一次迁移	69
	三 金代的第二次迁移	71
	四 金末的契丹人	72
第四节	奚族的迁移	73
第五节	渤海人的迁移	76
	一 自东北东部向西部和南部的迁移	76
	二 在东北西部和南部的再迁移	81
第六节	女真族的迁移	83
	一 辽代的迁移	84
	二 金代的迁移	86
	三 金中期东北女真人的数量	89

第四章 辽金时期东北地区的人口迁移（下） ... 90

| 第一节 | 其他民族或部族的迁移 | 90 |
| | 一 突厥 | 90 |

二	回鹘	91
三	吐浑	92
四	党项	92
五	高丽	94
六	室韦	94
七	乌古	95
八	阻卜	96
九	兀惹	96

第二节 人口迁移与东北经济 ⋯⋯ 97
 一 移民与辽代契丹地区的经济 ⋯⋯ 97
 二 移民与金代女真地区的经济 ⋯⋯ 100
 三 移民与东北经济地理格局的改变 ⋯⋯ 102
第三节 人口迁移与东北文化 ⋯⋯ 103
 一 移民与契丹文化 ⋯⋯ 103
 二 移民与女真文化 ⋯⋯ 106
第四节 人口迁移与东北的民族构成、分布和融合 ⋯⋯ 110
 一 移民与民族构成和分布 ⋯⋯ 110
 二 移民与民族融合 ⋯⋯ 113
第五节 耶律大石的西迁 ⋯⋯ 115

第五章 金代华北地区的人口迁移 ⋯⋯ 117

第一节 女真等东北民族的内迁 ⋯⋯ 117
 一 内迁过程 ⋯⋯ 118
 二 分布状况 ⋯⋯ 122
第二节 东北移民与华北社会 ⋯⋯ 129
 一 东北移民与华北经济 ⋯⋯ 129
 二 东北移民与华北文化 ⋯⋯ 132
第三节 东北移民与汉族的融合 ⋯⋯ 134
第四节 贞祐南渡和金亡北迁 ⋯⋯ 139
 一 贞祐南渡 ⋯⋯ 139

二	金亡北迁	145
三	贞祐南渡的影响	147
第五节	其他地区的人口迁移	148

第六章 宋代南方地区土著人口的迁移（上） 150

第一节　迁出地区研究 150
第二节　移民广东和海南 157
  一　广府系 159
  二　福佬系 167
  三　客家系 169
  四　明清以后广东人口的来源 172
第三节　移民广西 194
第四节　移民浙南 196

第七章 宋代南方地区土著人口的迁移（下） 204

第一节　移民淮南 204
第二节　移民湖北 209
第三节　移民湖南 213
第四节　移民四川的北部和非汉族地区 220
第五节　南宋后期四川难民的东迁 224
第六节　移民与区域经济开发和文化发展 230

第八章 靖康乱后北方人口的南迁：迁移过程 235

第一节　靖康之乱时期北方人口的南迁 236
  一　南迁之始 237
  二　高宗南迁和移民浪潮的形成 238
  三　南渡长江 240
  四　向山区和边远地区的迁移 244
  五　余波犹兴：绍兴元年至十一年的移民 246
第二节　南宋与金对峙时期北方人口的南迁 249

一	海陵南侵之役	249
二	开禧北伐之役	251
三	宣宗南侵之役	252
四	宋蒙灭金之役	254

第三节 南宋蒙元对峙时期北方人口的南迁 255
    一 蒙元攻宋之役 255
    二 蒙元灭宋之役 257

第四节 迁移过程总结 258

第九章 靖康乱后北方人口的南迁：分布地区（上） 262

第一节 江南 262
    一 临安府 264
    二 平江、建康、镇江三府 266
    三 北部地区的其他府州 270
    四 南部各府州 273

第二节 江西 317
    一 概说 318
    二 吉州、信州、江州和饶州 320
    三 洪州和其他府州 323

第三节 福建 333

第四节 汀、赣二州移民和客家人的形成 342
    一 汀、赣二州的北方移民 342
    二 客家源流研究的若干限定 345
    三 客家南宋源流说 348
    四 余论 353

第十章 靖康乱后北方人口的南迁：分布地区（下） 363

第一节 四川 364
    一 概说 364
    二 利州路 370

三　其他三路 374
第二节　两湖 375
　　一　荆襄地区 376
　　二　长江以南地区 380
第三节　淮南 387
第四节　岭南 393
　　一　概说 394
　　二　广西路 397
　　三　广东路 398
第五节　小结 401

第十一章　靖康乱后北方人口的南迁：移民数量、迁移路线和入籍过程 405
第一节　移民数量估计 405
第二节　移民迁出地 408
第三节　移民迁移路线 410
　　一　东线 410
　　二　中线 414
　　三　西线 415
第四节　移民的入籍 416

第十二章　靖康乱后北方人口的南迁：移民与南宋政治 418
第一节　北方流民武装集团和南宋初期时局 418
　　一　流民武装集团出现的背景 418
　　二　流民武装集团：特殊的移民形式 420
　　三　流民武装的规模和活动地域 422
　　四　流民武装与南宋初期的经济政治 425
　　五　流民武装与宋金和战问题 428
第二节　北人主军，南人主政：南宋政治的一个特点 430
　　一　前期和后期军人多来自北方移民 431

二　宰执和路级长官多为南方籍人士 ……………………………………… 435
　　三　南宋政治舞台的北人、南人之争 ……………………………………… 437

第十三章　靖康乱后北方人口的南迁：移民与南宋经济 ……………………… 440
第一节　地区经济开发的进展 …………………………………………………… 441
　　一　南方经济发展的基础和政府的措施 ………………………………… 441
　　二　江淮和陕南、陇南的地区开发 ……………………………………… 444
　　三　东南和四川盆地的地区开发 ………………………………………… 448
　　四　岭南的地区开发 ……………………………………………………… 455
　　五　小结 …………………………………………………………………… 456
第二节　麦、粟种植面积的扩大和畜牧业的发展 ……………………………… 457
　　一　麦、粟种植面积的扩大 ……………………………………………… 457
　　二　畜牧业的发展 ………………………………………………………… 461
第三节　某些手工业技术的南传和商业的发展 ………………………………… 463
　　一　某些手工业技术的南传 ……………………………………………… 463
　　二　移民和南宋商业的发展 ……………………………………………… 465
第四节　人口南迁和全国经济重心的南移 ……………………………………… 466

第十四章　靖康乱后北方人口的南迁：移民与南宋文化 ……………………… 469
第一节　思想文化 ………………………………………………………………… 469
　　一　北方思想家南迁与理学中心的南移 ………………………………… 470
　　二　北方思想家南迁与理学影响的扩大 ………………………………… 477
　　三　南、北籍理学家的思想交流与理学的发展 ………………………… 479
　　四　结论 …………………………………………………………………… 481
第二节　文学和艺术 ……………………………………………………………… 482
　　一　移民与文学 …………………………………………………………… 482
　　二　移民与表演艺术和音乐 ……………………………………………… 485
　　三　孝宗以后胡化音乐舞蹈的影响 ……………………………………… 488
　　四　移民与绘画 …………………………………………………………… 490
第三节　饮食文化 ………………………………………………………………… 492

		一 面食	492
		二 羊肉、羊酒和牛、羊乳及其制品	493
		三 喝冰水消夏与冬季藏冰	495
	第四节	社会风尚	495
		一 服饰	496
		二 节日风俗	497
		三 观赏花木、坐轿和火葬	498
		四 庙宇	500
	第五节	方言	501
	第六节	地区文化水平的提高	504
		一 文化比较发达地区	504
		二 文化比较落后地区	506
	第七节	移民对南宋文化发展的促进	507

第十五章 蒙元时期非汉民族人口的内迁（上） … 512

第一节	蒙古人的迁移	512
	一 迁居原因	513
	二 移民分布	516
第二节	色目人的迁移（上）	527
第三节	色目人的迁移（中）	532
	一 西夏人	534
	二 汪古人	536
	三 吉利吉思人	537
	四 畏兀儿人	538
	五 哈剌鲁人	543
	六 康里人	544
	七 阿儿浑人	544
	八 啰哩人	545
	九 犹太人	545
	十 南亚人	547

十一　钦察人	548
十二　阿速人	549
十三　斡罗思人	551
十四　其他欧洲人	551

第十六章　蒙元时期非汉民族人口的内迁（下） … 554

第一节　色目人的迁移（下） … 554
一　京畿 … 557
二　河西 … 559
三　江南 … 561
四　云南 … 563
五　中州 … 564
六　新疆 … 565
七　广州 … 565

第二节　契丹人和女真人的迁移 … 567
一　契丹人 … 567
二　女真人 … 570

第三节　高丽人的迁移 … 571
一　迁移过程 … 572
二　移民分布 … 574

第十七章　非汉民族人口内迁与蒙元社会 … 578

第一节　移民与经济 … 579
一　经济的新特点 … 579
二　吃粮当差：元代中国社会的倒退 … 583

第二节　移民与文化 … 586
一　繁花竞放的宗教信仰 … 586
二　兼行并用的语言文字 … 589
三　来自异方殊域的音乐、建筑 … 591
四　域外先进科学技术的输入 … 594

五　社会风尚的部分胡化 ····· 598
第三节　移民与民族 ····· 603
　　一　民族变化和新的民族杂居局面的形成 ····· 603
　　二　民族融合 ····· 606

第十八章　蒙元时期汉族人口的迁移 ····· 612
第一节　迁移原因 ····· 612
第二节　汉族移民与漠北草原的经济发展 ····· 618
第三节　西域地区的汉族移民 ····· 622
第四节　河南、陕甘和四川的汉族移民与重新开发 ····· 624
　　一　河南 ····· 624
　　二　陕甘 ····· 628
　　三　四川 ····· 632
第五节　京畿地区的汉族移民 ····· 634
　　一　上都开平府 ····· 635
　　二　大都 ····· 636
　　三　两京的外围地区 ····· 639
　　四　移民与京畿地区的音乐和理学发展 ····· 641
第六节　北方人往东南地区的迁移 ····· 642
第七节　其他地区 ····· 648

附录 ····· 650

参考文献 ····· 655

卷后记 ····· 671

表目

表3-1　《辽史·地理志》所载东北的汉人分布 ····· 57
表3-2　各时期渤海移民的空间分布 ····· 77
表3-3　《辽史·地理志》所载东北的渤海人分布 ····· 78

表3-4	金代东北地区女真人的主要分布地	87
表5-1	各总管府女真司吏人数	123
表5-2	贞祐南渡和金亡北迁移民实例	141
表6-1	太平兴国至元丰三年全国和南北方的户数增长	151
表6-2	北宋元丰年间南方五路著籍户数与田亩数比较	153
表6-3	65个外省迁入的广府氏族迁移实例分类统计	160
表6-4	191个广府氏族自南雄迁出的时间和迁入地	162
表6-5	209个客家氏族迁入广东的时间	170
表6-6	宋末元代62个入广客家氏族的分布	170
表6-7	广府系移民实例	175
表6-8	广东客家系移民实例	187
表7-1	宋代迁入湖南的南方氏族分县统计表	215
表7-2	湖南各州军宋代迁入的南方氏族数目及占全路比重	215
表7-3	南宋末四川对外移民实例	226
表8-1	列表始迁者的阶段分布	260
表9-1	江南各府州列表北方移民分布	263
表9-2	靖康乱后南迁的北方移民实例（江南部分）	275
表9-3	靖康乱后南迁的北方移民实例（迁入地不明部分）	307
表9-4	江西各府州列表北方移民分布	320
表9-5	靖康乱后南迁的北方移民实例（江西部分）	324
表9-6	福建各府州列表北方移民分布	334
表9-7	靖康乱后南迁的北方移民实例（福建部分）	334
表9-8	38个客家氏族的迁移类型	351
表9-9	客家氏族移民实例	354
表10-1	四川各府州列表北方移民分布	367
表10-2	靖康乱后南迁的北方移民实例（四川部分）	368
表10-3	两湖各府州列表北方移民分布	375
表10-4	靖康乱后南迁的北方移民实例（两湖部分）	384
表10-5	靖康乱后南迁的北方移民实例（淮南部分）	388
表10-6	靖康乱后南迁的北方移民实例（岭南部分）	398

表 13-1	北宋崇宁元年至元至元二十七年各路户数升降百分比(％)	446
表 13-2	公元280—1820年南方著籍户口占全国的比重变化	467
表 14-1	《宋元学案》北方籍传主的迁移和分布	470
表 18-1	北方汉人在南方若干地区户数中所占比例	647
附表 1	北宋南、北方各路主客户数	650
附表 2	南宋各路户数升降	652
附表 3	宋元南方地区户数	653

图目

图 2-1	北汉移民分布图	35
图 2-2	北宋陕西沿边主要府、州、军、县、堡、寨分布图	51
图 3-1	辽代东北主要地区的人口和民族分布	60
图 4-1	金中叶东北地区的人口与民族分布图	111
图 5-1	金中叶华北地区的东北移民分布图	124
图 6-1	南宋南方土著人口的迁移	152
图 7-1	南宋后期四川难民的东迁	228
图 10-1	靖康乱后南迁的北方移民分布	402
图 11-1	靖康乱后北方移民的南迁路线	411
图 15-1	元代蒙古族分布图	517
图 15-2	元代西夏移民分布图	533
图 15-3	元代畏兀儿人的迁移和分布	542
图 16-1	元代回回移民分布图	557
图 18-1	元代漠北和西域东部的汉族移民或屯田分布	617

第一章

辽宋金元时期移民的社会与自然背景

公元960年到1368年为我国历史上的辽、宋、金、元时期,本卷即叙述这个时期四百余年的移民历史。

公元960年,赵匡胤夺取后周政权,建立宋朝。到太宗时期,消灭最后一个割据政权北汉,结束了五代十国时期的分裂局面。但是,北宋实现的只是中原地区的统一。在北宋的东北边境存在着契丹族建立的辽,西南面有大理,北宋中期党项羌在西北又建立西夏。此外,在边疆地区还有西州回鹘、黑汗等许多区域或部族政权。1115年,女真族崛起东北,建立金国;不久,灭辽和北宋,统一北方。一部分宋朝的宗室成员随北方移民迁入南方建立南宋,中国进入金和南宋对立的时期。同时,西夏、大理等区域性政权依然存在。1206年,长期游牧在漠北的蒙古族在成吉思汗的领导下建立蒙古国,不断东征西讨,平定西夏、金、吐蕃诸部和大理,并于1279年最后消灭南宋,统一全中国,是为元朝,直到1368年为明朝所取代。

中国的分裂,王朝的一再更迭,连绵不断的战争,使本期的移民具有极其广阔和错综复杂的历史背景。为了便于读者理解移民发生的空间和时代简况,本章将简单介绍各政权的历史、疆域、政治、经济、人口和自然环境。

第一节

辽　朝

契丹族是我国的古老民族,长期生活在今内蒙古的西拉木伦河流域,过着以车马为家,逐水草而居的游牧生活。唐末,契丹族的力量开始壮大,不断向外扩张。唐哀帝天祐四年(907年),耶律阿保机立为契丹可汗,称皇帝。五代后梁贞明二年(916年),阿保机建立契丹国;947年改国号为辽;天祚帝保大五年(1125年),为金所灭:共存在了209年。

契丹人兴起之后,即开始向四方扩张。在东面,天显元年(926年)正月,攻占粟末靺鞨人在唐朝即已立国的区域政权渤海国,统一东北。在西面,降服原属突厥和回鹘统治下的各游牧部落,直到甘州(治今甘肃张掖)。在北面,势力伸入今蒙古国境内的鄂尔浑河流域。在南面,多次侵入长城以南,并插手中原政治。天显十一年,应图谋反叛的后唐天平节度使石敬瑭之请,太宗率辽军南下击败后唐军队,并册立石敬瑭为皇帝,建立后晋政权。石敬瑭割让幽、蓟、瀛、莫、涿、檀、顺、儒、新、妫、武、云、应、寰、朔、蔚等十六州地予辽,以为回报。此后,今繁峙、宁武一线以北的山西北部,今北京市和河北保定、河间一线以北地区及今天津市区以北地区,均为辽的统治区。辽军经常越界南下中原。直到辽圣宗统和二十二年(1004年),辽宋双方签订澶渊之盟,达成和局,此后双方不曾发生较大规模的战争。

辽朝稳定时期的疆域,大致包括今天的我国东北三省、内蒙古大部、北京市、山西北部、河北北部及天津市的市区以北地区,蒙古国,朝鲜东北角以及俄罗斯境内的黑龙江、乌苏里江流域和库页岛。辽实行五京制,除首都外又设四个陪都。统和二十五年(1007年)以前,首都在上京临潢府(今内蒙古巴林左旗境内),之后在中京大定府(今内蒙古宁城县境)。另几个陪都是东京辽阳府(今辽宁辽阳)、西京大同府(今山西大同)和南京析津府(今北京)。

境内民族和经济状况相当复杂,大致可分成西部、东部和南部三个区域。西部以上京为中心的西辽河流域是契丹族的发祥地和主要生活地区,生活在该区域以及蒙古草原其他地区的部落经济以游牧为主,实行奴隶制的统治。东部的今东北地区土著民族是渤海人和女真族,经济以农业为主,在灭渤海以后仍实行原来的封建制度(除女真地区外)。南部燕云十六州以汉族为主,农业和手工业比较发达,继续实行汉族传统的封建制度。随着辽的不断向外扩张,被掳掠来的汉族人民大批迁入东北和西部草原地区,促进了当地的经济发展。契丹、女真、渤海等土著民族也离开原来的居住地,分散到各个地区。因此,辽后期的经济与前期有很大的不同。

为了管理生产和生活方式不同的各个民族,辽朝在政治上实行胡汉分治,即所谓"以国制治契丹,以汉制待汉人"。其办法是:用契丹贵族统治契丹族和其他游牧民族的人民,处理各宫帐、部族、属国的军政事务,称为北面官。统治汉人和旧渤海国人,则杂用汉族官僚和契丹贵族,处理各州县的租赋和军政之事,称为南面官。此外,各皇帝和执政的皇后拥有自己的宫帐,并有直属的军队、民户、奴隶和州县,构成独立的经济军事单位。帝、后以下的贵族也以自己俘虏的汉人、渤海人为奴隶,在契丹本土上建立州县寨堡,从事农业生产,称为"头下军州"。头下军州的官吏,除节度使以外,都由各该军的贵族委派,除酒税外的所有税收均归于头下军州的贵族。

《辽史》中的户口不仅缺乏全国户口总数,州县的户口数据也很不完全。事实上,由于辽朝遗留下来的文字相当有限,而且一些部族本来就没有经常性的户口登记,要估计辽朝境内的全部实际人口是相当困难的。魏特夫(Karl A. Wittfogel)和冯家昇合著的《辽代中国社会史(公元907—1125年)》,据《辽史·地理志》所载的五京户数,估计全国有76万户,380万口。其中,汉人240万口,契丹人75万口,渤海人45万口,渤海人以外的蕃部20万口。葛剑雄先生估计辽的最高人口数应该大于 400 多万[1]。

第二节

北　宋

在我国古代社会的发展历程中,唐宋是经济文化发展的高峰时期。赵匡胤于 960 年在开封建国,1127 年政权南迁,建都临安(今浙江杭州),1279 年被元朝灭亡。习惯上称 1127 年前的宋朝为北宋,1127 年后的宋朝为南宋。

宋代虽然武功不著,未能完成统一大业,且后北宋亡于金,南宋亡于元,但在经济文化方面却取得了较快的进步,代表了辽、宋、金时期的主要成就。加之北宋的疆域面积占中原地区的绝大部分,宋朝的发展可以说是这个时期我国经济文化发展的集中体现。

宋太祖赵匡胤建立宋朝以后,即开始旨在消灭十国的统一战争,相继平定荆南、湖南、后蜀、南汉、南唐,迫使吴越和漳、泉二州的陈洪进纳土,到太宗太平兴国四年(979 年)又消灭十国中最后一个割据政权北汉,基本结束了唐安史之乱以后 200 多年的政权割据局面。

鉴于唐后期五代地方割据导致天下分裂的教训,北宋采取种种加强中央集权的措施。在消灭各割据政权的同时,各国的统治阶层和上层人物几乎都被迁移到京畿地区。中央官制形式沿袭唐朝,但三省、六部、二十四司虽都有长官,如无特别指令并不主管本司的事务。各级地方行政长官,均由朝廷文官外放,分别称知府、知州、知军和知县,并设通判以分知州之权,以防大权独揽。而且,除"诸州度支经费"外,州县的财赋全部收归中央。军队分成两半,一半屯驻京畿,一半驻守各地,使京畿和地方内外相制。平时,军队驻防地区一两年一变,统

---

[1] 葛剑雄:《中国人口发展史》第七章第四节,福建人民出版社 1991 年版。

兵将领也不固定,"兵无常帅,帅无常师",用以防止武将专权。宋朝很少有唐后期以来司空见惯的军将跋扈、地方割据和大规模的农民起义席卷全国的局面,无疑与上述措施有关。

北宋人口以汉族为主体,稳定时期的疆域大致相当于今青藏高原—云南省界以东直到大海的广阔地域,北面到达今甘肃和宁夏南部、陕西北部、山西的内长城和河北的拒马河—海河一线。1004年和1044年以前,宋、辽之间和宋、夏之间曾多次发生一定规模的战争,双方分别签订和约以后长期和平共处,疆域处于稳定状态。至于西南边陲的大理国,有宋一代并未与之发生过稍具规模的战争。

宋代的行政制度,分为三级。最高一级是路,设转运使、提点刑狱、安抚使三司,简称漕司、宪司、帅司,分掌一路的财赋、狱讼和兵防。三司的分路之制不尽相同,由于民政事务主要由漕司负责,一般意义上的路均指漕司辖区。北宋一代路的数目,至道(995—997年)年间为15路,天圣(1023—1032年)时为18路,元丰(1078—1085年)以后增加到23路。路之下、县之上的郡级行政区划有府、州、军、监四种,县级行政区划除县之外还有隶于府州的军、监和院、尉司等。此外,在西南边区还有一些以当地部族首领为世袭长官的羁縻州、县、峒(相当于县)。

如果说唐安史之乱前统一王朝的基本经济区域只限于华北的黄河流域,再度统一以后的北宋则拥有两大经济区域,即原有的黄河流域和南方的长江流域,而且后者的重要性已超过前者。北宋时期,原来离中原较远的江西、福建等地区的经济文化也都有了长足的发展,跻身于先进地区的行列。连接长江、淮河和黄河的大运河,将富庶的江南和首都连接起来,以满足开封对南方粮食和物资的需要。开封、洛阳、杭州、成都、苏州、江宁(今南京市)、扬州等主要城市人口众多,工商业发达,交通方便。沿海广州、泉州等地的对外贸易也呈现出前所未有的繁荣局面。

保存至今的宋代官方户口资料为数甚多。这些数据,大致分户、口两种。口,往往又称为"丁""丁口",在多数情况下只是当时负担赋税的男丁的数字,并不包括女性和其他男子。由于这一原因,宋代有关户口数据中的户与口的比例一般只有1比2、3左右。因此,分析宋代人口数量,往往取户数而不取口数,并多按照每户5口的家庭规模予以估算。

宋代以前,我国历代人口峰值长期在六七千万上下徘徊。宋代人口剧增,《宋史》卷85《地理志》载,崇宁元年(1102年)全国总户数20 264 307,如以每户5口计,人口总数已超过1亿。宋朝建立以后,因唐后期五代北方战乱而南方相对和平所造成的南北方人口增长速度的差异,不仅没有由于和平重建而得到缩小,反而因北方自然环境加速向不良方面转化而扩大。在北宋初太平兴国年间(976—984年)到北宋后期元丰三年(1080年)期间的户数年平均增长率,南方为10.24‰,北方为8.08‰。由于增长速度大大快于北方,南方在全国户数中所占比重由60.9%上升至65.8%,而北方则由39.1%下降至34.2%[1],人口密度较高的路基本都集中在东南和四川。南方人口密集地区,由于人均占有耕地较少,已开始出现一定数量的少地或无地人口,不少人口被迫向外迁移以寻找新的耕地和就业机会。

第三节

南　宋

1115年,正当北宋经济文化发展处于高峰时期,东北的女真族崛起于白山黑水之间,建立金国。不到十年,灭了辽国。紧接着,挥师进入中原,于北宋靖康元年(1126年)攻入开封,三年四月掳徽、钦二帝和后妃、皇子、宗室北去,北宋灭亡。

1127年五月,宋朝在外地的皇子赵构即位于南京应天府(今河南

---

[1] 详见本卷第六章表6-1。

商丘南),改元建炎,是即南宋首帝高宗。次年,在金军的追击下,赵构率朝臣、将领向南方迁移,逃入江南。绍兴元年(1131年)确定移跸临安,二年高宗率文武百官迁入,八年正式以临安为行在所,定都于此。自靖康元年起,为了生存,北方人民大批涌向南方,从而形成我国历史上第三次北方人口南迁的浪潮。

南宋初期,宋军和金军曾在江淮地区展开较大规模的战争。绍兴十一年(1141年),宋金达成和议,规定双方以淮河中流为界,唐(治今河南唐河)、邓(治今河南邓州)二州也属金,各守境土,大规模战争告一段落。此后,南宋的疆域,大致在今青藏高原—云南省界以东,秦岭—淮河以南的南方地区。在绍兴三十一年、开禧二年(1206年)和嘉定十年(1217年),南宋和金又发生过较大规模的战争,但战争一般仅持续二三年左右,战后双方签订的和约大体维持绍兴十一年规定的国界线,仅在很小的地段有所伸缩。南宋的地方行政制度同于北宋,嘉定元年共辖有17路。

理宗端平元年(1234年),蒙古国和南宋联合灭金。次年,蒙古军挥师南下,分路攻打南宋的四川、荆襄和淮南地区,三地区沦为战场达40多年。德祐二年(1276年),宋恭帝出降,元军进入临安。帝昺祥兴二年(元世祖至元十六年,1279年),部分大臣、将领拥立度宗幼子在广东沿海进行的最后抵抗失败。

南宋继续实行北宋的政治、经济、文化制度,经济和文化得到较快的发展,明显地超过北方。其原因,除了北方在宋金之际和金元之际遭受战乱的严重破坏和大批人口南迁以外,也和南宋政府采取一些促进经济文化发展的措施有关。兴修了很多水利工程。通过推广优良品种、精耕细作、扩大双季稻和小麦种植面积等措施,粮食单位面积产量普遍得到提高。棉花种植已开始由福建、广东一带向长江和淮河流域发展,茶叶、甘蔗等经济作物的生产规模得到扩大。纺织、造船、陶瓷、造纸等手工业部门规模很大,质量有所提高。海外贸易也超过北宋,市舶收入成为政府的重要收入,泉州港发展为世界上最大的港口之一。不仅江西、福建等区域完成地区开发,昔日比较落后的湖南、广西、广东等地区的经济也有了一定的发展。

嘉定十六年（1223年），南宋全境户数达1267万[1]，如以每户5口计约有六千三四百万口，为南宋户口的峰值阶段。两浙、江西、江东、福建、成都府、潼川府等路人口密集，耕地不足问题日趋尖锐。大量的无地少地人民，一方面向深山区进军或进入工商各行业，一方面向外迁往地广人稀有较多可耕地的区域。因此，在北方人口大批南迁的同时，南方内部的人口迁移也达到相当的规模。

第四节

金　朝

金朝是女真族建立的王朝。女真族是东北古老民族之一，唐代称黑水靺鞨，分布在今松花江下游和黑龙江中下游一带。辽灭渤海国以后，渤海人被迫举国外迁，黑水靺鞨趁机南下，占据了原渤海国的许多地方。五代时开始称女真，在文献中又往往被称为女直。辽代，一些女真人继续向东北平原和辽东地区迁移。其中，完颜部迁居到按出虎水（今黑龙江哈尔滨市阿城区阿什河）流域，在此长期定居；到景祖乌古乃（辽圣宗太平元年即1021年出生）时，开始统一附近各部落。1115年（北宋政和五年），金太祖完颜阿骨打（后改名旻）在今阿城以南建立金国；太宗时在此建立都城，称会宁府。太宗天会三年（1125年），金灭辽。五年，又灭北宋。贞元元年（1153年），海陵王迁都燕京（今北京），正隆六年（1161年）定为中都。

自金熙宗皇统元年（宋绍兴十一年，1141年）金和南宋签订和议以后，金朝统治着南起秦岭—淮河，北到外兴安岭（今俄罗斯联邦斯塔诺夫山脉）的广大地区，大致相当于我国的东北三省、内蒙古大部、黄河中下游和淮河流域的北部，以及今俄罗斯境内的黑龙江、乌

---

[1] 马端临：《文献通考》户口考二，商务印书馆排印本。

苏里江流域和库页岛与朝鲜的东北角。自卫绍王大安三年（1211年）以来，开始遭到蒙古军的全面进攻。贞祐元年（1213年），为蒙古军所逼，金宣宗被迫迁都汴京（今河南开封），统治范围仅限于今陕西关中和山东、河南两省的唐宋黄河以南淮河以北的狭长地带。天兴二年（1233年），蒙古军包围汴京，哀宗逃往蔡州（今河南汝南），两年后国亡。

金朝统一北方以后，为了便于控制和统治其他民族，有目的地组织女真人在东北进行迁移，并将汉人大批迁入东北。同时，又将女真人大量迁入华北。金朝初期的政治经济制度带有较多的女真族的旧制。随着与汉族接触的日渐加深，女真统治者开始走向汉化，全面接受汉族的封建政治经济制度。到海陵王时，改革开始加速。金世宗时，各项制度均已大体确立。中央设尚书省、枢密院、六部和御史台，地方行政设路、府（州）、县三级制。世宗大定二十九年（1189年）辖有20路。定都中都以后，除首都中都大兴府外，又设上京会宁府、北京大定府、西京大同府、东京辽阳府和南京开封府五京，作为陪都。源于氏族部落组织的猛安谋克制，在女真内迁以后也传入北方，为女真人军事行政合一的组织。

金朝初期，北方遭到战争的严重破坏，人口减少很多，经济残破。金世宗时期（1161—1189年），人口和经济开始得到恢复。到章宗泰和七年（1207年），全国有768万户，4 581万多口，达到人口的峰值阶段。人口密集的中都、河北、河东、山东等地区的一些府州，土地开垦程度很高，已有人多地少之感。经济发展的另一方面体现在东北地区的开发，自辽河流域到松花江流域的农业都有了较大的发展。手工业以冶铁、纺织、印刷、陶瓷等部门较为发达，石炭（煤）的开采和使用更为普遍。主要城市是首都中都城和北宋旧都开封，东京辽阳、河北真定等城市也很繁华。宣宗贞祐以后，大部分地区的经济受到战争的严重破坏，华北北部的人民随金室迁入黄河以南和关中，黄河以南和关中成为人口的密集区。金亡之际，在饥荒和蒙古军的驱迫下，黄河以南的人民复北迁河北和山东，华北各地陷于人口锐减、经济残破的局面。

第五节

西　夏

西夏是以党项族为主体建立的国家。自唐末五代以来，生活在关内道北部的党项人在李氏（唐代以拓跋氏改）的领导下，据有今内蒙古河套以南、陕西北部及宁夏一带，并积极扩展自己的实力。

北宋统一中原以后，党项首领李继捧于太平兴国七年（982年）附宋，迁居中原。但其弟李继迁反对附宋，奔入夏州东北的地斤泽（在今内蒙古鄂托克旗境），继续与宋朝对抗，势力日渐扩大，并结辽国以为外援。990年，辽国册封李继迁为夏国王。天授礼法延祚元年（1038年），李元昊正式称帝，是为景宗，国号大夏，又号白上国，在汉籍中称西夏，又有唐兀、河西、唐古等称。五年（1042年），西夏攻占灵州（今宁夏灵武），建都于此，后又将都城迁到兴庆府（治今宁夏银川）。

西夏是在对宋战争的烽火中建立的国家，建国以后双方还曾进行过多次战争。在战争过程中，既有一些北宋的人民迁入西夏，也有一些西夏的人民迁入北宋。天授礼法延祚七年（1044年）夏国和北宋议和以后，长期不曾兵戎相见。同年，夏辽关系激化，辽兴宗亲率三路大军，渡河深入夏境，为夏人击败，夏辽双方议和。从此，形成西夏和北宋、辽，西夏和南宋、金长期三足鼎立的局面，直至末主宝义二年（1227年）灭于蒙古。稳定时期的西夏疆域，大致包括今宁夏回族自治区全部、甘肃省大部、陕西省大部以及青海省、内蒙古自治区的部分地区。

居民主要为党项族、汉族、吐蕃族和回鹘族。汉人从事农业，其他民族大多从事游牧业。农业以兴庆府、西平府（原名灵州）所在的宁夏平原灌区最为发达，河西走廊利用祁连山的融化雪水发展了绿洲农业。畜牧业主要集中在横山（今陕西榆林横山区境）以北和河西走廊一带。手工业主要由官府控制，毛纺织、冶铁和兵器制造等部门比较发达。

行政制度大多仿照宋朝，中央机构的长官分别由蕃人（党项族）、汉人担任，中书、枢密和三司分别是最高的行政、军事和财政机关。地方行政编制分州、县两级。所有的男子，平时从事农牧业，战争时被征发，总计可征发兵额50余万人。

西夏国实行户口登记制度，并根据户口征发兵役，只是有关户口数据至今已不见于任何记载。《宋史·夏国传》载西夏"诸军兵总计五十余万，别有擒生十万"。据此，估计西夏的常备军有60万余，约需丁121万，总人口至少在300万以上[1]。

第六节

大理、高昌、黑汗、西辽、吐蕃等

宋辽金时期，在我国的边疆以及邻国的毗邻地区还存在着大理、高昌、黑汗、西辽等政权，在青藏高原生活着吐蕃诸族人民。

公元8世纪时，属于六诏之一的蒙舍诏征服各诏，在今云南省境建立起统一的国家，通称为南诏。唐昭宗天复二年（902年），贵族郑买嗣夺取政权，改国号为大长和。后晋天福二年（937年），段氏夺取政权，改国号为大理，国都亦称大理（今云南大理）。据《元史·地理志》，辖境"东至普安路之横山（今贵州普安），西至缅地之江头城（今缅甸杰沙）"，"南至临安路之鹿沧江（今越南莱州北部的黑河），北至罗罗斯之大渡河"。前期在境内设首府（大理地区）、2都督和6节度，后期设8府、4郡、4镇。王称骠信，下设清平官若干名处理政务。经济以农业为主，生产水平已赶上四川的丘陵地区。畜牧业发达，马匹是大理输往宋朝的主要商品。冶铁、冶铜等手工业部门具有一定水平。大理和北

---

[1] 葛剑雄：《中国人口发展史》第七章第六节。

宋、南宋都保持和平睦邻关系,极少兵戎相见,双方之间的移民也较为少见。蒙哥汗四年(南宋理宗宝祐二年,1254年),蒙古军灭大理。

高昌是回鹘(一作回纥,后称畏兀儿)族建立的民族政权。唐文宗开成五年(840年)前后,回鹘人自漠北向西迁入河西走廊和西域地区。其中仆固俊可汗率领一支在唐末占领北庭(即别失八里,今新疆吉木萨尔破城子)及其附近地区;10世纪末叶,控制了以吐鲁番盆地为中心,西到龟兹(今库车),东接河西走廊西侧,北越天山,南到大沙漠的广阔地区,建立高昌王国,都城设在和州(即哈喇和卓,在今吐鲁番市境)。各绿洲的灌溉农业发达,畜牧业也占有重要地位。西辽建立以后,高昌王国沦为其附庸,到1211年西辽灭亡后再度独立,但转而又投附蒙古,名义上仍保持国家政权。高昌和西夏、北宋都有一定的经济往来,但文献不曾记载有移民迁徙。蒙古国时期开始有一定数量的高昌人民迁入中原,元世祖至元十二年(1275年)以后亦都护(即国王)也率部民迁入中原。

黑汗,又译作黑韩、喀喇汗,是五代末至南宋(约940—1211年)西北地区操突厥语的民族在今新疆和中亚地区建立的国家。在草原游牧帝国的双汗制传统影响下,大汗之外又设副汗。大汗直接统治东部,汗廷在八剌沙衮(今吉尔吉斯斯坦托克马克东),副汗治怛罗斯(今哈萨克斯坦的江布尔)和疏勒(今我国新疆喀什市)。大约自1041年起,黑汗王朝正式分裂为二。西汗以布哈拉(今属乌兹别克斯坦)为都城,领有阿姆河(主要流经今土库曼斯坦和乌兹别克斯坦)和锡尔河(主要在今哈萨克斯坦的南部)之间的河中地区,以及今吉尔吉斯斯坦费尔干纳盆地的西部。东汗以八剌沙衮为都城,以疏勒为宗教和文化中心。自13世纪初起,东、西两汗国均臣服于耶律大石建立的西辽。1211年,东汗国亡。次年,西汗国亦亡。

西辽是契丹族建立的政权。辽天祚帝保大五年(1125年),金灭辽。在此之前,契丹贵族耶律大石率少数骑兵自立为王,领兵至镇州(今蒙古国鄂尔浑河上游),召集西北地区各部落,重建统治机构。1130年耶律大石率部分契丹人和汉人向西进军,征服突厥各部落,建号称帝,号天祐皇帝,又称古儿汗,仍用辽国号,史称西辽,又称哈喇契丹。1134年,在八剌沙衮建都,号为虎思斡耳朵,后拥有我国新疆和阿姆河以东巴尔喀什湖(今属哈萨克斯坦)以南的广大地区。1211年,乃蛮部人屈出律夺取王位,1218年国亡。

黑汗和西辽人民主要信仰伊斯兰教。由于距离遥远,与中原之间的移民人数极少,文献中不曾见到这方面的记载。中亚人民的大批内迁,要到蒙元时期。

公元7世纪初到9世纪中叶,藏族在青藏高原建立了边疆民族政权吐蕃。此后,由于人民起义和统治阶级内部争夺权力斗争加剧,吐蕃王朝瓦解,分成许多不相统属的部落,习惯上仍称为吐蕃各部。青唐(今青海西宁)、逻些(今西藏拉萨)、布让(今西藏普兰)和亚泽(在今尼泊尔王国的西部)等城是当时主要部族的政治中心。藏传佛教(即喇嘛教)开始在吐蕃流行。元代皇帝尊崇藏传佛教,一些吐蕃僧人因传教等原因迁入中原。

第七节

蒙古国和元朝

蒙古族是我国古代北方草原游牧民族之一,8世纪以后在斡难河(即今蒙古国和俄罗斯境内的鄂嫩河、石勒喀河)和怯绿连河(今蒙古国克鲁伦河)之间游牧,部落众多。1206年(南宋宁宗开禧二年),孛儿只斤部的贵族铁木真统一各部,建立蒙古国,在斡难河的源头称蒙古大汗,被尊称为成吉思汗。

建国之后,蒙古军队在成吉思汗的领导下不断发动对外战争。先后六征西夏,于成吉思汗二十二年(1227年)灭之。自成吉思汗六年(1211年)起开始大举攻金,迫使金数年后将都城从中都城迁到汴京,窝阔台汗六年(1234年)灭金。从成吉思汗十三年(1218年)到蒙哥汗八年(1258年)间,向中亚地区发动三次西征,消灭中亚诸国,攻入斡罗思(即俄罗斯),兵锋直指东欧,并将势力发展到亚洲西部。成吉思汗十一年(1216年)蒙古军开始进攻南宋,在灭金的次年(1235年)发动全面军事进攻,元世祖至元十六年(1279年)灭宋,统一中国。1368年,元朝为朱元璋领导的元末农民起义军所推翻。史学家往往用"蒙元"一词,来涵盖"蒙古国"和"元朝"两个历史阶段。

蒙古国时期的首都在大漠南北,窝阔台汗七年(1235年)定都和林(在今蒙古国鄂尔浑河上游哈尔和林),世祖中统四年(1263年)迁都上都开平府(今内蒙古正蓝旗东)。至元四年(1267年)迁都大都城(今北京),八年(1271年)改国号为元。

元朝的疆域范围极其广大。《元史·地理志》评论说:"其地北逾阴山,西极流沙,东尽辽左,南越海表";"东南所至不下汉、唐,而西北则过之";"唐所谓羁縻之州,往往在是,今皆赋役之,比于内地"。由此可见元朝对边疆地区的管辖程度也超过前代,中原与边疆的经济文化往来更加密切。

自世祖忽必烈开始,蒙元统治者加速汉化的步伐,采用汉族的封建政治经济制度。中央设中书省统领全国行政,枢密院负责军事,御史台执掌监察,又设宣政院管宗教和西藏事务。地方设行中书省,各行中书省设丞相一人,掌管军政事务。除以今北京、天津、河北、山东、山西、内蒙古等地称"腹里"属中书省直辖外,又设置岭北、辽阳、河南、陕西、四川、甘肃、云南、江浙、湖广等行省(又称省)。省下设路、府州、县等几级地方行政区划。

由于蒙古族人数较少,蒙元在各地作战过程中往往将当地青壮年编入军队,东西征战。随着全国的统一,来自蒙古和西域各国的移民大批迁入中原。元朝规定全国人民分成四等,第一等蒙古人,第二等色目人(泛指从西域等地区来华的移民),第三等汉人(即金界的汉人),第四等南人(南宋人民)。各军、各州县均设达鲁花赤(即"断事官"),掌管并督察要务,规定由蒙古人及少数色目人担任。蒙古军和由各族人民组成的探马赤军,以及汉人组成的汉军和南宋人民组成的新附军驻扎在全国各地镇守。

受游牧民族落后的生产方式影响,蒙元初期曾将北方的大量农田占为牧场,许多人沦为奴隶(称"驱口")。元统一以后,开始放弃落后的生产方式,采取了包括诱民移居耕垦等许多鼓励发展农业的措施,北方的经济开始得到缓慢恢复。与此同时,南方的经济一直没有受到大的影响,发展较快。因此,自元代以来南、北方的经济差距不仅没有缩小,反而日益扩大,加之自然灾害的原因,许多北方人民自发地往南迁移。至顺(1330—1333 年)年间南、北户口的比例大致为 5 比 1,达到南北差距的顶点。元朝的最高人口数如果以 8 500 万计,南方的人口将近 7 000 万,北方不过 1 500 万。在当时的农业生产水平下,南方许多地区已接近农业生产所能供养的人口的极限,而北方许多地区因未从战乱中恢复过来仍地广人稀[1]。

元代的农业以棉花的广泛种植最为引人注目。官营手工业在手工业中占有重要地位,主要生产统治集团的日常消费品和武器。民营手工业中,棉纺织业、丝织业也得到一定的发展。国内商业相当发达,对外贸易在南宋的基础上继续发展,泉州为最大的商港。南北的水上交通,除了京杭大运河,还开通了自平江(今苏州)浏家港入海到直沽(在今天津市境)的海上航线。商业多垄断在政府和王公、贵族、豪富手中,蒙古王公和色目商人往往拥有把持商业、放债营利等特权。

由于周边民族移民遍布全国,特别是北方的许多地方,而且统治集团主要由蒙古人和色目人组成,元代的文化出现了前所未有的一些特点。

第八节

自然环境的变迁

人类离不开自然环境,人类的生活和生产劳动对自然环境产生

---

[1] 据葛剑雄:《中国人口发展史》第十四章第三节。

影响,而自然环境的变迁也必然要影响到人类生活。辽宋金元时期(10—14世纪)是我国历史上自然环境变迁较为剧烈的时期,其中的一些移民现象就与环境变迁有关[1]。

自10世纪下半叶开始,我国的气候急剧转寒。970—1000年,今河南开封的冬小麦收获期较现代晚了10天,而1131—1200年杭州的终雪日也迟了14日。1111年,今江苏、浙江间的太湖全部结冰。1153—1158年间苏州的运河冬天常常结冰,船工不得不备铁锤破冰开道。寒冷的气流也影响到华南。福州是我国生长荔枝的北限,那里的荔枝曾两次全部死亡,两次均在12世纪。到13世纪初,气候开始转暖。1200年、1213年、1216年和1220年杭州无任何冰和雪,北京的物候和江南的插秧时间已与今日相仿佛。但这次温暖期为时甚短,14世纪开始我国气候又转入严寒。1329年太湖结冰,厚达数尺,人可以在冰上行走,橘树尽数冻死。山东黄河在阳历11月就已出现冰块,较目前提前1个月左右。这种现象一直延续到明代。气候的转寒必然要影响降水。如果以公元1000年作为界线,把前后分为两个时期的话,则前一时期干旱时期短,湿润时期长;后一时期湿润时期短,干旱时期长。

植被的破坏往往是山区过分开发的结果,而我国山区的大规模开发和森林的过分砍伐一般说来始于明清时期,在此以前总的说来植被破坏并不严重,只是局部地区的现象,主要集中在北方。辽宋金元时期植被变迁较大的地区主要是:

太行山山区。北宋森林已大半遭到砍伐,但由于战乱人口剧减等原因,有时也有栽培植被变成草地、灌木丛甚至次生林的现象。

华北平原中南部地区。原始植被早在战国时期即已遭到破坏,但此后也出现过农田和次生植被的相互转化过程,辽宋金元时期也不例外。

浙江宁绍地区。唐宋时代山区已得到一定程度的开发,宋代会稽山已出现"有山无木"的情况。

---

[1] 本节基本依据中国科学院《中国自然地理》编委会:《中国自然地理·历史自然地理》,科学出版社1982年版。

湘江中下游地区。唐代森林仍然很多,但到12世纪末沿岸植被已趋于稀疏。

受气候、植被和人类活动的影响,北方主要大河黄河的下游河道在宋代以后出现决溢改道愈来愈频繁的趋势。从7世纪中叶到10世纪初,共决溢12次,而从10世纪初到11世纪40年代的140多年中,决溢已达95次。北宋仁宗庆历八年(1048年)六月,黄河在澶州商胡埽(今河南濮阳东昌湖集)决口,北流合御河(今南运河)、界河(今海河)至今天津入海,形成历史上的第三次重大改道。12年后的仁宗嘉祐五年(1060年)又在今河北魏县境决出一条分流,流经山东入海,成为宋代黄河的东派。此后的80年间,黄河时而北流,时而东流,时而两派并行,有时东决入梁山泊分南北清河入海。南宋高宗建炎二年(1128年),由于人为的原因,黄河在今滑县境的李固渡决口,向东南经泗水入淮河,形成历史上的第四次重大改道。金元之际,黄河先后夺濉水入泗水,夺涡水入淮河。元世祖至元二十三年(1286年)十月,同时在15处决口,此后形成由徐州入泗、由颍水入淮和由涡入淮的三股河道,为黄河历史上的第五次大改道。可以说,在辽宋金元时期黄河已在整个华北平原上扫了一大圈。每一次改道和决溢泛滥,不知要给华北人民带来多少灾难,造成无数人民流离失所。而黄河的屡屡决溢改道,破坏了平原上的水系和湖泊,导致生态环境的日益恶化,成为北方经济不断走向衰落的重要原因。

与黄河流域相比较,南方河流的变迁程度无疑很轻,对人类生产生活尚未构成威胁。环境的变迁主要表现在长江中游湖泊和太湖的变迁。曾存在于今湖北长江以北的云梦泽,魏晋南北朝时尚有三四百里方圆,到唐宋时代已变为星罗棋布的小湖群,从而为以后的开发垸田提供了便利。随着统一的云梦泽的消失,下荆江统一河床最后塑造完成,由此以及开湖渚为田的人为因素又导致河床形态开始演变。当云梦泽走向瓦解的时候,长江以南的洞庭湖却因地表沉降的扩展,湖面趋于扩大,将若干小湖吞并而连成汪洋水面,水的深度也不断增大。基于同样的原因,江西北部鄱阳湖的湖面也在不断扩展之中。唐宋以前,由于长江三角洲的不等量下沉和沿海地区泥沙的不断淤积,导致太湖积水不畅,面积不断扩大。宋元以来太湖平原还在继续下沉,为了排水,当地人民大兴水利,形成完整的水网系统,大量的土地得到开发。随着人口的增多,围湖垦田日渐发展,导致南宋以来湖泊面积不断缩小。

在辽、宋、金、元四朝中,只有北宋和元是疆域兼有南北的统一王朝,需要借助大运河解决南方的漕粮和物资运输问题。北宋都开封,除利用隋代开通的大运河(汴河)外,还疏凿了广济河、惠民河和天源河,用以沟通今河南、山东地区的水上通道。元代都大都城(今北京),除了利用原先的汴河和御河,又修凿山东运河和通惠河,奠定明清大运河的基础。由于运河和黄河相交,如何避开黄河水沙之害也成为令历代王朝头痛的大事。

海岸线的变迁是环境变迁的又一个方面。渤海湾海岸和苏北海岸的形成和发展受到黄河的深刻影响。北宋黄河北流天津入海和其后的南侵,为发育贝壳堤提供了有利条件,从而堆积成渤海西岸的第一道贝壳堤。黄河夺淮以后,苏北海岸加速向外扩张。以盐城为例,唐宋时海在城东不到1公里,到15世纪已东移15公里。随着长江泥沙的不断堆积,长江三角洲也逐渐向东扩展。江口的崇明岛因之日渐扩大,11世纪以前只是两个沙岛,1277年已在岛上建立崇明州。我国钱塘江以南的海岸线属山地岩岸地带,长期是海水直拍山前的海域。唐宋以后,随着泥沙堆积和围海造田,逐渐形成沿海小平原。例如今日的珠江三角洲、福州平原,往往都是在这种背景下形成,其中宋元时期是比较重要的阶段。

第二章

辽北宋西夏时期华北地区的人口迁移

辽、北宋、西夏时期,三个政权之间虽然禁止人民的彼此迁移,但在战争状态下因某种原因而发生的迁移仍时有发生。为了巩固在燕云地区的统治,辽还将契丹人和渤海人迁往这一地区。北宋平定各国之后,往往将被征服国的上层和士人迁到首都开封一带,在战争过程中还将原北汉国的人民大批迁入都城附近地区。此外,宋在西北屯田和招民开垦唐、邓等州,以及人民向开封、洛阳等城市的迁移,也构成这一时期人口迁移的一部分。

第一节

燕云地区的人口迁移

一 境内的契丹、渤海和汉族移民

辽国地域辽阔,奄有长城内外,地跨蒙古草原和华北平原,区域经

济状况相差甚大。《辽史·营卫志》指出两大区域的主要差异:"长城以南,多雨多暑,其人耕稼以食,桑麻以衣,宫室以居,城郭以治。大漠之间,多寒多风,畜牧畋渔以食,皮毛以衣,转徙随时,车马为家。此天时地利所以限南北也。"[1] 辽国长城以南的区域,指的是五代后晋石敬瑭割让给辽的燕云十六州。由于这里是辽国主要的农业区,手工业也最称发达,在全国经济中占有举足轻重的地位。此外,它位于中原北部,向来是辽军南下中原的前进基地。因此,辽国统治者十分重视这一区域的战略地位,不遗余力地进行经营,将作为统治民族的契丹人和被其征服的渤海人,从蒙古草原和东北地区迁入这一区域,是辽国经略燕云的主要措施之一。

最初迁入燕云的东北民族可能是渤海人。天显元年(926年),太祖耶律阿保机灭渤海国,除将大部分渤海人迁到辽东外,还将其贵族千余户迁于燕,并"给以田畴,捐其赋入,往来贸易关市皆不征",予以种种优惠,使之定居下来[2]。会同五年(942年),为了加强对燕云地区的控制,太宗下令契丹人户分屯南边[3],迁入燕云地区。此后,陆陆续续都有契丹人民迁居燕云。

关于定居燕云的契丹和其他东北非汉族人民的数量,史书缺乏明确的记载,不过可以根据《辽史》卷35《兵卫志》作一些推测。辽末天祚帝初年(1101年),设在南京(今北京)、西京(今山西大同)、平州(治今河北卢龙)和奉圣州(治今河北涿鹿)的宫卫提辖司共37个。宫卫提辖司是既领宫卫兵丁,又领户口的军事行政组织,每提辖司约管宫卫户1 500户,37个提辖司共管5.5万余户,如以每户5口计算约27.5万人;其中,契丹户大约2.2万户,11万人;包括汉人和其他少数民族在内的蕃汉转户3.3万户,16.5万人[4]。由于在辽国占领以前,生活在燕云地区的非汉族人民数量有限,上述契丹户和蕃汉转户中的非汉族人民绝大多数是外来移民。

---

[1] 《辽史》卷32,中华书局点校本,第373页。
[2] 洪皓:《松漠纪闻》,学津讨原本。
[3] 《辽史》卷4《太宗纪》,第51页。
[4] 据韩光辉估算,见《辽代中国北方人口的迁移及其社会影响》,《北方文物》1989年第2期。

南京一带是契丹和渤海移民最多的地方。北宋大中祥符（1008—1016年）初年，路振出使辽朝，看见南京城内有穿非汉族服装的人，"盖杂契丹、渤海妇女耳"；城中有渤海人组成的兵营，"即辽东之卒也。屯幽州（即南京，宋人仍用唐代的州名）者数千人，并隶元帅府"[1]。这一带的汉人由于长期与东北移民相处，在服饰和社会风气等方面都受到很深的影响。北宋大臣苏辙奉命出使辽国，进入南京附近时，发现许多人穿着非汉族的服装，不由地发出"哀哉汉唐余，左衽今已半"的感慨[2]。在社会风气方面，这一带的"乡里少年，率从房教，驰骋田猎，颇以材勇自奋"[3]，受契丹移民的影响相当深。

五代时期，辽国军队曾数次南下，攻入黄河流域，并大肆俘掠中原人民，将其迁入自己的统治区。燕云地区是汉族人民被迫北迁进入辽境后的第一站，许多人因而留居于此。为了安排这些移民，辽朝以他们为主体建立了大多以移民家乡县名命名的县。据《辽史·地理志》记载，檀州行唐县（今北京密云东南）以定州行唐县（今属河北）移民所建，有人民3 000户；平州安喜县（今河北迁安东北）以定州安喜县（今河北定州市）移民所建，有人民5 000户。他们都是辽太祖时自北宋境内俘掠来的。此外，平州的望都县（今河北卢龙南）和广宁县（今河北昌黎），也都是以从北宋定州俘掠来的人民所建，除广宁外其他二县都以移民家乡的县名命名[4]。

北宋建立以后，辽、宋之间又多次发生严重的军事冲突，直到辽圣宗统和二十二年（1004年，宋真宗景德元年）双方签订澶渊之盟始告结束。战争期间，辽军在北宋境内仍有俘掠人民的举动，尽管规模已远远不如五代时期。这些移民也有部分人定居在燕云地区。例如，统和七年破易州（今河北易县），迁易州军民于南京；又将降辽的鸡壁砦人民200户迁到檀（治今北京密云）、顺（治今北京顺义）、蓟（治今天津蓟州）三州[5]。

---

1 载江少虞：《宋朝事实类苑》卷77《安边御寇·契丹》，上海古籍出版社点校本。
2 苏辙：《栾城集》卷16《奉使契丹二十八首·燕山》，上海古籍出版社点校本，第396页。
3 尹洙：《河南集》卷14《赵公墓志铭》，四部丛刊本。
4 《金史》卷24《地理志》，中华书局点校本，第576页。
5 《辽史》卷12《圣宗纪》，第133页。

由于有关记载很少,无法得知迁入燕云的中原移民数量。《契丹国志》卷5载:辽穆宗应历二年(952年)十月,"辽瀛、莫、幽州大水,流民入塞者数十万口,本国亦不之禁。周诏所在赈给存处之,中国民被掠得归者什五六"[1]。瀛(治今河北河间)、莫(治今河北任丘)、幽(即南京)三州均位于燕云地区的东部。虽然"什五六"是指南归者占辽朝境内全部中原移民的比重,但这些人既因河北瀛、莫、幽三州发大水而南返,大多数人都应居住在燕云地区。按"流民入塞者数十万口"一语,元刊本《契丹国志》作"流民入塞者四十万口",今点校本虽据《资治通鉴》卷291改[2],但却未能列举事实证明"四"字有误。如果依元刊本数字推算,估计此次南返开始以前居住在燕云东部的中原汉族移民大约在四五十万人左右。

二 本区对北宋的移民

辽、宋对立时期,两国政府一般情况下都禁止人民的互相迁移,因而移民现象较为少见。但是,在某种特殊状况下,有时会发生规模不等的移民。不仅有如上所述的北宋的人民向北迁入辽境,也有辽国人民向南迁入北宋境内。引起迁移的主要原因,不是五代中原王朝与北宋的策反和军队俘掠,就是辽国境内发生重大自然灾害或者战乱迫使人民南下避难。规模较大的迁移大约有五次。

第一次。辽太宗天显元年(后唐同光四年,926年)十月,卢龙节度使卢文进在后唐的策反下,率所部10万人离开平州(治今河北卢龙)迁往后唐[3]。

第二次。辽穆宗应历二年(952年),瀛、莫、幽等州水灾严重,流民涌入中原,"入塞者数十万口",后周下诏要求各州赈给安置(见上)。

第三次。辽圣宗统和四年(北宋雍熙三年,986年),宋军北伐辽国,田重进击败辽军,辽将大鹏翼、何万通及渤海军3000余人被擒,

---

1 叶隆礼著,上海古籍出版社点校本,第51页。
2 见《契丹国志》卷5校勘记,第55页。
3 叶隆礼:《契丹国志》卷2《太宗嗣皇帝上》,第12页。

俘获以万计[1]。潘美攻下寰（治今山西朔州东北）、朔（治今市）、云（治今大同）、应（治今应县）等州，并奉朝廷之命将四州人民共8 236户、78 262人迁入北宋境内，安置在汝州（治河南今市）、河南府（治今洛阳）、许州（治今许昌）等地[2]。

第四次。辽圣宗太平九年（北宋仁宗天圣七年，1029年），辽国发生严重饥荒，饥民大批流向宋境。宋朝将其分送唐（治今河南唐河）、邓（治今邓州）、襄（治今湖北襄阳）、汝等州，分给闲田，使之定居下来[3]。

第五次是在辽末。天祚帝末年，金军开始灭辽战争，大举攻入燕云地区，"燕人危惧，将老幼南来近边逃避"[4]。不久，辽亡。因惧怕金军，燕云地区的人民大批迁入宋境内，分布在开封和河北、河东等地。在当时的情况下，必然会有一些契丹人卷入南迁的队伍。在迁居开封的辽国移民中，"军、民、伎、艺百色有之，杂居坊巷中与汉人无异"。河东的义胜军由燕云移民所组成，仅在平阳府（治今山西临汾）的军人及其家属便有4 000人[5]。金军攻宋以后，一些移民因被人认为可能会接应金军而遭到屠杀；一些移民留在华北；另有少量的移民，随宋高宗赵构迁入南方，如宋将苗傅统辖的赤心军即来自燕云移民[6]。

据上所述，燕云人民的南迁规模不小，如果上述有关数字，特别是穆宗应历二年的流民数确实的话，可能已占辽人口的十分之一左右，必然要对区域人口和经济造成影响。由于北宋人口数量较多，移民的经济影响有限，但在文化方面，特别是对北宋后期的影响却不可低估。

自五代后晋初到北宋中后期，辽国占领燕云地区接近200年，南北隔绝，文化在各自相对封闭的体系中发育成长，加之契丹、渤海等移民的影响，燕云地区的文化已不同于北宋境内的北方文化。南宋人说："绝江渡淮，过河越白沟，风声气俗顿异，寒暄亦不齐。"[7] 白沟以北

---

1 《宋史》卷260《田重进传》，中华书局点校本，第9024页。
2 李焘：《续资治通鉴长编》卷27，雍熙三年七月壬午，上海古籍出版社影印浙江书局本。
3 《续资治通鉴长编》卷107，天圣七年三月庚辰。
4 《宋会要辑稿》兵二九之六，中华书局影印本。
5 徐梦莘：《三朝北盟会编》卷28，靖康中帙三；卷30，靖康中帙五，上海古籍出版社影印许刻本。《宋史》卷475《杜充传》，第13809页。
6 《宋史》卷475《苗傅传》，第13803页。
7 周辉：《清波杂志》卷3，四部丛刊本。

即燕云地区。在南宋、金对峙的前期,秦岭—淮河以北地区均在金朝的统治下,人们尚能看得出燕云文化的与众不同,辽代可想而知。因此,每当燕云人民较大规模迁入宋境时,往往都要在文化方面产生一定的影响。北宋雍熙四年(987年),宋军中一些人喜唱来自契丹的蕃歌,并杂以中原音乐,宋太宗不得不"诏诸道禁止之"[1]。文献没有提到这些军人为何大唱蕃歌,时值宋军北伐和第三次燕云人民南迁,两者都是值得考虑的因素。

第五次移民产生的文化影响,有可能远远超过以前的四次移民。宋人关于这次移民影响的记载,大多集中在首都开封。大批移民迁入以后,茶褐、黑绿等燕云人民服饰的主要色调开始在这里流行[2]。开封风行契丹人的服装,一般是男的披毡笠,女的穿钓墪[3]。流传于燕云地区的音乐舞蹈形式也传入开封。唱契丹歌曲的人很多,不仅"街巷鄙人多歌蕃曲",甚至"士大夫亦皆歌之"[4]。据研究,清代流行于北方的太平鼓,同契丹移民传入开封一带的臻蓬蓬歌舞有一脉相承的关系[5]。满足燕云移民生活需要的商品如蕃刀、蕃笛等源从各地运来,以致在大型市场相国寺"凡物稍异者皆以蕃名之"。甚至还有人在绢上画上契丹的人物和马匹,拿到市场上出卖[6]。

第二节

北宋初期被征服国人口向开封的迁移

五代十国时期,我国北方地区后梁、后唐、后晋、后汉和后周五个

---

[1]《宋会要辑稿》职官二二之三三。
[2] 周密:《癸辛杂识》别集卷上《衣服间色》,四库全书本。
[3]《宋会要辑稿》舆服四之九;吴曾:《能改斋漫录》卷1《禁蕃曲毡笠》,上海古籍出版社点校本。
[4] 曾敏行:《独醒杂志》卷5,上海古籍出版社点校本,第45页。
[5] 参见董锡玖:《中国舞蹈史》宋辽金西夏元部分,文化艺术出版社1984年版。
[6] 曾敏行:《独醒杂志》卷5,第45页。

朝代相继,在今山西境内另有割据政权北汉国;南方地区则先后有吴、吴越、前蜀、闽、南汉、南平、楚、后蜀、南唐等九国。经数十年的变迁,到北宋统一前夕,仍有北汉、后蜀、南平、南唐、吴越、清源、湖南、南汉等割据政权。太祖和太宗时期,北宋先后平定各割据政权,统一南北,并采取强制性的措施,将各国的王室、贵族、百官和部分人民迁到首都开封一带。

一 迁移过程

各国的移民,都是在国家灭亡以后北迁的。

南平一称荆南,据有今湖北的部分地区,都城江陵府(治今湖北江陵)。宋太祖建隆四年(963年)国灭,国主高继冲、贵族高保绅等人迁入开封[1]。

南唐保大九年(951年)楚国灭亡。不久,武清军节度使周行逢驱逐南唐军队,专制湖南,据有今湖南和广西的东北部。宋乾德元年(963年)初,国灭,节度使周保权和下属李观象等人被迁入开封[2]。

后蜀据有今四川和陕西南部、甘肃东南部及湖北西部,定都成都。宋乾德三年(965年),国灭。后主孟昶与其弟、两子、宰相及其他官属均举族北迁,从长江水道经江陵到开封[3]。被迫北迁的人数极多,据说仅"护送孟昶血属辎重之众,百里不绝,至京师犹然"。时人作诗记孟昶北迁的规模:"全家离锦水,五月下瞿塘。绣服青娥女,雕鞍白面郎。累累辎重远,杳杳路岐长。"[4]

南汉据有今广东和广西之地,定都广州。宋开宝四年(971年),国灭。宋将潘美派人将后主刘铱和王室成员,以及大臣龚澄枢、李托、薛崇誉、刘保兴等人及他们的家属,迁到开封[5]。

南唐据有今江苏、安徽两省的江淮地区、江西及福建、湖北、湖南

---

1 《宋史》卷483《荆南高氏世家》,第13954页。
2 同上,第13950页。
3 《续资治通鉴长编》卷6,乾德三年三月、四月乙酉。
4 吴曾:《能改斋漫录》卷13《纪事·下蜀辎重百里不绝》。
5 《续资治通鉴长编》卷12,开宝四年三月壬辰。

的部分地区,建都金陵(今南京)。开宝八年(975年),国灭,宋将曹彬将后主李煜并其宰相汤悦等45人送到开封。鄂国公李从诲、江王逖之子李季操、清源郡公李仲寓等贵族也迁到开封[1]。

吴越据有今浙江全省和江苏的一部分,定都杭州。宋太平兴国三年(978年),国王钱俶率诸子到开封向北宋表示降服,被太宗留下。太宗下诏两浙路发钱俶"缌麻以上亲及管内官吏悉归阙",共装船1044艘,经运河北上到开封[2]。所谓的"缌麻以上亲",一般指本宗的高祖父母、曾伯叔祖父母、族伯叔父母、族兄弟及未嫁族姐妹乃至中表兄弟、岳父母等。

清源军节度使据有今福建的泉州和漳州,治泉州。太平兴国二年,节度使陈洪进到开封向北宋表示降服,留开封不返。四年,泉州发兵护送陈洪进亲属赴开封[3]。

北汉据有今山西北部和陕西、河北的部分地方,建都太原。太平兴国四年,国灭,宋军护送英武帝刘继元及其亲属赴开封[4]。时人穆修说:"会朝廷以兵取太原,大徙并民入处之京辅。"[5]同时入居开封的北汉国平民人数很多(详下节)。

除了上述各政权的国主、王室和大臣以外,那些在宋统一以前已被南方其他割据政权吞并的国家的王室成员,也被迁入开封。例如,被南唐强制迁到金陵的楚国王室马氏兄弟,在北宋初迁入开封[6]。

北迁的各国移民来源颇广,不仅有国王、王室成员和文臣武将,也有地位高低不等的官吏。在后蜀国王孟昶北迁前,宋太祖已"诏伪蜀文武官并遣赴阙",并下令给他们"装钱有差"即付给数量不等的差旅费[7]。朝廷对后蜀如此,对其他政权的官员也毫无二致。因此,"时伪官皆入留京师"[8],"四方渐定,诸帅王觌者辄留宿卫,畜其族京师"[9],

---

1 《宋史》卷478《南唐李氏世家》。
2 《续资治通鉴长编》卷19,太平兴国三年八月丙辰。
3 《续资治通鉴长编》卷20,太平兴国四年三月乙巳。
4 《续资治通鉴长编》卷21,太平兴国四年五月乙未。
5 《穆参军集》卷下《东海徐君墓志铭》,四库全书本。
6 《宋史》卷483《湖南周氏世家》,第13947页。
7 《续资治通鉴长编》卷6,乾德三年二月丙午。
8 《宋史》卷300《李虚己传》,第9973页。
9 张方平:《乐全集》卷33《吴兴郡守题名记》。

成为人所共知的事实；即使不肯在朝廷任职，也不能南返。南唐诸司使李寅不肯任职，朝廷又不许他南返，李寅不得不派他长子回南方侍奉母亲，即是一例[1]。

此外，各国比较著名的艺术家、文士和能工巧匠，均被强制北迁。后蜀著名画家黄荃、赵元长、夏侯延祐，南唐著名画家厉昭庆、蔡润、徐熙，都随国君入迁开封[2]。来自南平和吴越擅长表演的伶人迁到开封以后，或分赐各大臣，或被送到教坊[3]。后蜀宫人被迁入开封皇宫一事[4]，说明她们也是移民大军的一部分。卷入迁徙的还有一般士人，他们不想北迁，只好逃入山林。由于"吴越以福州归，天子诏遣使者，发闽士人归京"，福建士人黄某、林某不愿迁移，逃入山谷，直到此事过去才敢还家[5]。来自后蜀的织锦高手数百人也被迁到开封，朝廷特意置绫锦院以安置之[6]，表明各国的能工巧匠可能有一些人被迁入开封。

乾德三年三月，在孟昶率后蜀王室百官北迁的同时，蜀兵也被要求迁往开封。不久，发生蜀军兵变事件，但平定后宋太祖再次下诏"伪蜀将士妻子并发赴阙"[7]。南汉平定后，"官吏将卒往往亡命山林"，宋朝要求地方官予以招抚，"传送上都"[8]。据此，军人也是北迁的对象。又，陈师道《后山谈丛》记载：蜀平以后，"蜀之富人，皆招至京师，量其材为三等，其上官之，次省员，下押纲"[9]。虽然此文没有提到这些人是否定居开封，在当时的情况下任官的富人定居下来并非没有可能。

据上所述，北宋朝廷要求各国北迁的人员极为广泛，既有上层的统治阶级，也有社会下层的一般军人、文士、工匠以及富人。尽管朝廷采用了派使臣到各地督遣，并付给迁徙者"装钱有差"，甚至采取派人

1　《宋史》卷300《李虚己传》，第9973页。
2　刘道醇：《宋朝名画评》卷1、卷3，四库全书本。
3　据《续资治通鉴长编》卷4，乾德元年五月甲子；卷19，太平兴国三年十月乙亥。
4　《宋史》卷3《太祖纪》，第50页。
5　刘敞：《彭城集》卷36《林氏母黄氏夫人墓表》，四库全书本。
6　《续资治通鉴长编》卷8，乾德五年十月丙辰。
7　李焘：《续资治通鉴长编》卷6，乾德三年八月戊申。
8　《续资治通鉴长编》卷21，太平兴国五年正月庚辰。
9　《后山谈丛》卷3，上海古籍出版社点校本。

一路传送等措施,各国人民仍不愿意北迁。像南汉官吏将卒和福建士人黄某、林某那样逃入山林的人民,显然不在少数。上举《后山谈丛》同条也说后蜀的富人"人安其居,不愿来",以生病为理由私自从开封回蜀。如果他们再次被遣送前往,往往会再次返回。正由于这样,在朝廷要求迁移的各国下层人民中,大约只有北汉国因距开封较近且有宋军的武装遣送故迁移人数较多(详下节),南方各国可能都只有极小部分人定居在开封一带。但各国统治集团是宋朝强迫移民的主要对象,在宋军的监控下他们一般是无法逃避迁徙的。因此,各国的上层人物及其宗族可能大多北迁。一般说来,上层人物的家庭和宗族人口总是远远多于平民百姓,如居住开封积珍坊的南唐贵族李仲寓便有宗族百余口[1]。吴越国王钱俶及其亲属、官吏北迁时装船1 044艘,如以每船平均装载十人计,应有万人左右。后蜀孟昶及其宗族北迁时也应有万人左右。另一南方大国南唐北迁的王室和官属不会少于吴越和后蜀。如再加上士人、工匠、军人、富人等各色人员,各国至少有十余万人被迁入开封一带。

南方各国的移民基本居住在首都开封,不过河南的其他地方,例如洛阳,也有少数人。《太平寰宇记》作者乐史随南唐国君迁居河南,即是一例[2]。

除了上述各国的移民,由于首都的重要性和繁华,统一之后还有不少北方原宋境乃至辽国的人民向开封迁移。王素祖先原居大名,因任兵部侍郎"始家京下,著籍开封"[3]。类似因任官而留居的上层人士不会太少。还有很多没有地位或地位不高的人民向此迁移。石某原居关中,北宋初"因辇毂之下,士民恬安,于是遂携家以东",占籍祥符,就是一例[4]。善于在楼阁廊庑绘画的涿郡(今河北涿州)人高益,则是迁自辽国境内的北方移民[5]。

---

1 《宋史》卷478《南唐李氏世家》,第13863页。
2 王安石:《临川文集》卷99《乐氏墓志铭》,四部丛刊本。
3 张方平:《乐全集》卷37《王素神道碑》。
4 文同:《丹渊集》卷36《石君墓志铭》,四部丛刊本。
5 刘道醇:《宋朝名画评》卷1。

二 移民与开封和北宋的文化发展

宋人张方平在分析北宋长期安宁,"天下如一家,政事如一体"的原因时,歌颂了朝廷采取的一系列集权中央的措施,包括强制各国上层移居开封。他说:"我太祖武皇帝既擒诸僭王,创艾末大之弊,思拯涂炭,讲建长策,因四方渐定,诸帅王覬者则留宿卫,畜其族京师。"[1] 可见北宋将各国上层移民迁入开封的目的,是为了便于对君臣和上层人士及军队进行监督控制。

尽管这样,北宋对各国君臣和上层人士在生活上却予以很好的安置,并视原来的地位安排不同官职。宋朝"悉官(后蜀孟)昶故臣","又为其官属各营居第"[2],即是一证。国王中,只有后蜀孟昶、南唐李煜到开封不久死去,原因可疑;大臣中,除南汉的龚澄枢、李托和薛崇誉等人,因主刘𬬮在回答宋太祖责备时将过错推到他们身上而被斩首外,其余均得到优厚的生活待遇,且大多任官终身。任官最多的是吴越国国君钱氏的子孙,到北宋中期,"钱氏之有籍于朝者殆不可胜数,而以才称于一世尝任事者比比出焉"[3]。因此,宋朝将各国上层迁到开封,也是笼络、联合他们的一种手段。

唐后期五代,南方地区的经济文化发展迅速,与北方因长期战争造成的残破萧条形成强烈对比。由于这一原因,唐后期我国经济重心南移,五代时期文化重心也移到南方。五代北方文化的落后,于北宋初仍时时可见。黄河以北的河北路本是文化发达的地区,但北宋初承"五代兵革迁徙之余,而士日少"[4],仍相当落后。作为全路行政中心的大名府(治今河北大名县境)也不例外,"文儒荡然,学者名为儒不知为儒之谓"[5]。赵普是北宋初最著名的谋士,曾担任宰相,但读书不多,宋太祖不得不对他指出:"卿苦不读书,今学臣角立,隽轨高驾,卿

---

1 《乐全集》卷33《吴兴郡守题名记》。
2 吕祖谦:《东莱集》卷9《王公行状》,四库全书本;《宋史》卷479《西蜀孟氏世家》,第13878页。
3 王安石:《临川集》卷94《钱君墓碣》。
4 晁补之:《鸡肋集》卷29《祁州新修学记》,四部丛刊本。
5 柳开:《河东集》卷16《柳公行状》,四部丛刊本。

得无愧乎？"[1]正由于这样，当宋太祖看见徐铉、汤悦、张洎等江南著名文臣北迁时，情不自禁地对左右说："朕平金陵，止得卿辈尔！"[2]赵匡胤显然是看到大批具有较高水平的南方文人秀士迁入北方，对朝廷实行文治和促进区域文化发展产生积极作用，才掩饰不住自己喜悦心情的[3]。

以上所提到的徐铉，长期主持南唐文坛，北迁开封以后"儒笔履素为中朝士大夫所重"，"王溥、王祐与之交款，李至、苏易简咸师资之"[4]。上述诸人都是宋初有一定影响的文臣，除苏易简外其他人都是北方人。徐铉的弟弟徐锴也是江南著名文臣，北迁后同样声名卓著。欧阳修评价道："五代干戈之乱，儒学道丧，而二君能自奋然为当世名臣。而中国既苦于兵，四方僭伪割裂，皆褊迫扰攘不暇，独江南粗有文物，而二君者优游其间。及宋兴，违命侯来朝，二徐得为王臣，中朝人士皆倾慕其风采，盖亦有以过人者。"[5]另外，来自南唐的张洎、潘慎修、舒雅、吴淑、乐史，来自吴越的赞宁、黄夷简，来自后蜀的欧阳炯、李昊，都有一定的文名，北迁后均得到北方士大夫的尊重，作品大多具有一定的影响力。此外，宋初编辑《太平御览》《太平广记》《文苑英华》和《册府元龟》等四大类书的人员，大多是归降的南方文臣。太宗以后，通过科举进入仕途的南方文士不断有人迁居在开封——洛阳一线（详本章第四节），南方文化的影响日益扩大。在文学方面，真宗景德以后随着西昆体的创立，终于完成南文北移的过程，重文采、轻理思的南方文学成为上层宫廷文学的主流[6]。

北宋初北迁的南方画家在画坛的地位，与在文坛约略相同。由于唐末五代的长期战乱，北方的绘画艺术受到严重摧残，但南方的蜀中和南唐仍很繁荣。北宋初在朝廷的翰林图画院供职的著名画家中，除

---

1 文莹：《玉壶清话》卷2，中华书局点校本，第19页。
2 田况：《儒林公议》卷上，丛书集成初编本。
3 关于此次南方文人北迁对宋代文化特别是文学的影响，蒋安全的博士学位论文《宋代文学的文化阐释》（复旦大学中文系，1996年，油印本）下编有很好的论述，本节有关文学和文官政治部分吸收了此论文的研究成果。
4 《儒林公议》卷下。
5 《欧阳修全集·集古录跋尾》卷10《徐铉双溪院记》，世界书局本。虞云国据《十国春秋》本传，谓徐锴辛后第二年北宋攻灭南唐，故他临死前对家人道："吾今乃免为俘虏矣"，欧阳修此系误记。见虞云国：《评〈中国移民史〉——以辽宋金元时期为中心》，《浙江学刊》1998年第1期。
6 据蒋安全：《宋代文学的文化阐释》第一章第一节、第三节。

了郭忠恕、高益、王道真等少数人,多数是迁自后蜀和南唐的名画家。宋代是花鸟画和山水画的高峰,在北宋初期南方画家都占了重要地位。花鸟画分两大流派,一派以来自后蜀的画家黄筌、黄居寀父子为首,一派以来自南唐的画家徐熙为代表,人称"黄筌富贵,徐熙野逸"。山水画分北方山水派和南方山水派两派,北方山水派以关中人关同和河南人李成为代表,南方山水派以南唐画家巨然为代表[1]。

由于经济和地理条件等方面的原因,我国南北文化向有一定的差异,凡历史上的南北分裂时期,因文化交流相对较少,这种差异往往有所扩大。因此,统一之后的文化人物的移民,便成了通过交流缩小差异的重要途径,文化移民集中的都城成了南北文化交汇融合的主要舞台。如果说,隋代南、北方文臣大批迁入长安和洛阳,促进了南北文化交融从而缩小了魏晋南北朝大分裂造成的差异的话,北宋初各国文臣向开封的迁移必然也为缩小五代十国分裂造成的文化差异创造了条件。事实上,宋初不少北方文学家便很注意向南方文学家学习,或互为师友,或互相唱和,以达到取长补短,共同提高的目的。以上所说王溥、王佑、李至等人的事便是一个证明。来自京东路(在今山东省境)的文士王禹偁,不仅从北方人毕士安学文,也向南方文学家学习,终于"熔铸南北",成了著名的文学家[2],为此提供了另一个证明。"熔铸南北"之后形成的文风,只能是南北文学交融的产物。

南方文化的北移,不仅造成宋初文化的繁荣,而且有利于宋代文官政治初始格局的形成。迁居开封的各国文士在北宋朝廷任职,一下子占据许多重要的文官职位。以上所提到的张洎等九位文学家,便都在朝廷任职。潘慎修任翰林侍读学士,舒雅任秘阁校理,吴淑任大理评事,黄夷简任检校秘书监,赞宁任翰林史馆编修,欧阳炯任翰林学士,李昊任工部尚书,张洎官至参知政事。各国文臣以及此后源源不断通过科举进入朝廷的南方文臣,对宋代政治和文物制度建设作出了突出的贡献。北宋后期北方籍的著名文臣晁说之对此评论道:"本

---

[1] 参见童教英:《中国古代绘画简史》第六章第一节和第四节,复旦大学出版社1991年版;姚瀛艇主编:《宋代文化史》第十四章第一节,河南大学出版社1992年版。
[2] 蒋安全:《宋代文学的文化阐释》,第10页。

朝文物之盛,自国初至昭陵(仁宗)时,并从江南来。二徐(指徐铉和徐锴)兄弟以儒学显,二杨叔侄(指杨徽之、杨亿)以词章进,刁衎、杜镐以明习典故用,而晏丞相(殊)、欧阳少师(修)、魏乎为一代龙门,纪纲法度,号令文章璨然具备,有三代之风度。庆历间人材彬彬,号称众多,不减武、宣者,盖诸公实有力焉,然皆出于大江之南。"[1] 上述八人中,二徐和杨徽之、刁衎都是自五代入宋的文臣。

不过,晁说之谈的只是江南文臣对宋代文物制度的贡献,以人数计,在北宋前期的太祖、太宗和真宗三朝,职位较高的文臣仍多是北方人,南方人较少。据对《宋史》列传所载的文臣(不计宗室、周三臣传和世家)统计,其中共有 175 人,北方人 133 人,南方人 42 人,分别占总数的 76% 和 24%。到北宋后期的哲宗、徽宗和钦宗三朝,南方文臣的数量才超过北方[2]。

综上所述,各国移民向开封的迁移,促进了开封和北方文化的发展,为宋代成为我国古代文化发展的高峰奠定了基础。虽然本节对移民与经济的关系论述较少,但十余万人的迁入对城市商业和城市建设的促进作用,显然是不言而喻的。北宋以北迁的后蜀数百名锦工为基础建立绫锦院一事,也说明了移民对开封手工业发展的积极作用。因此,开封之所以成为北宋全国人口最多的城市和经济文化中心,无疑与初期将各国人民大批迁此有关。

第三节

北汉国人口的外迁

在五代十国区域政权中,割据今山西中部和北部的北汉是唯一建立在北方的割据政权。由于离首都开封较近,北宋建国之后即视其为腹心之患,开始攻打北汉,但屡攻不克,直到太宗太平兴国四年(979

---

1 朱弁:《曲洧旧闻》卷 1,四库全书本。
2 程民生:《略论宋代地域文化》,《历史研究》1995 年第 1 期。

年)才予以平定。

为了削弱北汉力量,自太祖时起即采取俘掠北汉人民并将之强制迁到宋朝中心地区的做法。建隆元年(960年)九月,宋将李继勋率军进入北汉界,烧平遥县,"掳掠甚众"[1],揭开了通过掳掠办法强制北汉人民迁移的序幕。三年三月,迁北汉降民于邢(治今河北邢台)、洺(治今永年东)二州安置。四月,北汉民470人前往邢州降宋[2]。乾德元年(963年)四月甲辰,朝廷下令以磁州(治今磁县)的空闲田地安置北汉降民[3]。二年六月,来自北汉军的俘虏千余人被释放,安置在开封附近,隶民籍[4]。三年三月,北汉罗侯、松谷两寨700余人前往晋州(治今山西临汾)降宋。六月,潞州官员向朝廷报告:"太原官吏将校多来归者",被送到开封[5]。开宝元年(968年)正月和四月,两批北汉军人近四百人到晋州降宋[6]。

上述迁移仍属战时掳掠对方人民的行为,迁移目的不明确,被迁移的人口数量也比较有限,对北汉的损害并不严重。开宝二年(969年),由于"河东外有契丹之助,内有人户输赋","恐岁月间未能下",绛州(治今山西新绛)人薛化光向朝廷建议:"凡伐木先去枝叶,后取根柢",在设据点阻断契丹援兵的同时,"起其部内人户于西京(今河南洛阳)、襄(治今湖北襄阳)、邓(治今河南邓州)、唐(治今唐河)、汝州,给闲田,使自耕种,绝其供馈。如此,不数年间,自可平定。"[7]这一建议的核心,是通过强迫移民削弱北汉国力,最后予以平定。宋太祖接受了建议,开始在战争过程中将北汉人民大规模外迁。

开宝二年春,宋太祖亲征北汉,包围太原。闰五月,徙太原诸县人口万余家于山东、河南[8]。五年十二月,北汉民2 248户至乾宁军(治今河北青县)降宋[9]。九年,宋军分路进攻北汉,进入北部的忻、代诸

---

1 《续资治通鉴长编》卷1。
2 《续资治通鉴长编》卷3。
3 《续资治通鉴长编》卷4。
4 《续资治通鉴长编》卷5。
5 《续资治通鉴长编》卷6。
6 《续资治通鉴长编》卷9。
7 《续资治通鉴长编》卷10,开宝二年闰五月己未。
8 《续资治通鉴长编》卷10。
9 《续资治通鉴长编》卷13。

州,俘北汉及山后诸州人民 48 000 余口,"尽驱其民分布河(黄河)、洛(洛阳)之间"[1]。

经屡次迁徙,北汉人口数量剧减,国力迅速衰弱。太平兴国四年(979年),宋太宗亲征,一举攻占太原,平定北汉。此时,北汉所统 11 州军仅剩人民 35 220 户,兵 30 000 人[2]。宋朝不仅将北汉主及其亲属迁到开封,也将平民迁到开封、洛阳、大名府(治今河北大名东北)等地[3]。甚至到第二年的正月,太宗还下诏要求抚慰那些躲入山林的北汉官吏将卒,将其传送上都,"随以处之"[4]。

北汉移民广泛分布在黄河以南、太行山以东的各路(见图 2-1)。据上所述,开封府、河南府(西京所在)、襄州、邓州、唐州、汝州、大名府、邢州、洺州、磁州、乾宁军等 11 府州军都有北汉移民,开封府所在的京畿地区可能移民较多一些。今山西南部的晋州和解州,北宋初属宋境,因而也有一些移民迁入。例如,南宋初宰相赵鼎的祖先便在宋太祖征河东时,自北汉迁居解州闻喜县[5]。

经过多次迁移,北汉国内的人口大部分都已迁走。李焘对薛化光的建议评论道:"先是陈洪进以漳、泉二州降,得户十五万一千九百七十八,兵一万八千七百二十七,继元所统,凡十一州军,得户才及漳、泉五之一。盖化光之策行,其耕民多南徙,所存无几,且兵数与民数略同,殆以一户奉一兵也,欲国不亡,得乎?"[6] 显然,北宋通过大量迁走人口以达到削弱北汉国力这一政治军事策略是成功的。唐天宝十四载,在北汉境内约有 26.5 万余户,而《太平寰宇记》所载的太平兴国后期到雍熙年间境内只有 8 万户不到,只及天宝年间的 30%左右。估计在太祖、太宗两朝外迁的北汉移民大约有二三十万人。由于人口减少较多,山西高原在全国人口中所占的比重,由天宝元年的 7%下降

---

1 《宋史》卷 482《北汉刘氏世家》,第 13939 页。
2 《续资治通鉴长编》卷 20,太平兴国四年五月癸未。
3 参见《续资治通鉴长编》卷 20,太平兴国四年五月戊子、丙申;穆修:《穆参军集》卷下《东海徐君墓志铭》;《宋史》卷 323《阎守恭传》。
4 《续资治通鉴长编》卷 21。
5 赵鼎:《忠正德文集》卷 10《自志笔录》,四库全书本。
6 《续资治通鉴长编》卷 10,开宝二年闰五月己未。

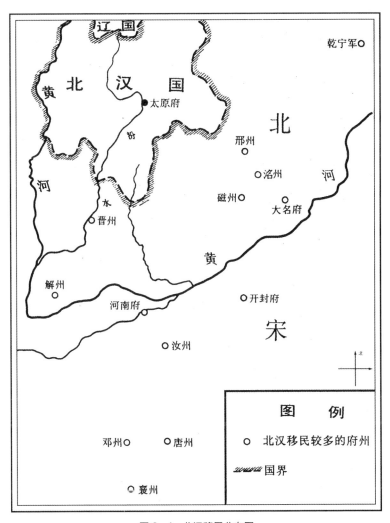

图2-1 北汉移民分布图

到太平兴国年间的 4.9%[1]。

以开封、洛阳为中心的京畿及其周围,是北汉移民的主要迁入区。这一区域北宋初人口甚为稀少,即使在北汉移民迁入以后近 20 年的至道二年(996 年),人们还说:"京畿周环三二十州,幅员数千里地,地之垦者十才一二,税之入者又十无五六。"[2] 移民迁入前人口之稀少可想而知。因此,移民的迁入,为这一区域的开发提供了一定数量的劳动力,促进了地区经济的恢复。直到仁宗皇祐二年六月,大臣丁度在和皇帝议事时,还举北汉移民为例说明移民对迁入区经济发展的作用:"西北之人,勤力谨俭,今以富称于乡里者,多当时所徙之民也。"[3]

虽然人口的大量外迁有利于河南、山东等地区经济的恢复,但对山西的经济而言却是致命的打击,终北宋一代山西都未能摆脱地广人稀、山区和沿边开发极差的基本面貌[4]。甚至某些手工业技术也因之失传,葡萄酒酿造技术的失传即是一例。唐五代葡萄酿酒技术主要掌握在河东人手里,北宋平北汉,"其酿法始入中都",为开封等地人所掌握[5]。但后来的河东人却不知葡萄酒酿制技术,例如金末的安邑一带"多葡桃(萄),而人不知有酿酒法"[6]。

第四节

北宋中后期京西地区的人口迁移

宋代的京西地区,指京西南路和京西北路,大致相当于今河南省

---

1 参见邹逸麟主编:《黄淮海平原历史地理》,安徽教育出版社 1993 年版,第 235—237 页。
2 马端临:《文献通考》卷 4《田赋四》。
3 《续资治通鉴长编》卷 168。
4 参见韩茂莉:《宋代农业地理》,山西古籍出版社 1993 年版,第三章第三节。
5 吴坰:《五总志》,四库全书本。
6 元好问:《葡桃酒赋并序》,载张金吾编:《金文最》卷 2,中华书局排印本。另,安介生的《北宋初年山西向外移民考》(载《晋阳学刊》1996 年第 3 期)所论述的北汉移民的背景和过程较本节稍详,可资参看。

除黄河以北及开封和商丘地区以外的区域,以及今湖北省的西北部,因位于都城开封以西而得名。在唐末五代的战乱中,京西地区的经济受到战争的严重破坏。宋统一以后,经济开始缓慢恢复。太宗至道二年(996年),为加速经济恢复,朝廷接受陈靖"以闲旷之田,广募游惰之辈,诱之耕垦"的建议,任命陈靖为劝农使,按行陈(治今河南淮阳)、许(治今许昌)、蔡(治今汝南)、唐(治今唐河)、邓(治今邓州)、汝(治今汝州)、襄(治今湖北襄阳)等州,招民前来垦荒。咸平二年(999年),真宗又下诏东、西京诸路招民开垦荒田[1]。天圣初年(1023年),仁宗下诏,人民流亡十年不归者,"其田听人耕,三年而后收赋,减旧额之半"。又诏:"流民能自复者,赋亦如之。"此后,"每下赦令,辄以招辑流亡,募人耕垦为言"[2]。

早期政府组织的移民,几乎都以京西和京畿诸州为主要迁入地,因此经济有所发展。但是,仁宗康定元年(1040年),欧阳修的一份报告却说"自京以西,土之不辟者不知其数"[3],仍未改变地广人稀的荒凉景象。特别是京西南路的唐、邓两州,旷土尤多,荒草遍地。在如何发展恢复区域经济的问题上,朝中大臣和地方官看法不一,"或请徙户实之,或议置屯田,或欲遂废唐州为县"[4],缺乏明确而得力的措施。

仁宗嘉祐年间(1056—1063年),赵尚宽任唐州知州,唐、邓地区招民垦荒的速度开始加快。当时,朝廷中正在议论是否要废唐州为县。赵尚宽认为:"土旷可益垦辟,民稀可益招徕,何废郡之有?"他派人修复汉代召信臣所修的古陂渠,溉田达万余顷。又教民开支渠数十条,扩大灌溉面积。由于农业生产条件改善,"四方之民来者云布"。赵尚宽下令荒田按人口分给移民,并把官钱贷给移民买耕牛。实行这些措施的第一年,当地农民复业和自淮南、湖北前来垦荒的移民便有2000余户。至第三年间,唐州人口增加1万多户,荒地获得开垦,"榛莽复为膏腴"[5]。由于政绩突出,赵尚宽受到朝廷褒奖并再留任。

---

1 马端临:《文献通考》卷4《田赋四》。
2 《续资治通鉴长编》卷192,嘉祐五年七月辛丑。
3 《续资治通鉴长编》卷129,康定元年十二月乙巳。
4 《宋史》卷173《食货志》,第4165页。
5 《宋史》卷426《赵尚宽传》,第12702页。

英宗治平元年(1064年)高赋继任唐州知州,继续采取招民垦荒的措施,招募两河的流民,计口分田,并修陂堰44处。到第二届任满离开时,唐州人民增加11 380户,田亩增加31 328顷,"山林榛莽之地皆为良田",几无旷土,政府税收也有较大的增长[1]。

关于邓州的招民垦荒虽然文献记载较少,但邓州常与唐州并提,似应有一定数量的移民前往垦荒。熙宁四年(1071年)七月,神宗分田给流民的诏令,也是下达给唐、邓二州的[2]。韩维任汝州知州时,也了解到"河东贫民多入唐、邓间以就熟请田",仅十日间从汝州城门经过前往的移民便有2 000余口[3]。

北宋中期,京西地区的其他府州,例如汝州和河南府登封县,在恢复经济的过程中,也都采取过类似唐、邓两州的招民垦荒措施。由于汝州"境土多榛莱,民力不足",朝廷下诏允许来自河北的饥民占垦荒地。在地方官的招集下,"至者如归"[4]。汝州移民除了来自河北,也来自河东(今山西省境)[5]。庆历间,由于"颍许(即颍昌府,治今河南许昌)之人,转流而占籍者,岁岁加益"[6],河南府登封县农业开始得到振兴。

除了因招民垦荒而迁入的垦殖移民,京西地区还有一定数量的为避黄河之害而流徙的移民,在洛阳、许昌等城市还有若干士大夫移民。

北宋时,横贯华北地区的黄河经常发生决溢、改道,每一次决溢改道都要引发严重的水灾,给人民生命财产造成重大损失,并使无数的人民流离失所。庆历(1041—1048年)以前,黄河决溢主要在河口和滑州(今河南滑县旧滑城)与澶州(今河南濮阳)间的河段,河北较为安全,因此,灾民多自河南流往河北。真宗景德三年(1006年),京东西、淮南诸路大水灾,河南流民便多流至河北,因而朝廷要求"河南流民至河北者,听请佃荒田"[7]。庆历以后,黄河在澶州和大名府(治今河北

---

1 范祖禹:《范太史集》卷43《高公墓志铭》,四库全书本。
2 《宋史》卷15《神宗纪》,第280页。
3 韩维:《南阳集》卷25《论河东流民札子》,四库全书本。
4 李昭玘:《乐静集》卷28《李奉议墓志铭》,四库全书本。
5 慕容彦逢:《摛文堂集》卷12《香山天宁禅院新塑大阿罗汉记》,四库全书本。
6 文同:《丹渊集》卷37《钱君墓志铭》。
7 《续资治通鉴长编》卷62,景德三年正月丁未、己酉。

大名县境)频繁决溢,并有一支北流到天津注入渤海,因此,灾民多自河北流往河南。虽然各次水灾过后流民大多返回故乡,但仍有一部分人在外地定居下来,成为当地的新居民。京西受河患影响较小,因此有部分人定居于此。例如,王速的祖先和李清臣,均原居大名府,为"避大河之患",分别迁居洛阳和偃师[1]。

黄庭坚《流民叹》记一次因河北水旱灾害和地震而产生的人口迁移,写道:"几州累累襁负襄(州)、叶(县)间,问舍无所耕无牛。初来犹自得旷土,嗟尔后至将何怙?"[2]显然,这是一次为躲避自然灾害向未尽开垦地区迁移的较大的移民活动。宋代黄河决溢次数较多,加速了华北生态环境的恶化进程,为避灾而形成的移民应有一定规模,只是文献中有关这方面的记载较少而已。

北宋时代,我国文化中心在开封和洛阳轴线上。开封作为首都所在,为达官贵人和士大夫云集之地。西京洛阳距开封道里较近,交通方便,城市繁华,风景秀丽,也是士大夫较多的地方。士大夫退休、下野,因政见不合辞官,无论原籍何地,多迁居或安置在洛阳。元丰年间,文彦博、富弼、司马光等三位离任重臣均居洛阳,"自余士大夫以老自逸于洛者于时为多"。此三人及其他士大夫共11人经常聚会,被称为"洛阳耆英会"[3]。北宋的著名理学家程颢、程颐、邵雍也居住在洛阳,并在此授徒讲学[4]。因此,洛阳是北宋理学的中心。由于"贤士大夫多居之",而且"其后居者众",洛阳"物(价)益贵"[5]。

在北宋中后期,许昌和洛阳并被称为"士大夫之渊薮",在党争激烈时住在两地的士大夫被"指为许、洛两党"[6],从一个侧面说明作为颍昌府治所的许昌也是士大夫较多的地方。颍昌府的阳翟县(今河南禹州)虽离许昌百里,但"公卿大夫托以居焉者,于京西为最盛"[7],侨寓的士大夫同样很多。颍州(治今安徽阜阳)为汴河所经,"厥土良沃,

---

1 楼钥:《攻媿集》卷90《王速行状》,四部丛刊本;晁补之:《鸡肋集》卷62《李公行状》。
2 《山谷集》外集卷1,四库全书本。
3 司马光:《传家集》卷68《洛阳耆英会序》,四库全书本。
4 参见《宋史》卷427《程颢传》《程颐传》《邵雍传》。
5 周南:《山房集》卷4《康伯可传》,四库全书本。
6 张邦基:《墨庄漫录》卷4,丛书集成初编本。
7 邹浩:《道乡集》卷25《浩然斋记》,四库全书本。

水泉鱼稻之美,甲于近甸",被认为便于居住的地方。因此,"自庆历以来,贤士大夫往往经营其处,以为闲燕之地",长乐王深甫、颍川辛成之、丹阳王隐甫等人均迁居于此[1]。著名文学家欧阳修自皇祐元年后也迁居于此[2]。这些人中,相当一部分是来自南方的士大夫。

第五节

西夏国的汉族移民和西北边族的内迁

一 西夏境内的汉族移民

自唐末五代以来,生活在关内道北部的党项人在李氏的领导下,据有今内蒙古河套以南的夏(治今陕西榆林横山区西北)、银(治今横山区东)、绥(治今绥德)、宥(治今内蒙古鄂托克旗境)和静(治今宁夏永宁县境)等五州之地,割据一方,积极扩展自己的实力。五代时由于南方各国割据,中原的罪犯流放西北边地,汉族罪犯"多亡投塞外"[3],包括逃入党项境内。

北宋太宗太平兴国七年(982年),党项贵族李继迁拒绝内迁附宋,集结力量与宋朝对抗,逐渐壮大。淳化元年(990年),辽国册封李继迁为夏国王。五年,李继迁将绥州居民迁到平夏城(在今宁夏固原市境)[4]。到真宗咸平六年(1003年),银、夏诸州的人民中,"衣食稍丰者"均被西迁到灵州(今宁夏灵武市境)一带[5]。西夏景宗天授礼法延祚五年(1042年),建都灵州,后又迁到兴庆府(原名兴州,治今银川),

---

[1] 苏颂:《苏魏公文集》卷61《王君墓志铭》,四库全书本。
[2] 《欧阳修全集》附《年谱》。
[3] 《续资治通鉴长编》卷18,太宗太平兴国二年正月庚辰。
[4] 《宋史》卷485《夏国传》。
[5] 《续资治通鉴长编》卷54,咸平六年五月壬子。

灵州—兴庆府一带成为统治中心所在和国内外移民的主要迁入地。

在11世纪中叶至12世纪30年代的近百年中,北宋与西夏处于时战时和的状态。由于各种原因,在宋夏之间存在着双向性的人口迁移[1]。迁入西夏的北宋人民,主要来自下列三部分人:

逃入者。为了扩大国力,西夏极力招徕宋境的各种人才,凡"举子不第,贫贱无归"的豪杰均收为己用,"或授以将帅,或任之公卿,推诚不疑,倚为谋主"[2]。在西夏的招徕下,"陕西戍兵、边人负过必逃","四方豪士稍不得志则攘臂而去",逃入西夏境内[3]。据说李元昊的谋士张元、吴昊都是华州(治今陕西渭南华州区)士人,因不为宋用,进入西夏境,"夏人倚为谋主,以抗朝廷"[4]。

此外,关陇地区的一些贫民在饥荒时为生计所迫,往往流入西夏[5]。某些原来居住在宋朝边境的少数民族部落,由于宋边将"失于抚御",也迁入西夏。咸平五年,麟(治今陕西神木市境)、府(治今府谷)两州的少数民族部落便多迁入西夏境内,以致张齐贤惊呼"如此,则二三年间麟、府州界蕃汉人户渐更衰耗"[6]。

被俘掠者。西夏军在攻入宋地时,常常将北宋边境的人民迁入国内。宋仁宗庆历三年(1043年)九月,负责对西夏作战的大臣范仲淹向神宗汇报,特意提到"近年缘边汉户被西戎俘掠不少"[7]。宋徽宗崇宁四年(1105年),西夏军攻入镇戎军(治今宁夏固原),也掠走数万人[8]。兴州、灵州等地汉人较多,他们大多是被西夏军队从宋境俘掠来的汉族人民[9]。

被买入者。这主要在饥荒年份,边户为生存而将子女卖入西夏[10]。

---

1 据王称《东都事略》卷127《西夏传》,契丹夹山部落的保家族800户在李元昊时迁入西夏,显然也有辽国移民迁入西夏。但文献中类似记载不多,表明辽国的移民人数较少,影响不大。
2 《续资治通鉴长编》卷124,宝元二年九月。
3 《续资治通鉴长编》卷139,庆历十二年二月乙卯。
4 洪迈:《容斋随笔》三笔卷11《记张元事》,南京大学出版社点校本。
5 《续资治通鉴长编》卷24,太平兴国八年五月。
6 《续资治通鉴长编》卷51,咸平五年三月癸亥。
7 《续资治通鉴长编》卷143。
8 《宋史》卷486《夏国传》,第14019页。
9 《续资治通鉴长编》卷316,元丰四年九月甲申朔。
10 《续资治通鉴长编》卷143,庆历三年九月壬辰。

为制止这种现象,宋朝曾经几次发布禁令。例如,淳化二年(991年)六月太宗下诏令:"西路诸州山川路口、镇寨,不得放过贩卖人口入蕃,及指挥汉户不得停泊",否则要受到严惩[1]。

在西夏国内,党项人和汉人是人口的基本组成部分,而汉人中除了原居民外都来源于北宋时迁入的移民。移民中的强壮者被编入军队,称为前军,作战时专门在前面冲锋陷阵,号称"撞令郎"。如果体力较弱并无专门手艺,则多被迁到黄河以西地区耕作,或前往边远的肃州(治今甘肃酒泉)戍守[2]。还有一些人,为党项人放牧牲畜,甚至被作为奴隶用来和边远地区的羌人交换羊马[3]。

虽然党项人是西夏的统治民族,但汉人也在西夏朝廷中担任重要职务,"自中书令、宰相、枢使、大夫、侍中、太尉已下,皆分命蕃汉人为之"[4]。西夏的官制和礼仪制度均仿照唐宋,孔子和儒学经典得到尊崇,汉字和西夏文字同样是通行文字,并建立了太学等各种学校[5]。富弼甚至说西夏:"得中国土地,役中国人力,称中国位号,仿中国官属,任中国贤才,读中国书籍,用中国车服,行中国法令。"[6]西夏境域在汉唐时代曾长期是汉人生活地区,党项族在唐代迁入以后即开始接受汉文化,西夏走向汉化是这种进程的继续和发展,而立国后自北宋迁入的汉人不仅对西夏的经济发展作出贡献,也大大加速了党项人的汉化进程。

二 西北非汉族人口的内迁

在11至12世纪前期,不仅在西夏境内有党项、吐蕃等非汉民族,在北宋的西北地区也有。党项族帐主要分布在绥、麟、府、环(治今甘肃环县)、庆(治今庆阳)、丰(治今陕西府谷西北)、代(治今山西代县)、

---

1 《宋会要辑稿》兵二七之三。
2 《宋史》卷486《夏国传》,第14028页。
3 《宋史》卷291《王博文传》,第9745页。
4 《宋史》卷485《夏国传》,第13993页。
5 参见李范文:《论西夏与宋的关系》,载《西夏研究论集》,宁夏人民出版社1983年版。
6 《续资治通鉴长编》卷150,庆历四年六月。

秦(治今甘肃天水)、原(治今镇原)、渭(治今陇西东南)等州和镇戎军(治今宁夏固原)。吐蕃族主要分布在仪(治今甘肃华亭)、渭、泾(治今泾川北)、原、环、庆、秦等州,以及镇戎军[1]。党项和吐蕃部落往往被泛称为蕃部或戎人,其中内属于宋的被称为熟户,其余被称为生户。

西夏境内的党项人是本国的统治民族。他们迁入宋境往往是在宋夏对抗时,或为北宋军队驱迫,或作战时沦为俘虏而内迁;还有一些人因与西夏统治阶层发生冲突而迁移,因而有着比较复杂的迁移背景。

北宋初年无暇顾及西北,对党项采取维持现状的态度,一方面委用当地酋豪以为笼络,另一方面派骁将长驻防守以备剿击[2]。为了避免蕃族人民一再犯法,陕西沿边各州均设立纳质院,收取各部落的子弟作为人质,有的人甚至从壮年一直禁锢到白发苍苍[3]。这种人质,长期离家,事实上已构成移民。开宝二年(969年)八月,由于驭下失当,部下多叛,灵武节度使冯继业举族内徙,成为较早内迁的蕃族首领[4]。

太宗太平兴国四年(979年)宋朝平定北汉,开始加强对西北边族的影响,居住在边境以外的蕃人纷纷表示归附,有的并迁入宋境。次年二月、闰三月、四月,四批居住在北宋边境以外的戎人大约818户10 393人归附。这几次内附分别由岢岚军(治今山西岢岚)、三交口(在今太原北)和代州(治今代县)向朝廷报告,文献均未记载是一般意义上的表示臣服还是内迁[5]。六年七月,近边戎人53户363口内迁到岚州(治今岚县北)[6]。

太平兴国七年,因诸族内乱,党项首领李继捧被迫附宋,率族人入朝,留居京师开封。宋朝并派使节前往夏州,迁李氏缌麻以上亲到开

---

1 参见《宋史》卷491《党项传》、卷492《吐蕃传》;顾吉辰,《北宋前期党项羌族帐考》,《史学集刊》1985年第3期。
2 参见江天健:《北宋对于西夏边防研究论集·北宋对于西北沿边蕃部的政策》,台湾华世出版社1993年版。此文于宋夏关系有较好的论述,以下有关部分主要据此。
3 《宋会要辑稿》刑法六之五二。
4 《续资治通鉴长编》卷10,开宝二年八月己卯、九月庚戌。
5 《续资治通鉴长编》卷21。
6 《续资治通鉴长编》卷22。

封。除李继迁等少数人拒绝迁移外,李氏亲族均被迁走[1]。由于李继迁等人的公开抗宋,党项地区局势开始紧张,但宋太宗仍未改变以往的对策,力求避免滋生事端。当年,银州党项拓跋遇部要求移居内地,太宗不予接纳,并"诏令各守族帐"[2]。

淳化以后,宋朝和西夏之间的战争开始升级,蕃族内迁的规模扩大。四年(993年)四月,府州观察使折御卿向朝廷报告,银、夏州管内的蕃户和汉户共8 000家"悉来归附"。虽然没有明载是否迁入内地,但折氏报告提到"录其马、牛、羊万计"[3],就近迁入府州(治今陕西府谷)一带的可能性很大。五年,由于夏州城(在今陕西榆林横山区西北)深处沙漠,数次为李继迁所据,宋太宗下诏将夏州民往东南迁到绥、银等州,并毁夏州城[4]。咸平五年(1002年)十二月,居住在黄河以西的西夏杂户2万余户降宋,被迁到河东的石州平夷(治今山西中阳)等县,拨以闲田,使之定居下来[5]。六年,李继迁战死,西夏人心浮动,党项西延家、妙娥、熟魏等部落请求内附,在宋军的策应下迁入宋境[6]。景德元年(1004年)二月,泾原部署陈兴率宋军进攻西夏储康努卜族;八月,进攻万子军主族帐,均俘获一定数量的西夏人民。真宗"诏所获戎俘并给土田资粮,无令失所",估计安置在泾、原等州[7]。四年六月,夏州民刘岩等2 000多人投宋,被安置在延州延川县(今属陕西)[8]。仁宗天圣三年(1025年)环州蕃部前后有万余人内附,朝廷要求有关地区"给土田处之"[9]。

1044年宋夏双方议和,达成和局。从此以后,西夏和北宋之间长期不曾兵戎相见,因战争导致的迁移已不多,但有时仍有一些党项部落因与西夏统治集团不和而迁往宋境。最大的一次迁移发生在宋英

---

1 《宋史》卷485《夏国传》,第13984页。
2 《续资治通鉴长编》卷23。
3 《宋会要辑稿》方域二一之二。
4 《续资治通鉴长编》卷35,淳化五年四月乙酉。
5 《续资治通鉴长编》卷53,咸平五年十二月壬戌朔。
6 《宋史》卷258《曹玮传》,第8985页。
7 《续资治通鉴长编》卷56,景德元年二月己巳;卷57,景德元年八月乙卯。
8 《续资治通鉴长编》卷65,景德四年六月庚申。
9 《续资治通鉴长编》卷103,天圣三年七月辛丑。

宗治平四年(西夏毅宗拱化五年,1067年),西夏横山(在今陕西榆林横山区东南)族帐15 000户45 100人,精兵1万人,因不愿西迁兴州,在首领嵬名山的率领下降宋,迁入绥州[1]。此后,又每户选出青壮年一人,组成捉生军,"分隶蕃将,贷以耕具",迁到延州(治今延安)、顺安(在今绥德东南)、怀宁(在今绥德西南)等地开荒垦种,并定居下来[2]。

在宋夏对峙时期,那些居住在边境地区的党项人和吐蕃人,往往游离于两国之间,视双方的力量兴衰而决定取从。即使迁居另一方境内,因战争形势变化和自身的利害关系,还会重新迁回原先的所在国。由于这一部分蕃人的人数不少,如何利用、拉拢他们便成为宋、夏两国军事和外交斗争的重点所在。为使内迁的蕃族能够定居下来,宋朝采取了适当的安置措施。熙宁三年(1070年)九月,由于"陕西诸路有投顺蕃汉人户",枢密院建议:不论边族人数多少,"宜令接纳,厚加存恤,审辩奸诈,不令有复归之计"。神宗采纳此建议,下诏"须耕种地土、赈济钱粮、犒赏之物,令宣抚使密戒诸路经度有备,先具可以安存之地以闻"[3]。据此,对待内迁的边族人户,不仅分给耕地使之有生存之资,而且赈济钱粮并发犒赏之物使之能有新迁不久必需的生活品。因此,边民迁入宋境后多能定居下来,与当地人"往往结为婚姻,久而不归"。神宗前后,李师中在鄜州洛川县便看见许多在宋夏交战后迁入的边民,他们与当地居民杂耕,互相通婚[4]。

西北边族移民的主要定居地是河东、永兴军和秦凤三路(今属山西、陕西、甘肃三省)的沿边地带。《宋史·兵志》载:"蕃兵者,具籍塞下内属诸部落,团结以为藩篱之兵也。……陕西则秦凤、泾原、环庆、鄜延,河东则石隰、麟府。其大首领为都军主,百帐以上为军主。"据《宋史·兵志》统计,秦凤、鄜延、泾原、环庆四路蕃兵的"强人"约达10万人,如加上老弱妇女,当不下20余万人。这些内属蕃部,一部分是当地原有居民,一部分则是内迁而至。

---

1 《续资治通鉴长编》拾补卷2,治平四年十月甲寅。
2 范祖禹:《范太史集》卷40《郭公墓志铭》。
3 《续资治通鉴长编》卷215。
4 《宋史》卷332《李师中传》,第10677页。

由于战争中居民人口减少较多，鄜、延等地自宝元(1038—1040年)用兵以后："地皆荒瘠……(户口)凋耗殆尽，其旷土为(内附)诸酋所有"[1]。估计在鄜、延等州的边境地区，内附的少数民族已在人口中占较大比重。还有一些地方，例如秦州，也是内迁边民较多的地方。在庆历二年(1042年)前的数十年间，秦州因"戎落内属益众"，"物货交会，闾井日繁，民颇附城而居"，城外的居民及驻军已达近万家[2]。

　　有时，朝廷因对移民不放心，还将他们再迁到中原地区。刘庠知太原府时，便曾将党项降人数千人由边地再向太原迁移[3]。真宗咸平五年(1002年)五月，由绥、夏移民组成的厅子军，由石州(治今山西离石)再迁到磁州(治今河北磁县)和相州(治今河南安阳)[4]。《宋史·仁宗纪》载：庆历二年(1042年)，"诏以京西闲田处内附蕃族无亲属者"。据此，可知今河南省境也有边族移民。

　　西北边族迁到北宋边境，有利于边区的经济发展。数十万人在边区长期屯戍，更为北宋的西北边防作出重要贡献。南宋初期的某些将领，如著名将领刘光世，都是长期在西北守边的西夏移民的后代。西北边族的内迁，还为北宋的中原文化增添了西北边族文化的色彩。元丰六年(1083年)五月，神宗曾在崇政殿中听米脂砦所降的党项乐工42人奏乐[5]，便是文化影响的一个证明。

第六节

北宋的西北屯田和移民

　　北宋西、北两面与西夏和辽相接，有着较长的边防线。为了开发

1　《宋史》卷332《赵禼传》，第10685页。
2　尹洙：《河南集》卷4《秦州新筑东西城记》，《宋会要辑稿》方域一二之四。
3　吕陶：《净德集》卷24《刘公墓志铭》，四库全书本。
4　《续资治通鉴长编》卷52，咸平五年七月甲午朔。
5　《宋会要辑稿》乐五之三九。

边区经济,以就近解决军队粮饷,并且在战时能配合军队作战,北宋在西、北边区进行了一定规模的移民屯田。马端临《文献通考》卷7《田赋考》载:

> 屯田因兵屯而得名,则固以兵耕;营田募民耕之,而分里筑室,以居其人,略如晁错田塞之制,故以营名,其实用民而非兵也。国初惟河北屯田有兵……熙、丰间,屯、营多在边州,土著人少,则不复更限兵民,但及给用,即取之,于是屯田、营田实同名异。而官庄之名最后乃出,亦往往杂用兵民也。……而边地荒弃者,又立顷亩,招弓箭手田;其不属弓箭手而募中土人往耕者,壤地租给,大抵参错,名虽殊而制相入也。……祖宗时,营田皆置务。何承矩建议于河北,欧阳修募弓箭手于河东,陈恕、樊知古招置营田于河东、北,范仲淹大兴屯田于陕西,耿望置屯田襄州,章惇初筑沅州,亦为屯田务,正以极边两不耕之地,并边多流徙之余,因地之利,课以耕耘,赡师旅而省转输,此所以为厎边实塞之要务,足国安民之至计也。

据上所述,边区屯、营田的基本劳动者,来自三部分人。一是驻军,二是称为弓箭手的民兵乡兵,三是内地迁入的"中土人"。所说"正以极边两不耕之地,并边多流徙之余"一语,表明边区民屯的主要生产者大多来自移民。所说"中土人",当指从已开发地区远距离迁去的汉人。弓箭手何许人?真宗景德二年(1005年)知镇戎军曹玮招募弓箭手屯田的建议对此作了解答。曹玮上言:"边民应募为弓箭手者,皆习障塞蹊隧,解羌人语,耐寒苦,有警可参正兵为前锋,而官未尝与器械资粮,难责其死力,请给以境内闲田,永蠲其租,春秋耕敛,出兵而护作之。"[1]也就是说,弓箭手中相当部分是在边区进行近距离迁移的本地人,政府将边地闲田分给他们,使之耕战结合,无事生产,有事配合作战。《宋史·兵志》在提到弓箭手时,往往说蕃、汉弓箭手,显然弓箭手既有汉族人民,也有周边民族的人民。

各地区募民屯田的情况不尽相同。

---

[1] 《续资治通鉴长编》卷60,景德二年五月癸丑。

太宗淳化四年(993年),河北沿边各州军修堰六百里,置斗门,引淀水灌田种稻,次年获得成功。真宗咸平五年(1002年),在顺安军(治今河北高阳东)、威虏军(治今徐水)、保州(治今保定)和定州屯田[1]。"由是自顺安以东濒海,广袤数百里,悉为稻区。"[2]到天禧末年(1021年),河北屯田每年收粮29 400余石,保州占了一半以上[3]。上述屯田主要生产者是军人,因前去屯田而进行的移民人数有限。河北屯田并没有持续很久,到神宗熙宁四年(1071年)因亏本改为募民租佃[4]。

北宋初期,河东路边民内迁,空塞下田地不耕,号为禁地,代州(治今山西代县)、岢岚军(治今岢岚)、宁化(治今宁武西南)、火山军(治今河曲南)一带荒田很多。仁宗庆历二年(1042年),在欧阳修的要求下,将岢岚军北面草城川一带田地募弓箭手屯垦,有2 000户农民前来应募。至和二年(1055年),又仿岢岚军例,募户4 000开垦代州、宁化军荒地近万顷[5]。此外,黄河以西的麟(治今陕西神木境)、府(治今府谷)、丰(治今府谷北)三州也招募弓箭手开垦荒田。到英宗治平末年(1067年),河东七州军共有弓箭手7 500人[6],如加上家属约有二三万人。

陕西是北宋抵御西夏的主要战线所在,屯田较盛。庆历元年(1041年),延州(治今延安)在险要地方修筑11个城堡,继又招民垦荒,"可食之田尽募民耕之,延安遂为乐土"[7]。治平末,陕西十州军弓箭手并砦户达46 300人[8]。神宗熙宁五年(1072年),鄜延路以15 900顷耕地,招募汉蕃弓箭手4 900人前来垦种。元丰五年(1082年),鄜延路又以新收米脂、吴堡、义合、细浮图、塞门五砦地置汉、蕃弓箭手[9]。

---

1 马端临:《文献通考》卷7《田赋考》。
2 《宋史》卷273《何承矩传》,第9328页。
3 《文献通考》卷7《田赋考》。
4 《文献通考》卷7《田赋考》。
5 《宋史》卷190《兵志》,第4712—4713页。
6 《宋史》卷190《兵志》,第4712—4713页。
7 司马光:《传家集》卷76《庞公墓志铭》。
8 《宋史》卷190《兵志》,第4712—4713页。
9 《宋史》卷190《兵志》,第4714—4715页。

陇东的屯田也具有一定规模。真宗咸平四年(1001年),建镇戎军(治今宁夏固原),并在军城四面屯田,以下军2000人开田500顷。不久,原州(治今甘肃镇原)和渭州(治今平凉)也开方田,安置内迁的边民垦荒[1]。大中祥符四年(1011年),泾原路在陇山外笼竿川一带立堡塞,募弓箭手屯田[2]。仁宗皇祐三年(1051年),泾原经略使夏安期募人耕塞下荒田,"岁得谷百万石"[3]。庆历四年,韩琦向朝廷报告:"泾原路缘边地土最为膏腴,自来常有弓箭手家人及内地浮浪之人诣城寨官员求先刺手,皆候有空闲地土摽占,谓之强人。"[4]在熙宁七年(1074年)前,泾原路又召人开垦塞下荒地[5]。哲宗元祐三年(1088年),渭州以荒地万余顷招弓箭手5261人耕种[6]。

熙宁四年(1071年),王韶经略熙河,夺取今青海东部和甘肃南部原吐蕃唃厮啰之地。为了巩固新边区,王韶在熙河地区组织屯田。五年五月,招募到汉人900余人,耕田100顷,建酒坊30余处[7]。十月,由于王韶说洮河一带可开为稻田,朝廷诏南方各路"如有谙晓耕种稻田农民犯罪该刺配者",刺配熙州,至300人止[8]。七年,王韶又以河州(治今甘肃临夏)近城平地招募汉弓箭手屯田,其山坡地则招募蕃弓箭手[9]。徽宗崇宁二年(1103年),由于"拓境益远",需要到新开的边区屯田,熙河路将本路汉、蕃弓箭手每一家选一丁,"官给口粮,团成耕夫(赴新区)使佃官庄"[10]。此后,连僻远的西宁(治今青海西宁)、湟(治今乐都南)、廓(治今尖扎县境)、洮(治今甘肃临潭)和积石(治今青海贵德东)等州军,也进行了屯田。除了弓箭手屯田,还有一些汉人在此买田,甚至有买田达1000余顷者[11]。

---

1 《宋史》卷176《食货志》,第4265—4266页。
2 《续资治通鉴长编》卷76,大中祥符四年九月丁丑。
3 《续资治通鉴长编》卷170,皇祐三年二月丙午。
4 载《续资治通鉴长编》卷149,庆历四年五月壬戌朔。
5 《宋史》卷190《兵志》,第4720页。
6 《宋史》卷190《兵志》,第4716页。
7 《续资治通鉴长编》卷233,熙宁五年五月辛卯。
8 《续资治通鉴长编》卷239,熙宁五年十月甲辰。
9 《宋史》卷190《兵志》,第4714页。
10 《宋史》卷190《兵志》,第4718页。
11 《宋史》卷190《兵志》,第4722—4723页。

综上所述,北宋的屯田已遍及各沿边地区,甚至连高寒的青藏高原东北部也有了屯田。屯田的生产者,除河北主要是军人外,其他地区多是自附近迁入的弓箭手和从内地前去的农民。这些屯田,不仅部分解决了宋军的军粮供应问题,更大大促进了西北边区的农业开发。在宋夏主要交通线所经的今延河、无定河、马莲河、清水河和渭河中上游的河谷地带,以及今兰州和定西一带,都有相当多的边地被开发出来[1]。即使位于北宋最西端最后收复的西宁、湟、廓等州,屯田也很有成就,不仅募士7 400余人,开出善田26 000顷,而且修复汉唐古渠[2]。可以说,北宋的西北屯田给陇东、陕西北部和青海东部等地区带来了自唐后期以来的又一次农业发展。

移民屯田还导致了经济地理格局的改变。禁军和弓箭手等各式军人均屯驻在星罗棋布的堡、寨之中,堡寨所在地不仅是农业较为发达的地区,也成为汉蕃互市的商业点。有的堡寨人口较多,且居于交通要道,地位重要,上升为镇,乃至以之为治所新设县、军或州[3]。

至今在陕北、陇东地区当年的宋夏边防线上,还能常常见到北宋驻军的堡寨遗址。

不过,由于政府组织屯田的目的是要解决眼前的军粮供应问题,缺乏长远的考虑,往往采用粗放的掠夺式经营,并不注意保护地力。加之军队的屯驻地常常随战争起落而游移不定,各种农田基本建设和水利工程均无从谈起。因此,在黄土高原大面积开垦土地的同时,也加速了水土流失,导致生态环境的迅速恶化[4]。

---

1 参见韩茂莉:《宋代农业地理》第三章第四节。
2 《宋史》卷357《何灌传》,第11226页。
3 参见江天健:《北宋对于西夏边防研究论集·二、北宋陕西路沿边堡寨》。
4 参见韩茂莉:《宋代农业地理》第三章第四节。

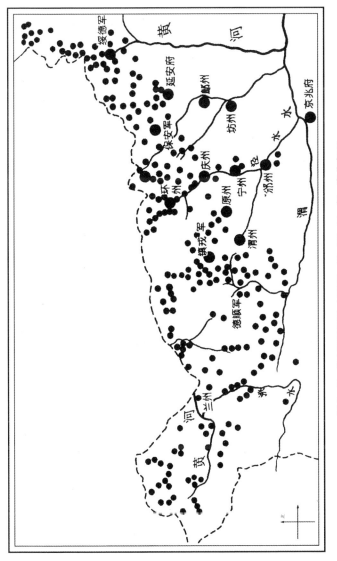

图 2-2 北宋陕西沿边主要府、州、军、县、堡、寨分布图
据韩茂莉《宋代农业地理》附图八,增加了地名和河流

第三章

辽金时期东北地区的人口迁移（上）

本章所说的东北，指今辽宁、吉林、黑龙江三省，内蒙古自治区的东部，河北省的今长城以北地区，以及今属俄罗斯和蒙古国的毗邻区域。唐五代以前，东北民族分属于东胡、通古斯和汉三个系统。汉族迁自中原地区，主要居住在今辽宁省境。东胡系有契丹、奚等民族，主要生活在内蒙古东部草原。通古斯系主要有源自肃慎的粟末靺鞨（后称渤海）、黑水靺鞨（后称女真）等民族，生活在东北东部地区以及今俄罗斯的毗邻区域。

辽金时期东北的人口迁移，分汉族人民自中原迁入东北、东北土著民族在区域内部迁移、非汉族人民自周边迁入东北等三种类型，以前两种最为重要。契丹族和女真族初兴时，无不首先以统一东北为目标，将被征服的土著民族迁入自己所在地区。统一以后，出于军事防卫和垦荒的目的，往往又将被征服民族迁入需要的地区。为便于统治，他们并将本民族的人民迁离家乡，散居到各地区。当他们攻入中原地区时，强制性移民的空间范围便从白山黑水扩大到黄河流域，大批的汉族人民在战争中主要因被掳掠等原因而迁移到东北。当他们兵锋指向东北以外的周边地区时，又将突厥、党项、回鹘等近十个生活在东北以外的非汉民族人民迁入区内。因此,辽金是东北历史上人口迁移活动相当频繁的时期,人口的迁移对区内人口发展、民族变迁和地区开发产生了深远影响,并波及这一历史时期的中国社会发展。

以下按汉族人民、土著民族和区外的非汉民族的次序,论述各族人民的迁移和移民分布,再论其影响。

第一节

辽代汉族的迁入

一 迁移过程

辽的统治民族契丹族主要生活在今内蒙古东南部的西辽河流域。唐末,契丹的社会经济获得很大的发展,力量开始强大。唐昭宗天复元年(901年),痕德堇立为契丹可汗,以耶律阿保机为夷离堇(军事首长),专事征讨,统兵进攻室韦、于厥及奚等东北民族,并南下攻入中原。

契丹军队的每次对外作战,无不以俘掠人口为主要军事目的之一,将外民族的人民大批俘掠,带到契丹所在地区。天复二年七月,阿保机率兵40万进攻位于今山西境内的河东和代北地区,攻下九个州,"获生口九万五千";三年十月,进攻蓟州(治今天津蓟州)北部,"俘获以还";哀帝天祐二年(905年)冬,进攻幽州(治今北京市区南),"拔数州,尽徙其民以归"[1]。

唐末中原政局混乱,战乱不已,民不聊生。河北、河东缘边地区的人民为避战乱,纷纷逃入相对和平的契丹境内。当时,"(幽州节度使

---

[1] 《辽史》卷1《太祖纪》,第1—2页。

刘守光暴虐,幽、涿(治今河北涿州)之人多亡入契丹"[1]。辽太祖元年(907年),平州(治今河北卢龙)刺史刘守奇因其兄刘守光囚父夺权,率数千人降辽,被安置在平卢城(今辽宁朝阳)[2]。神册二年(917年),河东李存勖下辖的新州(治今河北涿鹿)裨将卢文进杀节度使李存矩,率部众降辽[3]。六年,新州的另一位将领防御使王郁以所部兵马附辽,部众被安置在潢水(西拉木伦河)之南[4]。

作为一个有远见的领导人,辽太祖阿保机懂得安抚境内的汉人,并利用他们发展自己力量的重要性。他接受韩延徽的建议,"树城郭,分市里,以居汉人之降者。又为定配偶,教垦艺,以生养之",使汉人安心定居在滦河流域,"以故逃亡者少"[5]。卢文进、王郁等降将均为辽所重用,韩延徽曾一度因思乡而南返中原,复归后仍委以重任。借助于汉人的力量,阿保机才能够取消部落首领数年一换的制度,摆脱贵族集团的影响,巩固自己的统治。阿保机对待汉族移民的这种政策,也为辽的历代统治者所继承下来。

东北统一以后,阿保机及其继立者太宗耶律德光不断向南扩张,并参与中原的政治角逐。天显十一年(936年),太宗率辽军南下支援石敬瑭反叛后唐,击败唐军,册立石敬瑭为皇帝,建立后晋政权。为表示感谢,石敬瑭割让幽蓟十六州地予辽。辽占领这一地区,并经常以此为基地,南下攻入宋境。直到辽圣宗统和二十二年(宋真宗景德元年,1004年),辽宋双方签订澶渊之盟,达成和局,双方才停止战争。

在此以前长达百年的时间中,来自中原政权统治地区的汉族人民,通过自愿和被迫两种方式(以被迫为主),大批迁入辽的统治地区,包括东北地区。据《辽史》诸本纪和《兵卫志》,以及旧、新《五代史》之《契丹传》和叶隆礼《契丹国志》,自阿保机自立为皇帝以来比较重要的掳掠活动有:

太祖六年(912年),亲征幽州,"俘获甚众,振旅而还"。

---

1 《新五代史》卷72《四夷附录》,中华书局点校本,第886页。
2 《辽史》卷1《太祖纪》,第3页。
3 同上书,第11页。
4 《辽史》卷2《太祖纪》,第17页。
5 《辽史》卷74《韩延徽传》,第1231页。

神册元年(916年),攻蔚(治今河北蔚县)、新、武(治今宣化)、妫(治今怀来)、儒(治今北京延庆)五州,"俘获不可胜计"。

神册五年,攻天德军(治今内蒙古乌拉特中后旗西南),"徙其民于阴山南"。

神册六年,分兵掠檀(治今北京密云)、顺(治今顺义)等州和安远军(治所今地不详)、三河、良乡、望都、潞(今北京通州东)、满城、遂城等县,"俘其民徙内地"。皇太子略定州(今属河北),"俘获甚众"。其中,檀、顺两州人民被安置在东平(今辽宁辽阳)和沈州(治今沈阳)。

天赞三年(924年)五月,徙蓟州(治今天津蓟州)民实辽州(治今辽宁新民县境)。

太宗天显九年(934年),占领武州的阳城和洼儿城,"括所俘丁壮籍于军"。

会同七年(944年),大举伐晋,一直攻至贝州(治今河北清河以东)和博州(治今山东聊城以东),"徙所俘户于内地"。

会同八年,分兵攻邢(治今河北邢台)、洺(治今永年东)、磁(治今磁县)三州,"杀掠殆尽"。

大同元年(947年)正月,灭后晋,送出帝石重贵及其母、妃、妻、弟、子于黄龙府(今吉林农安)安置,以宫女、侍者一二百人相随。后晋诸司僚吏、嫔御、宦寺、方技、百工悉送上京(在今内蒙古巴林左旗境)。四月,攻入相州(治今河南安阳),"悉杀城中男子,驱其妇人而北"。

世宗天禄元年(947年),契丹放弃定州,"尽驱人民入蕃,惟余空城瓦砾而已"。

天禄三年,攻陷贝州高老镇,略地邺都、南宫、堂阳,"俘获甚众"。

天禄四年,攻下安平、内丘、束鹿等城,"大获而还"。

景宗保宁九年(977年),耶律沙、敌烈"献援北汉之役所获宋俘"。

乾亨元年(979年)六月,宋灭北汉国,北汉大将刘继文、卢俊来奔。七月,辽军在高梁河(在今北京外城一带)大败宋军,"耶律沙遣人上俘获"。

圣宗统和四年(986年),辽军破固安、望都、冯母镇、深州,纵兵大掠。

统和五年,破束城县,"纵兵大掠"。破文安,"尽杀其丁壮,俘其老幼"。

统和六年,攻河东长城口,"杀获殆尽"。攻下祁州(治今河北无极),"纵兵大掠"。

统和十五年二月,"徙梁门、遂城、泰州、北平民于内地"。

在长达近百年,遍及河北和河东的北部、中部地区,规模空前的掳掠人口活动中,究竟有多少人被掳掠或自愿迁到东北地区,已无法作确切的统计。《资治通鉴》卷291载:后周广顺二年(952年)十月,"契丹瀛、莫、幽州大水,流民入塞散居河北者数十万口……中国民先为所掠,得归者什五六"。元刊本《契丹国志》卷5《穆宗纪》载此事作"四十万"。邹逸麟先生据此推测被掠去的约略有七八十万人以上,迁到长城以外辽河流域的可能有三四十万人[1]。根据《辽史·地理志》的记载,辽代以汉族人户建立的州县甚多,分布极为普遍,邹先生这一估计当能反映移民规模。

不过,自后周广顺二年至辽圣宗统和二十二年(1004年),还有半个世纪,还需要估计在此期间的移民数量。北宋雍熙三年(986年)正月,宋琪说:"自阿保机时至于近日,河朔户口掳掠极多,并在锦帐、平卢,亦迩柳城。辽海编户数十万,耕垦千余里。"[2] 据此看来,在五代后期至北宋初的近一个世纪中,河北被辽掳掠的人口数量不少,而居住在辽海地区(指辽河流域)的数十万编户可能大部分都是汉人。《辽史·兵卫志》载宫卫骑军有蕃汉转丁24.8万,三京(上京、中京和东京,皆在东北)乡丁22.6万,其中蕃汉转丁为多。志载"契丹本户多隶宫帐、部族",则蕃汉转丁系指被俘虏来的非契丹族人丁,其中相当一部分是汉族人丁。如以平均每家出两丁、每家五口计,则大约有100余万。假如汉族占三分之二,约有六七十万人。东北地区的汉族移民及其后裔最低应有此数。

辽末女真人兴起,数次击败辽军,辽不得不"数起燕云之人入辽东、

---

[1] 《辽代西辽河流域的农业开发》,载陈述主编:《辽金史论文集》第二辑,书目文献出版社1987年版。
[2] 《续资治通鉴长编》卷27。

长春等路"与女真作战。但是,这些乌合之众"累战累败,多为所房,不得西归乡里"[1],成为辽代最后一批自中原迁入东北的汉族移民。

二 分布状况

为了管理"诸王、外戚、大臣及诸部从征俘掠"来的外族移民,辽建立头下军州,"各团集建州县以居之"。此外,又建立一般的行政州县,它"以征伐俘户建州襟要之地,多因旧居名之"[2]。《辽史·地理志》于一些州县下,载明居民的原籍和户数。今将志所载上京道、东京道和中京道境内的汉人分布整理如表3-1。

表3-1 《辽史·地理志》所载东北的汉人分布

府州县名	治所今地	汉户状况
上京道		
上京临潢府		
临潢县	内蒙古巴林左旗南	太祖天赞初以所俘燕、蓟人户建,户3 500
长泰县	同上	户4 000,小部分是汉人
定霸县	同上	户2 000,小部分是汉人
潞县	同上	本幽州潞县民,天赞元年迁此,与渤海杂处,户3 000
怀州	巴林左旗西	户2 500,小部分是会同中所掠的燕、蓟俘户
庆州	巴林左旗西北	有永庆陵,置蕃、汉守陵户3 000户
泰州 兴国县	黑龙江泰来西	本山前之民,因罪配隶至此,户700
长春州 长春县	吉林大安东南	燕、蓟犯罪者流配于此,户2 000
乌州 爱民县	吉林双辽西	拨剌王从军南征俘汉民置此,户1 000
仪坤州 广义县	内蒙古翁牛特旗西	应天皇后以四征所俘居之,户2 500
龙化州 龙化县	内蒙古奈曼旗西北	唐天复二年破代北迁民居之,次年又迁女真数目户,户1 000
壕州	辽宁彰武东	国舅宰相南征俘掠汉民居此,户6 000

---

1 宇文懋昭:《大金国志》卷3《太宗文烈皇帝一》,崔文印校证,中华书局1986年版,第44页。
2 《辽史》卷37《地理志》,第448页,438页。

续 表

府州县名	治所今地	汉户状况
原州	辽宁康平西北	国舅金德俘掠汉民建城,户 500
福州	内蒙古科左后旗东	国舅萧宁南征俘掠汉民居此,户 300
顺州	辽宁阜新东南	横帐南王府俘掠燕、蓟、顺州之民,建城居之,户 1 000
镇、维、防州	蒙古国中部	渤海、女真、汉人配流之家 700 余户分居三州
东京道		
东京辽阳府	辽宁辽阳	神册四年迁渤海和汉民实之,以渤海人为主,外城称汉城
保州 来远县	朝鲜新义州境	迁辽西民实之,又徙奚、汉兵 700 名驻防
宣州	同上	开泰三年徙汉户置,隶保州
来远城	辽宁丹东东北	统和中伐高丽,以燕军骁猛,建城防守
宗州	辽东,确地不详	耶律隆远以所俘汉民置
海北州	辽宁义县南	世宗以所俘汉户置
贵德州	辽宁抚顺北	太宗时察割以所俘汉民置
沈州 乐郊县	辽宁沈阳境	太祖俘蓟州三河县民置
灵源县	同上	太祖以所俘蓟州吏民建
广州	沈阳西南	开泰七年以汉户置
辽州 祺州	辽宁康平东南	太祖以檀州俘户建
遂州	辽宁彰武西北	耶律颇德以部下汉民置
双州	辽宁铁岭西	沤里僧王以所俘镇、定两州之民置
咸州	辽宁开原境	平、营等州客户数百建城居之
信州	吉林公主岭境	开泰初以所俘汉民实之。下辖 2 县,其中武昌县户 1 000
龙州	吉林农安	以宗州、檀州汉户 1 000 复置
顺化城	辽宁瓦房店南	开泰三年以汉户置
衍州	辽宁辽阳东南	以汉户置
连州	同上	以汉户置
中京道		
中京大定府	内蒙古宁城境	统和二十五年城之,实以汉户
大定县	同上	以诸国俘户居之

续表

府州县名	治所今地	汉 户 状 况
长兴县	同上	以诸部人居之
惠州	内蒙古敖汉旗南	太祖俘汉民数百居此,置州
武安州	内蒙古敖汉旗东	太祖俘汉民置,复以辽西户益之
榆州	辽宁凌源西	横帐解里以所俘镇州民置
泽州	河北平泉南	太祖俘蔚州民,立寨居之
北安州	河北承德西	圣宗以汉户置
兴中府	辽宁朝阳	太祖平奚及俘燕民,于此建城
兴中县	同上	太祖掠汉民居此
营丘县	辽宁朝阳市境	以汉民置
黔州	辽宁北票东南	原以渤海户置,安帝置州,益以汉户
宜州	辽宁义县	兴宗以定州俘户建州
锦州	辽宁锦州	太祖以汉俘建州
岩州	辽宁兴城市境	太祖迁汉户与渤海杂居此
建州	辽宁朝阳西南	原后晋太后及其随从人员居此耕垦

图 3-1 之汉族部分系据上表制成。由于一部分州县缺乏户口数字,无法全面准确地反映汉人在东北的分布状况,但仍可看出大概。辽代汉人在东北分布极为广阔,西至内蒙古西拉木伦河和今河北承德市以西,南至渤海北岸,北到今嫩江下游的黑龙江泰来县,东南到鸭绿江畔。甚至位于今蒙古国中部鄂尔浑河和克鲁伦河的镇、维、防三州,也有渤海、女真、汉人流入 700 余户。据《辽史》卷 26《道宗纪》,在位于今蒙古国乌兰巴托以西的西北路招讨司,还驻有汉人组成的军队汉军。

不过,以人数论,显然以三个区域最多,一是今内蒙古巴林左旗境内,二是今辽宁省中西部,三是今内蒙古宁城县及其附近地区。

位于今巴林左旗境内的辽上京临潢府,在较长的时间中是辽国的都城,汉人较多。汉人占各县户数的比重不一,如以汉人所置的县(临潢)基本是汉人,为主的县(潞县)占三分之二,其他有汉人的县(长泰、定霸)占三分之一计,汉人约有 7 500 户,37 500 余口(以每户 5 口

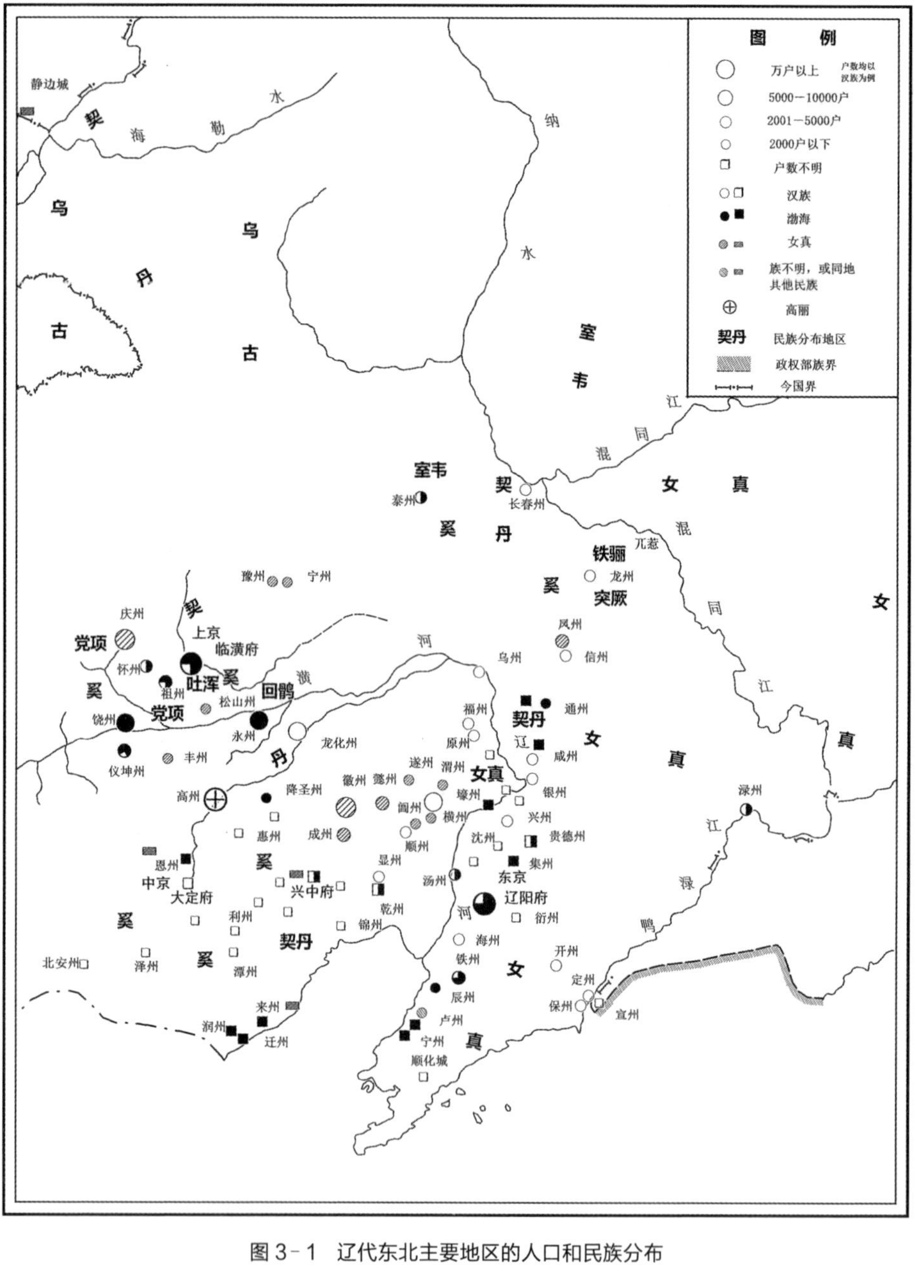

图 3-1 辽代东北主要地区的人口和民族分布

计)。胡峤《陷辽记》说,辽上京城内,"宦者、翰林、伎术、教坊、角觝、秀才、僧、尼、道士等,皆中国人,而并、汾、幽、蓟之人尤多"。首都所在的临潢县即以幽(燕)、蓟人户置,所属3 500户基本为汉人。此外,临潢府附近的怀州、庆州也杂有汉人,估计约有1 800余户,9 000余人。

今河北省长城以北和内蒙古赤峰市以南地区,辽代属中京道,本为奚族的生活地区。但据宋人途中所见,这一带"耕种甚广,牛羊遍谷,问之,皆汉人佃奚土,甚苦输役之重"[1],汉人数量很多。中京大定府(今内蒙古宁城县境)位于该区域中心,后期曾为辽国都城。府城于统和二十五年(1007年)修成后,实以汉户,则这一带汉人为基本居民。城外农村也有许多汉人,宋人路振说其在城外30里所见:"山远路平,奚、汉民杂居益众。"[2]

今辽宁省中部和西部地区辽代分属于东京、西京和中京等3道以及上京道的部分地区。基本是汉人或以汉人为主的州县有上京道的壕州、原州和顺州,中京道的榆、锦、兴中、营丘、黔、宜、岩、建等10州县,东京道的宣、来远、宗、海北、贵德、广、沈、信、龙、咸等18州县,以及南京道的营州。上京道3个汉人为主的州共有汉户7 500,约37 500余人。其中,壕州(位今彰武一带)有户数6 000,是人口较多的州。中京道和东京道各州县多缺少户数,但辽西诸州与壕州近在咫尺,汉人为主的州县人口似不会过少。东京辽阳府城(今辽阳)以渤海和汉族人户建,外城谓之汉城,当主要为汉人所居,其中"军巡院、归化营军千余人,河朔亡命,皆籍于此"[3]。东京道以汉人为主而建的州县共18个,在主要州县中占相当比重。道宗寿昌四年(1098年)贾师训谏迁奚部汉人事,举辽东的汉人为例:"辽东旧为渤海之国,自汉民更居者众,迄今数世无患。"[4]据此,辽太平九年大延琳乱后迁入辽东的汉人为数甚多,已取代渤海人成为当地人口的主要部分。谭其骧先生指出:"东京本渤海故地,既灭渤海,几尽徙其户上京,其地空,乃以汉

---

[1] 苏颂:《苏魏公文集》卷13《牛山道中》。
[2] 转引自江少虞:《宋朝事实类苑》卷77《安边御寇・契丹》,第1012页。
[3] 《辽史》卷38《地理志》,第456页。
[4] 佚名:《贾师训墓志铭》,载陈述辑校:《全辽文》卷9,中华书局1986年版,第254页。

俘实之焉。因故汉户所建州县独多,而迁渤海本户以置者较少。"[1]

辽代设长春路以镇抚女真和室韦,下辖黄龙府兵马都部署司、咸州兵马详稳司和东北路都统军司,管辖地域相当于今之吉林中部、辽宁中北部和吉林省西部白城市一带。辽末女真起义,击败东北的辽军,辽宰相张琳建议调用20万汉军,为天祚帝采纳,"即降宣札付上京、长春、辽西诸路"征兵[2]。据此看来,直到辽末,上京、中京以及长春(治今吉林大安东)一带仍是汉人较多的地区之一。

上述汉人的主要分布地,依流域划分,主要集中在今之西辽河流域和大凌河上游,宋琪说河朔人户"并在锦帐、平卢,亦迩柳城",即指这一片地区。

第二节

金代汉族的迁入

一 迁移过程

公元1115年,女真族首领完颜阿骨打(后改名完颜旻)在今黑龙江省哈尔滨市阿城区以南建立金国,是为金太祖,立年号为收国。天辅四年(1120年),攻占辽上京临潢府。六年,又攻占中京大定府和南京析津府(今北京市区南)。太宗天会三年(1125年),擒捉天祚帝,辽亡。

天辅六年十二月,金军攻占燕京(即原南京析津府),不久降服邻近的其他州郡。次年二月,"尽徙(燕京及其周围)六州氏族、富强、工技之民于内地"[3],揭开了金代强制性移民东北的序幕。一些燕京人

---

1 《辽代"东蒙"、"南满"境内之民族杂处》,载《长水集》,人民出版社1987年版,第255页。
2 叶隆礼:《契丹国志》卷10《天祚皇帝上》,第104页。
3 《金史》卷46《食货志》,第1032—1033页。

民自松亭关(今河北迁西喜峰口)迁入东北,另一些人往东迁移,至平州(治今河北卢龙)为刚刚叛金的南京留守张觉放回[1]。十一月,由于张觉军队威胁迁(治今河北秦皇岛东)、润(治今秦皇岛西北)等州,金将诸州的人民迁于沈州(治今辽宁沈阳)[2]。

灭辽以后,金军迅即挥兵南下,进攻北宋,从而将掳掠人口的区域扩大到北宋的广大地区。

金兵从开封北撤时,"华人男女,驱而北者,无虑十余万"[3]。"男女北迁者以五百人为一队,房以数十骑驱之",如赶牲畜,景况十分凄惨[4]。除宋朝的徽宗、钦宗二帝及在开封的宗室、百官、宫女、宦官、工匠、娼伎、乐人、画师、医生等各色人约十万人也被迫北迁[5]。

华北其他地区的人民也大批北迁。《宣和录》记载:"敌既不能下南京(指应天府,在今河南商丘南),乃自宁陵而上……至是,悉驱而北,舍屋焚爇殆尽。东至柳子(在今安徽濉溪西南),西至西京(今洛阳),南至汉上(指今湖北汉水流域),北至河朔,皆被其毒……郡县为之一空。"[6]换言之,位于今华北平原以及汉水流域的主要府州的人民,几乎都不同程度地遭到女真军队的掳掠。张嵲赋诗记此事:"传闻许(州,治今河南许昌)汝(州,治今汝州)郊,平民尽俘虏。"[7]被迫离乡背井北迁的人民为数不少。

天会五年(1127年),金灭北宋。七年,金军进入淮河以南,逼临长江,追击建国不久的南宋皇帝赵构。由于事起仓促,在扬州等候渡江的数十万人民,"奔迸堕江而死者不啻大半,居人无贵贱老幼悉被驱掳,不从者杀之"[8]。不久,金军渡过长江,于是江南地区又成为女真掳掠人口的区域。最惨的城市是建康府(以江宁府改名)的府城(今南

---

1 见《辽史》卷29《天祚帝纪》,第347—348页。张觉,《天祚帝纪》误作张毅。
2 《金史》卷3《太宗纪》,第48页;卷133《张觉传》,第2844页。《金史》卷46《食货志》云:"天辅六年,既定山西诸州,以上京为内地,则移其民实之。"按专所诸实讦山西南路的契丹人于临潢,而不是迁山西人于会宁府,详下第二节。
3 李心传:《建炎以来系年要录》卷4,建炎元年四月辛酉,中华书局排印本,第92页。
4 徐梦莘:《三朝北盟会编》卷99,靖康中帙七十四。
5 同上。
6 《三朝北盟会编》卷87,靖康中帙六十二。
7 《紫微集》卷4《去年十一月十二日……》,四库全书本。
8 徐梦莘:《三朝北盟会编》卷121,炎兴下帙二十一。

京)。和平时城市有 17 万口,"流寓、商贩、游手往来不绝"者尚不在内。金军在此大肆屠杀以后,将幸存的市民尽驱而北,据说"凡驱而与俱者十之五"[1]。

八年十二月辛未,指挥中原金军的左副元帅宗维命令北方诸路州县,同在该日"大索南人",并"拘之于路",至癸酉日始停止搜捕。至次年春,"尽以铁索锁之云中(今山西大同),于耳上刺官字以志之,散养民间,既而立价卖之。余者驱之达靼、夏国以易马,亦有卖于蒙古、室韦、高丽之域者"。仅寿州(治今安徽凤台)便有 450 人被掠卖[2]。

《金史》卷3《太宗纪》载:"(天会六年)迁洛阳、襄阳、颍昌、汝、郑、均、房、唐、邓、陈、蔡之民于河北。"处于金军控制下的河北地区显然也是金军强迫移民的主要迁入区,并非所有的移民都迁入东北,不过,东北仍是移民的主要迁入地之一。曹勋于南宋初期出使金朝,到达金都城上京会宁府(今黑龙江哈尔滨市阿城区境),便看见:"自燕山向北,部落以三分为率,南人居其二。闻南使过,骈肩引颈,气梗不得语,但泣数行下,或以慨叹,仆每为挥涕悯见也。"[3]曹勋所说南方的汉族移民占当地人口的三分之二之比例当然出自推测,由于所经地区有限,这种推测未必准确,但在他所见所闻地区中占多数应无问题。

除了中原被掳掠人口迁入东北以外,南宋初期出使金朝的使者往往也被扣下,强迫留居会宁府。南宋人说,"六飞南渡,使金者几三十辈,其得生渡卢沟(今河北永定河)而南者,鄱阳洪公皓、新安朱公弁、历阳张公邵,才三人耳"[4],即是对此种情况的总结。

海陵王贞元元年(1153 年),金朝将都城从上京会宁府迁到中都大兴府(今北京市区),东北不再是金朝的中心地区。大批的女真人、契丹人和其他东北民族开始内迁中原,汉人向东北迁移的浪潮得以基本停止。

---

1 叶梦得:《建康集》卷 4《建康掩骼记》,四库全书本。
2 李心传:《建炎以来系年要录》卷 40,建炎四年十二月辛未,第 744 页。
3 《松隐集》卷 7《古诗序》,四库全书本。
4 胡次焱:《梅岩文集》卷 7《跋辖轩唱和诗集》,四库全书本。

二 分布状况

金初,不仅将汉人大量迁入东北各个主要地区,而且将大批辽代已定居东北的汉人也重新进行迁移。天辅二年(1118年),通(治今吉林四平西)、祺(治今辽宁康平东南)、双(治今铁岭西南)、辽(治今新民境)诸州800余户来归,金太祖"命分置诸部,择膏腴之地处之"[1]。上述诸州除通州外都是为汉人所设。天辅七年,金军将来(治今辽宁绥中西)、隰(治今绥中东)等四州人民迁于沈州(治今辽宁沈阳)[2],也是其中比较重要的一次。

因此,金代汉人在东北的地理分布已较辽代有了很大的不同。辽代汉人基本集中在今辽宁中部和西部、内蒙古东南部及吉林西部,金代则在此基础上向东北扩展到黑龙江省松花江以南的广大地区。

《金史》卷133《张觉传》载:"太祖每收城邑,往往徙其民以实京师",因而都城会宁府(一称内地,今黑龙江阿城南)是金初移民的主要迁入地,汉人最为集中的地区,被供奉使唤的南人占当地居民的半数。由于不堪压迫,天会六年(1128年),"数千人同谋山中砍柴为名,尽置长柯大斧,欲劫其主",后被镇压[3]。据《大金国志》卷2载:"时国主自入燕已后,所掳中原士大夫之家姝姬丽色光美娟秀,凡二三千人北归其国,酣歌宴乐,惟知声色之娱",中原女子不少人迁于此。北迁的工匠和文化人,被金朝强迫留居的南宋使节,也多居住于此。此外,一部分辽代已居东北的汉人,例如懿州(治今辽宁阜新东北)的居民,也被迁于此[4]。

会宁府以南的黄龙府(治今吉林农安)是汉族移民的重要分布地之一。当地既有宋朝的贵族,也有将领的家人,宋将李显忠之妻周氏

---

1 《金史》卷2《太祖纪》,第31页。
2 《金史》卷3《太宗纪》,第48页。
3 徐梦莘:《三朝北盟会编》卷98,靖康中帙七十三。
4 《金史》卷75《孔敬宗传》,第1719页。

便流落于此做绣工[1]。会宁府以西的泰州(治今吉林洮安县境)一带为金东北路招讨司辖区,屯驻戍兵以防御北方部族,也有汉人组成的军队[2]。此外,位于今黑龙江依兰县境的五国城是宋徽宗囚禁之地[3]。

辽东、辽西和内蒙古西辽河流域也有很多从中原俘掠来的汉人。太宗天会八年(1130年),北宋宗室500余人被安置在临潢府,内侍黎安国等数百人被安置在辽东,即是一证[4]。金代在婆速路和曷懒路两总管府(两路辖今辽宁、吉林两省的东部山区及朝鲜东北部)各设有2名汉人司吏[5],两地的汉族移民可能也是在金初迁入的。

由于金初在东北各地重新配置汉族人民,一些府州集聚了较多的汉人,另一些地方的汉人数量则较辽代有所减少。在这方面,以辽故都临潢府(治今内蒙古巴林左旗东南)和大定府(治今内蒙古宁城西)最为典型。二府在辽代都是汉人较多的地区,但金初移民的结果临潢府依然是汉人的重要聚居地之一,大定府的汉人数量却显著减少。天辅六年,临潢府的汉人毛八十率2 600余户降金[6],这些降户当主要是汉人。同时,城中的汉人"尽杀城中契丹"[7],估计临潢已基本成为汉人以及渤海人的居住地区。金初在灭辽的军事行动中,曾采取"取中京实北京"的重要措施,此"北京"系"上京"之误,即移中京的居民于临潢府[8]。"取中京实上京"必然使大定府的汉人数量大减,但不久金朝又将来自辽军的汉人战俘和驱赶来的燕山士庶迁入大定府,使之复为汉人较多的地区之一[9]。

金代各路、府、州处理文书案牍和衙门事务的人员称司吏,有汉人

---

1 李心传:《建炎以来系年要录》卷149,绍兴十三年五月庚戌,第2400页;卷157,绍兴十八年五月癸未,第2557页。
2 《金史》卷44《兵志》载:世宗大定十三年(1173年)"徙东北等戍边汉军于内地"。
3 宇文懋昭:《大金国志》卷8《太宗文烈皇帝六》,第126页。
4 李心传:《建炎以来系年要录》卷35,建炎四年七月乙卯,第676页。
5 《金史》卷57《百官志》。
6 《金史》卷2《太祖纪》,第37页。
7 《金史》卷75《卢彦伦传》,第1716页。
8 《金史》卷74《宗翰传》,第1694页。辽代有中京和北京、上京。据《金史·地理志》,临潢府于金初沿称上京,天眷元年(1138年)改为北京,天德二年(1150年)改为临潢府路。大定府金初称中京,贞元元年(1153年)更为北京。此"取中京实北京"只能理解成"取中京实上京",而不是"取中京实中京",出现错误的原因是《金史》作者误以天眷以后的名称称上京临潢府。
9 宇文懋昭:《大金国志》卷3《太宗文烈皇帝一》。

司吏和女真司吏两种,数量不等,分别根据当地的汉人和女真人数量而定,户多则多置,户少则少置。东北各路按察司和安抚司的汉人司吏,以上京(6人)、东京(6人)、北京(5人)、临潢府(5人)为多[1],可见此四路是东北汉人较多的地区。

据《金史·章宗纪》,承安二年(1197年)九月,"遣官分诣上京(治今黑龙江阿城南)、东京(治今辽宁辽阳)、北京(治今内蒙古宁城县境)、咸平(治今辽宁开原市境)、临潢、西京(治今山西大同)等路招募汉军,不足则签军补之"。上述诸路除西京外均位于东北,由此可见金后期东北仍有大批汉人。元朝初期的将领和大臣中,不少人是居住东北的汉人。其中,张庭珍是临潢人,谢仲温是丰州(治今内蒙古呼和浩特东)人,王克敬是大宁(今内蒙古宁城西)人,崔敬是惠州(今河北平泉南)人,高佑是抚州(今河北张北)人[2]。

第三节

契丹族的迁移

一 辽代的迁移

辽太祖末年,灭渤海国,统一东北,契丹人成为东北的统治民族,东北的各个地区则成了契丹人可供选择的生活空间。出于改变牧场环境、监控被压迫民族、加强边防等目的,辽朝有目的地组织契丹人移民。例如,太宗会同二年(939年),出于契丹以北大兴安岭山脉以西的乌古部游牧地"水草丰美",辽迁五院部的欧昆石烈(契丹人称氏族

---

[1] 《金史》卷57《百官志》。
[2] 《元史》卷167《张庭珍传》,第3919页;卷169《谢仲温传》,第3977页;卷184《王克敬传》,第4231页;卷184《崔敬传》,第4241页;王恽《秋涧集》卷61《高君墓志铭》,四部丛刊本。

为石烈)、乙习本石烈和六院部的斡纳阿剌石烈居之。次年,又将海勒水(今内蒙古海拉尔河)流域之地给三石烈为农田[1]。为了监视奚族人民,辽初从契丹八部中各分出 20 户,组成特里特勉部落,驻戍在奚境。圣宗时该部被派去戍守倒塌岭(在今内蒙古阴山以北地区),又将稍瓦部迁居辽水(今辽河)以东,专司捕鸟事项[2]。

除了上述地方,下列地方也是契丹移民的迁入地:

海滨柳湿河、三黜古斯、手山,属东京都部署司,今地均不详。曷术部在此冶铁[3]。

潭州(治今辽宁建昌西北)和利州(治今喀喇沁左翼蒙古族自治县)之间。遥里部三石烈居此[4]。

长春州(治今吉林大安东南)。突吕不部司徒居此州西面[5]。

静边城(在今内蒙古满洲里东北)。本契丹 20 部族的牧地,后建城并驻军千余骑,用以防备羽厥部的骚扰[6]。

鸳鸯泺(今河北张北西北安固里淖)。乙室部司徒居此[7]。

黑山(在今内蒙古包头西北)。涅剌部节度使居此山北[8]。

镇州(治今蒙古国布尔根省境)。圣宗统和二十二年(1004 年)选诸部族 2 万余骑赴此地屯戍,捍御室韦、羽厥等部落,并规定"凡有征讨,不得抽移"[9]。

上述地区,东南到辽东海岸,东北至呼伦贝尔草原,西南到内蒙古河套以北,最北直到今蒙古国中北部,地域极为广大。可以说,契丹人的生活地区已较迁移前扩大数倍。

不过,没有证据证明移民在全体契丹人总数中占较大的比例。上京道所在的西辽河流域仍是契丹人的主要生活地区,前期都城上京临潢府和后期都城中京大定府均在于此,诸帝的四时捺钵地或在本

---

[1] 《辽史》卷 33《营卫志下》,第 384—385 页。
[2] 《辽史》卷 33《营卫志下》,第 389 页。
[3] 同上。
[4] 同上。
[5] 《辽史》卷 33《营卫志下》,第 386 页。
[6] 《辽史》卷 37《地理志》,第 451 页。
[7] 《辽史》卷 33《营卫志下》,第 385 页。
[8] 同上书,第 386 页。
[9] 《辽史》卷 37《地理志》,第 451 页。

流域，或离流域不甚远，即是证明。

二 金代的第一次迁移

金灭辽以后，小部分契丹人在耶律大石的率领下远征中亚（详第四章第三节），大部分契丹人则在金军的武力驱迫下离乡背井，迁往四方。其中，一部分契丹人被编入军队，进入中原作战，尔后定居中原；另一部分契丹人则在东北、今内蒙古中部及蒙古国境内进行迁移。

自圣宗以后，辽朝首都设于中京大定府，辽末天祚帝驻于此，上京临潢府已不是契丹人的主要生活地区。金军灭辽战役开始后，主要作战方向指向中京和天祚帝逃奔的西南招讨司辖区，将两个地区的契丹人大批迁入上京临潢府和上京路（金以辽上京道改）的其他地方，从而形成金代契丹人的第一次迁移。

天辅六年（1122年）二月，金军攻取辽中京大定府，天祚帝率部奔西京，复出奔乙室部。不久，金军攻占西京，并追击天祚帝至阴山以南。由于担心"山西部族缘辽主未获，恐阴相连结"[1]，都统杲"使希尹奏请徙西南招讨司诸部于内地"。太祖采纳宗望"中京残弊，刍粮不给，由上京为宜"的建议，将天祚帝活动地区西南招讨司的契丹部落迁至上京临潢府[2]。又，《金史》卷74《宗翰传》和卷76《杲传》均载金军夺取中京以后，"取中京实北京"，"北京"即上京临潢府（详上），可见中京大定府的契丹人也于天辅六年被迁至上京临潢府。

但是，被迁到这里的契丹人大多不久便逃奔四方。《金史》卷65《昂传》载：

> 天辅六年，昂与稍喝以兵四千监护诸部降人，处之岭东，就以兵守临潢府。昂不能抚御，降人苦之，多叛亡者。上闻之，使出里底戒谕昂。已过上京，诸部皆叛去，惟章愍宫、小室韦一部达内地。

---

[1] 《金史》卷78《时立爱传》，第1776页。
[2] 《金史》卷74《宗望传》，第1701页。

此条与《金史·宗望传》所载都是同一件事,文中的岭东就是上京[1]。由于缺乏史料,逃离上京的契丹人去向已不得而知,从金前期蒙古和东北西部草原多契丹部落这一点来看,可能不少人有过从上京临潢府出逃的经历。

上京路的其他地区,也是契丹移民的迁居地。天辅二年,200户契丹人被安置在泰州(治今吉林洮安东)[2]。六年,辽降将耶律佛顶以兵护送契丹降人于浑河(指今吉林和内蒙古境内的第二松花江支流霍林河)路,"从便以居"[3]。在此前后,金将习古乃擒获辽许王莎逻和驸马都尉萧乙辛所部,将其迁到泰州一带。不久,又"以庞葛城(今地不详)地分赐乌虎里、迪烈底二部及契丹人,其未垦者听任力占射"[4]。

金初称都城会宁府(今黑龙江阿城南)所在地区为内地,是这一时期东北地区移民的主要迁入中心,这里也有不少契丹移民。天辅五年,辽都统耶律余睹率部族3 000余户赴咸州(今辽宁开原北)降金。由于担心"其民多强率而来者,恐在边生变",被"徙之内地"[5]。六年五月,俘获辽枢密使得里底、节度使和尚、雅里斯、余里野等人,除得里底半道逃亡,其余可能都被送到内地[6]。同年九月,辽节度使耶律慎思率所部在西南招讨司降金,也"领诸部入内地"[7]。

太宗天会九年(1131年),原已降金的契丹贵族耶律余睹图谋反金,"尽约云中、河东、河北、燕金郡守之契丹、汉儿,令诛女真之在官、在军者"造反,但未发动便败露。金军大杀各路契丹人,"月余方止"。

---

1 《金史》卷46《食货志》载:"天辅六年,既定山西诸州,以上京为内地,则移其民实之。又命耶律佛顶以兵护送诸降人于浑河路,以皇弟昂监之,命从便以居。七年,以山西诸部族近西北二边,且辽主未获,恐阴相结诱,复命皇弟昂与孛堇稍喝等以兵四千护送,处之岭东,惟西京民安堵如故,且命昂镇守上京路。既而,上闻昂已过上京,而降人复苦其侵扰多叛亡者,遂命孛堇出里底往戒谕之,比至,而诸部已叛去。"按《金史》卷78《时立爱传》载太祖语:"山西部族缘辽主未获,恐阴相连结,故迁处于岭东。西京人民既无异望,曾按堵如故。"据此,所谓的迁山西民于岭东,实就是迁西南路契丹人于临潢,《金史·食货志》所谓天辅六年迁山西民于上京和七年迁山西诸族于岭东实即一事,首句当系重复,而迁民于浑河路则应是另一次迁移。上述史料证明,岭东即指上京路。
2 《金史》卷2《太祖纪》,第31页。
3 《金史》卷46《食货志》,第1032页。
4 《金史》卷72《习古乃传》,第1666页。
5 《金史》卷133《耶律余睹传》,第2848页。
6 《金史》卷2《太祖纪》,第37页。
7 同上书,第38页。

在这种背景下,"河东八馆五百户、山金司乙室王府、南北王府、四部族衙、诸契丹相温酋首率众蜂起,亡入夏国及北奔沙漠"[1]。此后,契丹族的人数大为减少。

根据陈述先生的研究,在辽亡以后,还有一部分以库烈儿为首的契丹部众向北迁徙,进入现在内蒙古东北部的根河流域,过着射猎生活,保持原有的氏族组织;在脱罗华察时期,这一地区以南的契丹人,有些陆续向这里集中,以后形成库烈儿部落[2]。

三 金代的第二次迁移

经过金初的移民,今内蒙古草原的中部、东部及其边缘成为契丹人的重要分布地区。金在此设东北路(治泰州)、西北路(治桓州,今内蒙古正蓝旗西北)和西南路(治丰州,今内蒙古呼和浩特以东)三个招讨司,并主要以契丹部族设乣军,用以防备蒙古草原民族的南下[3]。正隆五年(1160年),金海陵王为准备进攻南宋,打算"尽征西北路契丹丁壮"。契丹人撒八和移剌窝斡遂率西北路招讨司的契丹部众起义,"山后群牧、山前诸群牧皆应之",兵势甚盛,一度包围临潢城和泰州城。而且,咸平府(治今辽宁开原北)的契丹人括里也集合2 000余人起义,攻陷一些州县,甚至还打算进攻东京[4]。

世宗大定二年(1162年),金平定契丹人的起义。三年八月,罢契丹猛安谋克,"其户分隶女直猛安谋克"[5]。十七年,世宗担心"西南、西北招讨司契丹余党心素狠戾,复恐生事,它时或有边隙,不为我用",下令将其迁入乌古石垒部(分布在今嫩江中游以西的雅鲁、绰尔两河流域)、上京(在今黑龙江阿城南)、济州(后改名隆州,治今吉林农安)和利州(治今辽宁喀喇沁左翼蒙古族自治县)等地[6],和女真人杂

---

1 宇文懋昭:《大金国志》卷7《太宗文烈皇帝五》,第117页。
2 《大辽瓦解以后的契丹人》,《中国民族问题研究集刊》第五期,1956年12月。
3 据《金史》卷44《兵志》。参见陈述:《大辽瓦解以后的契丹人》。
4 《金史》卷133《移剌窝斡传》。
5 《金史》卷6《世宗纪》,第132页。
6 《金史》卷44《兵志》,第994页;卷88《唐括安礼传》,第1964页。

居在一起,是为金代东北契丹人的第二次迁移。十九年,又徙窝斡余党于临潢和泰州[1]。章宗承安元年(1196年),德寿、陁锁率群牧的契丹人据信州(治今吉林公主岭市境)起事,"建元曰身圣,众号数十万"[2]。信州一带显然也是契丹人的重要聚居区之一。为便于监控契丹人组成的乣军,金朝又"移诸乣居之近京(北京,在今内蒙古宁城西)地"[3]。

金朝允许那些未参与起义的契丹官员,仍居住在西南路和西北路[4]。但是,经过此次迁移,今大兴安岭以东的内蒙古和东北地区已成为契丹人在长城以外区域的主要分布地,西南路和西北路两招讨司境内的契丹人人数已不很多。

四 金末的契丹人

金末,蒙古族在北方兴起。在这种背景下,鉴于契丹人曾屡次武装起义,金国统治者"疑辽遗民有他志,下令辽民一户,以二女真户夹居防之"[5]。为了反抗女真人的民族压迫,原为金北边千户的契丹人耶律留哥,在隆州和韩州(治今辽宁昌图西北)发动契丹人起义,"数月众至十余万",后攻下东京,尽有辽东州郡,建国号为辽,并定咸平府为都城。在此期间,部属耶厮不率众分裂而去,在澄州(治今海城)称帝,后为留哥平定。平定后,留哥军队"还渡辽河,招抚懿州(治今阜新东北)、广宁(府,治今北镇)",并率部徙居辽国故都临潢府。另从留哥军中分裂出去的统古、喊舍统领的契丹部众5万余人,不久也迁入临潢府境[6]。据此,金末东北不少地方仍有相当数量的契丹人。

---

1 《金史》卷73《守能传》,第1691页。
2 《金史》卷94《内族襄传》,第2089页。年代据张正明:《契丹史略》,中华书局1979年版,第194页。
3 《金史》卷94《内族襄传》,第2090页。
4 《金史》卷90《完颜兀不喝传》,第1999页。
5 《元史》卷149《耶律留哥传》,第3511页。
6 《元史》卷149《耶律留哥传》。关于徙喊舍部民5万之数字,据陈述:《大辽瓦解以后的契丹人》。

第四节

奚族的迁移

奚族是东北的古老民族之一,长期居住在今内蒙古东部、辽宁西部和河北承德地区北部一带,与契丹族为邻。唐贞元十一年(795年),幽州军队与之作战,"残其众六万";大中元年(847年)张仲武率军攻奚,"烧帐落二十万"[1]。后一数字可能有所夸大,不过可以说明奚族人数不少。

唐末契丹兴起以后,奚人首先成为被兼并和俘掠的对象。阿保机父亲撒刺的率部大破奚人,"俘奚七千户,徙饶乐之清河",后契丹以这部分人设奚迭剌部,分置13县[2]。唐天复元年(901年),阿保机率军"连破室韦、于厥及奚帅辖剌哥,俘获甚众"[3]。天祐三年(906年)二月,袭击山北奚,破之。十一月,又讨奚之未附者,"悉破降之"[4]。辽太祖五年(911年),辽分兵讨东部奚和西部奚,尽有奚族之地。

为了免遭契丹的俘掠和奴役,大约在唐末五代之交,部落首领去诸率数千帐奚人向南迁到妫州(治今河北怀来官厅水库北岸)境内,自称西奚,以与原居地的奚人相区别,又称为可汗州[5]。因西奚远离契丹不便控制,辽太宗于天显十二年(937年)率兵南下中原作战时,"遣国舅安端发奚西部民(即西奚)各还本土"[6]。西奚的大部分人被迫北返,一部分人"畏契丹之虐,多逃叛"[7],逃入后晋境内。

---

1 《新唐书》卷219《奚传》,第6175页。
2 《辽史》卷1《太祖纪》,第2页。
3 同上。
4 同上。
5 据《辽史》卷41《地理志》,第511页。
6 《辽史》卷3《太宗纪》,第40页。
7 《资治通鉴》卷281,后晋高祖天福二年,中华书局点校本,第9170页。

中京道向为奚族的生活地区,奚族入辽以后依然居住于此[1],与迁入的契丹人、汉人和渤海人杂居。但是,仍有很多的奚人被辽朝源源不断地迁往东北各地。

据《辽史》卷33《营卫志》,居住在中京道以外的奚人部落及其迁入地,主要是:

迭剌迭达部。以唐末鲜质可汗所俘的700户所设,戍守在黑山(今内蒙古巴林右旗北罕山)以南,部民居庆州(治今内蒙古林西北)以南。

乙室奥隗部。辽太祖于神册六年(921年)置,节度使属东北路兵马司,具体地点不详。

楮特奥隗部。辽太祖置,节度使属东京都部署司,估计驻守在辽东地区。

品达鲁虢部。辽太祖以所俘达鲁虢部置,驻守在黑山以北。

乌古涅剌部和图鲁二部。辽太祖取于骨里户6 000置,节度使分属东北路和西南路招讨司,估计分别分布在今蒙古国西北部和内蒙古阴山以南地区。

耨碗爪部。辽太祖时降奚众,圣宗时分为撒里葛、窈爪和耨碗爪三部。前两部分居中京道的泽州(治今河北平泉南)以东和潭州(治今辽宁建昌西北)以南;耨碗爪部属东京都部署司,当驻戍于辽东一带。

讹仆括部。居西京道望云县(治今河北赤城北)。

九百奚营。驻守在黄龙府(治今吉林农安)一带。史载,金初完颜阿骨打率军攻打黄龙府,"九百奚营来降"[2]。

金朝在统一东北的过程中,相次平定奚族各部。尔后,在各部遍置军政合一的组织猛安谋克[3]。

许多奚人被编入军队,一部分南下中原作战并留居中原(详第五章第一节),一部分则驻守东北各地。《金史》卷44《兵志》载:"所谓奚

---

1 《续资治通鉴长编》卷97引宋绶《契丹风俗》:"由古北口(今北京密云北)至中京(即中京大定府)北,皆奚境"。
2 《金史》卷2《太祖纪》第27页。
3 《金史》卷67《奚王回离保传》,第1588页。

军者,奚人遥辇昭古牙九猛安之兵也。奚军初徙于山西,后分迁河东。"据研究,此奚军乃以居住在辽中京道的奚族主体部分组建,而所谓"山西"大约指今辽西大凌河东南的松岭以西,"河东"大约指今内蒙古老哈河以东[1],仍未出奚的传统生活地区。天辅五年(1121年)以后,此九猛安隶属于奚路(后改为六路)都统司,约统五六万人,临潢府(今内蒙古巴林左旗东南)和泰州(治今吉林洮安东北)为他们的驻屯地之一[2]。显然,奚族的分布地已向北扩展到今吉林省的西北地区。尽管如此,由于相当一部分奚人南下中原,留在东北的人数应较前大大减少。

临潢府和泰州一带是金的边境地区,金将奚人猛安迁入主要是为了边防上的需要。出于同样的目的,太宗天会七年(1129年)又将奚的第一、第三两部迁入西京路的云内州(治今内蒙古土默特左旗东南)屯戍[3]。

《金史》卷133《移剌窝斡传》载:大定二年(1162年)契丹反金军队退入奚境,在奚人的支持下出兵骚扰于速鲁古淀、古北口、兴化之间。此三地,除速鲁古淀不详,古北口在今北京密云北,兴化在今承德西南。据此可见,虽然奚人的生活地区已较辽扩大很多,但此时今河北北部和内蒙古东南部及辽宁西部(即辽的中京道和金的北京路)仍是主要的居住区。不过,契丹反金军队被平定以后,金朝开始迫使奚人离开故乡。到大定二十一年(1181年),奚人的6个猛安均已徙居咸平府(治今辽宁开原北)、临潢府和泰州。由于"其地肥沃",便于擅长耕作的奚人务农,移民迁入后均"各安其居"[4]。依据《金史》卷46《食货志》所载大定二十三年的猛安谋克数和户口数字,平均每猛安的正口(女真人、契丹人、奚人)约23 830余口,6个猛安大约有14万余人,估计东北奚人的很大一部分都迁到上述三府州。

金末蒙古军攻入东北沿边地区,奚人所居的一些府州开始向南

---

1 见冯继钦:《金代奚族初探》,《求是学刊》1986年第2期。
2 《金史》卷44《兵志》,第1002页。
3 《金史》卷24《地理志》,第569页。
4 《金史》卷47《食货志》,第1046页。

迁移。例如，宣宗贞祐二年（1214年）临潢府侨置于平州（治今河北卢龙）[1]。估计会有一些奚人随之南迁中原。

自金代以后，奚族名称已不见于史籍，当已与汉、契丹、女真等民族相融合。

第五节

渤海人的迁移

在唐朝末年契丹兴起之前，由粟末靺鞨建立的渤海国是东北地区较大的区域性政权，统治着东北东部，疆域范围大致相当于今吉林省大部和黑龙江省松花江以南部分，并奄有乌苏里江以东的今俄罗斯滨海地区，都城上京龙泉府（一名忽汗城，今黑龙江宁安东京城）。

一 自东北东部向西部和南部的迁移

契丹兴起以后，开始向东发展，9世纪末和10世纪初与渤海国不断发生战争，开始掳掠渤海人民，实行强制性迁移。太祖神册四年（919年），"修辽阳（今辽宁辽阳）故城，以汉民、渤海户实之，改为东平郡"[2]，便是较早的一次移民。天赞四年（925年），辽太祖举兵亲征渤海。天显元年（926年）攻下忽汗城，灭渤海国，将之改名东丹国，册皇太子耶律倍为东丹王，并将渤海国王举族迁入辽首都临潢城以西，筑城以居之[3]。表3-2表明，除了国王及其王族，大批渤海百姓也随同迁出，分散到东北的西部和南部。由于渤海人是以州县为单位集体迁

---

1 《金史》卷24《地理志》，第561页。
2 《辽史》卷2《太祖纪》，第15页。
3 同上书，第22—23页。

移,随着他们的南迁,一大批原设在渤海国境内的府州县也移到辽东。尽管百余年来历经变迁,但在《辽史·地理志》中仍可看出痕迹[1]。

表3-2 各时期渤海移民的空间分布

迁 移 时 期	有移民分布的州县数目	合 计
太祖	上京道10,东京道7,中京道1	18
太宗	上京道1,东京道11	12
世宗	东京道1	1
景宗保宁	东京道1	1
圣宗	上京道7,东京道6,中京道3	16
平大延琳后	上京道4,中京道3	7
时间不明	上京道2,东京道12	14
总计		69

资料来源:据表3-3。如同一行既列州,又列下辖县,统计时取县不取州。归州、宁州因两个时期的移民迁入,在表中重复计算。

《辽史·地理志》各府州均记载了外来移民的迁入情况,有关渤海移民的资料尤为详尽。据志所载,有关府州几乎都是通过某次渤海移民的迁入而建立起来的,只有宁州和归州经历了移民、建州原移民外迁、废州新移民迁入、再建州的过程,因而可据以研究移民在不同时期和地区的分布状况[2]。据表3-2,太祖时渤海移民分布在18个州县,占各时期全部62个州县数的29%,可见这是一次重要的移民;移民主要分布在上京道(10州县),其次是东京道(7州县),中京道也有分布(1州县)。表3-3表明,首都上京临潢府下属各县及其附近的怀

---

[1] 关于渤海人民的迁移和分布,陈显昌:《渤海国史概要(五)》(载《齐齐哈尔师范学院学报》1984年第3期)是笔者所读到的最为详尽的论文,可资参看。
[2] 按《辽史·地理志》错误不少,记载东京道的卷38尤为严重,某些表述方式如不能正确理解就不便利用。如志于东京辽阳府辽阳县下云:"辽阳县,本渤海国金德县地。汉浿水县,高丽改为勾丽县,渤海为常乐县。"既先云"本渤海国金德县地",何以继云"渤海为常乐县",自相矛盾,令人费解。类似记载甚多,但如果读到辽川下的志文,就可以解疑。又载:"辽州,始平军,下,节度。本拂捏国城,渤海为东平府。……太祖伐渤海,先破东平府,迁民实之。故东平郡督伊、蒙、陀、黑、北五州,共领县十八,皆废。太祖改为州,军从东平,太宗更为始平军。"按渤海国的拂捏国城—东平府城,本在今黑龙江省兴凯湖畔,与辽州所在的今辽宁新民相距甚远,历史事实是辽太祖攻下东平府,尔后将其民南迁新民县境,设辽州以处之。因此,所说的"渤海为东平府",并不是说辽州在渤海国时称东平府,而是指辽州的人民均迁自渤海国的东平府。依此,则志文辽阳县下的"辽阳县,本渤海国金德县地",实为"辽阳县,本渤海国金德县民徙置"。陈显昌先生在论述东京道的渤海移民分布时,采用了以上的方法,尽管他在文中没有加以说明。

州,临潢府西南的饶州、东南的永州,都是本次移民最多的地方,约分别有渤海户数(按渤海人占户数比重推算,方法同于本章第一节)14 000 户、6 000 户、6 000 户,共计 26 000 户,如以每户平均 5 口计[1],大约有 13 万人。

表 3-3 《辽史·地理志》所载东北的渤海人分布

府州县名	治所今地	渤 海 户 状 况
上京道		
上京临潢府		
长泰县	内蒙古巴林左旗南	太祖时迁长平县民置,与汉人杂居,户 4 000
定霸县	同上	太祖时迁扶余府强师县民置,与汉人杂处,户 2 000
保和县	同上	太祖时迁富利县民,统和八年置,户 4 000
潞　县	同上	汉人为主,户 3 000
易俗县	同上	太平九年平大延琳后迁辽东渌州民置,户 1 000
迁辽县	同上	太平九年平大延琳后迁辽东海州民置,户 1 000
渤海县	同上	太平九年平大延琳后迁东京民置,户数未载
宣化县	同上	太祖时迁鸭渌府神化县民,统和八年置,户 4 000
祖州　长霸县	巴林左旗西南	本龙州长平县民,迁置时间不详,户 2 000
咸宁县	同上	约在太平九年破辽阳后迁长宁县民置,户 1 000
怀州	巴林左旗西	太祖时迁龙泉府和显理府民,世宗置,与汉人杂居,户 2 500
庆州　富义县	巴林左旗西北	太宗迁义州民置义州,后降为县
永州　2 县	内蒙古翁牛特旗东	太祖迁显德府、铁利府民置,户 6 000
仪坤州	翁牛特旗西北	太祖时以四征所俘置,户 2 500
降圣州永安县	内蒙古敖汉旗东北	太祖时迁怀州永安县民置,户 800
饶州	内蒙古巴林右旗南	太祖时迁辽城、丰永二县和诸邑民置,户 6 000
镇、维、防州	蒙古国中部	统和二十二年以渤海、女真、汉人配流之家 700 户置

---

[1] 陈显昌先生依每户 10 口估计移民数量,但未说明根据。葛剑雄以为,除了某些特殊情况,西汉以后全国性统计数字每户平均人口都在 4.5—6 之间,见《中国人口发展史》,第 308 页。

续表

府州县名	治所今地	渤海户状况
东京道		
辽阳府 7县	辽宁辽阳市境	太宗初迁东丹国民置,户7 200
卢州	辽宁盖州南	本杉卢郡民,户300
铁州	辽宁大石桥南	本铁州民,户1 000
兴州	辽宁沈阳北	本兴州民,户200
汤州	辽宁辽阳西北	本汤州民,户500
崇州	辽阳东北	本崇州民,户500
海州	辽宁海城	约太宗初迁南海府民置,太平九年平大延琳后渤海民外迁,移泽州民实之。户1 500
渌州	吉林临江	约太宗初迁鸭渌府民置,平大延琳后部分人外迁,余户2 000
显州	辽宁北镇西南	世宗时迁东京民置,户300余
乾州 2县	同上	本灵峰、麓郡二县民,统和三年置
贵德州 2县	辽宁抚顺北	本崇山、缘城县民,圣宗时建
沈州 岩州	辽宁辽阳东	约太宗时迁白岩县民置
集州	辽宁沈阳东南	以集州民置
广州	沈阳西南	太祖迁铁利郡民置,统和八年省,开泰七年以汉户复置
辽州 2县	辽宁新民东北	太祖迁东平府民置
遂州 山河县	辽宁彰武西北	本黑川、麓川二县民
通州	吉林四平西	保宁七年以燕颇余党置
韩州	辽宁昌图县境	约太宗时迁莫颉府民置
双州	辽宁铁岭西	本安定县民
银州	铁岭	太祖迁富州民置
同州	辽宁开原南	太祖迁东平寨民置
咸州	开原市境	太祖以龙泉府民置,太平九年平大延琳后废,改迁汉户于此
信州	吉林公主岭市境	本以怀远府民置,后废。开泰初以汉民复置
宾州	吉林农安东北	本渤海城,后废。统和十七年迁兀惹户置州
龙州	吉林农安	本龙泉府民,保宁七年燕颇叛后废。开泰后迁汉户复置

续 表

府州县名	治所今地	渤 海 户 状 况
宁州	辽宁瓦房店东北	本渤海民,平大延琳后废。统和伐高丽,以渤海降户复置
归州	辽宁盖州西南	太祖置,平大延琳后废。统和伐高丽,以所俘渤海降户复置
中京道		
黔州	辽宁北票东南	太祖时讦渤海户,后皆以汉户置
迁州	河北山海关	平大延琳后迁归州民置
润州	河北抚宁东北	平大延琳后迁宁州民置
海阳县	同上	平大延琳后迁东京民置

在征渤海归国的途中,阿保机病故,次子耶律德光继位,是为太宗,东丹王受到监控。为便于控制渤海人,也为了进一步监控东丹王室和贵族,辽大臣耶律羽之建议迁渤海人于梁水(指今辽宁辽阳一带的太子河)之地。他说,"梁水之地乃其故乡,地衍土沃,有木铁盐鱼之利。乘其微弱,徙还其民,万世长策也",为太宗采纳[1]。天显三年(928年),太宗派耶律羽之实施迁民计划,升东平郡为南京(后又改为东京),作为东丹国这一地方政权的政治中心。《辽史》卷72《义宗倍传》记载此事:"太宗既立,见疑,以东平为南京,徙倍居之,尽迁其民。"

表3-2的太宗时期的移民,主要就是这一次东丹国南迁导致的。移民分布在12个州县,占各时期全部62个州县数的19.4%。表中有14个州县的迁移时间不明,其中12个分布在东京道,绝大多数集中在以今辽阳和沈阳为中心的区域,很可能是以随东丹国王南迁的渤海移民而建。如果取此数的三分之二即8加上,则太宗时期的移民分布在20个州县,占州县总数比重上升到32%,已超过太祖时期。据表3-3,此后的迁移,几乎都是已定居移民的再次迁徙,很少自原渤海国境迁出。也就是说,经太宗时期的迁移,渤海国境的人大多数都已经外迁,故文献中不再有较大规模的对外迁移活动的记载。此次移

---

[1]《辽史》卷75《耶律羽之传》,第1238页。

民迁入的12个府州中,只有庆州富义县位于上京临潢府附近,其余均位于东京道,特别是以今辽阳—沈阳为中心的辽宁东部和吉林省中南部。由于户数不全,并且一些州县是发生于圣宗末再次迁徙之后的剩余户数字,很难得知此次迁入的移民数量。辽阳府的7 200户中,绝大多数无疑都是渤海移民。考虑到东京道有近20个州县以渤海移民建立,迁入的移民数量应该比较可观。

在辽政权强迫渤海人南迁和西迁的同时,不少渤海人逃入邻近的新罗国和女真地区[1]。陈显昌据《高丽史》有关记载,认为在高丽天授八年(辽天赞四年,925年)至二十一年间的十余年间,相继有多批渤海人来投高丽,少则数十人,多则3 000余户,估计"亡入高丽的渤海遗民有数万户,数十万人之多"[2]。由于史无明文,无法估计迁入女真的确切人数,渤海与女真人地理方位相近并同属靺鞨人,估计逃入人数至少也有数万。

辽圣宗时期,数度向高丽和女真用兵,部分渤海逃民为辽军驱回辽国,东京以南的宁州和归州就是以统和二十九年(1011年)俘获的渤海民户建立的。开泰年间(1012—1021年),由于知黄龙府(治今吉林农安县)大康乂向朝廷报告,说女真人的"蒲卢毛朵界多渤海人",辽军派兵攻入,也掠得数百户归辽[3]。由于设立的州县有限,估计迁移规模都不大。

二 在东北西部和南部的再迁移

自辽世宗时(947—951年)起,渤海人民自原渤海国内向外迁移已不多见,取而代之的是渤海人在迁入区域内部,即东北的西部和南部,主要因抗辽起义失败之后而进行的再迁徙。

渤海人不甘亡国,不断起兵反抗契丹的统治。大约在景宗和圣宗前期,渤海遗民展开抗辽斗争,一度建立了安定国。由于史书记

---

1 《辽史》卷3《太宗纪》,第30页。
2 参见陈显昌:《渤海国史概要(五)》。
3 《辽史》卷88《大康乂传》,第1347页。

载不详,后人无从得知安定国的情况[1]。景宗保宁七年(975年),又发生黄龙府(治今吉林农安)卫将、渤海人燕颇的反辽起义。起义失败之后,燕颇余党被迁离原地,通州(治今四平西)即以燕颇余党置[2]。

圣宗太平九年(1029年),在东北南部再次爆发渤海人的抗辽斗争。是年八月,东京舍利军详稳、渤海人大延琳率众起义,建立政权,并派人四处联络,共同反辽。一年后,辽军平定叛乱。为了便于监视渤海人,辽朝决定将东京道的渤海人西迁到中京道和上京道。因此,太平九年以后,在今内蒙古西辽河流域和辽宁西部与河北交界地区,出现一批以新从辽东或其他地方迁入的渤海移民建立的州县。据表3-3,该区域建立的州县及县民迁出地是:

上京道的上京临潢府易俗县,迁自渌州;迁辽县,迁自海州;渤海县,迁自东京。祖州咸宁县,迁自辽阳长宁县。

中京道的迁州,迁自归州;润州,迁自宁州,润州海阳县民则迁自东京城。

根据北宋人的行记,在太平九年(1029年)的再迁移之前,中京道位今河北长城以北地区已迁入一些渤海人。北宋大中祥符五年(辽开泰元年,1012年)王曾出使辽国,便在柳河馆(在今河北承德西北)和富谷馆(在今平泉西北)看见两地多渤海居民[3]。由此可知,渤海人在中京道甚至在上京道的分布地,都不仅仅限于《辽史·地理志》所载的州县;而且,志文所载主要是导致州县建立的部分移民活动,还有很多的迁徙和分布未能包括在内。

《辽史·地理志》所载上京和中京二道在太平九年后所置的渤海州县数目,与原设在东京道的州县数相差过远,疑有脱漏。此外,志中东北三道各州的户数,上京道和中京道的州县大多在1 000户以上,甚至有多达6 000户者,唯独东京道户数普遍较少,最多不过一二千

---

1 参见陈显昌:《渤海国史概要(五)》。
2 《辽史》卷38《地理志》,第468页。
3 《续资治通鉴长编》卷79,大中祥符五年十月己酉。

户。据志渌州下:"大延琳叛,迁余党于上京,置易俗县居之,在者户二千。"[1] 东京道各州的户数可能都同渌州,为大延琳被平定并再次迁移以后仍留在当地的渤海户数,战前的户口数字应远远多于志所载的户数。

渤海人再次迁移以后,汉人大批迁入东京道南部即辽东地区,人数超过剩余的渤海人(详本章第一节)。因此,表3-2所示东京道部分渤海州县的户数中,可能已包含一定数量的汉人。据洪皓《松漠纪闻》记载,金初辽东渤海人有户5 000,胜兵30 000。

此外,世宗天禄初年(947年),置显州,以奉显陵,又析辽东长乐县、永丰县和率宾府的渤海民设置州县[2]。类似这种较小规模的迁移可能还有几次。

经过几次的迁移和再迁移,东北的渤海人分布在相当广阔的地区,西至今内蒙古西拉木伦河流域和今河北山海关附近,南至渤海北岸,北到今吉林省南部,东到鸭绿江畔,和契丹、汉、奚、女真等民族交错居住。甚至位于今蒙古国中部鄂尔浑河和克鲁伦河的镇、维、防三州,也有渤海、女真、汉人流人700余户。女真起兵反辽以后,渤海人积极参加反辽斗争和进攻北宋等军事行动,后又镇守在中原各地。由于女真对渤海人留在东北不放心,将其大批迁入中原(详见第五章第一节),估计留在东北的渤海人已不很多。

第六节

女真族的迁移

女真族是东北古老民族之一,唐代称黑水靺鞨,分布在"南至渤海

---

[1] 《辽史》卷38《地理志》,第462页。
[2] 同上书,第464页。

国德理府,北至小海,东至大海,西至室韦,南北约二千里,东西约一千里"的广阔地区[1],大致相当于现在的松花江下游和黑龙江中下游一带。渤海兴起以后,黑水靺鞨独立于渤海之外,但被渤海阻断与中原地区的交通道路。辽灭渤海,将渤海人举国外迁,不少渤海人被迫逃入黑水靺鞨地区(详上)。此外,渤海地空也给黑水靺鞨人的南迁提供了方便。他们乘机南下,自东北向西南扩展,占据了渤海的许多地方。辽代,黑水靺鞨开始称为女真[2],在文献中又往往被称为女直。

一 辽代的迁移

唐天复三年(903年)春,契丹伐女真,"获其户三百"[3]。此后,史籍中颇多女真人由于契丹的俘掠而被迫迁徙的记载,特别是辽圣宗继位以后,随着辽朝向东扩张步伐的加速,女真人被迫迁徙的规模日渐扩大。史载:统和四年(986年),枢密使耶律斜轸、林牙勤德等"上讨女直所获生口十余万、马二十余万及诸物"[4]。六年,东路林牙萧德勤及统军石老击女真兵,"献俘"[5]。太平六年(1026年),东京留守下属将领率兵入女真界,"得降户二百七十"[6]。兴宗重熙十五年(1046年)二月,蒲卢毛朵界曷懒河户附辽;四月,又有180户来附辽[7]。道宗寿昌三年(1097年),蒲卢毛朵部长率其民来归[8]。

由于被迫迁移到东北各地,女真族的分布范围扩大到东京道的南部即今辽东半岛一带,以及位于中京道和上京道境内的今内蒙古西辽河流域及蒙古国境内。

东京道南部的女真人以曷苏馆(一作合苏款)女真最为著名。《三

---

1 乐史:《太平寰宇记》卷175,金陵书局本。
2 李心传:《建炎以来系年要录》卷1,建炎元年正月,第2页。
3 《辽史》卷1《太祖纪》,第2页。
4 《辽史》卷11《圣宗纪》,第119页。
5 《辽史》卷12《圣宗纪》,第130页。
6 《辽史》卷17《圣宗纪》,第198页。
7 《辽史》卷19《兴宗纪》,第233页。
8 《辽史》卷26《道宗纪》,第310页。

朝北盟会编》卷3载："阿保机虑女真为患,乃诱其强宗大姓数千户,移至辽阳之南,以分其势,使不得相通。"这些移民又名南女真。他们起初分布在今盖州市境,后来向南发展到今普兰店市境和大连市的北部。此外,位今丹东市东北鸭绿江中黔定岛上的来远城,也是分布地之一[1]。《辽史》卷38《地理志》载卢州(治今辽宁盖州熊岳镇)、归州(治今盖州归胜城)、苏州(治今大连金州区)和复州(治今瓦房店)兵事属南女直汤河司。

咸州(治今辽宁开原北)一带是东京道南部女真人的另一个分布地。金代称咸平府,属咸平路,分布全路的1 600余户女真人,"自陈皆长白山星显、禅春河女直人",祖先在辽时签为猎户,故移居于此并附契丹籍[2]。咸州北面的肃州(治今昌图),是在兴宗重熙九年(1040年)以新俘掠来的女真户而置的[3]。另据《辽史·地理志》,东京道的辽州(治今新民东北)、韩州(治今昌图西北)、双州(治今铁岭西南)、银州(治今铁岭)、同州(治今开原南)、咸州、肃州、安州(治今昌图县境),兵事均属北(北路)女真,以和南女真相对。

南、北女真人由于与汉族等民族混居,经济文化发展较快,并接受契丹的统治,往往被契丹人称为熟女真。那些政治状况和经济发展程度与熟女真有别的部落,则被称为生女真。

此外,上京道龙化州(治今内蒙古奈曼旗西北)有辽太祖东伐女真时迁来的数百户俘户[4],高州(治今内蒙古赤峰北)以北住着以女真俘户置的乙典女真户[5]。位今蒙古国境内的河董城(今乔巴山)、招州(治今北杭爱省境)、镇州(治今布尔根省境)的主要居民都是因各种原因被迁去守边的女真人[6]。

有关辽中后期生女真各部的迁移,以完颜部史料最多,影响最大。完颜部最重要一支的始祖名函普,从高丽迁入完颜部,居住在仆干水

---

1 据《金史》卷24《地理志》。
2 《金史》卷46《食货志》,第1034页。
3 《辽史》卷18《兴宗纪》,第222页。
4 《辽史》卷37,《地理志》,第447页。
5 《辽史》卷33《营卫志》,第391页。
6 同上书,第451页。

(今牡丹江)的河岸,娶妻生子。至献祖绥可时完颜部迁居海古水(今黑龙江阿城东北海沟河),耕垦树艺,筑室建房,以后又迁至安出虎水(今阿城阿什河)一带长期定居。到昭祖石鲁时,部落逐渐强大起来。景祖乌古乃(辽圣宗太平元年,即 1021 年出生)开始统一女真各部。"是时,辽之边民有逃而归者。及辽以兵徙铁勒、乌惹之民,铁勒、乌惹多不肯徙,亦逃而来归",完颜部的实力得以加强[1]。

二 金代的迁移

金朝统一东北以后,女真族的地位发生巨变,从被奴役和被迁移变为奴役并强迫其他民族迁徙。出于改变生产和生活环境(天会二年,"以耶懒路地薄斥卤",迁耶懒部于苏滨水即为一例[2]),监控被压迫民族、加强边防和充实政治中心等目的,金朝组织女真人进行移民,从而又一次改变东北女真人的分布状况。

自世宗大定十三年(1173 年)起,除首都立女真国子学外,地方设女真州府学,每谋克取 2 人,用以培养本族人才,统称女真学。根据《金史》卷 51《选举志》的记载,全国有 22 个府州设女真学,志并列出这些府州的名字。同书卷 57《百官志》还记载各总管府、节镇和刺史州的汉人和女真司吏数目,设有女真司吏的府州无疑是住有一定数量的女真人的地区。张博泉先生的《金史论稿》(吉林文史出版社 1986 年版)第三章《金代东北猛安谋克分布》,详列金代东北各猛安谋克的名称、所属路名和能够考证的部分今地。由于女真人一般都编入猛安谋克,同时熙宗天眷、皇统以后不再有汉人和渤海人的猛安谋克,猛安谋克的分布地往往就是女真人的居住地,因而可据以研究东北女真人的分布。今据以上三种材料,将东北境内女真人的分布地抄录于下[3]。

---

1 皆据《金史》卷 1《世纪》。
2 《金史》卷 70《完颜忠传》,第 1623 页。
3 张文部分无今市县名。凡原有山河名无市县名者据各分省地图册确定所在市县,仅有古山河名者据谭其骧主编《中国历史地图集》第六册金图确定今市县。

表 3-4　金代东北地区女真人的主要分布地

有女真人的路、府、州及其治所今地	有女真人分布的今市县名
上京路	
会宁府（黑龙江阿城南）	黑龙江阿城、双城、庆安、铁力、尚志、木兰
肇州（黑龙江肇州东南）	
蒲与路（黑龙江克东境）	黑龙江伊春
胡里改路（黑龙江依兰）	黑龙江依兰、桦川、海林、宁安，俄罗斯伯力
隆州（吉林农安）	吉林德惠、长春、榆树，黑龙江五常
信州（吉林公主岭市境）	
速频路（俄罗斯滨海省乌苏里斯克）	吉林延吉、汪清
曷懒路（朝鲜咸镜道吉州）	吉林珲春、和龙、龙井，黑龙江东宁
咸平路	
咸平府（辽宁开原市境）	辽宁昌图、开原、西丰、铁岭，吉林梨树
韩州（辽宁昌图县境）	吉林四平
东京路	
辽阳府（辽宁辽阳）	
复州（辽宁瓦房店）	辽宁大连金州区
澄州（辽宁海城）	
沈州（辽宁沈阳）	
贵德州（辽宁抚顺北）	
婆速府路（辽宁丹东九连城）	辽宁凤城、丹东
曷苏馆路（辽宁瓦房店市境）	辽宁盖州
北京路	
宗州（辽宁绥中县境）	
懿州（辽宁阜新东北）	
利州（辽宁喀喇沁左翼蒙古族自治县）	
建州（辽宁朝阳西南）	
全州（内蒙古翁牛特旗境）	
兴州（河北滦平境）	
临潢府路	
临潢府（内蒙古巴林左旗南）	
庆州（内蒙古巴林左旗西北）	
泰州（吉林洮安东）	
东北路招讨司（吉林洮安东）	黑龙江齐齐哈尔

上述分布地只是女真猛安谋克分布地的一部分,但已遍及东北的主要地区,分布范围无疑是极其广泛的。上述分布地可分为两类。一类是辽代并无女真人,通过金代的迁移才成为女真人的居住地区。另一类是辽代已有女真人,但金代仍有很多女真人迁入。上京会宁府(治今阿城南)便是其中的一个例子。

上京会宁府是金的内地,女真完颜部的老家,早期的女真移民相当部分即以会宁府为迁出地。天辅五年(1121年),"以境土既拓,而旧部多瘠卤",金将原居住在按出虎水和宁江州(今吉林扶余市境)的猛安谋克民户万余,迁到泰州屯种[1]。大定二十四年(1184年)金世宗来此重游,复置为上京。为达到"上京兵多,他日可为缓急之备"的目的[2],同年十一月"徙速频、胡里改三猛安二十四谋克以实上京"。次年四月,又于"速频、胡里改两路猛安下选三十谋克为三猛安,移置于率督畔窟之地,以实上京"[3]。原居住在海罗伊河(今牡丹江支流海浪河)畔的女真乌林答部,也入居上京,以后世代与完颜部通婚[4]。

金中后期主要定都中都(今北京市),又设上、东、北、南、西五京作为陪都,上京会宁府、东京辽阳府和北京大定府都在东北。各陪都设留守司,置女真司吏,其中上京20人、北京13人、东京10人。东北各路按察司的女真司吏人数,是上京12人、东京12人、北京和临潢府各3人。各总管府的女真司吏以咸平府(12人)、临潢府(12人)、婆速路(11人)、曷懒路(10人)较多,各节镇的女真司吏以隆州(14人)、盖州(12人)、泰州(11人)、速频路(10人)、胡里改路(10人)、蒲与路(8人)较多[5]。上述府州显然都是东北女真人较多的地方。值得注意的是,东北西部的北京大定府、临潢府、咸平府、泰州等府州辽代很少有女真人,金代却成了女真人的重要居住区。

---

1 《金史》卷46《食货志》,第1032页。
2 《金史》卷44《兵志》,第996页。
3 《金史》卷8《世宗纪》,第188页。
4 《金史》卷64《后妃传》,第1519页。
5 皆据《金史》卷57《百官志》。

三　金中期东北女真人的数量

自攻入中原以后,女真猛安谋克开始迁往中原地区。海陵王迁都中都以后,女真人向中原的迁移达到高潮。但是,东北始终是女真人的重要分布地区。据张棣《金虏图志》所载,大定前后在中原约有130余猛安[1],而大定二十三年(1183年)金全国共有202个猛安,615 624户,6 158 636口[2]。据此推算,东北拥有猛安总数的三分之一,约有20.5万户,200余万口。据章宗明昌四年(1193年)尚书省奏文,上京、蒲与、速频、曷懒、胡里改等路的猛安谋克民户计17.6万余[3]。此五单位尚不包括上京路的全部地区(缺肇州、隆州和信州),户数却已达17.6万,显然世宗大定末和章宗明昌年间东北的女真族人口又有了较大的增长。此外,这一数字表明上京路诸府州仍是东北女真人的主要分布地区。

金末蒙古人大举进攻东北以后,居住在临潢府和北京二路的女真人大多撤离东北,其他路的女真人可能也有相当部分迁入中原(详下章)。

---

1 《三朝北盟会编》系其事于绍兴三十一年(金大定元年,1161年),估计此书成于大定前后。
2 《金史》卷46《食货志》。
3 《金史》卷50《食货志》,第1121页。

第四章

辽金时期东北地区的人口迁移（下）

第一节

其他民族或部族的迁移

辽金时期，东北地区除了契丹、奚、渤海和女真族，还生活着突厥、回鹘、吐浑、党项、高丽、室韦、乌古、阻卜、术不姑、沙陀、铁骊、兀惹等十余个民族或部族。这些民族或部族，有的原本不生活在东北，因被俘掠而迁入；有的是东北土著，因被俘掠而在东北范围内进行了迁移。其中，以下列九个民族或部族的迁移规模较大。

一　突厥

突厥是隋唐时代强大的北方民族，后逐渐迁入中原及其沿边地区，与汉族相融合。唐末，北部边境只有在振武军(治今内蒙古和林格尔西北)附近仍有一些突厥人活动[1]。五代时主要活动在今山西省的北部沿边地区,估计只有数万人[2]。辽向西南扩张,与突厥为邻,突厥人开始成为辽的掳掠对象。辽太祖于神册元年(916年)七月,"亲征突厥、吐浑、党项、小蕃、沙陀诸部,皆平之,俘其酋长及其户万五千六百"[3],其中当有一定数量的突厥人。圣宗统和元年(983年)五月,辽又派西南路军队和敌毕、迭烈二部兵"讨西突厥诸部"[4]。按西突厥隋唐时代主要生活在葱岭(今帕米尔高原)东西,统和元年进讨的西突厥何时迁此,史无明文,也可能"西"系衍文或只是方位词。《辽史》卷33《营卫志》载有隗衍突厥部和奥衍突厥部,为圣宗时析置,属黄龙府都部署司,"以镇东北女直之境",估计是以突厥俘户置。金代文献中已不提东北的突厥人,可能已与其他民族相融合。

二 回鹘

回鹘在唐中后期曾称雄大漠南北,有一些部落南迁中原和沿边地区。文宗开成四年(839年)以后,由于漠北内乱,部族或向南迁入中原,或向西迁入河西走廊和安西地区,只有极少数部落仍留在漠南[5]。辽向西南扩张以后,漠南和河西的回鹘部落也是它的俘掠对象之一。圣宗统和二十八年(1010年)五月,辽军进攻甘州回鹘,破肃州(治今甘肃酒泉),"尽俘其民",修土隗口故城(今地不详)以实之[6]。开泰四年(1015年),又以回鹘户置薛特部,居永州(治今内蒙古翁牛特旗东境)慈仁县北[7]。此外,还有一些回鹘人因经商而居住在辽朝,上京临潢府城南门之东有回鹘营,乃"回鹘商贩留居上京,置营居之"[8]。金世宗大定中,金将来西南招讨司贸易的三名回纥商人强行

---

1 见《资治通鉴》卷218,宣宗大中元年八月,第8031页。
2 据《旧五代史》卷98《安重荣传》,中华书局点校本。
3 《辽史》卷1《太祖纪》,第11页。
4 《辽史》卷10《圣宗纪》,第110页。
5 参见吴松弟:《唐代铁勒族的内迁》,《西北史地》1994年第1期。
6 《辽史》卷15《圣宗纪》,第168页。
7 《辽史》卷33《营卫志》。
8 《辽史》卷37《地理志》,第441页。

留下,送于"咸平府(治今辽宁开原市境)旧有回纥人中安置"[1]。此咸平府的回鹘人可能是辽代住在临潢或永州的回鹘移民的后裔。此后文献中便不载东北地区的回鹘人,估计已与其他民族相融合。

三 吐浑

吐浑,一称吐谷浑,唐高宗以后陆续内迁到今甘肃东部和宁夏境内,后大部与汉及其他民族相融合。另有一部分唐末仍活动在蔚州(治今山西灵丘)一带,五代时南迁到今山西省内长城以南地区,据说有三万余帐[2]。契丹兴起后,即以吐浑人为俘掠对象。辽太祖二年(908年),"遣轻兵取吐浑叛入室韦者"[3]。神册元年(916年)七月,太祖亲征突厥、吐浑诸部,俘各部酋长及民15 600户[4]。会同九年(946年)三月,辽太宗率兵南下攻后晋,吐浑遣军校恤烈献生口1 000户[5]。景宗保宁九年(977年),应辽的要求,北汉将逃入境内的400余户吐浑人送还[6]。

被俘掠的吐浑人大多迁入东北,上京道祖州于越王城(在今内蒙古巴林左旗西南)即以于越王述鲁俘获的吐浑和党项户建,有户1 000[7]。金代东北的吐浑人不见记载,估计已与其他民族相融合。

四 党项

唐高宗以后,党项族开始向内地迁移,到中唐以后关内道的北部已成为党项人的主要分布区。《宋史·党项传》叙五代宋初党项的分布:"今灵、夏、绥、麟、府、环、庆、丰州、镇戎、天德、振武军,并其族帐。"

---

1 《金史》卷121《粘割韩奴传》,第2637页。
2 参见王溥:《五代会要》卷28《吐浑》,中华书局点校本;《旧五代史》卷98《安重荣传》。
3 《辽史》卷1《太祖纪》,第3页。
4 同上书,第11页。
5 《辽史》卷4《太宗纪》,第57页。
6 《辽史》卷9《景宗纪》,第100页。
7 《辽史》卷37《地理志》,第443页。

其中的丰州、天德军和振武军位于今内蒙古河套地区以北,是辽代党项移民的主要迁出地区。

辽太祖神册元年(916年),辽的势力扩展到河套以北党项分布地,太祖进攻突厥、吐浑、党项诸部,"皆平之,俘其酋长及其户万五千六百"[1]。五年(920年),太祖"征党项,俘获二千六百口"[2]。此后,辽控制河套以北地区,但由于党项时叛时服,文献中仍多见"征党项"的记载[3]。文献中关于辽俘掠党项人的比较重要的记载有:

太祖天赞三年(924年),"西征党项等国,俘获不可胜纪"[4]。

四年二月,"大元帅尧骨略党项"[5]。

太宗会同三年(940年),"鲁不姑上党项俘获数"[6]。

景宗保宁七年(975年),"耶律带撒等献党项俘,分赐群臣"[7]。

乾亨二年(980年)三月和七月,西南面招讨副使耶律王六遣人献党项俘[8]。

《辽史》中既有"党项",又有"唐古""唐括"。汤开建先生的一项研究认为,辽金时代的唐古、唐括均指党项,但契丹统治者在使用时仍有区别,大约将顺服归化了的党项部落称之为"唐古(括)",将那些尚未顺服归化的党项部落仍称之为"党项"。契丹境内的党项部落分布极广,主要部分分布在上京、东京和西京三道。其中,居住在上京道和东京道的移民部落分别如下。

上京道:党项国,西北唐古,隗衍党项,均在西北路招讨司境内。姚家族,居庆州(治今内蒙古巴林左旗西北)。南唐古部,可能居住在怀州(治今巴林左旗西)。

东京道:北唐古,指居住在今东北三省境内的全部唐古部落,有

---

1 《辽史》卷1《太祖纪》,第11页。
2 《辽史》卷34《兵卫志》,第396页。
3 参见周伟洲:《唐代党项》,三秦出版社1988年版,第104页。
4 《辽史》卷34《兵卫志》,第396页。
5 《辽史》卷2《太祖纪》,第21页。
6 《辽史》卷4《太宗纪》,第47页。
7 《辽史》卷8《景宗纪》,第94页。
8 《辽史》卷9《景宗纪》,第103页。

数万人口。河西部,属东北路统军司[1]。

需要指出,以上所说的地区,只是党项移民可能分布地的一部分,仍有缺漏者。例如,兴宗重熙二十年(1051年)六月曾将俘获的党项人安置在苏州(治今辽宁大连金州区)[2]。金代东北的党项人不见记载,估计已与其他民族相融合。

五 高丽

辽金时期,今朝鲜半岛的绝大多数地方属高丽国范围。在大多数的时间中,高丽与辽金大致保持和平友好的关系,一些高丽人民往往因某种原因而迁入东北。例如,女真完颜部最重要一支的始祖函普便是从高丽迁来的移民,其弟保活里则迁入耶赖(在今俄罗斯滨海省海参崴以东)的女真部落[3]。此外,完颜部还有善治眼疾的高丽籍医生[4]。

不过,在辽圣宗和金太宗时期辽金和高丽发生过军事冲突,在战争中有一些高丽人被俘入东北。统和二十九年(1011年),辽军征高丽回,圣宗将"所俘高丽人分置诸陵庙,余赐内戚、大臣"[5]。不久,以高丽俘户置高州(治今内蒙古赤峰东北),有户5 000[6]。在金太宗时期与高丽的冲突中,是否有高丽人迁入,分布何处,文献缺载,估计应有人迁入。此外,金代高州的高丽人不见记载,估计已与其他民族相融合。

六 室韦

室韦是东北古老民族之一,唐代分布在黑龙江中上游地区。文献

---

[1] 《契丹境内党项部落的分布》,载邓广铭、漆侠主编:《中日宋史研讨会中方论文选编》,河北大学出版社1991年版。
[2] 《辽史》卷20《兴宗纪》,第243页。
[3] 《金史》卷1《世纪》,第2页。
[4] 《金史》卷135《高丽传》,第2882页。
[5] 《辽史》卷15《圣宗纪》,第169页。
[6] 《辽史》卷39《地理志》,第483页。

载:"(辽)太祖并诸蕃三十六国,室韦在其中。"[1]在兼并战争的过程中,一些室韦人被俘入东北。例如,唐天复元年(901年),阿保机连破室韦、于厥及奚帅辖剌哥,"俘获甚众"[2]。《辽史》卷33《营卫志》载:突吕不室韦部"本名大、小二黄室韦户。太祖为达马狘沙里,以计降之,乃置为二部。隶北府,节度使属东北路统军司,戍泰州(治今吉林洮安东北)"。涅剌越兀部"以涅剌室韦户置。隶北府,节度使属西南路招讨司,戍黑山(在今内蒙古包头东北)北"[3]。这些室韦部落显然是以南迁的俘户所置。金代这些室韦移民不见记载,估计已与其他民族相融合。

七　乌古

乌古又称乌骨里、于厥,辽代分布在今内蒙古大兴安岭以西海拉尔河流域一带,为契丹人俘掠人口的重要对象。唐天复元年(901年),阿保机破之,"俘获甚众"[4]。辽神册四年(919年)十月,进攻乌古部,"俘获生口万四千二百……自是举部来附"[5]。此外,在太宗天显三年(928年)、四年与穆宗应历十七年(967年),也有几次"献讨乌古俘"的记载[6]。由于史料缺载,不知这些乌古俘户安置何处。圣宗开泰四年(1015年)破乌古,"朝廷议内徙其众",乌古余众逃入迪烈得部。不久,辽将耶律世良追击迪烈得部,"获其辎重及所诱于厥之众,并迁迪烈得所俘辖麦里部民,城胪朐河(今蒙古国克鲁伦河)上以居之"[7]。圣宗时还以乌古俘户置斡突盌乌古部,节度使属西南路招讨司,戍黑山(今内蒙古包头东北)北[8]。

金代,乌古部向南、向东迁移,移到大兴安岭以东,蒲与路(治今黑

1　叶隆礼:《契丹国志》卷26,第211页。
2　《辽史》卷1《太祖纪》,第2页。
3　《辽史》卷33《营卫志》。
4　《辽史》卷1《太祖纪》,第2页。
5　《辽史》卷2《太祖纪》,第15页。
6　见《辽史》卷3《太宗纪》,第29、30页;卷7《穆宗纪》,第84页。
7　《辽史》卷15《圣宗纪》,第177页。
8　《辽史》卷33《营卫志》。

龙江克东县之大古城)以西,泰州(治今吉林洮安县境)以北[1]。

八　阻卜

阻卜,一称鞑靼,为生活在蒙古草原的游牧民族,"北至胪朐河,南至边境,人多散居,无所统一"[2],为辽武力所征服。在攻战过程中,一些人被俘掠南迁,太祖天赞三年(924年)和圣宗统和元年(983年)、开泰四年(1015年)都有"献阻卜俘"的记载[3]。也有一些阻卜人由于某种原因主动南迁。景宗保宁三年(971年),位于胪朐河畔的阻卜部于越延尼里率450户附辽"乞隶宫籍","诏留其户,分隶敦睦、积庆、永兴三宫,优赐遣之"[4]。此三宫均位于今内蒙古东南的西辽河流域。金代这些阻卜人不见记载,估计已与其他民族相融合。

九　兀惹

兀惹为生活在松花江中游至黑龙江江口一带的部族。辽代曾远征兀惹,圣宗统和十七年(999年)迁部分兀惹户于今吉林农安北,置宾州以处之[5]。开泰元年,铁骊部落酋长那沙等人又将流入部内的兀惹人百余户送还辽国,安置在宾州[6]。太平二年(1022年),铁骊部"遣使献兀惹十六户"[7]。六年四月,辽又索取逃入蒲卢毛朵部的兀惹人户[8]。宾州一带的兀惹人长期与女真、契丹等民族接触,互为婚姻,金代仍居住于此[9]。

1　参见王国维:《观堂集林》卷15《金界壕考》。
2　《辽史》卷103《萧韩家奴传》,第1447页。
3　《辽史》卷2《太祖纪》,第20页;卷10《圣宗纪》,第108页;卷15《圣宗纪》,第176页。
4　《辽史》卷8《景宗纪》,第92页。
5　《辽史》卷38《地理志》,第470页。
6　《辽史》卷15《圣宗纪》,第171页。
7　《辽史》卷16《圣宗纪》,第190页。
8　《辽史》卷17《圣宗纪》,第199页。
9　洪皓:《松漠纪闻》。

第二节

人口迁移与东北经济

辽金时代长时期大范围的人口迁徙,对东北的经济文化发展产生了十分重要的影响。此外,辽、金军队深入中原作战,辽长期占领燕云地区,金割据中国北部,与汉人密切接触,也对东北的经济文化发展产生重要影响。本节着重讨论移民对东北经济的影响。

在中原汉族人民大批迁入之前,除渤海人生产水平相对较高一些,其他民族,无论是幕天席地的游牧民族契丹和奚,还是在林海雪原中狩猎兼事农耕的女真,生产水平一般都比较低。随着汉族和渤海人等移民的大批迁入,比较先进的生产技术传入,契丹、奚、女真等族的生产水平得到迅速提高,进而促进全东北的经济发展。

一 移民与辽代契丹地区的经济

契丹族所在的西辽河流域及其附近是辽国的中心地区,汉、渤海等各民族移民的主要迁入地,移民在经济中的作用最为明显。

辽建立以前,契丹地区的农业虽然已有了初步的发展,但并不普遍,也不固定,人民仍主要过着半游牧半渔猎的生活。"其富以马,其强以兵。纵马于野,弛兵为民。有事而战,骾骑介夫,卯命辰集。以逐水草,人仰湩酪,挽强射生,以给日用,粮粮刍茭,道在是矣。"[1]随着汉人的迁入,经济面貌开始得到改变。阿保机建国之前,已在滦河上的汉城利用汉人从事耕种,建造房屋和城郭[2]。建国以后,接受汉人韩延徽的建议,"树城郭,分市里,以居汉人之降者。又为定配偶,教垦

---

[1]《辽史》卷59《食货志》,第923页。
[2]《新五代史》卷72《四夷附录》,第886页。

艺,以生养之"[1]。为了加强国家的经济军事实力,被契丹掳掠来的汉人和渤海人,大多被利用来垦殖,开展草原上的农业。由于移民的劳动,昔日绿草黄沙片片、牛马羊群点点的大草原,开始出现固定的农区。流域内凡灌溉和土壤条件比较好的沿河流地带,均已辟为农田,并获得较好的收成。邹逸麟先生论述辽代西辽河流域的农业开发及其意义时,指出:辽代以前,燕山山脉为一条天然的农牧业分界线,其北草原地带基本没有农业。此后,农业进入草原地区,西辽河流域成了半农半牧区,这在我国农业区域变迁史上称得上一件大事[2]。

在地区农业经济得到较大发展的同时,长期过着半游牧半渔猎生活的契丹族的农业也开始得到发展。阿保机在平定诸弟叛乱以后,采取"弭兵轻赋,专意于农"的政策,并"分北大浓兀为二部,程以树艺,诸部效之"[3],可见农业已受到重视。太宗会同年间(938—947年),欧昆石烈,南院的欧董突吕、乙斯勃和北院的温纳河剌三石烈人,都被迁到水草丰美的区域,"从事耕种"。太宗还数次下令,狩猎和作战时都要"无害农务","敢有伤禾稼者以军法论";又"诏有司劝农桑,教纺织"[4]。穆宗应历初(951年),耶律挞烈任南院大王,主管所部契丹人事项,因"均赋役,劝耕稼,部人化之,户口丰殖",与北院大王耶律屋质同被誉为"富民大王"[5]。凡此均说明,在牧业发达的同时,农业在契丹族的经济中已占有重要地位。

奚人生活在契丹地区以南,唐代"风俗并于突厥,每随逐水草,以畜牧为业,迁徙无常",并"善射猎"[6],是一个游牧为主兼事狩猎的民族。但到了辽代,随着区域经济的剧变,奚人成为既"逐水草射猎","亦多耕种",居住草庵板屋的亦猎亦农民族[7]。

契丹族的传统手工业部门是皮毛、制革、毛纺和制车,其他部门十

---

1 《辽史》卷74《韩延徽传》,第1231页。
2 《辽代西辽河流域的农业开发》。
3 《辽史》卷59《食货志》,第924页。
4 同上。
5 《辽史》卷77《耶律挞烈传》,第1262—1263页。
6 《旧唐书》卷199下《奚传》,中华书局点校本,第5354页。
7 《续资治通鉴长编》卷79,大中祥符五年十月乙酉。

分落后或缺门,大多是在移民迁入之后发展起来的,且主要劳动者是移民。以冶金业而言,开始于"太祖始并室韦"之后,最早的生产者是"其地产铜、铁、金、银,其人善作铜、铁器"的黑车子室韦移民。太祖征幽州、蓟州,俘掠汉户北归,发现银矿和铁矿,"命置冶"采炼。圣宗太平年间(1021—1031年),又在潢河北的阴山和辽河源头设立机构,兴冶采炼,"自此以迄天祚,国家皆赖其利"[1]。从事冶金的劳动者,不仅有汉人和室韦人,还有渤海人。居住饶州长乐县(今内蒙古巴林右旗西南)的4 000户渤海人中,1 000户在纳赋税时需要向政府交纳一定数量的铁[2]。自卢文进引辽军攻掠燕云诸州,"驱掠数州士女,教其织纴工作",契丹地区的丝织业开始得到发展[3]。都城临潢府的"绫锦诸工作"大多是中原人,原籍以"并、汾、幽、蓟为多"[4]。陶瓷生产也出现在汉人北迁之后。就目前发现的辽代陶瓷来看,产品造型可分为中原和契丹两种形式,无论型制还是工艺方面,均既受到中原影响又有自己的独特风格,从而反映了各族工匠在东北陶瓷业发展中的作用[5]。《辽史》卷60《食货志》载:"盐策之法,则自太祖以所得汉民数多,即八部中分古汉城别为一部治之,城在炭山南,有盐池之利,即后魏滑盐县也,八部皆取而食之。及征幽、蓟还,次于鹤剌泺,命取盐给军。自后泺中盐益多,上下足用。"制盐业不仅发轫于汉族移民,而且也因之而得以发展。

契丹是游牧民族,居住在便于移动的毡房,因而契丹地区原无房屋和宫室,房屋、宫室是在汉人大批迁入以后主要由汉人兴建的。故《旧五代史》卷137《契丹传》说:"其俗旧随畜牧,素无邑屋,得燕人所教,乃为城郭宫室之制于漠北。"据《辽史》之《韩延徽传》和《康默记传》,最初建议"树城郭,分市里,以居汉人之降者"的是汉人韩延徽,而负责规划上京临潢府建城事项的则是另一位汉人康默记。此外,辽后

---

1 《辽史》卷60《食货志》,第930页。
2 《辽史》卷37《地理志》,第448页。
3 《旧五代史》卷97《卢文进传》,第1295页。
4 《辽史》卷37《地理志》,第441页。
5 参见中国硅酸盐学会:《中国陶瓷史》第7章,文物出版社1982年版,第312页。

期的都城中京大定府,也是燕、蓟良工兴建的[1]。据姚从吾先生研究,辽代的汉城系利用汉族俘户辟地筑城所成,有的规模很大,有城墙、楼橹,四面有城门,街中心有看楼和市楼,还有孔子庙、国子监、佛寺、道观、宗庙、南北横街,凡中原应有建筑无不具备。其中,纯汉人所建的城有27个,由汉人和其他民族合建的城有11个[2]。

生产力的迅速发展必然要导致生产关系方面的变化。漆侠、乔幼梅先生的研究表明:建国以前,奴隶制是契丹占支配地位的社会制度。辽建国以后,虽然掳掠来的各族战俘皆沦为奴隶,但实际上其中相当一部分"并不是奴隶制度下会说话的工具这类真正的奴隶",而是既"输租于官(国家)",又"纳课给其主(头下主)"的二税户,这种租课关系"当然是封建经济关系的反映或表现"。大约从辽景宗、圣宗时开始,封建制已居主导地位[3]。

二 移民与金代女真地区的经济

女真族分布在辽阔的黑龙江流域,各部社会发展程度很不一致。以金国统治阶层所出、居松花江流域的完颜部而言,"旧俗无室庐,负山水坎地,梁木其上,覆以土,夏则出随水草以居,冬则入处其中,迁徙不常"。约到辽中叶时,献祖迁到海古水,才开始定居下来,"耕垦树艺,始筑室,有栋宇之制"[4],社会发展之缓慢可想而知。即使在灭辽之前,女真人"善骑射,喜耕种,好渔猎",渔猎经济仍占相当比重。"其市无钱,以物博易,无工匠"[5],农业、手工业和商业都很落后。金灭辽攻宋以后,随着汉人及其他民族移民的迁入,黑龙江地区的农业、手工业和商业都得到很大的发展。

近三十年来,在嫩江、乌裕尔河、呼兰河、通肯河、汤旺河以及黑龙

---

1 《辽史》卷39《地理志》,第481页。
2 《说阿保机时代的汉城》,载《国学季刊》5卷1号。
3 《辽夏金经济史》第二章第三节、第八章第四节,河北大学出版社1994年版。
4 《金史》卷1《世纪》,第3页。
5 宇文懋昭:《大金国志》卷39《初兴风土》,第551—552页。

江沿岸,都出土了金代的铁制农具[1],反映了在南起松花江、北到黑龙江的广大地区都有了犁耕农业。其中,在肇东县八里城金代遗址出土铁器700余件,某些农具已和当地1949年前使用的农具相近[2]。据此看来,金代东北的农业区域已扩大到黑龙江平原地区。就东北农业发展史而言,在南北朝以前,犁耕农业主要在南部地区;在高句丽、渤海和辽代,东部山区和西部草原地区相继得到开发;在金代的百余年中,北部地区得到比较广泛的开发,出现了犁耕农业,使农业耕种的范围几乎遍及东北全境[3]。

女真人在建国前已会烧炭炼铁、打制弓箭,但他们冶铁业的迅速发展仍是在征服辽、北宋以后。近年在松花江流域已发现多处金代冶铁遗址,其中金上京会宁府附近的阿城小岭地区冶铁遗址发现矿井十余处,冶铁炉50余处,建筑遗址18处,估计已开采出四五十万吨铁矿石,为一大型冶铁场[4]。肇东八里城出土的铁制品中,有铁铸件和锻铸件,说明已掌握了一定水平的铁加工技术。辽代的女真人通常采用"刳木为舟"的落后方法,制造简单的小渔船"棱船"。到金初,"悟室得南人,始造船",船只较大,用作松花江中的运输船,"多自国都往五国头城(今依兰县城)载鱼"[5]。冶铁业和造船业的事例,说明拥有比较先进生产技术的移民对女真地区手工业发展的促进作用。

辽代,女真虽然已过定居生活,但房屋建造甚为简陋,更无城郭,"四顾茫然,皆茅舍以居"。在汉人移民大批迁入以后,在会宁府"方营大屋数千间,日役万人,规模亦宏侈矣"[6],开始发展为东北的重要城市。主持修造会宁府的官员便是迁自临潢的汉人卢彦伦[7]。

生产力的发展必然要导致生产关系的改变,但这需要一个过程。建国前女真族已形成奴隶占有制,随着反辽攻宋战争带来的大量战

---

1 黑龙江省文物考古工作队:《从出土文物看黑龙江地区的金代社会》,《文物》1977年第4期。
2 参见肇东县博物馆:《黑龙江肇东县八里城清理简报》,《考古》1960年第2期。
3 参见景爱:《历史时期东北农业的分布与变迁》,《中国历史地理论丛》1987年第2期。
4 黑龙江省博物馆:《黑龙江阿城县小岭地区金代冶铁遗址》,《考古》1965年第3期。
5 洪皓:《松漠纪闻》。
6 《大金国志》卷3《太宗文烈皇帝一》,第40页。
7 《金史》卷75《卢彦伦传》,第1716页。

俘奴隶,女真人的奴隶制得到进一步发展。直到金中期以后,女真奴隶制才趋于崩溃[1]。

三　移民与东北经济地理格局的改变

移民的生产活动,极大地改变了东北的经济地理格局。

一方面,开发的地区得到扩大,许多原先以畜牧、渔猎为主的地区,都发展了农业和手工业。这不仅体现在契丹人居住的西辽河流域和女真人居住的黑龙江流域经济有了较大的发展,也体现在向来是游牧民族家园的漠北(大体相当于今之蒙古国)出现了农业和城镇。历史上,漠北地区较大规模农业的第一次出现,是在辽金时代。辽圣宗(982—1031年在位)时在胪朐河畔组织屯田,第一年即获得好收成,第二年移垦镇州地区,经过连续14年的收获,"积粟数十万斛,斗米数钱"[2]。金代仍在漠北屯垦驻戍,近代在蒙古国和俄罗斯的图瓦地区都发现过12世纪的城市遗址,出土不少辽金文物,显然是这一时代移民漠北的遗存[3]。

另一方面,由于这种移民基本属强迫性迁移,并非人口的自然流动,在古代劳动力数量的多寡往往决定区域开发程度的前提下,其后果之一是在一个地区(迁入区)发展的同时,另一个地区(迁出区)因之而衰落,在辽代主要表现为原渤海国所在地区的衰落。渤海国在唐代经济文化比较发达,被称为"海东盛国"。渤海人被迫外迁以后,经济文化遭到浩劫,城市化为废墟,多年的文明毁于一旦。因此,当社会发展程度较低的生女真迁入该区域以后,未能从渤海文明中得益,社会发展仍相当缓慢,至景祖乌古乃(辽圣宗太平元年,即1021年出生)各部才开始走向统一。金代,经济衰落的厄运降临到辽国中心地区西辽河流域。居民的外迁使该地区的农业趋于衰落;辍耕之后地下流沙在干燥季风的作用下飞出地表,掩埋草场,开始形成连绵不断的沙丘,环

1　参见漆侠、乔幼梅:《辽夏金经济史》,第十六章。
2　《辽史》卷91《耶律唐古传》,第1362页。
3　《C. B. 吉谢列夫通讯院士在北京所作的学术报告》,《考古》1960年第2期。

境日趋恶化,也不利以后的经济发展和人类生活[1]。

第三节

人口迁移与东北文化

移民是文化的载体,人口的大规模迁徙必然要对东北文化产生重要的影响。此外,辽金是中原与东北文化交流空前扩大的时期,中原文化的大规模深入东北也产生了一定的影响。以下试分契丹、女真两部分,简述移民对文化的影响[2]。

一 移民与契丹文化

《五代会要》卷29说:"契丹本无文字,惟刻木为信。汉人陷蕃者以隶书之半,就加增减,撰为胡书,同光之后,稍稍有之。"可见契丹的文字本创自汉人。由于北方汉人的大批迁入,辽代东北地区契丹文和汉文往往同时使用,特别是到了中后期汉语已成为各族人民交际的主要工具。例如在民族较多的托撒孛董寨(一作报打孛董寨,在今吉林松原市境[3]),"凡聚会处,诸国人语言不能相通晓,则各为汉语以证,方能辨"[4]。"各为汉语"自然是指说话人都讲汉语,显然汉语已成为各族人民的交际语言。在各族人民杂居的西辽河流域,似也不应例外。

使用汉族语言文字有利于中原思想文化的传播。阿保机由于与

---

[1] 参见景爱:《历史时期东北农业的分布与变迁》。
[2] 此部分有关内容吸收了下列论文的研究成果:任崇岳:《论辽代契丹族对汉族文化的吸收和继承》,《中州学刊》1983年第3期;韩光辉:《辽代中国北方人口的迁移及其社会影响》;张荣铮:《论金代民族融合》,《天津师大学报》1984年第3期。
[3] 据李健才:《金代东北的交通路线》,《东北史地考略》,吉林文史出版社1986年版,第154页。
[4] 许亢宗:《奉使行程录》,载《三朝北盟会编》卷20,政宣上帙二十。

汉族文人官僚相处,耳濡目染,对儒家思想渐渐有了认识,神册初即确立了尊孔奉儒的思想路线,下令建孔子庙,诏皇太子春秋释奠[1]。至辽圣宗时,各州均已建立孔子庙;到道宗清宁元年(1055年),又"诏设学养士,颁五经传疏"[2]。至此,孔子已成为辽统治者的尊崇对象,儒家思想成为治国的理论基础。连作为调整宗族家庭关系的孝道,也得到统治者的提倡。辽圣宗即位初便颁诏:"民间有父母在,别籍异居者,听邻里觉察,坐之。有孝于父母,三世同居者,旌其门闾。"[3]

契丹人在兴起之初,社会发展程度较低,国家组织和政治制度都相当原始,带有较多的奴隶制时代部落组织的特点。在阿保机初期,韩延徽、韩知古、康默记等汉人参与军政大事,奠定立国的重要制度的基础。《辽史》卷74《韩延徽传》赞扬说:"太祖初元,庶事草创,凡营都邑,建宫殿,正君臣,定名分,法度井井,延徽力也。"韩知古在太祖神册以后"总知汉儿司事,兼主诸国礼仪。时仪法疏阔,知古援据故典,参酌国俗,与汉仪杂就之,使国人易知而行"[4]。康默记为太祖处理"一切蕃、汉相涉事,属默记折衷之,悉合上意",并帮助建立辽的法律制度。当时,"诸部新附,文法未备,默记推析律意,论决重轻,不差毫厘。罹禁网者,人人以为不冤"[5]。经阿保机和属下汉、蕃臣僚的努力经营,仿照中原建立起较为完整的国家组织和政治制度,巩固了内部和所在地区的社会秩序,进而入主中原,立国达200余年之久。

在汉人的影响下,中原文学渐为契丹人所接受。辽代统治者上自帝王后妃,下至诸王大臣,能诗善赋者不乏其人。例如,阿保机长子、太子耶律倍有文才,习举子,"每通名刺云:'乡贡进士黄居难,字乐地。'以拟白居易字乐天也"[6]。耶律倍还通阴阳,知音律,精医药,善画人物,工诗文,后在宫廷斗争中失败投后唐,改名李慕华。耶律倍表示自己愤怒与无奈心情的诗句"小山压大山,大山全无力,羞见故乡

---

1 《辽史》卷72《义宗倍传》,第1209页。
2 《辽史》卷21《道宗纪》,第253页。
3 《辽史》卷10《圣宗纪》,第112页。
4 《辽史》卷74《韩知古传》,第1232页。
5 《辽史》卷74《康默记传》,第1230页。
6 厉鹗:《辽史拾遗》卷19,丛书集成初编本。

人,从此投外国"[1],每每为人所称引。但宋辽澶渊之盟前汉化程度类似耶律倍的人还不多见,澶渊之盟后契丹族上层留心翰墨,成为一时风尚。圣宗、兴宗、道宗诸帝无不尊儒术,喜文翰,能诗善文。甚至契丹族小儿启蒙读物,也以汉人诗词为教材。洪迈《夷坚志》卷18曾记载说:"契丹小儿初读书,先以俗语文句而习之,至有一字用两字者,如'鸟宿池中树,僧敲月下门'两句,其读时则曰:'月明里和尚门子打,水底里树下老鸦坐。'大率如此。"

契丹颇多善于丹青的帝王和贵族。耶律倍绘的《千角鹿图》被人誉为"所画诚妙笔也"[2]。萧融善丹青,慕唐裴宽、边鸾之画迹,凡奉使入宋者必命以重价购求,携归本国[3]。辽代音乐分大乐、雅乐、散乐、国乐、铙歌、横吹乐数种,大乐、雅乐、散乐是辽太宗时从后晋学来的汉族音乐。百戏和角抵这两种中原的艺术形式也传入契丹。就连孔子的形象,也搬上辽宫廷的戏剧舞台[4]。既然中原的文学、艺术深得契丹人的垂青,雕塑、建筑等汉族文化的表现形式也不会被他们忽略。《中国古代建筑史》指出:"辽朝早期建筑保持了很多唐代的风格,仅少数宫殿(如祖州)、佛寺(如大同华严寺)和某些民居采取东向,保有契丹族原来的习惯。"[5]

契丹人对汉族文化的吸收和继承,体现在生活习俗的各个方面。在服饰上,"自太宗入晋之后,皇帝与南班汉官用汉服,太后与北班契丹臣僚用国服"。但到辽中后期,随着汉化程度的加深,朝服日趋汉化。到了景宗"乾亨(979—983年)以后,大礼虽北面三品以上亦用汉服;(兴宗)重熙(1032—1055年)以后,大礼并汉服矣"[6]。《契丹国志》卷23《国土风俗》载,降辽的汉人又为阿保机"制婚嫁",表明中原婚制已开始代替契丹的原始婚制。在丧葬制度方面,早期契丹族在人死后

---

1 《辽史》卷72《义宗倍传》,第1210页。
2 厉鹗:《辽史拾遗》卷19,丛书集成初编本。
3 《辽史拾遗》卷21。
4 叶隆礼:《契丹国志》卷7《圣宗天辅皇帝》,第70页。
5 刘敦桢主编,中国建筑工业出版社1980年版,第164页。
6 《辽史》卷55、卷56《仪卫志》,第900、908页。

"但以其尸置于山树上,经三年后,乃收其骨而焚之"[1],并无汉族那种墓葬习惯。考古材料证明,到了辽代,皇帝均实行厚葬,辽中后期一般官僚乃至平民也多采用墓葬形式[2]。

随着与汉文化接触的增多,契丹人民汉化程度日渐加深,不少人因之改用汉姓。陈述先生述其过程说:契丹和女真人最初并无姓氏,后由于部落人数增多,便以部落名为姓,如移剌、温迪罕等,"顺音缀字,未同中原";侵入中原以后,"渐慕汉风,遂弃彼旧音,竟译汉姓",时间一长后人便无从区分民族出身。因此,"今之张、王、刘、赵,不无契丹、女真子孙,要皆中华民族,不必以汉裔自诩也"[3]。

二 移民与女真文化

女真族在进入中原之前,已与周围地区的契丹人、渤海人和汉人有较多的接触,因此金初的上层文化表现出兼收并蓄、斑驳陆离的特点。

在金初的政治文化方面,刘彦宗、时立爱、韩企先等燕云地区的汉族世家大族发挥了重要作用,三人皆任过宰相。刘彦宗佐宗望军,"凡州县之事委彦宗裁决之",在伐宋时又担任汉军都统[4]。韩企先在创立制度方面作出重要贡献,"方议礼制度,损益旧章。企先博通经史,知前代故事,或因或革,咸取折衷"。数十年之后,世宗还赞扬说:"丞相企先,本朝典章制度多出斯人之手。"[5]

女真立国初期,许多政治制度兼取渤海、辽、北宋诸国制度。在官制方面,张棣《金虏图经》记载:"本遵唐制,又以本朝(宋朝)之法并辽法参而用之。"所谓唐制者,应是渤海国的制度,渤海国制一本唐代,女真继承其制度。在刑法方面,女真"有国之初,立法设刑,悉遵辽制",

---

[1] 叶隆礼:《契丹国志》卷23《国土风俗》,第221页。
[2] 文物编辑委员会编:《文物考古工作三十年》,文物出版社1979年版,第78—79页。
[3] 《契丹、女真汉姓考》,载《东北集刊》第2期。
[4] 《金史》卷78《刘彦宗传》,第1770页。
[5] 《金史》卷78《韩企先传》,第1778页。

唯有用沙袋击人脊背一法可能出自本族习惯[1]。

不仅政治制度如此,文字、娱乐等方面同样如此。

女真人本无文字,"及破辽,获契丹、汉人,始通契丹、汉字,于是诸子皆学之"[2]。此处所说的"汉人",指辽国境内的汉人,包括燕云地区的汉人和东北地区的汉人（移民及其后裔）两大部分。女真文字是完颜希尹奉太祖命所创造的,创造方法是"仿汉人楷字,因契丹字制度,合本国语"[3]。

在上层娱乐方面,初期以契丹文化占优势,兼用女真旧俗。《大金国志》记天辅六年（1122年）一次宫中作乐："是日,国主坐行帐,前列契丹伶人作乐。每举酒,辄谢汉儿。左企弓已悉摺笏捧觞称寿,一如契丹之仪。"[4]天会二年（1124年）北宋人许亢宗出使金国,看见"悉用契丹旧礼。如结彩山、作倡乐、寻幢角觝之伎,斗鸡击鞠之戏,与中国同。但于众乐后饰舞女数人,两手持镜上下,类神祠中电母所为,莫知其说"[5]。许亢宗所说的结彩山、作倡乐等娱乐形式"与中国同",是指这些形式本出自中原,后来从中原流入契丹,又从契丹流入女真。所说的两手持镜上下挥舞这种舞蹈形式,可能来自女真族。

女真人开始对孔子和儒家略有认识则得力于渤海人。文献载:金军攻至曲阜,"时汉儿将启孔子墓。粘罕问曰：'孔子何人？'通事高庆裔曰：'古之大圣人。'曰：'大圣人墓焉可伐？'尽杀之,故阙里得全"[6]。

据上所述,在兴起的初期,女真人政治制度和上层文化是在契丹人、东北汉人、燕云汉人和北宋汉人的影响下建立起来的,受影响最大的不是北宋汉人而是其他三种人。陈登原先生总结道："金国对于辽国人才,固尽量加以登用,即在制度方面,如祭祀,如礼仪,如法律,如钱币,如考选,如职官,亦在参用辽、宋之制,或先踵辽旧,后采唐宋。

---

1 《三朝北盟会编》卷244,炎兴下帙一百四十四。
2 《金史》卷66《勗传》,第1558页。
3 《金史》卷73《完颜希尹传》,第1684页。
4 《大金国志》卷2《太祖武元皇帝下》,第31页。
5 《大金国志》卷3《太宗文烈皇帝一》,第40页。
6 《大金国志》卷5《太宗文烈皇帝三》,第81页。

要之,向辽接受在前,向宋接受在后,此可以令人注意者也。"[1]

正由于灭辽攻宋之前女真人对汉文化已有所认识,故在金军灭辽之后,即于"所在处以科举取士"[2]。攻入开封后,不仅将宫廷中的法驾、卤簿、车辂、冠服、礼器、法物、乐器、祭器劫掠一空,也将秘阁三馆的图书和天下州府图书大量搬至东北[3];并取太学博士和太学生"堪为师法者"30人,以及"详通经教德行"的僧人数十人,一同北迁,并给予较好的生活待遇[4]。

金灭北宋以后,许多中原士人迁入女真内地,这些人和被强行留下的南宋使者都受到女真贵族的尊重,被敬为师长。宋使朱弁在金国时,"名王贵人多遣子弟就学";张邵在会宁府时,"金人多从之学";洪皓受到女真贵族悟室的尊重,请他教其八子,所写的诗文深得金人喜爱,"争抄诵求锓梓"[5]。凡此种种,均表明金初女真上层重视汉文化,主动学习汉文化,已经形成热潮。

随着中原汉人的不断迁入,汉文化对女真族上层的影响日益加深。首先体现在礼仪制度方面。金初风俗朴野,无君臣、君民之别,"君民同川而浴,肩相摩于道。民虽杀鸡亦召其君同食,炙股烹脯以余肉和其菜捣臼中糜烂而进,率以为常"。金朝第二个皇帝完颜晟虽然在位期间先灭辽、再灭北宋,较多地接触到中原文化,但仍不改太祖的旧态,"尝浴于河,牧于野,屋舍、车马、衣服、饮食之类与其下无异"。熙宗即位以后,"左右诸儒日进谄谀,教以宫室、服御、妃嫔、禁卫之盛"。他开始采用中原的宫廷礼仪,"出则清道警跸,入则端居九重,旧功大臣非时莫得见",已与汉族皇帝相差无几[6]。

自第三个皇帝熙宗开始,女真上层接受汉文化的步伐大大加快,不仅建立起宫廷礼仪制度,也修订了法律制度。熙宗朝"执政大臣多中州汉儿人",对旧刑法制度"始加损益",废除女真族长期沿用的用沙

---

1 《国史旧闻》第2分册第410条《宋金文物关系》。
2 《三朝北盟会编》卷244,炎兴下帙一百四十四。
3 《宋史》卷23《钦宗纪》,第436页。
4 《三朝北盟会编》卷81,靖康中帙五十六。
5 据《宋史》卷373《朱弁传》《张邵传》《洪皓传》。
6 《松漠纪闻》;《大金国志》卷10《熙宗孝成皇帝二》,第151页。

袋击人脊背的刑法。皇统(1141—1149年)年间又制订法令近千条，称为《皇统新制》[1]。确认儒家思想为统治思想，是熙宗主动接受汉文化的重要体现。熙宗初年，首先在都城上京会宁府建孔子庙，并于皇统元年(1141年)亲临祭祀，说"孔子虽无位，其道可尊，使万世景仰。大凡为善，不可不勉"。熙宗对周公、唐太宗李世民等儒家推崇的贤臣明主十分景仰，多次阅读《贞观政要》，并对周公、唐太宗和唐明皇的作为发表自己的看法[2]。

通过接受汉文化，一些女真上层人物的思想意识和行为作风发生了重大改变。金熙宗在汉儒士的教导下，未登基前便"能赋诗染翰，雅歌儒服，分茶焚香，弈棋象戏，尽失女真故态矣"。他视开国旧臣为"无知夷狄"，而旧臣则说他"宛然一汉户少年子也"[3]。海陵王少年时"好读书，学弈、象戏、点茶，延接儒生，谈论有成人器"[4]，汉化也很深。一些皇帝和贵族还为自己取了汉名，如金太祖阿骨打又名旻，熙宗合剌又名亶，粘罕又名宗翰。

社会风尚的演变反映了移民对下层文化的影响。在服饰方面，女真人自灭辽攻宋之后"渐有文饰"，穿戴中原汉人的服饰成为风尚。就以妇女而言，"或裹逍遥巾，或裹头巾，随其所好"[5]。在年节风俗方面，最初的变化发生在攻宋之后，但"虽渐染华风，然其国中之俗如故"，影响仍很有限。数年过去，迁入的中原汉人人数大增，风俗大变，"四时节序，皆与中国侔矣"[6]。女真人在攻入中原以前，没有纪年，以青草长出一次为一岁。"自兵兴以后，浸染华风"，不仅学会纪年，而且自皇帝到贵族都仿效汉人重大活动选择黄道吉日的做法[7]。

不过，综合《大金国志》《金虏图经》《奉使行程录》诸书所载，女真人尽管已在接受汉文化上迈开大步，但在海陵王贞元元年(1153年)

---

1 《三朝北盟会编》卷244，炎兴下帙一百四十四。
2 《金史》卷4《熙宗纪》，第77页、第74页。
3 《大金国志》卷12《熙宗孝成皇帝四》，第178页。
4 《大金国志》卷13《海陵炀王上》，第185页。
5 《大金国志》卷39《男女冠服》，第552页。
6 李心传：《建炎以来系年要录》卷19，建炎三年甲午，第381页。
7 《松漠纪闻》。

迁都中都大兴府以前，经济文化制度仍相当简陋，迁都以后才完成全盘汉化的过程。因此，定都会宁府的三十余年是女真人接受汉文化的初步阶段。不过，这一阶段对于金朝的重要性是不言而喻的，正是这一阶段的初步汉化奠定了金朝迁都中都和女真人大举迁入中原的思想基础。

契丹人和女真人的汉化，是东北民族接受汉文化的主要体现。同时，其他民族也受到不同程度的汉化。迁居宾州（治今吉林农安南）的兀惹（一作嗢热）人的事例即是证明。自辽代迁居宾州以后，兀惹人即与他族人民混居，族人多改用汉姓，以李姓为多；多读书人，有的热衷于科举，有的喜欢延接儒士，有的善学弈、象戏、点茶，衣服穿着均似汉人[1]。

第四节

人口迁移与东北的民族构成、分布和融合

一 移民与民族构成和分布

东北是我国古代多民族杂居的地区。唐之前，东北地区主要是边疆少数民族生活地域，汉人为数不多，且多居住在今辽宁省境。唐代主要聚居在营州（治今辽宁朝阳）及其周围地区，原高句丽辖区也有一些隋军战俘的后裔[2]。东胡系民族主要在西部草原游牧，通古斯民族则居住在东部地区。经过辽金时代的大迁移，这种状况有了极大的改变，详见图3-1和图4-1。

---

1 《松漠纪闻》。
2 详见本书第三卷《隋唐五代时期》第七章第七节。

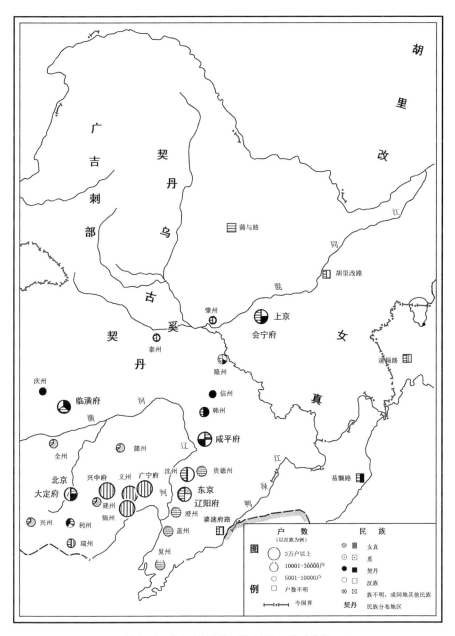

图4-1 金中叶东北地区的人口与民族分布图

汉族人口剧增并广泛分布在各地，是最值得注意的大事。辽代除了今辽宁省境汉人分布较多外，以往汉人很少进入的内蒙古东南部也成了汉人的世界，并在吉林、黑龙江建立起汉人的移民点。金代，在松花江流域的中上游地区已集聚了数量相当可观的汉人移民。

在人口数量上，汉族已成为东北的第一大民族。谭其骧先生说：辽代"契丹虽为统治者，但人口特少，《兵卫志》称卜、中、东三京丁籍之可纪者二十二万六千一百，蕃、汉转户为多，是州县丁壮之不及也；《营卫志》称辽宫卫正户八万，蕃、汉转户十二万三千，则并皇室之护卫，亦以异族人为多矣。大抵城郭之居，农事发展之区，即为汉民族势力之所在地。此不特中京、东京为然，即契丹之根据地上京亦然。……西人以契丹称我中国，实则契丹国确系以汉人为主体，而契丹、渤海人辅之者也"[1]。

由于金初大批汉人迁入，东北的汉人人数更多。金毓黻先生认为："金代户数实增于辽代之二倍，则其移来人民之多，可以窥见矣。"[2] 南宋使节曹勋记其沿途所见："自燕山向北，部落以三分为率，南人居其二。"[3]

如果说，汉人成为东北的第一大民族是辽金时代人口迁移对东北民族影响的第一个方面的话，那么，民族分布格局的改变和民族杂居局面的形成则是这一影响的第二个方面。

通过民族大迁移，原来居住东北东部地区的渤海人和女真人逐渐分布到东北各地，而契丹、奚等游牧民族的一些成员则离开世代生活的西部草原，迁移到辽东海滨、松花江畔和阴山南北。此外，突厥、回鹘、吐浑、党项、高丽、室韦、乌古、阻卜、兀惹等民族或部族，或自境外迁入东北，或离开家园在东北范围内进行迁徙。因此，辽金时代在民族数量较唐代有所增加的同时，民族人口的地理分布也得到根本改变。唐五代通古斯系民族居东部、东胡系

---

[1] 《辽代"东蒙"、"南满"境内之民族杂处》，《长水集》，第256—257页。
[2] 《东北通史》，五十年代出版社1944年版，第365页。
[3] 《松隐集》卷7《古诗序》。

民族居西部、汉人居中南部的民族分布格局,已演变成辽金时代各系统的民族以原居住区为基地,分布到东北各地,与其他民族杂居的新格局。

由于东部山区林海茂密,汉族和东胡系民族人数较少,可能基本上仍是通古斯民族的生活地区,但东北的其他地区差不多已是东胡系、通古斯系和汉族人民杂居区域。今河北长城以北和内蒙古西拉木伦河以南地区与辽宁大凌河流域,原主要是奚族的生活地区。自奚族为契丹所并以后,汉人和渤海人大量迁入,到辽代成为"所在分奚、契丹、汉人、渤海杂处之"的民族杂居地区[1]。某些地方,例如黄龙府(治今吉林农安)以东的托撒孛堇寨,便因"契丹强盛时,虏获异国人则迁徙杂处于此",成为"杂诸国俗",主要以汉语作为交际语言的多民族聚居地[2]。

二 移民与民族融合

从历史上看,民族杂居必然带来各民族间经济文化的互相影响,并逐渐趋于融合。虽然在融合过程中各民族文化互有损益,往往表现出文化较高或人数较多的民族的文化,为文化较低或人数较少的民族所接受的特点。在辽金时代的东北,主要是汉族文化影响别的民族,进而在此基础上达到民族融合。

民族通婚也是促进融合的重要途径。为了有利于统治并加速融合被统治民族,辽太宗于会同三年(940年)宣布:"契丹人授汉官者从汉仪,听与汉人婚姻。"[3]《契丹官仪》记载:"契丹东有渤海,西有奚,南有燕,北据其窟穴,四姓杂居,旧不通婚,谋臣韩绍芳献议,乃许婚焉。"[4]韩绍芳为重熙间人,据此至迟在辽代中期汉、契丹、奚、渤海等族已普遍通婚。金代规定被征服民族不能在本氏族内娶妻,"其在降

---

[1] 叶隆礼:《契丹国志》卷22,第216页。
[2] 许亢宗:《奉使行程录》,《三朝北盟会编》卷20,政宣上帙二十。
[3] 《辽史》卷4《太宗纪》,第49页。
[4] 余靖:《武溪集》卷18,四库全书本。

附之后同姓为婚者,离之"[1]。官吏如果不能执行此令,要受到处罚,世宗时完颜守贞便"坐安置契丹户民部内娶妻",而受到"杖一百,除名"的处分[2]。大定十七年(1177年)由于担心契丹人反叛,世宗又下令迁西北路契丹人于上京、济州、利州等地,"与女直人杂居,男婚女聘",以达到"渐化成俗"的目的[3]。

辽代迁入东北的突厥、回鹘、吐浑、党项、高丽等民族,金代文献中已无多少记载,可能由于人数较少已较早被其他民族所融合。金代,渤海人许多已使用汉姓,有王、高、张、杨、窦、乌、李等数姓[4]。金熙宗天眷元年(1138年),"诏百官诰命,女直、契丹、汉人各用本字,渤海同汉人"[5],可见渤海人已普遍使用汉字,汉化很深。即使契丹、女真等统治民族,也无法阻挡被人数较多、经济文化发展水平最高的汉族所融合的潮流。他们在东北时已开始接受汉化,到大批迁入中原以后生活在汉文化的汪洋大海之中,终于在金元时期完成了被融合的进程。只有仍留在东北东部、未能与其他民族特别是汉族杂居的女真人,仍顽强地保持着本民族的特点,到清初入关以后才被汉族所融合。

由于长期与东北土著民族杂居,辽金时代东北汉人与中原汉人的心理素质并不完全相同。北宋末宋昭《论北界利害书》中说:"或者又谓山后之民皆有思汉之心,或欲归顺,此尤妄诞之易见者。不惟北虏为备日久,山后之民往往徙居漠北,又自唐末至于今,数百年间子孙无虑已易数世,今则尽为蕃种,岂复九州中国旧民哉?"[6]辽代如此,金代当也同样如此。在其他方面,东北汉人的胡化也很深,"衣服渐变存语言"即是一位北宋使节在今河北长城以北地区所见的现象之一[7]。

---

1 《金史》卷3《太宗纪》,第57页。
2 《金史》卷73《完颜守贞传》,第1686页。
3 《金史》卷88《唐括安礼传》,第1964页。
4 洪皓:《松漠纪闻》。
5 《金史》卷4《熙宗纪》,第73页。
6 《三朝北盟会编》卷8,政宣上帙八。
7 苏辙:《栾城集》卷16《出山》,上海古籍出版社点校本。

第五节

耶律大石的西迁

辽天祚帝保大五年（1125年），金朝灭辽。在辽灭亡的前一年，辽太祖八世孙、翰林耶律大石率铁骑200，离开设在天德军（治今内蒙古乌梁素海西）的天祚皇帝大营，自立为王，后从夹山（今呼和浩特西北）过黑水，到达可敦城（在今蒙古国土拉河上游），会7州18部王众，"遂得精兵万余，置官吏，立排甲，具器杖"[1]，初具国家规模。1130年春，耶律大石整旅西征，进到叶密立城（今新疆额敏东南），建立根据地。1132年春，耶律大石在此称帝，史称西辽（或称哈剌契丹）。1134年，定都虎思斡尔朵（今吉尔吉斯斯坦托克马克以东楚河南岸）。疆域西近咸海，东包新疆绝大部分地区。传数世后国亡。

可敦城守军在盛辽时期的人数不过二万，以后耶律大石会7州18部王众，得精兵万余人。魏良弢认为："从这些史料看，耶律大石1130年整旅而西时，其军队总数不会超出三万，考虑到他又留下一支势力相当大的留守部队，那么他带走的西征部队人数不会超过二万人。这二万人中也不都是契丹人，其中包括汉人和其他部族人。"[2]

在耶律大石西征以前，据伊本·阿西尔记载，在喀喇汗王朝边界上已住着1.6万帐从辽朝迁来的突厥契丹人。这些契丹人，后都汇入西辽军队[3]。《金史》卷88《唐括安礼传》载：世宗大定十七年（1177年），监察御史完颜觌古速巡边，有四个随从契丹人"自边亡归大石"。这证明在耶律大石建立西辽以后，还有一些契丹人迁往西辽境内。

在西辽境内有多少汉人，因文献缺载已无法考证。据伊本·阿西

---

1 《辽史》卷30附《耶律大石传》。
2 《西辽史研究》，宁夏人民出版社1987年版，第131页。
3 转引自《西辽史研究》，第3页。

尔《全史》记载,卡特万会战时西辽军队中有汉人部队[1]。这些汉人军队应来自随耶律大石西迁中亚的汉族移民。耶律楚材《湛然居士集》提到李世昌为"西辽郡王",官"中书";李世昌的祖先为耶律大石时的宰相[2],显见汉人在西辽国中占有相当重要的地位。

契丹族深受汉族文化的影响,是一个汉化程度较深的民族。随耶律大石西迁的契丹人、汉人虽然为数不多,却是西辽的统治民族。他们以重建大辽帝国为己任,对典章制度除非必要的变通与修改,一仍先朝旧规,亦未接受伊斯兰教及其法典。因此,在西辽的行政、军事、赋税制度和生产技术、建筑、艺术造型、文化诸方面,都强烈地表现出受汉文化影响的特点。正如魏良弢先生所指出:"西辽时期汉文化对中亚的影响是多方面的,深刻的,是汉、唐以后汉文化向中亚传播的又一个新浪潮、新高峰。汉文化的传播促进了中亚社会的向前发展。"[3] 不过,汉文化并没有取代当地文化,而是随着时代的推移而融合在当地文化之中。到金元之际,西辽"国人(随大石西迁的契丹人)无已,衣服皆回纥也"[4],契丹和汉人移民可能都已融合在当地人民之中。

---

1 转引自《西辽史研究》第 134 页。
2 见卷 8《醉义歌传》、卷 2《赠李郡王笔》、卷 7《赠辽西李郡王》,四部丛刊本。
3 《西辽史研究》第 190 页。
4 刘祁:《北使记》,载《金文最》卷 35,第 494 页。

第五章

金代华北地区的人口迁移

第一节

女真等东北民族的内迁

12世纪初叶以后,在北方人民纷纷往南方迁移的同时,女真、契丹、渤海等东北民族也大批迁入中原,构成当时南北移民大潮中波澜壮阔的一幕,形成唐代以来又一次边疆民族的内迁高潮[1]。

---

1 关于这一问题,当代学者曾就某一方面做过一些重要研究。主要成果集中在:日本学者三上次男:《金代女真研究》,金启孮译,黑龙江人民出版社1984年版;张博泉:《金史论稿》第一卷,吉林出版社1986版;宋德金:《金代社会生活》,陕西人民出版社1988年版;罗贤佑:《金、元时期女真人的内迁及其演变》,《民族研究》1984年第2期;张荣铮:《论金代民族融合》,《天津师大学报》1984年第3期。不过,上述论著由于受内容或篇幅的限制,有关迁移过程和移民分布仍未能给人以较全面的印象,有关移民影响也有一些内容有待深入。本章拟在此基础上,对前两方面进行较全面的研究,对后一方面做一些补充。

一　内迁过程

太祖天辅六年(1122年)金军开始灭辽攻宋战争,一些女真人和其他东北民族成员进入中原,有的以后即留居于此,标志着东北民族内迁的开始。这一移民浪潮,持续了30余年才告一段落,金宣宗南渡以后复有一定数量的东北民族人民内迁。整个迁移过程可分为五个阶段。

《燕云录》记金初攻入中原之后在河北、河东各地留兵驻守,"每州汉人、契丹、奚家、渤海、金人,多寡不同,大州不过留一千户,县镇百户,多阙额数"[1]。到太宗天会十年(1132年),"沿河、沿淮及陕西、山东等路,皆驻北军"[2]。虽然文献没有记载这些驻军以后是否都留在中原,由于金军没有撤回东北,其中相当一部分留居中原却是可以肯定的,裴虎山、乌延吾里补、纥古石烈石胡等人便是他们的代表[3]。此外,金将挞懒在占领山东之后,"久居潍州(治今山东潍坊)","每认山东以为己有"[4],也是一个例子。显然,金军攻入中原之年即是东北民族内迁第一阶段开始之年。

天会十一年秋,金"起女真国土人散居汉地",有组织地将本国人民迁入中原,掀起第二次移民高潮。文献记载此事:"尽起本国之土人,棋布星列,散居四方。令下之日,比屋连村,屯结而起。"[5]《建炎以来系年要录》甚至说:"悉起女真土人散居汉地,惟金主及将相亲属卫兵之家得留。"[6]

天会十五年冬,金废刘豫伪齐政权。此后,金朝"虑中国怀二三之意",约在熙宗天眷(1138—1140年)年间到皇统(1141—1149年)初年,女真人"自本部族徙居中土,与百姓杂处","非止女真,契丹、奚家

---

[1] 《三朝北盟会编》卷98,靖康中帙七十三。
[2] 《建炎以来系年要录》卷53,绍兴二年四月庚寅。
[3] 见《金史》卷97《裴满亨传》,卷82《乌延吾里补传》和《纥石烈胡剌传》。
[4] 宇文懋昭:《大金国志》卷10《熙宗孝成皇帝二》,第149页。
[5] 《大金国志》卷8《太宗文烈皇帝六》,第126页。
[6] 《建炎以来系年要录》卷68,绍兴三年九月。

亦有之"，掀起第三次移民高潮。这些在政府组织下，"计其户口给以官田，使自播种，以充口食"的移民，在皇统五年（1145年）被称为屯田军[1]。屯田军分布地域极广，"自燕山之南，淮陇之北，皆有之，多至六万人，皆筑垒于村落间"[2]。

关于上述各次移民内迁的原因，《大金国志》卷8说："女真，一部族耳。后既广汉地，恐人见其虚实，遂尽起本国之土人，棋布星列，散居四方。"应当说这一解释是不能令人信服的，因为女真族人数既然有限，在东北"恐人见其虚实"，迁入内地岂不更将老底都让人知道了？上引各条史料已经表明，女真人内迁主要是为了驻守中原，统治当地人民。攻宋之初济南府和淄州曾主动降金，因此"金人据有中原，诸州皆屯戍女真、契丹军，惟济南府、淄州并无一人一骑"[3]，这一事例说明驻守是内迁的主要原因。

皇统九年，海陵王完颜亮杀熙宗，自立为帝。海陵王很早就接受汉文化，"稍习经史，慕中国朝署之尊，密有迁都意"。一些贵族也上书海陵王，"上书者多谓上京僻在一隅，官难于转漕，民难于赴诉，不若徙燕，以应天地之中"[4]。为了便于统治和接受汉文化并进一步南侵，贞元元年（1153年）海陵王将都城自上京（今黑龙江阿城南）迁至燕京，并将女真人特别是上京路的女真人大批迁入中原，形成第四次内迁浪潮。关于这次迁移，《金史》卷44《兵志》记载：

> 贞元迁都，遂徙上京路太祖、辽王宗幹、秦王宗翰之猛安，并为合扎猛安，及右谏议乌里补猛安，太师勗、宗正宗敏之族，处之中都。斡论、和尚、胡剌三国公，太保昂，詹事乌里野，辅国勃鲁骨，定远许烈，故果国公勃迭八猛安处之山东。阿鲁之族处之北京。按达族属处之河间。正隆二年，命兵部尚书萧恭等，与旧军

---

1 《大金国志》卷36《屯田》。同书卷12《熙宗孝成皇帝四》将创屯田军与迁徙事系在皇统五年。三上次男认为（《金代女真研究》，第162页），废刘豫在天会十一年底，则女真人的大批迁移应在天眷年间，皇统五年是移民整顿工作大体完成之年。按皇统五年与天会十五年相差八年，既然猛安谋克迁移与废掉刘豫有关，则女真人的大批内迁似不应在其后的八年，故取三上次男之说。
2 《大金国志》卷12，第173页。
3 《三朝北盟会编》卷119，炎兴下帙十九。
4 《建炎以来系年要录》卷161，绍兴二十年十二月。

皆分隶诸总管府、节度使,授田牛使之耕食,以蕃卫京国。

据三上次男依据《金史》之《食货志》与若干列传的考证,实际迁徙移民的年代,是正隆元年(1156年)而不是贞元元年,大约有12个猛安的女真人被移往华北[1]。上京路女真人是迁徙的重点,由于海陵王担心"上京宗室起而图之,故不问疏近,并徙之南"[2]。为了表示迁都的决心,海陵王派人毁掉上京的宫殿、宗庙、社稷和各大族的住宅,并彻底犁平,化为农田[3]。

海陵王以后,东北民族较大规模的内迁已相对较少,但不是毫无内迁。大定元年(1161年)世宗在辽阳入继皇位,辽阳的军队随迁首都。次年,又将亲己的"咸平(府,治今辽宁开原北)、济州(治今吉林农安)二万入屯京师"[4],即是其中人数较多的一次迁移。

在女真内迁的同时,契丹、奚、渤海、霫等东北民族的人民,或由于女真的胁迫,或因女真人以"金帛子女"所诱[5],也一起进入中原作战。天会四年十一月,在中原作战的燕人回答当地人"比中来者是几国人?共有多少兵马?"的问话,说:"此中随国相来者,有达靼家,有奚家,有黑水家,有小葫芦(勃律)家,有契丹家,有党项家,有黠戛斯家,有火石家,有回鹘家,有室韦家,有汉儿家,共不得见数目。"[6]此回答疑有夸大的成分,但契丹、奚、渤海等族之人一同进入中原作战则是没有疑问的,其中相当一部分人便留守中原。故《三朝北盟会编》记载:"河东、河北州县镇防守,每州汉人、契丹、奚家、渤海、金人多寡不同,大州不过留一千户,县镇百户,多阙额数。"[7]

为了便于控制其他东北民族,女真统治者往往采取强制迁移的措施,迫使他们离开故乡迁入内地。辽末,辽阳一带是渤海人在辽东的主要聚居地。女真起兵反辽以后,这一带的渤海人趁机起兵,不久

---

[1]《金代女真研究》,第178—183页。
[2]《金史》卷8《世宗纪》,第185页。
[3]《金史》卷24《地理志》,第550—551页。
[4]《金史》卷6《世宗纪》,第124—125页。
[5]《三朝北盟会编》卷98,靖康中帙七十三。
[6]《三朝北盟会编》卷99,靖康中帙七十四。
[7] 同上。

为金军击破。"金人虑其难制,频年转戍山东。"开始时,"每徙不过数百家",到熙宗皇统元年(1141年),"尽驱以行",大批迁入中原[1]。九年,辽阳的渤海人被第二次大批迁入中原,安置在燕京(今北京)以南地区。当时,部分渤海贵族不想迁移,他们通过皇后疏通,熙宗大怒,"杖平章政事秉德,杀左司郎中三合"[2],可见此次迁移的彻底。

在历次内迁中,其他东北民族都有相当数量的人民内迁中原,中原各地的屯田军"非止女真,契丹、奚家亦有之",即是一证。

第五次迁徙在金末蒙古军大举攻金之后。由于蒙古军的猛烈进攻,上京留守徒单镒建议徙塞外的桓、昌、抚等州百姓进入内地,但不被卫绍王接受。在此后不久的大安三年(1211年)十月,徒单镒派军队二万人自东北入援中都,泰州(治今吉林洮安县境)刺史术虎高琪也率兵屯于通玄门外。十一月,徒单镒升任右丞相[3]。虽然文献没有明确记载,估计在此前后在徒单镒的主持下还应有其他一些东北的军队调入中原,并极可能还有东北人民迁入避难。

宣宗贞祐二年(1214年),今内蒙古东部一些地方的居民也大批迁入中原。由于这些迁移是以府州为单位集体进行,因此在华北北部出现一些侨置府州。同年,临潢府(治今内蒙古巴林左旗西南)、全州(治今内蒙古翁牛特旗境)、庆州(治今巴林左旗西)皆南迁,侨置于平州(治今河北卢龙)。不久,因蒙古军进逼,在完颜合达的率领下,三府州的部分移民渡海迁入山东益都[4]。临潢人韩天麟就是此次迁入并定居在益都的移民[5]。兴州(治今河北承德西南)同年也侨置于密云县(今北京密云)[6]。北京路宋阿答阿猛安术甲脱鲁灰也率本部兵赴中都(今北京)扈从[7]。全州和兴州在南迁前分别统属5个猛安和3个猛安[8],加上宋阿答阿猛安至少有9个猛安南迁。

---

1 洪皓:《松漠纪闻》。
2 《金史》卷4《熙宗纪》,第86页。
3 《金史》卷13《卫绍王纪》,第294页。
4 《金史》卷112《完颜合达传》,第2463—2464页。
5 袁桷:《清容居士集》卷34《韩敏公家传》,四部丛刊本。
6 《金史》卷24《地理志》,第562页。
7 《金史》卷124《术甲脱鲁灰传》,第2698页。
8 《金史》卷24《地理志》,第561、562页。

二　分布状况

据张棣《金虏图经》，世宗大定（1161—1189 年）前后中原共有 130 余猛安[1]，而大定二十三年金共有 202 个猛安，615 624 户，6 158 636 口（其中正口 4 812 669）[2]，中原猛安约占总数的三分之二，约有 40 余万户，400 余万口，其中由女真、契丹和奚人组成的正口 300 余万[3]。贞祐三年，高汝砺对宣宗说："今河北军户徙河南者几百万口，人日给米一升，岁率三百六十万石，半给其直犹支粟三百万石"[4]，可见东北籍人民数量之多。因此，300 余万这一估计应与事实不远。此 300 余万人是女真、契丹和奚族移民及其后裔的总数。

1. 女真族移民的分布

由于女真、契丹、奚人都编制在猛安谋克组织中，猛安谋克的分布地无疑是上述民族的聚居地。笔者对张博泉《金史论稿》第三章所列各地的猛安谋克统计：在今内蒙古阴山以南地区有 14 猛安，在今河北省和北京、天津二市境有 33 猛安、8 谋克，在今河南省和安徽两省的淮河以北地区有 8 猛安，在今山东省和江苏省的淮河以北地区有 19 猛安、6 谋克、2 000 户。

由于金代各府州的女真司吏均据境内女真人口确定，户多多置，户少少置，可据以了解各地女真人的分布状况。金代在五京之外的各路设总管户，依据《金史》卷 57《百官志》制作的表 5-1 反映了各地的总管府女真司吏人数。

---

1 《三朝北盟会编》于南宋绍兴三十一年（金大定元年，1161 年）下载此文，估计此文成于大定前后。
2 《金史》卷 46《食货志》。
3 《金虏图经》载："今日屯田之处，大名府路、山东东西两路、河北东西路、南京路、河南路、关西路四路皆有之，约一百三十余千户，每千户止三百人，多不过五百。"《大金国志》卷 36《屯田》所载略同，唯缺"多不过五百"一语。依此计算，当时迁入中原的屯田人户不过五六万人，此估计与《大金国志》卷 12 说屯田户"自燕山之南，淮、陇之北，皆有之，多至六万人"大体相同。但依据《金史》卷 46《食货志》所载大定二十三年的猛安谋克数和户口数字，平均每猛安的正口（女真人及契丹人、奚人）约 23 830 余口，大大超过张棣所说的"每千户止三百人，多不过五百人"之数。一般说来，《金史·食货志》户口记载比较可靠。
4 《金史》卷 107《高汝砺传》，第 2355 页。

表 5-1 各总管府女真司吏人数

今地区名	总管府名	人数	今地区名	总管府名	人数
京、津、冀、豫北	大名府路	14		鄜延路*	4
	河北西路	10	合计		12
	河北东路	8	山西、豫西北	河东南路	4
合计		32		河东北路	4
山东、苏北	山东西路	15	合计		8
	山东东路	12	陇南、宁南	庆原路*	4
合计		27		临洮路	4
陕西、鄂西北	京兆府路	4	合计		8
	凤翔路	4	总计		87

* 原文分别作延安、庆阳。

依据部分猛安谋克人户和表 5-1,可得出如下认识:

第一,金代京畿所在的今京、津、冀、豫北是女真等东北移民最多的地区。原因是显而易见的,首都是女真达官贵人云集之地,出于安全的需要也是屯兵最多的地方。

第二,山东、苏北、陕西、鄂西北和内蒙古阴山以南地区也是移民较多的地区。上述地区是金防御南宋和蒙古的前沿地带,出于军事上的需要而屯驻较多东北移民。

《金史》卷 57《百官志》记载了 23 个女真司吏在 3 人以上的中原节镇,以及 4 个女真司吏在 2 人以上的防御州名单,现据此及其他文献,进一步论述各地的东北移民分布状况(参见图 5-1)。

京畿所在的今京、津、冀是移民最多的地区,这里不仅猛安数量最多,全国东北移民最多的两大中心也位于此。中都路在太宗、熙宗、海陵王和世宗时期共迁入猛安 10 个。按照正常编制,共有女真、契丹、奚人 3.05 万户、24 万人。另外,官吏民户亦不下 2 万户、10 万人。[1] 扼河北、河南交通要道的大名府是移民的第二大分布中心,附近有 12 猛安[2],约 28.6 万人。作为河北东、西两路治所所在的真定府(治今

---

[1] 据韩光辉《辽金元明时期北京地区的人口迁移》,《历史地理》第 11 辑,上海人民出版社 1993 年版。
[2] 《金史》卷 26《地理志》,第 627 页。

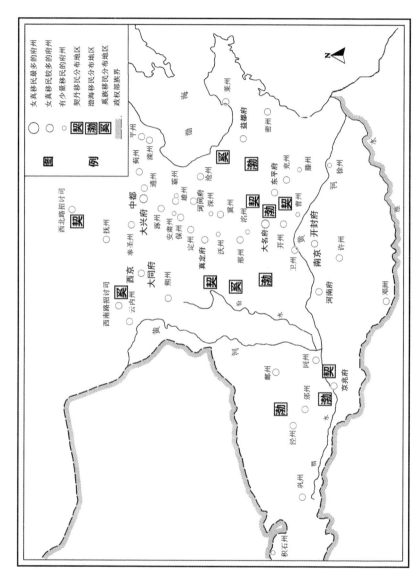

图 5-1 金中叶华北地区的东北移民分布图

河北正定)和河间府(治今河间)无疑也是女真人户较多的地方[1]。此外,定、平(治今卢龙)、沧、冀、邢(治今邢台)、雄(治今雄县)、保(治今保定)、奉圣(治今涿鹿)、滦(治今滦县)、涿、通(治今北京通州)、蓟(治今天津蓟州)和卫(治今河南卫辉)等13个州,也有较多的移民,它们的女真司吏人数均居全国各州前列。深(治今河北深州南)、洺(治今永年东)、沃州(治今赵县)、安肃州(治今徐水)和霸州(治今霸州)也有东北移民[2]。上述有东北人户的府州共22个,占中都、河北东、西和大名府四路府州总数的一半以上,每两个府州便有一个有一定数量的东北移民。

南宋乾道(1165—1173年)年间,楼钥出使金朝,自南而北穿过华北平原。他在河北定兴县固城镇看见当地:"人物衣装,又非河北(指黄河北岸)比,男子多露头,妇人多耆婆,把车人云只过白沟都是北人,人便别也。"[3]据此看来,东北移民最主要的分布地仍在白沟以北的燕云地区。

自金初占领以后,挞懒率领的金军即驻屯山东,"回易屯田,遍于诸郡,(达懒)每认山东为己有"[4]。同时,在滨州和棣州也驻有奚军[5]。山东东、西路治所所在的益都府(治今山东青州)和东平府(治今东平)猛安人户较多,大定十三年(1173年)在女真人较多的22府州设女直学,二府均在其列[6]。此外,莱州、密州(治今诸城)、兖州和徐州的女真司吏均居全国前列,滕州(治今市)、曹州济阴县(今菏泽)也有女真人户[7]。大定后期,曹望之上书世宗,提到"山东、河北猛安谋克与百姓杂处,民多失业"[8],可见由于移民较多并抢夺平民土地,已导致当地失地人口剧增。章宗明昌(1190—1196年)年间,成陆不久的梁山

---

1 见《金史论稿》第三章。
2 《金史》卷10《章宗纪》,第231页;胡祗遹,《紫山大金集》卷18《赠十高君墓志铭》,四库全书本;《元史》卷174《郝天挺传》,第4065页;《元史》卷151《石抹勃迭儿传》,第3576页。
3 《攻媿集》卷111《北行日录》。
4 《大金国志》卷10《熙宗孝成皇帝二》。
5 《金史》卷82《萧恭传》,第1838页。
6 《金史》卷51《选举志》,第1134页。
7 滕州和济阴分别见《元史》卷174《夹谷之奇传》、卷162《李庭传》。
8 《金史》卷92《曹望之传》,第2037页。

洨故道也为屯田军户所垦种[1]。

今内蒙古阴山以南地区和河北省西北角是金防御蒙古的主要前沿地带,金在此设西北路(治桓州,今内蒙古正蓝旗北)和西南路(治丰州,今呼和浩特东)两招讨司,分别辖4猛安和6猛安,又在抚州(治今河北张北)驻4猛安[2],并设苏谟典、耶剌都等10支纠军[3],因而是东北移民较多的地区之一。海陵王南侵前籍20路猛安部族和各州县的渤海丁壮,便有西北和西南两路[4],丰州和云内州(治今土默特左旗东南)的女真司吏居全国各州前列,丰州还是全国设有女直学的22府州之一[5]。

虽然金初今河南和安徽两省的淮河以北地区已有女真驻军,但猛安人户的增多仍是海陵王南侵前夕的事。海陵王贞元元年(1153年)迁都燕京以后,以开封为南京,不久即将8猛安迁到南京。由于猛安人户众多,朝廷下令买牛万头给移民[6]。正隆三年(1158年),又将原在中都的2猛安迁到南京,分地安置[7]。世宗大定十九年(1179年),原南迁的8猛安又自河南徙到大名和东平之境[8]。不过,在河南某些府州仍有较多的女真移民,许州(治今河南许昌)和邓州便是女真司吏较多的州,河南府(治今洛阳)和开州(治今濮阳)也是金代设女直学的22府州之一[9]。

陕西和鄂西北地区的女真人主要居住在京兆府(治今陕西西安)、同州(治今大荔)、邠州(治今彬县)、鄜州(治今富县),陇南宁南的女真人主要居住在泾州(治今甘肃泾川北)和巩州(治今陇西),京兆府是全国设女直学的22府州之一[10],其余各州的女真司吏人数居全国前列。甚至远至今青海东南部的积石州(治今青海循化)也有女真移民,穆尔

---

1 《金史》卷27《河渠志》,第675页。
2 见《金史论稿》第三章。
3 《金史》卷44《兵志》,第996页。
4 《金史》卷129《李通传》,第2784页。
5 《金史》卷51《选举志》,第1134页。
6 《金史》卷92《曹望之传》,第2035页。
7 《金史》卷5《海陵纪》,第109页。
8 《金史》卷89《移剌慥传》,第1987年。
9 《金史》卷51《选举志》,第1134页。
10 同上。

齐的祖先便是因守御而留居于此的[1]。

山西的女真移民主要居住在北部的大同府(治今山西大同)和朔州一带。大同府是全国设女直学的府州之一[2]，朔州是全国女真司吏人数较多的州。女真唐括迪剌部落主要居住在朔州，其部众至少在数千人以上[3]。

金末宣宗南迁以后，在黄河以北的几百万军户悉数迁入黄河以南[4]，河南、山东和陕西都成为东北籍人民最多的地区。金亡之后，这些人和其他南迁民众重新迁到北方各地(详下节)。

2. 契丹、渤海、奚等族移民的分布

由于大定以后，契丹、奚等民族的成员均参加女真各猛安谋克，因而要通过分析猛安谋克的分布寻找这些民族的迁居地一般是不可能的。不过，从其他文献中还能看出契丹人和渤海人的一些定居情况。

金初，契丹人分布在今山西、河北和京津等地区。太宗天会九年(1131年)，契丹贵族耶律余睹"尽约云中、河东、河北、燕京郡守之契丹、汉儿，令杀女真之在官、在军者"，但未发动便因败露而被镇压，上述地区的大批契丹人或被杀或外逃[5]。此后，契丹人主要分布在今内蒙古阴山以南地区和河北与山东省境。

阴山以南的契丹人属西南、西北两路招讨司统辖，世宗初年移剌和窝斡领导当地的契丹人起事，几年后被平定。大定十七年(1177年)，世宗担心"西南、西北招讨司契丹余党心素狠戾，复恐生事，它时或有边隙，不为我用"，下令将其迁入东北地区[6]，因此此后阴山以南的契丹人户已不很多。但是，某些地方，特别是桓州(治今内蒙古正蓝旗北)仍是契丹人的重要聚居地，元初投附蒙古军的契丹人耶律伯坚、耶律秃花、石抹明安、萧君弼等人便都世代居住在桓州[7]。

---

1 同恕：《榘庵集》卷6《赵公神道碑铭》，四库全书本。
2 《金史》卷51《选举志》第1134页。
3 《金史》卷123《杨沃衍传》，第2683页。
4 《金史》卷107《高汝砺传》，第2355页。
5 《大金国志》卷7《太宗文烈皇帝五》，第117页。
6 《金史》卷44《兵志》，第994页；卷88《唐括安礼传》，第1964页。
7 参见《元史》卷192《耶律伯坚传》、卷149《耶律秃花传》、卷150《石抹明安传》；刘敏中：《中庵集》卷16《萧公神道碑铭》，四库全书本。

河北和山东的契丹人以大名府和东平府最为集中，大定二十一年金朝曾将遥落河和移马河的2个契丹猛安迁入两府[1]。此外，其他地区还有散居的契丹人，如永清县（今属河北）、大兴县（今北京西南）、清平（今地不详）、安肃（今河北徐水）、大名、霸州（治今霸州）等地都有契丹人[2]。除了河北和山东，陕西的京兆（今陕西西安）和河东的太原（山西今市）等地也有契丹移民[3]。

滨（治今山东滨州北）、棣（治今惠民北）二州是金初奚军的重要驻屯地，奚王后裔萧恭自江南追宋军返回后任德州防御使，负责管辖这一带奚人[4]。今山西省境是奚人的另一个重要分布地。以奚人遥辇昭古牙9猛安所置的奚军，金初内迁到山西北部（时称山西），后迁入中部和南部（时称河东）[5]。此外，在西南路和云内州（治今内蒙古土默特左旗东南）也有奚人驻防[6]。

据上所述，山东和燕京是渤海移民的主要聚居地之一。此外，通州（治今北京通州）、大名、上党（今山西长治）、京兆和庆阳（甘肃今市）等地也有渤海移民分布[7]。

3. 小结

综上所述，女真、契丹、奚、渤海等东北移民星罗棋布地散布在中原的各个地区，分布是非常广泛的。特别需要指出，出于屯田的目的，大量的移民是分布在农村而非城市，采用猛安谋克的组织形式，聚族而居，"与汉人错居，每四五十户结为保聚"[8]。这些猛安谋克，在中原的迁入地仍然使用东北时的旧名，"实际就是把猛安谋克村寨组织原封不动地徙入内地"。因此，"金代女真统治者把猛安谋克大批的南

---

1 《金史》卷44《兵志》，第995页。
2 据《金史》卷8《世宗本纪》，第179页；《紫山大全集》卷17《耶律公神道碑》、卷16《舒穆鲁某神道碑》；《元史》卷174《郝天挺传》，第4065页；《金文最》卷81《乾州刺史抹撚公德政碑》；《元史》卷151《石抹勃迭儿传》，第3576页。
3 见同恕：《榘庵集》卷9《耶律蒙固岱墓志铭》；《元史》卷154《石抹按只传》，第3640页。
4 《金史》卷82《萧恭传》，第1838页。
5 《金史》卷44《兵志》，第997页。
6 见《金史》卷122《伯德哥传》，第2660页；卷24《地理志》，第569页。
7 参见《元史》卷167《张础传》，第3928页；袁桷：《清容居士集》卷30《高夫人葬记》；《元史》卷169《高麟传》，第3978页；刘壎：《水云村稿》卷8《王氏夫人墓志》，四库全书本；戴表元：《剡源集》卷2《秀野堂记》，四部丛刊本。
8 《金史》卷46《食货志》，第1034页。

徙,从其本质来看,是军事部落移民的办法来实现其在新占领区的统治"[1]。

第二节

东北移民与华北社会

一 东北移民与华北经济

金初由于受金宋战争影响,金国人口数量较少,至30余年以后的大定初仍不过300万户。此后迅速增长,大定二十七年(1187年)已达近679万户、4 470万口[2]。其中,中原地区占金代户口的83.45%[3]。大定二十三年全国共有202个猛安,615 624户、6 158 636口(其中正口4 812 669)[4]。中原猛安约占猛安总数的2/3,其中由周边民族移民组成的正口300余万人,约占全国人口的7%—8%。据此可以推测,在河北、山东等东北移民较多的地区,移民的迁入是人口增加的一个重要因素。

由于东北移民来自经济比较落后的地区,作为统治民族为统治和镇守而迁入中原,其对北方经济的作用有积极和消极两个方面,在其早期阶段似乎消极作用更为突出。

金将女真族内迁的目的,是要"授田、牛使之耕食,以蕃卫京国"[5]。他们所占的大量良田和耕牛,只能夺自中原的汉族人民。因

---

[1] 张博泉:《金史论稿》第一卷,吉林文史出版社1986年版,第231页。
[2] 《金史》卷46《食货志》,第1035页。
[3] 见漆侠、乔幼梅:《辽夏金经济史》,第303页。
[4] 《金史》卷46《食货志》。
[5] 《金史》卷44《兵志》,第993页。

此,在山东、河北等移民较多的地区,"猛安谋克与百姓杂处,民多失业"[1]。此外,"山西田亦多为权要所占,有一家一口至三十顷者,以致小民无田可耕,徙居阴山之恶地"[2]。为了射猎的需要,金朝还辟出大量的耕地供移民作为猎场。大定后期,虽然由于人口增加河北等地人均占地已比较少,但仍有大量的土地被辟为猎场,"自京畿至真定、沧、冀,北及飞狐,数百里内皆为禁地"[3]。

东北移民中的青壮年平时要参加军事训练,战时要出征,只有部分时间能参加农业生产。其中,又有很大一部分"骄纵奢侈,不事耕稼"。虽然朝廷屡次下达劝农的诏令,要求各地"计口授地,必令自耕,地有余而力不赡者,方许招人租佃,仍禁农时饮酒"[4],但下达次数多恰恰说明成效不大。在中原地区,女真移民虽然拥有大量的耕地,"一家荷地不下数顷,既无税赋,春则借农以种,夏则借人以耘,秋则借人以收"[5],亲自耕种者不多。

女真人兴起的初期,尚处于奴隶制的发展阶段。随着猛安谋克户的迁移,女真奴隶制也就从东北地区扩展到中原。不仅如此,金统治者还以诏令的方式,使债务奴隶制在中原地区得到合法的扩展。熙宗天眷元年(1138年)夏,"元帅府下令,诸欠公私债无可还者,没身及家属为奴婢偿之"[6],便说明这一问题。在大定二十三年猛安谋克户口中,奴婢约134.6万人,占21.85%,平均每户占有奴婢2.19人,另在迭剌唐古三部乣户中也有奴婢1.8万人[7]。自世宗末年以来,由于租佃制和计口授田制的发展,奴隶制才趋于瓦解[8]。

尽管存在着上述不利经济发展的负面因素,但东北下层移民的劳动,仍对迁入地区的经济发展作出了自己的贡献。这种贡献,在经济基础较差、汉族人户较少的今内蒙古阴山以南地区表现最为明

---

1 《金史》卷92《曹望之传》,第2037页。
2 《金史》卷47《食货志》,第1046页。
3 《金史》卷96《路伯达传》,第2139页。
4 《金史》卷8《世宗纪》,第179页。
5 《三朝北盟会编》卷230,炎兴下帙一百三十。
6 宇文懋昭:《大金国志》卷10。
7 漆侠、乔幼梅:《辽夏金经济史》,第297页。
8 本段内容《辽夏金经济史》第十六章第四节和第二十章第二节。

显。例如，耶律怀义任西南路招讨使时，"择诸部冲要之地，建城市，通商贾"，"自是衣食岁滋，畜牧蕃息矣"[1]，经济面貌的变化是很大的。

随着移民的迁入，某些东北的农作物和生产技术传入中原。西瓜种植技术的传入是其中的一个生动例子。辽代，契丹人破回鹘，得西瓜种，学会种西瓜[2]。金代，随着女真人向中原的进军，西瓜种植传到黄河南北。南宋人范成大出使中原时，看见"今河南皆种之"，因而赋《西瓜园诗》："碧蔓凌霜卧软沙，年来处处食西瓜"[3]。南宋使节洪皓曾被金人扣留东北达十余年，南归后将西瓜带回南宋，于是西瓜种植又传到南方[4]。

我国地域辽阔，各地生产方式很不一致，农作物和生产技术有所不同。东北地区气候寒冷，女真、契丹、奚等民族或以游牧为主，或兼事狩猎，尤其具有自己的特色。移民的内迁，必然要把东北地区的生产生活方式带到中原，丰富了中原的经济生活。

女真人喜食以松子、胡桃肉、渍蜜和糯米粉制成方形或圆形的蜜糕。中原人赵秉文说自己喜食松糕："巧谋一饱地，廪粉不我逃。腹中十八公，笑汝真老饕。"[5]宋德金先生以为此松糕或即蜜糕。上引赵秉文《松糕》诗还有"辽阳富冬菹"之句，"菹"就是酸菜，至今北方仍有秋冬之际腌渍咸菜、酸菜的习惯[6]。

由于寒冷的原因，东北女真人无论贵贱，都在室内设火炕以备冬令取暖之需。朱弁在被扣留东北时，因之赋《炕寝三十韵》，说："风土南北殊，习尚非一躅。出疆虽仗节，入国暂同俗。……御冬貂裘弊，一炕且跧伏。"[7]金代，火炕已遍及中原各地，燃料有树木，还有煤[8]。北方火炕的流行显然与女真移民有关。

---

1 《金史》卷91《耶律怀义传》，第2826页。
2 《新五代史》卷73《四夷附录》，第906页。
3 载《范石湖集》卷12，上海古籍出版社点校本。
4 《松漠纪闻》。
5 《滏水集》卷3《松糕》，四部丛刊本。
6 《金代社会生活》，第47页。
7 元好问：《中州集》卷10，四部丛刊本。
8 参见《金代的社会生活》，第69—72页。

由于对女真生活物资的需求,在开封著名的市场相国寺市场大量供应来自东北的产品,"寺中杂货,皆胡俗所需而已"。范成大因而赋《相国寺》诗纪实:"闻说今朝恰开寺,羊裘狼帽趁时新。"[1]

二 东北移民与华北文化

移民是文化的载体。在东北移民对华北经济产生影响的同时,对文化也有一定的影响。

金初,为了同化中原人民,强迫穿女真人的衣服,留女真人的发型,甚至规定"髡发不如式者,杀之"[2]。在这种背景下,也由于汉人和女真移民接触的增多,"民亦久习胡俗,态度嗜好与之俱化"[3],女真人的服饰和发式逐渐在北方汉人中流行开来。范成大说,中原汉人胡化"最甚者衣装之类,其制尽为胡矣。自过淮(河)已北皆然,而京师(指北宋京城开封)尤甚,惟妇人之服不甚改,而戴冠者绝少,多绾髻,贵人家即用珠珑璁冒之,谓之方髻"[4]。"大梁宫中设毡屋,大梁少年胡结束"[5],则是另一名南宋诗人笔下的现象。

随着移民的迁入,东北民族的文化内容,包括音乐、舞蹈、语言、社会风尚也开始传入中原,影响汉族人民,并进而与中原文化相融合,形成新质的文化。

范成大说:"房舞悉变中华,惟真定(今河北正定)有京师旧乐工,尚舞高平曲破。"[6]陆游赋诗记韩无咎在北方看到的一次歌舞演出:"上源驿中槌画鼓,汉使作客胡作主。舞女不记宣和妆,庐儿尽能女真语。"[7]均反映了女真的音乐舞蹈已在中原产生了很大的影响。

在南宋人的眼中,金代的音乐舞蹈已表现出中原文化和女真文

---

1 载《范石湖集》卷12,上海古籍出版社点校本。
2 李心传:《建炎以来系年要录》卷28,建炎三年九月。
3 范成大:《揽辔录》,丛书集成初编本。
4 同上。
5 刘克庄:《后村集》卷8《大梁老人行》,四部丛刊本。
6 《范石湖集》卷12《真定舞》。
7 《陆放翁集·剑南诗稿》卷4《得韩无咎书……》,世界书局本。

化合流的倾向。楼钥说金朝:"乐人大率学本朝,惟杖鼓色皆幞头红锦,帕首鹅黄,衣紫裳,装束甚异。乐声焦急,歌曲几如哀挽,应和者尤可怪。"[1]在古琴谱方面,女真人将北宋阁谱加以改造,形成节奏较慢的完颜夫人谱,此谱与阁谱相比"差异而里声良同"[2]。金代的完颜夫人谱和南宋人在阁谱基础上形成的紫霞谱都被元代人所继承,故袁桷说:"盖通南北所传,皆阁谱、宣和谱,北为完颜谱,南为御前祗应谱,今紫霞前谱是也。"[3]

楼钥说金初的开封人:"语音犹有微带燕音者,尤使人伤叹。"[4]上引陆游诗句"庐儿尽能女真语",也表明了燕地北音和女真语言对中原人民的影响。在礼节方面,侍者待客时"或跪或喏,跪者胡礼,喏者犹是中原礼数"[5],表现出女真文化和中原文化合流的倾向。

中原"放偷"习俗的形成是女真社会风尚影响汉族人民的一个典型体现。"金国治盗甚严,每捕获论罪外,皆七倍责偿。惟正月十六日则纵偷一日,以为戏,妻女、宝货、车马为人所窃者,皆不加刑。"这种习俗,"自契丹以来皆然",金初传到北京一带,故洪皓说"今燕亦有之"[6]。

北宋末许亢宗使金赴东北,看见女真人"好研芥子和醋拌肉,食心血脏瀹羹,茞以韭菜,辛辣不甚可口,而彼中酷嗜之"[7]。《大金国志》卷39《饮食》说女真:"饮食甚卑陋,以豆为浆,又嗜半生米饭,渍以狗血及蒜之属,和而食之。"许亢宗在东北看见女真人吃韭菜,金中叶楼钥在河北也受到大肉上放上生葱、枣、栗的招待[8]。中原地区上述饮食习俗是否是东北移民传入仍有待考证,但移民对这些习俗的流行无疑起了一定的作用。

---

[1] 《攻媿集》卷112《北行日录》。
[2] 袁桷:《清容居士集》卷44《示罗道士》。
[3] 《清容居士集》卷49《题徐天民草书》。
[4] 《攻媿集》卷111《北行日录》。
[5] 同上。
[6] 《松漠纪闻》。
[7] 《三朝北盟会编》卷20,政宣上帙二十。
[8] 《攻媿集》卷111《北行日录》。

第三节

东北移民与汉族的融合

一般说来,由人口迁移所导致的文化的影响是双向的,在女真、契丹、奚、渤海等移民文化影响中原汉族人民的同时,中原文化也深刻地影响着这些移民。由于汉族人数众多且经济文化水平较高,中原文化对移民的影响远远大于移民对中原人民的影响。在迁入中原之前,契丹、奚、渤海等民族已受到相当程度的汉化,而女真人通过与这些民族和东北的汉人接触,也已初步接受了中原文化。迁入之后,在中原这个民族融合和文化融合的大熔炉中,东北移民与中原汉族人民实行彻底的融合,最后失去了本民族的特性。

在经济方面,女真人在东北时,"不事蚕桑"[1],进入中原以后经过相当长的时间终于学会种桑养蚕。章宗明昌四年(1193年),河北西路16谋克之地"野蚕成茧"[2],16谋克养殖的柞蚕结茧是女真人农业进步的一个体现。在生产关系方面,金代中后期起女真人逐渐放弃原有奴隶制生产关系,改用汉族的封建生产关系。章宗泰和四年(1204年)"定屯田户自种及租佃法"[3],使封建生产关系得以正式确立。

与此同时,移民逐渐放弃旧有的生活方式,采纳中原人民的生活方式。为了保持女真人的本色,大定二十七年(1187年)朝廷"禁女直人不得改称汉姓,学南人衣装,犯者抵罪"。章宗泰和七年(1207年),朝廷又发布了同样禁令[4]。禁令屡下说明汉化已成为潮流,否则朝廷用不着屡次下达禁令。即连颁布禁令的世宗、章宗本人所穿的礼服、

---

1 《三朝北盟会编》卷3,政宣上帙三。
2 《金史》卷10《章宗纪》,第231页。
3 《金史》卷12《章宗纪》,第270页。
4 《金史》卷8《世宗纪》,第199页;卷12《章宗纪》,第282页。

祭服等,也无不是"即前代之遗制","参酌汉唐"[1]。

在迁都中都前,女真人已正式确认儒家思想为其统治思想。迁都以后,朝廷不遗余力地对女真人宣传儒家思想。大定二十三年,朝廷译经所将《尚书》《易经》《论语》《孟子》《老子》《文中子》《新唐书》等经史著作译成女真文,颁行各地[2]。此外,又在朝廷设立女真国子学,在有女真人的22个府州设府州学,招收女真子弟[3]。世宗大力提倡忠孝观念,多次告诫大臣:"惟忠惟孝,匡救辅益,期致太平。"[4]世宗还给亲军百户和护卫军人每人发《孝经》一部,强调说:"人之行,莫大于孝,亦由教而后能。"[5]从本质上说,世宗提倡儒家的忠孝之道,实际就彻底否定了女真族早期"贵壮贱老"[6]的社会习俗。女真人因习惯了中原风俗,反视原先的旧俗为陋俗,朝廷通过命令也有意采取一些除旧布新的措施。大定十七年,由于"渤海旧俗男女婚娶多不以礼,必先攘窃以奔",世宗下诏"禁绝之,犯者以奸论"[7],即是其中的一例。一部分女真人还接受了贞节和妇道的观念。《金史·列女传》所收的贞节女性,既有汉人,也有女真人。独吉氏、蒲察氏、乌古论氏、完颜素兰妻、温特罕氏,都在金末战乱时与一些汉族女子一样为免遭侮辱而自尽。据上所述,金后期以儒家文化为中心的汉文化已为女真人普遍认同和接受。

大定九年(1169年),枢密使思敬上疏,提出"女直人可依汉人以文理选试"的建议,为世宗采纳[8]。此后,女真人开始步入举进士做官的仕途,其中夹谷衡、尼庞古鉴、徒单镒、完颜匡等人皆经此途位致宰相。至明昌(1190—1196年)间,章宗希望女真人"兼知文武,令猛安谋克举进士,试以策论及射,以定其科甲高下"[9]。从此,应举进士这

---

1 《金史》卷43《舆服志》,第975页。
2 《金史》卷8《世宗纪》,第184页。
3 《金史》卷51《选举志》,第1134页。
4 《金史》卷88《纥石烈良弼传》,第1951页。
5 《金史》卷89《梁肃传》,第1984页。
6 《三朝北盟会编》卷3,政宣上帙三。
7 《金史》卷7《世宗纪》,第169页。
8 《金史》卷70《思敬传》,第1626页。
9 《金史》卷44《兵志》。

条道路正式取代猛安谋克的授封制度,促使更多的女真人弃武经文,成为士大夫和文人。在朝廷的提倡下,"(宣宗)南渡后,诸女直世袭明安穆昆(即猛安谋克),往往好文学,与士大夫游。如完颜色埒兄弟、移剌廷玉温甫总领、瓜尔佳德固、珠格士玄、乌林阿肃孺辈,作诗多有可称。德固勇悍,在军中有声,尝送舍弟以诗,亦可喜"[1]。即是金后期女真人喜文好学的一个体现。

在艺术方面,金世宗时大多数的女真人已不会女真音乐。大定十三年,世宗说:"今之燕饮音乐,皆习汉风。"[2]可见宫廷音乐已以汉乐为主。不仅中原的女真人上层如此,甚至连僻处东北的女真人老家会宁府也不例外。世宗在会宁府感慨地说:"吾来故乡数月矣,今回期已近,未尝有一人歌本曲者。"[3]

大定二十一年,世宗在解释将移马河、遥落河两契丹猛安谋克迁到河北东路的原因时,说:"朕始令移此,欲令与女直户相错,安置久则自相姻亲,不生异意,此长久之利也。"[4]依世宗的看法,不同民族的通婚有利于国家的安定。基于这样一种认识,金代多采取"听与契丹、汉人昏因以相固结"的做法[5]。明昌二年(1191年),由于"齐民与屯田户往往不睦",章宗接受了"若令递相婚姻,实国家长久安宁之计"的建议,鼓励不同民族间的通婚[6]。泰和六年(1206年),章宗又下诏:"屯田军户与所居居民为婚姻者,听。"[7]南宋人蔡戡说女真人:"后来生于中原者,父虽虏种,母实华人","非复昔日女真"[8],反映出不同民族通婚已相当普遍。

由于与汉族杂居,世宗时许多女真人已不会使用女真文字。大定十三年,世宗在会宁府责备女真部众说:"汝辈自幼惟习汉人风俗,不知女真纯实之风,至于文字语言,或不通晓,是忘本也。"[9]基于这种事

---

1 刘祁《归潜志》卷6,四库全书本。
2 《金史》卷7《世宗纪》,第158页。
3 《金史》卷39《乐志》,第892页。
4 《金史》卷44《兵志》,第995页。
5 同上,第991页。
6 《金史》卷9《章宗纪》,第218页。
7 《金史》卷12《章宗纪》,第278页。
8 《论征伐》,载杨士奇编:《历代名臣奏议》卷234,四库全书本。
9 《金史》卷7《世宗纪》,第159页。

实,世宗规定:"自今女直、契丹、汉字曾学其一者,即许承袭。"[1] 实际上已承认汉字是法定的官方文字。

与女真文字比较,渤海、契丹文字的使用者无疑要少得多,金中期以后甚至本民族成员都很少使用。因此,天眷元年(1138年)熙宗"诏百官诰命,女直、契丹、汉人各用本字,渤海同汉人"[2]。明昌二年四月,章宗下令"国史院专写契丹字者罢之"。十二月,干脆下诏"罢契丹字"[3]。

金初,规定"女直人不得改为汉姓","违者杖八十,编为永制"[4]。为了阻挡女真人改为汉姓这股潮流,大定十三年、二十七年、明昌二年、泰和七年,世宗和章宗几次下令"禁女直人不得改称汉姓……犯者抵罪"[5],但禁令的屡下恰恰说明女真人改汉姓的普遍。据《金史》附《金国语解》,女真人改女真姓为汉姓的情况是:完颜改为王、乌古论改为商,纥石烈改为高,徒单改为杜,女奚烈改为郎,兀颜改为朱,蒲察改为李,颜盏改为张,温迪罕改为温,石抹改为萧,奥屯改为曹,孛术鲁改为鲁,移剌改为刘,斡勒改为石,纳剌改为康,夹谷改为仝,裴满改为麻,尼忙古改为鱼,斡准改为赵,阿典改为雷,阿里侃改为何,温敦改为空,吾鲁改为惠,抹颜改为孟,都烈改为强,散答改为骆,阿不哈改为田,乌林答改为蔡,仆散改为林,术虎改为董,古里甲改为汪。但实际上,还有一些女真人改女真姓为汉姓的情况未能在《金国语解》中得到反映。例如,乌克逊改姓孙,钮祜禄改姓高,乌古论改姓刘,术要甲改姓赵[6]。

女真人在兴起初期,大多具有朴实、勇敢、剽悍的性格,"止知杀敌,不知畏死。战胜,则财物子女玉帛尽均分之,其所以每战辄胜也"。到中原以后,由于"久居南地,识上下之分,知有妻孥亲戚之爱,视去就

---

[1]《金史》卷73《宗尹传》,第1675页。
[2]《金史》卷4《熙宗纪》,第73页。
[3]《金史》卷9《章宗纪》,第218—220页。
[4]《金史》卷43《舆服志》,第983页。
[5]《金史》卷7、卷8《世宗纪》,第158,199页;卷9、卷12《章宗纪》,第219,282页。
[6] 见陆文圭:《墙东类稿》卷12《孙公墓志铭》,四库全书本;胡祗遹:《紫山大全集》卷18《隐士高君墓志铭》;《元史》卷162《刘国杰传》、卷159《赵良弼传》。

死生甚重,无复昔时轻锐果敢之气"[1],民族性格已发生了重大变化。

射猎之风的消失是女真民族性格改变的一个重要体现。为通过定期围猎保持女真人勇武剽悍的民族性格,朝廷要求"各猛安谋克官依时教练,其弛慢过期及不亲监视,并决罚之"[2]。尽管如此,大定年间世宗已指出:"女直旧风,凡酒食会聚,以骑射为乐。今则弈棋双陆。"[3]并说南路的女真人"不习骑射,不任军旅"[4]。至宣宗贞祐南渡以后,金朝国难当头,女真人却已多不任军旅不能作战。"为将帅者,多出于世家,皆膏粱乳臭子。若完颜巴萨止以能打球称,又完颜额尔克亦以能打球号板子元帅者。又完颜鼎努号三脆羹,有以忮忍号火燎元帅者。"[5]随着内部封建制的发展和尚武精神的消失,军政合一的猛安谋克制度也走向瓦解。

由于与汉族经济文化差异的消失以及通婚带来的血缘上的混合,女真人的民族意识日趋消失。世宗时,不少女真人,例如大臣唐括安礼,便认为"猛安人与汉户,今皆一家,彼耕此种,皆是国人"[6]。金朝灭亡之后,未曾改为汉姓的女真人纷纷改易汉姓,例如乌克逊氏便是在亡国后"始从汉俗,以孙为氏"[7];王庭玉的祖先也是在降元之后"始易姓改名"的[8]。金亡之后,很多居住在华北的女真人和契丹人由于逃命和从军,被迫离开本族人较多的原先的居住地,在华北乃至全国范围内进行新的迁徙(详见第十五章第四节),进一步加速了汉族融合的步伐。至元二十一年(1284年)元朝制定《军官格例》,规定不同民族担任不同的职务:"女直、契丹同汉人。若女直、契丹生西北不通汉语者,同蒙古人;女直生长汉地,同汉人。"[9]显然,在蒙古统治者看来,生长汉地、能讲汉语的女真人和契丹人,与生长西北、不通汉语的

---

1 《三朝北盟会编》卷230,炎兴下帙一百三十。
2 《金史》卷8《世宗纪》,第194页。
3 《金史》卷80《阿离补传》,第1812页。
4 《金史》卷88《唐括安礼传》,第1963页。
5 刘祁:《归潜志》卷6。
6 《金史》卷88《唐括安礼传》,第1964页。
7 陆文圭:《墙东类稿》卷12《孙公墓志铭》。
8 任士林:《松乡集》卷3《王公墓志铭》,四库全书本。
9 《元史》卷13《世祖纪》,第268页。

女真人、契丹人是不一样的，前者同于汉人，后者同于蒙古人，因此双方的政治待遇也不能一样。陶宗仪《辍耕录》卷1"汉人八种"条列有契丹、高丽、女真、渤海。因此，有理由认为居住中原的女真人、契丹人及其他东北移民的后裔，元代已经与汉族相融合。

第四节

贞祐南渡和金亡北迁

有金一代，始终处于南北受敌的状态。南面的南宋与金时战时和，双方保持均势。北面的蒙古草原各部，对金时服时叛。为了对付这些部族，金朝在蒙古草原边缘地带修筑界壕，设立边堡，派驻重兵。在成吉思汗统一蒙古各部之前，草原各部与金大体保持均势，金的北部边防相对安宁。

一　贞祐南渡

金章宗泰和六年（1206年），铁木真统一蒙古，称成吉思汗。不久，北部草原形势急转直下。金卫绍王大安三年（1211年），蒙古军大举攻金，成吉思汗率军攻占西京（今山西大同），游骑至中都城下。诸将分兵掠夺，东过平州（治今河北卢龙）、滦州（治今滦县），南至清州（治今青县）、沧州（治今沧州），东北由临潢越辽河，西南过忻州（治今山西忻州）、代州（治今代县），所过残破[1]。至宁元年（1213年）八月，宣宗继位，改元贞祐。由于蒙古军的进攻，华北危急，"山东、河北诸郡失守，惟真定、清、沃（治今河北赵县）、大名、东平（今属山东）、徐（今属江苏）、邳（治今邳州西南）、海（治今连云港市境）数城仅存而已，河东

---

[1]　据《金史》卷13《卫绍王纪》。

州县亦多残毁"[1]。

由于中都城周围地区残破,城内已不安全,宣宗决意将都城迁到南京开封府(今河南开封)。贞祐二年七月,宣宗率百官抵达开封。十二月,下诏"听民南渡",河北、山西等华北北部人民开始大批迁入华北南部[2]。

由女真、契丹、奚等族人民组成的猛安谋克军户,是南迁移民的重要部分。贞祐三年宣宗说"北兵将及河南,由是尽起诸路军户,共图保守",反映了猛安谋克户尽数南迁这一历史事实。但在开始阶段,主要是军户的家属南迁,"留其军守卫郡县"[3]。一些仍居住在东北和内蒙古东部草原的人民,此时也向华北南部迁移(见本章第一节)。除了往南迁移,还有部分人民为避难迁入华北周围山区,中都城以西的西山便是"衣冠之士多寓于此"的避难胜地[4]。不过,避难迁移的主要方向是黄河以南地区。

金元之际人刘因说蒙古军在中原大肆屠杀:"凡二十余年,数千里间,人民杀戮几尽,其存者以户口计千百不一余……其存焉者,又多转徙南北。"[5] "人民杀戮几尽"和"又多转徙南北"都是在蒙古军攻入中原后的20余年间发生的,据此贞祐南渡时南迁避难的华北北部人民为数不少。迁移往往以府州或城为单位进行。例如,朔州军民9万余口南迁,河间"移其军民就粟清州"[6],均如此。兴定五年(1221年),宣宗谕枢密院:"河北艰食,民欲南来者日益多,速令渡之,毋致殍死。"[7] 据此可见,在贞祐二年后的七八年间,华北北部人民的南迁都在进行着,因灾荒、战争所造成的饥饿也是南迁的一个重要原因。

军户家属南渡不久,高汝砺说:"今河北军户徙河者几百万口,人日给米一升,岁率三百六十万石,半给其直犹支粟三百万石。"[8] 约在此前后的贞祐四年七月,陈规上书提到:"比者徙河北军户百万余口

---

[1] 《金史》卷14《宣宗纪》,第304页。
[2] 同上书,第306页。
[3] 《金史》卷107《高汝砺传》,第2354页。
[4] 《析津志辑佚·人物》,北京古籍出版社点校本。
[5] 《静修集》卷17《武强尉孙君墓铭》,四部丛刊本。
[6] 《金史》卷122《吴僧哥传》,第2658页;卷14《宣宗纪》,第310页。
[7] 《金史》卷16《宣宗纪》,第358页。
[8] 《金史》卷107《高汝砺传》,第2355页。

于河南,虽革去冗滥而所存犹四十二万有奇,岁支粟三百八十余万斛,致竭一路终岁之敛,不能赡此不耕不战之人。"[1] 按照升与石的比率计,高汝砺所说的"几百万口"实际上只是"一百万口",与陈规所说的"百万余口"约略相等。但此军户不过是军户的老少,可能不包括后来南迁的军人。如果加上军户之外的普通民众,估计贞祐年间南迁的人口可能在三四百万人左右。

贞祐年间胥鼎上言:"自兵兴以来,河北溃散军兵、流亡人户,及山西、河东老幼,俱徙河南,在处侨居,各无本业,易至动摇。"[2] 可见迁来河南的人民,不仅来自今河北省、北京市、天津市、山东省和河南、江苏二省的北部地区,也来自今山西省的北部和中部、南部。《元史》诸列传和元人文集提到许多参加贞祐南渡的人的情况,笔者据此制成表5-2,作为定量分析之用,以与文献记载相印证。表5-2的列表移民共61人,其中38人参加贞祐南渡,迁出地分别是:今河北15人,今山西9人,今北京6人,今陕西3人,今山东3人,其他地区2人。此数据和有关文献的记载是大体一致的,即移民主要来自今河北、山西和北京市境,以河北最多。

金末黄河大致流经今河南兰考、江苏徐州一线废黄河之南,东流至徐州附近入泗水,由泗水入淮河。因此,贞祐南渡的主要迁入区指今河南省的绝大部分和安徽、江苏二省长江、淮河之间的部分地区。表5-2所列贞祐南渡的38位列表移民中,33人迁入今河南省境,2人迁入今山东省境,3人迁入今安徽省北部地区,反映出移民的主要迁入地是今河南省境。

表 5-2 贞祐南渡和金亡北迁移民实例

姓 名	贞 祐 南 渡				金 末 北 迁				资 料 出 处
	迁出	今省	迁入	今省	迁出	今省	迁入	今省	
姚忠	大宁	河北	睢阳	河南	睢阳	河南	巨野	山东	吴文正集73/(1)
史振之					开封	河南	燕	北京	同上书73/

---

[1]《金史》卷109《陈规传》,第2406页。
[2]《金史》卷108《胥鼎传》,第2378页。

续 表

姓 名	贞祐南渡				金末北迁				资料出处
	迁出	今省	迁入	今省	迁出	今省	迁入	今省	
刘某					延安	陕西	莘县	山东	同上书74／
孙继宁					浚仪	河南	奉圣	河北	同上书80／
刘某	忻州	山西	陕州	河南	陕州	河南	忻州	山西	同上书88／
李实					杞县	河南	滏阳	河北	同上书66／
高某	抚州	河北	开封	河南	开封	河南	汲县	河南	秋涧集61／（2）
郝某	宛平	北京	开封	河南	开封	河南	霸州	河北	松雪斋集7／（3）
赵某	清州	河北	济南	山东					同上书8／
田师孟	醴泉	陕西	蒙城	安徽	蒙城	安徽	相州	河南	同上书9／
张谦	上谷	河北	开封	河南					松乡集3／
杜瑛	霸州	河北	缑山	河南	缑山	河南	绛	山西	紫山大全集18／
钮祜禄	沃州	河北	寿春	安徽	寿春	安徽	彰德	河南	同上书18／
郝氏	泽州	山西	鲁山	河南	鲁山	河南	顺天	河北	元史157／3698
吕某	？	河北	开封	河南	开封	河南	云州	山西	滋溪文稿7／（4）
王希异	大兴	北京	高阳	河南					析津志辑佚"人物"
崔遵	幽州	北京	嵩山	河南					同上
孟祺					宿州	安徽	鱼台	山东	元史160／3771（5）
阎忠	平阳	山西	高唐	山东					元史160／3772
高青					开封	河南	蔡州	河南	元史162／3803
张雄飞					许州	河南	潞州	山西	元史163／3819
乌士璧	临潢	内蒙古	开封	河南	开封	河南	大名	河北	元史163／3831
魏璠	弘州	河北	开封	河南	开封	河南	弘州	河北	元史164／3857
孟樊鳞	云内	山西	开封	河南	开封	河南	平阳	山西	元史164／3860
刘宣	忻州	山西	陕州	河南	陕州	河南	太原	山西	元史168／3951
何瑛					巨鹿	河北	广平	河北	元史168／3954
姚居实					绛州	山西	雁门	山西	元史168／3960
许国祯	绛州	山西	永宁	河南	永宁	河南	太原	山西	元史168／3962
申屠氏					开封	河南	寿张	山东	元史170／3988
侯氏	浑源	山西	开封	河南	开封	河南	浑源	山西	元史170／3990
袁裕					洛阳	河南	聊城	山东	元史170／3998
刘氏	容城	河北	开封	河南	开封	河南	容城	河北	元史171／4007
王永福					东莱	山东	宛平	北京	元史176／4105

续表

姓名	贞祐南渡 迁出	今省	迁入	今省	金末北迁 迁出	今省	迁入	今省	资料出处
高氏	抚州	河北	开封	河南	开封	河南	汲县	河南	秋涧集 61/
毛氏	广平	河北	扶沟	河南	扶沟	河南	广平	河北	牧庵集 27/
孙继宁					浚仪	河南	奉圣	河北	吴文正集 80/
张某					浚仪	河南	燕	北京	牧庵集 20/
冯氏					泗州	江苏	真定	河北	牧庵集 20/
游氏	崞县	山西	许州	河南					牧庵集 22/
赵氏	范阳	北京	上蔡	河南	上蔡	河南	洺州	河北	牧庵集 25/
姚仲宪					河南	河南	京师	北京	雪楼集 7/
张氏	东平	山东	大梁	河南	睢州	河南	东平	山东	雪楼集 17/
杨氏	燕	北京	嵩山	河南	嵩山	河南	莘县	山东	雪楼集 19/
高氏	河间	河北	陈州	河南	陈州	河南	南宫	河北	雪楼集 19/
郭天佑					封丘	河南	大名	河北	清容居士集 27/
王奔甫	德州	山东	亳州	安徽	亳州	安徽	汶上	山东	清容居士集 27/
刘氏					汴梁	河南	宣德	河北	清容居士集 28/
王某	沧州	河北	开封	河南					秋涧集 47/
丁某	锦州	辽宁	?	河南	?	河南	天德	内蒙古	秋涧集 52/
陈枢					荥津		恩州	河北	中庵集 20/
王松年					开封	河南	真定	河北	中庵集 16/
郭义					开封	河南	青州	山东	中庵集 16/
陈天禄					睢阳	河南	汶上	山东	中庵集 16/
潘琚					邳州	江苏	济南	山东	中庵集 16/
窦继祖	京兆	陕西	洛阳	河南	洛阳	河南	平阳	山西	榘庵集 5/
孙氏	燕	北京	大梁	河南	大梁	河南	大名	河北	墙东类稿 12/
杨奂	奉天	陕西	开封	河南	开封	河南	冠氏	山东	元史 153/3621
贾居贞	真定	河北	开封	河南	开封	河南	天平	?	元史 153/3622
李俊民	泽州	山西	嵩山	河南	嵩山	河南	西山	北京	元史 158/3733
商挺	曹州	山东	开封	河南	开封	河南	冠氏	山东	元史 159/3738
王磐	广平	河北	鲁山	河南	鲁山	河南	襄阳	湖北	元史 160/3751

说明：（1）吴莱著，四库全书本；73表示卷数，下同。（2）王恽著，四部丛刊本。（3）赵孟頫著，四部丛刊本。（4）苏天爵著，四库全书本。（5）卷/页。

据《金史》卷 44《兵志》，金末在黄河以南、陕西以东和淮河以北的区域设京南、东、西三路，驻屯军户老幼 40 余万口，如加上丁壮可能有猛安谋克军户六七十万人，约占全部南迁军户的三分之二左右。估计军户之外的南迁人民也应有三分之二左右迁入这一区域。为了便于管理，金于开封以北的原武（今河南原阳）、阳武（今原阳县境）、封丘、陈留、延津（今县西）、通许、杞等县设河北东路行总管府；于开封东南的柘城县设大名府行总管府；于以南的许州（治今许昌）设行东平总管府；于以东的归德府（治今商丘南）和徐州、亳州（今属安徽）境置山东西路总管府，分别管理自各路原地迁入的军户[1]。此外，防御使徒单福定率所部军队迁入邳州（治今江苏邳州西南）[2]，蒙古纲率女真、契丹和汉军 5 000 人及沂州（治今山东临沂）军民老幼尽徙于邳州[3]。为安置河北遗黎，贞祐四年于单州（治今山东单县）置招抚司[4]。邳州和单州显然也是山东和河北移民的重要迁居地。

开封是宣宗时的首都，自然是南迁人口的重要聚集地。迁入的不仅有皇亲国戚和达官贵人，也有大量军户家属。《金史》卷 44《兵志》载："及宣宗南迁，乣军溃去，兵势益弱，遂尽拥猛安户之老稚渡河，侨置诸总管府以统之……又谓无以坚战士之心，乃令其家尽入京师，不数年至无以为食。"文献未载宣宗迁军户家属入开封的诏令执行情况如何，但迁入不少家属则无问题。贞祐四年（1216 年），由于蒙古军开始南下，宣宗诏附近人民携带粮食迁入城内[5]，开封城人口开始大增。哀宗天兴元年（1232 年）正月，蒙古军兵临城下，又有大约 50 万名军人和家属迁入[6]。四、五月间城内大疫，50 天中"诸门出死者九十余万人，贫不能葬者不在是数"[7]，估计城内避难者至少在 200 余万人左右。

陕西关中地区和秦岭山区是金末华北人民的重要避难地。宣宗

1　《金史》卷 14、卷 16《宣宗纪》，第 311—313、355 页。
2　《金史》卷 15《宣宗纪》，第 346 页。
3　《金史》卷 102《蒙古纲传》，第 2259 页。
4　《金史》卷 25《地理志》，第 591 页。
5　《金史》卷 14《宣宗纪》，第 321 页。
6　《金史》卷 17《哀宗纪》，第 384 页。
7　《金史》卷 17《哀宗纪》，第 387 页。卷 113《赤盏合喜传》载"内外死者以百万计"。

元光元年(1222年)二月,金朝下令徙河南的中京(指洛阳)、唐(治今唐河县)、邓(治今邓州)、虢(治今灵宝)、许、陕(治今三门峡西)和商(治今陕西商洛)等州屯军及诸军家属赴京兆府路(治今陕西西安)、同(治今大荔县)、华(治今渭南华州区)就粮屯住。十月,蒙古军进军至今山西临晋一带;京兆官民纷纷前往南山(今秦岭)避难,多至百万。次年四月,朝廷设京兆南山安抚司以管辖这些难民[1]。据刘渭"自兵凶以来,贵胄氏族子弟流离关中者为多"一语[2],迁入关中的女真人为数不在少数。哀宗正大七年(1230年),蒙古军开始进攻陕西,金军放弃关中,大批移民被迫自关中向河南一带迁移[3]。

由于蒙古军占领黄河北岸地区,南迁的军户和民众很难马上返回,金朝采取种种安置措施,使迁移者定居下来。凡愿屯垦者,皆分田使之耕种[4]。因此,河南自南渡以来,"百姓凑集,凡有闲田及逃户所弃,耕垦殆遍";而河北"累经劫掠,户口亡匮,田畴荒芜"[5],河南成为北方人口密集区。

天兴二年(1233年)六月,开封城危在旦夕,哀宗被迫放弃开封,迁都蔡州(今河南汝南),做最后的抵抗。次年,蒙古军和南宋军队联合攻占蔡州,金亡[6]。

二 金亡北迁

金亡当年,分布河南的移民和原居民大量向外迁移。除少数人迁入南宋境内(详见第八章第二节),大多向北迁入黄河以北地区。

严重饥荒是迫使河南人民北迁的主要原因。王恽《秋涧集》卷50《乌兰氏先庙碑铭》载:乌兰氏总诸道兵围汴京、围蔡州,"明年甲午,金亡。时汴梁受兵日久,岁荒民殍,公下令纵其北渡,俾就乐土"。在

---

1 《金史》卷16《宣宗纪》,第361—365页。
2 《重修府学教养碑》,载《金文最》卷82,第1194页。
3 姚燧:《牧庵集》卷25《史君神道碣》(四部丛刊本)载:"金爰国,播汴,弃关辅,从其民于河之南。"据同恕《榘庵集》卷5《窦周臣先生行状》,关中民向河南迁移的时间在正大末。
4 据《金史》卷15《宣宗纪》,第334页;卷100《李复亨传》,第2218页。
5 高汝砺:《谏岁检民田疏》,载《金文最》卷16。
6 《金史》卷18《哀宗纪》,第398—403页。

河南作战的雪不台、速不台等几位蒙古军将领,也下令纵民北渡就食[1]。蒙古军在各地的俘掠行为,也使得大量的人民北迁。窦周臣率所部金军出降,不久被蒙古军"尽驱以北"[2],即是一例。由于此次北迁是壬辰年(1232年)蒙古军攻占河南的大部分州县时发生的,元代文献多称之为"壬辰北渡"。综合有关文献记载,北迁的第一个浪潮出现在开封沦陷之后,第二个浪潮出现在蔡州失守金朝彻底灭亡之后。

金元之际人刘秉忠说:"金亡,士之北渡者百不二三。"[3] 士人如此,其他人也不例外。北渡者人数只占河南总人口的小部分,未能北渡的人并非都留在当地,而是绝大部分都死于残酷的战争。那些幸能北渡的人,在迁徙途中也往往吃尽千辛万苦,几经辗转才定居下来。例如,郭义在开封城破后,自开封迁邳州(治今市南),再迁青州(治今市)[4]。广平人窦默自河南逃入南宋德安,宋亡后始北归大名[5]。另一个广平人王磐自河南鲁山逃入南宋襄阳,蒙古军攻占襄阳后复北迁河内(今河南沁阳)[6]。

表5-2中参加金亡北迁的列表移民共54人,自今各省市境内迁出的人数分别是:河南44人、安徽4人、江苏2人、山东1人、山西1人、河北1人、陕西1人;迁入今各省市境内的人数分别是:河北18人、山东13人、山西10人、北京5人、河南(主要是黄河北岸地区)5人、湖北1人、内蒙古1人、不明1人。据此可见,虽然移民迁自华北各省,绝大部分人仍来自黄河以南;主要迁入唐宋黄河以北地区,河北、山东、山西及北京市境的移民共占总数的85%。

蒙古国时期在黄河以北的一些地方,北迁移民曾占了当地人口一定的比重。仅随蒙将镇海迁入河北的戍守地定居,号称"种田户"的移民便有2000余家[7]。安置在弘州(今山西阳高)的工匠中也有300

---

1 参见《元史》卷122《雪不台传》、卷121《速不台传》。
2 同恕:《榘庵集》卷5《窦周臣先生行状》。
3 王恽:《秋涧集》卷58《浑源刘氏世德碑铭》。
4 刘敏中:《中庵集》卷16《郭公神道碑铭》。
5 《元史》卷158《窦默传》,第3730页。
6 《元史》卷160《王磐传》,第3751页。
7 程钜夫:《雪楼集》卷19《田府君神道碑铭》,四库全书本。

户迁自开封的织毛褐工[1]。某些地方的土地垦辟,也有赖于北迁移民。在这方面,济南路提供了一个例证。大批移民在张荣的安抚下获得土地和房屋,定居下来。张荣并采取了刺激移民发展农业的措施,"课其殿最",于是"旷野辟为乐土"[2]。

在贞祐南渡的 38 名移民中,有 31 位移民或其后裔在金亡时重新北迁或返回故乡,另有 7 位移民仍留居河南,占全部移民的 18%。可见虽然移民在金亡时纷纷北迁避难,仍有小部分人留居迁入地。

三 贞祐南渡的影响

虽然贞祐南渡至壬辰北渡不过 20 余年,但此次移民对金朝后期华北地区的发展却产生了深刻的影响。在贞祐南渡之前四五十年的世宗大定年间,黄河以南地区因受宋金战争和黄河决溢泛滥影响,人口密度较低,特别是东南部的"陈(治今河南淮阳)、蔡、汝、颍(治今安徽阜阳)之间,土广人稀"。华北人口密度以山东和河北较高,这一带"猛安谋克与百姓杂处,民多失业",因此一些大臣建议"宜徙百姓以实其处(河南),复数年之赋以安之"[3]。自南渡以来,河南"耕垦殆遍"(上揭),成为北方人口密度最高的地区,可以说完全是移民迁入的结果。在古代采用简单生产工具的情况下,劳动力数量的多少往往对区域经济发展具有决定性意义。在金朝后期 20 余年间,由于人口密集于河南,而其他地区当时遭到战争的残酷破坏,北方的经济重心实际已移到黄河以南地区。

随着都城南迁和经济重心的南移,河南也是北方的文化中心所在。虽然移民文化影响的大部分已被蒙古灭金战争和壬辰北渡所抵消,但文献中仍可看出一些痕迹,宫廷雅乐的流传便是一个方面。金灭北宋之后,宫廷乐师携乐器北迁燕京(即今北京),贞祐南迁时金的宫廷乐师迁到开封,宫廷雅乐复流传于开封。金朝灭亡,部分宫廷乐

---

1 《元史》卷 120《镇海传》,第 2964 页。
2 《元史》150《张荣传》,第 3558 页。
3 《金史》卷 92《曹望之传》,第 2037 页。

师逃到东平(山东今县),以后元朝将东平的乐师征入大都宫中,始得到传统的宫廷雅乐。因此,元人吴莱说:"向予北游京师,闻太常所用乐本(北宋)大晟之遗法也。"由于金末元初善操雅乐的乐户移居在河南,"故今乐户子孙犹世籍河、汴间"[1]。

第五节

其他地区的人口迁移

除了东北民族内迁和贞祐南渡,金代还发生过其他一些具有一定规模的迁移。

金初,在将内地人民大批迁到东北地区的同时,由于河南一带的统治未稳,而燕云诸州因当地人民被迫大批外迁,人口密度较低,金军在撤退时将河南人民大批迁到燕云地区。《金史》卷3《太宗纪》载:"(天会六年,1128年)迁洛阳、襄阳、颖昌、汝、郑、均、房、唐、邓、陈、蔡之民于河北。"上述诸州已包罗京畿路、京西北路和京西南路的绝大部分府州,被迫迁移的规模可想而知。北迁宋人中,"壮强者仅至燕山,各便生养,有力者营生铺肆,无力者喝贷挟托,老者乞丐于市。南人以类各相嫁娶"[2]。可见燕京一带是移民的分布中心。

这次移民最大的影响,体现在语言方面。北宋时,汴洛一带人民讲中原雅音,河北人民所操的方音被称为北音。汴洛人民被迫大批向河北迁移,就使中原的共同语大规模地传入河北和燕京。张羽《古本〈董解元西厢记〉序》说:"盖金元立国并在幽燕之区,去河洛不遥,而音韵近之,故当此之时北曲大行于世。"金初汴洛移民大举北迁无疑是这种情况出现的历史原因[3]。

---

1 《渊颖集》卷8《张氏大乐玄机赋论后题》,四部丛刊本。
2 《三朝北盟会编》卷98,靖康中帙七十三。
3 参见李新魁:《中古音》,商务印书馆1991年版,第19—20页。

海陵王贞元元年(1153年)，金迁都燕京，改名中都，中都城成为金的政治经济中心。为了加速城市发展，宰相张浩建议"凡四方之民欲居中都者，给复十年，以实京城"，为海陵王采纳[1]。此"四方之民"不仅仅指女真、契丹等东北民族，也包括中原汉族人民。金代中都城人口较多，经济文化发达，显然与迁都后外地人民大批迁入有关。

世宗大定年间(1161—1189年)，北方的经济有了较大的发展，人口较多的中都、河北、河东、山东诸路"久被抚宁，人稠地窄，寸土悉垦"[2]，人均耕地已相当少。为了解决耕地问题，甚至山东梁山泺因黄河水退而形成的退滩地也被安排屯田[3]。另一方面，黄河以南地区因受金初人口北迁和宋金战争的影响，土广人稀，荒地较多。因此，大定年间有关移狭乡人民至宽乡垦种的议论增多。曹望之建言："陈、蔡、汝、颍之间土广人稀，宜徙百姓以实其处，复数年之赋以安辑之。"[4] 二十九年五月，尚书省上奏："河东地狭，稍凶荒则流亡相继。窃谓河南地广人稀，若令招集他路流民，量给闲田，则河东饥民减少，河南且无旷地矣。"[5] 这些建议均为皇帝所接受，估计应有一定数量的狭乡人民迁至河南宽乡。

西北边地是山西等地区汉族人民迁入的重要地区。大定二十一年世宗说：山西一带田地多为权要所占，有一家一口占田至三十顷者，"以致小民无田可耕，徙居阴山之恶地"[6]，反映了山西人民大批迁入西北边地的历史事实。章宗明昌二年(1191年)，朝廷采纳李愈的建议，在临潢至西夏沿边创设重镇十数，选猛安谋克勋臣子孙居职镇守，由军队支配的国家田地则募汉人佃种[7]，此次也应有一定数量的汉族人民迁入边地。

---

[1]《金史》卷83《张浩传》，第1863页。
[2] 赵秉文：《滏水集》卷11《梁公墓铭》。
[3]《金史》卷47《食货志》，第1047页。
[4]《金史》卷92《曹望之传》，第2037页。
[5]《金史》卷47《食货志》，第1046—1049页。
[6] 同上书，第1046页。
[7]《金史》卷96《李愈传》，第2129页。

第六章

宋代南方地区土著人口的迁移（上）

第一节

迁出地区研究

宋代以前，我国历代人口峰值长期在七八千万上下徘徊，战乱和自然灾害往往是形成一定规模的移民的主要原因，为寻找新耕地和就业机会外迁的移民较为少见。宋代人口剧增，北宋辖境在徽宗崇宁元年（1102年）户数已达2 000万以上[1]，如以每户5口计，人口总数已超过1亿。在人口密集地区，人均占有耕地较少，已开始出现一定数量的少地或无地人口。这些人口，为生计所迫，或涌入农业之外的其他部门特别是工商业部门，或大量外迁，前往开发不足的地区以寻找耕地和就业机会。

---

[1]《宋史》卷85《地理志》载该年全国总户数20 264 307。

宋朝建立以后,因唐后期、五代北方战乱,南方相对和平所造成的南北方人口增长速度的差异,不仅没有由于和平重建而得到改变,反而因北方自然环境加速向不良方面转化而加剧。表6-1反映了北宋初太平兴国年间(976—984年)到北宋中期元丰三年(1080年)期间的南北方人口增长差异。

表6-1　太平兴国至元丰三年全国和南北方的户数增长

地　域	户　数		占全国比重(%)		户数增加（%）	年平均增长率(‰)
	太平兴国	元丰三年	太平兴国	元丰三年		
全　国	6 534 296	16 590 571	100	100	154	9.4
南　方	3 974 855	10 927 735	60.8	65.9	175	10.2
北　方	2 559 441	5 662 836	39.2	34.1	121	8.0

资料来源：据附表1。计算年平均增长率时太平兴国年间取太平兴国五年（980年）。

据表可见,南方的户数增长速度要大大快于北方,由此使南方在全国人口中所占比重由60.8%上升至65.9%,而北方则由39.2%下降至34.1%。北宋时期,人口密度较高的路基本都集中在东南和四川。据胡道修《宋代人口的分布与变迁》[1],崇宁元年每平方公里户数在10户以上者6路：成都府路17.39户,两浙路16.09户,京畿路15.36户,江东路12.55户,江西路11.69户,河北东路11.10户,除京畿路和河北东路(只分居第三和第六位)外,其余四路均在南方。王安石曾对南北人口密度作过简单的对比,他说："中国受命,至今百余年,无大兵革,生齿之众,盖自秦汉以来莫及。臣所见东南州县,大抵患在户口众而官少,不足以治之。臣尝奉使河北,疑其所置州县太多,如雄、莫二州相去才二十里。闻如此者甚众。其民徭役固多,财力凋敝,恐亦因此。"[2]人口密度稍高的河北路尚且如此,北方其他路的人口稀密状况当可想而知。

但就南方而言,各路的人口分布仍很不均衡,荆湖南、北,京西南(除唐、邓二州外,该路的其余府州皆位于南方),淮南东、西,广南东、

---

[1] 载《宋辽金史论丛》第2辑,中华书局1991年版。
[2] 《临川集》卷62《看详杂议》,四部丛刊本。

西和夔州、利州等路人口密度相对较低,两浙、福建、江西、江东、成都府等五路及梓州路的部分府州人口密度较大。自北宋中后期起,此五路及梓州路的一些府州已出现因人口过多造成的耕地短缺的矛盾,存在一定数量的无地少地人口。南宋以来由于长期处于和平环境及北方移民迁入等原因,人多地少的矛盾日益尖锐[1],遂成为南方土著人民的主要迁出区(见图6-1)。

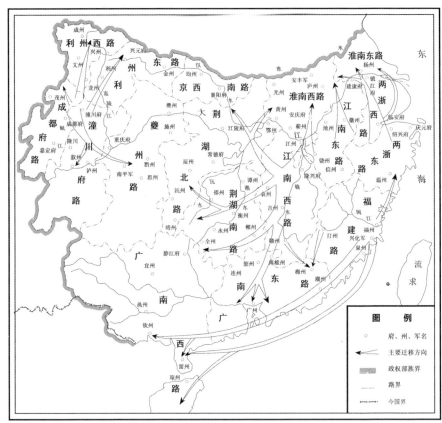

图6-1 南宋南方土著人口的迁移

早在北宋中期的皇祐二年(1050年),朝廷已下达迁南方狭乡人

---

[1] 关于宋代南方人口的分布状况,除了胡道修文,还可参见漆侠:《宋代经济史》上册第一章第四节,上海人民出版社1987年版;王曾瑜:《宋代人口浅谈》,《天津社会科学》1984年第6期。

民到北方垦荒的诏令。该年六月,仁宗对侍臣说:"古有迁民于宽闲之地,今闽、蜀地狭,其民亦可迁乎?"大臣丁度等人认为:"民固安土重迁,若地利既尽,要无可恋之理。蜀民岁增,旷土尽辟,下户才有田三五十亩或五七亩,而赡一家十数口,一不熟即转死沟壑,诚可矜恻。臣以谓不但蜀民,凡似此狭乡皆宜徙之宽乡。"因此,仁宗"乃诏京西转运司晓告益(治今四川成都)、梓(治今三台)、利(治今广元)、夔(治今重庆奉节)、福建(治今福州)路民,愿徙者听之"[1]。但文献中缺少此次移民的记载,不知结果如何。

在南方人多地少的五路中,福建由于境内面积的 90% 以上是山地丘陵,耕地特别缺少,人均占田面积最少。据表 6-2 所示,北宋元丰年间,福建路每户平均占有的官民田为 11.2 亩,只及南方人口密集的五路平均数的 43%,户均田亩数次少的两浙路比福建高许多。

表 6-2 北宋元丰年间南方五路著籍户数与田亩数比较

地 区	户数 (户)	官民田数 (亩)	人口密度 (户/平方公里)	户均亩数 (亩)	户均亩数比较* (%)
五路合计	6 033 009	157 216 989		26.1	100
两浙路	1 830 096	36 344 198	14.9	19.8	76
江南东路	1 073 760	42 944 878	12.5	40.0	153
江南西路	1 365 533	45 223 146	10.4	33.1	127
成都府路	771 533	21 612 777	14.1	28.0	107
福建路	992 087	11 091 990	7.8	11.2	43

资料来源:田亩数和户数据《文献通考》卷 11《户口考二》、卷 4《田赋考四》。面积据梁方仲《中国历代户口田地田赋统计》第 164 页。

* 即各路户均亩数除以五路合计的户均亩数。

南宋以来,由于河谷丘陵开辟殆尽,福建农民遂向较高的山地寻找新耕地。李纲说:"今闽中深山穷谷,人迹所不到,往往有民居、田园水竹,鸡犬之音相闻。"[2] 一些人迹罕至的地方也得到开发。《宋史·地理志》说福建路:"土地迫狭,生籍繁夥,虽硗确之地,耕耨殆尽。"可能除了漳州等个别地区,其他州军都如此。福州拥有福建沿海的四大

---

[1] 李焘:《续资治通鉴长编》卷 168。
[2] 《梁溪集》卷 12《桃源行并序》,四库全书本。

平原之一,如以主客户每户 5 口计,孝宗淳熙十年(1183 年)主客户和僧侣人均占田不过 2.6 亩[1]。福州为耕地较多的州,其他州军可想而知。

由于人稠地狭问题最为严重,福建遂成为宋代对外移民开始较早的地区,并是迁出人口最多的地区之一。北宋后期已有一定数量的福建人迁居外地。南宋初人曾丰总结说:"居今之人,自农转而为士,为道,为释,为技艺者,在在有之,而唯闽为多。闽地褊,不足以衣食之也,于是散而之四方,故所在学有闽之士,所在浮屠老子宫有闽之道、释,所在阛阓有闽之技艺。其散而在四方者固日加多,其聚而在闽者率未尝加少也。"[2]曾丰未提到外迁的贫民,据《舆地纪胜》卷 116 引范氏《旧闻拾遗》称"闽人奋空拳过岭者往往致富",外迁的贫民显然很多。

福建移民多来自人稠地狭最严重且海上交通方便的福州、兴化军和泉州,主要迁入地是广东路、广西路、淮南东路和淮南西路(详下)。此外,两浙、江西、江东等路的一些城市也留下福建移民的足迹。仅据龚明之《中吴纪闻》所载,平江府(治今苏州)的名族中,黄氏(卷 1)、林氏(卷 2)、章氏(卷 6)都在宋代自福建迁至,此外方惟深(卷 3)、王蘋(卷 4)也是福建移民的后裔。《宝庆四明志·人物志》所载明州(治今浙江宁波)的著名人物中,郑锷和陈辅的祖先都是自福建迁至。今澎湖列岛,虽远离大陆,南宋时也有长期定居的福建移民。何乔远《闽书》卷 7 引宋代方志:"澎湖屿在巨浸中,环岛三十六,人多侨寓其上,苫茅为舍……耕渔为业,雅宜放牧。"据汪大渊《岛夷志略·澎湖》"泉人结茅为屋居之"之言,澎湖的侨寓民来自泉州。

两浙路的人多地狭问题趋于严重主要始于南宋孝宗(1163—1189 年)以后。叶适说两浙路:"夫吴、越之地,自钱氏时独不被兵,又以四十年都邑之盛,四方流徙尽集于千里之内,而衣冠贵人不知其几族,故以十五州之众当今天下之半。计其地不足以居其半,而米粟、布帛之直三倍于旧,鸡豚菜菇、樵薪之鬻五倍于旧,田宅之价十倍于旧,其便

---

[1] 据《淳熙三山志》(明崇祯刻本)卷 10,福州主客 321 284 户,僧侣 14 000 人;总垦田数 42 633 顷,其中寺观田 7 324 顷;园林、山地、池塘、陂堰 46 787 顷 92 亩。
[2] 曾丰:《缘督集》卷 17《送缪帐干解任诣铨改秩序》,四库全书本。

利上脧争取而不置者数十倍于旧。"他进而认为:"夫举天下之民未得其所,犹不足为意,而此一路之生聚,近在畿甸之间者,十年之后,将何以救之乎?"因此,他提出,朝廷应组织移民,"分闽、浙以实荆楚,去狭而就广"[1]。

由于与两淮仅一江之隔,光宗绍熙(1190—1194年)前后,相当多的两浙人民于每年秋收时,"以小舟载其家之淮上",帮助淮民收获,事毕,"田主仅收什伍,他皆为浙人得之以归"[2]。这种手段,对于少地缺地的人民而言,无疑可以暂时缓解经济困难。这种候鸟式的迁徙,往往是正式定居的先声。事实上,在绍兴十一年(1141年)宋金和局达成以后,已有一定数量的两浙人民迁入淮南东、西路等仍有较多可耕地的地区。据孝宗乾道七年(1171年)薛季宣言:"江南转徙人户来淮甸者,东极温、台,南尽福建,西达赣、吉,往往有之。"[3] 两浙路对外移民的地区,不仅有开发较早、人口最为密集的北部诸州,也有开发稍晚的南部温州、台州等地。

江西、江东两路(相当于今江西全省和安徽省的长江以南部分、江苏省的南京市一带),特别是今江西省境,是宋代人口迁出较多的地区。但就两路而言,在相当长的时间中,人口密度仍较其他移民迁出区低,据表6-2所示,江西和江东路户均亩数均高于另外三路。在北宋末的蜀人看来,"蜀不足于地,江西不足于民"[4],江西并不存在人多地少问题。南宋初期,由于宋金战争破坏,江西、江东两路人口损失严重,至绍兴末年,时人仍说:"江东、西,二广村疃之间,人户凋疏,弥望皆黄茅白苇,民间膏腴之田耕布犹且不遍,岂有余力可置官产?"[5] 南宋中期人陆九渊说"江东、西无旷土"[6],可能到此时两路的多数州军才无多少荒地。

毫无疑问,南宋中后期江西、江东人民外迁的主要原因之一是为

---

1 《叶适集·水心别集》卷2《民事中》,中华书局点校本,第654—655页。
2 佚名:《两朝纲目备要》卷3,四库全书本。
3 《浪语集》卷16《奉使淮西回上殿札子》,永嘉丛书本。
4 张耒:《柯山集》卷50《吴天常墓志铭》,四库全书本。
5 马端临:《文献通考》卷7《田赋七》。
6 《象山集》卷16《与章德茂书三》,四部丛刊本。

寻找耕地,在此以前的迁出能否也用此进行解释?笔者以为,江西、东各州军的地理条件相当复杂,上述关于地未尽辟的论述系就总体而言,但内部仍然有一些人稠地狭的府州。吉州(治今江西吉安)便是人稠地狭的府州之一。北宋时,吉州是江南人口较多的府州,"用此,故吉常为西南剧……其间皋缠壤束,水糭陆垦之民急角其力,限尔疆此界,如一枰上常窘边幅舍居"。土地争讼极多,"士大夫甚者皆相谓吉难治,求脱者十常八九,曾不知一切烦委实户口使然"[1]。

袁州(治今江西宜春)、信州(治今上饶)、洪州(治今南昌)和饶州(治今鄱阳)的情况比吉州好不了多少。杨万里说:"袁之为州,地狭田寡,粟财仅仅,州民必山伐陆取,方舟乘流,贸之临江,易粟以输。"[2] 徐元杰说:"广信(即信州)一林麓区尔,土狭而人稠。"[3] 袁燮说:"洪都(即洪州)今为大府,而土非膏腴,民鲜积贮,年丰则仅给,岁歉则流殍,邦人病之。"[4] 高宗朝,洪适奏:"窃闻饶州有前年椿留米三万石……盖六邑穷民,有借于官者二十万户,且约一家三口,家得石粟,仅能饱其一月之腹尔。"[5] 在这些州军,都存在数量不等的无地少地农民,而向外移民则是他们的主要出路之一。

南宋中期以前,江西开垦未尽的府州主要分布在北部和南部山区,耕地比较贫瘠。但是,湖南、湖北境内平原和河谷地区的自然条件却往往优于上述地区,并且与吉州、袁州等地区有河谷相通,道路相连,自然成为无地少地人民的主要移入地。《宋史》卷88《地理志》说荆湖南路:"有袁、吉壤接者,其民往往迁徙自占,深耕溉种,率致富饶,自是好讼者亦多矣。"移民在湖南"率致富饶"自然会刺激一批又一批的江西人迁入湖南。

江西西面与湖南、湖北为邻,北面过长江即为淮南,这些地广人稀的地区成为江西过剩人口的主要迁入区。此外,在广东、广西一带也有一些江西移民。

---

[1] 刘弇:《龙云集》卷25《送盛大夫仲孙归朝序》,四库全书本。
[2] 《诚斋集》卷129《夏侯世珍墓志铭》,四部丛刊本。
[3] 《楳埜集》卷10《广信阇粜记》,四库全书本。
[4] 《絜斋集》卷10《洪都府社仓记》,丛书集成初编本。
[5] 《历代名臣奏议》卷246。

四川四路是我国南方人口较为密集的地区。北宋时张方平说："两川地狭生齿繁，无尺寸旷土。"[1]《宋史·地理志》说：这一区域"地狭而腴，民勤耕作，无寸土之旷，岁三四收"。人口密度不可谓不高。不过，细加分析，四川地域广大，地理环境复杂，内部人口分布极不均衡，并非均是人稠地狭。根据漆侠、贾大泉等学者的研究[2]，位于今四川东部的夔州路当时开发尚差，人口密度不大；利州路北部各州由于受宋金战争的影响，经济经历了破坏—恢复—破坏—再恢复的过程，人口密度不高。因此，只有成都府路及梓州路（南宋改称潼川府路）与利州路的南部人口较为密集，《宋史·地理志》所说的"无寸土之旷"这一现象，主要集中在成都府路和梓州路，四川地区的移民主要也来自此两路。

南宋后期蒙古军队攻入以前，四川人民的迁移，主要有三种：因经商而迁入长江中游某些城市，为寻找新耕地自发迁入四川盆地沿边耕垦未尽的地区，因垦荒而迁入利州路北部、京西南路和两淮东、西路等地区。由于道里远近和生活习惯等原因，大多数移民迁入利州路北部和盆地内部耕垦未尽地区。

第二节

移民广东和海南

本节所说的广东和海南，指今广东、海南两省，宋代相当于广南东路和广南西路的南部数州。近代以来，依照语言和文化的差异，广东人民被分成广府、福佬和客家三大民系。

宋代是广东和海南历史上经济开发的重要时期，外来移民的迁

---

1 《乐全集》卷36《傅求神道碑》，四库全书本。
2 参见漆侠：《宋代经济史》上册；贾大泉：《宋代四川经济述论》，四川社会科学院出版社1985年版，第16页。

入对广府、福佬二民系的形成产生重大影响,宋末元代大批迁入的客家人也奠定了客家在广东发展的基础。但有关广东和海南移民的研究仍很不够[1],移民史料缺乏是研究不够的重要原因。一方面,宋元史料几乎很少记载有关移民状况。另一方面,岭南的方志中,除《三阳志》和《大德南海志》残本,其余均修于明清时期,有关宋代移民史料不多。广东的家谱往往都述及先人的迁移状况,但是,这些家谱主要修于清代以后,因相距时间遥远不少家谱在追溯宋代祖先的迁移方面或语焉不详,或各谱互有矛盾,颇不便于利用。

研究广东移民还存在一个严重困难,即相当今广东主体部分的广东路的著籍户口数,在北宋元丰到元代这 200 多年中呈下降趋势。广东路著籍户数,北宋神宗元丰三年(1080 年)为 579 253,南宋高宗绍兴三十二年(1162 年)为 513 711,宁宗嘉定十六年(1223 年)为 445 906,元世祖至元二十七年(1290 年)只有 378 500[2]。因此,无法依据户数的增长探讨可能的移民状况。

尽管如此,历史文献仍留下一定数量的外来移民迁入广东的痕迹。

第一,虽然广东路的著籍户数在多数时间呈下降趋势,但在北宋初太平兴国年间(976—984 年)至元丰三年(1080 年)这百余年间,却由 92 964 户增加至 579 253 户[3],年平均增长率达 18.5‰,不仅远远高于全国平均水平,也大大超过南方平均 10.2‰ 的增长率。除了当地可能会有较高的人口增长率和非汉民族成为编户齐民等因素,应有相当数量的外来移民迁入。

即使在著籍户数不断下降的南宋,广东路也有不少州户数呈上升趋势。例如,广州在北宋元丰三年主客户 143 259 户,到南宋淳熙年间(1174—1189 年)达 185 713 户[4]。潮州在元丰三年主客户 74 682

---

1 在有关广府和客家移民的研究方面,前代和当代学者做了不少工作,取得了一定的成果。但总的说来,有关论著谈移民影响远远多于对移民的研究,至今仍未能揭示移民的概貌,对移民的过程、迁出地、迁入地缺少研究,对移民与三大民系形成的关系论述也很不够。关于福佬系的移民问题,除海南地区有过研究外,甚至可能还缺少专文。
2 据《宋史·地理志》、《宋会要辑稿》食货六九、王存《元丰九域志》和《元史·地理志》有关数据统计。
3 据附表 1 广东部分。
4 《大德南海志》卷 6《户口》,元刊本。

户,至南宋末达116 743户(如加上疍户,为139 998户)[1]。南雄州是南宋户口增加较多的州,乾隆《南雄府志》卷4"户口"引谭大初《旧志》:"粤稽往牒,宋全盛时,两邑主户万有八千,客户三千。绍兴盗贼蜂起,编氓流移。乾道以还,劳来安集,渐复其旧,至嘉定则户三万余矣。"又引始兴令魏琪语:"宋以前无论矣。溯考宋淳熙间,计户一千三百六十有六,至嘉定则又倍之,此其盛也。"高宗建炎元年(1127年),朝廷规定各县户不及万者不设县丞。至绍兴二十年(1150年)八月,由于户数过万,肇庆府高要县、潮州揭阳县、新州新兴县、德庆府端溪县和泷水县均设县丞[2]。

南宋时期,除湖北、京西南、淮南东、西等路,因南北战争影响,人口有一定下降外,两浙、福建、江西、湖南和广西等东南各路在宁宗嘉定以前都有过一定幅度的增长,广东也不应例外。南宋时期广东的著籍户口下降,显然不符合人口发展的实际状况,只是其中原因有待研究罢了。

第二,宋代广东人口地理发生较大变化。北宋时,人口密度以靠近岭北的韶州最高,连州第二,广州、新州和潮州次之。元世祖至元二十七年(1290年)时广州路和新州最高,潮州路次之[3]。至元二十七年距宋亡才十余年,人口地理的改变主要是宋代广东区域人口不平衡发展的结果。在未曾发生足以导致人口数量严重下降的残酷战争的背景下,人口增加较快的地区往往是外来移民较多的区域。

由于有关历史文献奇缺,研究广东和海南移民仍离不开家谱。不过,需要结合历史背景进行仔细而小心的分析。试分广府、福佬和客家三方面,讨论广东和海南境内的南方籍移民。

一 广府系

广府系人民讲广州方言(一称粤语),主要分布在以珠江三角洲为

---

[1] 《三阳志》,载《永乐大典》卷5343"潮字",中华书局影印本。
[2] 《宋会要辑稿》职官四八之五六。
[3] 参见梁方仲:《中国历代户口、田地、田赋统计》附表31、附表32,上海人民出版社1980年版。

中心的广东中部及西南部。自明清以来，广府系人民的家谱多说祖先自南雄珠玑巷迁来。清人黄培芳说："粤族谱牒，多云自此（珠玑巷）始迁者。"李星辉说："广州鼎族，其谱牒多称始自珠玑巷来者。"[1]不仅家谱如此，广东方志也多有类似记载。嘉靖《广东通志》引《南雄府图经》："岭上古有珠玑巷……今南海衣冠多其子孙。"乾隆《南雄府志》卷3于珠玑巷条说："广州故家巨族，多由此迁居。"因此，研究广府系移民首先碰到的就是珠玑巷问题。

民国时黄慈博先生辑的《珠玑巷民族南迁记》（1957年广东省图书馆油印本），从各种诗文、家谱、族谱中（有些现在已不存在）搜集了与珠玑巷人民南迁传说有关的记载几百段，并做了一些考释，为研究广府系人民的迁移提供了方便。笔者依据《珠玑巷民族南迁记》和查阅到的一些家谱及墓志铭，整理出211个分布在今广府地区的氏族移民资料（详表6-7《广府系移民实例》）。其中，65族明确记载是由外省迁入广东，据此作出表6-3。另有191族从南雄迁入广东各地，据此作出表6-4。

表6-3　65个外省迁入的广府氏族迁移实例分类统计

迁入时间	迁入氏族数	迁出地区	迁出氏族数	迁入地	迁入氏族数
唐前	3	北方	22	广州	2
唐代	3	河南	10	南海	2
五代	2	山东	3	番禺	1
		山西	1	东莞	4
宋代	49	河北	4	新会	1
北宋	14	不明	4	香港	2
北宋末	12			四会	1
其他时间	2	南方	30	英德	2
南宋	35	江西	13	连州	2
南宋初	11	福建	2	香山	1
南宋中期	4	苏南	3	南雄	46

---

[1] 黄培芳：《珠玑巷》诗自注，李星辉：《过珠玑巷有怀并序》，皆引自黄慈博：《珠玑巷民族南迁记》"诗"。

续　表

迁入时间	迁人氏族数	迁出地区	迁出氏族数	迁入地	迁入氏族数
南宋末	8	湖南	3	珠玑巷	32
时间不明	9	浙江	4	石羊	1
南北宋不明	3	皖中	2	溪塘	2
		江南	3	不明	11
元代	1			不明	1
不明	7	不明	13		

据表6-3所示,65个氏族中,58族已知迁移时间,其中宋代迁入49族,占84%,据此似乎可以得出广府系的移民主要在宋代迁入这一结论。以迁出地区而言,52族已知迁出地,其中北方22族,南方30族,分别占总数的42.3%与57.7%,据此似乎又可得出移民迁出地以南方为主,北方次之的结论。就移民迁入地而言,64族已知迁入地,其中46族先迁入南雄之后再由此分布广东各地,占总数的71.9%,似乎又可得出移民多经南雄再迁各地的第三个结论。

"(珠玑巷)地甚湫隘,可二百余家"[1],但为何广府家谱多说从此处迁来?清人简朝亮以为:南雄当交通要道,"自北方而至岭外者所必由也。或偶旅焉,或久旅焉,其由南雄来也,有由然矣。吾宗之来有先后,而旧谱多言南雄珠玑巷者,以此故也"[2]。这种估计无疑是有道理的。

自唐代开通大庾岭道以后,溯赣江翻越大庾岭进入珠江三角洲的道路成为长江中下游通往广东的主要交通线,位于岭脚的南雄是从岭北入岭南后的首县,由此可分赴广东各地。珠玑巷位于南雄县北,是北来人民下山后进入的第一个较大的村镇,今由广东通往江西的主要公路之一仍经此,历史上北入广东的移民多经此地是完全可以理解的。据表6-7,除珠玑巷外,南雄的溪塘镇、石羊等地也是移民经由地之一。

---

1 《粤东简氏大同谱》,引自《珠玑巷民族南迁记·南来岁月考》。
2 同上。

表 6-4 191个广府氏族自南雄迁出的时间和迁入地

迁出时间	氏族数	迁入地区	氏族数
五代	1	宋广州境内	187
		广州	19
宋代	147	南海	46
北宋	9	番禺	12
北宋前中期	3	东莞	11
北宋末	6	顺德	10
南宋	123	佛山	3
南宋初期	27	宝安	3
南宋中期	4	香山	49
南宋末	89	新会	31
咸淳	42	增城	2
不明	47	新宁	1
时期不明	3		
南北宋不明	15	其他府州境	4
		恩平	1
宋元间	1	高要	1
元代	4	惠阳	1
明代	3	韶州	1
时间不明	35		

据表6-4,自南雄南迁的191族中,187族迁入宋代广州境,占总数的98%,另4族分布在邻近的恩平(宋代属南恩州)、高要(宋代属肇庆府)、惠阳(宋代属惠州)和韶州(宋州名,治今广东韶关)等地。虽然广州外围诸州入表的氏族较少,但不等于当地居民中只有少数氏族的祖先从南雄迁来。例如,惠阳虽然在表6-4中不过1族,但道光《广东通志》卷93《舆地略·风俗》却说"惠民多居南雄",因避兵始迁入惠州。

在许多广府系的族谱中,记载着一个解释南迁原因的大致相同的传说。主要内容是:南宋度宗咸淳九年(1273年),宫中苏妃失宠,乔装民妇,私逃出宫,为一来临安的黄姓南雄人带回珠玑巷所在的牛田坊。后事情暴露,兵部官员唯恐皇帝追究,打算扫平牛田坊,以消灭踪迹。由于在都城的乡人密报,珠玑巷人民被迫南逃,迁往香山等县。这种传说在广府氏族中流传极广,甚至某些很早即已南迁的氏族,受此影响也说祖先是咸淳九年时迁来。例如,香山简氏南塘房祖先古峰先生早在北宋徽宗(1100—1125年在位)前后已迁居香山,而有关族谱却误以为咸淳九年后始迁来,直到看见邻乡严氏族谱中提到简氏祖先情况才纠正过来[1]。

各家谱所载的这一传说,虽然同出一源,但在内容、时间和职官上多有自相矛盾或与所处时代不符之处。因此,早在明清时代即有人对其真实性提出疑问[2]。陈乐素先生独具慧眼,认为"矛盾是多的,但传说中含有一定程度的真实性",并从中看出南宋初和南宋末两次士民经南雄南迁的历史线索,从而给笔者以极大的启发[3]。

据表6-4所示,自南雄迁出的氏族,虽然从五代到明代都有,但以北宋末南宋初和南宋末最多,前者33族,占已知迁出时间的156族的21%,后者89族,占57%。在表6-3中,北宋末南宋初和南宋末迁移的氏族分别为23族和8族,各占已知迁移时间的58族的39.7%和13.8%。显然,两宋之际和南宋末是广府系移民南迁的重要历史时期。

南宋初建炎(1127—1130年)和绍兴(1131—1162年)初期,由于金军和北方流民武装集团过江,在长江以南的平原地区作战,这一带已无安全可言。只有四川、岭南和福建比较安全,迫使已南下的部分北方移民以及南方籍人民向这些地区流动。庄绰说:"自中原遭胡虏

---

[1]《珠玑巷民族南迁记·散处各地诸姓族考》。
[2] 参见《珠玑巷民族南迁记·得名》。
[3]《珠玑巷史事》,《学术研究》1982年第6期。不少家谱提到罗贵为首的珠玑巷33姓97家结伴同行一事,并称寻罗贵等人向保昌县衙门申请迁徙的禀文和官方同意迁徙的批准文书,以及一同迁徙的各姓名单。陈先生认为,有关苏妃的故事不须穷究,但罗贵等人结伴同迁一事却值得注意,而"罗贵等一行离南雄,总是在元军攻陷南雄前后"。笔者以为罗贵等人的迁徙原因恐怕与元军无关,因为咸淳九年(1273年)元军仍在长江以北地区作战,三年后的德祐二年(1276年)始攻陷南雄。在宋末政治黑暗的背景下,局部地区的人民因某种原因集体外迁并非毫无可能,只是史料缺乏后人无从搞清原因罢了。另外,从《珠玑巷民族南迁记》所列的家谱记载来看,凡咸淳九年后南迁的氏族,大多是南雄的原居民,或者在此已住一二代人的移民后裔,并非新从外地经南雄再迁的来自岭以北的移民。如果是因避元军而南迁,其中大部分人都应来自岭北。

之祸,民人死于兵革水火疾饥坠压寒暑力役者,盖已不可胜计,而避地二广者,幸获安居。"[1] 在因避地而留居广东的移民中,一部分是南方人民。据表6-7,在此期间迁入的南海霍氏始迁祖正一郎原居霍山(在今安徽),番禺黎氏始迁祖念泗原居姑苏(今江苏苏州)[2],广州屏山房简氏始迁祖荣属原居南昌(今属江西),南海平地房黄氏始迁祖迩中原居浙江,南海陈氏始迁祖遂忠原居丹阳(今属江苏)。此外,居住江西吉州(治今江西吉安)的欧阳修后裔欧阳德孺"中遭乱离,挈族南徙",也迁入连州(治今广东连州)[3]。

宋末移民较多的一个原因是元军攻入南雄前后为避兵而南迁。恭帝德祐元年(1275年)春,元军攻入江浙,当地一些人民为避战乱被迫向南迁移。受此影响,南雄当地的居民也纷纷南迁,特别是德祐二年南雄和韶州被元军攻陷以后,南迁人数大增。据表6-4,南宋末自南雄南迁的89族中,42族迁于咸淳,另47族在其他时间迁移或无明确迁移时间。其中的一些家谱提到南迁原因,例如,香山北山杨氏始迁祖杨泗儒"因元兵扰攘,逼近南雄"南迁;新会龙山梅氏始迁祖胜法、胜佑兄弟于祥兴二年(1279年)因避难挈家南徙[4]。据此看来,此47族可能都因避元兵而向南迁移。此外,道光《广东通志》卷93《风俗·惠州府》说,惠州的不少居民是在宋末元兵将攻入南雄之前避兵南迁的。清人苏廷鉴修《苏氏族谱》分析广府各族谱,认为珠玑巷人民南迁前后共有两次,最后一次是在南宋末韶州和南雄失守之后,为避兵而南迁[5]。47族的族谱均未载迁入南雄前的原居地,在江南人民为避兵而南迁的背景下,估计会有若干氏族并非南雄的原居民,而是从外地经此向南迁移。

宋末移民较多还和南宋残部迁入有关。德祐二年(1276年)正月,元军占领临安。不愿降元的大臣文天祥、陆秀夫、张世杰等人拥立赵昰为宋主,改元景炎,分海、陆等路进入广东。南宋残部主要部分自

---

[1] 《鸡肋编》卷中,中华书局点校本,第64页。
[2] 另有谱说黎氏唐代已迁南雄,念泗复迁番禺。
[3] 楼钥:《攻媿集》卷52《静退居士文集序》。
[4] 《珠玑巷民族南迁记·散处各地诸姓族考》。
[5] 见《珠玑巷民族南迁记·南来岁月考》。

福州下海入广时,计有正军 17 万、民兵 30 万有奇,共近 50 万人。退到厓山(今新会以南)海面时,"官民兵除逃窜死亡外,犹计二十万"。在厓山战死十余万人[1],尚剩十余万人。除陈宜中、曾渊子等极少数文武臣子流落海外[2],一部分人北归,仍有一部分人藏匿在广东各地,有的定居于此。虽然有关这方面的资料很少,但仍留下踪迹。厓山兵败时广南宣抚使、福建人蔡升与妻子自尽,子蔡鉴避居保昌官田都插禾塘[3],便是其中的一例。

除了两宋之际和宋末这两次战乱时的迁移以外,在表 6-3 中还有 6 个氏族在和平时期(北宋其他时间和南宋中期)迁入广东。由于战乱时的较大规模迁移往往给人以深刻印象,某些和平年代迁入的氏族的后代在修谱时常误以为祖先在战乱时迁入(如上举香山简氏南塘房),考虑到这一点,和平时迁入的人民在全体移民总数中所占的比重,要大于从上表中所得的比重。与广东相邻的江西、福建等路是宋代人稠地狭最为严重、对外移民较多的地区,人口密度低、土地耕垦未尽的广东自然成为他们的重要迁入地。乾道六年(1170年)八月,孝宗问由广东改任饶州(治今江西鄱阳)知州的江璆:"广南田可耕否?何不劝诱鄱阳近地大郡?"[4]已流露出移江西民于广南之意,不过,并无文献表明南宋有政府组织移民岭南之举。虽然如此,因各种原因进入广东的江西、福建等地的南方人许多人会留居于此,成为当地居民。表 6-7 非南宋初和南宋末迁入的移民,虽然家谱未载迁入原因,估计大多由于经济原因而迁入。

外来移民从事多种生产活动。

北宋仁宗皇祐年间(1049—1054 年),韶州永通监产铜矿甚多,"四方之人,弃农亩,持兵器,慕利而至者不下十万"[5]。神宗熙宁五年(1072 年),仍有十几万人在韶州开采铜矿[6],估计流入的"四方之人"

---

1 据佚名《宋季三朝政要》附录卷 6《广王本末》,丛书集成初编本;陈邦瞻:《宋史纪事本末》卷 108《二王之立》,中华书局点校本。
2 郑思肖:《郑思肖集·大义略叙》,上海古籍出版社点校本,第 173 页。
3 《道光广东通志》卷 327《流寓》。
4 佚名《宋史全文》卷 25 上,四库全书本。
5 黄昌龄:《韶州新置永通监记》,引自《道光广东通志》卷 206《金石略》。
6 李焘:《续资治通鉴长编》卷 240,熙宁五年十一月庚午。

不少人已成为移民。据余靖的观察,矿工是"闽、吴、荆、广人"[1]。

南宋广东有许多从福建前来经商的海商,以及江西、福建等地前来从事违禁走私活动的商人。刘克庄《城南》诗说广州城南,"濒江多海物,比屋尽闽人"[2],或有人定居于此。宝安县南大奚山(今香港大濠岛)自淳熙年间(1174—1189年)以来,"多有兴化、漳、泉等州逋逃之人,聚集其上",造船从事走私食盐的活动[3]。到宋元之交,大奚山岛的居民已达数百家,除了打鱼晒盐,还耕种、打猎[4]。此外,还有很多来自相邻的江西赣州、福建汀州及湖南南部亦盗亦商的人员。每年春季,汀、赣之人"动是二三百人为群,以商贩为名",纵横于循、梅、惠、新、南恩等州;湖南人则"平时结集其徒三二十辈",活动在广东的连州、封州和广西贺州等地[5]。由于经常出入广东,有的人可能会变成移民。

宋代珠江三角洲人均土地较多,经珠玑巷南迁的移民之所以选择这一带为迁入地,就是因为"南方烟瘴,地广人稀,田多山少,可以随处辟居"[6]。因此,移民中农民甚多,北宋神宗元丰五年(1082年)仅珠江口外的香山岛上,便有在此垦种的主客户5 838户。由于移民人数较多,当年在岛上建立香山县(治今广东中山)[7]。南宋时梅州"业农者鲜,悉借汀、赣侨寓者耕焉"[8],移民更是当地农民的主要部分。虽然文献和家谱一般不予记载,大部分移民似以务农为主。

据上所述,宋代迁入广东境内的南方移民,分避乱迁入与和平时迁入两种,而避乱迁入主要集中在南宋初和南宋末两个时期。这些移民,相当多系从江西翻大庾岭,经南雄迁入广府系主要分布地。其迁出区,包括今东南各省,以江西最多,占南方各族的43%(据表6-3)。

---

1 《武溪集》卷1《送陈京廷评》诗。
2 《后村集》卷12。
3 《宋会要辑稿》刑法二之一二一。
4 吴莱:《渊颖集》卷9《南海山水人物古迹记》。
5 蔡勘:《定斋集》卷1《割属宜章、临武两县奏状》,四库全书本。
6 《藤荫小记》,引自《珠玑巷民族南迁记・得名》。
7 《续资治通鉴长编》卷331,元丰五年十一月癸未。
8 祝穆:《方舆胜览》卷36,上海古籍出版社影印本。

二 福佬系

福佬系讲闽南话，主要分布在今珠江三角洲以外的广东沿海地区和海南省沿海地带，为本区域的第二大民系。

南宋初期，胡寅说广东："绿林之聚，北与章贡相呼吸；四民之集，东与闽瓯相控引。"[1]前半句说的是广东的强盗多与江西相呼应，后半句说的是广东人不少是福建移民及其后裔。宋代的福建移民是今福佬系人民的祖先，今福佬系居住地区当时都已有相当数量的福建移民和后裔，闽南语成为当地的重要语言。

现代闽语区的潮汕片，包括今潮州、汕头、南澳、澄海、饶平、揭阳、潮阳、揭西、普宁、惠来、海丰、陆丰诸县，是福佬系最主要的分布区。本区与福建相邻，为福建人南入广东的第一站，宋代移民最多。南宋大臣王大宝的祖先，潮阳大姓程氏和海阳大姓林氏的祖先，都自闽迁入[2]。乾隆《潮州府志》卷33《宦绩》载游宦留居潮州者共10人，都来自福建[3]。还有一些福建人，在潮州置不动产，平时往来于家乡与潮州间，最后迁居于此。如永福县人吴某，"于潮薄有赀产"，家乡因自然灾害"田庐萧然"以后定居潮州。此后，其弟、妹又奉母亲往来于潮州和福州间[4]。陈藻《过海丰》诗："忽听儿音乡语熟，不知方到海丰城。"[5]陈藻是福建人，过海丰听见"儿音乡语熟"提示当地有一定数量的福建移民。

宋人说潮州："虽境土有闽广之异，而风俗无潮漳之分。""土俗熙熙，无福建广南之异。"[6]"土俗熙熙，有广南福建之语。"[7]可见福建移民及其后裔已是潮州人的主体部分，闽语是潮州的主要语言，潮州已

---

1 《斐然集》卷17《代人上广帅书》，四库全书本。
2 《宋史》卷186《王大宝传》，乾隆《潮州府志》卷30《程璹传》；光绪《海阳县志》卷28《古迹略三·林从周墓》。
3 方志明确记载9人籍贯福建，另一人陈汤征籍贯河南固始，由宋末迁入。按河南固始为闽人的重要祖籍地，府志当以祖籍而不是以福建作为其籍贯，陈也是闽人。
4 刘克庄：《后村集》卷155《吴君墓志铭》。
5 载《乐轩集》卷2，四库全书本。
6 祝穆：《方舆胜览》卷36《潮州·事要》。
7 王象之：《舆地纪胜》卷100"潮州·四六"，江苏广陵刻印社影印惧盈斋刻本。

成了福建文化区的一部分。

现代闽语区的雷州片,包括今湛江、遂溪、廉江、海康、徐闻、中山、阳江、电白、吴川诸市县,其中的大部分地区宋代都已有相当数量的福建移民。文献载:绍圣(1094—1098年)年间南恩州(辖今阳江、阳春、恩平等县)"民庶侨居杂处,多瓯闽之人"[1]。特别是州治所在的阳江县,"邑大豪多莆(田)、福(州)族"[2]。化州(治今市)也不例外,"化州(城)以典质为业者十户,而闽人居其九"[3]。州治所在地如此,下属县也同样。清代吴川县的巨族吴、林、陈、李各姓,祖先都是在宋代由福建沿海迁入的[4]。由于福建籍人民已是雷州半岛汉族人民的主要部分,当地人民"平日相与言"均是闽语[5],闽语区雷州片已基本形成。

黎人是宋代海南岛的主要居民,有生黎、熟黎的区分,熟黎汉化程度较高并向政府纳赋供役,其中相当一部分人来自汉族移民。南宋人记海南事,说:"熟黎贪狡,湖、广、福建之奸民亡命杂焉,侵轶省界,常为四郡患"[6];"熟黎多福建、湖、广之奸民也"[7];"闽商值风水,荡去其赀,多入黎地耕作不归。官吏及省民经由村洞,必舍其家,恃以安"[8]。

宋、元是海南岛人口发展史上的重要时期,琼州(治今海南海口南)、昌化军(治今儋州西北)、万安军(治今万宁)和吉阳军(治今三亚西)在元世祖至元二十七年(1290年)的户数,比北宋元丰户数分别增长746%、1152%、2461%和410%[9]。当地人口的较快增长,除了黎人成为编户齐民等因素以外,南方和北方籍移民迁入应是原因之一。

宋代迁入海南岛的福建移民,以后长居于此,子孙绵延,故《琼台志》卷7《风俗》说:"赵宋以来,闽越、江、广之人仕、商流寓于此者,子

---

1 《舆地纪胜》卷98引丁糙《建学记》。
2 嘉靖《龙海县志》卷8《黄朴传》。
3 《舆地纪胜》卷116引范氏《旧闻拾遗》。
4 陈舜系:《乱离旧闻录》卷上,高凉耆旧本。
5 《大明一统志》(陕西古籍出版社影印本)卷84引宋代《图经》说雷州有官语、客语和黎语:"官语可对州县官言,客语则平日相与言也,黎语虽州人或不能尽辨。"按道光《广东通志》卷93《舆地略》说宋代崖州,"惟语言是客话,略与潮州相似",则客语即闽南语。
6 马端临:《文献通考》卷331。
7 周去非:《岭外代答》卷2《海外黎蛮》,丛书集成初编本。
8 李心传:《建炎以来系年要录》卷187。
9 据《元史·地理志》,琼州户为8963与75837,昌化军为835与9627,万安军为217与5341,吉阳军户为351与1439。

孙多能收家谱是征。"据对海南氏族资料的调查研究,今在海南分布很广的许多氏族,大部分是宋代从福建、小部分从岭南移居而来的。如人数很多的符氏,其先人宋代从福建入琼抚黎,先居文昌,后子孙繁衍,支系众多,散居在琼山、万宁、陵水、崖县、儋县等地。邱氏原居福建莆田甘蔗,宋末随抗元军南下入琼,先居澄迈、临高,继而分布各县。崖县孙氏本福建莆田人,淳熙十四年(1187年)因任官琼山而留居,后繁衍为四支,分迁岛内各地。琼山唐氏原籍桂林兴安,南宋初迁入,后渐次分布澄迈、临高、儋州、定安、乐会、陵水等地。蔡氏原籍福建仙游,宋代迁入,后支脉众多,分布岛内各地。此外,邢、吕、韩、张、冯、慕、黄、周各姓,往往自称或记载祖籍福建等地,于宋末或明初迁入海南岛[1]。

三 客家系

客家民系讲客家话,主要分布在广东东部和北部的20多个市县。在广东三大民系中,以客家人形成最晚。学术界一般认为,客家人原居住在福建的汀州和江西的赣州一带,宋末元初开始向广东梅州一带迁移。

光绪《嘉应州志》载客家先人迁入:"元世祖至元十四年(即宋景炎二年,1277年),文信国引兵出江西,沿途招集义兵,所向响应,相传梅民之从者极众(父老相传,松口卓姓有八百人勤王,兵败后只存卓满一人)。至兵败后,所遗余子只杨、古、卜三姓,地为之墟,闽之邻粤者相率迁移来梅,大约以宁化为最多,所有戚友询其先世,皆宁化石壁乡人。"(卷12)除了迁自汀州,"其间亦有由赣州来者"(卷7)。由于缺乏记载,难以得知此次迁入的移民数。一篇文章认为:"那时移入嘉应州的客人,只有一千六百八十六户,共六千九百八十九人。"[2]未知此文何据,但当时迁入的客人不可能很多则符合事实(详第九章第四节)。

---

1 见司徒尚纪:《海南岛历代民族迁移和人口分布初探》,《历史地理》第7辑,上海人民出版社1990年版。
2 李绍云:《岭东地理与客家文化》,《地理杂志》第三卷第五期,1930年。

客家各氏族的家谱对本族迁入广东的时间有不同的记载。笔者依据《客家史料汇篇》《宁化客家研究》等书所载及自己所查阅到共209个广东客家氏族的家谱,制成表6-8"广东客家系移民实例",并在此基础上制成反映移民氏族情况的表6-5和表6-6。据表6-5,称南宋末迁入的有17族,称宋元间迁入的有7族,称元代迁入的有38族,三者共62族,占已知迁入时间的134族的46.3%。据此可以得出结论:今客家人的祖先主要是在宋元之际和元代这八九十年中迁入广东,正是这些氏族对广东客家的形成和发展产生重大作用。

表6-5 209个客家氏族迁入广东的时间

时 间	氏族数	时 间	氏族数
唐前	2	南宋末	17
唐代	4	时间不明	2
五代	8	南北宋不明	12
宋代	47	宋元间	7
北宋	4	元代	38
南宋	30	明代	27
南宋初	3	清代	2
南宋中期	8	时间不明	75

表6-6 宋末元代62个入广客家氏族的分布

县 名	氏族数	县 名	氏族数
梅县	17	南雄	2
镇平(蕉岭)	3	归善(惠州)	2
平远	2	海丰	1
兴宁	7	河源	1
长乐(五华)	6	东莞	2
龙川	2	乐昌	1
大埔	5	广西	1
潮州	2	不明	7
揭阳	1		

需要指出,客家作为汉族的一个民系,主要是以自己独特的语言和风俗而与广府、福佬等民系相区别的。只有在存在大批客家移民的背景下,客家独特的语言和风俗才会在广东流传开来。宋代《图经》载:梅州"土旷民惰,业农者鲜,悉借汀、赣侨寓者耕焉"[1]。显然,在南宋后期梅州已有相当数量的来自汀州和赣州的移民。汀、赣二州是客家人形成的摇篮,但南宋后期居住在梅州的汀、赣人是否即客家人尚须考证。即使是,由于在宋元之际的战争中梅州人民死亡殆尽,"所遗余子只杨、古、卜三姓,地为之墟",他们也不能对后来广东客家的发展产生重要作用。诚如赖际熙所说:"梅州民族,当宋末元初之间,曾经一度更嬗,更能为今之繁盛者,殆由元明以来始再从汀、赣二州源源而至。"[2]

据表6-5,有29族的家谱称在宋末元代客家人大批迁入之前,即唐之前至南宋中期迁入广东。这些氏族除了分布在梅州一带,也分布在广东的其他地方。这些较早零散迁入的客家氏族,是否在迁入地讲客家话,保持自己的风俗,颇值得怀疑。因为在人数较少的情况下,移民为了适应新的环境完全可能会学习新居地的语言,逐渐采纳当地的风俗,最终放弃自己原有的语言和风俗。这些氏族,可能是在宋末和元代之后开始接受客家语言和风俗,从而成为今天客家人的一部分。

在宋末元代迁入广东的62族中,28族迁自福建汀州宁化县,12族迁自汀州的其他县,二者共占全部迁入族总数的65%;3族迁自赣州,1族迁自北方,另外还有18族迁自南方的其他地区。在迁自宁化的氏族中,13族的家谱说自己祖先迁自宁化石壁,另未明确记载的氏族很可能也有相当部分经石壁迁入广东。如果说珠玑巷是广府系移民入广的重要途经地的话,显然宁化石壁洞是客家系移民南迁的重要出发地或中转站。

据表6-6,62个客家氏族迁入广东以后,主要分布在梅县(17族)及其周围的兴宁、长乐(今五华)、大埔、镇平(今蕉岭)、平远等县,共

---

[1] 祝穆:《方舆胜览》卷36。
[2] 《崇正同人系谱》卷1《源流》,香港广雅书局1925年版。

40族,占已知迁入地的55族的72.7%。这些县,宋代除大埔境域属潮州,其余属梅州和循州。显然,梅州和循州及与其相近的大埔是宋末元代客家人的主要迁入地区。此后,广东的客家人以这些县为主要生活地区,并不断以以后新从汀、赣等地迁来的客家人为补充,逐步向其他地区发展。

四 明清以后广东人口的来源

宋代无疑是广东历史上外来移民较多的重要历史时期,但是,宋代移民后裔在广东近现代人口中究竟占多少比重,仍值得探讨。依照上述各表,在广府系已知迁入时间的58族中,46族在宋代迁入,占79.3%;在客家系已知迁入时间的134族中,62族在宋末和元代迁入,占总数的46.3%。由于所利用的福佬系的家谱较少,无从知道宋代移民后裔的比重,但从潮汕地区和海南岛的情况分析,比重显然也是很高的。如果依据上述家谱,便会得出近代广东人大多是宋代(客家还包括元代)迁入的移民的后裔这一看法。不过,这种看法无法对广东人口和经济史上的若干重大问题作出圆满的解释。

谭其骧先生分析广东的历史开发状况,认为:"汉人之繁殖粤东(此指广东),唐宋以来始盛。自唐以前,俚为粤东之主人。……自梁至唐,岭南名为中朝领土,实际在俚帅统治之下者,垂百余年云。此为俚族之极盛时代。与俚同时雄踞粤东者,又有从粤西迁来之僚族,然其势力殊不及俚族之雄厚……唐世岭南僚事最剧,而俚乱鲜闻,则以俚已逐渐同化于汉人矣。宋代始讹'俚'为'黎',黎始专以海南岛为聚处。"[1]唐宋时代大批同化于汉人的黎族,自然是广东的原居民,而家谱均不涉及此问题。

谭先生此文主要论述唐之前广东的非汉族人民,尚不及宋元时代。就宋代而言,北宋初《太平寰宇记》关于广东各州的记载,几乎都

---

[1] 《粤东初民考》,载《长水集》上册,第259—260页。

提及当地有较多的蛮夷,南宋后期的《方舆胜览》和《舆地纪胜》也提到一些州有一定数量的蛮夷。例如,肇庆府(治今广东肇庆)"夷僚杂居",德庆府(治今德庆)"俗杂蛮猺"[1];作为珠玑巷移民迁出地的南雄州虽然"有内地之遗风",却也"俗杂夷夏风俗"[2]。潮州在南宋末主客户和疍户共 139 998 户,扣除主客户 116 743 户,疍户为 23 255 户,占总户数的 16.6%[3]。甚至在元代,广东"户口数十万,猺、獠半之"[4]。在宋元明清时期,这些非汉民族大批同化于汉族,即使按潮州的疍户在总户数中的比例推算,人口数量也相当惊人。这一点在家谱中也未能得到反映。

宋代岭南的经济文化虽然取得很大的进步,但人口密度普遍较低,总体经济水平不高。潮州是宋代人口密度提高较快的地区,即使这一地区,南宋后期仍然被人视为"土旷人稀,地有遗利"[5]。到明中后期潮州才获得较快发展,人口增加很多,因之析置出很多县,辖县数由明初的 4 县增加到后期的 10 县,经济面貌迅速改观。时人王士性不由地惊呼:"今之潮非昔矣,闾阎殷富,士女繁华,裘马管弦,不减上国。"[6]潮州是广东发展的一个缩影。总的说来,明代是广东实现由落后向先进转变的历史时期[7],而没有人口的大量增加要实现这一转变是不可能的。

据《元史·地理志》有关户数统计,元至元二十七年(1290 年)今广东和海南境内不过 61 万户,明代大量增加的人口从何而来?难道除了当地人口的自然增长便无外来移民?回答是否定的。只要翻检阮元《广东通志·舆地略》引用的明代文献,便可以看出当时广东境内不仅有外来移民,而且规模相当大。据载,英德县"明初地无居人,至成化间居民皆自闽之上杭来立籍,间有江右入籍者,习尚一本故乡,与粤俗差异";"惠州壤邻汀(州)、赣(州),奸

---

1 祝穆:《方舆胜览》卷 34"肇庆府·事要",卷 35"德庆府四六"。
2 王象之:《舆地纪胜》卷 93"南雄州""四六"与"风俗形胜"。
3 据《三阳志》,载《永乐大典》卷 5343"潮"字。
4 刘鹗:《惟实集》卷 3《广东宣慰司同知德政碑》,四库全书本。
5 许应龙:《东涧集》卷 13《初到潮州劝农文》,四库全书本。
6 《广志绎》卷 4《江南诸省》,中华书局点校本,第 101 页。
7 参见司徒尚纪:《明代广东经济地理初探》,《历史地理》第 4 辑,上海人民出版社 1986 年版。

民实繁"；长宁（今广东新丰）明代建县，当地有客家音和水源音两种方言，"相传建邑时人自福建来此者为客家，自江右来者为水源"；罗定州（治今罗定）和嘉应州（治今梅州）无不流移错杂，土客混居[1]。虽然明代有如此规模的外来移民进入广东，但在表6-5已知迁入时间的客家氏族中，明代迁入不过27族，仅占134族的20％。而在65个自外省迁入的广府系氏族中，竟无一族称在明代迁入（见表6-3）。

在表6-7《广府系移民实例》中，共有211族列入，明确记载由外省迁入广东的不过65族，仅占总数的30.8％。在表6-8《广东客家系移民实例》中，有209个氏族被列入，其中206族家谱记载从外地迁入广东，占总数的98.6％。但这些客家氏族，在迁入客家居地之前居住何处，其家谱却又往往阙载。黄慈博先生的《珠玑巷民族南迁记》和罗香林先生的《客家史料汇篇》中的氏族材料，是笔者赖以进行统计的主要资料来源。由于有关家谱、族谱多已不存，所引用的资料已无法核对。不过，黄、罗二先生均以搜集资料、辨明氏族源流为目的，并详列部分氏族自外地迁入广东或福建、江西客区前的原籍和迁移时间，族谱中如果有类似材料，绝不会被删节。如同那些家谱记载从外地迁入的氏族未必都不是本地人一样，家谱未记载从外地迁入的氏族中可能也有移民，但却很难排除其中相当一部分是当地人这种可能性。

由于各种各样的原因，并非所有的家谱中关于始迁祖先的迁入时间和迁出地都是有所本的，特别是涉及年代比较久远，例如宋代的迁移。因此，虽然利用家谱研究宋代广东的外来移民是在缺少史料情况下不得已的做法，但基于上述的理由却不能说近代广东人主要都是宋代移民的后裔，其相当部分可能是明代迁入的外来移民和不同时期汉化的非汉民族的后裔。

---

[1] 道光《广东通志》卷92、93。

表 6-7 广府系移民实例

氏族	自外地迁入广东			经南雄南迁广东各地				资料来源
	始祖	迁入时间	迁出地	迁入地	迁出时间	原籍	始祖	迁入地	
鲍氏					宋代	?	允瑜	香山山场	珠/10
蔡氏	蔡鉴	南宋末	福建	保昌					道光广东通志327/
曹氏					?	?	裕庵	韶州曲江	珠/30
陈氏					宋末	?	宁波	顺德桂洲	珠/23
陈氏					南宋咸淳	?	?	佛山	珠/24
陈氏					宋末	?	陈海渔	南海九江	珠/23
陈氏					南宋绍兴	?	陈太初	顺德大良	珠/25
陈氏					南宋咸淳	?	道源公	顺德马齐	珠/39
陈氏					南宋咸淳	?	陈贵卿	新会	珠/29
陈氏					元代	?	陈孟义	香山大都	珠/28
陈氏					?	?	陈文龙	香山	珠/29
陈氏					?	?	陈宣	新会石头	珠/30
陈氏					?	?	陈志和	香山莆山	珠/32
陈氏					宋末	?	宗公	香山县城	珠/32
陈氏	陈敬之	元至元	?	南雄珠玑	元代	?	陈诣德	佛山田边	珠/44
陈氏	陈文	北宋末	?	南雄珠玑	南宋	?	谟宣兄弟	新会	珠/47
陈氏	?	北宋末	开封	南雄珠玑	南宋咸淳	北方	陈献	新会石头	珠/32

续 表

氏族	自外地迁入广东			经南雄迁广东各地				资 料 来 源
	始祖	迁入时间	迁出地	迁入地	迁出时间	原籍	始祖	迁入地	
陈氏	陈遂忠	南宋初	丹阳	南雄	南宋初	江苏	遂忠子	广州城	珠/35
陈氏	陈珠	南宋初	开封	南雄	南宋初	北方	陈珠	新会凌村	珠/32
程氏	程昂	南宋初	河南	南雄珠玑	南宋初	北方	程昂	南海	珠/35
邓氏			江西岳州	香港新界	?	?	?	顺德甘竹	珠/29
邓氏	邓符协	北宋熙宁							新安县志21/
杜氏			山东曹州	东莞	?	?	杜渭隐	香山	珠/37
房氏	?	宋中叶							珠/37
封氏					宋末	?	?	东莞	珠/37
冯氏					南宋咸淳	?	冯元昌	香山	珠/26
冯氏					宋代	?	冯祯颐	南海古楼	珠/28
甘氏					?	?	甘佑卿	香山	珠/29
高氏					南宋宝祐	?	高品维	香山	珠/32
高氏	师曾	宋代	?	南雄	南宋宝祐	?	高南洲	香山城	珠/32
关氏	南雄公	南宋咸淳	解州	南雄珠玑	?	山西	关贞、俊	南海九江	珠/24
郭氏					?	?	郭原吉	香山麻洲	珠/27
郭氏					?	?	郭致正	香山麻洲	珠/27
韩氏	十四世	南宋末	浙江会稽	南雄	元代	浙江	十六世	番禺古坝	珠/31

续表

氏族	自外地迁入广东				经南雄南迁广东各地				资料来源
	始祖	迁入时间	迁出地	迁入地	迁出时间	原籍	始祖	迁入地	
何氏					?	?	?	香山	珠/29
何氏					?	?	?	东莞赤冈	珠/37
何氏					南宋	?	?	东莞	珠/46
何氏					宋末	?	贵十郎	香山	珠/29
何氏					北宋崇宁	?	何宏	宝安	珠/37
何氏					南宋建炎	?	何文广	广州城	珠/46
何氏	何绍基	汉武帝时	庐江郡	浈阳大庆					羊城庐江书院全谱
何氏		北方	南雄珠玑		南宋咸淳	北方	?	香山小榄	珠/21
侯氏					明代	?	侯裔轩	香山龙头	珠/30
黄氏					南宋咸淳	?	?	南海龙江	珠/47
黄氏					南宋景炎	?	黄应科	南海	珠/36
黄氏					宋末	?	黄锦	南海	珠/38
黄氏					宋代	?	黄粤南	惠阳	珠/37
黄氏					宋代	浙江	黄子成	番禺化龙	珠/34
黄氏	黄迩中	南宋绍兴	浙江	南雄珠玑	南宋淳熙	北方	黄允龙	广州	珠/47
霍氏	正一郎	北宋靖康	安徽霍山	南雄珠玑	南宋初	?	?	佛山	珠/6
简氏					宋末	?	简庚	广州	珠/41
简氏					?	?	简古峰	香山南便	珠/32

177

续 表

氏族	自外地迁入广东				经南雄南迁广东各地				资料来源
	始祖	迁入时间	迁出地	迁入地	迁出时间	原籍	始祖	迁入地	
简氏					南宋咸淳	?	简际遇	广州城	珠/41
简氏					明末	?	简始德	南海高村	珠/42
简氏					明末	?	简万宗	香山	珠/42
简氏					北宋后期	?	简致政	香山	珠/38
简氏					宋末	?	简虞	南海	珠/41
简氏	?	南宋绍兴	江西石城		南宋咸淳	江西	简世英	广州	珠/40
简氏	朝进	南宋理宗	?	南雄珠玑	南宋咸淳	?	简朝进	南海絮涧	珠/41
简氏	梅轩	?	江南	南雄珠玑	南宋咸淳	南方	伯	新会	珠/41
简氏	梅轩	?	江南	南雄珠玑	南宋咸淳	南方	仲、叔、	番禺	珠/41
简氏	孟英	北宋末	?	南雄沙冰	北宋靖康	?	简孟英	广州城	珠/40
简氏	宋属	?	江西南昌	南雄珠玑	南宋初	江西	?	广州	珠/40
简氏	肇基	南宋	?	南雄珠玑	南宋咸淳	?	简润传	南海燋台	珠/41
简氏	朱矛父子	?	江西南昌	南雄	南宋咸淳	江西	尚仁兄弟	广州	珠/41
简氏	?	?	范阳	南海黎涌		北方	简嵩山	新会	珠/40
简氏	?	五代后梁	涿州	南海黎涌					珠/38
简氏	仲立	五代天福	涿州	南海珠玑	北宋开宝	北方	简肖二	广州	珠/38
邓氏	?	北宋开宝	江西吉州	香港锦田					锦田邓氏师俭堂家谱
康氏					宋末	?	康建元	南海	珠/47

续表

氏族	自外地迁入广东				经南雄南迁广东各地			资料来源
	始祖	迁入时间	迁出地	迁入地	原籍	始祖	迁入地	
孔氏	孔昌弼	唐末	山东	南雄珠玑	北方	昌弼孙子	番禺	珠/34
蓝氏					?	?	香山麻洲	珠/26
雷氏	雷潮	南宋宁宗	河南祥符	南雄珠玑	北方	雷震龙	开平	珠/27
黎氏		宋末			?	黎宏芳	南海洋浦	珠/33
黎氏		南宋			?	乐耕公	番禺板桥	珠/5
黎氏		南宋咸淳			?	黎应龙	南海	珠/35
黎氏		?			?	致政公	东莞	珠/38
黎氏	黎厚芳	南宋淳熙	赣州	南雄珠玑	江西	?	顺德	珠/36
黎氏	刺史公	唐代	姑苏	南雄珠玑	姑苏	黎念泗	番禺礼园	珠/38
黎氏	黎念泗	南宋初	?	南雄珠玑	?	黎念泗	番禺礼园	珠/38
李氏		宋末			?	?	新会	珠/26
李氏		宋末			?	?	新会河塘	珠/32
李氏		宋末			?	?	东莞	珠/37
李氏		南宋咸淳			?	李必贵	香山桄都	珠/26
李氏		宋末			?	李联	新宁	珠/32
李氏		宋末			?	李珣	香山	珠/46
李氏		宋末			?	李侃	南海	珠/46
李氏		?			?	李凝山	香山	珠/29

续 表

氏族	自外地迁入广东				经南雄南迁广东各地				资料来源
	始祖	迁入时间	迁出地	迁入地	迁出时间	原籍	始祖	迁入地	
李氏					南宋嘉定	?	李仕修	南海	珠/30
李氏					宋末	?	李造	新会	珠/46
李氏					南宋咸淳	?	李咸	南海	珠/27
李氏					宋代	?	李原吉	新会	珠/26
李氏					宋元间?	?	李志可	南海绿潭	李氏开先祠更修族谱
李氏	?	唐后期	袁州	南雄					
李氏	李邵	北宋大观	江西泰和	南雄溪塘	宋末?	江西	李仙之	广州	珠/48
李氏	李珠	北宋靖康	?	南雄珠玑	两宋间	?	李珠	广州	珠/32
梁氏					宋代?	?	?	南海	珠/1
梁氏					?	?	梁淳化	香山	珠/26
梁氏					?	?	梁定滨	东莞黄村	珠/30
梁氏					?	?	梁宏益	香山	珠/26
梁氏					宋代	?	梁起宗	南海演石	珠/33
梁氏					南宋咸淳	?	梁石	南海	珠/30
梁氏					?	?	梁宣禄	香山四都	珠/29
梁氏					宋代	?	梁永寿	恩平	珠/48
梁氏					?	?	梁宗溢	南海西樵	珠/28
梁氏	司库	南宋?	福建	南雄珠玑	?	福建	?	南海	珠/35

续 表

氏族	始祖	自外地迁入广东			经南雄南迁广东各地				资料来源
		迁入时间	迁出地	迁入地	迁出时间	原籍	始祖	迁入地	
梁氏	梁起	南宋	开封	南海逢简					珠/31
林氏					宋代	?	林鼎英	香山	珠/28
林氏					宋末	?	林省元	香山过城	珠/32
林氏					南宋初	?	林小三	香山四都	珠/32
刘氏					南宋	?	?	高要	珠/30
刘氏					宋末	?	刘富	东莞长表	珠/38
刘氏					?	?	刘梅冈	新会小泽	珠/28
刘氏					南宋绍兴	?	刘汝贤	香山东乡	珠/26
刘氏					宋代	?	刘中行	香山城	珠/28
刘氏					宋代	?	刘仲明	增城	珠/34
刘氏					宋末	?	刘梓绥	香山	珠/29
刘氏	刘德祖先	南宋初	河北真定	四会					广州人物传11/
刘氏	宗曾祖父	北宋靖康	山东	东莞					宋东莞遗民录下/
卢氏					?	?	?	顺德大良	珠/39
卢氏					宋末	?	?	南海	珠/31
陆氏					南宋咸淳	?	陆滨	新会鳌头	珠/34
陆氏					南宋建炎	?	陆顺宗	新会城社	珠/44
陆氏					南宋咸淳	?	陆世卿	广州北山	珠/35

续 表

氏族	自外地迁入广东				经南雄南迁广东各地				资料来源
	始祖	迁入时间	迁出地	迁入地	迁出时间	原籍	始祖	迁入地	
陆氏					南宋咸淳	?	陆医保	顺德	珠/35
陆氏	陆瑞	南宋理宗	江南	南雄珠玑	南宋咸淳	南方	陆粤昌	南海	珠/34
陆氏	陆顺宗	南宋	浙江	南雄珠玑	南宋咸淳	浙江	陆顺宗	新会	珠/44
吕氏					宋末	?	吕茂然	新会	珠/33
罗氏					宋末	?	?	冈州大良	珠/6
罗氏					南宋绍兴	?	?	新会萌底	珠/16
罗氏					南宋初	?	?	宝安	珠/16
罗氏					?	?	罗瑞	新会	珠/29
罗氏	罗纲	北宋宣和	?	南雄珠玑	南宋咸淳	罗纲	南海大良	珠/31	珠/7
麦氏					南宋绍兴	?	?	香山县	珠/16
麦氏					宋末	?	?	顺德小揽	珠/25
麦氏					北宋末?	?	麦必达	香山	珠/25
麦氏					南宋后期	?	麦必荣	东莞	珠/26
麦氏					北宋末	?	麦必瑞	新会	珠/25
麦氏					南宋绍兴	?	麦必秀	南海麦村	珠/25
麦氏	麦光景	南北朝	浙江松阳	保昌			麦茂富	南海北乡	珠/33
麦氏									麦氏族谱
梅氏					南宋咸淳	?	胜法兄弟	新会	珠/44

续 表

氏族	自外地迁入广东				经南雄南迁广东各地				资料来源
	始祖	迁入时间	迁出地	迁入地	迁出时间	原籍	始祖	迁入地	
欧阳氏	欧阳德儒	南宋初	江西吉州	连州	宋末	?	昭垠公	顺德古楼	楼钥《攻媿集》52／
潘氏					宋代	?	?	南海	珠／39
庞氏					宋末	?	十九公	南海	珠／33
庞氏					南宋祥兴	?	庞旻	南海	珠／36
庞氏					?	?	?	南海逢简	珠／36
区氏					南宋前期	?	区镇南	新会芦冲	珠／31
区氏					南宋咸淳	?	区竹溪	新会潮连	珠／28
区氏	区泽	隋大业	湖南桂阳	连州	南宋初	湖南	区世来	南海金瓯	珠／33
屈氏	?	?	楚	南雄珠玑	北宋大观	南方	屈禹勤	番禺金沙亭	珠／48
任氏					宋末	?	任鸿业	香山	珠／45
容氏	容沙	宋初	?	南雄珠玑	宋末	?	?	新会容村	珠／30
阮氏					宋末	?	阮元辅	香山	珠／33
阮氏	阮逵	南宋初	?	南雄珠玑	南宋中期	?	阮逵子圧	香山冈州	珠／32
邵氏					宋代	?	邵荣	南海	珠／32
石氏					?	?	石联英	香山	珠／33
司徒氏					南宋绍兴	?	宣翁	广州	珠／29
苏氏					南宋绍兴	?	?	南海	珠／46
									珠／20

续 表

氏族	自外地迁入广东				经南雄南迁广东各地				资料来源
	始祖	迁入时间	迁出地	迁入地	迁出时间	原籍	始祖	迁入地	
苏氏	?	宋末	苏晴川	南海碧江					珠/36
苏氏		南宋初	河南许昌	广东					苏氏武功书院世谱
孙氏					?	?	苏永奇	广州	珠/29
谭氏					南宋咸淳	?	?	新会天河	珠/32
唐氏					南宋咸淳	?	唐绍尧	香山唐家	珠/31
唐氏					宋末	?	唐雄源	新会古石	珠/31
魏氏					?	?	魏天目	香山	珠/32
文氏	应麟	南宋末	吉州	东莞东涌					道光广东通志327/
吴氏					?	?	吴学士	顺德大良	珠/29
吴氏					南宋咸淳	?	?	香山山场	珠/28
伍氏	伍氏	北宋末	开封	新会					广东伍氏合族总谱
伍氏	伍正	南宋初	开封	南雄	宋末	北方	?	广州	广东伍氏合族总谱
伍氏	伍元	北宋政和	开封						广州人物传11/
萧氏					南宋咸淳	?	伍天锡	新会天河	珠/29
萧氏	?		楚兰陵	南雄珠玑	南宋淳熙	南方	萧德隆	宝安龙溪	珠/49
谢氏					南宋咸淳	?	谢六郎	番禺市桥	珠/35
谢氏					宋末	?	?	番禺市桥	珠/6
严氏					宋末	?	严汉臣	香山东郊	珠/29

续 表

氏族	自外地迁入广东				经南雄迁广东各地				资料来源
	始祖	迁入时间	迁出地	迁入地	迁出时间	原籍	始祖	迁入地	
杨氏					南宋咸淳	？	杨恒	南海深湾	珠/31
杨氏					？	？	杨伟准	香山	珠/29
杨氏					南宋嘉熙	？	杨泗儒	香山平岚	珠/27
姚氏	姚节	宋？	江西永和	保昌	宋末	江西	姚愈中	南海	珠/37
余氏					？	？	余文举	香山隆都	珠/26
袁氏					南宋绍兴	？	袁祯	东莞茶园	珠/38
叶氏	叶莘	宋末	江西吉州	南雄	？	江西	？	番禺等地	南阳叶氏世代源流谱
袁氏	？	南宋	江西赣州	东莞					续附袁氏五公集
张氏					宋末	？	张世隆	南海龙江	珠/44
张氏					南宋咸淳	？	张万八	香山南屏	珠/28
张氏					？	？	张文弼	东莞	珠/38
张氏					宋代	？	张应秋	南海西樵	珠/27
赵氏	嗣廉	南宋	中原	广州沙河					赵氏玉牒家谱
赵氏	赵若弘	南宋	中原	英德					赵氏玉牒家谱
赵氏	嗣文兄弟	？	中原	广州					赵氏玉牒家谱
赵氏	赵克孝	两宋间	河南	香山黄梁					赵氏玉牒家谱
周氏	直卿	宋代	营道	番禺					周天琛编周氏族谱

185

续 表

氏族	自外地迁入广东			经南雄南迁广东各地				资料来源
	始祖	迁入时间	迁出地	迁入地	迁出时间	原籍	始祖	迁入地	
朱氏					?	?	朱杭清	香山	珠/29
朱氏					南宋咸淳	?	朱元龙	南海城东	珠/33
宁氏					北宋乾德	?	宁迪隆	东莞文顺	珠/37
冼氏					南宋咸淳	?	冼伯漆	绥州乌区	珠/24
冼氏					宋末?	?	冼历全	新会	珠/24
冼氏					北宋元丰	?	冼荣	广州	珠/24
冼氏					宋末	?	冼宗皋	番禺	珠/25
冼氏					南宋咸淳	?	冼文玉	南海	珠/24
冼氏					南宋咸淳	?	冼衍深	南海	珠/25
冼氏					南宋咸淳	?	冼源盛	南海	珠/25
冼氏					宋末	?	冼樵	南海	珠/25
冼氏									岭南冼氏族谱
邝氏					南宋建炎	?	三七公	南海	邝氏祠堂牒
邝氏	一声	南宋宝祐	?	南雄石丰	南宋宝祐	?	邝一声	新会	珠/46
缪氏					南宋端平	?	缪于一	香山永侯	珠/30

说明:资料来源中,"珠"即指《珠玑巷民族南迁记》。"3271"指卷数,"/10"指页数。

表 6-8 广东客家系移民实例

氏族	迁广始祖	迁移时间	迁出地	迁入地	资料来源
蔡氏	?	宋代	宁化	梅州	宁化客家研究/49
蔡氏	?	南宋	宁化	梅州	崇正同人系谱2/
陈氏	陈文公	元代	宁化	兴宁	客家史料汇篇/84
陈氏	陈起四代孙	明初	虔州	兴宁	客家史料汇篇/79
陈氏	孟二、三郎	明初	宁化、上杭	程乡	崇正同人系谱2/
陈氏	德兴	元代	宁化	梅县	宁化客家研究/48
陈氏	陈伦	明初	福建南靖	兴宁	客家史料汇篇/87
陈氏	陈朝奉公	宋元间	浙江天台	博白	客家史料汇篇/81
成氏	?	?	虔州		崇正同人系谱2/
程氏	?	?	?		崇正同人系谱2/
池氏	?	?	?		崇正同人系谱2/
戴氏	澄逊	元代	宁化石壁	平远	宁化客家研究/48
戴氏	?	?	?		崇正同人系谱2/
邓氏	邓名世重孙	南宋中期	连州	南雄	客家史料汇篇/268
邓氏	邓志斋	南宋中期	宁化石壁	梅县	安远硝坊邓氏族谱
邓氏	何文渊	南宋中期	宁化石壁	程乡松源	客家史料汇篇/270
邓氏	邓向	宋元间	金陵珠玑巷	南雄	客家史料汇篇/268
刁氏	刁清	明初	汀州	潮州兴宁	客家史料汇篇/210
刁氏	刁清	元代	宁化石壁	揭阳	客家姓氏渊源
杜氏	?	明初	江西	潮惠间	崇正同人系谱2/
樊氏	?	?	?		崇正同人系谱2/
范氏	范元岗	明代	宁化石壁	大埔	宁化客家研究48/
范氏	范昌谷	唐代	?	潮州	崇正同人系谱2/
方氏	?	元代	莆田	?	客家史料汇篇/147
房氏	?	?	?		崇正同人系谱2/
冯氏	?	?	?		崇正同人系谱2/
傅氏	?	元代	上杭	兴宁	客家史料汇篇/180
傅氏	?	?	?		崇正同人人系谱2/
傅氏	?	?	?		宁化客家研究/49
甘氏	甘仙一郎	?	江西信丰	长乐	渤海堂甘氏族谱

续 表

氏族	迁广始祖	迁移时间	迁出地	迁入地	资 料 来 源
高氏	?	北宋	江陵	?	崇正同人系谱2/
龚氏	?	?	?		崇正同人系谱2/
辜氏	?	?	泉州	?	崇正同人系谱2/
古氏	古全规	五代	洪州	江下	崇正同人系谱2/
古氏	古全让	五代	洪州	惠州	崇正同人系谱2/
古氏	古全赏	五代	洪州	高州	崇正同人系谱2/
古氏	古全望	五代	雩都	增城	客家史料汇篇/252
古氏	古全则	五代	洪州	白沙	崇正同人系谱2/
古氏	古全交	五代	洪州	古云	崇正同人系谱2/
关氏	?	?	?		崇正同人系谱2/
官氏	官跃	元代	宁化	海丰	宁化客家研究/52
管氏	?	?	?		崇正同人系谱2/
郭氏	郭仲四	明代	汀州	长乐	崇正同人系谱2/
郭氏	郭仲五	明代	汀州	潮州	崇正同人系谱2/
郭氏	?	?	?	英德	崇正同人系谱2/
郭氏	念二郎	?	汀州	肇庆	崇正同人系谱2/
郭氏	仲一、二	明代	汀州	嘉应	崇正同人系谱2/
郭氏	?	宋末	上杭	大埔大麻	小留竹林郭氏源流考
韩氏	韩琦	明代	福建龙溪	惠阳	崇正同人系谱2/
何氏	?	?	宁化	?	崇正同人系谱2/
何氏	六郎	五代	武平	海丰	客家史料汇篇/102
何氏	八郎	五代	武平	河源	客家史料汇篇/102
贺氏	?	?	?		崇正同人系谱2/
洪氏	贵生	?	宁化石壁	梅县石坑	宁化客家研究/49
洪氏	?	?	江西		崇正同人系谱2/
洪氏	洪贵生	南宋中期	泉州	潮州丰顺	客家史料汇篇/336
侯氏	侯安国	宋末	宁化	梅州	崇正同人系谱2/
胡氏	?	清代	江西泰和	保昌	客家史料汇篇/292
胡氏	?	?	?		崇正同人系谱2/
黄氏	黄景升	唐代	宁化	程乡	崇正同人系谱2/

续表

氏族	迁广始祖	迁移时间	迁出地	迁入地	资料来源
黄氏	黄景辉	?	上杭	始兴	客家史料汇篇/185
黄氏	?	?	?		崇正同人系谱2/
纪氏	?	?	?		崇正同人系谱2/
江氏	?	?	汀州		崇正同人系谱2/
江氏	?	?	?		宁化客家研究/49
柯氏	?	?	莆田		崇正同人系谱2/
赖氏	?	?	江西宁都	?	客家史料汇篇/346
赖氏	朝美子孙	?	永定		崇正同人系谱2/
蓝氏	?	元代	上杭	惠潮嘉	崇正同人系谱2/
蓝氏	念六郎	?	宁化石壁	程乡	五华蓝氏族谱
雷氏	?	?	?		崇正同人系谱2/
黎氏	天麟公	宋末	宁化	广东	宁化客家研究/49
黎氏	世居				客家史料汇篇/276
黎氏	未说迁入				崇正同人系谱2/
李氏	李敏	宋代	?	长乐	客家史料汇篇/53
李氏	李一郎	元代	福宁	程乡	客家史料汇篇/49
李氏	李仲三郎	明初	宁化	兴梅	客家史料汇篇/49
李氏	李五生	宋末	?	循州	崇正同人系谱2/
利氏	?	?	上犹	?	崇正同人系谱2/
练氏	?	?	江西	?	崇正同人系谱2/
梁氏	永元	宋末	宁化石壁	程乡永南	宁化客家研究/49
梁氏	?	?	?		崇正同人系谱2/
廖氏	?	元代	上杭	兴宁	客家史料汇篇/360
廖氏	?	元代	宁化石壁	东莞	客家史料汇编/359
廖氏	?	?	宁化石壁	?	客家史料汇篇/362
廖氏	廖德源	宋代	江西宁都	兴宁	宁化客家研究/48/
林氏	林奇	明代	莆田	始兴	客家史料汇篇/208
林氏	?	?	江西	镇平	崇正同人系谱2/
林氏	林梁懋	元代	莆田	潮州	崇正同人系谱2/
林氏	林绍坚	南宋初	福州	潮阳	崇正同人系谱2/

续 表

氏族	迁广始祖	迁移时间	迁出地	迁入地	资料来源
凌氏	凌祥	元代	江西会昌	梅州	客家史料汇篇 / 375
凌氏	隆光	明代	会昌	惠州	崇正同人系谱 2 /
刘氏	刘祥后代	南宋中期	宁化	兴宁	宁化客家研究 47 /
刘氏	刘诞从	?	宁化石壁	梅州	奉节刘氏考订谱
刘氏	?	南宋中期	宁化石壁	兴宁	宁化客家研究 26 /
刘氏	开七公	南宋中期	宁化石壁	兴宁	兴宁刘氏族谱
卢氏	千四郎	宋末	永定	梅县	宁化客家研究 / 49
卢氏	?	?	宁化石壁	?	客家史料汇篇 / 351
卢氏	卢四郎	宋元间	宁化石壁	梅县白渡	梅县卢氏族谱
鲁氏	?	?	?		崇正同人系谱 2 /
陆氏	?	?	江西		崇正同人系谱 2 /
陆氏	陆秀夫后代	宋末	江南		崇正同人系谱 2 /
吕氏	?	?	?		崇正同人系谱 2 /
罗氏	罗洪德18子	宋末	江西	兴宁	客家史料汇篇 / 157
罗氏	?	宋末	宁化石壁	兴宁	客家史料汇篇 / 153
罗氏	罗宁	明初	宁化	长乐	崇正同人系谱 2 /
罗氏	?	宋代	宁化石壁	兴宁	崇正同人系谱 2 /
罗氏	罗德垂	?	宁化石壁	大埔	客家史料汇篇 / 169
罗氏	安溪尹	宋代	吉水	兴宁	兴宁高车罗氏家谱
罗氏	千九郎	宋元间	汀州	兴宁	宁化联修罗氏族谱
马氏	?	?	湖南		崇正同人系谱 2 /
麦氏	南海土著				崇正同人系谱 2 /
蒙氏	?	?	?		崇正同人系谱 2 /
潘氏	?	北宋	中原	?	崇正同人系谱 2 /
庞氏	?	?	?		崇正同人系谱 2 /
彭氏	彭延年	北宋	江西庐陵	揭阳	崇正同人系谱 2 /
秦氏	?	?	?		崇正同人系谱 2 /
丘氏	梦龙	明代	宁化石壁	梅州	崇正同人系谱 2 /
丘氏	六十郎	元代	宁化	镇平	宁化客家研究 49 /
丘氏	丘从龙	宋代	宁化石壁	河源	崇正同人系谱 2 /

续 表

氏族	迁广始祖	迁移时间	迁出地	迁入地	资料来源
邱氏	三四郎公	宋代	?	梅县	客家史料汇篇/216
邱氏	邱梦龙	宋末	福建邵武?	镇平	客家史料汇篇/219
屈氏	?	?	湖南	?	崇正同人系谱2/
饶氏	?	明代	上杭	始兴	客家史料汇篇/255
饶氏	饶四郎	元代	汀州	大埔	崇正同人系谱2/
容氏	?	?	?		崇正同人系谱2/
阮氏	?	?	?		崇正同人系谱2/
申氏	?	?	江西	?	崇正同人系谱2/
沈氏	?	元代	汀州	?	崇正同人系谱2/
宋氏	?	?	?		崇正同人系谱2/
苏氏	?	?	?		崇正同人系谱2/
孙氏	孙致纯	南宋中期	江西宁都	韶州	客家史料汇篇/46
孙氏	?	明代	宁都	兴宁	客家史料汇篇/44
孙氏	?	?	?		崇正同人系谱2/
唐氏	唐珍祖父	唐前	颍川	连州	崇正同人系谱2/
陶氏	?	?	?		崇正同人系谱2/
涂氏	涂四十八	元末	汀州	潮州大埔	客家史料汇篇/351
王氏	王钦哉	宋末	开封	程乡	客家史料汇篇/34
魏氏	魏禧	清代	江西宁都	?	崇正同人系谱2/
温氏	德兴公	宋代	宁化石壁	白云山	客家史料汇篇/366
温氏	温禧公	南宋初	上杭	梅县	崇正同人系谱2/
文氏	?	宋元间	江西吉水等	?	崇正同人系谱2/
闻氏	?	?	浙江鄞县	?	崇正同人系谱2/
翁氏	翁林三	宋代	永定	长乐	崇正同人系谱2/
翁氏	翁弘光	明代	福建	南雄	崇正同人系谱2/
邬氏	大一郎	南宋初	宁化	韶州曲江	宁化客家研究/46
巫氏	?	?	?		崇正同人系谱2/
吴氏	?	明代	上杭	程乡	客家史料汇篇/60
吴氏	?	?	福建	潮嘉间	崇正同人系谱2/
伍氏	伍宋公	?	宁化石壁	程乡松口	兴宁伍氏家谱

续　表

氏族	迁广始祖	迁移时间	迁出地	迁入地	资料来源
伍氏	?	宋代	宁化石壁	程乡松口	宁化客家研究/50
伍氏	伍宗	元代	宁化石壁	梅县	广东伍氏合族总谱
伍氏	?	元代	宁化	梅州	崇正同人系谱2/
萧氏	萧九秀	元代	江西泰和	梅州	客家史料汇篇/191
萧氏	萧淳	元代	江西泰和	大埔	客家史料汇篇/191
萧氏	梅轩	宋末	宁化石壁	梅县松源	客家史料汇篇/191
萧氏	萧洵	宋末	福建龙溪	潮州	崇正同人系谱2/
谢氏	谢天佑	元代	江西宁都	梅州	崇正同人系谱2/
谢氏	谢朴六	元代	宁化石壁	梅县	谢氏族谱正德13年序
谢氏	谢逢春	明代	宁化石壁	广东大埔	谢氏族谱正德13年序
谢氏	?	明代	江西于都	梅县	谢氏族谱正德13年序
徐氏	徐道隆	宋末	江西吉水	龙川	客家史料汇篇/297
徐氏	?	明代	上杭	丰顺	客家史料汇编/300
徐氏	?	?	上杭	丰顺	崇正同人系谱2/
徐氏	徐真人	元代	连城	长乐	崇正同人系谱2/
徐氏	?	明代	宁化	揭阳	台湾蓝田徐氏谱
许氏	?	?	江西	?	崇正同人系谱2/
薛氏	薛信	元代	宁化	平远	崇正同人系谱2/
薛氏	薛孔礼	元代	湖南宜章	乐昌九峰	客家史料汇篇/143
颜氏	?	?	?		崇正同人系谱2/
颜氏	颜瑞明	明代	福建龙岩	连平	客家史料汇篇/203
杨氏	远绍公	元代	宁化石壁	程乡	杨兆清修杨氏族谱
杨氏	?	?	?		崇正同人系谱2/
姚氏	?	?	?		崇正同人系谱2/
叶氏	叶大经	宋末	南方	梅县	崇正同人系谱2/
尤氏	?	?	闽或江浙	?	崇正同人系谱2/
游氏	?	?	?		崇正同人系谱2/
余氏	?	元代	江淮间		崇正同人系谱2/
俞氏	俞文俊	唐代	?		崇正同人系谱2/
袁氏	袁琛	北宋	浙江龙游	潮州	崇正同人系谱2/

续 表

氏族	迁广始祖	迁移时间	迁出地	迁入地	资料来源
曾氏	曾佑	宋元间	宁化石壁	长乐	客家学研究/57
曾氏	?	宋末	宁化	长乐	客家史料汇篇/268
曾氏	曾志诚	元代	宁化石壁	嘉应	崇正同人系谱2/
曾氏	曾桢孙	宋元间	宁化	广东长乐	梅县曾氏族谱
张氏	?	元代	上杭	镇平	客家史料汇篇/113
张氏	张君政	唐代	范阳	韶州	崇正同人系谱2/
张氏	张淑芳	宋末	宁化	兴宁	崇正同人系谱2/
赵氏	赵陀	唐前	真定	广州	崇正同人系谱2/
赵氏	赵汝愚后代	南宋	江西余干		崇正同人系谱2/
郑氏	?	?	上杭	?	崇正同人系谱2/
钟氏	钟瑞龄	元代	宁化	长乐	崇正同人系谱2/
钟氏	钟助	?	长汀白虎村	南海	宁化客家研究/50
钟氏	钟桢龄	元代	宁化	归善	崇正同人系谱2/
钟氏	钟遐龄	元代	宁化	东莞	崇正同人系谱2/
钟氏	钟祥龄	元代	宁化	河源	崇正同人系谱2/
钟氏	钟提龄	元代	宁化	长乐	崇正同人系谱2/
钟氏	钟暇龄	?	汀州	紫金	客家史料汇篇/223
钟氏	钟提龄	?	汀州	兴宁	客家史料汇篇/223
周氏	周万隆	?	永定	饶平	汝南周氏族谱
周氏	?	宋代	（敦颐后代）	潮阳	崇正同人系谱2/
朱氏	?	?	建阳	?	崇正同人系谱2/
卓氏	仲兴	明代	连城	长乐	崇正同人系谱2/
邹氏	邹孟敬	元代	江西	南雄珠玑	客家史料汇篇/130
邹氏	邹元标族人	明代	江西吉水		崇正同人系谱2/
邹氏	十郎公	元代	福建清溪	大埔	客家史料汇篇/130
邬氏	?	?	宁化石壁	?	崇正同人系谱2/
邬氏	?	?	宁化石壁	?	宁化客家研究/50
阙氏	?	?	?		崇正同人系谱2/
缪氏	?	?	?		崇正同人系谱2/

说明：资料来源中，"11/"指卷数，"/29"指页数。

第三节

移民广西

今广西壮族自治区在宋代属广西路的大部及荆湖南路的全州。其中,广西是南宋人口增长最快的路,北宋神宗元丰三年(1080年)为242 109户,南宋宁宗嘉定十六年(1223年)为528 220户,后者较前者增加118%。同期户数有所增加的南方各路,上升幅度分别在3.4%—50.6%,皆远远不及广西路(详见本卷附表2)。不能将人口的增长皆归之于外来移民的迁入,但移民迁入应是原因之一。周去非说广西"四方之奸民萃焉"[1],即指广西人民中有来自各地的流动人口与移民。

军事移民是广西移民的一个重要部分。广西与大理、安南两国交界,北宋时又发生过侬智高发动的叛乱,因而是宋朝在南方屯兵戍边的重点地区。常年驻兵数,静江府(治今广西桂林)5 000人,邕州(治今南宁)5 000人,宜州(治今市)2 500人,钦州(治今市)500人[2]。宋朝驻军一般都带家属,如以平均1军人有家属2人计,上述军人及家属当有4万人左右,其中相当部分是南方人。如此数量的军人与家属分布在广西边地,必然对当地的经济和文化造成较大影响。《大明一统志》卷84引《宜阳志》说:宜州"莫氏据其控扼,宋赐爵命,遂成市邑,居民颇驯,言语无异中州"。移民在人口中占一定比重无疑是"言语无异中州"的主要原因之一。同书卷85引元代方志说邕州:"宋狄青平侬贼后,留兵千五百人镇守,皆襄汉子弟。至今邑人皆其种类,故语言类襄汉。"虽然此条记载中"至今邑人皆其种类"未必符合事实,但仍可说明来自今湖北襄阳一带的军事移民在邕州人口中占有相当比

---

1 《岭外代答》卷3《效用》。
2 《岭外代答》卷3《沿边兵》。

重,并留下深刻影响。

宋代广西著籍户数的增加和非汉族成为编户齐民有关,一些非汉族人民入籍后还迁到广西的汉族聚居区。真宗景德二年(1005年),南丹州蛮首领淮勍率族人迁到宜州;大中祥符六年(1013年),抚水州蛮首领蒙但携族迁入桂林;九年,宜州蛮人700余户分迁广西汉地和荆湖州军[1];都是其中的例子。此外,神宗元丰元年(1078年)以后还有较多的安南(在今越南境内)人迁入广西。当年,宋军征安南,建立顺州(治今越南广平省广渊);次年放弃,当地的2万户居民被迁入宋朝境内[2]。文献未载这些人迁入何处,估计广西的可能性最大。

与此同时,也有不少汉族人民因各种原因迁入广西非汉民族地区。孝宗淳熙十年(1183年)全州(治今市)曾向朝廷报告"游民恶少之弃本者,商旅之避征税者,盗贼之亡命者",通过各条道路进入所在的非汉民族居住区,"萃为渊薮"[3]。全州靠近湖南,迁入的汉人比较多,今广西的其他一些非汉民族地区可能也有若干汉人迁入。

广西沿海地区多福建籍移民。宋代文献载:钦州(辖今钦州、灵山、东兴诸县)民有五种,"四曰射耕人,本福建人射地而耕也,子孙尽闽音"[4]。廉州(治今广西合浦)"俗有四民……二曰东人,杂处乡村,解闽语,业耕种。"[5]福建移民及其后裔已是广西沿海汉人的重要部分,闽南语并是当地的主要语言之一。

广西是宋代流放谪官的主要地区之一,不少府州都有流官,仅高宗绍兴二十五年(1155年)十月一次安置的流官,流放地便有容州(治今广西容县)、钦州、宾州(治今宾阳北)、柳州(治今市)等四州[6]。流官既有来自中原的北方移民,也有南方人,流放时一般都携家前往。有的流放时间很长,例如胡铨便住了18年[7],这种人实际上已成了当地居民,只不过后来又返回岭北罢了。但并不是所有的流官都能生

---

1 《宋史》卷495《蛮夷传》。
2 《宋史》卷341《孙固传》,第10875页。
3 《宋史》卷494《蛮夷传》,第14194页。
4 《岭外代答》卷3《五民》。
5 《大明一统志》卷82引宋代《图经》。
6 《建炎以来系年要录》卷173,绍兴二十六年六月甲戌,第2844页。
7 《宋史》卷374《胡铨传》。

还,有的死在岭南,家属往往无力北返,留居当地。

宋代在广西进行过若干次屯田。最早一次是在北宋仁宗嘉祐年间(1056—1063年),广西转运使李师中以种种优惠条件募民垦田,"于是地稍开辟,瘴毒减息"[1]。神宗熙宁七年(1074年)九月,桂州(后改名此)知州刘彝又向朝廷提出募民开垦境内荒地的建议,获得同意[2],但不知实施情况如何。南宋理宗景定三年(1262年),朝廷又在静江府组织屯田,"小试有效",于是在邕、钦、宜、融(治今融水)、柳、象、浔(治今桂平)等州布置屯田[3]。文献未载各次屯田者的来源,当时广西土著居民农业生产水平较低,又有田可耕,屯田者可能来自南方人稠地狭地区。

第四节

移 民 浙 南

如果说汉唐五代温州尚处于地广人稀、地区开发初步展开、经济文化比较落后的阶段的话,宋元则是温州人口迅速增加、人口密度有了较大提高、经济文化大发展的阶段。尽管其间存在着短时间的小规模战争,但人口数量基本上呈长期增长的状态。人口估测数,北宋初太平兴国五年(980年)约21.85万人,每平方公里人口密度为150人。元丰元年(1078年)人口数量增长到63.40万人,每平方公里人口密度提高到446人[4]。

两宋之际由于外地移民的迁入,温州进入又一个人口较快增长

---

[1] 《续资治通鉴长编》卷197,嘉祐七年七月甲寅。
[2] 《续资治通鉴长编》卷256。
[3] 《宋史》卷45《理宗纪》,第881页。
[4] 温州太平兴国五年户数,据《太平寰宇记》为40 740,乘以每户5.2,为211 848人,沿海平原面积约1 409平方公里;元丰元年户数,据《元丰九域志》总户数为121 916户,乘以每户5.2人,为633 963人,沿海平原面积为1 423平方公里。

的时期。

北宋末宣和二年（1120年），睦州青溪（今浙江淳安）发生方腊起事，不久方腊部攻克睦州（今浙江建德）、杭州等地，并派兵南下，在攻克数州之后包围了温州城与瑞安、永嘉等县城。由于宋军防卫严密，方腊军未能得逞，不久退出温州境[1]。在此次战争中，温州人虽有死亡，但数量有限，另一方面避乱温州的外地难民却有一定的数量。尤其瑞安，"流民归瑞安者相属于道"，县令王济将他们迁到海岛居住[2]。

北宋靖康元年（1126年），金朝发动攻宋战争，迅速占领北宋首都开封，部分宋室成员和大批北方移民被迫向南迁移，形成靖康之乱以后北方对南方的移民潮。宋高宗率领避难的六曹、百官、诸军及其家属和大批流民，经浙东南下温州，温州一度为北方移民较多的区域。南宋首都设在临安（今杭州市），统治着秦岭-淮河以南的广大区域，温州成为近畿之区，也促使大批南迁的北方移民进入温州并定居下来。估计在靖康之乱期间约有一二万北方移民迁入温州[3]。

迁入温州的部分外地移民来自邻近的福建。福建早在北宋后期即开始出现人稠地狭、耕地紧张的状况，而这一现象在温州要到南宋中后期才出现。福建人在南宋前期不仅继续对温州移民，且随着人均耕地数量的减少而逐步扩大对温州移民的规模。

南宋乾道二年（1166年）八月秋分日温州沿海发生的大潮灾，可能是温州在宋元时期死亡人数最多的大灾难，由此导致福建人口大量地向温州迁移。

叶适记载了发生在玉环岛上的惨景："天富北监在海玉环岛上，乾道丙戌秋分，月霁，民欲解衣宿，忽冲风骤雨，水暴至，闼启膝没，及雷

---

1 王瓒、蔡芳编纂，胡珠生校注：弘治《温州府志》卷17，"遗事·防寇"，上海社会科学院出版社2006年版，第468页。
2 王瓒：《姑芳志》卷50《钱观复传》四库全书本。
3 靖康南渡期间迁入温州的北方移民的人数向无估计。据一直跟随高宗到温州，后又陪同回临安的御史中丞赵鼎的记载（见赵鼎《忠正德文集》卷7《建炎笔录》，四库全书本），在高宗乘桴南下之前，他恰好奉朝廷之命从福建、两广发来的运粮船百艘到达明州，高宗得以利用这些船南下温州。当时下令每艘船载卫士60名，每名卫士只许带家口1人。如船只恰好100艘，每艘载100人，随同高宗乘船南下的人员当在万人左右，估计其中三分之一即三千余人留居温州，比较接近事实。更多的移民应通过陆路迁入，加上这部分人，在靖康南渡的数年间至少有一或两万北方移民迁入温州。

荡胸,至门已溺死。如是食顷,并海死者数万人。(天富北)监故千余家,市肆皆尽,茅苇有无起灭波浪中。老子长孙,无复安宅四十年。"[1]

可见,灾难发生之前,月色澄朗,就在百姓要解衣睡觉的时候,突然狂风暴雨,怒涛涌来,一开门水便淹没膝盖,当更大的浪涛涌来时人们已淹死。不过吃一顿饭的时间,沿海已死了几万人。天富北监原有千余家人家,店铺房屋都倒在水中,只有芦苇在波浪中一起一伏。

《宋史·五行志》载:"(乾道)二年八月丁亥,温州大风,海溢,漂民庐、盐场、龙翔寺,覆舟溺死二万余人,江滨骴骼尚七千余。"[2]可见温州的民居、盐场、寺庙被海浪冲走不少,仅停泊海边的船只倾覆便淹死二万余人,江滨还有七千余具尸体。楼钥一年后写的诗句"去年海水上平地,大风驾浪从天抄。苍生渺渺生鱼头,聚落随波迹始扫"[3],也描述了这场料想不到的天灾给温州沿海平原造成大批人口死亡、房屋成片倒塌的惨景。

此次大潮灾的死亡人数,叶适说玉环岛"如是食顷,并海死者数万人",《宋史·五行志》载温州"溺死二万余人,江滨骴骼尚七千余"。弘治《温州府志》虽然没有明确的数据,但提供的死者比例却更让人毛骨悚然:"四鼓风回南,潮退,浮尸蔽野,存者什一。以永嘉任洲言之,一村千余家,家以五人为率,计五千余人,存者才二百人,余可类推。其居山原者,虽潮不及,亦为风雨摧坏,田禾无收。瑞安、平阳、乐清皆然,民唉湿谷死,牛随以困踣。"[4]如果沿海在大潮灾中遭受灭顶之灾的村庄幸存者不过"存者什一",还有很多人虽未遭受灭顶之灾,但因吃了田野中被海水浸透的稻谷而"唉湿谷死",则此次大潮灾中温州必定人口锐减。

乾道二年已授婺州司理参军,正等着按资历补缺的温州士大夫薛季宣,在第二年与刘复之的信中,描述了大海溢造成自己家族人口锐减的惨况:"孤单之族绝者五房,亲戚故人半入鬼录",由于粮食都被

---

[1] 《叶适集·水心文集》卷21《宜人郑氏墓志铭》,第401页。
[2] 《宋史》卷61《五行志》。
[3] 楼钥:《攻媿集》卷1《送王正言守永嘉》。
[4] 弘治《温州府志》卷17《祥异·灾异》,第455页。

水冲走,"又家乏粒食……妻啼儿号,日日相似"。尽管这样,他认为"视死者将十万辈,其亦厚矣",即比起死去的近10万人,他们家还算幸运了[1]。按淳熙年间(1174—1189年)温州人口90万[2],沿海是温州人口的主要聚居区,如以占温州人口的80%计,则当有72万人,如人口减少三分之一,乾道二年大潮灾中死亡的人口岂不要达到24万人?因此,有理由估计全温州死亡人数,可能如薛季宣所估计,在10万人上下。

这次水灾的受害范围,已遍及今温州市域的沿海各县市和台州市的玉环县。今丽水市的青田县,虽然不靠海,也未能幸免,狂潮冲到县城,许多人被淹死[3]。传世的温州沿海家谱中,颇多南宋乾道时村庄遭到毁灭性破坏以及灾后外来人口大量迁入的记载,显示沿海地带死亡者不在少数。当时温州不过八九十万人口,如果死亡人数达到10万,人口损失之惨重可想而知。

由于存在着大片的可耕地,在此后的二十余年间,福建人向温州的迁移进入高潮时期,估计至少有10万人,及时补充了减少的人口。此外,北宋时期处州、台州、婺州等邻近府州对温州一向有移民,南宋时期移民数量又有较大的提高[4]。

如果将孝宗末年(淳熙十六年,1189年)的北方移民及其后裔估算为3万人,福建移民及其后裔估算为15万人,处州、台州、婺州等其他区域的移民及其后裔估算为4万人,则南宋前期新迁入的各地移民及其后裔22万人,占了当年温州人口总数90万人的24.4%,接近四分之一。

南宋温州的两组(淳熙—嘉熙,嘉熙—景炎)户口数据,反映了两个不同时期的人口增长。

万历《温州府志》卷5《食货志》载淳熙年间(1174—1189年)温州户170 035,口910 657。按南宋在乾道七年(1171年)已将赈济时以全

---

1 薛季宣:《薛常州浪语集》卷24《与刘复之二》,永嘉丛书本。
2 万历《温州府志》卷5《食货志》载淳熙年间(1174—1189年)温州有户170 035,口910 657。
3 隆庆《平阳县志》、嘉靖《瑞安县志》、隆庆《乐清县志》和光绪《青田县志》都提到县内村镇、农田和水利设施受此次大水灾的破坏情况。
4 详本章第三节、第四节。

体人口为统计对象的赈济户口统计制度化[1],这种男女通计的户均人口一般都在每户五六口。因此,万历《温州府志》所载的淳熙年间的户口应视为温州的实际户口数。嘉熙年间(1237—1240年)的户口数据来自时任温州知州吴泳,其在到任谢表中提到温州"户口几二十万家,苗头仅四万余石"[2]。这一数据出于地方官的奏折,应大致反映了吴泳任职时温州主客户的户数状况。

依据以上确定的南宋数据,温州在北宋末至南宋末的年平均增长率,崇宁元年(1102年)至淳熙九年(1182年,姑取其中数)为3.3‰,淳熙九年至嘉熙二年(1238年,姑取其中数)为3.9‰,嘉熙二年至景炎元年(1276年)为2.4‰,如嘉熙二年户数为吴泳所说的20万户计,则景炎元年有户约22万。

淳熙九年(1182年)温州人口约91.07万人,南宋末景炎元年(1276年)达到约114.4万人[3]。温州人口主要分布在面积有限的沿海平原,沿海平原的人口密度由北宋初的每平方公里150人,增加到淳熙年间的632人。此后人口密度进一步提高,已达到1958年瓯江等河流下游平原乡村的人口密度。

因人口密度过大,自南宋中期开始,温州发生了双向移民的现象。一方面是人均耕地向来较少的福建沿海人口,在温州遇上严重水灾人口减少的情况下移民温州,另一方面则是温州人在遇上严重旱灾的情况下向耕地较多的淮南地区迁移。比较而言,福建向温州的迁入规模要超过温州向淮南的迁出规模。

南宋末年,一些温州人追随陈宜中离开乡土,南下闽粤,残宋败后一些人逃回温州,还有的或战或死,或流亡海外。在温州四县,虽然元军攻温主帅董文炳基本执行元世祖忽必烈征宋过程尽量少杀人的政策,但元军的征服过程仍然伴随着杀戮和抢夺。温属四县人民激烈抵

---

1 据吴松弟:《中国人口史》第三卷《辽宋金元时期》,复旦大学出版社2000年版,第55页。
2 吴泳:《鹤林集》卷16《知温州到任谢表》,四库全书本。
3 温州太平兴国五年户数,据《太平寰宇记》为40 740户,乘以每户5.2人,为211 848人,沿海平原面积约1 409平方公里;元丰元年户数,据《元丰九域志》总户数乘以5.2人,沿海平原面积为1 423平方公里;淳熙九年(1182年)据万历《温州府志》卷5《食货志》,温州有户170 035,口约91.07万人,沿海平原面积为1 442平方公里。

抗,再加上元军在此的屠杀,无辜民众惨遭涂炭,大量人口损失。林景熙记载说:"柔兆困敦(至元十三年,1276年)之岁,朔骑压境,所过杀掠,数十里无人烟。"到第二年秋天,作者经过平阳县北塘等地时,见处处磷火闪烁,据称是死难者骨殖发出的"鬼火",林景熙形容其"有火青青什什伍伍,已而散漫阡陌,弥千亘万,直际林麓。"[1]

温州城因地方主要官员为全城活计而投降得免于屠杀,但元军在温州所属各县的野蛮行径仍激起民众的激烈反抗,人们窜匿山谷、结寨自保,不敌则有阖门死难者,人口损失众多。在永嘉县楠溪江地区,咸淳元年进士陈虞之依托家乡芙蓉山区险要地势,坚持抗元达二三年之久,兵败后率宗族、妻、子八百余人死于难[2]。元军对反抗者进行大规模屠杀,使得乐清县人口损失十分严重,破家殒身者不知凡几。至元十三年十一月,元军怀都元帅张九万户提兵自台至乐清,"民之逃窜山谷者俱遭杀掠。及事定,余民仅什一焉"[3],虽然"余民仅什一"或有夸大,但人口锐减却无疑问。

元军在战争中还大量俘虏温州民众为奴隶。在平定福建后经温州、台州时,"俘温、台新附万余人而西",由于浙东道宣慰使陈佑大力救助,十之七八的人才得以避免北上为奴[4]。崔履谦于至元十四年同知温州府事,时"游军略民间子女,将出西门,履谦每日躬坐门侧,力为救免,至今称之"[5]。虽然缺乏可靠数据,但据此二则史料已可见元军的掳掠人口其实相当严重。

元军将大规模掠夺的人口作为奴隶"驱口"。按规定,"驱口"无须登记户籍。元军野蛮屠杀和掠夺使温州人惊恐万分,许多家族逃至深山密林躲避战乱,以他们对元王朝的排斥心态,必然隐匿人口,一定程度上造成户口登记困难。同时战火纷飞使前代户籍登记资料损失。随后元朝在温州统治一时未能巩固,社会动乱,盗贼横行,加上自然灾

---

[1] 林景熙:《霁山文集》卷4《蓁说》。
[2] 弘治《温州府志》卷11"人物二·忠义",上海社会科学院出版社胡珠生校注本,2006年,第274页。
[3] 王瓒、蔡芳编纂,胡珠生校注:弘治《温州府志》卷17"遗事·宋附元",上海社会科学院出版社2006年版,第461页。
[4] 王恽:《秋涧先生大全文集》卷54《大元故中奉大夫浙东道宣慰使陈公神道碑铭》,《元人文集珍本丛刊》第2册影明刊修补本,台北:新文丰出版公司1985年版,第138页。
[5] 弘治《温州府志》卷8《名宦》,第353页。

害频繁,人口损失惨重,外出避难者众。加之南宋后期大量温州人户口登记在温州,自身却奔走于各地,或经商,或游学,或游宦,或为其他目的。元灭宋战争使得他们故土沦丧,家乡遭毁,道路梗阻,只好在寓居地登记户籍,此后未能再回到家乡。

  以上种种原因,必然导致政府在籍人口的减少。据载,至元十三年哈八儿秃任瑞安县达鲁花赤,"始至,招集逃移民十万余户"[1]。"十万余户"数字过大,或者瑞安县为瑞安府(南宋后期以温州改名)之误,但即使对一府而言,逃移民"十万余户"这一数字也是相当惊人的。

  温州许多富有的世家大族在战争中遭到元军的暴力掠夺,乐清人刘黻随残宋朝廷流亡到闽广,后客死广东罗浮,其弟携其二子归故里,发现家乡庐舍已遭掠夺,十室九墟,只有朝阳阁岿然独存[2]。南宋末期从事市舶贸易的永嘉人蔡起莘,其家可谓巨富,元军入温,亦遭抢掠[3]。

  元军进入温州带来的混乱局势给曾经繁荣的温州带来了巨大的创伤,社会生产水平和人民生活水平发生倒退。以前是:"每忆东瓯郡,柑花入梦香,市人无素服,田妇亦红妆,鲎蟹丰渔户,犀珠聚缫商,年登犹足乐,何必骈钱塘。"以后却是:"君住平阳县,无家不读书,计偕今已废,师授未应疏,兵革崩腾后,衣冠丧荡余,别怀似难写,吾道竟何如?"这样强烈的落差,使得元在温州统治早期,士人排斥心态是十分强烈的,故难免有许多人设法逃避户口登记。

  《元史·地理志》载温州路至元二十七年(1290年)户数187 403、口数497 848,户均口数过少,只有平均2.66人。对此的另一种解释是这一户口数可能是南宋末景炎年间(1276—1277年)的数据。宋代例行的户口统计制度只统计男丁,不计女性,故著籍户口中每户平均只有2口稍多。而且,隆庆《平阳县志》也载该县景炎年间的户数,可见温州及其辖县应有景炎年间的户口数据。

  无论是何种解释,《元史·地理志》的温州户口数难以利用这一点

---

1 宋濂:《元史》卷123《哈八儿秃传》,中华书局点校本,第3039页。
2 郑滁孙:《朝阳阁记》,载刘黻《蒙川遗稿》卷首,四库全书本。
3 周密:《癸辛杂识》续集卷下《蔡陈市舶》,上海古籍出版社四库笔记小说丛书本。

却是毋庸置疑的,温州在元统治初期至元二十七年的户数只能在南宋末基础上进行推算。如南宋景炎元年有户约 22 万,考虑到宋元更替时期的人口损失,将其间的增长率估计为 1.6‰,则至元二十七年当有户 22.5 万。北宋末崇宁元年(1102 年)到元至元二十七年,温州户数的年平均增长率为 2.2‰。同一时期平阳县的户年平均增长率 2.4‰[1],接近温州的户年平均增长率,故有理由认为这一增长率是大致正确的。另外,元代温州各县的至元年间户数[2],加上温州城市居民约两万户[3],合计接近 20 万户,表明已大致恢复到南宋嘉熙年间的水平,亦可见上述估测数大体可靠。

---

1 万历《温州府志》卷 5《食货志·户口》载平阳县建炎年间(1127—1130 年)有户 35 760,隆庆《平阳县志》载景炎年间(1276—1277 年)有户 51 030。如建炎和景炎各取中间年度,则 148 年间年平均增长率 2.4‰。
2 万历《温州府志》卷 5《食货志》载元代温州各县至元年户数如下:永嘉 65 078,瑞安 30 334,乐清 20 810,平阳 57 377。
3 陈高:《不系舟渔集》卷 12《清芬阁记》,敬乡楼丛书本。

第七章

宋代南方地区土著人口的迁移（下）

第一节

移民淮南

此处所说的淮南地区，系指今安徽、江苏两省的淮河以南、长江以北地区，南宋时大致相当淮南东路全境和淮南西路除光州、黄州、蕲州以外的州军；因居于长江和淮河之间，本区常常又被称为江淮地区。北宋时，包拯说："淮南幅员数千里，最为富庶，财赋错出。"[1]张方平说："江淮之境，人稠土狭，田无休易，可以布屯（田）。"[2]这些议论，都反映了淮南是当时经济较为发达、人口密度不低的地区。因此，迁入垦荒的外地农民为数不多，只有扬州、真州等运河沿线的重要城市有一定数量的外来人口。

---

1 《包孝肃奏议集》卷6《弹王逵·第三章》，四库全书本。
2 《乐全集》卷14《刍荛论·食货论·屯田》。

自隋代连接江南和黄河流域的大运河开通以后,位于长江和运河交汇处的扬州发展为重要交通中心和工商业城市,向有一些人因任官、经商等原因留居于此,北宋也不例外。欧阳修观察到:"(扬)州居南方之会,世之仕宦于南与其死而无归者,皆寓其家于扬州,故其子弟杂居民间,往往倚权贵,恃法得赎,出入里巷为不法。"[1]这些人因肆行不法,已成为扬州的社会问题。因宋代航道改变,真州(今江苏仪征)当东南航运中心,江、淮、两浙、荆湖等路发运使均驻此,"敖仓、舟楫之所凑者,于东南为盛"。"其俗少土著",外来移民特别多,"宿奸巨滑亦往往藏其间"[2]。

南宋时期,淮南蒙受严重战乱,当地人口数量急剧下降,大批迁入的外来移民成了人口的主体部分。

南宋初年,淮南因战争破坏,"民去本业,十室而九,其不耕之田,千里相望,流移之人,非朝夕可还"[3]。高宗绍兴十一年(1141年)宋金和议以后,人口数量逐渐增多,经济开始恢复。文献载"两淮田亩荒芜,愿耕之民多非土著"[4],外来移民中既有大批北方难民,也有迁自两浙、江西、江东、福建等人稠地狭地区的南方人民。十八年,安丰军六安县(治安徽今市)知县王镇便发现"江南猾民,冒佃荒田,辄数千亩"[5]。绍兴中汪少卿知舒州(治今潜山北),"造瓦贷民以易苫盖,并给耕牛。江浙流民多至者"[6]。福建也有一定数量的移民迁入淮南,他们称淮南为"乐区","负戴而之者谓之反(返)淮南"[7]。为了尽快恢复淮南经济,二十年(1150年),庐州知州吴逵提出将人稠地狭地区的人民移往淮南垦荒的建议:"两淮之间,平原沃壤,土皆膏腴,宜谷易垦……今欲江、浙、福建委监司守臣,劝诱土豪大姓,赴淮南从便开垦。"这一建议为朝廷采纳实施[8]。

---

1 《欧阳修全集·居士集》卷38《尹公行状》。
2 沈括:《长兴集》卷13《太康县君商氏墓志铭》。
3 李心传:《建炎以来系年要录》卷40,建炎四年十二月,第749页。
4 《宋会要辑稿》食货六之二〇。
5 周必大:《文忠集》卷77《王镇墓碣》,四库全书本。
6 罗愿:《新安志》卷7《汪少卿传》,嘉庆刻本。
7 叶绍翁:《四朝闻见录》戊集《淮民浆枣》,丛书集成初编本。
8 《建炎以来系年要录》卷161,绍兴二十年四月癸酉。

绍兴三十一年(1161年),王之道上奏说:"自经兵火,江北之民,十不存一。绍兴以来,生养蕃息,而杂以江、浙等处流徙之人,通计十有三四。"[1]江、浙移民已在淮南人口中占有一定比重。

绍兴末,金海陵王南侵,一部分江、浙移民为避乱又迁回故居。绍兴三十二年,提举江东路茶盐公事洪适说:"江乡之民,以旱荒而迁徙淮南,比遭敌骑之扰,复还故乡,则所弃之产,已为官司估卖",要求凡二十九年以后州县拍卖的田产,许民以原估价赎回,为高宗所同意[2]。为何二十九年以后之产许民赎回,其前则否?显然是由于以前外迁的人早已成为当地的居民,况故乡财产因时间太久也无法追回。事实上,在此期间迁入的不少南方移民,此后世代居住在淮南,如宋末任江淮招讨使的安丰军人汪立信便是绍兴末迁来的徽州人的后裔[3]。

在金海陵王南侵和不久发生的宋孝宗隆兴(1163—1164年)北伐中,淮南的人口遭到一定程度的损失。在隆兴和约签订以后至宁宗开禧二年(1206年)再次北伐之前,宋金之间保持40多年的和平局面。同时,人口密度较高地区的人稠地狭矛盾日益尖锐,江浙一带"寻常小遇水旱,则累累而北者昼夜不绝",大批流入淮南[4]。

孝宗乾道七年(1171年),江东、江西、湖南十余州饥荒严重,"江(州,治今江西九江)、筠州(治今高安)、隆兴府(治今南昌)为甚,人食草实,流徙淮甸",进入濠州(治今安徽凤阳东)、安丰军(治今寿县)等地[5]。其实,该年进入淮南的流民远不止上述府州。奉命出使淮南的薛季宣向朝廷报告:"江南转徙人户来淮甸者,东极温(州,治浙江今市)、台(州,治今临海),南尽福建,西达赣(州,治江西今市)、吉(州,治今吉安),往往有之。"[6]

此后,凡长江以南地区发生灾荒,都有一定数量的人民迁入淮南。乾道七年,赵善俊知庐州(治今安徽合肥),"岁旱,浙、江饥民糜至"[7]。

---

1 载《历代名臣奏议》卷222。
2 《建炎以来系年要录》卷196,第3306页。
3 见《至大金陵新志》卷13中《人物志》,四库全书本。
4 陈造:《江湖长翁集》卷24《与奉使袁大著论救荒书》,四库全书本。
5 《宋史》卷67《五行志》,第1464页。
6 《浪语集》卷16《奉使淮西回上殿札子》。
7 周必大:《文忠集》卷63《赵善俊神道碑》。

淳熙七年（1180年），江州和兴国军（治今湖北阳新）大旱，"流移之民，多过两淮"[1]。八年，江、浙等路水旱相继，"细民往往流徙江北诸郡"，朝廷采纳臣僚之言，要求江北诸郡"许与诸寺院及空闲廨宇安存，如愿种本处官田，即令借给口食，拨田耕种"[2]。

赵汝愚分析人多地少的江、浙人民灾年向淮南流徙的原因，"盖缘其处地广人稀，尚多旷土"[3]。换言之，江、浙人民之所以向淮南地区流徙，并不仅仅是临时前去避灾就食，而是要在有大量荒地的地方定居下来。因此，移民迁淮南后，虽然在当地生活遇到种种困难，但多数人仍留下不走。尤袤《淮民谣》诗便说一位"去年江南荒，趁熟过江北"的南方籍移民，到淮南后被强制参加山水寨，虽然感到"江北不可住"，但又认为"江南归未得"，最后仍留在当地[4]。

为了发展当地经济，淮南的地方官也往往采取分田给流民，使之定居下来的措施。例如，乾道七年浙、江饥民大量涌入时，庐州（治今安徽合肥）知州赵善俊对他们"竭力周恤，仍括境内荒熟官田三万六千余亩，分三十六圩，请凡土著流移，视力均给，而贷以牛、种"，并给予房舍，使之定居下来。"庐故土旷人稀"，由于赵招抚有方，"主客俱利，户口日增"[5]。从庐州的事例看来，应有不少流民定居在淮南。

除了灾年流入的移民，东南诸路还有不少人民在平常年份主动迁往淮南垦种。由于淮南可耕地较多，土质肥沃，"淮民富实，家多盖藏"，"闽、粤、江、浙之民往往有徙而附之者"[6]。罗愿《新安志》卷1《风俗》说，徽州人民"比年（淳熙前后）多徙舒、池（治今安徽池州）、无为（治今县）界中"。上述三州军，除池州在长江南岸外，其余均在淮南。

因淮南在南宋国防上的重要性，朝廷和地方官也一再采取措施，招诱江南人民前往淮南垦种。乾道六年（1170年）闰五月，江东诸州圩田遭雨水严重冲损，圩上人户无田可耕，中书门下省建议江东路地

---

1 《宋会要辑稿》食货六九之六五。
2 同上。
3 《乞选江北监司守臣接纳流民耕种疏》，载《历代名臣奏议》卷247。
4 载厉鹗：《宋诗纪事》卷47，上海古籍出版社标点本，第1204—1205页。
5 周必大：《文忠集》卷63《赵善俊神道碑》。
6 卫泾：《论淮民当恤疏》，载《历代名臣奏议》卷109。

方官劝谕,"如有愿往淮西耕田之人,津发前去"[1]。淳熙十一年(1184年)三月,朝廷下令"禁淮民招温、处州(治今浙江丽水)户口"[2]。如果流入淮南的温、处州人民数量不多,是不会下此诏令的。

由于来自北方和南方两个方向的移民大批迁入,在孝宗、光宗和宁宗前期(相当于12世纪60年代到90年代)淮南的人口数量有了较大的提高。仲并说淮南各州军"锄耰耰耘皆侨寄之农夫,介胄兵戈皆乌合之士卒"[3],显见移民在当地人口中占了绝大比重。主要生活在淳熙前后的淮南人陈造说当地:"风俗纯质,土物有中原气。近者南、北杂处,寖不如旧。……昨徐子寅者,于淮东创为屯田,其名瞻归正之人,而急于多其数,南北人渊萃其中。"又说高邮军:"俗淳朴,异他邑。自顷南北杂处,其习龙戾,夸竞陵暴,尤嚣于田讼,不复承平之旧。"[4]根据陈造之言及上举史实,很可能乾道以前淮南人口以北方移民为主,以后北方籍移民和南方籍移民所占比重大致相当。

宁宗开禧北伐(1206年)以后才过十余年,金军进攻淮南,再过十余年蒙古军队又大举攻宋。由于和平时期较短,迁入淮南的南方移民人数必然有所减少,而北方籍移民仍源源不断迁入,因此南宋后期北方籍移民遂在数量上压过南方籍(详见第十章第三节)。尽管这样,仍有一些江南人迁入淮南。例如,嘉定十二年(1219年)临安府安置因避战乱进入境内的淮南流民,措施之一是"津遣元系严(治今浙江建德东)、婺(治今金华)等州及本府属县人事欲归本贯之人"[5]。这些被津遣回原籍的人,无疑是此前迁居淮南的两浙移民。

以上所提到的有较多南方籍移民的府州,计有庐、舒、濠、安丰、高邮、无为等州军。其他州军,例如真州(治今江苏仪征)[6],都有一定数量的南方移民。可以推测,淮南各州军都应有相当数量的南方移民。

---

1 《宋会要辑稿》食货一之四五。
2 《宋史》卷35《孝宗传》,第681页。
3 《浮山集》卷4《蕲州任满陛对札子》,四库全书本。
4 《江湖长翁文集》卷27《上王参政札子》,卷21《孙宰轩亭记》。
5 《宋会要辑稿》食货六八之一〇八。
6 庐陵(今吉安市)人张汝明、鄱阳(今县)人章甫皆由江西迁此,见《大明一统志》卷12"扬州府·流寓";栾贵明辑:《四库辑本别集拾遗》下集章甫小传,中华书局标点本,第711页。

在那些南方移民较多的地方,例如舒州宿松县,由于南宋以前的居民多死于宋金之际的战乱,南宋以后迁入的南方移民对后来的历史人口发展产生了重要影响。本书第五卷《明时期》第三章第二节表明,宋代共有 19 族迁入县境,其中 17 族迁自南宋;以迁出地论,12 族迁自今江西省(饶州占 10 族),2 族迁自今安徽的其他地区。在该县 1921 年的人口中,宋代移民的后裔占 20.1%,元末明初移民后裔占 79.8%。据此推测,在元末明初以前宋代移民及其后裔是宿松人口的主要组成部分。

第二节

移民湖北

此处所说的湖北,指除今恩施地区以外的湖北全省和河南南部的信阳、潢川、固始等市县。宋代荆湖北路除澧州、鼎州、岳州、辰州、沅州和靖州以外的各州军,淮南西路的光州、黄州、蕲州,江南西路的兴国军,南宋时的京西南路(北宋的京西南路比南宋大,其唐、邓、金三州不属本区),均在本区范围。

湖北和淮南都位居我国南北两大地域的过渡地带,每当我国历史上南北对峙时,这一区域往往沦为南北交兵地带,受战乱影响人口数量严重下降,经济残破。唐末五代天下大乱时,湖北和两淮的人口数量都有不同程度的下降,湖北因靠近唐代都城长安和五代的政治中心洛阳、开封,战祸尤为惨烈,至北宋时仍未得到充分恢复。宋人陈亮说:这一地区"本朝二百年之间,降为荒落之邦。北连许(州,治今河南许昌)、汝(州,治今汝州),民居稀少,土产卑薄,人才之能通姓名于上国者,如晨星之相望"[1]。由于人口密度较稀,北宋中后期成为江

---

[1] 《宋史》卷 436《陈亮传》,第 12937 页。

西、福建等路移民的迁入地之一。例如，蕲州蕲水（今湖北浠水）"民杂江、闽"[1]，已有若干数量的江西和福建移民。据宣统《黄安乡土志·氏族录》记载，清代时的黄安氏族中，2族于北宋时迁入，其中1族来自江西南昌。不过，由于当时南方诸路人稠地狭问题不很严重，湖北境内南方移民为数不多，因而文献中较少提到。

靖康之乱爆发以后不久，战乱迅速扩大到湖北境内，当地人口数量严重下降。文献载："自鄂渚（指今武汉市武昌一带）至襄阳七百里，经乱离之后，长涂莽莽，杳无居民"[2]；"旧荆南（府，即后之江陵府，治今湖北江陵县）户口数十万，寇乱以来几无人迹"[3]；景象极为凄惨。北方移民开始大批迁入，高宗绍兴十一年（1141年）宋金和约签订以后南方移民也开始迁入。胡寅赋诗记移民迁入荆南府："流民渡沔来，拽牛负其孥"[4]。能够带着耕牛迁入的人民，只能是来自邻近湖北的江西移民。绍兴二十六年三月，户部言："蜀地狭人夥，而京西、淮南膏腴官田尚多，许人承佃，官贷牛、种，八年乃偿。并边免租十年，次边半之，满三年与其业。愿往者给据津发。"[5]六月十五日，户部又上言"荆湖北路见有荒闲田甚多，亦皆膏腴，佃耕者绝少"，"令四川制置司行下逐路转运司晓谕，如愿往湖北请佃开垦官田人户，亦仰即时给据津发前去"，并予以放免租课等优惠。两次建议均被朝廷采纳[6]。

不过，由于江西、江东等路在宋金战争中人口有所下降，境内荒地仍多，而四川距湖北较远，且其北部的利州路有大片荒地需招民垦殖，绍兴间迁入湖北的移民人数比较有限。孝宗以后，南北维持40余年的和局，兼之东南诸路的人多地狭矛盾日趋尖锐，南方移民开始大批迁入。

孝宗乾道七年（1171年），江东、江西、湖南十余州饥荒严重，"人食草实，流徙淮甸"，光州（治今河南潢川）是流民较多的州[7]。淳熙三

---

[1] 刘挚：《忠肃集》卷16《长句送赵之官蕲水》，四库全书本。
[2] 洪迈：《夷坚志》支景卷1《阳台虎精》，中华书局点校本。
[3] 李心传：《建炎以来系年要录》卷167，绍兴二十四年十一月甲寅，第2731页。
[4] 胡寅：《斐然集》卷1《登南纪楼》。
[5] 《宋史》卷173《食货志》，第4173页。
[6] 《宋会要辑稿》食货六之一五。
[7] 《宋史》卷67《五行志》，第1464页。

年(1176年)以后,东南诸路人民的迁入达到了新的规模。该年,地方官向朝廷报告:由于荆南府和安(治今江西德安)、复(治今湖北天门)、鄂(治今武汉市武昌)诸州及汉阳军(治今武汉市汉阳)境内"污莱相望,户口稀少","田亩宽而税赋轻","江南狭乡百姓,扶老携幼,远来请佃"[1]。十一年,江东路前往黄州(治今黄冈)"请耕闲田"的流民甚多[2]。上举三次迁移,两次为开垦荒地而来,是以定居为目的的移民;一次为避灾而迁,据上节所述,流入淮南东、西路的灾民大多定居在迁入地,本区不应例外。

南宋中期,王炎在一封信中提到,荆湖北路原先"荡为瓦砾之场,鞠为草莱荆棘之墟"的地区,"比年以来,朝廷宽恤,州县招诱,四方之流移者稍稍聚集,而疆畎渐修"[3]。宁宗以后虽然发生开禧北伐、金宣宗南侵等战争,仍有一定数量的南方人民迁入湖北。知汉阳军黄榦上奏朝廷,说"湖右之地,皆五方杂处之民"[4],即湖北人大多是来自北方和南方的移民。

南方移民在湖北的分布相当广泛,上述有移民的蕲、黄、江陵、光、安、复、鄂、汉阳等州已占今湖北枝江以东、天门以南的半个省境。在这些州军,南方籍移民可能都已在人口中占相当比重。

湖北洪湖以下的长江南岸地区,宋代属鄂州和兴国军,明代属武昌府。《大明一统志》卷59武昌府下引宋代《图册》:"自往昔军兴,土民颇鲜存者,而西北避地者萃焉,东南趋利者辐焉,五方杂寓,家自为俗。"显见鄂州的居民主要自外地迁来。宁宗时期鄂州估计有人口20万户左右[5],如以土著居民占十分之二,北方籍和东南籍移民各占十分之四计,估计南籍人口可能有8万户40余万人。据张国雄先生的调查,这一带被调查的家族中有26族系宋代自外地迁入,其中18族自江西迁入,宋代属鄂州和兴国军的蒲圻、嘉鱼、武昌、江夏、通城等

---

1 《宋史》卷174《食货志》,第4218页。
2 《诚斋集》卷125《吴燠墓志铭》。
3 王炎:《双溪集》卷19《上林鄂州》,四库全书本。
4 载《勉斋集》卷24《汉阳条奏便民五事》,四库全书本。
5 《勉斋集》卷28《申制置司乞援鄂州给米》说鄂州人口为汉阳军10倍;另据卷30《申京湖制置司办汉阳军籴米事》,汉阳军共2万户,则鄂州为20万户左右。

5县都有1族迁入[1]。其他县,例如通山,也有一定数量的江西移民。据民国《通山县乡土志略·民族》,宋代有19族自江西迁入。

湖北东北部山区是南方移民的另一个重要分布区,淳熙十一年江东流民累累不断前往"请耕闲田"的黄州即位于此区[2]。据宣统《黄安乡土志·氏族录》,清代当地的家族中有6族系在南宋时自今江西境内的南昌、九江、吉安等地迁入。张国雄论文表2-1所列宋代迁入的26个氏族中,蕲春有6族,黄冈3族,广济3族,麻城2族,红安、黄梅各1族,共占被统计的宋代氏族的62%。显然,在宋代鄂东北人口中,江西移民占相当比重。

该表中,各有1族分别迁入天门、洪湖、石首、京山和郧县,其中"江汉平原只有3族"。这些县所在地宋代分别属复州、江陵府、郢州和均州,可见不仅湖北东南,其北部和西北地区也有南方移民。

江汉平原主体所在的江陵府及其附近地区也是南方移民的重要迁入地,上引胡寅"流民渡沔来,拽牛负其孥"已提示迁入的南方移民人数不少。南宋初,江陵府因战乱人口剧减,"旧荆南户口数十万,寇乱以来几无人迹"[3]。但到乾道年间主客户已达42 000余户[4],约二三十万人。陆游在入蜀经荆南境时听僧人说:"沿路居民大抵多四方人,土著才十一也"[5],外来移民在当地人口中已占了多数。既然"湖右之地,皆五方杂处之民"(见上),南方籍移民也应在江陵府占相当比重。荆门军(治今湖北荆门)虽然未有南方移民的记载和家谱材料,但《方舆胜览》卷29却说其"五方杂处,受廛多鸿雁之民",表明也有一定数量的南、北方移民。

据上所述,湖北的南方移民来自江西、江东、福建和四川诸路,以今江西省境人数最多。

此外,两宋时在长江沿岸各城市,还有一些因经商或仕宦东南而留居于此的四川移民。成书于英宗治平甲辰年(1064年)的《荆南府

---

1 《明清时期两湖移民研究》表2-1,武汉大学博士论文,油印稿,1992年。
2 《诚斋集》卷125《吴燠墓志铭》。
3 《建炎以来系年要录》卷167,绍兴二十四年十一月甲寅,第2731页。
4 李心传:《建炎以来朝野杂记》卷18《荆鄂义勇民兵》。
5 《陆放翁全集·渭南文集》卷47《入蜀记》。

图序》说江陵:"自二广、湖湘以往来京师者,此为咽喉。又两蜀之人出而宦游者,多家于此。是以今最盛,为西南一都会。"[1] 陆游入四川时,在沙市发现:"沙市堤上,居者大抵皆蜀人,不然则与蜀人为婚姻者也。"[2] 南宋端平以后,四川蒙受战乱,人民大量东迁,也有一些人定居在湖北(详下)。南宋时鄂州等地还有一些被江西歹徒拐卖来的广东人,罗愿说:"臣今假守鄂州,又见民间所须僮奴多藉江西贩到,其小者或才十岁左右。"[3]

第三节

移民湖南

此处所说的湖南指今湖南省境,宋代相当于荆湖南路(除全州)和荆湖北路的岳、鼎(后改称常德府)、澧、辰、沅、靖六州。

宋代是湖南人口增长较快的时期。北宋太宗太平兴国五年至神宗元丰三年(980—1080年),湖南全路户年平均增长率高达19.5‰,不仅远远高于全国(9.4‰),而且远远高于南方地区的平均水平(10.2‰)[4]。在元丰前几年的熙宁六年(1073年),章惇排定湖南保甲,便"究见户口之众,数倍前日"[5]。元丰以后湖南人口仍继续增长,由87.1万户上升到95.2万户[6]。首府所在的潭州(治今湖南长沙)于北宋中期已被人认为"土广民稠"[7]。人们认为它与江西吉州都是人口增长最快的州,元丰三年潭州主客户35万户,户数还超过吉

---

1 载刘挚:《忠肃集》卷10。
2 《陆放翁全集·渭南文集》卷46《入蜀记》。
3 载《历代名臣奏议》卷50。
4 户数见附表1。
5 《续资治通鉴长编》卷247,熙宁六年九月辛巳。
6 崇宁户数据《宋史》卷88《地理志》统计。
7 郑獬:《郧溪集》卷4《兵部郎中知潭州制》,四库全书本。

州[1]。南宋初期湖南北部曾受到宋金战争的影响，绍兴五六年以后开始得到较快的恢复和增长。孝宗前后周必大作《潭州劝农文》，说"重湖以南，地广人众"[2]。虽然这些话主要针对潭州而言，但事实证明其他州的人口也有较快的增长。例如衡州（治今衡阳）"由中兴以来，版籍日登"，下属各县"皆万户县也"[3]。

宋代湖南人口的较快增长，主要有三个原因。第一，一般说来，处于开发中的地区对劳动力要求比较迫切，加之耕地较多，有条件保持较高的人口自然繁衍速度。第二，宋代采取许多措施，在湖南境内的非汉族地区设置州县，使许多原先并不承担赋税的非汉族成员成为编户齐民，遂使得官方统计的户数显著增加。例如，北宋神宗熙宁五年（1072年）开梅山蛮，便增加主客户14 809户[4]。第三，即外来移民，特别是来自江西等地区的南方移民的迁入。《宋史·地理志》指出："荆湖……南路有袁、吉接壤者，其民往往迁徙自占。"

谭其骧师依据几种地方志中的氏族志，对湖南七县的人口来源作了精细的分析，与其他历史文献印证后，得出结论："五代以前，湖南人多来自北方；五代以后，湖南人多来自东方。南宋以前，移民之祖籍单纯，几尽是江西人；南宋以后，移民的祖籍渐臻繁，始多苏、豫、闽、皖之人。"[5] 曹树基依据所访读的27个县（占全省县数的32%）的大批氏族资料，也指出湖南的外来移民，包括宋代的移民，主要来自江西[6]。

兹依据曹树基论文，将两宋迁入的南方氏族分州军归纳为表7-1、表7-2，并依据文献参考此二表论述湖南境内的南方移民问题。

潭州一带在宋元之际曾因战乱人口严重下降，表7-2所列百分比和其面积颇不相称，原因之一可能在此。同时，文献中关于潭州的南方移民的记载并不多见，潭州在北宋中后期既已被称为"土广民稠"，显然不可能有大片的可耕地可供外来移民，当地的南方移民较少似

---

1 刘弇：《送吉守盛公归朝序》，载《舆地纪胜》卷31。
2 《文忠集》卷37。
3 廖行之：《省斋集》卷5《统县基本末札子》，四库全书本。
4 参见《宋史》卷494《蛮夷传》，第14197页。
5 《湖南人由来考》，《方志月刊》第6卷第9期。
6 《湖南人由来新考》，《历史地理》第9辑，上海人民出版社1990年版。

也符合事实。综合文献记载,宋代湖南的开发,主要方向是向南(开发湘南瑶族生活地区)、向西(开发梅山蛮、南江蛮地区)和向北(开发洞庭湖西南岸地区),这也是南方移民的主要迁入方向所在。

表7-1 宋代迁入湖南的南方氏族分县统计表

州名	县名	北宋	南宋	州名	县名	北宋	南宋
潭州	湘阴	3	6(6)	岳州	岳阳	5(4)	11(11)
	醴陵	3(3)	13(9)		平江	10(6)	11(17)
	长沙		1(1)		南县		4(3)
邵州	邵阳	6(4)	11(11)	靖州	靖州	1	10(4)
	新化	19(19)	8(8)	桂阳军	嘉禾	10(10)	14(10)
辰州	溆浦	3(3)	16(13)		蓝山	11(8)	16(12)
郴州	汝城	9(8)	19(14)	武冈军	城步		1(1)
	宜章	1(1)	19(8)	澧州	石门		2(2)

说明:括号中数字系来自江西的氏族。

表7-2 湖南各州军宋代迁入的南方氏族数目及占全路比重

时代	总计		潭州		郴州		桂阳军		邵州		岳州		辰、靖、武冈军		澧州	
	族数	%	族数	%	族数	%	族数	%	族数	%	族数	%	族数	%	族数	%
北宋	81	100	6	7.4	10	12.3	21	25.9	25	30.9	15	18.5	4	4.9		
南宋	173	100	20	11.6	38	22	30	17.3	19	11	37	21.4	27	15.6	2	1.2

早在北宋中期,江西移民已在湖南南部诸州具有一定势力。仁宗庆历三年(1043年),宋军在桂阳监(后改军,治今湖南桂阳)和郴州(治今市)一带用兵。《宋史·蛮夷传》载此事:"初有吉州巫黄捉鬼与其兄弟数人皆习蛮法,往来常宁,出入溪峒。诱蛮众数百人盗贩盐,杀官军,逃匿峒中,既招出而杀之,又徙山下民他处。至是,其党遂合五丁人。"王安石叙此事,则说:"中国人逋逃其中,冒称夷人,数山寇常宁诸邑。"[1] 可见黄捉鬼"其党"5000余人中,除了一批被"诱"的瑶人,汉人应占相当比重。

---

1 《临川集》卷88《陈公神道碑》。

由于缺少史料，无从得知南宋时期湘南地区的南方移民状况。高宗绍兴二十一年(1151年)八月，右朝请郎吕稽中知邵州还，上言"湖南沿边连接广西一带，闲田甚多。或为兼并之家占据阡陌，而其租税终不入官，田野小民，未必蒙被恩惠"，要求"轻立租米，广召百姓耕佃，每夫只给五十亩"，为朝廷所同意[1]。在这种背景下，会有一定数量的江西移民迁入。欧阳守道《与王吉州论郡政书》说："邻郡向上深僻去处，佣奴妾婢常多吉州人。"[2] 此处所说的吉州的邻郡，应主要是湘南地区。

据表7-1，被选为样本的湘南氏族中，汝城、宜章、蓝山、嘉禾四县均有宋代迁入的氏族，且大多来自江西。又，光绪《耒阳县乡土志》载，当地24个大族中，2族在北宋迁入，3族在南宋迁入，多为江西人。

曹树基研究称，明初的湘南氏族中，宋代以前迁入氏族占8.9%，宋代氏族占42.5%，元代氏族占13.8%，洪武氏族占34.7%。就移民原籍而论，湘南宋代的大多数氏族来自江西中部的吉安和泰和，许多氏族自称来自吉安或泰和的"鹅颈邱"或"鹅颈塘"；在汝城县，也有几个宋元之际氏族自称来自吉安的"白鹭洲"。如果这一结论能够成立，可以认为江西移民在宋代已成为湘南人口的重要组成部分。

今湖南西部的雪峰山和武陵山山区，宋代为梅山蛮和南江蛮等非汉族的生活地区，北宋神宗熙宁五年(1072年)以后，宋朝在此用兵，设置州县。五年，用兵梅山蛮地区，设新化(治湖南今县)、安化(治今县东南)等县。七年，用兵南江蛮地区，设沅州(治今芷江)，下辖卢阳、麻阳、黔阳三县和安江、托口二寨，后又置诚州(后改为渠阳军、靖州，治今县)[3]。

本来，按照宋朝政府的规定，汉人不能随意在非汉族的生活地区"耕垦出入"，但仍有一些人"公然冒法"进入。梅山蛮和南江蛮两区域都有一些违禁迁入的汉人，北宋人有关这方面的记载甚多。刘挚说梅

---

1 《建炎以来系年要录》卷162。
2 《异斋文集》卷4，四库全书本。
3 参见《宋史》卷493、494《蛮夷传》。

山蛮"又稍招萃流浪"[1]。沈括记载："梅山久为徭人所据，招合亡命，时出为盗。"[2] 王安石说：南江蛮"诸溪洞负罪逃亡人不少"，经略此地须先争取这些人，"若此辈利自归，则诱导蛮人使向化甚易也"[3]。由于南江蛮中"多有向时亡命之人阻隔"，朝廷在用兵南江蛮前不得不先发一诏令："荆湖溪洞中亡命之人，今日以前罪无轻重，皆释之。如愿居本处或欲归本乡，各从其便。如能自效显有劳绩，令章惇等保明等第酬奖，若敢创造事端，扇摇人户，即捕斩以闻。"[4] 用兵梅山蛮后，14 809户成为政府的编户齐民，其中当有一定数量的汉人逃户。由于地理近便的关系，这些逃户一般说来大多来自南方地区。

熙宁年间在湘西广设州县以后，政府又"设官屯兵，布列砦县，募役人，调戍兵"，前往驻守，并修筑道路[5]，以巩固开疆拓土的成果。在这种背景下，又有一些南方移民因守边、屯垦和逃亡等原因迁入湘西。

北宋后期驻守湘西的戍兵人数，辰州为1 400余人，靖州为3 000人，沅州有3 000人左右，武冈军约2 000人，如加上鼎、澧、邵等州的驻军，总人数可达一万五六千人左右。宋朝在各地的驻军一般都携带家属，连其家属可达四五万人[6]。由于长期驻守，相当一部分人定居于此。谭其骧师依据氏族志中的材料，指出："湖南之西南诸郡壤接溪峒，故又为历代蛮防之要地。自宋以来，征令时出，军旅迭经，以是而将吏之因从征而落籍其地者，亦不在少。如靖州之黄、姚、潘、明、蒙五姓，皆南宋中以征蛮而来，事定留居，是其例也。"[7]

在辰、澧、邵、道、永诸州，还通过组织弓弩手的形式，招募外地移民前往原非汉族地区屯田。弓弩手系湘西民兵的名称，"盖溪洞诸蛮，保据岩险，叛服不常，其控制须土人，故置是军。皆选自户籍，蠲免徭

---

1 《忠肃集》卷12《蔡卞墓志铭》。
2 《长兴集》卷17《张蒭墓志铭》。
3 《续资治通鉴长编》卷236，熙宁五年闰七月庚戌。
4 《续资治通鉴长编》卷241，熙宁五年十二月丙子。
5 《宋史》卷493《蛮夷志》。
6 据《宋史·蛮夷志》；《方舆胜览》卷31沅州下引陶弼《寄新沅州守谢麟诗》"三千戍卒今无几，十万屯田古未耕"；卷26武冈军"四六"说"赡二千众之戍兵，尤难供亿"。
7 《湖南人由来考》。

赋,番戍砦栅"[1]。关于弓弩手的构成,可以沅州为例进行分析。《宋会要辑稿》食货二之七载:

> 高宗绍兴元年五月二十三日,沅州言:本州熙宁七年创置为郡,自后拘籍地土,拨充屯田,作营田,其余召人请佃,租米约有万计。遂指画刮系官田,标给分数,招置弓弩手,共十三指挥、四千二百八十一人。自靖康调发,往往不还。自建炎四年至今,并无颗料应付支遣。今将阙额刀弩手荒闲田,权召承佃,济助岁计。乞许本州拣选招填补及二千人,教习武艺,防遏边疆,候将来承佃,安居乐业,别具条陈。从之。

上条史料虽然未明确说明弓弩手来源,但设立的目的既是弹压当地非汉族,其主要成员显然只能来自汉人。黄庭坚《山谷集》卷17《黔州黔江县题名记》为此事提供了一个旁证。文载:黔江县"其义军二千九百,招谕夷自将其众者五百七十"。"夷自将其众者"来自非汉民族,义军则是汉人。由于湘西"边州人烟稀少不能敷足"[2],汉人不多,只能招募外地人民迁居其地垦种,担任弓弩手。因此,熙宁后组织弓弩手的过程,也就是招募外地汉人进行屯田营田的过程。《续资治通鉴长编》熙宁七年九月丁酉日载,沅州制定屯田之法,招募人民耕垦旷土,但此后有关文献均不提屯垦,却多载弓弩手事,显然两者为同一件事。

熙宁(1068—1077年)以后鼎、澧(治今湖南澧县)、辰(治今沅陵)、沅、靖五州共有弓弩手13 000人[3],如以每一弓弩手所在的家庭平均人口5口计,约有五六万口。靖康之乱以后弓弩手被调去河东作战,全军陷没,因此张崱又在辰、沅、澧和靖州重新组织,共3 500人,"量给土田,训练以时",并将所余官田募人耕作,由政府收租以解决财政来源[4]。应募之人无疑大多是外地移民。

自南宋时起,湘西地区汉人与非汉族人民之间因互相争夺耕地

---

1 《宋史》卷191《兵志》,第4741页。
2 曹彦约:《昌谷集》卷11《辰州议刀弩手及土军利害札子》,四库全书本。
3 《宋史》卷192《兵志》,第4791页。
4 《宋史》卷494《蛮夷志》,第14188页。

而发生的争端日渐增多。沅陵浦口的汉人水田为瑶人侵掠,"民皆转徙而田野荒秽"[1]。田地的争端往往导致宋军和非汉族人民的冲突。产生耕地争端的原因不一,除了因宋军守备力量削弱诸蛮乘机扩张这一因素,也与进入非汉族地区的汉人不断增多有关。全州(治广西今县)宋代属荆湖南路,地方官汇报本地冲突原因时,强调指出:湖南和广西各地通往全州溪峒的道路众多,"游民恶少之弃本者,商旅之避征税者,盗贼之亡命者,往往由之以入,萃为渊薮,交相鼓扇,深为边患"。并认为,武冈军杨再兴和桂阳军陈峒相继为乱,原因也在于此[2]。

据表7-1,新化县北宋迁入的氏族多于南宋迁入者。谭其骧师对其中11族的迁入时间进行研究,发现"皆系徙自熙宁、元丰年间者"。曹树基也发现,安化县宋代氏族在当地氏族总数中所占的比例高于长沙、醴陵、益阳等非湘西地区,高达28.6%,宝庆府(相当于宋代邵州和武冈军)宋代氏族所占比例更高达30%。这些人口,无疑都是宋代开梅山蛮和南江蛮以后,汉族人口大量移入留下的痕迹。虽然今家谱多载祖先迁自江西,但显然还有一些移民来自邻近的湖南州县,例如熙宁九年蒲宗孟在提到沅州垦荒情况时,便说"闻全、永、道、邵州人户往请射"[3]。

位于今湖南洞庭湖西南岸的常德府和澧州,在南宋初战乱中人口数量严重下降,"井邑萧条,居民稀少"[4]。但在孝宗年间,却是湖北路人口恢复较快、耕地开垦较多的府州。司农卿李椿说湖北垦田情况:"惟常德府已耕垦及九分以上,澧州及七分以上,其余州郡亦五分以上下。"[5]根据淳熙三年(1176年)大臣们的分析,两州"垦田稍多"的主要原因之一,是"江南狭乡百姓,扶老携幼,远来请佃"[6]。表7-1表明,岳阳、平江、南县、石门诸县都有宋代迁入的氏族,大多来自江西,

---

1 《宋史》卷494《蛮夷志》,第14192页。
2 同上书,第14194页。
3 《续资治通鉴长编》卷274,熙宁九年四月庚寅。
4 洪迈《夷坚志》支戊卷8《龙阳章令》。
5 《历代名臣奏议》卷258。
6 《宋史》卷174《食货志》,第4218页。

并且南宋入居的氏族数量远远大于北宋迁入者。

据上所述,宋代湖南境内的南方移民分布相当广泛,但潭州人数可能比较少,主要集中在湘西、湘南和湘北洞庭湖平原地区。以时代论,北宋中期已开始迁入湘南一带,熙宁开梅山蛮和南江蛮以后大批迁入湘西,南宋以后洞庭湖平原一带开始有较多的移民。移民主要迁自江西,此外还迁自其他的东南地区。以总人数而论,南宋又多于北宋。

第四节

移民四川的北部和非汉族地区

本节所说的四川,指今四川省境的四川盆地和陕西、甘肃二省的秦岭以南地区,以及湖北恩施地区与贵州大部,宋代相当于成都府、梓州(后改潼川府)、夔州和利州(曾分成利州东、西两路)四路。

利州路北部(相当今陕、甘两省的秦岭以南地区)居四川和中原交通的连接地带,具有重要的战略地位。特别是今汉中所在的兴元府,不仅"正当秦、蜀出入之会",而且"平陆延袤凡数百里,壤土衍沃,堰埭棋布,桑麻粳稻之富引望不及",农业条件不错。北宋初曾下令"中州之人不得久居于此",因而外来移民较少。北宋中期弛禁,"一切不问","四方来者颇自占业",形成"殊习异尚,杂处闾里"这种文化现象,城市人口增加,商业日趋繁荣[1]。由于地理位置的关系,迁入兴元府的移民可能兼有南(四川)、北方(主要是关中)之人。

南宋时利州路北部因居宋、金两国接壤地带,战时往往沦为战场,导致经济破坏人口剧减。例如,高宗绍兴元年(1131年),"金州(治今

---

[1] 文同:《丹渊集》卷34《奏为乞修兴元府城及添兵状》。

陕西安康)残弊特甚,户口无几"[1];梁(治今汉中)、洋(治今洋县)"两州之民,往往逃绝"[2]。为了恢复经济,在战争结束以后,南宋政府往往采取移民政策,将北方移民和四川境内人多地少地区的人民迁至利州路北部,移民成为当地人口的重要部分。绍兴十六年,成州"自兵火之后,荒田多是召人请射耕垦"[3],即是一个证明。此时距宋金和约签订已有五年时间,几年来并无北方移民南迁,前去成州及其所在的利州路北部请射耕垦的农民只能来自四川。

宁宗嘉定十六年(1223年),由于靠近宋金边境的利州路荒地甚多,四川其他三路有很多"土豪之为忠义者",愿意"自备费用,自治农器,自办耕牛,自用土人",前往垦种。某些州这种移民人数不少,如西和州(治今甘肃西和)"愿耕者云合风从,动以千数"。因此,四川制置使魏了翁要求朝廷下令利州路提转司趁时安排移民屯种,为朝廷批准[4]。由于四川人民有赴边地屯垦的积极性,朝廷移民屯垦边地的举动可能会取得一定成功。不过,由于文献缺载,移民的迁移过程和分布状况均已无法得知。以情理推论,由于道路远近的关系,赴利州路北部垦荒的移民数量应远远多于赴京西南路和两淮东、西路。此外,四川盆地东部、南部和西部山区人口较少,开垦未尽,成都府路的无地人口可以向这些地区迁移,赴边境屯垦的移民数量不可能很多。

四川盆地的西南部是我国古代井盐的主要产地,宋代盐的生产达到相当规模,吸引了许多无地少地的农民。陵州井研县(四川今县)以采盐为业者百余家,每家需要役使工匠二三十人至四五十人。这些工匠大多来自外地,"皆是他州别县浮浪无根着之徒"。其中一部分是"抵罪逋逃"的人,他们"变易名姓,尽来就此佣身赁力"。采盐业发达的嘉州(治今乐山)和荣州(治今荣县)等州,盐井"连接溪谷,灶居鳞次",外地工匠人数也很多[5]。

---

1 《宋史》卷367《郭浩传》,第11442页。
2 《宋会要辑稿》兵二九之二八。
3 《宋会要辑稿》食货一之三八。
4 《宋会要辑稿》食货六之三三、之三四。
5 文同:《丹渊集》卷34《奏为乞差京朝官知井研县事》。

夔州、梓州两路的南部及成都府路西部的沿边山区,北宋初主要是非汉族生活地区。有的非汉族单独居住在某一区域,有的则与汉族杂居。《太平寰宇记》载:北宋初期,戎州(治今四川宜宾)"夷夏杂居,风俗各异"(卷79);荣州"夏人少,蛮獠多"(卷95);泸州(治今市)除汉主户2 047户以外,还有"獠户二千四百一十五"(卷88);霸州(治今汶川西北)"汉一百七十余,外并蕃户"(卷80)。甚至位居盆地腹心的渝州(治今重庆),也"边蛮界,乡村有獠户"(卷136);昌州(治今重庆大足)"无夏风,有獠风,悉住丛菁,悬虚构屋,号阁阑。男则蓬头跣足,女则椎髻穿耳"(卷88),简直就是纯非汉族生活地区。

自太平兴国元年至元丰三年(976—1080年)的一百余年间,四川沿边诸州军的户数有了较大的增长。户年平均增长率,成都府路的黎州(治今四川汉源北)为16.7‰,维州(后改名威州,治今理县北)为34.9‰;梓州路的昌州为9.13‰,戎州为11.8‰,泸州为28.8‰,富顺监为7.3‰;夔州路的渝州和南平军为8.1‰。除夔州路外,皆远远超过所在路的年平均增长率[1]。

边州人口的迅速增长,除了非汉民族入籍这一因素以外,和汉族人口的迁入有关。北宋后期许襄说泸州:"华戎错居,土多旷而弗耕,俗率犷而未扰。比召边吏,募民为兵,授田以籍,教之耕战,使财用内足于边陲,而声威外震于蛮貊。"[2]其中,泸州南部原为非汉族地区,熙宁用兵后设置二寨招民屯垦,至七年(1074年)"凡得夷所献地二百四十里,均已募人垦耕"[3]。熙宁四年(1071年),位于渝州的南川(治今綦江县南)和巴县(治今重庆市)境的夷人李光吉、王衮、梁承秀三族"各有地客数千家",并且"间以威势诱胁汉户,不从者屠之,没入土田,往往投充客户"[4]。这些汉户应该都是新迁入的移民,而人数众多的"地客"中相当部分也是汉族移民。黎州的邛部蛮"招集蕃汉亡命"[5],

---

[1] 各州、监的年平均增长率据附表1的数据计算。据此表的数据计算,年平均增长率成都府路为3.7‰,梓州路为4.7‰,夔州路为8.4‰。
[2] 《襄陵文集》卷1《张域转官制》,四库全书本。
[3] 《续资治通鉴长编》卷249,熙宁七年正月甲子。
[4] 《续资治通鉴长编》卷219,熙宁四年正月乙未。
[5] 《宋史》卷496《蛮夷志》,第14231页。

也应有一定的汉人迁入。此外,还有一些川、陕商人携家属前往威州、茂州经商,甚至可能有人"移家住居"[1]。

南宋时期,汉族人民向边地的迁移达到更大的规模。早在北宋治平至元丰(1064—1085年)年间,为了确保汉区的安宁,成都府路在今青城山以西汉族与非汉族分布区交界处设立禁山,禁止汉民进入非汉族地区伐木和垦种。此外,梓州路和夔州路也先后设立禁山。但汉族农民不顾禁令,"侵开日广",青城山以西地区"弥望田苗,几撤蕃界"。到南宋淳熙(1174—1189年)年间,文(治今甘肃文县)、龙(治今四川江油北)、威、茂(治今茂汶)、嘉(治今乐山)、叙(即戎州)、恭(即渝州)、涪(治今重庆涪陵)、施(治今湖北恩施市)、黔(治今重庆彭水)等边州的禁山,由于"居民垦辟、采伐",已"耗蠹无几"[2],标志着一定数量的汉族人民已迁入非汉族地区。

由于移民的迁入,南宋时边地的经济文化面貌有了很大改变。真德秀说:"南平(治今重庆綦江南),故汉巴渝地,至唐犹以獠名。我朝元丰中声教远浃,始即其地置军焉。百三四十年间,浸以道德,薰以诗书,彬彬焉,与东西州等。"[3]今贵州务川及其周围诸县,宋代属思州,是相当偏僻的边区,"地在荒徼之外,蛮獠杂居,言语各异"[4]。元代改名播州,经济文化面貌已发生巨大变化。"汉民尚朴,婚聚礼仪、服食体制与中州多同";"夷獠渐被德化,俗效中华,务本力穑"[5]。思州由蛮獠杂居发展到汉族与夷獠杂居,并且夷獠渐被汉族同化,主要是南宋至元代汉族人民迁入的结果。据研究,原广泛分布四川南部各地的獠人,南宋时已大致完成与汉族或其他非汉族的融合过程[6]。獠人的主要部分与汉族相融合无疑是汉族大批迁入边地的结果。

---

1 《续资治通鉴长编》卷277,熙宁九年九月甲寅朔。
2 《宋会要辑稿》食货二九之四一。
3 《西山文集》卷28《送南平江守序》,四部丛刊本。
4 《太平寰宇记》卷122。
5 《大明一统志》卷88思州引《元志》,第1352页。
6 参见蒙默、刘琳等:《四川古代史稿》,四川人民出版社1989年版,第303页。

第五节

南宋后期四川难民的东迁

南宋理宗宝庆二年(1227年),蒙古军队攻灭西夏,乘胜攻占四川的关外诸州。绍定四、五年(1231年、1232年)间,又曾抄掠入川,若入无人之境。端平元年(1234年)金朝灭亡,此后蒙古军队全力攻宋,西路于次年大举入蜀,横扫四川,成都府也被攻占,不久又离去。嘉熙元年(1237年),蒙古军开始旨在攻占四川的大规模军事行动。四川人民坚持抗击蒙、元军队达半个世纪,直到南宋末全境被攻占。

蒙古军队进入四川后,大肆屠杀平民,仅成都城中的尸骸便达140万具,城外尚不计在内[1]。元代史官虞集回顾南宋后期蜀事:"蜀人受祸惨甚,死伤殆尽,千百不存一二。"[2]这些记载可能有夸大之处,但蒙军大量屠杀四川人民则毋庸置疑。此外,蒙古军队还大量掳掠四川人民到北方充当奴隶。当时,蒙古统治下的关中多四川籍奴仆,"岐、雍民家皆蜀俘";同州大荔县也有"川蜀之士奴于人者"[3]。

为了逃避这场四川历史上少有的劫难,幸存者纷纷逃入偏远的山区。位居川东的大宁监(治今重庆巫溪)因远离战场,"世号桃源","流移辐辏",以致"生者寡而食者众"[4],便是一证。

更多的遗民,特别是衣冠士族,则顺长江东下,迁入长江中下游和东南地区。一位叫安如山的移民,东迁时作《下瞿塘》诗,叙自己的激愤心情和沿途所见:"去去如奔马,来来无尽船。人心似江水,日夜向吴天。"[5]宋末刘克庄说:"自蜀有狄难,士大夫避地东南者众,几置乡

---

1 袁桷:《清容居士集》卷34《史母程氏传》。
2 虞集:《道园学古录》卷20《史氏程夫人墓志铭》,四部丛刊本。
3 姚燧:《牧庵集》卷24《程公神道碑》、卷27《安西路同州儒学正潘君阡表》。
4 阳枋:《字溪集》卷9《大宁监劝农文》,四库全书本。
5 载《宋诗纪事》卷64,第1620页。

国于度外矣。"[1]可见被迫东迁的世家大族人数不少。宋代四川的一些大族,如眉州的史氏、阆州的蒲氏、隆州的虞氏,均在此时散居东南各地[2]。甚至一些僧侣,例如成都大慈寺主华严教僧,也赴东南避难[3]。

古代的长江航运十分艰险,触礁沉船时有发生,东迁的难民有的还未到达目的地便已葬身鱼腹。一位难民回顾说:"端平三年,蜀破,衣冠大姓顺流下东南。至江陵,十不存一,皆舟触岩崿,瞬息以死。"并说,淳祐三年(1243年)那次迁移,"其物故与端平无异"[4]。即使安全到达东南,往往也过着漂泊不定的艰难生活,"所至如羁臣逐客,呻嚬无聊",甚至"幸而仕且贵者,往往无由以周其家"[5]。一般平民的生活自是可想而知,"艰虞六十载,蜀客无完居"便是一位移民漂泊生活的写照[6]。

这些蜀籍人士在他乡定居以后,往往要将故乡的亲人接来。例如,牟子才不仅将一家接出,定居在湖州,也将在眉山的妹妹一家接来[7]。东来避难的亲戚、族人,往往也要投奔他们。程公许居湖州,"族姻奔东南者多依公许以居"[8]。姚希得居东南,"蜀之亲族姻旧相依者数十家,希得廪之终身",由于人口众多,不得不计口授田[9]。因此,蜀籍士大夫定居的地方,往往成为四川移民的定居中心。

宋元间人黄仲元于《四如集》卷4《架阁通直刘君墓志铭》说:"呜呼!丙申(端平三年,即1236年)之难,岷峨凄怆,衣冠屑播于江、浙、湖广者夥,独闽最鲜。"据此看来,四川移民的大举东迁,应自端平三年开始。此后的半个世纪中,四川战火不息,每当战乱向新的地区扩大时,总有移民被迫东迁,移民东迁持续了四五十年,直到南宋灭亡。例

---

1 《后村集》卷66《何逢吉叙朝散大夫利路运判兼四川制参制》。
2 史氏见袁桷:《史母程氏传》;蒲氏见刘岳申:《申斋集》卷2《赠蒲学正序》,四库全书本;虞氏见虞集:《道园学古录》卷32《送太平文学黄敬则之官序》。
3 袁桷:《清容居士集》卷31《天童日禅师塔铭》。
4 《清容居士集》卷30《许世茂墓志铭》。
5 邓文原:《巴西集》卷上《送蒲廷瑞北游序》,四库全书本。
6 《清容居士集》卷3《送许世茂归武昌二首》。
7 《宋史》卷411《牟子才传》,第12361页。
8 《宋史》卷415《程公许传》,第12459页。
9 《宋史》卷421《姚希得传》,第12591页。

如,王某兄弟就是在恭帝德祐元年(1275年)自蜀外迁,避地到澧州慈利县(湖南今县)的[1]。

随着移民人数的增多,广大的东南地区,除比较偏远的广东、广西与战火未息的江淮,都有一定数量的四川移民分布(详表7-3与图7-1)。

表7-3　南宋末四川对外移民实例

姓　名	迁移时间	迁出地	迁入地	今省	资料来源	备　注
施道州	端平	益州	衡阳	湖南	后村集13/	
刘宗说祖父	宋末	华阳	攸县	湖南	圭斋文集10/(1)	
邓得遇	宋末	邛州	湘乡	湖南	大明一统志63/23	
田著	宋末	蜀	慈利	湖南	道园学古录9/	
王某兄弟	德祐元年	蜀	慈利	湖南	道园学古录9/	
牟子方	宋末	井研	公安	湖北	大明一统志40/20	兄子才
谢端祖先	宋末	遂州	江陵	湖北	滋溪文稿13/	
谢端	宋末	遂州	武昌	湖北	滋溪文稿13/	原居江陵
赵吉甫	宋末	蜀	沔阳	湖北	大明一统志66/6	
高定子	宋末	邛州	苏州	江苏	宋史409/12322	
魏了翁	宋末	邛州	苏州	江苏	宋史437/12970	
袁介祖先	宋末	蜀	华亭	上海	元诗纪事23/544(2)	
邓漳	宋末	绵州	钱塘	浙江	元史172/4023	
杨文仲	宝祐	眉州	余杭	浙江	宋史425/12684	
史氏	宋末	眉州	湖州	浙江	清容居士集34/	
牟子才	宋末	井研	湖州	浙江	全宋词4/2718(3)	
牟氏	宋末	眉山	湖州	浙江	宋史411/12361	兄子才
牟巘	宋末	井研	湖州	浙江	宋诗纪事76/1856	父子才
牟伯成	宋末	隆州	吴兴	浙江	道园学古录15/	
程公许	宋末	叙州	湖州	浙江	宋史415/12495	
赵楝	宋末	?	杭州	浙江	道园学古录19/	
文及翁	宋末	绵州	湖州	浙江	全宋词5/3138	

1　虞集:《道园学古录》卷9《慈利州天门书院记》。

续表

姓名	迁移时间	迁出地	迁入地	今省	资料来源	备注
高斯得	宋末	邛州	湖州	浙江	耻堂存稿·原序	
李鸣复	理宗时	泸州	嘉兴	浙江	大明一统志 39/17	
虞玨	宋末	仁寿	会稽	浙江	全宋词 4/2961	
安如山	端平二年	广汉	会稽	浙江	宋诗纪事 64/1619	
谢昌元	宋末	资州	鄞县	浙江	清容居士集 33/	
华严教僧	宋末	成都	明州	浙江	清容居士集 31/	
杨栋	宋末	眉州	临海	浙江	宋史 421/12586	
张瀛	宋末	导江	?	浙江	吴文正集 73/	
虞汲	宋末	隆州	崇仁	江西	元史 181/4174	
师氏	宋末	眉州	崇仁	江西	吴文正集 66/	
黄骥子	宋末	蜀	九江	江西	大明一统志 52/27	
黄仪可	宋末	蜀	九江	江西	大明一统志 52/27	兄骥子
陈徵	宋末	阆州	南康	江西	大明一统志 8/20	
樊氏	宋末	临邛	临川	江西	吴文正集 54/	
范元镇	宋末	蜀	安福	江西	揭傒斯全集·文集补遗/438（4）	
陈定叟	宋末	蜀	江南	?	青山集 1/（5）	后迁庐陵永和
冯巽甫	宋末	蜀	莆田	福建	后村集 157/	
马塈	宋末	宕昌	静江	广西	宋史 451/13270	
牟氏	宋末	?	?	?	历代名臣奏议 64/	
姚希得	宋末	潼川	?	?	宋史 421/12587	

说明：资料来源中，类"63/23"者，/前一数字是卷数，/后一数字是页数。（1）欧阳玄著，四部丛刊本。（2）陈衍编，上海古籍出版社点校本。（3）唐圭璋编，中华书局本。（4）揭傒斯著，上海古籍出版社点校本。（5）赵文著，四库全书本。

今湖北和湖南两省分居长江中游，为四川移民东迁首先经过之地，移民较多。理宗嘉熙元年（1237年）蒙古军兵分两路，大举进攻四川和襄阳，"襄、蜀之人，十九血于虎口，其幸而免者，率聚于荆（即江陵府，治今湖北江陵）、鄂（治今武汉市武昌）之间"[1]，两府州之间的长江

---

[1] 高斯得：《耻堂存稿》卷4《公安南阳二书院记》，丛书集成初编本。

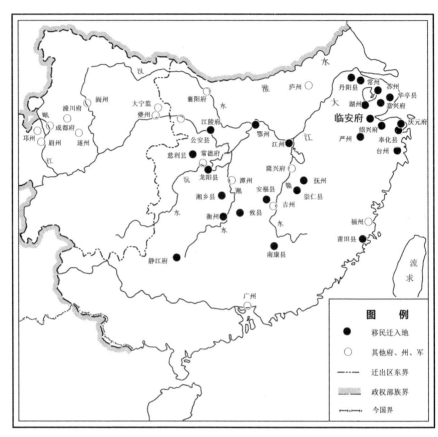

图 7-1 南宋后期四川难民的东迁

两岸成为蜀、襄难民云集的地区。表 7-3 所列的移民中,居湖北共 4 人,分别居住在公安、江陵、武昌、沔阳等地,显然江陵—鄂州一线是今湖北境内四川移民的基本分布区。关于移民的人数,已无法得知。当时,孟珙在公安县(今县北)设公安书院以供蜀地 120 名士人读书[1],公安一地的四川移民数量当在数千至万余人间,湖北全境的全部四川移民数当是此数的几倍。

今湖南省境的四川移民主要集中在西北部。位于洞庭湖西岸的

---

1 高斯得:《耻堂存稿》卷 4《公安南阳二书院记》。

常德府龙阳县（今湖南汉寿），由于"南宋时，蜀之贤士大夫居官避难者多家焉"，到元代"故家巨室率多蜀人"[1]。澧州慈利县（治今县）西150里的天门山，虽是离长江较远的偏远山区，也有若干可能自夔州路经山路迁入的四川移民。先有田著的先人来居，德祐元年（1275年）王姓兄弟又自蜀避难来此，靠"开门授徒以自给"[2]。此外，今湖南东部湘江河谷的衡阳、攸县、湘乡诸县也都有四川移民（详表7-3）。

自两湖东下，便进入今江西、安徽两省境。笔者至今尚未发现今安徽境内的四川移民资料，但江西境内却很多，反映了这一带移民的分布特点。江州（治今江西九江）是移民进入江西的上岸地，南宋末在此避难的四川及两淮难民很多，以致当地"户口日增"，地方官除予安置外还建景星精舍以供士人读书[3]，黄骥子、黄仪可兄弟及其家人也定居于此。一些移民还溯赣江及其支流，迁入临川、崇仁、安福、南康等地（皆详表7-3）。

今浙江省、上海市和江苏省的长江以南地区，南宋属两浙路，为全国政治文化中心，在此任官的蜀籍士大夫数量不少，大多定居于此。表7-3所列的移民共42人，21人定居本区，占移民总数的一半。由于蜀籍士大夫定居地往往也是移民聚居中心，迁居本区的下层移民应有相当数量。

四川士人东迁以后，纷纷在定居地建梓潼帝君庙（一称文昌宫）。江南的临安、严州（治今浙江建德东）、明州奉化县（今宁波奉化区）、常州、丹阳、金陵（今江苏南京）等府州，均建有庙宇（详下）。吴自牧《梦粱录》卷19《社会》条载：每逢二月初三日梓潼帝君诞辰日，"川蜀仕宦之人，就观建会"，举行宗教活动。类似记载提示我们，凡有梓潼帝君庙的地方，便应有蜀籍移民。上述府州和表7-3所举之苏州、嘉兴府、湖州、绍兴府（治今浙江绍兴）、明州鄞县（今宁波）、台州临海县（今市），均是四川移民的定居地。

刘克庄说："自蜀有狄难，而衣冠名族避地者布满于荆楚、江、浙，

---

1 李祁：《云阳集》卷4《送易玉田之龙阳学正序》，四库全书本。
2 虞集：《道园学古录》卷9《慈利天门书院记》。
3 刘岳申：《申斋集》卷11《张元英墓志铭》。

然南辕者尚少。"[1]即使这样,仍有少数因任官而留居在今福建和岭南境内的四川移民,表7-3所列的冯巽甫和马蟄便是他们的代表。景炎元年(1276年)元军攻占江浙以后,一些原居住这些地区的蜀籍移民,又迁入今福建境内。四川移民刘山岳及其学生,当时便"奔凑于七闽"[2]。这些人中,可能会有一些人定居下来。

第六节

移民与区域经济开发和文化发展

宋代是我国南方地区经济开发的重要历史时期,在此期间发生的北方人口的大规模南迁促进了总体水平的提高,而南方土著居民自人多地少地区向地广人稀地区的迁移则促进了落后地区的开发。当时,南方落后地区著籍户数的增加,除了自然增长和非汉族入籍等原因,主要是移民迁入的结果。除了江淮、湖北和四川北部等地区北方人在移民中占比重较大以外,今湖南、广东、广西和四川沿边地区的移民主要是南方人民。

在以手工劳动为主的情况下,一定的人口数量是区域开发的基本动力。南方籍移民对各区域经济开发的作用,大致分两种类型。一种是在江淮、湖北的长江以北地区和四川的北部沿边区域,受宋金、宋蒙(元)战争影响经济发展相当曲折,和平时期的经济恢复基本依赖于南、北籍移民的迁入(详本卷第十三章第一节)。一种是湖南、广东、广西和湖北长江以南等地区,原先人口密度不高,经济水平有限,为东南和四川无地少地人口的主要迁入地,南方籍移民迁入是区域经济发展的重要动力。

---

1 《后村集》卷157《冯巽甫墓志铭》。
2 黄仲元:《四如集》卷4《刘君墓志铭》,四部丛刊本。

移民较多的湖南路是这方面最为典型的例子。不仅洞庭湖和湘江河谷平原,湘西山区也发展较快。例如,武冈军(治今湖南武冈)虽位于西南山区,且靠近非汉族地区,北宋徽宗崇宁五年(1106年)却因"疆境阔,户口繁,市井稠密,商旅往返",由县升为军;南宋高宗绍兴十六年(1146年)又由于社会安定,知军由武将改用文臣[1]。广西的人口增长也很快。漆侠先生认为:"宋代经济除在全国各地区继续发展外,有一个较明显的趋势是向湘江以西的湘西和广南西路这一西南方向发展,两路人口都有较大的增长,正是这一趋势的极好的说明。"[2] 南宋时期鄂州、长沙等城市都得到较大的发展,鄂州并取代江陵,成为长江中游最大的城市。虽然广东、广西未完成区域经济开发,但宋代却为元明清的发展奠定可靠的基础。

移民也促进今浙江、江西、福建以及四川盆地沿边山区的开发。像福建汀州、四川泸州等位置偏僻、交通闭塞的州军,也都得到相当程度的开发。南宋庆元(1195—1200年)年间汀州的人口密度达每平方公里12.5户,已接近全路治所所在的福州十几年前的水平(13.4户)[3]。由于丘陵已得到比较充分的开发,移民还深入海拔较高的山区。福建一些"深山穷谷,人迹所不到"的地方,也得到开发,"往往有民居,田园水竹,鸡犬之音相闻"[4]。可以说,在浙、闽、赣等地区,凡可以种植水稻的地方南宋都已得到开发,只有不适合水稻种植的高寒山区有待明清时期美洲作物传入后的大开发。

汉族移民向边远山区的迁移,还促进与主要居住山区的非汉族人民的联系,有助于他们经济文化的发展,从而加速民族融合的进程。南宋时期,四川的獠人已基本融合于汉族和其他非汉民族,海南黎族中的熟黎汉化程度已相当高。关于湖南、湖北的非汉民族,可以居住靖州的人民为例:"初,夷人散居溪谷间,各为酋长。及上版图职方氏,为王民,与彼之山川壤比疆连犬牙相入也,岁久声教所罩,去椎髻之俗

---

1 祝穆:《方舆胜览》卷26。
2 《宋代经济史》,上海人民出版社1987年版,第71页。
3 参见吴松弟:《宋代福建人口研究》,《中国史研究》1995年第2期。
4 李纲:《梁溪集》卷12《桃源行并序》。

而饰冠巾,转侏僑之音而通字画,官吏约束一如中州。"[1]

南方籍移民的迁移,不仅促进地广人稀地区的开发,同时也大大缓减人多地少地区的人口压力。在当时,人多地少地区相对过剩人口的基本出路,不是进入工商业和其他非农业部门,就是迁往地广人稀地区。在福建等人口压力特别严重的地区,对外迁移已成为人民的基本生活出路之一。在一定的条件下,适当降低人口压力,有益于移民迁出地区的人民保持较高的生活水平和社会安定。

移民是文化的载体。由于移民基本来自较为发达的地区,他们的迁入极大改变了落后地区的文化面貌。宋末四川难民的东迁,便对湖南、湖北等地区的文化发展起了很大的推动作用。湖南慈利的天门书院,就是四川王姓兄弟迁入后始建的。有关文献在谈到四川移民时,往往都提到他们对当地文化建设的积极作用。李祁说龙阳"今其故家巨室,率多蜀人,故其士皆文以雅"[2],便是一证。

移民往往将故乡的习俗带入新居地,从而导致文化现象的迁移。宋代南方籍移民在这方面的影响,以偶像崇拜最为显著。随着移民的迁移,天妃崇拜、许真君崇拜和梓潼君崇拜在南方地区扩大开来。

天妃(又称妈祖)崇拜来源于福建沿海的莆田。据说妈祖是莆田人,是五代时闽王统军兵马使林愿的第六女,因得道术,能通变化,驱邪救世,常在海上救危扶难,平波息困,被人尊奉为海上保护神。宋代以后历受封赠,被称为"天妃"或"天后",深受福建沿海特别是闽南人民的崇拜。闽南沿海人民往外迁移,往往要在新住地建造天妃宫(或称妈祖庙),以祈求庇佑保护。自南宋中期起,天妃崇拜逐渐流传,"始莆,遍闽、浙",沿海纷纷立庙祭祀[3]。刘克庄说:"余北游边,南使粤,见承楚、番禺之人祀妃尤谨,而都人亦然。"[4] 潮州是福建移民最多的地方,也是天妃宫最多的地方。仅潮阳县便有多所,清人说这些庙年

---

1 《方舆胜览》卷31,引汪彦章:《靖州营造记》。
2 《云阳集》卷4《送易玉田之龙阳学正序》。
3 程端学:《积斋集》卷4《灵济庙事迹记》,四库全书本。
4 《后村集》卷91《风亭新建妃庙记》。

代久远,"其创造年代俱无考,大约始于宋元"[1]。

梓潼君崇拜发源于四川。宋代的四川士人,认为梓潼县七曲山的土神张亚子是主管科第和文官职位的神仙,为求在前景难卜的科举中高中,对其虔诚信仰,顶礼膜拜。移民东迁后,纷纷在定居地建梓潼帝君庙(一称文昌宫)。马廷鸾说:"自吾有敌难,岷峨凄怆,君之灵与江俱东。今东南丛祠,所在崇建,自行朝之。"[2] 反映了梓潼帝君崇拜这种四川特有的文化现象,已随着移民东迁传播到长江中下游和东南各地。位于今浙江和江苏南部的不少府州,例如临安、严州、明州奉化县、常州、丹阳县(江苏今市)和金陵(今南京),均有梓潼帝君庙[3]。元代以后,朝廷正式封其为帝君,"而天下学校亦有祠祭者"[4],对梓潼帝君的信仰遂流传到全国各地。

许真君为江西地方的俗神,名许逊,晋代道士,据说他在江西镇蛟除害,被称为"许真君",历来为江西人所崇拜。凡江西外出移民所至,均建立许真君庙,又称万寿宫。谭其骧先生在研究湖南人口由来后,指出"江西人好祀许逊,以是许祖行宫、许真君庙,亦遍于湖南。……许祖行宫一名许真君庙,俗名万寿宫。以其为江西人特有信仰之故,故所在万寿宫即成为实际上之江西会馆"[5]。

先进地区的移民迁入落后地区,对其经济文化发展的促进作用已如上述。耐人寻味的是,落后地区的落后文化,在开发过程中对先进地区的文化是否也会有影响? 例如,杀人祭鬼这一丑陋习俗,北宋时仅流行于湖南、湖北、岭南等非汉民族较多的地区,但到南宋时却悄悄影响到江西、两浙等经济文化发达的汉族地区。南宋初洪迈说:"杀人祭祀之风,湖北最甚……此风浸淫被于江西抚州。"[6] 到宁宗嘉泰(1201—1204 年)以前,与临安近在咫尺的湖州也开始杀人祭鬼,数月

---

[1] 《乾隆潮州府志》卷 25《天妃庙》。
[2] 《碧梧玩芳集》卷 17《梓潼帝君祠记》,四库全书本。
[3] 见《咸淳临安志》卷 73;《景定严州续志》卷 4;姚勉:《雪坡集》(四库全书本)卷 33《明州奉化县梓潼帝君殿记》;《咸淳毗陵志》卷 14;《至顺镇江志》卷 8 和《至大金陵新志》卷 11 上。
[4] 《明史》卷 50《礼四》,中华书局点校本,第 1308 页。
[5] 《湖南人由来考》,《长水集》上册,第 353 页。
[6] 《夷坚三志》壬卷第四《湖北棼睁鬼》。

间杀 49 人,"而邻里掩盖不以闻者不预焉"[1]。终南宋一代,朝廷不断发布诏令严禁杀人祭鬼之风,地方官也积极采取措施,但此风仍未明显刹住,到元代以后有关记载才较少见到。杀人祭鬼陋俗地区扩大的原因,至今尚无令人信服的解释。笔者以为,此陋俗扩大的过程,正是湖南、岭南等落后地区移民迁入、开发不断扩大的过程,也是有关区域对外联系扩大的过程。区内外联系的扩大,既便于先进文化的交流,也便于落后文化的传播,何况南方地区自古信鬼好巫,有接受杀人祭鬼这一陋俗的广泛的群众心理基础。

---

[1] 《宋会要辑稿》刑法二之一三一。

第八章

靖康乱后北方人口的南迁：迁移过程

发生在北宋末靖康之乱以后的北方人口的大规模南迁,是对我国南方地区开发和经济发展产生重大影响的三次北方人口大规模南迁浪潮之一。与西晋永嘉之乱以后和唐后期五代这两次移民浪潮相比,本次移民潮迁移规模最大,距今最近,对近现代经济文化的影响最为深远。因此,研究这次移民,无疑具有重要意义[1]。

虽然南宋和金及其后的蒙元之间边界屡有变迁,但在大多数时间都稳定在今天的秦岭-淮河一线,本卷有关各章所说的靖康乱后北

---

[1] 在本课题的研究上,张家驹先生是主要的开拓者,并已取得重要的成果。张先生这方面的论著有：《靖康之乱与北方人口的南迁》,《文史杂志》第 2 卷第 3 期,1942 年;《两宋经济重心的南移》,湖北人民出版社 1957 年出版。1977 年黄宽重先生发表的《略论南宋时代的归正人》(载台湾《食货月刊》复刊第 7 卷第 3 期至第 1 期)是有关这方面的第二篇重要论文,此后黄先生的《南宋时代抗金的义军》(台湾联经出版事业公司 1988 年版)也涉及这一问题。上述论著以及其他区域或专题研究论文对本课题的研究不无裨益,但尚未反映移民的基本面貌。笔者博士论文《北方移民与南宋社会变迁》(台湾文津出版社 1993 年版),共 8 章,25 万字,比较深入全面地研究了移民过程、分布和影响的各方面问题,本书有关靖康乱后北方人口南迁与影响各章主要在此书基础上修改而成。本书在修改时,有几处吸收了邹康达、黄宽重《吴松弟著〈北方移民与南宋社会变迁〉》(载《新史学》第 5 卷第 2 期,台北 1994 年 6 月出版)和朱瑞熙《评〈北方移民与南宋社会变迁〉》(载《历史研究》1995 年第 2 期)两书评的批评意见。以下如非直接引用,不另注明。

方人民南迁,即指移民迁入此线以南区域。位于四川盆地以东、淮河以南、长江以北的江淮地区,是宋金主要交兵地带,这一地区既接纳一定数量的北方移民,也有大量的当地人口迁往长江以南,后者也在研究范围。

考虑到此次移民运动的特殊性,凡靖康乱前因任官、流放、当兵、经商等原因前往南方,乱后无法返乡而留居的北方人民亦属于研究范围。由于迁出地指原居地,非指籍贯,凡籍贯南方而长期居住在北方的人,也属于北方人民。

靖康之乱以后北方人口的南迁断断续续持续了一个半世纪,若以移民不同的背景作为划分时期的标准的话,约可分靖康之乱、南宋金对峙、南宋蒙元对峙三个时期;若以连续若干年的移民浪潮视为一个阶段的话,可分为七个阶段。试分时期简述各阶段的北方人口迁移过程。

第一节

靖康之乱时期北方人口的南迁

张家驹先生说:"所谓靖康之乱,亦应包括和约订立以前的全部战争,前后共十七年(1125—1142)。"[1] 这是很有见地的。宣和末年金军开始大举进攻北宋,南宋建立并迁到长江以南之后金军过江追击,后虽北撤,但金军和刘豫军队旨在消灭南宋的战争与南宋军队的北伐战争持续不断,长达十余年。直到绍兴和约签订以后大规模战争暂告结束,北方人口南迁的第一个阶段即靖康之乱阶段随之告终。

---

1 《靖康之乱与北方人口的南迁》,《文史杂志》第2卷第3期,1942年。

一　南迁之始

北宋徽宗宣和三年(1121年,辽保大元年,金天辅五年),金太祖率军进攻辽国。七年(金天会三年)二月,金军擒捉天祚帝,辽亡。十月,金下诏攻宋,大将宗翰(粘罕)自西京(今山西大同)攻太原,宗望(斡离不)自南京(今河北卢龙)攻燕山(今北京),金军进军迅速,宋军望风披靡。

同年十二月,宋徽宗匆忙让位于太子赵桓,是为钦宗。靖康元年(1126年)正月,金兵攻至黄河北岸,京师告急。徽宗慌忙带着一帮亲信大臣南下避难,才到亳州(今属安徽),已"百官多潜遁"[1]。当时开封"城中既无将,又无兵,独有健勇二万……往往上马以两手捉鞍,不能施巧,大凡仓猝如此,不暇悉数。而太平之久,人不知战,又不善守"[2]。城中的居民也开始南迁避难,"男子妇人老幼,相携出东水门沿河而走者数万,遇金人杀掠者几半"[3]。但也有一部分人到达淮河以南,胡舜申《乙巳泗州录》载其于泗州(治今江苏盱眙北)所见:"又旬日,上皇移幸而南(赴镇江)。自是京师士民来者日夕继踵"[4]。不久,宋援军前来,金军解围北撤,徽宗还京师。

八月,金军再次由宗望、宗翰统帅,分东、西两路大举攻宋。宋军在河东作战失利,"威胜(军,治今山西沁县)、隆德(府,治今长治)、汾(州,治今汾阳)、晋(州,治今临汾)、泽(州,治今晋城)、绛(州,治今新绛)民皆渡河南奔,州县皆空"[5]。在河北,金军破真定(今河北正定),攻中山府(今定州)。至十一月,两路金军进逼开封。沿途官吏多弃城而逃,百姓也纷纷避难,"士庶携老提幼,适汝(州,治今河南汝州)、颖(州,治今安徽阜阳)、襄(阳府,治今湖北襄阳)、邓(州,治今河南邓州)

---

[1] 《宋史》卷23《钦宗纪》,第423页。
[2] 《三朝北盟会编》卷27,靖康中帙二。
[3] 《三朝北盟会编》卷28,靖康中帙三。
[4] 王明清:《玉照新志》卷3,上海古籍出版社点校本,第49页。
[5] 《宋史》卷23《钦宗纪》,第430页。

逃避者莫知其数"[1]。朝廷于当月下令:"河北、河东、京畿清野,令流民得占官舍寺观以居。"[2]

闰十一月二十六日,金军攻陷开封,军民十数万人(一说 4 万人)夺万胜门出逃,后在城郊被金军驱散,"有得脱者,悉走京西(指京西南路,约当今湖北北部),聚为盗贼,李孝忠、党忠、祝进、薛广、曹端、王在之徒皆是也"[3],标志着以流民溃兵为主体的所谓北方盗贼开始进入南方地区。

金军占领开封以后,徽宗和钦宗沦为俘虏。靖康二年三月,金人立张邦昌为楚帝。四月,挟徽、钦二帝和在京宗室、大批工匠北归。五月,宋徽宗第九子赵构即位于南京(今河南商丘南),改元建炎,是为高宗,开始建立南宋政权。原在开封的元祐太后(后改称隆祐太后)及未被金人带走的一些大臣不久也迁到南京。

二 高宗南迁和移民浪潮的形成

鉴于北方局势的不断恶化,高宗即位不久即为南迁江南做准备,拨钞盐钱 10 万缗,"使修江宁城(今江苏南京)及缮治宫室,以备巡幸"[4]。同年八月,移宗室于江宁、镇江、扬州[5];隆祐太后率领"六宫及卫士家属",在军队护卫下迁往江宁避难[6]。高宗宣布太后南迁的诏令说:"朕当独留中原,与金人决战。"[7]但是,南京等地的士大夫仍人心浮动,纷纷南迁,"乞去,则必以东南为请;召用,则必以疾病为辞;沿流以自便者,相望于道途;避寇而去官者,日形于奏牍;甚者至假托亲疾,不候告下,挈家而远遁"[8]。就在此前后,山东等地的士大夫"率鬻田

---

1 《三朝北盟会编》卷 64,靖康中帙三九。
2 《宋史》卷 23《钦宗纪》,第 433 页。
3 《三朝北盟会编》卷 70,靖康中帙四十五,引《遗史》。
4 《建炎以来系年要录》卷 5,建炎元年五月辛卯,第 118 页。
5 《建炎以来系年要录》卷 8,建炎元年八月戊午朔,第 196 页。
6 《宋史》卷 24《高宗纪》,第 447,448 页。
7 同上书,第 447 页。
8 《三朝北盟会编》卷 112,炎兴下帙十二。

宅,去乡里",也开始迁徙[1]。

十月一日,高宗登舟,开始沿运河南迁,"宰执、侍从、三司、百卫禁旅、御营使司、五军将佐,扈卫以行"[2]。同月,隆祐太后和高宗都到达扬州。

自金军攻宋以来短短几年间,战火几乎烧遍整个黄河中下游地区,给北方人民带来惨重的战争灾难。庄绰说:"建炎元年秋,余自穰下(指今河南南阳)由许昌以趋宋城(今商丘),几千里无复鸡犬。"[3]河北、河东、山东等地区也好不了多少。"初,敌纵兵四掠,东及沂(治今山东临沂)、密(治今诸城),西至曹(治今定陶西)、濮(治今河南濮阳)、兖(治今山东兖州)、郓(治今东平),南至陈(治今河南淮阳)、蔡(治今汝南)、汝、颖(治今安徽阜阳),北至河朔(指宋代黄河以北地区),皆被其害,杀人如刈麻,臭闻数百里,淮泗之间亦荡然矣。"[4]金军还驱掠大批人民进入今东北等地,仅在开封一地"华人男女,驱而北者,无虑十余万"[5]。

为了生存,中原人民开始向安全的地方迁移。当时,金军尚未进入淮河以南,南方地区相对比较安全,又逢丰收年景,无疑是避难的好地方。李纲赋诗说:"连年兵甲兴,犹幸东南稔,食足无叛民,闾里得安枕。"[6]在求生欲望的驱使下,不仅仅皇室、官僚、士大夫,平民百姓也纷纷向南方地区迁移。

建炎元年(1127年)十一月,张遇率领北方流民渡过长江,进入池州(治今安徽池州)[7],标志着北方流民武装集团开始进入江南。十二月,西京(今河南洛阳)留守孙昭远引余兵南迁;河东经制使王燮率领残部打算由商州(治今陕西商洛)、金州(治今安康)进入四川,被安置在兴元府(治今陕西汉中)[8],西北军队开始长驻今陕南地区。

二年正月,由于迁入黄河两岸的河北、河东流民众多,高宗在扬州

---

[1] 江藻:《沙溪集》卷20《工夫人墓志铭》,四部丛刊本。
[2] 《三朝北盟会编》卷113,炎兴下帙十三。
[3] 《鸡肋编》卷上,第21页。
[4] 李心传:《建炎以来系年要录》卷4,建炎四年庚申朔,第87页。
[5] 《建炎以来系年要录》卷4,建炎元年四月辛酉,第92页。
[6] 李纲:《梁溪集》卷20《崇阳道中作四首》。
[7] 《建炎以来系年要录》卷10,建炎元年十一月戊子,第239页。
[8] 《建炎以来系年要录》卷11,建炎元年十二月癸亥,第249页;建炎元年十二月甲戌,第255页。

颁发诏令,要求河北、京西、陕西官员悉心措置,将流民安排在沿河的州县[1]。不过,从以后的情况来看,两河流民定居在黄河沿岸的并不多,大多仍继续南迁。与此同时,金军在各个方向向宋军发起进攻。在东线,金军进攻山东,"而(宋军)京东无帅,士大夫亦皆避地"[2]。由于扬州是金军进攻的主要目标,朝廷将迁到扬州的宗室疏散到泰州和高邮军(治今江苏高邮)避难[3]。在中线,正月二日,金军攻陷邓州,邓州军民南迁,"入房州(治今湖北房县),往襄阳"[4];十一日,金军陷均州(治今湖北丹江口均县镇),"境内百姓流徙而去"[5]。原东平府(治今山东东平)兵马钤辖孔彦舟率领大批北方流民渡过淮河,进入黄州(治今湖北黄冈)一带[6]。在西线,为了确保四川的安全和稳定,朝廷"禁诸将引溃兵入蜀,置大散关使以审验之"[7]。为了瓦解北方流民武装集团,朝廷下令"流民、溃兵之为盗贼者,释其罪"[8]。

四月,御营左翼军统制官韩世忠在西京作战失利,率余兵数千人南撤[9]。六月,宣义郎王择仁率兵万余人,自关中经商州退入襄阳[10]。七月,长江以南的归朝官(指从金朝统治区迁入南宋统治区的官吏)很多,甚至荆湖南路的永州(治湖南今市)、道州(治今道县)也有分布[11]。十二月,隆祐太后在苗傅统领的西北籍军队护卫下,自扬州渡过长江,进入杭州[12]。

三 南渡长江

建炎三年正月,金军进入淮南。二月初,高宗下令"听士民从便避

---

1 《宋会要辑稿》食货六九之四六。
2 《建炎以来系年要录》卷12,建炎二年正月癸卯,第273页。
3 《建炎以来系年要录》卷12,建炎二年正月甲午,第267页。
4 《三朝北盟会编》卷114,炎兴下帙十四。
5 同上。
6 《宋史》卷25《高宗纪》,第453页。
7 同上书,第454页。
8 同上。
9 《建炎以来系年要录》卷15,建炎二年四月丙寅,第311页。
10 《建炎以来系年要录》卷27,建炎三年八月乙巳,第552页。
11 《宋会要辑稿》兵一五之一。
12 《建炎以来系年要录》卷18,建炎二年十二月乙卯,第372页。

兵",并令刘正彦部兵护卫皇子和六宫自扬州迁杭州[1]。三日,金军陷天长,离扬州只有百里,高宗闻讯大惊,匆匆忙忙带五六内侍和亲军数人乘小渡船渡过长江[2],百官和百姓约有数万人纷纷跟随南渡[3]。在二月的其他日子里,北方移民仍继续自各长江渡口进入南方,朝廷也"令有司具舟常(常州)、润(今镇江),迎济衣冠、军民家属"[4]。为加快摆渡速度,朝廷命令将领"多以绢帛堆垛江口赏募,日夜济渡"[5]。史载"高宗南渡,民之从者如归市"[6],即是对建炎南渡情形的写照。

由于无法与金军对抗,宋军在北方的残余部队除了在个别地方仍坚持作战以外,其余纷纷南迁。二月,知沧州刘锡率马军数百人千里迢迢经山东退往江南[7]。三月,阁门祗候张昱自陕府(今河南三门峡西)弃城引兵南撤,进入和州(治今安徽和县)[8]。四月,御营平寇前将军范琼自寿春(今寿县)渡过淮河,又经蕲州(治今湖北蕲春北)过长江,进入洪州(治今江西南昌)[9]。六月,河北人耿坚率所部义军迁入淮南;东京留守杜充引开封军队迁入南方[10]。七月,东京副留守郭仲荀也因缺少粮食率余兵赴行在(时在今江苏南京),开封居民万余人随行,"自此京师人来者遂绝矣"[11]。十二月,知徐州赵立率亲兵、禁兵、民兵约3万人迁入楚州(今江苏淮安)[12]。

开封居民和徐州民兵(其实也是民)随军队南迁的史实,说明在一般移民的心目中,与军队同行无疑要比单独迁移安全得多,很可能在上述这些军队南迁时都有一定数量的北方人民同行。半年后程昌寓率蔡州军队南迁,便有一定数量的避难百姓同行(详下)。由于移民众

---

1 《宋史》卷25《高宗纪》,第460页。
2 《三朝北盟会编》卷121,炎兴下帙二十一。
3 见《宋史》卷370《赵密传》。
4 《宋史》卷25《高宗纪》,第461页。
5 《三朝北盟会编》卷122,炎兴下帙二十二。
6 《宋史》卷178《食货志》,第4340页。
7 《三朝北盟会编》卷121,炎兴下帙二十一。
8 《建炎以来系年要录》卷21,建炎三年三月癸巳,第436页。
9 《建炎以来系年要录》卷22,建炎三年四月,第478页。
10 《建炎以来系年要录》卷24,建炎三年六月戊申朔,第491页。
11 《建炎以来系年要录》卷26,建炎三年七月庚子,第515页;八月乙丑,第523页。
12 《建炎以来系年要录》卷30,建炎三年十二月己亥,第593页。

多,大臣吕颐浩、张浚曾经商议,要将中原人民尽徙于东南[1]。不过,在当时形势下,这显然是做不到的。

为了消灭南宋政权,金朝大起燕云和河北之民为兵,南下攻宋,兵锋直指江南。南宋朝廷和皇室被迫分成两支,一支由隆祐太后率领迁入江西,一支由高宗率领,向浙东转移。

建炎三年七月,高宗安排隆祐太后率领六宫迁往江西,"且奉太庙神主、景灵宫祖宗神御以行";并下令"百司非预军旅之事者悉从"隆祐太后迁移[2]。十一月,金军自黄州一带渡过长江,从大冶抄捷径袭击隆祐太后所在的洪州。隆祐太后急忙溯赣江河谷而逃,进入虔州。金军尾随追击,直至太和县而止[3]。隆祐太后于次年八月返回两浙,那些随之逃难的移民,一般都没有北归,有的定居在江西,有的复自虔州翻越五岭进入岭南(详第九章第二节)。

高宗于十月率朝官渡过钱塘江以后,便向浙东进发[4]。十一月,金军过长江,向东追击高宗。高宗自越州(治今浙江绍兴)退到明州(治今宁波),最后在明州下海逃至温州,金军直追到沈家门(今舟山)[5]。跟随高宗东迁避难的百官家属和大批流民,因无法渡海,一部分留居在越州和明州,一部分人继续南迁,进入台州、温州和福建[6]。

在金军过江作战前后,北方人民仍源源不断地向南迁移。

建炎四年六月,秦帅辛兴宗统所募秦(治今甘肃天水)、凤(凤翔府,治今陕西凤翔)诸州"良家子"赴江南[7];密州人徐文统所部反金武装5 000人泛海南归,到达两浙[8]。

八月,光州(治今河南潢川)守将刘绍先引所部迁至江西九江[9];濠州(治今安徽凤阳东)守将刘纲因缺粮率兵迁往溧阳(今属江苏)[10]。

---

1 《建炎以来系年要录》卷23,建炎三年五月戊寅朔,第481页。
2 《建炎以来系年要录》卷25,建炎三年七月壬寅,第515页。
3 《建炎以来系年要录》卷29,建炎三年十一月,第572页;丁卯,第577页。
4 《宋史》卷25《高宗纪》,第469页。
5 《三朝北盟会编》卷136,炎兴下帙三十六。
6 《建炎以来系年要录》卷30,建炎三年十二月己丑,第587页;《宋会要辑稿》刑法二之一○三。
7 《建炎以来系年要录》卷34,建炎四年六月乙亥,第659页。
8 《建炎以来系年要录》卷34,建炎四年六月壬辰,第668页。
9 《建炎以来系年要录》卷36,建炎四年八月丙戌,第694页。
10 《宋史》卷26《高宗纪》,第482页。

原在淮南的归正人,由于朝廷担心"人情猜忌,妄生事端",也被迁到长江以南[1]。

同年,知蔡州程昌寓率"竭城人民、军兵",自河南迁入鼎州(治今湖南常德)[2]。

绍兴元年(1131年)三月,朝廷要求常州、平江府赈济淮南、京东西等路"避寇渡江流移失业之民"[3],这部分人可能就是金军北撤后迁入江南的移民。

自金军南侵以来,江淮地区沦为战场。为了保全人民性命,地方官纷纷组织所在州县的人民向长江以南迁移。其中,黄州和无为军(治今安徽无为)的军民分别撤往武昌(今湖北武汉市武昌)和江南[4];真州(治今江苏仪征)军民在守臣王冠率领下渡江,"驻于溧水、溧阳之间"[5]。

在金军过江期间,韩世忠、岳飞等部宋军数次击败金军,俘获部分士兵。那些被强迫而来称之为签军的两河人民,往往主动投降,仅在建康、镇江两地为韩、岳所招降的便"无虑万人"。鉴于这种状况,大臣汪藻建议仿照六朝侨寓法,在江南广设侨州侨县,以招徕北方流民[6]。不过,这一建议未被采纳。

建炎四年(1130年)五六月间,侵入江南的金军相继北归,不久主力又渡过淮河,回到华北。但在淮南仍留有一支军队,准备长驻。宋将刘光世"知其去国久戍远方,其众思归而有嗟怨之声也,谓可以离间其心",特铸上刻有"招纳信宝"的铜钱,让故意放回的俘虏带回军营,凡要投宋的人以铜钱作凭证。"未几,得女真、契丹、渤海、汉儿万人,无室家者则为之取妇,给粮马器仗",创奇兵、赤心两军;驻淮南的金军因军心瓦解,不久北归[7]。

---

1 《建炎以来系年要录》卷33,建炎四年五月乙巳,第640页。
2 岳珂:《金陀续编》卷25《鼎澧逸民叙述杨么事迹》,四库全书本。
3 《咸淳毗陵志》卷4《诏敕》,道光钱塘汪氏振绮堂刊本。
4 《三朝北盟会编》卷133,炎兴下帙三三;《建炎以来系年要录》卷29,建炎三年十一月己酉,第571页。
5 《建炎以来系年要录》卷33,建炎四年五月壬子,第644页。
6 汪藻:《浮溪集》卷2《论侨寓州郡札子》。
7 《三朝北盟会编》卷145,炎兴下帙四十五。

史书关于建炎三、四年北方移民进入四川四路的记载较少,但这不能证明四川没有移民或移民很少。因为宋代史书关于移民的记载,基本只反映军队、皇室重要成员和一定规模的武装集团的迁移,一般百姓的单独迁移往往缺载,而在此期间并无上述三类人物迁入四川。建炎四年九月张浚统领的宋军败退秦岭以南,此后有关移民的记载开始增多。不久,耀州(治今陕西铜川)守李师颜率所部迁入四川[1]。

建炎和绍兴初年,另一种形式的移民——称之为盗贼溃兵的流民武装集团的南迁也在持续进行着。建炎三年正月朝廷迁入江南以后,今四川以东、淮河以南、长江以北的广大地区,几成为流民武装集团的天下。综合《宋史·高宗纪》和《建炎以来系年要录》《三朝北盟会编》建炎三、四年各卷的记载,有张用、王善、宋进、刘文舜、薛庆、郭仲威、靳赛、刘忠、张荣、李成、邵青、孔彦舟、桑仲等武装集团,每一集团少者几千人上万人,多者十几万人。建炎三年十月,郭仲威部几万人渡过长江,进入平江府[2]。此后,力量较强的武装集团纷纷过江。四年,孔彦舟部进入洞庭湖以南地区[3]。绍兴元年二月,李成部进入江西,连陷数州军,几席卷江西[4]。八月,曹成部进入湖南,之后向岭南发展,直进到贺州(治广西今市)[5]。当时在江南还有许多其他武装集团,控制的北方流民当不下百余万人。绍兴元年以后,宋军以主要精力对付流民武装集团,经二三年时间才次第平定(详第十二章第一节)。

四 向山区和边远地区的迁移

建炎三、四年和绍兴初年,由于金军和北方流民武装集团在长江以南的平原地带作战,这一带已无安全可言。时人邓肃说自己一

---

1 《建炎以来系年要录》卷50,绍兴元年十二月辛未,第886页。
2 《建炎以来系年要录》卷28,建炎三年十月庚寅,第562页。
3 《建炎以来系年要录》卷31,建炎四年正月甲午,第613页。
4 《宋史》卷26《高宗纪》,第485页。马进、邵友均是李成部下。
5 《宋史》卷26、27《高宗纪》,第490、497页。

家：“天宇如许大，八口无处藏。空山四十日，画饼诳饥肠。”[1] 只有四川、岭南、福建以及江、浙、两湖的山区比较安全一些，迫使部分移民及一些南方人向这些地区迁移。建炎三年七月，在安排隆祐太后南迁时，高宗特意下诏：“应官吏士民家属南去者，官司毋得禁。”[2]

有关北方移民进入江南以后再次向偏远地区迁移的材料甚多。开封人万俟卨原避难在荆湖间，由于曹成部的活动，只好进入僻远的沅州（今湖南芷江）[3]。中原人王子钦兄弟三人，原避地襄汉，未几，襄汉大乱，一人南下桂阳（今属湖南），一人西入夔州（今重庆奉节），一人死于途中[4]。衢州开化（浙江今县）是"万山所环，路不通驿，部使者率数十年不到"的山区，当时却是"居人流寓，恃以安处"[5]。原居荆门（湖北今市）的理学家胡安国一家，靖康乱后寓居湖南湘潭，湖南北部乱后复向南部的邵州（治今湖南邵阳）迁移，此后更进入全州灌阳县（今属广西）[6]。

包括今广东、广西和海南三省区的岭南地区虽比较偏远，因远离战争也是北方人民避难的乐园。管理宗室成员的大宗正司先自开封迁到虔州，建炎四年三月再向南迁入广州[7]。"时中原士大夫避难者多在岭南"，连广西非汉民族居住的沿边13州也有北方移民[8]。

曾在各地流徙的北方诗人张嵲记当时的情景：“十年敌骑遍寰海，北客走到天南陬。天高地迥岂不广，南来北去皆离忧。”[9]《鸡肋编》卷上说：“建炎之后，江、浙、湖、湘、闽、广，西北流寓之人遍满。”都反映了当时北方移民遍布南方的历史事实。

不过，进入偏远地区的移民，一部分人在局势稳定以后又重新迁

---

1 《梣樇集》卷9《玉山避寇》，四库全书本。
2 《建炎以来系年要录》卷21，建炎三年六月乙亥，第502页。
3 《宋史》卷474《万俟卨传》，第13769页。
4 孙觌：《鸿庆居士集》卷31《送王子钦归夔子序》，四库全书本。
5 庄绰：《鸡肋编》卷中，第64页。
6 见胡寅：《斐然集》卷20《悼亡别记》。
7 《建炎以来系年要录》卷32，建炎四年三月丁卯，第626页。
8 《建炎以来系年要录》卷63，绍兴三年三月癸未，第1084页。
9 《紫微集》卷5《行建溪上是晚同宿小桥感怀书事》。

回江南地区。如原在广州和吉州（治今江西吉安）的宗室，于绍兴三年和四年分别迁回临安（今杭州）和绍兴府（以越州改名）[1]。又如前述的王子钦迁到江东[2]，原在岭南的长安（今陕西西安）人李龟朋迁到台州（治今浙江临海）[3]。本卷九、十两章《靖康乱后南迁的北方移民实例》各部分所列，自偏远地区迁回江南的移民的迁移背景和原因，一般都同于他们。

综上所述，靖康元年至建炎四年（1126—1130年）的北方人口南迁，大约有三个浪潮。金军攻入河北、河东以后，移民进入河南和淮南；攻入淮南以后，移民进入江南；攻入江南以后，一些移民进入岭南、福建以及其他山区。当然，这种总结只是指出了主要趋势，未能代表所有的移民的活动，至少未包括四川的移民在内。

五　余波犹兴：绍兴元年至十一年的移民

自建炎四年金军北撤以后，金朝开始有效控制华北，除了接近南宋的沿边和沿海地区的人民因地理位置的方便有机会南迁外，其余地区的人民南迁已有一定的困难。为了能够讲和，南宋在局势稳定时也采取一些限制移民进入的措施。因此，此后的北方人口南迁往往时断时续，且大多和军事行动联系在一起。

高宗绍兴元年（1131年）四月，北方流民武装桑仲部攻陷邓州，知州谭充"率众突围出奔入川中"[4]。六月，知虢州邵兴在卢氏（河南今县）作战失败，率部众退入兴元府（治今陕西汉中）[5]，可能也有部分迁入四川。十二月，金朝建立的刘豫齐政权的海州（治今江苏连云港西）知州薛安靖杀巡检使王企中，"率军民以城来归"[6]。

二年四月，齐宿州（治今安徽宿州）都统吴青率军人百姓数千口，

1　《建炎以来系年要录》卷62，绍兴三年正月庚午，第1061页；卷76，绍兴四年五月辛酉，第1255页。
2　《鸿庆居士集》卷31《送王子钦归夔子序》。
3　楼钥：《攻媿集》卷52《静斋迁论序》，第724页。
4　《三朝北盟会编》卷146，炎兴下帙四十六。
5　《建炎以来系年要录》卷45，绍兴元年六月甲午；卷48，绍兴元年十月乙亥。
6　《宋史》卷26《高宗纪》，第493页。

统领王资率人兵2 000余人,灵璧(安徽今县)官员粟宏和宿州柘塘巡检司周明分别率几百人,渡淮迁入南宋[1]。在淮东宣抚使刘光世的招纳下,"蕃汉及淮北人民来归者不绝";江东安抚大使叶梦得"亦招宿州人陆清等率众来归"[2]。九月,由于金朝以河北、河东、陕西、京东西等路人民所组成的签军"近来往往复归本朝",朝廷发布诏令,要求各路加以存恤安置[3]。

随着金朝在北方统治的日趋稳定,反金义军难以继续生存下去,一些人不得不率部分百姓南迁。绍兴二年八月,原在莱州福岛(今山东青岛崂山区东南大福岛)的范温部2 600余人泛海南迁[4]。三年四月,董先率余兵和百姓7 000余人自虢州退往襄阳[5]。长期在洛阳附近坚持抗金的翟琮部,不久也自伊阳(今河南嵩县旧县镇)凤牛山退入襄阳[6]。

四年十月,金和伪齐合兵50万,攻入南宋的京西南路和湖北路,次年九月又攻入淮南东路和淮南西路。由于屡遭宋军的沉重打击,同年十二月退军[7]。显然,经过近十年战斗,宋金双方的力量对比已发生变化,由金强宋弱逐渐转为均势。这种局势无疑鼓舞了北方的宋朝遗民,此后复大批迁入南方。五年二月,朝廷"诏淮南宣抚司抚存淮北来归官吏军民"[8];四月,"三省言:淮北官吏军民不忘朝廷涵养之恩,日来归附"[9];七月,高宗说"淮北之民襁负而至"[10],这些言论、诏令反映出移民不少。六年二月,宋将韩世忠从一度攻占的淮北退兵,淮北民从而南归者达万余人[11]。

七年十一月,金废刘豫齐政权,直接占领河南、陕西等地。这一行

---

1 《宋会要辑稿》兵一五之一、兵一五之二。
2 《建炎以来系年要录》卷53,绍兴二年闰四月丙午,第943页。
3 《宋会要辑稿》兵一五之二。
4 《建炎以来系年要录》卷57,绍兴二年八月辛亥,第998页。
5 《建炎以来系年要录》卷64,绍兴三年四月丙申,第1092页;卷67,绍兴三年七月乙未,第1137页。
6 《建炎以来系年要录》卷67,绍兴三年四月丙申,第1137页。
7 《宋史》卷27《高宗纪》,第512—514页。
8 《宋史》卷28《高宗纪》,第518页。
9 《宋会要辑稿》兵一五之五。
10 《宋史》卷173《食货志》,第4171页。
11 《建炎以来系年要录》卷98,绍兴六年二月辛酉,第1619页。

动加重了北方人民的恐惧感,南宋趁机进行招抚。次年春,金的"寿、亳、陈、蔡之间,往往举城或率部曲来归"[1]。其他地方的中原士庶也"多有挈老小来江南",由于移民众多,"沿淮诸州皆招纳应接之不暇矣"[2]。八年,知庐州(治今安徽合肥)刘锜估计这一区域大约能收到来归正的淮北兵四五万人[3]。由于"西北之民……襁负而归,相属于路",右正言李谊建议于淮南、荆襄侨建西北州郡,安置北方移民[4]。

九年正月,金朝同意将黄河以南归还宋朝,宋军进入河南、陕西等地。次年五月,金军重新占领黄河以南地区,宋军退到南方。在宋军进出河南、陕西的过程中,再次触发北方人民南迁的浪潮。郑亿年、张中孚、张中彦等一批归附刘豫政权的叛将叛臣复归宋朝[5],刘豫政权驻守东京(今河南开封)的军人大约5 700人在郭仲荀的带领下迁入镇江[6]。在宋军南撤时,河南淮北的人民不甘重受金朝统治,纷纷随其迁入南宋。随岳飞部队"从而南者如市"[7],与宋军一同迁入四川的关中人大约有13 000人[8]。十一年六月,宋军放弃最后几个州县。在这种形势下,坚守洛阳白马山的宋将李兴"统率军民几万人南归",海州(今江苏连云港市境)人民被举城迁到镇江[9]。

十一年十一月,宋金达成和议,规定双方以淮河中流为界,唐、邓二州属金,各守境土,宋朝不得招收南迁的北人[10]。和议签订后的十余年间,两国大致相安无事,大规模的北方人口南迁告一段落。

---

1 《宋史》卷360《赵鼎传》,第11292页。
2 《三朝北盟会编》卷183,炎兴下帙八十三。
3 《建炎以来系年要录》卷118,绍兴八年二月戊午,第1903页。
4 《建炎以来系年要录》卷118,绍兴八年三月戊申,第1915—1916页。
5 《宋史》卷29《高宗纪》,第539页、540页。
6 《建炎以来系年要录》卷132,绍兴九年十月己亥,第2122页。
7 《宋史》卷365《岳飞传》,第11391页。
8 《建炎以来系年要录》卷137,绍兴十年七月辛未,第2206页。
9 《三朝北盟会编》卷206,炎兴下帙一百六。
10 《建炎以来系年要录》卷142,绍兴十一年十一月庚申,第2292页。

第二节

南宋与金对峙时期北方人口的南迁

宋金绍兴和约的正式签订,标志着两国开始进入南北对峙时期,这一时期一直继续到金亡。这一时期(1141—1234年),宋金双方都曾发动过大规模战争,但往往几年便告结束,双方仍维持秦岭-淮河这一分界线。每一次北方人口南迁都与战争相联系,往往在战争酝酿时期开始,战争结束不久便告终结。在此期间的北方人口南迁,可分为海陵南侵之役、开禧北伐之役、宣宗南侵之役、宋蒙灭金之役等四个阶段。

一 海陵南侵之役

绍兴三十一年(金正隆六年,1161年)四月,金海陵王为了实现灭宋的图谋,率文武大臣进入河南,准备南侵。在这种情况下,宋朝开始接纳北方移民。

六月,淮北民兵崔唯夫、董臻等率领万余人南迁[1]。九月,均州武钜招纳到来自金界的忠义、归明人(均是南宋对自金界南迁者的称呼)2万余人并老小数万口[2];泗州的官吏百姓渡过淮河,进入宋境[3]。十月九日,高宗下令招谕北方人民;中书门下省报告说,"淮北军民老小不住归正,前来淮南",有许多人迁入两浙和江东、西[4]。十一月,邓州人苏俦率家属和客户4 000余人迁入湖北[5];淮宁府民陈亨祖执同知

---

1 《宋史》卷32《高宗纪》,第601页。
2 《宋会要辑稿》兵一五之九。
3 《三朝北盟会编》卷231,炎兴下帙一百三十一。
4 《宋会要辑稿》兵一五之九、一五之一〇。
5 《宋会要辑稿》兵一五之一〇。

完颜耶鲁,"以其城来归"[1]。

与此同时,海陵王统帅的金军进入淮南,扬州、滁州(治今安徽今市)、真州、和州等地人民开始大批迁入长江以南[2]。金军的大举南侵在江南也引起骚动,一些城市人民开始进入偏僻的农村避难,个别人甚至就定居在那里,杨简的父亲就是那时自鄞县迁入慈溪的[3]。

这次南侵只持续了半年左右。十一月,金军在采石的渡江作战失败,不久海陵王在一场兵变中被杀。十二月,侵入淮南的金军全部北撤[4]。

金军撤退以后,宋朝利用暂时的优势,加紧招纳金朝统治区的人民(宋朝称其为"归正人")。在东线,宋军戚方部收到归正人和金兵4 000余人[5],蒙县民倪震率4 000余人渡淮进入南宋[6],来自淮北的大批归正人进入楚州[7],著名词人辛弃疾率部分耿京领导的山东义军南下[8],淮西一带招到愿意屯田的归正人大约17 000名[9]。此外,宋军在海州招募到山东义军4 000余人,且每人各有家小,多者达十余口[10]。在中线,迁入荆襄地区的"西北来归之人甚众"[11]。赵搏率蔡州人民举城南迁,除一部分途中战死,其余的人都迁入荆襄[12]。在西线,宋军收复位于今甘肃南部的秦洮路,招到正弓箭手1万人[13]。

孝宗隆兴元年(1163年)五月,南宋军队渡过淮河,夺取金的灵璧、虹县两城,金将蒲察徒穆、大周仁等万余人投降,继而萧琦率部分

---

1 《宋史》卷32《高宗纪》,第606页。
2 见《宋史》卷366《刘锜传》,第11407页;《建炎以来系年要录》卷193,绍兴三十一年十月辛酉,第3247页;《叶适集·水心文集》卷18《蒋公墓志铭》,第352页。
3 杨简:《慈湖遗书》附录《慈湖先生行状》,四库全书本。
4 见《宋史》卷32《高宗纪》,第606、607页。
5 《三朝北盟会编》卷249,炎兴下帙一百四十九。
6 《宋会要辑稿》兵一五之一〇。
7 《宋会要辑稿》兵一五之一一。
8 《宋史》卷401《辛弃疾传》,第12162页。
9 《建炎以来系年要录》卷198,绍兴三十二年三月戊申,第3345页。
10 《宋会要辑稿》兵一五之一二。
11 《建炎以来系年要录》卷198,绍兴三十二年闰二月壬辰,第3337页。
12 《三朝北盟会编》卷249,炎兴下帙一百四十九。
13 《建炎以来系年要录》卷199,绍兴三十二年四月申戌,第3359页。

兵马自宿州归宋[1]。七月,寿春府军民士庶万余户归宋[2]。一时间,"中原之民翕然来归,扶老携幼相属于道"[3]。十月间,金军反攻,进入淮南,当地人民被迫撤往江南避乱,数十万流民进入江南[4]。流民主要上岸地镇江一带"流徙蔽野,兵民参错"[5]。

二年十二月,宋使节赴金讲和,许割商、秦二州之地,改岁贡为岁币,银绢各减5万。宋金战争状态结束,北方人口南迁告一段落。

隆兴二年袁说友说:"今江之南北、淮之东西,皆此辈(北方移民)安养之地"[6],可见本阶段移民主要分布在长江南北和两淮地区。

二 开禧北伐之役

隆兴和议以后,宋金双方维持了40多年的和平局面,至宁宗开禧二年(1206年)南宋权臣韩侂胄发动北伐,开始打破这种局面,并重新掀起北方人口南迁的浪潮。

开禧二年四月,宋军渡过淮河,攻占泗州和蔡州的新息等地[7]。在这种形势下,淮北的王皋、康源等人率众捕杀女真海口巡检夹古阿打投宋[8],某县知县王立开城门迎降,孙瑄、吾也、纳合道、康宁等人也率部或单独降宋[9]。战争爆发前,金朝饥荒,数十万饥民流徙在淮北的唐、邓、颍、蔡、寿、亳诸州之间[10]。由于"淮北流民有愿过淮者"[11],一部分人很可能趁此机会迁入南宋。

南宋对金全面开战以后,各路军队大多失利,金军开始反攻,进入

---

1 《宋会要辑稿》兵一七之二八。
2 《宋会要辑稿》兵一六之二。
3 《宋史》卷390《周淙传》,第11958页。
4 韩元吉:《南涧甲乙稿》卷21《方滋墓志铭》,丛书集成初编本。
5 《王顺巘汇忠》卷8,道光月徒包氏刻本。
6 《东塘集·论降虏当分其势》,《四库辑本别集拾遗》,第246页。
7 《宋史》卷38《宁宗纪》,第740页。
8 卫泾:《后乐集·江淮宣抚司契勘王皋、康源……各与补承节郎制》,《四库辑本别集拾遗》,第273页。
9 《宋会要辑稿》兵一六之一三。
10 真德秀:《西山文集》卷41《李公神道碑》。
11 《两朝纲目备要》卷9。

宋境,江淮人民再次被迫南迁。仅淮南的安丰(治今安徽寿县)、濠、盱眙、楚、庐、和、扬七州军,"其民奔迸渡江求活者几二十万家"[1]。直到嘉定元年(1208年)宋金和议成立、金军北撤以后,人口南迁浪潮始告终结。

据开禧二年十一月枢密院报告,两淮渡江人民主要分布在镇江、平江、建康、江阴、广德、嘉兴、湖、常、衢、婺、信、饶等府州军[2]。又,《四朝闻见录》载:"自开禧兵变,淮民稍徙入于浙、于闽"[3],福建也有一定数量的两淮移民。

三 宣宗南侵之役

当开禧年间金朝在江淮与南宋交战时,成吉思汗统一蒙古各部,开始成为金朝北面的劲敌。南宋宁宗嘉定四年(1211年,金大安三年,蒙古成吉思汗六年)秋,蒙古开始攻金,几年间大掠两河、山东,威逼中都(今北京)。嘉定七年,金宣宗被迫迁都南京(今开封),国土范围大减,只据有河南、陕西等地区。为了取南宋的土地财产以弥补损失,"遂有南窥淮汉之谋,兵端复起矣"[4]。十年(1217年)四月,金军开始攻宋。

嘉定十二年二月,金军攻入陕南。闰三月,攻入荆襄和淮南,进逼长江北岸。"淮南流民避乱渡江,诸城悉闭。"[5]"汉南(指汉水以南)自荆门、江陵以至汉阳,江南自岳阳、鄂渚以至武昌县,流移军民布满境内。"[6]至十四年春,金军开始撤离宋境,十七年金向宋求和,派官至光州声明不再南下。

蒙古军攻入中原以后,北方人民纷纷组织地方武装,以求自保,强悍不甘异族统治者则趁机揭竿而起。其中,以活跃在山东和淮北的红

---

1 《叶适集·水心文集》卷2《安集两淮申省状》,第10页。
2 《宋会要辑稿》食货六八之一〇三。
3 叶绍翁:《四朝闻见录》卷5《淮民浆枣》。
4 《两朝纲目备要》卷15。
5 《宋史》卷40《宁宗纪》,第772页。
6 魏了翁:《鹤山集》卷30《缴奏奉使复命十事》,四部丛刊本。

袄军势力最大。贞祐南迁以后,金开始全力对付义军。加之北方"赤地千里,人烟断绝"[1],严重缺粮,义军只得向南移动,寻求南宋的支援[2]。在金军攻宋之前,金界邻近南宋地区已聚集了大批企图迁入南宋,躲避战乱和饥荒的北方平民和义军,都被南宋拒之门外。金军攻宋之后,南宋改变态度,开始招纳。

嘉定十年,朝廷授山东红袄军首领李全为武翼大夫、京东副总管,不久李全部进入淮南。当时,分布在淮河南北的还有石珪、葛平、杨友、刘全等山东地方武装[3]。仅聚集在山阳(今江苏淮安)的"山东忠义"便达10万人[4]。此后,李全以楚州为基地,进出山东。

十一年二月,利州将麻仲率边外忠义人在秦州(治今甘肃天水)作战。不久,忠义军大溃,流入南宋的利州路北部作乱。"于是西和(治今西和)、成州(治今成县)及河池(今徽县)、栗亭(今徽县西)、将利(今康县北)、大潭县(今西和南)莽为盗区"[5]。沔州(治今陕西略阳)也是北方流民的世界,"关外五州流民不下数十万,溃卒满野,以青黄红白巾为识,时出抄掠"[6]。此外,金万户呼延棫等也入洋州(治今洋县)归宋,其下千余人被宋军收编[7]。

在这期间迁入荆襄一带的移民也很多。例如,荆鄂都统制孟宗政守枣阳(湖北今市),"中原遗民来归者以万数"[8],后孟宗政以"所招唐、邓、蔡三郡壮士二万余人"组成忠顺军[9]。

本阶段移民浪潮约持续七八年。由于土著居民南迁和金界人民大批迁入,到嘉定末年陕南、汉南、淮南等"三边之地"已形成"民夷(指来自金界的汉族移民)杂居","客主不敌"的局面[10]。

---

1 宇文懋昭:《大金国志》卷25。
2 参见黄宽重:《南宋时代抗金的义军》第四章第一节。
3 《宋史》卷403《贾涉传》,第12207页。
4 《叶适集·水心别集》卷16《后总》,第846页。
5 魏了翁:《鹤山集》卷69《许奕神道碑》。
6 《鹤山集》卷79《知达州李君墓志铭》。
7 《宋史》卷406《崔与之传》,第12260页。
8 《宋史》卷403《孟宗政传》,第12213页。
9 刘克庄:《后村集》卷143《孟少保神道碑》。
10 魏了翁:《鹤山集》卷19《被诏除礼部尚书内引奏事第四札》、卷16《值前奏事札子二》。

四　宋蒙灭金之役

理宗绍定五年(1232年,金天兴元年,蒙古窝阔台汗四年),应蒙古之约,南宋派兵与蒙古军一起合围金都汴京,金主东逃归德府(今河南商丘南),寻又南逃蔡州。不久,宋、蒙军攻破蔡州城,金亡。

刘因说:"金崇庆末(1213年),河朔大乱,凡二十余年,数千里间,人民杀戮几尽,其存者以户口计,千百不一余……其存焉者,又多转徙南北。"[1]由于南宋和蒙古联合灭金并接纳金朝遗民,大批北方人民复迁入南方。在宋蒙联合灭金的前后,又出现一次北方人口南迁的浪潮。如淄州人杨弘道、平州人王元粹都在金末避乱于襄汉[2]。绍定四年,襄阳府九华寺有数百名北方难民暂寓其内[3]。一寺收容难民竟达数百名,全城、全京西南路数量当相当可观。除了迁入荆襄,还有一部分人迁入四川和江淮地区。长安人焦永便是在金将亡时"率里闬孥属二百九人,道金、洋,入蜀门"[4]。相州人梁栋金亡后迁入南宋,先居住在鄂州,后又迁镇江[5]。南宋的淮安军(治今安徽五河南),本泗州五河河口,端平二年(1235年)金遗民来,在此屯田[6]。

绍定六年,孟珙统率宋军在河南作战,先后俘获金朝军人和民户甚多。第一次是120 020户;第二次是32 000人;第三次是军士15 500人,民户35 300户、125 553人;第四次是壮士老小12 300人[7]。这些人民最初留在唐、邓,不久蒙古军大举攻宋,他们中的一些人便随宋军南迁。例如,金邓州守将移剌瑗便居住在襄阳[8]。端平元年(1134年)十一月,京湖制置司以孟珙"所招中原精锐百战之士万五千余人"组成镇北军[9],这些人可能就是此前迁入的移民。

---

1 《静修集》卷17《孙君墓铭》。
2 陈衍:《元诗纪事》卷30,第702页;卷33,第748页。
3 张端义:《贵耳集》卷下,四库全书本。
4 袁桷:《清容居士集》卷29《焦君墓志铭》。
5 《至大金陵新志》卷14《摭遗》。
6 《宋史》卷88《地理志》,第2182页。
7 《宋史》卷412《孟珙传》,第12370—12371页。
8 刘祁:《归潜志》卷6。
9 《宋史》卷412《孟珙传》,第12374页。

第三节

南宋蒙元对峙时期北方人口的南迁

理宗端平元年正月,蒙古和宋联合灭金。次年,蒙古军挥师南下,分三路攻打南宋的四川、荆襄和淮南地区,宋蒙战争全面展开。战争持续了20余年,到景定元年(1260年,蒙古中统元年)因蒙古统帅忽必烈北归争夺皇位,战局暂时缓和下来。度宗咸淳十年(1274年)战火又起,元军全力攻宋,恭帝德祐二年(1276年,元至元十三年)宋亡,三年后(1279年)帝昺蹈海,南宋残部彻底覆灭。根据战争进展,在此期间的移民,可分为蒙元攻宋之役(端平元年至景定元年,1234—1260年)和蒙元灭宋之役(咸淳四年至帝昺祥兴二年,1268—1279年)两个阶段。

一 蒙元攻宋之役

端平二年蒙古军全面攻宋以后,荆襄和淮南一带重新沦为战场,南宋政府下令江淮清野,淮南百姓为避难纷纷南迁。

淮南百姓主要迁入长江以南,嘉熙元年(1237年)"淮民避兵,扶老携幼渡江而南无虑数十百万"[1]。淮民自镇江上岸以后,旬日之间即向常州流徙,并继续向东迁移,"自毗陵(即今江苏常州)而苏(州)、湖(州),自苏、湖而杭(州)、秀(州)"[2]。此外,江阴军、建康府、太平州、池州、江州、兴国军、鄂州、宁国府等地也有不少淮民[3],连长江中

---

[1] 杜范:《清献集》卷8《便民五事奏札》,四库全书本。
[2] 《历代名臣奏议》卷62,牟子才奏文。
[3] 《宋史》卷42《理宗纪》,第412页。

的沙洲也是淮民麇集的地方[1]。同年,京西南路各州军丧失,士人多迁居江陵和鄂州[2]。鄂州武昌县(治今湖北鄂州)从流入境内的难民中招收 3 000 人为雄淮军[3],可见流入鄂州和江陵府的不仅有士人,更有大量的平民百姓。

由于宋蒙在江淮之间的争夺战持续二三十年,过江的淮民可能都没有返回故居,而且还不断有新的淮民南迁。例如镇江附近的练湖,自流民进入江南以后渐被围垦,而且"自淳祐(1241 年)以来,又为流民侵占愈广,遂至湖水狭小湮塞者多"[4]。淳祐五年七月,朝廷鉴于江南地区新迁入的北方移民众多,"诏监司守臣及沿江诸郡安集流民"[5]。

当蒙古军在荆襄和淮南屡屡受挫时,在四川却获得意外的成功,到嘉熙三年四川的一些重要府州包括成都在内都被蒙军占领。为了逃避蒙古军的屠杀,四川人民纷纷顺长江而下东迁(详见第七章第五节)。在东迁的四川人中,有一些是靖康之乱以后南迁的北人的后裔。例如,南渡后子孙分布成都、新繁等五六个县的河南籍移民李氏,战乱中诸族"音信尽绝,所存几稀",只有柳州一支因迁东南幸免于难[6]。施道州祖先在南宋初"家自长安徙益州",此时也东迁定居在衡山[7]。

蒙古军队占领北方以后,滥杀无辜,其凶暴超过当年的女真人,迫使北方人民大量迁入南方。因此,在江淮人民南迁和四川人民东迁的同时,黄河流域的人民也源源不断迁入南宋特别是江淮地区尚在南宋控制下的地方。

端平三年,进入黄州的边境人民"日以千计",当地造屋 3 万间供他们居住[8]。淳祐四年(1244 年),孟珙在荆襄"招河南八郡来归",并招中原移民和"江淮失业人"组成武胜军[9]。开庆元年(1259 年),李庭

---

1 《景定建康志》卷 14,嘉庆金陵孙忠愍祠刻本。
2 《宋史》卷 156《选举志》,第 3641 页。
3 《寿昌乘》"尺籍",光绪武昌柯氏息园刻本。
4 《至顺镇江志》卷 7。
5 《宋史》卷 43《理宗纪》,第 833 页。
6 李曾伯:《可斋续稿》卷 6《赠杨户曹》,四库全书本。
7 《后村集》卷 13《赠施道州三首》。
8 《宋史》卷 412《孟珙传》,第 12374 页。
9 《宋季三朝政要》卷 2。

芝在扬州于平山堂外筑大城,驻扎来自开封以南的移民2万人[1]。景定初,因蒙古大将李璮降宋,其辖下的涟水三城的人民被迁入通州(治今江苏南通)和泰州之间[2];宋军乘机出击,"尽俘邳(州,治今市南)人",其中一部分人安置在楚州(治今淮安)[3]。

此后直至宋亡,北方人民的南迁陆陆续续都在进行着。位于江淮地区的京西南、淮南东、淮南西、荆湖北四路,在被元军占领之年(元至元十二或十三年,1275年或1276年)的户数比南宋嘉定十六年(1223年)增加很多,百分比远远高于长江以南各路,改变了嘉定以前户口下降的趋势(见本卷末附表3)。北方人口的迁入应是四路人口增加的一个重要原因。

二 蒙元灭宋之役

在蒙元灭宋战争期间,除了北方人民迁入江淮和江淮人民迁入江南这两种移民浪潮仍在继续外,南宋残部也大批迁入闽广。

宋德祐二年(1276年)正月,元军兵临临安城下,南宋恭帝和太后降元,南宋亡。当晚,不愿降元的丞相陈宜中逃归温州,将领张世杰也率所部离开临安[4]。次日,驸马杨镇,将领苏刘义、张亮节、张全等人,奉度宗儿子益王赵昰、广王赵昺和二王之母杨氏、俞氏南行,进入温州[5]。二三月间,大臣文天祥、陆秀夫相继来到温州,张世杰也从定海带所部兵前来温州[6]。不久,这些人自温州退入福州。五月,于福州立年仅九岁的赵昰为宋主,改元景炎,筹划在东南抗元事项。福建、两浙、广东等地的南宋残余势力纷纷响应。十一月,元军进入福建,陈宜中、张世杰等人奉帝昰自福州乘船经泉州、潮州、惠州南走,由于广州已被元军占领,船只停泊在井澳(今广东中山南大横琴岛下)。景炎三

---

1 《宋史》卷421《李庭芝传》,第12600页。
2 同上。
3 程钜夫《雪楼集》卷5《匡氏褒德之碑》。
4 《宋史》卷47《瀛国公纪》,第938页。
5 周密:《癸辛杂识》续集卷上《二王入闽大略》。
6 陈邦瞻:《宋史纪事本末》卷108《二王之立》。

年四月，赵昰病死，陆秀夫等人立赵昺为宋主，不久迁居新会之厓山（今新会南）。次年二月，宋元海军展开决战，宋军大败，陆秀夫负幼帝投海死，张世杰不久也溺水死，南宋残部灭亡[1]。随二王入广的幸存者中，除陈宜中、曾渊子等少数文武臣子流落海外[2]，相当一部分人北归[3]，另有少数人留居广东（详见第六章第二节）。

关于随二王迁闽广的人数，《宋史》缺载，《宋季三朝政要》载自福州发舟入海时，计有正军17万，民兵30万有奇，内淮兵1万[4]。《宋史纪事本末》卷108《二王之立》章取此说，又载赵昺迁厓山时官、民、兵还有20万人；厓山兵败后宋军"尸浮海上者十余万人"（《宋史·瀛国公纪》同此说）。根据此记载，大约有二三十万官、民、兵自福州南行。

这些人，一部分是南迁的北方移民或后裔。二王、赵时赏、陆秀夫都是北人后裔，刘师勇庐州人，张世杰则金末才从范阳迁宋[5]。庐州籍将士300人自厓山降元时，对元将说："张少保所部兵独有淮兵千五百人精勇无前，余皆民兵，无足畏。"[6]张世杰为宋军统帅，可见厓山宋军的精锐为淮南人组成的淮兵。此外，《宋季三朝政要》所载的30万民兵中也有1万淮兵。

第四节

迁移过程总结

综上所述，靖康之乱以后北方人口南迁可分为七个阶段。靖康之

---

1 关于南宋残部自福建退入广东事，详见《宋史》卷47《瀛国公纪》。
2 郑思肖：《郑思肖集·大义略叙》，第173页。
3 虞集《道园学古录》卷43《杨君墓志铭》提到四川的移民南下情况："蜀人士大夫在故乡时深苦兵寇之祸，故在东南者皆走岭海。及知世祖皇帝神武不杀，稍稍北还。"四川的士大夫是南迁岭南士大夫的一个缩影。
4 《宋季三朝政要》附录卷6《广王本末》。
5 分别见《宋史》卷454《赵时赏传》，第13341页；卷451《陆秀夫传》，第13275页；同卷《张世杰传》，第13274页，第13272页。
6 《郑思肖集·大义略叙》，第172页。

乱时期一个阶段，即靖康之役阶段，自北宋靖康元年至南宋绍兴十一年(1126—1141年)，持续16年。南宋金对峙时期四个阶段，即海陵南侵阶段，自绍兴三十一年至隆兴二年(1161—1164年)，持续4年；开禧北伐阶段，自开禧二年至嘉定元年(1206—1208年)，持续3年；宣宗南侵阶段，自嘉定十年至十七年(1217—1224年)，持续8年；宋蒙灭金阶段，约自绍定五年至端平元年(1232—1234年)，持续3年。南宋和蒙元对峙时期两个阶段，即蒙元攻宋阶段，自端平二年至景定元年(1235—1260年)，持续26年；蒙元灭宋阶段，自咸淳十年至元至元十六年(1274—1279年)，持续6年。七个阶段共66年，也就是说移民发生年数占三个时期(宣和七年至元至元十六年，1125—1279年)155年的43%。

靖康之役阶段虽只占移民发生年数的24.2%，却是移民人数最多的阶段。据表8-1，占列表始迁者的89.5%[1]，其他阶段合计只占5.8%左右(另4.7%年代不明)。

靖康之乱阶段的北方人口南迁，其规模之大，迁入人口之多，影响之深远，无疑要超过以后的任何一个时期和任何一个阶段。文献载："是时西北衣冠与百姓奔赴东南者，络绎道路"[2]；"渡江之民，溢于道路"[3]；均反映了移民规模之大和人数之多。不过，表8-1本阶段所占百分比无疑大大高于实际状况，因为此表所依据的《靖康乱后南迁的北方移民实例》各部分基本只反映上层人士的迁移情况[4]，而在南宋政权中执掌大权的大多是靖康之乱时期随高宗南迁的上层移民及其后裔。因此，从这一角度看，这一数字反映了本阶段的重要性。整个南宋时期的政治、经济、文化格局主要是在高宗期间奠定的，本阶段的上层移民是重要的奠基者。由于本阶段的移民的素质较高，迁入时间又最早，对南宋文化的贡献也超过以后各阶段，南宋迁自北方的重要

---

[1] 为了能达到较细致的研究，本卷将移民(始迁者)和其后裔加以区别，凡从北方迁入南方的移民称为始迁者，所生子女概视为后裔。不过由于史料缺乏可能会有出入。
[2] 《三朝北盟会编》卷134，炎兴下帙三十四。
[3] 《宋会要辑稿》食货五九之二一。
[4] 这些表主要依据宋元文集中的墓志铭和神道碑而制，一般说来只有有地位的人死后才有墓志铭和神道碑。

的思想家、艺术家和文学家多在本阶段迁入。

表 8-1　列表始迁者的阶段分布

阶 段 名	年 代	始迁人数
靖康 之役	靖康 建炎 绍兴初 绍兴 建绍间 合计	72 532 12 14 294 924
海陵 南侵	绍兴末 隆兴 淳熙 合计	19 1 2 22
开禧 北伐	南宋中期	2
宣宗 南侵	嘉定	5
宋蒙 灭金	金末	5
蒙元 攻宋	金亡以后 端平 淳祐 理宗 合计	3 2 2 4 11
蒙元 灭宋	宋末	15
时代 不明		48
总计		1 032

虽然靖康以后的各阶段移民人数在表中占比例较低，但这并不表明迁入移民人数很少（关于这一点，以上各阶段移民状况的论述已做了充分证明），只表明这些阶段移民中上层人士较之靖康之乱阶段要少得多。例如，海陵南侵前后的北方人口南迁不过四年时间，但移

民规模却相当可观。绍兴三十二年七月高宗诏书说:"中原归正人源源不绝,纳之则东南力不能给,否则绝向化之心。"[1] 显然移民为数不少,由于增加巨额的财政支出已引起朝廷忧虑。隆兴二年工部尚书张阐说"臣比见两淮归正之民,动以万计"[2],可见该年移民仍具相当规模。宣宗南侵阶段不过八年,但通过这次移民浪潮,淮南、荆襄和今之陕南、陇南等三边之地形成"华夷杂居","客主不敌"的局面(见上),可见移民数量很不少。南宋末期江淮地区的京西南、淮南东、淮南西和荆湖北四路的人口有了较大的增长(见上),这主要是北方人口迁入的结果,显然在南宋和蒙元对峙时期也有不少移民迁入。

就分布地域而言,靖康之乱时期的移民分布面较广,遍及南宋各路,以后各阶段的移民主要分布在长江以南离长江不太远的地区,以及淮南、荆襄与四川的北部,只有在蒙元灭宋阶段才有一些北方移民或其后裔随二王迁入广东。

---

[1] 刘时举:《续宋编年资治通鉴》卷7,丛书集成初编本。
[2] 马端临:《文献通考》卷7。

第九章

靖康乱后北方人口的南迁：分布地区（上）

靖康乱后南迁的北方移民分布在南方广大地区，其中江南、江西和福建吸引了最大量的移民，为移民的主要分布区域。

江南、江西和福建位于南宋版图的东南部，是宋代经济文化比较发达的区域，南宋立国根本之地。由于长江天堑的阻隔，在自绍兴元年至元灭宋战争开始以前的百余年中，战争的烽火皆未燃烧到长江以南。比较安宁的环境便于移民的生活和生产，因此移民定居下来以后一般很少再向外区域迁移。而且，不仅长江以北的移民主要迁入此三区域，南宋初迁往其他地区的一些移民在局势平静以后也陆续迁入上述地区。

第一节

江 南

此处所说的江南，指今江苏、安徽二省的长江以南部分和上海市与浙江省,南宋属两浙路和江南东路的建康府、宁国府、太平州、池州、徽州和广德军。本区既是南方经济最发达的地区,又是首都所在,与作为大部分北方移民必经之地和移民重要迁出地的淮南仅一江之隔,涌入移民最多。记载南宋移民的文献,反映任何阶段的情况,都视江南为最重要的移民分布区,类似记载录不胜录,仅摘引几段以见一斑。如载:"平江、常、润、湖、杭、明、越,号为士大夫渊薮,天下贤俊多避地于此"(建炎间郑毅言)[1];"两淮之民,自房骑入境,迁移渡江,散处浙西、江东诸郡"(隆兴二年臣僚言)[2];"自开禧兵变,淮民稍徙入于浙、于闽"[3];嘉熙元年"两淮、荆襄之民,避地江南",有10个州军流民较多需官府赈恤,其中5个位于本区(嘉熙元年诏令)[4]。《靖康乱后南迁的北方移民实例》各部分已知迁入地的列表移民共1 391人,本区808人,占58%;始迁者为1 006人,已知居住地817人,本区453人,占55%。另外,居住地不详的移民共311人,相当一部分也住在江南。详见表9-2、表9-3,虽然有关数字不等于占实际移民的比例,但仍可看出本区移民在南宋所占的主要地位。

表9-1反映了各府州列表移民数量的差异。它和文献资料反映的移民分布的差异大体是一致的,只有建康府和台州略有出入。

表9-1 江南各府州列表北方移民分布

府州名	移民总数	始迁者	府州名	移民总数	始迁者
临安府	145	94	常 州	15	11
平江府	82	55	温 州	26	11
镇江府	82	44	处 州	10	7
台 州	111	44	徽 州	17	5
绍兴府	56	30	池 州	8	5
明 州	74	37	太平州	7	5
秀 州	51	28	严 州	5	1

---

1 李心传:《建炎以来系年要录》卷20,建炎三年二月庚午,第405页。
2 《宋会要辑稿》兵一三之二四。
3 叶绍翁:《四朝闻见录》卷5《淮民浆枣》。
4 《宋史》卷42《理宗纪》,第812页。

续　表

府州名	移民总数	始迁者	府州名	移民总数	始迁者
建康府	29	26	宣　州	2	2
婺　州	36	20	江阴军	1	1
衢　州	22	15			
湖　州	29	12	合　计	808	453

资料来源：据表9-2。

一　临安府

临安在建炎中曾为高宗驻跸地,绍兴二年(1132年)高宗率文武百官迁入,八年正式以临安为行在所,定都于此。临安周围经济发达,湖光山色冠绝海内,作为南宋政治中心更对北方移民具有极大的吸引力,遂成为移民分布中心。文献载："西北人以驻跸之地,辐辏骈集"[1]；"大驾初驻跸临安,故都及四方士民商贾辐辏"[2]；"中朝人物悉会于行在"[3]；"西北士大夫多在钱塘"[4]。据表9-1,临安府列表移民共145名,其中始迁者94名,二项数字皆高于其他府州。此外,表9-3所列迁入地不详的移民311人,相当一部分(如宗子与外戚)也可能是住在临安。上述文献记载表明临安是移民最多的府。

临安在两宋之际曾遭方腊起义和金兵南下等战争破坏,人口下降很多。徽宗宣和二年(1120年)年底,方腊军进占杭州,"官吏居民死者十二三"[5]。高宗建炎四年,金军血洗临安,七日下令洗城,自州门开始杀人,四面放火,十四日才撤离[6],仅在清波门竹园山一带即杀死万人[7]。建炎以来特别是定都以后,临安人口数量开始恢复和增加,城市获得发展。时人曹勋说："临安在东南,自昔号一都会。建炎

---

1 《建炎以来系年要录》卷173,绍兴二十六年七月丁巳,第2858页。
2 陆游：《老学庵笔记》卷8,中华书局点校本,第104页。
3 陆游：《陆放翁全集·渭南文集》卷15《傅给事外制集序》。
4 《宋史》卷437《程迥传》,第12949页。
5 方勺：《泊宅篇》卷5,中华书局点校本,第29页。
6 赵鼎：《忠正德文集》卷7《建炎笔录》。
7 《泊宅篇》卷6,第35页。

及绍兴间三经兵烬,城之内外所向墟落,不复井邑。继大驾巡幸,驻跸吴、会,以临浙江之潮,于是士民稍稍来归,商旅复业,通衢舍屋渐就伦序。至天子建翠凤之旗,萃虎貔之旅,观阙崇峻,官舍相望,日闻将相之传呼,法从之朝会,贡输相属,梯航踵至,翼翼为帝所神都矣。"[1]

临安的新移民主要来自北方。绍兴二十六年(1156年)起居舍人凌景夏说:"切见临安府自累经兵火以后,户口所存,裁十二三,而西北人以驻跸之地,辐凑并集,数倍土著,今之富室大贾,往往而是。"[2] 依崇宁元年(1102年)杭州户数及其后28年年平均增长率3.8‰计算,再扣除方腊起义可能减少的人数[3],建炎四年(1130年)金兵未侵入前应有户20.4万,如以十分之三比例折算,屠后应余6.1万户。据《乾道临安志》卷2,乾道五年(1169年)前后有户26万,扣除当地土著人户7.1万[4],外来移民及其后裔约18.9万户左右。此数与凌景夏言西北人数倍土著人口之事实相符。如认为凌景夏的话可能有误差,以十分之四比例折算金兵过后所余人户,移民及其后裔亦当有16.5万户左右。

在绍兴末以后各阶段,移民仍源源不断迁入临安。例如,孝宗乾道以后由于大量涌入的北方归正人仍着金朝服装,"兼音乐杂以女真",导致临安府"士庶服饰乱常,声音乱雅"[5]。宁宗嘉定六年(1213年),临安府流民众多,朝廷"诏临安府赈给流民"[6]。

南宋在临安屯驻大量军队。绍兴初年宿卫神武右军中军为72 800人,神武中军后隶于殿前司,驻扎在临安一带[7]。南宋军队(特别是前期)主要来自北方(详第十二章第二节),如以1军人有家属2

---

1 《松隐集》卷31《仙林寺记》。
2 《建炎以来系年要录》卷173,绍兴二十六年七月丁巳,第2858页。
3 据《宋史》卷85《地理志》,崇宁元年全国户2 026.4万,大观四年(1110年)2 088.2万,年平均增长率为3.8‰。据《元丰九域志》卷5,元丰三年(1080年)杭州户202 816;据《宋史》卷88《地理志》,崇宁元年杭州户203 574,年平均增长率仅为0.2‰,疑有误,故不用。依3.8‰的增长率,宣和二年方腊进入杭州前应有户21.8万,如估计乱时居民死十分之二,乱后有十分之一的居民从外地迁入,则应有19.6万户。此后至建炎四年又有十年时间。
4 以建炎屠后剩余人数为基数,建炎四年至乾道五年年平均增长率仍取3.8‰。《乾道临安志》成书年代不明,按同志卷3,周淙于乾道三年初任知府,五年再任,姑作五年成书。
5 《宋会要辑稿》兵一五之一二。
6 《宋史》卷39《宁宗纪》,第749页。
7 《建炎以来朝野杂记》甲集卷18《绍兴内外大军数》,中华书局排印本。

口计,军人和家属可达 20 万人左右[1]。

据表 9-2,临安移民的 76% 来自今河南,其中绝大多数又来自开封,并往往是在南宋初年随高宗迁入的。受开封移民影响,临安在经济生活、社会风俗和语言等方面都极像开封,似乎是将开封城搬到临安(详第十四章第三、四、五节)。此外,移民还来自今之山东、山西、河北、陕西,以及江苏与安徽之长江以北地区。

二 平江、建康、镇江三府

平江、建康、镇江三府是江南仅次于临安的移民较多的府州。

平江府(治今江苏苏州)为江南另一经济发达、风景秀丽的地区,与临安府齐名,人称"天上天堂,地下苏(平江府)杭"[2]。由于紧靠都城临安,被视为汉朝之三辅和唐代的同、华二州,"衣冠之所鳞集,甲兵之所云萃,一都之会,五方之聚,上腴沃壤,占籍者众"[3]。每次北方人口南下时都有一定数量的移民迁入平江府。建炎三年高宗下诏要江南减价粜米给东北流寓之人的府州,郑毂提到"天下贤俊多避地于此"的府州,其中都有平江府[4]。绍兴元年,由于常州和平江府多"淮南、京东西等路避寇渡江流移失业之民",朝廷要求"措置赈恤"[5],可以推测此次迁入移民不少。自孝宗乾道八年(1172 年)以来的七八年间,平江府每年都要拨 20 余万贯,供养南迁不久的归正官及

---

1 南宋军队在和平时期往往较长时间驻于一地,陈傅良说:"自州军各有禁军,而三司之卒不出……若今屯所诸军亦何异本城军哉,特以三总领馈之而不节制于长吏为差异耳。昔之所谓韩家军者,今为京口人矣;刘家军者,今为建康、池阳人矣;岳家军者,今为鄂省、江陵人矣。"(《历代名臣奏议》卷 223《拟进札子》)不仅建康、江陵等屯兵要地如此,其他地方的一些驻军也大体如此,吉林崇仁夏氏本为驻军首领,"领众守戍,因家焉",以后直到元朝都安家于此(吴澄《吴文正集》卷 75《乐安夏氏镇抚墓志铭》)。因此,在大多数情况下可视驻军为当地的移民。南宋军队调防,往往家小随行,甚至连绍兴十年刘锜带兵前往金军刚刚退走的开封也带家小(《三朝北盟会编》卷 201,炎兴下帙一百一)。随军队同行的家属一般人数不少,"今每出师,则水舟陆车,累累随行,谓之老小,其实妇女,故师之数,妇女必倍之"(张守《毗陵集·论军兵老小札子》,载《四库辑本别集拾遗》,第 81 页)。淳熙六年(1179 年)孝宗"诏诸军五口以上增给缗钱"(《宋史》卷 35《孝宗纪》,第 671 页),说明军人中 5 口之家已有一定数量。考虑到还有部分士兵无家室,故平均每一军人家口以 2 人计。
2 《吴郡志》卷 50《杂志》,江苏古籍出版社点校本。
3 《吴郡志》卷 38《县记》。
4 《建炎以来系年要录》卷 20,建炎三年二月戊辰,第 403 页;庚午,第 405 页。
5 《咸淳毗陵志》卷 4,嘉庆赵怀玉刻李兆洛本。

拣汰使臣[1]，这在当时是一笔不小的支出。开禧二年(1206年)朝廷将两淮南迁人民安排在南方12府州居住，其中也有平江府[2]。据表9-1，本府始迁者人数仅次于临安府。

平江府于建炎年间遭金兵屠杀，"士民前后迁避得脱者，十之二三；迁避不及或杀者，十之六七"；又逢疾疫和饥荒，"横尸枕藉，道路泾港为实"[3]。可能连疾疫饥荒死者在内，"城中死者五十余万"[4]。李心传也说："死者近五十万人，得脱者十之一二而已。"[5] 此"十之一二"比例可能反映了平江城实况，乡村则未必如此低。据《宋史·地理志》，徽宗崇宁元年(1102年)户15.3万不到，如以崇宁以后全国平均增长率3.8‰计，建炎四年(1130年)屠城前应有17万户。如以十分之四的比例(较李心传言高一倍)折算，屠后全城应余6.8万户，孝宗淳熙十一年(1184年)有户17.3万余[6]，建炎四年至该年年平均增长率高达17.1‰，远高于南宋平均水平(见附表4)，人口大量增加只能是外来移民涌入的结果。按3.8‰的户年平均增长率计算，淳熙十一年土著居民约8.3万户，外来移民及其后裔约9万户，北方移民占当地人口总数的52％左右。韩淲诗"太湖渺渺浸苏台，云白天青万里开。莫道吴中非乐土，南人多是北人来"[7]，形象地反映了平江府居民半数以上迁自北方这一事实。

建康府(治今江苏南京)是江南东路的首府，居江淮之交，向为北方人民渡江登陆之地。由于其重要的地理位置，南宋初一度作过高宗的驻跸地，定都临安后又以其为留都，并在此屯驻重兵，因此北方移民较多。

每个阶段的移民浪潮都冲击到建康。建炎三、四年间，在建康和镇江为韩世忠、岳飞招降的金朝签军军士达万人以上[8]。绍兴七年高

---

1 《宋会要辑稿》兵 六之六四。
2 《宋会要辑稿》食货六八之一〇三。
3 王明清：《挥麈录》后录卷10，中华书局点校本，第202—206页。
4 《宋史》卷460《列女传》，第13482页。
5 《建炎以来系年要录》卷32，建炎四年三月丁未，第620页。
6 《吴郡志》卷1。
7 《涧泉集》卷17《次韵》，四库全书本。
8 《景定建康志》卷14，引汪藻言。

宗移跸建康，一些官民随之迁入[1]。孝宗隆兴二年（1164年），张浚招山东、淮北人以实建康、镇江两军，共12 000余人，此外又招淮南人和江西人为万弩营[2]。宁宗开禧二年（1206年），金军进犯，淮南人民渡江，数十万人涌入建康[3]。建康为理宗嘉熙年间（1237—1240年）江淮人民迁入避难的10个府州之一[4]。度宗咸淳十年（1274年），朝廷"命建康府、太平州、池州振避兵淮民"[5]。上述各次进入建康避难的人民难免有一些人要定居于此。除府城外，溧阳诸县移民也很多。《景定建康志》卷42说："名儒胜士多因避地来寓溧上，往往乐其风土而定居焉。"绍兴八年（1138年）左右李朝正知溧水县，"到官二年，招集归业人户万余"[6]，当有些是北方移民。

建康为江防重地，南宋在此屯驻重兵。绍兴初驻扎御前禁军5万人，乾道后建康都统司亦辖5万人[7]。《至大金陵新志》卷1甚至说南宋在建康屯军达15万人，"营寨参错府城内外，于管属沿江要害去处设八屯"。此15万人应包括家属，因为都统司辖5万人，按每一军士有家属2人计，军人和家属恰好约有15万人。

金兵未过江时，建康府城有17万人，流动人口尚不在内；建炎末金兵在此大屠杀，退后曾掩埋尸体完整者4 687具，残缺不全者七八万件；另有占人口十分之四的人被驱而北去，幸免于难者只占当地人口的十分之一[8]。高宗甚至说："建康兵火之后，遗民无几。"[9] 由于土著人口不多，北方移民遂成为居民主体，府城所属的江宁、上元二县"人户多是流寓"[10]。嘉定五年（1212年）黄度奏文也说："留都繁会之地，四方失所流徙之民往往多聚于此。"[11]北方移民甚至影响了当地风

---

1 《三朝北盟会编》卷179，炎兴下帙七十九。
2 刘时举：《续宋编年资治通鉴》卷7。
3 《叶适集·水心文集》卷21《徐谊墓志铭》，第404页。
4 《宋史》卷42《理宗纪》，第812页。
5 《宋史》卷47《瀛国公纪》，第924页。
6 《建炎以来系年要录》卷135，绍兴十年四月丁未，第2161页。
7 《景定建康志》卷39；李心传：《建炎以来朝野杂记》甲集卷18《乾道内外大军数》。
8 叶梦得：《建康集》卷4《建康掩骼记》。
9 《景定建康志》卷14。
10 《景定建康志》卷41。
11 《景定建康志》卷23。

俗,《至大金陵新志》卷8引戚氏语:"在宋建炎中,绝城境为墟,来居者多汴、洛力能远迁巨族仕家。视东晋,至此又为一变。岁时礼节、饮食、市井负衔讴歌,尚传京城故事……气习大率有近中原。"其《民俗志》又说:这一带风俗淳厚,"士民交际、衣服、饮食多中原遗俗"。

镇江府(治今江苏镇江)与淮南首府扬州隔江相望,并居大运河入江处,为移民重要登陆地,北方移民甚多。《至顺镇江志》卷19总结南宋移民情况,说:宋室南渡,"中原士大夫又多侨寓于此"。

建炎三年(1129年),本府是郑毂所称"天下贤俊多避地于此"的江南七府州之一。建炎四年,建康和镇江二地有万余名为宋军招纳的金朝签军军士。绍兴十一年(1141年)宋军退出海州,举城之民均被迁到镇江[1]。《宋史·五行志》载"悉空其民",移民大约有几千人。绍兴三十一年海陵王南侵,"淮人率奔京口(即镇江)"[2]。乾道五年(1169年),全府新迁入的归正人中需赈济的有312户,其中顾政、高踪等269户有1346人[3]。第二年,需赈济的归正人又增加了249户[4]。开禧二年(1206年)十一月枢密院将两淮北来人分拨12个府州安泊,镇江居其一[5]。端平(1234—1236年)以后"淮士多避地京口",太常少卿龚基先创淮海书院以教养之[6]。《宋史》卷424《孙子秀传》载,孙知金坛县,"淮民流入以万计",孙"振给抚恤,树庐舍,括田使耕",使流民定居于此。镇江府共辖三县,如以金坛县规模推算,此次涌入的淮民应有3万人以上。淳祐以后北方移民仍"扶老携幼而来",在他们的围垦下丹阳县北的练湖逐渐湮塞[7]。

镇江与武昌、建康同为南宋三大屯兵要地,乾道二年(1166年)朝廷确定镇江府都统司统兵数为47 000人[8]。如以每一军人有家属2人计,军人与家属应有14万人左右。《嘉定镇江志》卷21《杂录》说:

---

1 徐梦莘:《三朝北盟会编》卷206,共兴下快一百人。
2 洪迈:《夷坚志》支丁卷9《淮阴张生妻》。
3 《宋会要辑稿》食货五八之五。
4 《宋会要辑稿》兵一五之二〇。
5 《宋会要辑稿》食货六八之一〇三。
6 《至顺镇江志》卷11《书院》。
7 《至顺镇江志》卷7。
8 《建炎以来朝野杂记》甲集卷18《乾道内外大军数》。

"绍兴罢兵,屯大军于江上,向时公卿甲第与夫名胜之迹率为营砦所占。"《至顺镇江志》卷 3 说:"宋诸军之屯于京口者皆有寨屋以处之,动以千计。"这些记载都表明军人及其家属人数众多。

南宋初年镇江的人口损失较临安、平江和建康三府要小得多,估计土著仍在当地人口中占多数。《至顺镇江志》卷 18、卷 19 人物传所载南宋时期科举、仕进、节义、孝义、隐逸等五类人物共 248 人,自北方迁入或祖籍北方的 48 人,占 19.4%。北方籍占当地人口五分之一左右应无问题。

镇江移民主要来自今河南、山东和江苏与安徽二省的长江以北部分(见表 9-2)。反映在当地庙宇上,不仅有开封籍人建的皮场庙和韩世忠部下建的旌忠庙、奉真道院等,还有山东人建的褒忠庙(祭魏胜)[1]。

三 北部地区的其他府州

在绍兴府(原称越州)、明州(后改名庆元府)、秀州(后改名嘉兴府)、常州、湖州、池州、太平州、江阴军等府州,北方移民也有相当的数量。

绍兴府(治今浙江绍兴)在建炎三年(1129 年)一度成为高宗的驻跸地,当年十二月为金兵占领,次年复为驻跸地,担任南宋政治中心一年零八个月。宋室驻绍兴虽然为时不长,但正值北方移民随高宗渡钱塘江东逃,有的便定居于此。

建炎三年十月,高宗率文武百官进入越州,十一月因金兵追击继续东逃。由于随行的"皇族百司官吏兵卫家小甚众",可能影响东逃,高宗接受吕颐浩只带少数人东迁的建议,"于是郎官以下,或留越,或径归者多矣"[2]。四年十月,高宗"诏诸处流移百姓所在孤苦无依者,并仰越州安泊赈济,务在全活"[3]。十二月,都省报告说:"诸处流移老

---

1 《至顺镇江志》卷 8、卷 10。
2 《建炎以来系年要录》卷 29,建炎三年十一月己巳,第 578—579 页。
3 《宋会要辑稿》食货五九之二二。

弱到行在,无所得食",已发钱米赈济,并令当地腾出官屋收养孤身和病患之人[1]。

迁都临安以后,绍兴府号称三辅之地,皇陵亦置于此,地位十分重要。时人说:"中原未清,今天下巨镇,惟金陵与会稽耳,荆、扬、梁、益、潭、广皆莫敢望也。"[2]一部分宗室居住于此,并置绍兴府宗正司管辖之,直到乾道七年以后才撤销[3]。此外,还有一些皇亲国戚。迁入的北方士大夫也很多,陆游(绍兴人)说:"予少时犹及见赵、魏、秦、晋、齐、鲁士大夫之渡江者。"[4]有的移民及其后裔的家庭人口很多,例如居住新昌、嵊县一带的郑望之的后裔上下150人左右[5]。

明州(治今浙江宁波)也是建炎年间"天下贤俊多避地于此"的江南七府州之一。建炎三年高宗带大批官吏军士东逃明州,后登舟下海,"诏止亲兵三千人自随,百官有司随便寓浙东诸郡"[6],有的以后定居于此。移民在明州分布比较广泛,连位于舟山岛上的昌国县(治今舟山)也有,河南人郭维便迁居于此(见表9-2)。《宝庆四明志》卷10载明州历年进士人数及其籍贯,自建炎二年至开庆元年共713名,155人自北方迁入或祖籍北方,约占总数的21.7%。如考虑到南宋中后期一些北方人后裔已不用北方籍贯,比例还应有所提高。

常州(治江苏今市)濒临长江,在此登陆的北方移民很多,建炎三年高宗曾"令杭州守臣具舟往常州迎济衣冠、军民家属"[7]。由于定居于此的移民不少,故郑毅列常州为移民较多的州之一。其中也有宗室移民,当年三月,当苗傅等人发动政变推翻高宗时,监常州赵隽之便率宗室数十人赴秀州要求勤王[8]。北宋时南方没有宗室成员,这些人皆应在建炎时迁入常州。绍兴元年(1131年),由于"淮南、京东西民流常州、平江府者多殍死"[9],朝廷分别降度牒100道和200道帮助二府

---

1 《宋会要辑稿》食货六九之四八。
2 陆游:《陆放翁全集·渭南文集》卷14《会稽志序》。
3 《宋史》卷164《职官志》,第3889页。
4 《陆放翁全集·渭南文集》卷34《杨夫人墓志铭》。
5 叶适:《叶适集·水心文集》卷21《宜人郑氏墓志铭》,第401页。
6 《建炎以来系年要录》卷30,建炎三年十二月己丑,第587页。
7 《建炎以来系年要录》卷20,建炎三年十二月壬戌,第401页。
8 《建炎以来系年要录》卷21,建炎三年三月丁酉,第441页。
9 《宋史》卷67《五行志》,第1463页。

进行赈济[1]。开禧二年（1206年），朝廷将江北移民安排在江南12个府州，常州居其一。宝祐六年（1258年），"诏常州、江阴、镇江发米振赡淮民"[2]，如果人数不多，朝廷是不会下此诏令的。

湖州（治浙江今市）是南宋初年少数"不被寇"的江南府州之一，加之知州葛仲胜采取保境安民和赈济饥民等措施，"傍郡之饥者，闻公荒政，咸襁负而来，至无以容"。由于安置有方，"蒙全活者不可胜计"[3]。当时北方移民大批涌入江南，不可能不迁入这块乐土。定都临安以后，近在咫尺的湖州"实为行都辅郡"，"四方士大夫乐山水之胜者鼎来卜居"，成为"五方杂处，户口繁庶"的地区[4]。移民中有一些人是地位显赫的宗室成员，高宗族兄、孝宗亲生父亲赵子偁及其子孙几代人便居住在湖州（见表9-2）。史载孝宗时"归附从军而廪于湖者众"[5]，此外湖州还是开禧二年朝廷安置两淮移民的12个府州之一，显然，绍兴末年以后仍有移民迁入。

秀州（治今浙江嘉兴）位于临安的北面，是移民过江向临安和浙东迁移的必经之路，因此每个阶段都有移民迁入。建炎三年朝廷令减价粜米予东北流寓的5府州，开禧二年安置两淮移民的12州，其中都有秀州，移民数量必相当可观。绍兴末年员兴宗报告说："臣前自上流过松江诸郡，归正之士往往得见。"[6]崇德县（治今桐乡南）是上层移民较多的地方之一，仅洲钱市一地"南渡初士大夫来寓者殆二十家"，宗室赵不求父子在此居住十多年，宁宗时宰相赵汝愚之父赵彦远也居于此。他们常和北方士大夫聚集在一起吟诗作文，留下一段风雅佳话[7]。华亭（治今上海松江）"自有宋南渡后"迁入的"中州冠冕之族"也很多。顾清说："其在吾松，吴会则魏国王公旦之孙太常少卿遂，赵屯则正献杜公衍之后提干九成，贞溪则忠肃刘公挚之后希孟，先生世

---

1 《咸淳毗陵志》卷4。
2 《宋史》卷44《理宗纪》，第863页。
3 葛仲胜：《丹阳集》卷24《葛公行状》，四库全书本。
4 《嘉泰吴兴志》卷20《风俗》《物产》，民国吴兴丛书本。
5 《宋史》卷244《赵子偁传》，第8689页。
6 《九华集》卷5《恤归附札子》，四库全书本。
7 《至元嘉禾志》卷3，道光十九年刻本。

贤盖尤著者。"[1]

池州(治安徽今市)、太平州(治今当涂)和江阴军(治今江苏江阴)濒长江南岸,为北方移民的登陆地之一,有的人留居于此。和州(治今安徽和县)人张孝祥便是在绍兴初因金军进逼随父迁居太平州芜湖的,当时宗戚渡江居芜湖者甚多[2]。绍兴初刘光世大军"一军老小尽寓太平、宣城"[3]。绍兴二年,太平州知州"招诱人户归业,趁时耕种",当年收到稻米9万余石[4],其中一些归业的人民可能来自北方。池州是南宋的屯兵地之一,初期的军人主要是自临安军中淘汰下来的"三衙之疲弱者"[5]。开禧二年江阴被枢密院列为安置北方移民的12个府州之一。

理宗以后,池州、太平州和江阴军为北方移民过江的主要登陆地之一,入境的移民日益增多。嘉熙元年(1237年)朝廷下诏要求沿江十府州召集赈恤北方流民,三州军皆在其列[6],仅太平州境内的两淮流民便达40余万人[7],可能会有人定居于此。此后淮民仍不断涌入,以至宝祐六年(1258年)朝廷要求江阴军"发米振赡淮民",咸淳十年(1274年)十二月又"命建康府、太平州、池州振避兵淮民"。

据表9-2,池、太平、江阴三州军列表移民主要来自今河南和江苏、安徽二省的长江以北部分。南宋人葛邲说江阴军:"有淮楚之风,故其人愿而循理"[8],如没有相当数量的来自淮河南北的移民是决不会"有淮楚之风"的。

四 南部各府州

上述府州基本分布在长江沿岸、江南平原和宁绍平原,其南便是

---

1 《东江家藏集》卷29《刘府配风攝人合葬墓志》,四库全书本。
2 张孝祥:《于湖集》附《宣城张氏信谱传》,四部丛刊本。
3 李纲:《梁溪集》卷99《论淮西军变札子》。
4 《宋会要辑稿》食货一之三六。
5 《建炎以来朝野杂记》甲集卷18《绍兴内外大军数》,第262页。
6 《宋史》卷42《理宗纪》,第812页。
7 《宋史》卷416《吴渊传》,第12467页。
8 《大明一统志》卷10《风俗》。

山岭起伏、河谷盆地错落的东南山区。南宋初期金军在平原作战,基本没有进入南部地区,相对安全的南部各府州成为部分北方移民的栖身之地,而且以后阶段仍有移民迁入。

自临安南行进入另一个移民较多的区域江西,一般要经过婺州(治今浙江金华)和衢州,不少人就在此二州定居。明初方孝孺说:"宋之迁于江南,婺去国都为甚迩,其地宽衍饶沃,有中州之风,故士之自北至者多于婺家焉。"[1] 婺州的北方家族以吕氏和巩氏最著名,"巩至自东平(山东今县),吕至自东莱(今莱州),爱宝婺溪山之胜,家焉"[2]。南宋初衢州的北方人民很多,即使界三州之间的开化山区,也是"居人流寓,恃以安处"[3]。绍兴初年的宰相赵鼎和孔子后裔孔玠(后封为衍圣公)都在此时迁入衢州,孔氏并长期定居于此(见表9-2)。绍兴末以后仍有移民迁入二州,开禧二年朝廷安泊北人的12府州便有此二州。

民国《龙游县志》卷首说:龙游县五代以来的氏族变化共有四次,第一次即南宋北方人迁入:"吾乡五季以前,旧族今存者徐、汪、季、袁、曹、董、刘、严八姓而已,盖自经宋方腊之乱,旧族大半灭亡,于是随高宗南渡辗转迁来者颇众,是为氏族第一次变迁。其时迁来者率多衣冠之族,故其后人文迭起,为今日县中著姓焉。"如果这一评论言之有据,则南宋时北方移民在当地人口中已占有一定的比重,民国时龙游的著姓多为他们的后裔。与龙游地理、历史背景相似的周围县份,其历史人口发展状况应大体相似。

台州(治今浙江临海)、温州位于临安经绍兴、明州通往福建的滨海交通线上,建炎三年由于东迁的六曹、百司官吏无法随高宗下海,高宗下令"并以明、越、温、台从便居住"[4]。四年正月,张俊率宋军自明州退入台州[5],原在浙东沿海的移民复向福建迁移,但因"所至守隘之人,以搜检为名,拘留行李……至有被害者",复还温、台。高宗下诏要

---

1 《逊志斋集》卷13《吴氏宗谱序》,四部丛刊本。
2 洪咨夔:《平斋集》卷31《吏部巩公墓志铭》,四库全书本。
3 庄绰:《鸡肋编》卷中,第64页。
4 《三朝北盟会编》卷134,炎兴下帙三十四。
5 《建炎以来系年要录》卷31,建炎四年正月庚戌,第599页。

求二州予以安排，"不得辄有邀阻"[1]，这些人应大部分居住在温州和台州。此外，建炎三年高宗曾率主要将相及部分卫士避难温州，绍兴元年知西外宗正事赵士㟧自衢州移司温州[2]，太庙景灵宫的神像也一度迁往温州[3]，难免会有部分宗子、卫士和神像的护送人员留居，表9-2 所列宗子可能就是此时迁入的。台州的移民多大臣和宗室，哲宗女儿秦国大长公主一家，高宗朝宰相范宗尹、吕颐浩都居住于此（见表9-2）。由于《嘉定赤城志》流寓、科举各志详载移民情况，故表9-2 中台州的列表移民人数特别多。

严州（治今浙江建德市境）、徽州（治今安徽歙县）、宣州（后改名宁国府，治今宣城）、广德军（治今安徽广德）和处州（治今浙江丽水）虽不在交通要道上，也有北方移民分布。绍兴年间严州科举解额为18人，其中流寓2人，占11％[4]。严州桐庐县多宗室成员，由于这些人横行不法，故"持县事无有善去者"[5]。处州列表移民10人，是两浙路移民较少的州，但分布相当广泛，大多数县都有（见表9-2）。徽州南部的婺源县虽地居深山，也有不少移民，除表9-2 所列的8位移民，马氏、权氏、掌氏、鱼氏均于南宋时自北方迁来[6]。宣州与南宋后期移民重要登陆地太平州相隔不远，境内常有移民，嘉熙二年散在府城外的两淮饥民便达3 000 余人[7]。绍兴二年，广德军招诱人民耕种官田[8]，此外广德军还是开禧二年朝廷安置两淮移民的12 个府州之一，显然也有一定数量的北方移民。

表9-2　靖康乱后南迁的北方移民实例（江南部分）

说　明

1. 《实例》共分八部分，每部分均按府、州军分类排列，以便查阅。
2. 凡加＊号者均为移民后裔。由于资料缺乏，少数移民（即始迁者）可能会作为后裔或误将后裔作始迁者。

---

1 《宋会要辑稿》刑法二之一〇三。
2 《建炎以来系年要录》卷46，绍兴元年七月壬申，第832页。
3 《建炎以来系年要录》卷49，绍兴元年十一月甲午朔，第869页。
4 《淳熙严州图经》卷1，光绪渐西村舍刊本。
5 《宋史》卷415《袁韶传》，第12451页。
6 吴师道：《礼部集》卷17《马氏家谱后跋》，四库全书本。
7 《宋史》卷407《杜范传》，第12283页。
8 《宋会要辑稿》食货一之三五。

3. 各移民迁移时间，在文献中有的有明确记载，有的不明确，已略作考证。考证过程一律省略。某些在建炎、绍兴年间迁入但又无法明确年代的，姑作"建绍间"。个别确无法考证者，用"？"。凡靖康之乱前在南方任职、流放、从军，乱后不能北归者，其迁移时间皆作"靖康"。

4. 迁出地指迁出前居住地，少数不明迁出地者，姑取其籍贯。

5. 迁入地一般指较长期安家之地，但因史料缺乏少数人的迁入地可能不是长期安家之地。如曾在几个地方长期住过，分别列于有关府州或地区所在的表中，并于备注中说明之，这部分人大约只占列表移民总数的1%。

6. 凡迁入地与府州名一致或系迁入府州附郭县者，为省事起见迁入地一栏皆空白。迁入地的府州县名概取南宋较长期使用之名，因此表中某些迁入地并非当时原名。

7. 限于篇幅，资料来源只取一种（多数与迁入地有关）。凡采用标点本的文献均注明卷数和页码，如"宋史368／11451"，前一数字是卷数，后一数字是页码。唯《全宋词》无卷数，其前一数指册数。以下一些文献因书名过长，只取其简称：《建炎以来系年要录》称《系年要录》，《宋宰辅编年录校补》称《宰辅编年》，《四库辑本别集拾遗》简称《四库拾遗》，《叶适集·水心文集》和《叶适集·水心别集》只称《水心文集》和《水心别集》，《南宋馆阁录》和《南宋馆阁续录》只称《馆阁录》和《馆阁续录》，《陆放翁全集·渭南文集》只称《渭南文集》。资料来源末尾标有表注序列，如（1）、（2）、（3）……在表后分别注明其版本。

8. 《靖康乱后南迁的北方移民实例》其他部分的列表项目均同于江南部分，不再说明。

姓　名	迁移时间	迁出地	今省	迁入地	资　料　来　源	备　注
临　安　府							
王定国	建炎	开封	河南		图绘宝鉴4／（1）	
朱光普	建绍间	开封	河南		同上	
朱氏	建炎	开封	河南		系年要录57／1000	
李端	建绍间	开封	河南		图绘宝鉴4／	
李安中	建炎	开封	河南		同上	
李佑之	建绍间	开封	河南		同上	
李从训	建绍间	开封	河南		同上	
邢澄	建绍间	开封	河南		攻媿集79／	
吴近	建炎	开封	河南		松隐集35／	
吴皇后	建炎	开封	河南		宋史243／8646	父近
吴益	建炎	开封	河南		松隐集35／	同上
吴玫	建炎	开封	河南		同上	同上
吴盖	建炎	开封	河南		同上	同上
吴琚	建炎	开封	河南		宋史465／13592	祖近
邢氏	建炎	开封	河南		宋史243／8646	近孙媳
吴琰*					宋史465／13592	祖近

续表

姓　名	迁移时间	迁出地	今省	迁入地	资　料　来　源	备　注
吴珛*					同上	祖近
吴珣	建炎	开封	河南		宋史 243/8646	祖近
邢氏	建炎	开封	河南		同上	近孙媳
吕震	靖康	开封	河南		江湖长翁文集 35/	
吕安道	靖康	开封	河南		同上	父震
吕兴祖	靖康	开封	河南		同上	祖震
吕思恭*					同上	曾祖震
岳山祖先	建炎	开封	河南		东江家藏集 31/	
周询	靖康	开封	河南	新城	文宪集 34/（2）	
孟皇后	建炎	开封	河南		宋史 243/8635	
周仪	建绍间	开封	河南		图绘宝鉴 4/	
韦贤妃	绍兴十二年	开封	河南		宋史 243/8642	
倪南	靖康	开封	河南		黄文献集 9上/（3）	
秦妙观	建绍间	开封	河南		玉照新志 2/24	
郭皇后	建绍间	开封	河南		宋史 243/8650	
张通	建炎	开封	河南		侨吴集 12/（4）	
张浃	建绍间	开封	河南		图绘宝鉴 4/	
张夫人	建炎	开封	河南		宋诗纪事 84/2028	
张贤妃	建炎	开封	河南		宋史 243/8649	
冯益	建炎	开封	河南		宋史 469/13670	
冯志学	?	陈留	河南	富阳	东维子集 25/（5）	
曾觌	建炎	开封	河南		宋史 470/13688	
焦锡	建绍间	开封	河南		图绘宝鉴 4/	
贾师古	建绍间	开封	河南		图绘宝鉴 4/	
赵紫真	建炎	开封	河南		鸿庆居士集 41/	存中妻
刘氏	建炎	开封	河南		苕溪集 18/（6）	存中母
杨俊	建炎	开封	河南		宋史 367/11440	父存中
杨偀*					宋诗纪事 47/1200	父存中
杨僕	建炎	开封	河南		咸淳临安志 61/	父存中
杨伯嵒*					全宋词 4/2968	祖存中

续 表

姓 名	迁移时间	迁出地	今省	迁入地	资料来源	备 注
杨瓒*					图绘宝鉴 4／	祖渐居绍兴府上虞
杨奉直	建炎	开封	河南	临安	咸淳临安志 67／	
杨奉直妻	建炎	开封	河南	临安	同上	后迁盐官
杨由义	建炎	开封	河南	临安	同上	父奉直，后迁盐官
杨奉直女儿	建炎	开封	河南	临安	同上	后迁盐官
杨九鼎*				盐官	同上	父由义
杨士贤	建绍间	开封	河南		图绘宝鉴 4／	
赵构	建炎	开封	河南		宋史 27／502	
赵眘	建炎	开封	河南		宋史 33／615	
赵惇*					宋史 36／693	父
赵扩*					宋史 37／713	祖
赵询*					宋史 246／8734	曾祖
赵昀*					宋史 41／783	
赵禥*					宋史 46／891	
赵㬎*					宋史 47／921	
赵昺*					宋史 47／939	
赵㬎*					同上	
赵彦*					咸淳临安志 61／	原籍开封
赵彦	建绍间	开封	河南		图绘宝鉴 4／	
赵竑*					宋史 246／8735	父希瞿
赵士㒟	靖康		河南		水心文集 26／572	
赵不惎*				余杭	同上书 26／521	父士㒟
赵善防				余杭	咸淳临安志 48／	祖士㒟
赵善临				余杭	水心文集 24／467	祖士㒟
赵汝谈*				余杭	同上	曾祖士㒟
赵汝说*				余杭	咸淳临安志 67／	曾祖士㒟
赵必柝*					宋诗纪事 85／2067	

续 表

姓　名	迁移时间	迁出地	今省	迁入地	资 料 来 源	备 注
赵汝湜*				余杭	同上书 85／2057	
赵仲温	建炎		河南		系年要录 79／1292	前居广西
赵克勤	建绍间		河南		后村集 158／	
赵崇瓒*				余杭	宋诗纪事 85／2065	
裴节使	建炎	开封	河南		图绘宝鉴 4／	
裴叔异					同上	父节使
潘贤妃	建炎	开封	河南		宋史 243／8648	
郑梦得	建炎	开封	河南		松隐集 36／	
刘宗古	靖康	开封	河南		图绘宝鉴 4／	
樊光远	建炎	开封	河南		咸淳临安志 61／	
樊抑*					同上	父光远
樊广*					同上	父光远
阎仲	建绍间	开封	河南		图绘宝鉴 4／	
阎次平*					同上	父仲
阎次于*					同上	父仲
应确	建炎	开封	河南		黄文献集 10下／	
顾亮	？	开封	河南		图绘宝鉴 4／	
韩公裔	建炎	开封	河南		宋史 379／11704	
苏汉臣	建绍间	开封	河南		图绘宝鉴 4／	
王继先	建炎	河南	河南		宋史 470／13686	后迁福州
史沂*					咸淳临安志 61／	原籍开封
李唐	建炎	河阳	河南		图绘宝鉴 4／	
李迪	建炎	河阳	河南		同上	
李德茂*					同上	迪后裔
林坚祖先	建炎	光州	河南		滋溪文稿 21／	
姚兴	建炎	柏州	河南	新城	宋史 453／13326	
唐氏	建绍间	颖昌府	河南		松隐集 36／	
康与之	建炎	宛丘	河南		山房集 4／	
陈氏	靖康	许州	河南		巴西文集上／	
刘兴	建炎	杞县	河南		九灵山房集 23／（7）	

续 表

姓　名	迁移时间	迁出地	今省	迁入地	资　料　来　源	备　注
李皇后*					宋史 243 / 8653	父道迁入地不明
韩皇后*					宋史 243 / 8656	祖肖胄居绍兴
王训成	建绍间	山东	山东		图绘宝鉴 4 /	
何直方	?	东平	山东		东维子集 24 /	
李清照	建炎	济南	山东		李清照集校附事迹编年	
梁楷*					图绘宝鉴 4 /	原籍东平
毛松	建绍间	徐州	江苏		图绘宝鉴 4 /	
毛益*					同上	父松
毛允升*					同上	祖松
周煇	建绍间	海陵	江苏		宋诗纪事 58 / 1464	
朱锐	建绍间	河北	河北		图绘宝鉴 4 /	
朱森	建绍间	河北	河北		同上	锐弟
柳铸	建炎	河东	山西		文宪集 41 /	
马兴祖	建绍间	河中	山西		图绘宝鉴 4 /	
马公显	建绍间	河中	山西		同上	父兴祖
马世荣	建绍间	河中	山西		同上	父兴祖
马逵*					同上	祖兴祖
马远*					同上	祖兴祖
马麟*					同上	曾祖兴祖
杨存中	建炎	代州	山西		宋史 367 / 11440	
解贯祖先	建绍间	解州	山西		黄文献集 10 下 /	
萧照	建炎		山西		图绘宝鉴 4 /	
张俊	建炎	成纪	甘肃		宋史 369 / 11475	
张仲实*					剡源集 8 /	俊后裔
张枢*					全宋词 4 / 3029	俊后裔
张镃					渭南文集 36 /	曾祖俊
张鎡					宋诗纪事 57 / 1438	曾祖俊
张炎*					宋诗纪事 80 / 1945	俊后裔

续表

姓 名	迁移时间	迁出地	今省	迁入地	资料来源	备 注
王彦深*					咸淳临安志 61 /	原籍庆阳
陈龟年	建绍间	熙州	甘肃		龙川集 28 /（8）	
韩玉父	建绍间	秦	甘肃		宋诗纪事 87 / 2100	
陈旦	建绍间	襄阳	湖北		文宪集 23 /	
韩世忠	建炎	延安	陕西		宰辅编年 16 / 1067（9）	
韩彦直	建炎	延安	陕西		宋史 364 / 11368	父世忠
韩彦古	建炎	延安	陕西		同上	同上
韩彦质	建炎	延安	陕西		同上	同上
李显忠	绍兴九年	绥德军	陕西		宋史 367 / 11433	
白显*					文宪集 19 /	祖翼迁入地不明
丘玮*					安雅堂集 12 /	曾祖父居台州
张贵妃*					宋史 243 / 8650	
彦辅*					咸淳临安志 61 /	
冯天锡*					咸淳临安志 65 /	

平　江　府

姓 名	迁移时间	迁出地	今省	迁入地	资料来源	备 注
尹焞	建炎	洛阳	河南		系年要录 134 / 2148	前居涪州
王述	建炎	开封	河南		攻媿集 95 /	父伦迁入地不明
王逸	建炎	开封	河南		同上	同上
王万	理宗	濠州	安徽	常熟	重修琴川志 8 /	
王绚	建炎	开封	河南	昆山	毗陵集 13 /	
王文儒	建炎	洛阳	河南		宋诗纪事 33 / 864	
王友直	绍兴三十二年	博州	山东		宋史 370 / 11499	
孔道	建炎	商河	山东		漫塘集 35 /	
孔元忠					同上	父道
丘砺	建绍间	朐山	山东	常熟	重修琴川志 8 /	
丘耒*					同上	祖砺

续表

姓　名	迁移时间	迁出地	今省	迁入地	资料来源	备　注
丘岳	端平间	朐山	山东	常熟	重修琴川志·丘序	
米友仁	建绍间	襄州	湖北		宋诗纪事 45/1157	
印应飞	理宗	通州	江苏	常熟	耻堂存稿 4/	
印应雷	理宗	通州	江苏	常熟	同上	
沈集	建炎	开封	河南		东江家藏集 29/	
宋兀	宋末	襄阳	湖北		宋季忠义录 15/	
成闵	建炎	邢州	河北		宋史 370/11503	
李衡	建绍间	扬州	江苏	昆山	宋诗纪事 44/1124	
李从之	建炎	开封	河南		鸿庆居士集 39/	
李彦平	绍兴初	江都	江苏	昆山	中吴纪闻 6/	
吴仁杰*					宋元学案 69/2277	原籍河南
沈焘祖先	建炎	开封	河南		东江家藏集 29/	
向执礼	建绍间	淮阳	江苏		桯史 3/33	
向蓑衣道人*					同上	父执礼
何氏	绍兴初	山阳	江苏		山房集 5/	
孟忠厚	建炎	洺州	河北		攻媿集 108/	
王氏	建炎	洺州	河北		鸿庆居士集 40/	忠厚妻
孟嵩*					攻媿集 108/	父忠厚
孟猷*					水心文集 22/432	祖忠厚
孟导*					水心文集 25/495	祖忠厚
孟文					宋季忠义录 15/	曾祖忠厚
金铸	?	开封	河南		九灵山房集 14/	
金钥	?	开封	河南		同上	
邵光祖*					大明一统志 8/	祖伯温居四川健为
周虎祖先	靖康	临淮	江苏		漫塘集 32/	
周虎*				常熟	重修琴川志 8/	
周彦恭	建炎	东平	山东		山房集 4/	
倪维德祖先	靖康	开封	河南		文宪集 25/	

续表

姓 名	迁移时间	迁出地	今省	迁入地	资料来源	备 注
袁德昌祖先	建炎	开封	河南		夷白斋稿 33／	
徐兢	建绍间	和州	安徽		宣和奉使高丽图经	
康与之	建炎	宛丘	河南		山房集 4／	前住广东
郭大任	建炎	淄州	山东		山房集 5／	
郭震					同上	父大任
许仲容*					宋季忠义录 12／	原籍陕西
曹林后裔	建绍间	开封	河南		黄文献集 9 下／	
张汇	建绍间	濮阳	河南	昆山	玉峰续志	
张端义*					贵耳集上／	原居韶州，父某迁入地不明
陈泷*					宋诗纪事 65／1631	原籍开封
陈桂发祖先	？	高邮	江苏		至顺镇江志 19／	
陈鹰	宋末	海陵	江苏		同上	
庄绰	建炎	颍昌府	河南		鸡肋编·附录二	
富元衡	建炎	开封	河南	常熟	重修琴川志 8／	
富嘉谋*				常熟	同上	原籍河南
曾怀	建炎	开封	河南	常熟	同上	
开赵	绍兴二十九年	沂州	山东		宋会要辑稿／7030	
程咏之*					吴中旧事	原籍河南
董仲永	建炎	开封	河南		松隐集 36／	
赵思	建绍间	洛阳	河南	常熟	重修琴川志 8／	
赵监*				昆山	玉峰续志	祖鼎居衢州
赵继*				昆山	同上	曾祖鼎居衢州
赵佚之	建炎		河南	常熟	絜斋集 17／	
赵公升*				常熟	同上	父佚之
赵公豫	建炎		河南	常熟	燕堂诗稿·附本传（21）	
赵公义	建炎		河南	常熟	絜斋集 17／	
赵彦轼*				常熟	同上	父公义

续表

姓 名	迁移时间	迁出地	今省	迁入地	资料来源	备注
赵伸夫*				常熟	同上	祖公义
赵嶓老	?	东平	山东	吴江	咸淳临安志48/	
郑准祖父	建绍间	开封	河南	昆山	玉峰志中（22）	
郑准父亲*				昆山	同上	父某
郑准*				昆山	同上	祖某
郑玆*				昆山	同上	曾祖某
郑端*				昆山	同上	四代祖某
乐备	建绍间	淮海	江苏	昆山		玉峰志中
滕成	?	北方			水心文集24/469	
麋锴	建炎	朐山	山东		登科录（23）	
麋师旦	建炎	朐山	山东		同上	父锴
瞿氏	宋末	通州	江苏	常熟	文宪集24/	祖某居通州
龚颐正		和州	安徽		吴中人物志4/（24）	
边悃	建绍间	开封	河南	平江	玉峰志中	
边惇德*				昆山	同上	祖悃
边实*				昆山	同上	曾祖悃

建 康 府

姓 名	迁移时间	迁出地	今省	迁入地	资料来源	备注
王子清祖父*					吴文正集76/	父某居湖州
王仲和祖先	建炎	开封	河南	溧水	文宪集10/	
王璋	建绍间	成纪	甘肃		景定建康志43/	
盛新	建炎	亳州	安徽		同上	
王逖	靖康	大名	河北		松雪斋集8/	
王孝宗	建炎	东平	山东		全宋词3/1465	
王端朝	建绍间	澶渊	河南	溧阳	大明一统志6/	
田宗源	?	开封	河南		图绘宝鉴4/	
李子英	宋末	和州	安徽	溧阳	巴西文集上/	
李处全	?	丰县	江苏	溧阳	四库全书总目提要·崧庵集	

续表

姓 名	迁移时间	迁出地	今省	迁入地	资料来源	备 注
吴坚	南宋中期	汝南	河南		松雪斋集8/	
吴寔	南宋中期	汝南	河南		同上	
吕宣问	建绍间	开封	河南	溧阳	景定建康志48/	
吕希员	建绍间	开封	河南		同上	
柴氏	?	开封	河南		蠹斋铅刀编28/（25）	
张氏	建炎	清河	河北	句容	墙东类稿13/	
张保	建炎	成纪	甘肃		景定建康志43/	
陈氏	建炎		北方	溧阳	巴西文集下/	
崔敦诗	绍兴	通州	江苏	溧阳	南涧甲乙稿21/	
崔敦礼	绍兴	通州	江苏	溧阳	宫教集6/（26）	
杨千乙*				溧水	东江家藏集31/	祖正八居太平州
端某	建绍间	开封	河南		文宪集1/	
端某*				溧阳	同上	父某居建康
赵彦	建炎	祁州	河北		景定建康志43/	
赵士旰	绍兴己未	开封	河南		同上	
赵明诚	建炎	济南	山东		李清照集校·附事迹编年	
蒋成祖先	建炎	开封	河南		文宪集24/	
萧琦	隆兴	契丹	东北		于湖集18/	

镇 江 府

姓 名	迁移时间	迁出地	今省	迁入地	资料来源	备 注
王沔	端平	安丰	安徽		至顺镇江志19/	
王西发*					同上	父沔
王秀	绍兴三十二年	博州	山东		渭南文集43/	
王邦显*					东江家藏集31/	父三乙居扬州
王朝孙*					同上	原籍陕西
孔璙	建炎	曲阜	山东		嘉定镇江志11/（27）	

续表

姓 名	迁移时间	迁出地	今省	迁入地	资 料 来 源	备 注
孔珪	建炎	曲阜	山东		同上	
石介*					至顺镇江志18/	原籍河北
田文虎*					同上	原籍淮南
史正志	建炎	扬州	江苏		嘉定镇江志19/	
史祥祖先	建炎	开封	河南		至顺镇江志19/	
戈文祖先	?	徐州	江苏		同上	
邱琚	绍兴中	海州	江苏		至顺镇江志18/	前居高邮
邱伯松	绍兴中	海州	江苏		同上	前居高邮,父琚
邱岳*					同上	祖琚
向子莘	建绍间	河内	河南		嘉定镇江志19/	
向沟*					同上	父子莘
向游*					至顺镇江志19/	同上
向涂*					嘉定镇江志19/	同上
向士裴*					同上	祖子莘
辛次膺母亲	建炎	莱州	山东		大明一统志11/	
辛次膺	建炎	莱州	山东		同上	
李健	建炎	泗州	江苏	金坛	京口耆旧传7/（28）	
李公彦	建绍间	密州	山东	金坛	京口耆旧传7/	
邢文英	宋末	光州	河南		至顺镇江志19/	
邢杲	宋末	光州	河南		同上	
昔横祖先	建炎	开封	河南	金坛	漫塘集34/	
昔横*				金坛	同上	祖先昔某
周孚	?	济南	山东		宋诗纪事53/1353	
周方叔*					至顺镇江志19/	原籍高邮
范震祖先*					同上	原籍河北
范邦彦	绍兴三十二年	蔡州	河南		漫塘集34/	

续 表

姓 名	迁移时间	迁出地	今省	迁入地	资料来源	备 注
范如山	绍兴三十二年	蔡州	河南		同上	父邦彦
范炎	绍兴三十二年	蔡州	河南		同上	祖邦彦
侯恪	建炎	京兆	陕西	金坛	京口耆旧传 9/	
侯晏				金坛	同上	父恪
高贵*					大明一统志 11/	原籍开封
高皓孙祖先	?	开封	河南		至顺镇江志 19/	
袁秀发	?	泰州	江苏		至顺镇江志 18/	
袁桀*					同上	父秀发
孙虎臣	?	亳州	安徽		至顺镇江志 19/	
孙应凤*					同上书 18/	原籍滁州
孙附凤*					同上	同上
孙吴会*					至顺镇江志 19/	原籍淮安
孙规*					同上	原籍淮西
孙矩*					同上	同上
时光	?	大名	河北		图绘宝鉴 4/	
章垚*					同上书 4/	原籍淮南
章瑢*					同上	父垚
章琰*					同上	父垚
梁栋	金亡后	相州	河南		至大金陵新志 14/	前居鄂州
张悫	建炎	河间	河北	金坛	京口耆旧传 3/	
张元祖先*					至顺镇江志 19/	原籍滁州
陆秀夫	理宗	盐城	江苏		宋史 451/13275	
莫仑	?	扬州	江苏		宋诗纪事 75/1836	
汤克昭	?	山阳	江苏		至顺镇江志 19/	祖某自郫川江山阳
汤执忠*					同上	父克昭
汤元孙*					同上	祖克昭
汤仲孙*					同上	同上

续　表

姓　名	迁移时间	迁出地	今省	迁入地	资料来源	备　注
汤孝信	?	山阳	江苏		同上	
汤逢龙祖先	?	宝应	江苏		同上	
尧克恭祖先	淳祐	海陵	江苏		同上	
尧克恭	淳祐	海陵	江苏		同上	
翟起宗祖先	?	济州	山东	金坛	漫塘集 30／	
翟起宗				金坛	同上	
赵时侃*				金坛	至顺镇江志 18／	祖公称、父彦恂迁入地不明
赵时佐*				金坛	漫塘集 32／	同上
赵若珪*				金坛	同上书 22／	父时侃
赵崇悉*				丹阳	同上书 31／	
赵善泽*				金坛	至顺镇江志 18／	
赵英*					同上书 19／	原籍淮西
赵纪祥*					同上	原籍淮北
赵若琪*					同上书 18／	原籍河南
相镇*					同上书 19／	原籍濠州
闾丘仲时	建绍间	济南	山东		蠹斋铅刀编 2／	
龚炳	宋末	高邮	江苏		黄文献集 8 上／	
龚基先	宋末	高邮	江苏		至顺镇江志 18／	父炳
龚溁	宋末	高邮	江苏		宋诗纪事 75／1876	祖炳
萧汉杰	?				至顺镇江志 19／	原籍山东
焦礼祖先	?	高邮	江苏		同上	
梁栋祖先					同上	原籍河南
林伯俊*					同上	曾祖庸居福建
绍　兴　府							
王衣	建炎	济南	山东		北海集 35／(29)	
王俣	建炎	宛丘	河南	余姚	攻媿集 90／	

续 表

姓 名	迁移时间	迁出地	今省	迁入地	资料来源	备 注
王速	绍兴八年	宛丘	河南	余姚	同上	父俣
王远	绍兴	宛丘	河南	余姚	絜斋集 19／	父俣
王中行*					同上	祖俣
王中*					渭南文集 39／	父崎居湖州
王铚	建绍间	汝阳	安徽	嵊县	南宋文范·作者考上（30）	
王彦国	建炎	招信	安徽	余姚	玉照新志 3／48	
司马遵	建绍间	夏县	山西		渭南文集 39／	
宋驹父亲	建绍间	赵州	河北		水心文集 25／1	
宋驹*					同上	父某
宋绍恭父亲	靖康	开封	河南		同上书 22／429	
宋绍恭*					同上	父某
李易	建炎	扬州	江苏	嵊县	宋诗纪事 43／1096	
李宽妻子*				新昌	水心文集 41／201	原籍徐州
邢佐	建绍间	开封	河南		东莱集 12／	
邢世才父亲	建绍间	青州	山东		东莱集 12／	
邢世才					同上	父某
邢邦杰					同上	父某
吴垌	建炎	开封	河南		四库全书总目提要·五总志	
吕亿	靖康	青州	山东	新昌	东江家藏集 30／	
吕夔友*					蒙斋集 18／（31）	曾祖颐浩居婺州
姚公烈祖先	建绍间	潍州	山东	新昌	雪坡集 49／	
马纯	建炎	单州	山东		陶朱新录·序（32）	
孙皜	建绍间	开封	河南		宋诗纪事 51／1289	
陈恁*				诸暨	文溪集 23／	父旦居临安
程迥	靖康	宁陵	河南	余姚	宋史 437／12949	
嵇琬	建绍间	应天府	河南	上虞	水心文集 13／235	

续表

姓　名	迁移时间	迁出地	今省	迁入地	资　料　来　源	备　注
嵇居易	建绍间	应天府	河南	上虞	同上	父琬
杨渐	建炎	开封	河南	上虞	宋史 465／13595	
杨次山*					同上	祖渐
杨谷*					宋史 465／13596	曾祖渐
杨石*					同上	同上
赵子嶙	建绍间		河南	诸暨	浮山集 4／	
赵不晦	建炎		河南		攻媿集 102／	
赵善誉*					攻媿集 102／	父不晦
赵令锒	建炎		河南	诸暨	文宪集 32／	
赵汝谜*					馆阁续录 8／（33）	原籍河南
赵良埈*					登科录	原籍河南
赵希璩*					宋史 41／783	父师意
赵孟奎*					宋史 454／13357	曾祖师意
赵彦贞*					吴中人物志 3／	
赵彦悈*				余姚	馆阁续录 7／	
赵时溱*				余姚	登科录	
赵伯述	建炎		河南	余姚	攻媿集 102／	
赵师龙*					同上	父伯述
赵浚	建炎	密州	山东		攻媿集 98／	
赵粹中	建炎	密州	山东		同上	父浚
应洙*				余姚		原籍河南
韩肖胄	建炎	安阳	河南		宋史 379／11692	
韩膺胄	建炎	安阳	河南		同上	
韩同卿*					宋史 243／8656	祖肖胄
韩皇后*					同上	曾祖肖胄
韩诚*					宋史 474／13771	原籍河南
韩侂胄*					同上	父诚
薛安靖	绍兴三年	海州	江苏		宋会要辑稿 8／7018	

续表

姓 名	迁移时间	迁出地	今省	迁入地	资料来源	备 注
明 州							
卞大亨	靖康	泰州	江苏	象山	宝庆四明志 9/（34）	
卞圜	靖康	泰州	江苏	象山	同上	父大亨
王仰	建炎	开封	河南		攻媿集 107/	
王从*					同上	父仰
王氏*					同上	祖仰
王晞亮祖先	建绍间	开封	河南		登科录	
王晞亮*					同上	祖先王某
王扔*					同上	父晞亮
王应麟*					同上	祖晞亮
王应凤*					同上	祖晞亮
王次翁	建炎	济南	山东		攻媿集 90/	
王伯庠	建炎	济南	山东		同上	父次翁
王伯序	建炎	济南	山东		同上	父次翁
王鑐*					清容居士集 33/	祖先次翁
王安道	建炎	开封	河南		黄文献集 8 下	
王端叔	建炎		北方	奉化	剡源集 18/	
安时	建炎	开封	河南		攻媿集 104/	
安昭祖*					同上	父时
安刘*					清容居士集 33/	原籍河南
朱翌	建绍间	舒州	安徽		宋诗纪事 39/1009	前住严州
李璜	建绍间	扬州	江苏		宋诗纪事 50/1253	
李宗质	建炎	洛阳	河南		攻媿集 101/	
李十鉴*					同上	父宗质
吕宝之*					九灵山房集 37/	原籍开封
姜浩	靖康	开封	河南		攻媿集 106/	
姜涛	靖康	开封	河南		宝庆四明志 9/	父浩
姜柄*					攻媿集 106/	父浩

续表

姓 名	迁移时间	迁出地	今省	迁入地	资料来源	备 注
姜宽	靖康	开封	河南		同上	
高世	建炎	开封	河南		攻媿集 103／	
高元之	建绍间	开封	河南		宋诗纪事 48／1230	
徐立之	建炎	登州	山东		攻媿集 91／	
徐子寅*					同上	父立之
郭维	建绍间	河南	河南	昌国	大德昌国志 6／(35)	
张良臣	建绍间	襄邑	河南		宋诗纪事 53／1334	
张孝忠	建炎	历阳	安徽		宋史 373／11557	
冯湛	建炎	秦州	甘肃	奉化	絜斋集 15／	
黄子游	靖康	宛丘	河南	奉化	文忠集 33／	
焦瑗	建炎		山东		宋元学案 30／1076	
路觊	建绍间	河南	河南	象山	絜斋集 20／	
路康*					同上	父觊
赵偕*				慈溪	宋元学案 92／3098	原籍河南
赵竴*					宝庆四明志 9／	原籍山东
赵善悉*				定海	宋史 247／8757	父不尤迁入地不明
赵不陋	建炎	河南			宋史 413／12400	
赵善湘*					同上	父不陋
赵汝楳*					宋诗纪事 85／2061	祖不陋
赵与懽*					宋史 247／8751	祖先令廪迁入地不明
赵善待	建炎		河南		絜斋集 17／	父不柔迁入地不明
崔氏*					同上	善待妻，原籍开封
李氏*					同上	善待继室，原籍山东
赵汝述*					馆阁续录 7／	祖不柔迁入地不明
赵希彭*					宋诗纪事 85／2043	原籍河南

续表

姓　名	迁移时间	迁出地	今省	迁入地	资料来源	备注
赵筼夫*					宋诗纪事 85 / 2070	父彦逾迁入地不明
赵若祺*				象山	登科录	原籍河南
赵时恪*				昌国	大德昌国志 6 /	原籍河南
赵浚	建绍间	密州	山东		宝庆四明志 9 /	
赵粹中*					同上	父浚
赵大猷*					同上	同上
韩永德*					同上	原籍开封
魏杞	建绍间	寿春	安徽		宋元学案 25 / 979	
赵若诚*				昌国	宝庆四明志 9 /	原籍河南
赵时慥*				昌国	大德昌国志 6 /	原籍河南
赵时㤚*				昌国	同上	原籍河南
赵伯迨*	建炎		河南		攻媿集 104 /	
赵师浔*					同上	父伯迨
赵崇回*					登科录	原籍河南
赵与溙*					宋诗纪事 85 / 2046	原籍河南
赵与莒*				奉化	剡源集 16 /	原籍河南
潘致尧	建炎	济南	山东		攻媿集 75 /	
潘致祥	建炎	济南	山东		絜斋集 21 /	
潘致祥儿子	建炎	济南	山东		同上	
潘妙静	建炎	济南	山东	奉化	同上	父致祥
蒋克勤	宋末	光州	河南	象山	雪楼集 17 /	
韩居仁	建绍间	开封	河南		宋元学案 70 / 2347	

湖　州

姓　名	迁移时间	迁出地	今省	迁入地	资料来源	备注
王子清曾祖父	建绍间	开封	河南		吴文正集 76 /	
王嵎	建绍间	北海	山东		宋诗纪事 51 / 1302	
朱胜非	建炎	蔡州	河南		宰辅编年 15 / 999	

续 表

姓 名	迁移时间	迁出地	今省	迁入地	资料来源	备 注
朱胜非母亲	建炎	蔡州	河南		斐然集 15／	前居宾州
朱存之	建绍间	扬州	江苏		陵阳集 24／（36）	
朱雪崖*					同上	父存之
李迎	建炎	济源	河南	德清	文忠集 75／	
李洪	建炎	扬州	江苏		四库全书总目·芸庵类稿	前居海盐
何彦猷	建绍间	高唐	山东	德清	大明一统志 40／	
周晋*					全宋词 4／2725	原籍山东
周虎*					宋诗纪事 80／1955	父晋
胡舜申	靖康	泗州	江苏		玉照新志 3／50	
张岩	绍兴卅二年	开封	河南		宋史 396／12080	前居扬州
赵子俩	建炎		河南		松雪斋集 8／	
赵伯圭	建炎		河南		宋史 244／8688	父子俩
赵师夔*					同上	祖子俩
赵师弥*					同上	祖子俩
赵师揆*					同上	祖子俩
赵师垂*					同上	祖子俩
赵师禹*					同上	祖子俩
赵希永*					松雪斋集 8／	曾祖子俩
赵与言*					同上	四代祖子俩
赵孟頫*					同上书 16／	五代祖子俩
赵孟𫖯*					同上书附行状	同上
赵与藘*					宋史 423／12641	原籍河南
赵孟奎*					图绘宝鉴 4／	父与藘
赵彦博*				武康	文忠集 51／	原籍河南
赵崇禅*				武康	黄氏日抄 97／（37）	原籍河南
赵与时*					彝斋文编 4／（38）	原籍河南

续表

姓　名	迁移时间	迁出地	今省	迁入地	资料来源	备注
秀　州							
丁益*				华亭	九灵山房集 14／	祖先麟飞居德清
王升	建绍间	开封	河南	崇德	至元嘉禾志 13／	
王逖	靖康	大名	河北	华亭	松雪斋集 8／	前居建康
王明清	建炎	汝阴	安徽		宋诗纪事 58／1484	
王用亨*				崇德	宋诗纪事 57／1454	原籍开封
王希吕	绍兴	宿州	安徽		宋史 388／11900	
王观国*				华亭	云间志中（39）	
王正纲*				华亭	同上	
木盈	建炎	济南	山东	崇德	至元嘉禾志 13／	
白良辅*					文宪集 19／	父翼迁入地不明
朱敦儒	建炎	洛阳	河南		宋诗纪事 44／1131	前居广东
李正民	建炎	扬州	江苏		大隐集 9／（40）	
李长民	建炎	扬州	江苏		宋诗纪事 40／1041	
李洪	建炎	扬州	江苏		四库全书总目·芸庵类稿	
李曾伯*					宋史 420／12574	曾祖邦彦居广西
吴泽*					松雪斋集 8／	父寔居建康
吕濛*					水心文集 14／260	原籍山东
姜氏*					同上	原籍山东
岳珂*					南宋文范·作者考祖飞	居江州
周枢	建炎	济南	山东	海盐	文忠集 62／	
王氏	建炎	安阳	河南	海盐	同上	
许克昌	建绍间	拱州	河南	华亭	云间志中／	
洪应辰*				华亭	秋声集 5／（41）	原籍河南
陈玮	建绍间	泰州	江苏	华亭	云间志中／	
姜处恭*					水心文集 25／449	曾祖筠居台州

续 表

姓 名	迁移时间	迁出地	今省	迁入地	资料来源	备 注
孙朝彦	建绍间	开封	河南	华亭	云间志中／	
曹利用后裔	建绍间	开封	河南	华亭	东江家藏集4／	
陆峻	建绍间	高邮	江苏	崇德	漫塘集28／	
辅逵	建炎	赵州	河北	崇德	大明一统志39／	
辅广*				崇德	至元嘉禾志13／	父逵
吴伯凯*				华亭	云间志中／	原籍开封
任岩梁*				华亭	同上	原籍通州
葛温卿	建绍间	开封	河南	华亭	云间志中／	
赵不求	建炎	开封	河南	崇德	至元嘉禾志3／	
赵君誼					登科录	原籍河南
赵孟坚*				海盐	彝斋文编4／	同上
赵孟淳*				海盐	图绘宝鉴4／	同上
赵时贤*				崇德	浣川集10／（42）	同上
赵善洙	建绍间	开封	河南	华亭	云间志中／	
赵善调*				华亭	同上	原籍河南
盖经父亲	建炎	开封	河南	华亭	后乐集17／（43）	
盖经母亲	建炎	开封	河南	华亭	同上	
盖经	建炎	开封	河南	华亭	同上	
郑简	建绍间	开封	河南	华亭	大明一统志9／	
赵师慄*		华亭	同上		云间志中	原籍河南
赵汝澄*				华亭	同上书中／	原籍河南
赵汝郯*				华亭	同上	原籍河南
刘希孟	？	东光	山东	华亭	东江家藏集29／	
钱抚祖先	建炎	开封	河南		簠窗集8／（44）	
郑闻	建绍间	开封	河南	华亭	云间志中／	
过璘祖先	靖康	开封	河南		东江家藏集29／	
常州和江阴军						
吕祖泰*				常州宜兴	宋史455／13371	祖好问居婺州

续 表

姓 名	迁移时间	迁出地	今省	迁入地	资料来源	备 注
胡松年	建炎	海州	江苏	常州宜兴	宋史 379 / 11699	
倪益	建炎	开封	河南	常州无锡	道园学古录 50 /	
郗渐	建炎	大名	河北	常州无锡	鸿庆居士集 40 /	
傅氏	建炎	大名	河北	常州无锡	同上	渐妻
庄安常	建绍间	扬州	江苏	常州宜兴	浮溪集 27 /	
过孟玉祖先	建炎	和州	安徽	常州无锡	宋诗纪事补遗（45）	
过孟玉*				常州无锡	同上	
赵士𢥠	建绍间		河南	常州	鸿庆居士集 38 /	
赵必矿*				常州	登科录	原籍河南
苏迨	建绍间	许昌	河南	常州宜兴	文忠集 168 /	
欧阳氏	建绍间	许昌	河南	常州宜兴	同上	迨妻
苏峤*				常州宜兴	同上	父迨
喻樗	建炎	开封	河南	常州无锡	无锡县志 3 上 /	
李熙靖	建绍间	开封	河南	常州无锡	无锡县志 4 下 /	
郭某	建炎	开封	河南	江阴军	墙东类稿 13 /	
皖南诸州						
丁执中	靖康	徐州	江苏	池州石埭	鹤山集 81 /	
丁述	建炎	徐州	江苏	池州石埭	同上	父执中
丁泰亨*				池州石埭	同上	祖执中
丁敝*				池州石埭	同上	曾祖执中
程端中	建绍间	河南府	河南	池州	宋元学案 16 / 654	
程易	建绍间	河南府	河南	池州	新安文献志（46）	父端中
程源	建绍间	河南府	河南	池州	四朝闻见录 3 /	曾祖端中
程孙*				池州	景定建康志 43 /	
吕和问	建绍间	开封	河南	宣州太平	晦庵集 82 /（47）	
吕广问	靖康	开封	河南	宣州太平	南涧甲乙稿 20 /	
吕康年*				徽州婺源	宋元学案	原籍开封
黄某	建炎	寿春	安徽	徽州	洛水集 10 /（48）	

续 表

姓 名	迁移时间	迁出地	今省	迁入地	资 料 来 源	备 注
程珌*				徽州休宁	宋诗纪事 58／1463	原籍河北
程洙*				徽州休宁	宋诗纪事 66／1699	父珌
程彻*				徽州休宁	宋诗纪事补遗	祖珌
赵子晖	靖康	开封	河南	徽州婺源	攻媿集 102／	
赵伯摅	靖康	开封	河南	徽州婺源	同上	父子晖
赵公迈	建绍间		河南	徽州	复斋集 21／	
赵必赞*				徽州休宁	新安文献志 93／	原籍河南
赵良金*				徽州婺源	新安文献志 93／	原籍河南
赵汝盟*				徽州休宁	复斋集 22／	原籍河南
赵良铨*				徽州	登科录	原籍河南
赵希衢*				徽州婺源	新安文献志 93／	原籍河南
赵与悫*				徽州婺源	同上	父希衢
赵孟槼*				徽州婺源	同上	祖希衢
赵时堃*				徽州	同上	原籍河南
权邦彦	建炎	河间	河北	徽州婺源	诚斋集 124／	
张孝祥	绍兴初	和州	安徽	太平州芜湖	于湖集附传	
陆同	建炎	和州	安徽	太平州芜湖	大明一统志 15／	
杨正八	建炎	开封	河南	太平州	东江家藏集 31／	
杨正八子*			太平州	太平州		父正八
赵时赏*				太平州	宋史 454／13341	原籍河南
韩元象	建绍间	颍川	河南	太平州芜湖	宋诗纪事补遗	
韩元杰	建绍间	颍川	河南	太平州芜湖	同上	
台　　州						
于恕父亲	建绍间	诸城	山东	黄岩	嘉定赤城志 34／	
于恕*				黄岩	同上	父某

续表

姓　名	迁移时间	迁出地	今省	迁入地	资料来源	备　注
于宪*				黄岩	同上	父某
王之望	建炎	谷城	湖北		宋史 372/11637	
王学可*					宋诗纪事 66/1668	祖之望
王思正	建炎	开封	河南		攻媿集 102/	
王卿月*					同上	父思正
丘璘曾祖父	建炎	陈留	河南		安雅堂集 12/	
成大亨	建绍间	河间	河北	天台	嘉定赤城志 34/	
卢知原	绍兴中		山东		嘉定赤城志 34/	
卢子章*					同上	祖知原
吕颐浩	靖康	乐陵	山东		宰辅年表 15/991	前居扬州
吕摭	靖康	乐陵	山东		嘉定赤城志 34/	父颐浩
吕昭远*					同上	祖颐浩
林宪	建绍间		山东		宋元学案 27/1032	
林表民	？		山东		全宋词 4/2344	
姜筠	建炎	淄州	山东		水心文集 14/259	
姜仲思	建炎	淄州	山东		同上	父筠
姜訧*				天台	祖筠	
姜铣*				天台	祖筠	
姜注*					嘉定赤城志 34/	祖先筠
姜处度*					水心文集 25/49	曾祖筠
范宗尹	建炎	襄阳	湖北	天台	大明一统志 47/	
桑庄	建炎	高邮	江苏	天台	渭南文集 32/	
桑世昌*				天台	宋诗纪事 63/1581	父庄
郭仲荀	建绍间	洛阳	河南		嘉定赤城志 34/	
曹勋	建炎	阳翟	河南	天台	攻媿集 103/	
王氏	建炎	阳翟	河南	天台	文忠集 97/	勋母
王氏	建炎	阳翟	河南	天台	同上	勋妻
曹耜*				天台	同上	父勋
曹耘*				天台	嘉定赤城志 34/	父勋

续 表

姓　名	迁移时间	迁出地	今省	迁入地	资 料 来 源	备　注
张煜	建炎	洛阳	河南	天台	文宪集 50／	
张师正	建绍间	开封	河南		嘉定赤城志 34／	
贺允中	建炎	蔡州	河南	天台	南涧甲乙稿 20／	前居潭州
邓氏	建炎	蔡州	河南	天台	同上	同上，允中妻
綦崇礼	建炎	北海	山东		宋史 378／11682	
綦杞	建炎	北海	山东		北海集 36／	父崇礼
赵子英	建炎	开封	河南	黄岩	清容居士集 32／	
赵伯洙	建炎	开封	河南	黄岩	同上	父子英
赵伯淮	建炎	开封	河南	黄岩	同上	同上
赵伯湨	建炎	开封	河南	黄岩	嘉定赤城志 34／	同上
赵师渊*					同上	祖子英
赵师葳*					同上	同上
赵师雍*				黄岩	嘉定赤城志 34／	同上
赵师夏*					同上	同上
赵子佑	建炎		河南		攻媿集 103／	
赵伯直	建炎		河南		同上	父子佑
赵师邧*					嘉定赤城志 34／	祖子佑
赵善结	建炎		河南		苕溪集 51／	
赵汝俞*					嘉定赤城志 34／	原籍河南
赵汝简*					同上	同上
赵师开*				黄岩	同上	同上
赵师羽*				黄岩	同上	同上
赵师耕*				黄岩	同上	同上
赵伯浒*				黄岩	同上	同上
赵孟僴*				黄岩	大明一统志 9／	同上
赵彦敏*				仙居	嘉定赤城志 34／	同上
赵彦儋	建绍间		河南		同上	
赵汝翼*					同上	
赵琡夫*					同上	父彦儋

续 表

姓　名	迁移时间	迁出地	今省	迁入地	资　料　来　源	备　注
赵彦蕭*				黄岩	同上	原籍河南
赵彦瑗*				仙居	同上	同上
赵时栗*				仙居	宋季忠义录8/	同上
赵时望*				天台	嘉定赤城志34/	同上
赵师誉*				宁海	同上	同上
赵师羽*				宁海	同上	同上
赵师宰*					图绘宝鉴4/	同上
赵师端*				黄岩	嘉定赤城志34/	同上
赵善篔*					同上	同上
赵汝孙*					同上	父善
赵善鸿*					同上	原籍河南
赵崇垕*				黄岩	同上	同上
赵崇嵒*				黄岩	同上	同上
赵崇廙*				黄岩	同上书34/	同上
赵崇琰*				黄岩	同上	同上
赵崇禹*					同上	同上
赵崇中*				黄岩	同上	同上
赵崇正*					同上	同上
赵崇誉*					同上	同上
赵崇礼*					同上	同上
赵崇詁*					同上	同上
赵崇学*					同上	同上
赵潭夫*					同上	同上
赵幹夫*				宁海	同上	同上
赵与种*					登科录	同上
赵与熏*				黄岩	清容居士集28/	同上
赵潜夫*				黄岩	嘉定赤城志34/	同上
赵希尹*					同上	同上

续表

姓　名	迁移时间	迁出地	今省	迁入地	资 料 来 源	备　注
赵希亮*				黄岩	同上	同上
赵希廙*				黄岩	同上	同上
赵希悦*				黄岩	同上	同上
赵希瑀*					同上	同上
赵允夫*				黄岩	同上	同上
赵时著*				宁海	同上	同上
赵时杲*					同上	同上
赵时恭*					同上	同上
赵与龄*					同上	同上
蔡向	建炎	东平	山东		同上	
钱忱	建炎	开封	河南		同上	
钱忱母亲	建炎	开封	河南		宋史 248／8777	
钱端礼	建炎	开封	河南		攻媿集 92／	父忱
钱端仁*					嘉定赤城志 34／	父忱
钱象祖*					同上	曾祖忱
钱稔	建炎	开封	河南	天台	同上	
钱徽仁	建炎	开封	河南	天台	同上	父稔
谢克念	建炎	上蔡	河南		水心文集 10／165	
谢偕	建炎	上蔡	河南		同上	父克念
谢克家	建炎	上蔡	河南	黄岩	嘉定赤城志 9／	
谢伋	建炎	上蔡	河南	黄岩	宋诗纪事 44／1121	父克家
韩昭	建绍间	真定	河北	天台	嘉定赤城志 34／	
温州和处州							
吕光远	建绍间	河南府	河南	温州	东江家藏集 30／	
高世则	建炎	亳州	安徽	温州	水心文集 16／307	
高百之	建炎	亳州	安徽	温州	同上	父世则
高宗之*					同上书 22／433	同上
高子溶*					同上书 16／307	同上

续表

姓 名	迁移时间	迁出地	今省	迁入地	资料来源	备 注
高子润*					同上	同上
高世定	建炎	亳州	安徽	温州	水心文集 15／293	
高本之	建炎	亳州	安徽	温州	同上	父世定
高之莫*					同上	祖世定
高氏*					同上	祖世定
康执权	建绍间	开封	河南	温州	卢溪集 44／（49）	
赵汝铎*				温州乐清	水心文集 21／419	祖不尤迁入地不明
赵立夫*				温州乐清	宋诗纪事 85／2070	原籍河南
赵师秀*				温州	同上书 85／2039	同上
赵崇嶓*				温州	同上书 85／2063	同上
赵珍夫*				温州	登科录	同上
赵必樟*				温州	宋诗纪事 85／2067	同上
赵希迈*				温州	同上 85／2042	同上
赵汝迕*				温州乐清	同上 85／2059	同上
赵汝回*				温州	同上	
刘光世	建炎	保安军	陕西	温州	系年要录 110／1781	
刘尧佐	建炎	保安军	陕西	温州	同上书 147／2360	父光世
刘尧仁	建炎	保安军	陕西	温州	同上	同上
刘正平	建炎	保安军	陕西	温州	同上	同上
鲍同孙*				温州	登科录	原籍扬州
赖氏	建绍间	开封	河南	温州	文宪集 35／	
王毅祖先	？	琅琊	山东	处州龙泉	文宪集 48／	
许尹	宣和	淮安	江苏	处州缙云	乾隆缙云县志 6／	
黄定	宋末	六合	江苏	处州龙泉	文宪集 12／	
赵期	建炎	亳州	安徽	处州缙云	文献集 10下／	
赵彦堪	建绍间			河南	处州	南涧甲乙稿 22／	
赵若楩*				处州龙泉	登科录	原籍河南

续 表

姓 名	迁移时间	迁出地	今省	迁入地	资料来源	备 注
赵汝漂*				处州龙泉	同上	同上
赵时垦*				处州	登科录	同上
郑桂	?	山阳	江苏	处州缙云	光绪处州府志13/	
刘一先	建炎	开封	河南	处州松阳	光绪松阳县志9/	
			婺州、衢州和严州			
赵士翮*	建绍间		河南	严州	文宪集31/	
赵必范*				严州桐庐	宋诗纪事85/2066	原籍河南
赵彦肃*				严州	景定严州续志3/（50）	原籍河南
赵时赛*				严州寿昌	登科录	同上
赵与东*				严州	登科录	原籍河南
王浚明	建炎	应天府	河南	婺州兰溪	双溪集15/	
王良儒	建绍间	大名	河北	婺州武义	大明一统志42/	
王涣之	建绍间	大名	河北	婺州武义	同上	父良儒
李珏	?	山阳	江苏	婺州	东牟集14/（51）	
吴克立	建绍间	新郑	河南	婺州武义	文献集9下/	
吕好问	建炎	开封	河南	婺州	宋诗纪事52/1319	
吕本中	建炎	开封	河南	婺州	宋史376/11635	父好问
吕大器	建炎		河南	婺州	宋诗纪事52/1319	祖好问
吕祖谦*				婺州	宋史434/12872	祖好问
吕祖俭*				婺州	宋史455/13368	祖好问
吕延年*				婺州	宋史434/12874	曾祖好问
金硕德	?	徐州	江苏	婺州浦江	文宪集50/	
孙惟信*				婺州	后村集150/	
张鳃	建炎	开封	河南	婺州	东莱集11/	

续表

姓　名	迁移时间	迁出地	今省	迁入地	资料来源	备　注
解森*				婺州浦江	文献集 10 下 /	父某居临安
赵不玷*				婺州浦江	文宪集 31 /	父士翻居严州
赵必偶*				婺州永康	登科录	原籍河南
赵孟澜*				婺州兰溪	登科录	原籍河南
赵彦柜*				婺州东阳	南涧甲乙稿 16 /	原籍河南
赵若恢*				婺州东阳	同上书 56 /	原籍河南
赵淦夫*				婺州东阳	宋元学案补遗 7 /（52）	
赵汝鲁*				婺州江山	登科录	原籍河南
赵时悫*				婺州	登科录	原籍河南
赵崇洺*				婺州东阳	登科录	同上
潘正夫	建炎	河南府	河南	婺州	宋史 248 / 8782	
赵氏	建炎	河南府	河南	婺州	同上	正夫妻
潘清卿	建炎	河南府	河南	婺州	同上	父正夫
潘温卿	建炎	河南府	河南	婺州	同上	父正夫
潘长卿	建炎	河南府	河南	婺州	同上	父正夫
潘端卿	建炎	河南府	河南	婺州	同上	父正夫
潘墨卿	建炎	河南府	河南	婺州	同上	父正夫
潘才卿	建炎	河南府	河南	婺州	同上	父正夫
巩庭芝	建炎	郓州	山东	婺州武义	水心文集 14 / 260	
巩湘	建炎	郓州	山东	婺州武义	同上	祖庭芝
巩嵘*				婺州武义	平斋文集 31 /	同上
巩丰*				婺州武义	水心文集 22 / 260	同上
马伸	建炎	东平	山东	衢州龙游	大明一统志 43 /	
张世杰	金末	范阳	北京	衢州	宋季三朝政要 5 /	
张淑坚	建绍间	开封	河南	衢州	东莱集 13 /	
王珉	建绍间	大名	河北	衢州	宋诗纪事 39 / 994	
孔端友	建炎	曲阜	山东	衢州	大明一统志 43 /	
孔玠	建炎	曲阜	山东	衢州	同上	父端友

续 表

姓 名	迁移时间	迁出地	今省	迁入地	资料来源	备 注
孔摺	建炎	曲阜	山东	衢州	系年要录 166/2716	祖端友
孔元龙*				衢州	宋元学案 81/	原籍山东
孟若蒙	建绍间	南京	河南	衢州	挥麈录 1/	
柳珹	建绍间	合肥	安徽	衢州江山	鸿庆居士集 33/	
赵鼎	建炎	解州	山西	衢州常山	忠正德文集 10/	
赵子昼	建炎		河南	衢州开化	后村集 155/	
赵令衿	建炎		河南	衢州	宋史 244/8684	
赵希錧*				衢州常山	鹤山集 73/	原籍河南
赵希潓*				衢州	后村集 155/	原籍河南
赵孟俨*				衢州	登科录	原籍河南
赵若銓*				衢州江山	登科录	原籍河南
赵崇珇*				衢州	登科录	原籍河南
赵坚之	建炎	开封	河南	衢州	文献集 9 下/	
赵嗣漳*				衢州	登科录	原籍河南
樊清	建炎	南阳	河南	衢州常山	东江家藏集 28/	
樊湍	建炎	南阳	河南	衢州常山	同上	父清

表注：（1）夏文彦著，丛书集成初编本。（2）宋濂著，四部备要本。（3）黄溍著，丛书集成初编本。（4）郑元璹著，四库全书本。（5）杨维桢著，四部丛刊本。（6）刘一止著，四库全书本。（7）戴良著，四部丛刊本。（8）陈亮著，四部备要本。（9）徐自明撰，王瑞来校补，中华书局出版。（10）陈旅著，四库全书本。（11）毛氏汲古阁本。（12）张守著，四库全书本。（13）刘宰著，四库全书本。（14）万斯同著，四明丛书本。（15）龚明之著，上海古籍出版社点校本。（16）黄宗羲等著，中华书局点校本。（17）岳珂著，中华书局点校本。（18）陈基著，四部丛刊本。（19）徐兢著，丛书集成初编本。（20）边实著，太仓旧志五种本。（21）赵公豫著，四库全书本。（22）凌万顷著，太仓旧志五种本。（23）不著撰人，丛书集成初编本。（24）张仁著，隆庆徒包刊本。（25）周孚著，四库全书本。（26）崔敦礼著，四库全书本。（27）道光丹徒包氏刻本。（28）不著撰人，粤雅堂丛书本。（29）綦崇礼著，四库全书本。（30）庄仲方编，光绪戊子江南书局本。（31）袁甫著，四库全书本。（32）马纯著，四库全书本。（33）不著撰人，四库全书本。（34）宋元四明六志本。（35）宋元四明六志本。（36）牟巘著，四库全书本。（37）黄震著，四库全书本。（38）赵孟坚著，四库全书本。（39）杨潜著，宛委别藏。（40）李正民著，四库全书本。（41）卫宗武著，四库全书本。（42）戴栩著，四库全书本。（43）卫泾著，四库全书本。（44）陈耆卿著，四库全书本。（45）陆心源编，台湾鼎文书局本。（46）程敏政著，四库全书本。（47）朱熹著，四部丛刊本。（48）程珌著，四库全书本。（49）王庭珪著，四库全书本。（50）丛书集成初编本。（51）王洋著，四库全书本。（52）王梓材著，冯云濠辑，四明丛书本。

表 9-3 靖康乱后南迁的北方移民实例（迁入地不明部分）

姓 名	迁移时间	迁出地	今省	迁入地	资料来源	备 注
王炎*					全宋词 2/1359	父绚居无为军
王迎*	建绍间	砀郡	安徽		馆阁录 7/（1）	
王俣	建炎	淄川	山东		芦浦笔记 8/（2）	
王彦	建炎	上党	山西		宋史 368/11451	
王伦	绍兴二年	开封	河南		宋史 371/11523	
王柟*					宋史 395/12062	父伦
王渊	建炎	环州	甘肃		宋史 369/11486	
王之道	建炎	庆阳	甘肃		诚斋集 130/	父庶居南康军
王湘	?	开封	河南		嵩山居士集 53/（3）	
王挥	靖康	睢阳	河南		浪语集 33/	
王章	建绍间	永兴军	陕西		题名录（4）	
王赏	建绍间	开封	河南		馆阁录 8/	
王鈇*	建绍间	许昌	河南		同上	
王堅*					同上书 7/	
王德	建炎	通远军	甘肃		宋史 368/11448	
王廉清	建炎	汝阴	安徽		宋诗纪事 58/1480	父铚居江州
王觉	建炎	鲁郡	山东		馆阁录 8/	
王孝迪	建炎	下蔡	河南		宰辅编年 14/926	
王清叔*					图绘宝鉴 4/	原籍开封
孔端朝	建绍间	曲阜	山东		馆阁录 7/	
牛皋	绍兴初	汝州	河南		宋史 368/11465	
仇悆	建炎	益都	山东		宋史 399/12124	
石才儒	建绍间	郑州	河南		题名录	
司马倬*					文忠集 95/	原籍山西
甘焯	建绍间	开封	河南		题名录	
田亘	建炎	阳翟	河南		宋诗纪事 41/1056	
田琳*					渭南文集 21/	原籍开封
史达祖*					全宋词 4/2325	原籍开封
白翼	建炎	文水	山西		文宪集 19/245	
皮龙荣*					宰辅编年 13/1660	原籍陕西

307

续表

姓　名	迁移时间	迁出地	今省	迁入地	资料来源	备　注
左建*					图绘宝鉴 4／	原籍河南
曲端	建炎	镇戎军	宁夏		宋史 369／11489	
朱轩	建炎	东平	山东		太仓稊米集 52／（5）	
李结	？	南阳	河南		全宋词 3／1516	
李迨	建炎	开封	河南		宋史 374／11593	
李昭	建绍间	鄄城	山东		图绘宝鉴 4／	
李宽*					水心文集 21／401	原籍河南
李道	建炎	相州	河南		宋史 465／13592	
李璆	建炎	开封	河南		宋史 376／11654	
李兴	绍兴	河北			宋史 370／11499	
李暎*					图绘宝鉴 4／	父安中居临安
李公茂*					同上	同上
李蔼	建绍间	睢阳	河南		馆阁录 7／	
李巖*					馆阁续录 8／	原籍山东
李山节	金亡以后	汾州	山西		宋诗纪事 65／1628	
李邦献	建炎	怀州	河南		全宋词 2／985	
沈文	建绍间	开封	河南		题名录	
吕切问	建炎	开封	河南		宋元学案 23／911	
吕濛*					水心文集 14／260	原籍山东
吕大同	？	开封	河南		宋元学案 36／1243	祖好问父弸中居婺州
吕大伦	？	开封	河南		同上	同上
吕大猷	？	开封	河南		同上	同上
吕存中	建绍间	开封	河南		同上	
吕行中	建绍间	东平	山东		宋元学案 27／1010	
吕坚中	建炎	开封	河南		同上	
吕鹰	金末	开封	河南		滋溪文稿 7／	
吕伟	金末	开封	河南		同上	
何腾	建绍间	开封	河南		题名录	
何薛	建绍间	开封	河南		宋史 357／11227	

续 表

姓　名	迁移时间	迁出地	今省	迁入地	资 料 来 源	备　注
孟庚	建绍间	濮州	河南		宰辅编年 15／973	
孟彦卿	建炎	洺州	河北		宋史 453／13336	
孟致诚	建绍间	顺昌府	河南		题名录	
武克温	建绍间	开封	河南		图绘宝鉴 4／	
周弼*					全宋词 4／2781	原籍山东
姜才	南宋末	河北	河北		宋史 451／13267	
宣亨	建绍间	开封	河南		画史会要 2／（6）	
韦渊	建炎	开封	河南		宋史 465／13587	
韦讯	建炎	开封	河南		宋史 465／13588	父渊
韦谦	建炎	开封	河南		宋史 465／13588	同上
韦谠	建炎	开封	河南		宋史 465／13588	同上
韦璞	建炎	开封	河南		宋史 465／13588	祖父渊
胡闳休	建炎	开封	河南		宋史 368／11467	
胡佑	建绍间	积石军	青海		题名录	
苗傅	建炎	上党	山西		宋史 457／13802	
范琼	建炎	开封	河南		系年要录 25／509	
范冲较	建绍间	开封	河南		题名录	
范仲微	建绍间	开封	河南		同上	
皇甫斌	？	华山	陕西		宋元学案 97／3222	
高布	建绍间	济阴	山东		馆阁录 8／	
高俨	建绍间	大名	河北		同上书 7／	
高世吏	建炎	亳州	安徽		沧庵集 31／（7）	
高若拙*					登科录	原籍河南
席益	建炎	河南	河南		宋史 347／11017	
耿南仲	建炎	开封	河南		宰辅编年 14／889	
徐大用	？	东武	山东		渭南文集 14／	
康履	建炎	开封	河南		宋史 469／13668	
郭浩	建炎	德顺军	甘肃		宋史 367／11441	
郭见义*					南涧甲乙稿 10／	原籍河南
许仲	建炎	巨野	山东		卢溪集 43／	

续表

姓　名	迁移时间	迁出地	今省	迁入地	资料来源	备　注
许克昌	?	襄邑	河南		馆阁录 7 /	
张用	建炎	相州	河南		系年要录 46 / 830	
张戒	建绍间	绛州	山西		馆阁录 7 /	
张珏	绍兴	渑池	河南		宋史 453 / 13328	
张世雄	绍兴	渑池	河南		宋史 453 / 13329	父珏
张所	建炎	青州	山东		宋史 363 / 11348	
张宗本	建炎	青州	山东		宋史 363 / 11349	父所
张宗元	建炎	成纪	甘肃		题名录	祖俊居临安
张桂*					全宋词 4 / 3029	先祖俊居临安
张修	?	无棣	山东		斐然集 20 /	
张抡	建绍间	开封	河南		全宋词 3 / 1409	
张宁	建绍间	太原	山西		澹庵集 27 /	
张公裕	建炎	开封	河南		宋史 470 / 13692	
张尧臣	建绍间	陈留	河南		宋诗纪事 48 / 1232	
张子盖	建炎	成纪	甘肃		宋史 396 / 11476	
张宪	建炎	相州	河南		宋史 368 / 11462	
张端义祖父	建绍间	郑州	河南		贵耳集上 /	
张端义父*					同上	
张士儋	建绍间	开封	河南		题名录	
张宗颜	建炎	延安	陕西		宋史 369 / 11477	
张表臣	建绍间	单父	山东		全宋词 2 / 1175	
张萃	建炎	开封	河南		宋史 243 / 8649	
张节夫	建炎	河北	河北		南宋文范·作者考	
陈恬	建炎	阳翟	河南		宋诗纪事 37 / 948	
陈规	靖康	密县	山东		宋史 377 / 11642	
陈鹄	建绍间	南阳	河南		全宋词 3 / 2322	
陈公绪	绍兴卅二年	海州	江苏		宋史 463 / 13483	
陈庚	绍兴卅二年	海州	江苏		同上	父公绪
刘氏	淳熙	海州	江苏		同上	公绪妻
陆升之	建绍间	开封	河南		题名录	

续表

姓 名	迁移时间	迁出地	今省	迁入地	资料来源	备 注
毕进	建炎	兖州	山东		宋史 402 / 12184	
冯忠恕	建炎	汝阳	河南		宋元学案 27 / 1011	
冯忠嘉	建绍间	汝州	河南		题名录	
富直柔	建炎	河南	河南		宰辅编年 15 / 975	
富梣*					全宋词 3 / 1768	直柔后裔
曾丰	?	乐安	山东		四库拾遗下 / 692	
曾楙	建炎	河南	河南		宋史 382 / 11768	
曾开	建炎	河南	河南		宋史 382 / 11767	
曾槃*					宋诗纪事 62 / 1565	祖几居信州
曾集*					宋元学案 26 / 998	先祖几居信州
程沂	建绍间	河南	河南		至正昆山郡志 2 / (8)	
贾若思	靖康	河北	河北		渭南文集 25 /	
雷行之	建绍间	鄜州	陕西		题名录	
杨政	建炎	原州	甘肃		宋史 367 / 11443	
杨再兴	建炎		河南		宋史 368 / 11463	
杨骞	建绍间	河东	山西		题名录	
解元	建炎	保安军	陕西		蠹斋铅刀编 28 /	
路允迪	建炎	宋城	河南		宰辅编年 19 / 413	
葛立中	建绍间	开封	河南		题名录	
葛邲	建绍间	开封	河南		题名录	父立中
顿起	建绍间	汝南	河南		宋诗纪事 46 / 1170	
廖俣	?	开封	河南		馆阁续录 9 /	
赵密	建炎	太原	山西		宋史 370 / 11503	
赵纶*					鹤山集 73 /	祖鼎居衢州
赵璩	建炎		河南		宋史 246 / 8731	
赵师淳*					同上	父璩
赵子彤*					宋史 244 / 8685	
赵子厚	建绍间		河南		图绘宝鉴 4 /	
赵子恭*					宋史 244 / 8685	

续表

姓 名	迁移时间	迁出地	今省	迁入地	资料来源	备 注
赵子砥	建炎		河南		宋史 247／8745	
赵子修	建绍间		河南		题名录	
赵子洎	靖康	洛阳	河南		宋史 247／8742	
赵子栋	建绍间		河南		宋史 244／8684	
赵子栎	建绍间		河南		宋史 247／8745	
赵子觉	建炎		河南		宋诗纪事 85／203	父令衿居衢州
赵令崴	建炎		河南		宋史 447／13184	
赵子昼	建炎		河南		宋史 247／8746	
赵师夔*					宋史 244／8689	祖子俛居湖州
赵师弥*					同上	同上
赵子潆*					吴郡志 7／	
赵士篯	建绍间		河南		宋史 245／8715	
赵不秫*					宋史 245／8716	原籍河南
赵士表*					图绘宝鉴 4／	
赵仲湜	建炎		河南		宋史 245／8714	
赵士从	建炎		河南		宋史 245／8714	父仲湜
赵士衎	建炎		河南		宋史 245／8714	同上
赵士街	建炎		河南		宋史 245／8714	同上
赵士岘*					攻媿集 36／	
赵不佟					同上	父士岘
赵士翯	建绍间		河南		宋史 245／8716	
赵不流*					宋史 247／8752	父士晤居泉州
赵士崿	建炎		河南		宋史 247／8754	
赵士遒	建炎		河南		宋史 452／13293	
赵士遵	建绍间		河南		图绘宝鉴 4／	
赵士睐	建绍间		河南		全宋词 2／782	
赵不泯*					艾轩集 9／（9）	
赵士晴	建绍间		河南		宋史 247／8755	
赵士㒜	建炎		河南		宋史 452／13291	
赵士医	建炎		河南		宋史 452／13292	

续表

姓　名	迁移时间	迁出地	今省	迁入地	资 料 来 源	备　注
赵不凡	建炎		河南		宋史 247/8754	父士褒居建州
赵不尤	建炎		河南		水心文集 21/418	
赵不悔	建炎		河南		题名录	
赵不敏*					宋诗纪事 80/2050	
赵不虑*					后村集 150/	
赵不檡*					宋史 245/8716	
赵不敛	建绍间		河南		题名录	
赵不弃	建绍间		河南		宋史 247/8756	
赵不愧	建绍间		河南		题名录	
赵不群	建炎		河南		宋史 247/8756	
赵不遏*					止斋集 18/	
赵不嫖*					宋史 245/8716	
赵不傳*					宋史 245/8716	
赵友焕*					登科录	
赵训之	建炎		河南		宋史 452/13294	
赵公涣	建炎		河南		水心文集 23/451	父训之
赵公称	建绍间		河南		诚斋集 101/	
赵彦侚	建绍间		河南		题名录	父公称
赵公广*					水心文集 23/446	
赵彦倓*					宋史 247/8765	父公广
赵公旦	建炎		河南		南涧甲乙稿 21/	
赵公戬	建绍间	开封	河南		题名录	
赵公硕	建绍间	开封	河南		宋诗纪事 85/2068	
郭氏	建绍间	开封	河南		南涧甲乙稿 22/	父公硕
赵公懋	建绍间		河南		题名录	
赵崇皤祖先	建炎		河南		宋诗纪事 85/2063	
赵必戚*					登科录	
赵必玬*					同上	
赵必畔*					同上	

续表

姓　名	迁移时间	迁出地	今省	迁入地	资料来源	备　注
赵必𨥂*					题名录	
赵必朕*					登科录	
赵必寰*					同上	
赵必铮*					同上	
赵必聪*					同上	
赵必璂					同上	
赵必噫*					同上	
赵令矼	建绍间			河南	宋史 244/8682	
赵令话	建炎			河南	宋史 244/8684	
赵令廙	建炎			河南	宋史 244/8682	
赵希言*					宋史 247/8750	曾祖令廙
赵孟传*					延祐四明志 5/	祖先令廙
赵不柔	建炎			河南	絜斋集 17/	
郭氏	建炎			河南	同上	不柔妻
赵汝珽*					登科录	
赵仲儡	建炎			河南	宋史 245/8715	
赵良㟉*					登科录	
赵良玞*					同上	
赵希苍*					水心文集 11/201	
赵希怿*					宋史 247/8751	
赵伯仁	建绍间			（北方）	西山文集 45/	
赵师虡	建绍间			（北方）	同上	父伯仁
赵与汶*					馆阁续录 8/	原籍河南
赵伯茂	建绍间			河南	题名录	
赵伯晟*					宋诗纪事 85/2038	
赵伯琳*					同上书 85/2037	
赵伯驹	建炎			河南	图绘宝鉴 4/	
赵伯骕	建炎			河南	同上	
赵伯瑗	建绍间			河南	题名录	

续 表

姓 名	迁移时间	迁出地	今省	迁入地	资料来源	备 注
赵性夫*					淳熙三山志 31/	
赵孟泞*					登科录	
赵与檡*					宋史 450/13262	
赵孟铸*					登科录	
赵孟钻					登科录	
赵彦文*					题名录	
赵彦中*					馆阁续录 8/	
赵彦相*					漫塘集 23/	
赵彦仞*					淳熙三山志 31/	
赵彦真*					渭南文集 34/	
赵彦逾	?				宋史 247/8767	
赵彦龄	建绍间			河南	题名录	
赵若瓌*					登科录	
赵若焯*					登科录	
赵若虚	建绍间			河南	相山集 23/	
赵时朳*					登科录	
赵时洮*					同上	
赵时逢					馆阁续录 9/	
赵时瑜*					登科录	
赵时儋*					宋诗纪事 85/2074	
赵时焑*					登科录	
赵师训	建绍间			河南	馆阁续录 7/	
赵师恕*					宋诗纪事 85/2038	
赵师诎*					馆阁录 7/	
赵崇回*					登科录	
赵崇錍*					宋诗纪事 85/2064	
赵崇琟*					登科录	
赵崇皦*					宋诗纪事 85/2065	
赵善沛*					同上书 85/2051	

续表

姓　名	迁移时间	迁出地	今省	迁入地	资料来源	备注
赵善礽*					同上书 85/2052	
赵善珏	建绍间		河南		题名录	
赵善伦*					宋诗纪事 85/2052	
赵善谈*					宋元学案 73/2446	
赵善赣*					宋诗纪事 85/2051	
赵与仁*					全宋词 5/3259	
赵与杼*					宋诗纪事 85/2045	
赵与洽*					全宋词 4/2469	
赵与樗*					登科录	
赵与铦*					同上	
赵与栏*					同上	
赵辚之	建绍间		河南		南涧甲乙稿 20/	
赵俨之	建绍间		河南		题名录	
潘永思	建炎	开封	河南		宋史 465/13595	
郑蕃	建炎	开封	河南		宋史 465/13593	
郑兴裔	建炎	开封	河南		同上	父蕃
郑挺*					宋史 465/13595	
郑损*					同上	
郑闻	建绍间	开封	河南		馆阁录 7/	
郑临*					文忠集 5/	
郑藻	建绍间	开封	河南		宋史 243/8640	
郑景纯	建炎	开封	河南		松隐集 36/	
环中	建炎	淮阳	河南		馆阁录 7/	
樊光远	建绍间	开封	河南		同上	
滕庚	建炎	应天府	河南		文忠集 29/	
刘芮	建绍间	东平	山东		宋元学案 20/839	
刘蒙	建绍间	冀城	河北		题名录	
刘整	金末	邓州	河南		元史 161/3785	
刘晏	建炎	开封	河南		宋史 453/13385	
刘师勇*					元诗纪事 26/637	

续 表

姓 名	迁移时间	迁出地	今省	迁入地	资料来源	备 注
刘季斐	建绍间	开封	河南		题名录	
卫博					南宋文范·作者考	
钱秉之	建绍间	开封	河南		馆阁录 7 /	
谢杰	建炎	上蔡	河南		攻媿集 83 /	
谢懋	建绍间	洛阳	河南		全宋词 3 / 1633	
韩玉	隆兴初	金	北方		同上书 3 / 2054	
韩黯	建炎	开封	河南		盘洲文集 75 /	
韩梃*					宋诗纪事 58 / 1159	祖父世忠居临安
蓝珪	建炎	开封	河南		宋史 469 / 13668	
魏燮	建绍间		北方		图绘宝鉴 4 /	
罗仲通	建绍间	开封	河南		同上	
苏晋卿	建绍间	开封	河南		南宋院画录 2 /	
苏焯*					南宋院画录 4 /	
苏坚*					画史会要 3 /	父焯

表注：（1）陈骙著，四库全书本。（2）刘昌诗著，丛书集成初编本。（3）晁公遡著，四库全书本。（4）不著撰人，丛书集成初编本。（5）周紫芝著，四库全书本。（6）陶宗仪著，四库全书本。（7）胡铨著，宋庐陵四忠集。（8）太仓旧志五种本。（9）林光朝著，四库全书本。（10）陈傅良著，四部丛刊本。（11）宋元四明六志本。（12）王之道著，四库全书本。（13）洪适著，四部丛刊本。（14）厉鹗著，武林掌故丛编本。

第二节

江　西

此处所说的江西，指今江西省，南宋属江南西路以及江南东路的信州、饶州与南康军。今赣东北的婺源县当时属徽州，为在叙述时保持一州的完整，已在江南地区的徽州论及。

江西是经济比较发达的地区,距首都临安较近,交通方便,是适宜移民定居的好地方。《靖康乱后南迁的北方移民实例》各部分已知迁入地的列表移民的 15.4%,和始迁者的 14.2%,分布在江西,以地区论所占比重仅次于江南。南宋初期移民甚多,时人称"东北流移之人,布满江西"[1]。

一 概说

北方流民武装集团大批涌入是南宋初江西境内移民众多的重要原因。建炎三年(1129 年),驻扎在南昌的宋将范琼,称"招到淮南、京东盗贼十九万人"[2],此数字可能有所夸大,也不一定都在江西,但境内有相当多的北方流民武装集团成员应无问题。绍兴初年张用、李成等人分别率领人数众多的流民武装涌入江西,后被宋军击溃或招安。张用在分宁(今江西修水)冷家庄受岳飞招安,"张俊往瑞昌亲拣其军五万,强壮者留之,余放逐,便令去"[3]。岳飞在洪州生米渡(今南昌市)破李成部,"降其卒五万",在筠州(治今高安)城东又破之,降 8 万,后在楼子庄(今地不详)和至江州的道中又降其 5 万余人[4]。跟随张用和李成的大批老弱和妇女,可能大部分都定居在江西。

江西移民较多还和隆祐太后率官民迁入有关。建炎三年七月,由于金兵即将大举入侵,高宗安排"隆祐皇太后率六宫宗室近属,迎奉神主,前去江表"[5],并派一万名军人护送。高宗要求"百司非预军旅之事者悉从",并以参知政事李邴、签书枢密院事滕康同行,在洪州设立三省和枢密院的分部处理日常事务[6]。朝廷规定:"今后除官员系堂除得替人许到都堂见宰执陈乞差遣外,其余词状如系军期边防急切机密公事许诣尚书省陈乞,余更不收接,并赴洪州三省枢密院披

---

[1] 李纲:《梁溪集》卷 101《条具防冬利害事件奏状》。
[2] 《建炎以来系年要录》卷 25,建炎三年七月丙戌,第 509 页。
[3] 《三朝北盟会编》卷 147,炎兴下帙四十七。
[4] 岳珂:《金陀粹编》卷 5。
[5] 《建炎以来系年要录》卷 24,建炎三年六月乙亥,第 502 页。
[6] 《建炎以来系年要录》卷 25,建炎三年七月壬寅,第 515 页。

诉。"[1]简言之,洪州成了南宋后方政府所在地,除军事要务外皆在洪州处理。除大批宗室和文官随太后迁入江西,朝廷下令"官吏士民家属南去者,有司毋禁"[2],大批百姓亦随之入江西。陈乐素先生认为,建炎南渡的官吏士民大部分随隆祐太后进入江西[3]。此"大部分"之比例正确与否已很难考证,但靖康南渡之官吏士民相当一部分进入江西应无问题。

进入洪州(今江西南昌)不久,因金军渡江袭击,隆祐沿赣江逃往吉州(治今吉安),在金军追击下复又逃入虔州(治今赣州)。在中途(吉州太和)护送军队叛变,隆祐狼狈逃窜,除她与贤妃、周夫人、莫夫人外,其余舟船都未能到达虔州,仅宫人便丢失160人[4]。随隆祐入江西的北方人民,也可能分散在江西各地。隆祐返回临安后,大部分人都无法返回江南,除了在虔州的那部分人会翻越大庾岭进入岭南(原在虔州的大宗正司便在次年三月迁广州[5]),其余都应定居在江西。奔仕能和夏泽便是在这种背景下在江西安家的。奔仕能开封人,事宋徽宗为侍御,"靖康之乱从隆祐太后南幸至安城(今安福)家焉"[6];夏泽原家在金陵,"以刑部司门郎从孟太后(即隆祐太后)南迁至吉水,因家焉"[7]。

虽然以后各阶段迁入的移民数量都无法与靖康之役阶段相比,但江西仍是重要的迁入地之一。绍兴三十一年(1161年)十月,中书门下省报告"淮北军民老小不住归正前来",迁入淮南和江南,高宗颁令要求两浙和江东、西属州予以安置[8]。淳熙以来一些归正北军退役人员居住江西,如十四年自江州军中退役的归正北军大多愿居住在江西[9]。蒙古军进攻两淮地区以后,淮南人民大批进入江西,仅嘉熙

---

1 《宋会要辑稿》职官一之四七。
2 《宋史》卷25《高宗纪》,第166页。
3 《珠玑巷史事》,《学术研究》(广东)1982年第6期。
4 赵鼎:《忠正德文集》卷7《建炎笔录》。
5 《建炎以来系年要录》卷32,建炎四年三月丁卯,第626页。
6 揭傒斯:《揭傒斯全集》卷7《奔清甫墓志铭》,第392页。
7 王礼:《麟原集》前集卷3《教授夏道存行状》,四库全书本。
8 《宋会要辑稿》兵一五之一〇。
9 《宋会要辑稿》兵一六之五。

三年(1239年)秋天经江州进入的移民便达十余万人[1]。

表9-4 江西各府州列表北方移民分布

府州名	移民总数	始迁者	府州名	移民总数	始迁者
吉 州	52	40	临江军	9	5
信 州	38	28	南康军	5	3
江 州	17	17	筠 州	2	2
抚 州	20	15	建昌军	8	2
饶 州	29	13	赣 州	1	1
洪 州	19	10	南安军	2	1
袁 州	13	6	合 计	215	143

资料来源：据表9-5。

二 吉州、信州、江州和饶州

吉州、信州、江州和饶州是本区移民较多的州。

吉州是南宋初期江西南迁移民进出的中心，如上所述，跟随隆祐太后溯赣江迁移的移民就是在吉州太和被叛将冲散的，奔仕能和夏泽定居的安福、吉水二县均属吉州。安福位于吉州西北，"当吉、袁(治今江西宜春)之冲径路也。方艰难时，东北士大夫奔荆湖、交广者必取道于是"[2]。那些自吉州经安福入荆湖和广东、广西的移民，很可能也是跟随隆祐太后被冲散的，否则难以理解移民为何不经平坦的袁州—萍乡大路，却南下吉州复西北经安福山路入湘。建炎年间同知大宗正事赵士褒率部分宗室迁吉州，绍兴四年复迁绍兴府[3]。但宗室并未迁尽，表9-5吉州的宗室可能就是当时留居的。宁宗时名相周必大的祖父周诜靖康前任官江西，后因北方乱不得归，留居吉州。周氏本为郑州大族，"内外百口"，南渡后"遭家多难，遗孤满目"[4]，但一家数十

---

1 《宋史》卷414《董槐传》，第12429页。
2 王庭珪：《卢溪集》卷46《刘君墓志铭》。
3 《建炎以来系年要录》卷76，绍兴四年五月辛酉，第1255页。
4 周必大：《文忠集》卷36《尚氏墓志铭》。

口人无论如何还是有的。迁入吉州的下层移民人数应比上层移民多得多,山东人李某便是其中之一。李氏于靖康之乱后迁入吉州,"出力辟旷土,得田四百亩",后世代居此[1]。

信州(治今江西上饶)和饶州(治今鄱阳)邻近江南和长江沿岸,交通方便,信州并居江西通往临安大道两侧。南宋初年江南、江西平原地带战乱纷纷,独两平原交接处的信州、饶州和衢州、婺州相对平静,成为北方移民躲避战乱的好去处。并且,自绍兴末年以来北方移民仍有进入,例如,开禧二年,信州和饶州是朝廷安置两淮移民的12个府州之一[2];嘉定八年"安庆(治今安徽潜山)、光州(治今河南潢川)流民自池州渡江而趋饶、信者,前后相续"[3]。因此,信州、饶州是江西北方移民较多的地区。

宋元人对信州北方移民之多曾有许多记载。韩元吉说:"北来之渡江者,爰而多寓焉。"[4]袁桷说:"建炎初,中原缙绅家多居是州。"[5]戴表元说:"广信(信州别称)为江、闽、二浙往来之交,异时中原贤士大夫南徙,多侨居焉。"[6]移民中士大夫较多,一次集聚在一起赋"破贼保城诗"的"寓公寄客"便达数十人[7]。韩元吉、吕本中、曾几、郑望之、晁谦之等人皆一时名士,绍兴末年辛弃疾又迁居信州(见表9-5)。直到南宋中后期,信州北方移民的后裔仍彼此来往。韩元吉后裔韩淲赋诗说:"因过竹院酒,共看竹院书。坐中半北客,南渡百年余。"[8]

饶州移民总数不及信州,但多宗室成员。元代虞伯生说:"故宋南渡,阻江以为国,番之余在江之东、西之间,重湖之表,郡完地博,土沃而民安,去临安近而无险,是以贵臣大家多居之。轩盖门戟相接,至今旧名犹存,过者式之。"[9]定居余干的宗室赵不求的后裔赵汝愚为宁宗

---

[1] 吴澄:《吴文正集》卷63《题李氏世业田碑后》。
[2] 《宋会要辑稿》食货六八之一〇二。
[3] 《历代名臣奏议》卷259,真德秀奏文。
[4] 《南涧甲乙稿》卷15《两贤堂记》。
[5] 《清容居士集》卷20《梅亭记》。
[6] 《剡源集》卷1《稼轩书院兴造记》。
[7] 王炎:《双溪集》卷25《二堂先生文序》。
[8] 《涧泉集》卷4《晁十哥出旧藏书画》。
[9] 《世美堂记》,载康熙《饶州府志》卷7。

时名相,赵汝愚聚族而居,有 300 余口[1]。德兴等县也有宗子(见表 9-5)。

江州(治今江西九江)为长江中游重要港口,北方移民由淮南渡江入江西多在此登陆。建炎四年八月统制官刘绍光率光州军民南迁,渡江后进入江州,后光州军队驻扎于此[2],可能也有百姓一同迁入。绍兴元年(1131 年),李成等部流民武装集团数万人在江州以南被击溃,难免有流民定居在江州。嘉熙元年(1237 年),"两淮、荆襄之民避地江南",江州为朝廷指令妥善招恤移民的十个府州之一[3]。南宋末年,蕲州(治今湖北蕲春北)人民大批迁入江州,使得江州"户口日增",张俊大就是此时自蕲州迁居的[4]。南宋末由于来自淮南和四川的移民众多,江州"建景星精舍以养淮、蜀士"[5]。

江州为南宋江防要地之一,早期驻扎这里的岳飞部队及后归岳飞统辖的李道、牛皋等部多为北方人[6]。以后军队虽然有所调动,但江州仍是岳飞及其一些部将的安家之地。岳飞一家所住的地方被称为岳家市,南宋中期此地还住着自原岳家军中退下来的部曲,董嗣杲《过岳家市》诗"鄂侯遗部曲,多岁此为农"[7],即是一证。直到元代,岳飞六世孙士迪仍居江州[8]。

南宋初期,因金军和李成等部大肆杀掠,江州人口下降很多,到绍兴五年全州户口仍"十损七八"[9]。当时江西的其他地区因战争人口均有减少,"如洪州分宁、奉新等县,人户所存才有十之三四,其余县分号为多处,不过十之六七,通一路计之,多寡相补,才及承平之半",因此全路"田土荒废尚多"[10]。在这种状况下,江州新补充的人口只能主要来自北方移民,北方移民可能已在人口中占有相当的比例。

---

1 《宋史》卷 392《赵汝愚传》,第 11989 页。
2 《建炎以来系年要录》卷 36,建炎四年八月丙戌,第 694 页。
3 《宋史》卷 42《理宗纪》,第 811 页。
4 刘岳申:《申斋集》卷 11《张元英墓志铭》。
5 《申斋集》卷 11《张元英墓志铭》。
6 《建炎以来系年要录》卷 71,绍兴三年十二月甲午,第 1191 页。
7 《庐山集》卷 3,四库全书本。
8 田汝成:《西湖游览志》卷 9,四库全书本。
9 《建炎以来系年要录》卷 87,绍兴五年三月丁丑,第 1439 页。
10 李纲:《梁溪集》卷 96《准省札催诸州军起发大军米奏状》。

三 洪州和其他府州

洪州(后改名隆兴府)为江西路治所。有关洪州的移民材料较少，列表移民不多，但不能据此得出洪州移民数量较少的结论。建炎三年十二月金军占领洪州，屠城，"杀城中老小七万余人"[1]，当地人口数量严重下降，绍兴末年"始复太平之旧"[2]。如前所述，江南的临安、平江、建康等金兵屠过城的府，南宋初新补充的人口主要来自北方移民，由于当时江西其他地区不可能向洪州大量输出人口，当地新补充的人口中相当一部分也应当来自北方。

洪州周围是北方流民武装集团主要活动地区之一，在这一带被击溃的李成部的十余万人和受招安的张用部的数万人，必然有一些人要选择洪州为安身立命之地。隆祐太后率大批官民入洪州，离开时不可能所有官民都随其南迁，郎官侯懋、李幾等三人当时便"仓卒之际果不克奔"[3]。范琼、李横、董先、牛皋等宋将率北方兵民南迁时都在洪州驻扎过，难免有人要留居于此。据表9-5，洪州除了州治和鄱阳湖平原的进贤、奉新二县，赣西北山区的分宁(今江西修水)也有移民，分布面较广。

江西的其他府州也有一定数量的北方移民。

筠州(治今江西高安)在南宋初为北方流民武装集团的活动地区之一，岳飞曾在城东击溃李成部，降其8万人，其中一些人可能会定居于此。嘉泰三年(1203年)筠州建乐善书院，供居住此地的宗子读书，"选宗子幼而未命者，以二十人为额"[4]。若以一家有两个幼童计，当地宗子家庭至少有十家。建炎初，宛丘(今河南淮阳)人向子諲"因中原椒扰，故庐不得返"，迁居临江军清江[5]。此外，居住这一带的还有

---

[1] 赵鼎：《忠正德文集》卷7《建炎笔录》。
[2] 曾丰：《缘督集》卷17《隆兴府纂修图经序》。
[3] 蔡絛：《铁围山丛谈》卷4，中华书局点校本，第68页。
[4] 周必大：《文忠集》卷60《筠州乐善书院记》。
[5] 向子諲：《西江月》，《全宋词》第959页。

晁叔异、刘子驹兄弟等北方人[1]。据表 9-5，袁州列表移民 13 人，始迁者 6 人，不仅有中原士大夫，也有宗室成员。抚州（治江西今市）列表移民 20 人，始迁者 15 人，居江西各府州第四位。原山东福岛义军首领范温以江西路兵马钤辖身份驻扎在抚州，朝廷同意"任满更不差人"[2]，因此也成为抚州的新居民。建昌军南丰县为宗子分布地之一，元代南丰人赵与俦《述祖诗》叙家族自开封迁移"中罹多难，南历江沱。眷焉吾宗，丰水居多"[3]。江西最南端的南安军（治今大余）也有北方移民，家住南康的田豫的妻子尚氏便是原籍相州安阳的北方人[4]，陕西籍大将解潜也曾谪居南安十余年[5]。赣州的移民放本章第四节论述。

表 9-5 靖康乱后南迁的北方移民实例（江西部分）

姓 名	迁移时间	迁出地	今省	迁入地	资料来源	备 注
信州和饶州						
尹樯	建炎	兖州	山东	信州玉山	宋诗纪事 52/1311	
王次张	建炎	济南	山东	信州	南涧甲乙稿 21/	前居越州
田有嘉	建炎	开封	河南	信州贵溪	斐然集 26/	
辛弃疾	绍兴卅二年	济南	山东	信州铅山	大明一统志 51/	
宋孝先	建绍间	陈州	河南	信州	南涧甲乙稿 22/	
宋健*				信州	同上	父孝先
李逊*				信州玉山	东江家藏集 30/	父显忠居临安
折彦质	建炎	河东	山西	信州	系年要录 154/2488	前居柳州
周韦	建绍间	青州	山东	信州	大明一统志 51/	
范仲彪	建绍间	洛阳	河南	信州	宋元学案补遗 21/	
马永卿	绍兴间	扬州	江苏	信州铅山	四库全书总目	

---

1 向子諲：《水龙吟》，《全宋词》第 953 页。
2 《宋会要辑稿》兵一五之四。
3 陈衍：《元诗纪事》卷 12，第 266 页。
4 周必大：《文忠集》卷 76《尚氏圹志》。
5 《大明一统志》卷 58。

续表

姓 名	迁移时间	迁出地	今省	迁入地	资料来源	备 注
晁谦之	建炎	澶州	河南	信州铅山	大明一统志 51／	
晁公谔	建炎	澶州	河南	信州铅山	攻媿集 108／	
晁升之	建绍间		北方	信州盱江	文忠集 47／	
庄绰	建炎	颍州	河南	信州	鸡肋编附录二	前居平江
冯显	建炎	河南府	河南	信州	南涧甲乙稿 21／	
曾幾	建炎	河南府	河南	信州	渭南文集 32／	前居广西
曾逢	建炎	河南府	河南	信州	宋史 382／11769	父幾
曾逮	建炎	河南府	河南	信州	同上	同上
赵暘	建炎	郑州	河南	信州玉山	章泉稿附墓表（1）	
赵泽	建炎	郑州	河南	信州玉山	同上	父暘
赵涣	建炎	郑州	河南	信州玉山	同上	祖暘
赵蕃*				信州玉山	同上	曾祖暘
赵遂*				信州玉山	后村集 161／	四代祖暘
赵士衿	建炎		河南	信州铅山	克斋集 12／（2）	
赵不逦*				信州铅山	同上	父士衿
向氏*				信州铅山	同上	不逦妻
赵彦孟	建炎		河南	信州铅山	絜斋集 18／	
赵充夫*				信州铅山	同上	父彦孟
赵崇铤*				信州玉山	登科录	原籍河南
赵孟周	建炎间		河南	信州弋阳	晦庵集 91／	
管南*				信州永丰	登科录	原籍开封
郑望之	建炎	彭城	河南	信州	浮溪集 19／	
刘靖	建炎	东明	河南	信州贵溪	东牟集 14／	
韩元吉	建炎	开封	河南	信州	大明一统志 51／	
韩淲*				信州	宋诗纪事 59／1488	父元吉
韩洙	建绍间	洺州	河北	信州弋阳	舆地纪胜 21／	
萧性渊祖先	建绍间	嵩州	河南	饶州	揭傒斯集 7／196	
徐度	建炎	谷熟	河南	饶州德兴	四库全书总目	
辛次膺	建炎	莱州	山东	饶州浮梁	宋诗纪事 38／975	前居镇江

续表

姓　名	迁移时间	迁出地	今省	迁入地	资料来源	备　注
吴仕	建绍间	蕲州	湖北	饶州余干	全宋词 2／1175	
周泰	靖康	汝南	河南	饶州	文宪集 31／	
程昌寓	建炎	顺昌	河南	饶州	宋史 437／12951	前居鼎州
程祥	建炎	顺昌	河南	饶州	同上	
赵不求	建炎	开封	河南	饶州余干	宰辅年表 19／1281	前居秀州
赵善应	建炎	开封	河南	饶州余干	宋史 392／11981	父不求
赵汝愚*				饶州余干	同上	祖不求
赵崇度*				饶州余干	西山文集 43／	曾祖不求
赵崇模*				饶州余干	宋元学案 46／	曾祖不求
赵崇宪*				饶州余干	宋史 392／11990	曾祖不求
赵必愿*				饶州余干	宋史 413／12470	四代祖不求
赵必道*				饶州余干	巽斋文集 13／	四代祖不求
赵彦端	建炎		河南	饶州余干	南涧甲乙稿 21／	父公旦迁入地不明
赵公彦	建绍间		河南	饶州余干	蒙斋集 17／	
赵彦榛*				饶州余干	同上	父公彦
赵氏*				饶州余干	同上	祖公彦
赵必揆*				饶州余干	登科录	原籍河南
赵令畤	建炎		河南	饶州德兴	却扫篇下／（3）	
赵孟嬬*				饶州	登科录	原籍河南
赵俾夫*				饶州余干	蒙斋集 17／	原籍河南
赵崇朴*				饶州余干	馆阁续录 8／	原籍开封
赵善平*				饶州	游宦纪闻 5／43（4）	原籍河南
赵嗣逮*				饶州	登科录	原籍河南
赵觉夫*				饶州余干	巽斋文集 13／	原籍河南
刘方	建炎	开封	河南	饶州	晦庵集 90／	
刘襄*				饶州	同上	父方

续表

姓名	迁移时间	迁出地	今省	迁入地	资料来源	备注
抚州和建昌军						
王觉	建炎	安阳	河南	抚州	文忠集 32／	
元玮*				抚州崇仁	渔墅类稿 6／(5)	原籍开封
孟涣	建绍间	澶渊	河南	抚州	吴文正集 57／	
周信甫祖先	建炎	庐州	安徽	抚州崇仁	吴文正集 79／	
晁公迈	建炎	郑州	河南	抚州	文忠集 75／	
晁子与	建炎	郑州	河南	抚州	同上	父迈
晁巽之	建绍间	济州	山东	抚州	攻媿集 108／	
晁巽之子	建绍间	济州	山东	抚州	同上	
许忻	建炎	拱州	河南	抚州	宋史 422／12610	
范温	绍兴初		山东	抚州	宋会要辑稿 8／7018	
张氏*				抚州金溪	性善堂稿 14／(6)	原籍河北
张澂	建炎	舒州	安徽	抚州	宋诗纪事 42／1084	
张说	建炎	开封	河南	抚州	宋史 470／13692	父公裕居南宋
赵不器	建炎		河南	抚州	全宋词 2／782	
赵善能*				抚州	苕溪集 51／	父不器
赵必健*				抚州	后村集 160／	原籍河南
赵必棍*				抚州金溪	登科录	同上
邓克顺祖先	建绍间	开封	河南	抚州金溪	申斋集 11／	
韩球	建绍间	颍州	河南	抚州	南涧甲乙稿 22／	
李氏	建绍间	开封	河南	抚州	同上	球妻
符某	宋末	襄阳	湖北	建昌军南丰	文宪集 16／	
赵申侨祖先	建炎		河南	建昌军南丰	元诗纪事 12／266	
赵长卿*				建昌军南丰	全宋词 3／1769	原籍河南
赵孟沁*				建昌军南丰	水云村稿 8／	同上

续表

姓 名	迁移时间	迁出地	今省	迁入地	资料来源	备 注
赵孟溁*				建昌军南丰	同上	同上
赵与植*				建昌军南丰	咸淳临安志49/	同上
赵崇墦*				建昌军南丰	宋诗纪事 85/2063	原籍河南
赵必岊*				建昌军南丰	全宋词5/3165	原籍河南
江州和南康军						
王铚	建炎	汝阴	安徽	江州	南宋文范·作者考上	曾居绍兴府
向氏	建炎	开封	河南	江州	苕溪集50/	
李若谷	建绍间	曲周	河北	江州	宰辅年表 16/1090	
岳飞	建炎	汤阴	河南	江州	大明一统志52/	
李氏	建炎	汤阴	河南	江州	同上	飞妻
岳云	建炎	汤阴	河南	江州	同上	父飞
岳雷	建炎	汤阴	河南	江州	同上	父飞
岳震	建炎	汤阴	河南	江州	同上	父飞
岳霆	建炎	汤阴	河南	江州	同上	父飞
岳霖	建炎	汤阴	河南	江州	同上	父飞
倪宽	建绍间	均州	湖北	江州	宋元学案 27/1011	
侯氏	建炎	开封	河南	江州彭泽	吴文正集71/	
高夔	绍兴卅一年	海州	江苏	江州	文忠集65/	
司徒氏	绍兴卅一年	海州	江苏	江州	文忠集76/	夔母
张俊大	宋末	蕲州	湖北	江州	申斋集11/	
燕玫	建炎	考城	河南	江州	雪楼集21/	
韩驹	靖康	汝州	河南	江州	全宋词2/979	
王庶	建炎	庆阳	甘肃	南康军都昌	定斋集14/	
王之奇	建炎	庆阳	甘肃	南康军都昌	同上	父庶

续 表

姓 名	迁移时间	迁出地	今省	迁入地	资料来源	备 注
王之荀	建炎	庆阳	甘肃	南康军都昌	同上	父庶
赵与壁*				南康军	登科录	原籍河南
赵孟仚*				南康军	同上	同上
洪州、筠州、临江军、袁州							
宋暎	建炎	开封	河南	洪州	文忠集 31 /	
李叔周	靖康	洛阳	河南	洪州	诚斋集 128 /	原作居江西姑附于此
邵成章	建炎	开封	河南	洪州	宋史 469 / 13648	
许翰	建炎	襄邑	河南	洪州分宁	游宦纪闻 9 / 80	
张横孙*				洪州	巽斋文集 10 /	原籍陕西
赵公衡*				洪州进贤	文忠集 35 /	原籍河南
赵彦演*				洪州进贤	诚斋集 122 /	父公衡
赵彦璋*				洪州进贤	同上	同上
赵子照	建炎		河南	洪州	应斋杂著 4 /（7）	
武氏	建炎		河南	洪州	同上	子照妻
赵可大	建炎		河南	洪州	同上	父子照
赵有道祖先	建炎	开封	河南	洪州分宁	道园学古录 27 /	
赵若焕*				洪州进贤	宋元学案补遗别附 2 /	原籍河南
赵时侢*				洪州奉新	宋季忠义录 7 /	原籍河南
赵善杠*				洪州	宋诗纪事 85 / 2052	同上
赵善括*				洪州	南宋文范·作者考下	原籍河南
赵续之	靖康	曹州	山东	洪州进贤	吴文正集 76 /	
刘龟年*				洪州	晦庵集 90 /	父方居饶州
刘肃	建炎	扬州	江苏	洪州奉新	罗鄂州小集 4 /（8）	
吴顺之	建绍间	洛阳	河南	筠州	文忠集 31 /	

续 表

姓 名	迁移时间	迁出地	今省	迁入地	资料来源	备 注
赵象之	建绍间		河南	筠州	诚斋集 119/	
向子諲	建炎	宛丘	河南	临江军	文定集 21/（9）	
向澹	建炎	宛丘	河南	临江军	澹庵集 29/	父子諲
沈义伦后裔	靖康	开封	河南	临江军新淦	宾退录 7/92	
赵伯摅	靖康	开封	河南	临江军	攻媿集 102/	前居徽州
赵师侠*				临江军新淦	宋诗纪事 85/	
赵必㞅*				临江军	登科录	原籍河南
赵孟济*				临江军	大明一统志 55/	原籍河南
赵与旹*				临江军	彝斋文编 4/	原籍河南
龚大	建炎	开封	河南	临江军	傅与砺文集 11/	
阮阅	建炎	舒城	安徽	袁州	全宋词 2/641	
知浃	建绍间	汾州	山西	袁州	大明一统志 57/	
侯氏后人*				袁州	吴文正集 71/	原籍开封
张遹	建炎	宁州	甘肃	袁州	渭南文集 38/	
张琯	建炎	宁州	甘肃	袁州	同上	父遹
陈升	建绍间	新蔡	河南	袁州	诚斋集 132/	
陈公璟*				袁州	同上	父升
陈元勋*				袁州	昌谷集 19/	父升
赵汝鐩*				袁州	宋诗纪事 85/2055	原籍河南
赵希洎*				袁州	宋史 454/13342	原籍河南
赵希鹄*				袁州	四库全书总目·洞天清录	原籍河南
魏某	建炎	巨鹿	河北	袁州萍乡	文宪集 10/	
赵善坚*				袁州	宋诗纪事 85/2051	原籍河南
吉州、赣州和南安军						
王辉	建炎	青州	山东	吉州	宋史 453/13339	
王师道	建绍间	兖州	山东	吉州	同上	

续表

姓　名	迁移时间	迁出地	今省	迁入地	资料来源	备注
向氏	靖康	开封	河南	吉州安福	诚斋集 126 /	
沈德	建绍间	开封	河南	吉州	絜斋集 19 /	
沈世显*				吉州	同上	父德
李氏	建炎		山东	吉州	吴文正集 63 /	
李诠	建绍间	洛阳	河南	吉州吉水	诚斋集 128 /	
吕氏	靖康	新乡	河南	吉州安福	卢溪集 45 /	前居淮南安丰军
奔仕能	建炎	开封	河南	吉州安福	揭傒斯集 7 / 392	
奔成甫*				吉州安福	同上	父仕能
尚仲均	建炎	安阳	河南	吉州	文忠集 34 /	
周氏	建炎	郑州	河南	吉州	文忠集 36 /	仲均妻
尚大伸	建炎	安阳	河南	吉州	文忠集 34 /	父仲均
尚振藻*				吉州	文忠集 73 /	祖仲均
周诜	靖康	郑州	河南	吉州	渭南文集 38 /	
尚氏	建炎	安阳	河南	吉州	文忠集 36 /	诜妻
周利见	靖康	郑州	河南	吉州	同上	父诜
周利建	靖康	郑州	河南	吉州	渭南文集 38 /	父诜
王氏	靖康	安阳	河南	吉州	文忠集 36 /	利建妻
周必正	靖康	郑州	河南	吉州	渭南文集 38 /	祖诜
周必大	靖康	郑州	河南	吉州	同上	祖诜
周纶*				吉州	文忠集 76 /	曾祖诜
侯氏*				吉州	吴文正集 71 /	祖先某居江州彭泽
高公轩	建炎	开封	河南	吉州	樵溪居士集 12 /	
薛氏	建炎	开封	河南	吉州	同上	公轩妻
康翼	靖康	开封	河南	吉州	卢溪集 44 /	
曹毅祖先	建炎	开封	河南	吉州	清容居士集 28 /	
张允蹈	建炎	亳州	安徽	吉州	诚斋集 118 /	
张奭	建炎	亳州	安徽	吉州	同上	父允蹈
王氏	建炎	庆州	甘肃	吉州	诚斋集 130 /	奭妻
张履*				吉州	文忠集 73 /	祖允蹈

续 表

姓 名	迁移时间	迁出地	今省	迁入地	资料来源	备 注
赵介之父亲	建绍间	宝鸡	陕西	吉州	文忠集 72／	
赵介之	建绍间	宝鸡	陕西	吉州	同上	父某
赵氏	建炎		河南	吉州	诚斋集 129／	
赵不独	绍兴七年	洛阳	河南	吉州	同上书 128／	
赵公籀	建炎	开封	河南	吉州	文忠集 74／	
赵彦俉*				吉州	同上	父公籀
赵公育祖父	建炎		河南	吉州	文忠集 75／	
赵公育父亲	建炎		河南	吉州	同上	父某
赵公育*				吉州	同上	祖某
赵必浲*				吉州	登科录	原籍河南
赵伯深	建绍间	北方		吉州安福	文忠集 51／	
赵伯深母亲	建绍间	北方		吉州安福	同上	前居四川
赵伯琭*				吉州吉水	文忠集 74／	原籍河南
赵伯玮	建绍间		河南	吉州安福	卢溪集 45／	
吕氏	建绍间		河南	吉州安福	同上	伯玮妻
赵孟奎*				吉州安福	登科录	原籍河南
赵时通*				吉州吉水	西山文集 44／	原籍河南
邓柔中	建炎	庐州	安徽	吉州	樵溪居士集 12／	
刘滁	建炎	开封	河南	吉州	南轩集 40／	
刘靖之	建炎	开封	河南	吉州	同上	
刘擅移				吉州	诚斋集 132／	
尚氏*				南安军	文忠集 76／	祖仲均
解潜	建炎	蓝田	陕西	南安军	大明一统志 58／	
晁端规	建绍间		北方	赣州	文忠集 55／	

表注：（1）赵蕃著，丛书集成初编本。（2）陈文蔚著，四库全书本。（3）徐度著，四库全书本。（4）张世南著，中华书局点校本。（5）陈文晋著，四库全书本。（6）度正著，四库全书本。（7）赵善括著，四库全书本。（8）罗愿著，丛书集成初编本。（9）汪应辰著，丛书集成初编本。（10）赵与时著，上海古籍出版社点校本。（11）傅若金著，四库全书本。（12）刘才邵著，四库全书本。（13）张栻著，四库全书本。

第三节

福　建

今福建省在宋代为福建路。福建远离中原,又有重山阻隔,当南宋初金兵和北方流民武装集团进入江南,战火烧遍两湖和江东西、两浙的大部分地区时,福建也爆发了叶浓、范汝为、张员等领导的当地人民起义,但这些起义都为时不久,战争影响范围较小。建炎四年(1130年)李纲自广东结束流放,打算到江西德兴与在那里避难的家人团聚,由于江西等地"颇有群盗啸聚",不得不自广东绕远道经惠州、潮州、汀州(治今福建长汀),不久又携家入闽避难[1]。绍兴元年(1131年),原居江南的翟汝文因"金人南渡",也"避地闽峤"[2],可见福建是当时南方比较安全的地方。南外、西外二宗正司辖下的赵氏宗室成员也在建炎三年底迁入福建[3]。早期福建移民的迁移背景大体如此。

福建不仅兵火较少,经济文化也比较发达,且距首都临安不太远,被视为南宋可靠的后方。绍兴元年廖刚对高宗说:"自会稽(指今浙江绍兴)以南,惟永嘉(今温州)与福唐(指今福建福州)所当留意",认为在不得已的情况下朝廷可退守福建[4]。南宋宗室自绍兴三年迁入福建以后便未外迁,其他移民迁入后再外迁他路的史料也较少见到。并且,绍兴末年以后仍有移民迁入。据叶绍翁言"自开禧兵变,淮民稍徙入于浙、于闽"[5],福建还是开禧北伐阶段移民最主要的迁入地之一。据表9-6,福建列表移民144人,始迁者54人,前者居各区域第三位,后者居第四位。

1　李纲:《梁溪集》卷24《立春日……偶成三篇》。
2　翟汝文:《忠惠集》附《翟氏公巽埋铭》,四库全书本。
3　《建炎以来系年要录》卷30,建炎三年十二月甲午,第590页。
4　《建炎以来系年要录》卷47,绍兴元年九月壬戌,第853页。
5　《四朝闻见录》卷5"淮民浆枣"条。

移民经海、陆两路入闽。沿海港市福州和泉州，居江西入福建大道的邵武军（治今福建邵武）、建州（后改名建宁府，治今建瓯）、汀州（详见下节），都是移民较多的府州。

福州是福建北方移民最多的府州。据表9-6，福州的列表移民总数和始迁者人数都占全路一半左右。不过，此数字并不等于福州占福建移民总数的比例，因为列表人数多主要是《淳熙三山志》科举等门详载人物籍贯，因而得知较多的居住于此的移民名单，而其他州军缺乏这种条件。不过，即使将《淳熙三山志》中所载的36位移民扣除，福州移民数42人仍远远高于其他州军（见表9-7）。

表9-6　福建各府州列表北方移民分布

府州名	移民总数	始迁者	府州名	移民总数	始迁者
福　州	78	23	建　州	7	4
邵武军	10	6	汀　州	6	2
兴化军	7	2	南剑州	3	
泉　州	28	15			
漳　州	5	2	合　计	144	54

资料来源：表9-7。

表9-7　靖康乱后南迁的北方移民实例（福建部分）

姓　名	迁移时间	迁出地	今省	迁入地	资料来源	备　注
福　州						
王戬	?	光州	河南	长溪	黄文献集10上／	
王继先	建炎	开封	河南		宋史470／13687	前居临安
王悦道	建炎	开封	河南		同上	父继先，前居临安
王安道	建炎	开封	河南		同上	同上
王守道	建炎	开封	河南		同上	同上
江叔豫*				永福	后村集159／	原籍河南
李畊	建炎	开封	河南		后村集156／	
李大训祖先	建炎	合肥	安徽		勉斋集38／	

续 表

姓 名	迁移时间	迁出地	今省	迁入地	资料来源	备 注
李大训*					同上	祖先某
吴琼	建绍间	开封	河南		题名记	
吴易知*				永福	登科录	原籍开封
吴之选*				永福	同上	父易知
吴震*				永福	同上	祖易知
林庸	建绍间	光州	河南	福清	至顺镇江志19/	
林俛	建绍间	开封	河南	长溪	文溪存稿12/(1)	
林复之祖先	建炎	?	河南		漫塘集30/	
林复之*					同上	父某
林溶	?	安庆府	安徽	长溪	淳熙三山志32/	
张枋*				长溪	登科录	原籍扬州
陈经国	建绍间	开封	河南		淳熙三山志28/	
庄孟芳*				长溪	登科录	原籍开封
孙应凤*				长溪	淳熙三山志32/	原籍滁州
赵焯	建炎	开封	河南		定斋集15/	原作居福建姑附此
赵景明	建炎	开封	河南		同上	同上
赵士㵥	建炎		河南		拙斋文集18/(2)	
王氏	建炎	开封	河南		同上	士㵥妻
赵不䝴	建绍间		河南		宋东莞遗民录1/(3)	
赵善企*					同上	父不䝴
赵公填	建炎		河南	长乐	后村集142/	
金氏	建炎		河南	长乐	同上	公填母
赵以夫*				长乐	同上	父公填
赵必𣱼*					登科录	原籍河南
赵必取*					淳熙三山志31/	同上
赵必樫*					登科录	同上
赵汝腾*					庸斋集6/(4)	同上
赵崇堂*					同上	父汝腾

续表

姓　名	迁移时间	迁出地	今省	迁入地	资 料 来 源	备　注
赵仲白*					后村集 148 /	原籍河南
赵彦侯*				怀安	后村集 169 /	同上
赵璂夫*				怀安	淳熙三山志 32 /	父彦侯
赵彦假*					宋诗纪事 85 / 2070	原籍河南
赵若琪*				长溪	登科录	同上
赵若珪*				长溪	同上	同上
赵师槩*					宋史 449 / 13226	同上
赵崇祉*					淳熙三山志 31 /	同上
赵崇侯*					同上	同上
赵崇栗*				连江	同上	同上
赵崇倣*				连江	同上	同上
赵崇俲*				连江	同上	同上
赵与纵*					巽斋文集 17 /	同上
赵希绥*				长溪	淳熙三山志 32 /	同上
赵楠夫*				连江	同上	同上
赵希祎*				宁德	同上	同上
赵崇保*				闽清	同上	同上
赵希龚*				宁德	同上	同上
赵丰夫*				长溪	同上	同上
赵希堪*				宁德	同上	同上
赵挺夫*				连江	同上	同上
赵必谔*				连江	同上	同上
赵时逑*				连江	同上	同上
赵希僅*				长溪	同上	同上
赵崇烟*				怀安	同上	同上
赵缉夫*					同上	同上
赵必返*				怀安	同上	同上
赵时逯*				长溪	同上	同上

续 表

姓 名	迁移时间	迁出地	今省	迁入地	资料来源	备 注
赵崇祥*				古田	同上	同上
赵崇瑘*				古田	同上	同上
赵时饥*				长溪	同上	同上
赵时佼*					同上	同上
赵崇秸*				福清	同上	同上
赵崇琩*				古田	同上	同上
赵若㭼*				福清	同上	同上
赵与脾*				怀安	同上	同上
赵必清*				永福	同上	同上
赵必狖*				福清	同上	同上
赵与譧*				长溪	同上	同上
刘懋	建绍间	北方			齐东野语 11/198（5）	
刘贵妃	建绍间	北方			同上	父懋
韩琼祖先	建绍间	光州	河南		后村集 157/	

泉 州

姓 名	迁移时间	迁出地	今省	迁入地	资料来源	备 注
王安中	靖康	中山府	河北		宋史 352/11126	
王辟章	建炎	中山府	河北		同上	父安中
王秬*					宋诗纪事 51/1289	祖安中
林某	建绍间	秦州	甘肃		夷坚志补志 23/	
李郱	建炎	巨野	山东		文忠集 69/	
李缜	建炎	巨野	山东		晦庵集 92/	父郱
李缜妻	建绍间	济南	山东		同上	
李兓*					西山文集 42/	祖郱
胡仲弓祖先	建炎	北方			四库拾遗下/470	
夏璟*					四如集 4/	原籍安徽
傅自得	建炎	济源	河南		晦庵集 98/	前居广州
赵氏	建炎	济源	河南		同上	自得母，前居广州

续 表

姓 名	迁移时间	迁出地	今省	迁入地	资料来源	备 注
李氏	建炎	巨野	山东		同上	自得妻
傅伯诚*					后村集 167 /	父自得
傅伯寿*					大明一统志 75 /	同上
傅康*					后村集 60 /	祖自得
赵士晤	建炎		河南		后村集 158 /	
赵不𫘧*					同上	父士晤
赵必善*					同上	祖士晤
赵不猜	建绍间		河南		后村集 54 /	
赵善兰*					同上	父不猜
赵孟锗*					登科录	原籍河南
赵时焕*					宋诗纪事 85 / 2074	同上
赵密夫*					同上书 85 / 2073	同上
赵与遴*					登科录	同上
其他府州						
赵存诚	建绍间	高密	山东		道光福建通志 193 /	
赵思诚	建绍间	同上	山东		同上	
赵明诚儿子	建绍间	同上	山东		同上	
任贤臣	建炎	蔡州	河南	邵武军	晦庵集 92 /	
杜铎	建绍间	开封	河南	邵武军	南涧甲乙稿 20 /	
杜玘	建绍间	京兆	陕西	邵武军	后村集 141 /	
赵不衰	建炎		河南	邵武军	晦庵集 92 /	
赵善佐*				邵武军	同上	父不衰
赵善俊				邵武军	文忠集 63 /	同上
赵善杰*				邵武军	同上	同上
赵士崒	建炎		河南	邵武军	后乐集 18 /	
赵不择	建炎		河南	邵武军	同上	父士崒
赵善恭*				邵武军	同上	祖士崒
赵士儴	建炎		河南	建州	宋史 245 / 8754	

续 表

姓 名	迁移时间	迁出地	今省	迁入地	资料来源	备 注
赵必涟*				建州崇安	宋诗纪事 85/2068	原籍河南
赵若櫴*				建州崇安	同上书 85/2075	同上
赵时铭*				建州建阳	登科录	原籍河南
赵时馆	?			建州	乾隆福建通志 32/	
赵不恳	建炎			建州	水心文集 26/521	
林公武	?			建州	嘉靖建宁府志 18/	
赵必翼*				南剑州	登科录	同上
赵时播*				南剑州	水云村稿 8/	同上
赵崇霄*				南剑州	全宋词 4/2856	同上
李明	建绍间	济南	山东	汀州	永乐大典 7894/	
赵汝求*				汀州	同上	原籍河南
赵汝舟	嘉定十二年		山东	汀州	宋会要辑稿 8/7036	
赵希珏*				汀州宁化	永乐大典 7894/	原籍河南
赵与冈*				汀州宁化	同上	同上
赵与堂*				汀州宁化	同上	
赵必遫*				兴化军莆田	登科录	原籍河南
赵庚夫*				兴化军莆田	宋诗纪事 85/3071	原籍河南
赵时愿*				兴化军莆田	馆阁续录 7/	父庚夫
赵若琲*				兴化军莆田	登科录	原籍河南
赵时锜*				兴化军莆田	后村集 165/	原籍河南
赵善长	嘉定十二年		山东	兴化军	宋会要辑稿 8/7036	
郑少齐	建绍间	荥阳	河南	兴化军莆田	知稼翁集丁/(C)	
赵汝良	嘉定十二年		山东	漳州	宋会要辑稿 8/7036	
赵汝禀祖先	建绍间		河南	漳州	后村集 165/	
赵汝禀*				漳州	同上	父某

续 表

姓 名	迁移时间	迁出地	今省	迁入地	资料来源	备 注
赵与溥*				漳州	登科录	原籍河南
赵蓦夫*				漳州	登科录	同上

表注：(1) 李昂英著，四库全书本。(2) 林之奇著，四库全书本。(3) 真逸著，聚德堂丛书本。(4) 赵汝腾著，四库全书本。(5) 周密著，中华书局点校本。(6) 黄公度著，四库全书本。

建炎三年十二月，原在泰州和高邮军的西外宗正司迁到福州，属其管辖的180名宗子随之迁入，此后又一度迁往潮州[1]。《淳熙三山志》卷7载："绍兴三年诏西外宗正置司福州"，可能此前不久复自潮州迁回。绍兴以后南迁的金朝官员也有一些人安置于此，淳熙年间约有归正、归附、归朝等官员百人左右[2]。除了州城所在县，其他县也有移民分布，据表9-7，全州11个县只有罗源1县无列表移民。

建炎年间福州户数比北宋元丰三年（1080年）增加58 649户，年平均增长率达4.9‰；淳熙年间（1174—1189年）又比建炎年间增加51 083户[3]，年平均增长率达2.9‰。南宋时期南方户年平均增长率很低，崇宁至绍兴末为0.2‰，绍兴至乾道九年为1.35‰（见附表4），即使考虑到前一时期南宋多数路受到战争影响而福建战乱较少，只取后一时期加以对照，福州的人口增长率也比较高。北宋后期福建主要州军人稠地狭现象日趋严重，百姓已通过生子不举等措施自觉降低人口出生率，南宋前期福州以及福建的其他州军人口增长率远远高于全国，当和一定数量的北方人口迁入有关。

移民的迁入促进了城市的发展。例如，今福州市桥南三叉街十锦里旧称藤山，"唐末宋初居民鲜少。赵宋南渡以后，避乱者渐次迁藤，至元朝始成村落"[4]。

泉州是南宋宗子的重要居住地。建炎三年十二月，南外宗正司自镇江迁往泉州，随行的宗子349人开始成为泉州的新居民。"其后日

---

1 《建炎以来系年要录》卷30，建炎三年十二月甲午，第590页。
2 《淳熙三山志》卷24。
3 据《淳熙三山志》卷10，元丰户211 546，建炎户270 201，淳熙户321 284。
4 蔡人奇：《藤山志》，转引自朱维幹：《福建史稿》上册，福建教育出版社1984年版，第235页。

以蕃衍",到庆元年间(1195—1200年)发展到 1 700 余人,绍定年间(1228—1233年)达 2 300 余人[1]。

除了宗子,泉州还有一定数量的士大夫和平民移民。真德秀知泉州时,泉州人称李訦、杨炳、傅伯成等居住泉州的三位老臣为"三大老"[2],李訦和傅伯成的祖先都是南宋初自北方迁入的(见表9-7)。

宁宗庆元四年(1198年)邵武军有 14.2 万户,比北宋元丰三年(1080年)增加 5.4 万户,年平均增长率达 4.1‰;咸淳七年(1271年)为 21.2 万户,又比庆元四年增加 7.1 万户,年平均增长率达 5.3‰[3],两个年平均增长率皆远远高于全国平均水平。咸淳七年人口密度每平方公里为 23.6 户,而北宋元丰年间只有 9.7 户[4]。嘉靖《邵武府志》卷5说:"宋都杭,入闽之族益众,始无不耕之地。"在当时情况下,"入闽之族"主要就是南迁北人。据表9-7的不完全统计,邵武军列表移民 10 人,始迁者有 6 人。

按康熙《瓯宁县志》卷2的看法,南宋时期建州人口发展较快,这可能和"南渡钱塘后建为外藩而中原丧乱,士大夫率多携家避难,遂族处于斯"有关。南宋初年一些原居住在江南的移民为避金军复迁入建州一带,如宗室赵不意便"转徙浙东、闽之建上"[5]。文献载:当时在福建建州、南剑州、邵武军和汀州等上四州,"官吏、宗子、官兵支遣,悉取办于卖盐"[6],建州等上四州都有一定数量的宗室成员。

除了上述州军,南剑州(治今南平)、汀州(详见下节)、漳州和兴化军(治今莆田)都留下移民的足迹。南剑州是宗子的居住地之一,连偏僻的尤溪县也有宗子[7]。漳州和兴化军也是宗子的居住地,有的宗子是嘉定年间才从北方迁入的[8]。

---

1 真德秀:《西山文集》卷15《申尚书省乞拨降度牒添助宗子请给》。《郑思肖集·大义略叙》载宋末事,说:"泉州素多宗子,闻张少保至,宗子纠集万余人出迎王师,叛臣蒲寿庚闭城三日,尽杀南外宗子数万人。"按此数字似有夸大,因为绍定距宋末六十余年,即使按庆元至绍定年间的年平均增长率计算,亦繁衍不到 4 000 人。
2 《西山文集》卷42《李公墓志铭》。
3 据陆游:《陆放翁全集·渭南文集》卷20《邵武县修造记》;嘉靖《邵武府志》卷5。
4 据吴松弟:《宋代福建人口研究》表一、表二。
5 叶适:《叶适集·水心文集》卷26《赵公行状》。
6 《宋史》卷183《食货志》。
7 朱熹:《晦庵集》卷10《题尤溪宗室所藏二妃图》。
8 《宋会要辑稿》兵一六之六。

第四节

汀、赣二州移民和客家人的形成

一 汀、赣二州的北方移民

南宋初期,当江西的大部分地区因战争人口数量有所下降时,位于南部和东南部的赣州(治江西今市)、建昌军(治今南城),以及属于福建但与二州军毗邻的汀州(治今福建长汀),人口数量却有了较快的增长。高宗绍兴年间赣州户近12.1万,孝宗淳熙年间为29.3万,年平均增长率达25.6‰,高于全国年平均增长率几十倍[1]。由于缺少户口数据,无从得知建昌军在南宋初期的人口变迁状况。绍兴八年建昌军析置新城县(今江西黎川)和广昌县[2],一般说来县的增多是人口增加的结果。汀州在孝宗隆兴二年(1164年)户数为174 517,较元丰年间增加9.3万户,年平均增长率达9.1‰[3]。这些地区人口的增加,一定程度上要归之于外来人口的迁入。杨万里说:"豫章自建炎兵余,民多死、徙。"[4]流徙的百姓,除一部分被金军强迫北迁,大部分人只能迁入邻近的山区。绍兴年间邻近三州军人口稠密的抚州也发生了严重的战乱,宜黄一带人口数量显著下降[5],不愿坐以待毙的人民完全有可能向邻近山区迁移。

除了来自江西的移民,二州军还有一定数量的北方移民。他们主

---

[1] 据嘉靖《赣州府志》卷4。书未载户口系年,计算时各取绍兴年间和淳熙年间的中间年份,即绍兴十六年(1146年)至淳熙八年(1181年)。
[2] 《宋史》卷88《地理志》,第2192页。
[3] 户数据《郡县志》和《临汀志》,载《永乐大典》卷7890"汀"字。
[4] 杨万里:《诚斋集》卷119《张柬行状》。
[5] 孙觌:《鸿庆居士集》卷21《抚州宜黄县学记》载:"宜黄县,抚州为大邑,比屋万余家。绍兴初残于盗,民之死于兵者大半。"

要有四部分人：南宋初期迁入的北人；南宋中期迁入的归正人；南宋后期自江南其他地区迁入的北人后裔；驻守当地的由北方人组成的军队。

汀、赣二州虽位于今闽赣粤三省交界处，群山耸立，环境闭塞，但仍有交通线经过。通过赣州的广州—大庾岭—洪州大道自唐后期以来即为中原通往岭南的主要交通线，汀州也有道路南通广东，北经建昌军入江西平原。南宋初期江南和江西的平原地区大乱，一些北方移民便顺这些道路迁入汀、赣二州避乱，李明和晁端规、周虎臣便是高宗时分别迁入汀州和赣州的北方移民[1]。周虎臣为开封人，有家丁数百，很可能是率大家族迁入赣州。建炎（1127—1130年）年间隆祐太后率大批官民南奔赣州，也可能会有若干人留居于此。

南宋初期赣州一带发生过较大规模的动乱，主要参加者是当地人民，但其背景和北方移民有关。当隆祐太后逃至吉州太和时，护送的将领傅选、司全、胡友、马琳等九人叛变，悉去为盗，投附赣州当地反宋武装集团，全军万人皆溃[2]。赵鼎报告说："臣访闻虔州（赣州原名）自从卫军民交变以来，凡十县之间，失业之民率聚为寇。"[3]可见不仅护送军队叛变，跟随南迁的移民也叛变，而且"失业之民，率聚为寇"与"从卫军民交变"有着因果关系。次年司全、傅选等人受朝廷招安，由于缺乏资料无从得知随他们一同叛变的军民是否离开赣州，或许一部分人会留此。

绍兴以后，赣州和汀州是朝廷安排自金朝南迁的归明人和归正人的地区之一。乾道元年（1165年），建康府军队中的一批归正人军官退役，安排在江南居住，正将1员、指使24人被安排在赣州[4]。嘉定十二年（1219年），宗子赵汝舟自山东密州南迁，一家被安置在

---

1 《永乐大典》卷7894"汀"字；周必大：《文忠集》卷55；李心传：《建炎以来朝野杂记》甲集卷18《殿前司左翼军》。
2 李心传：《建炎以来系年要录》卷29，建炎三年十一月丁卯，第577页。
3 《忠正德文集》卷2《乞曲赦虔寇》。
4 《宋会要辑稿》兵一六之一。

汀州[1]。

　　当然，前后迁入汀州的归正、归明人或宗子远不止汝舟1人。汀州仅列入表9-7的宗子便有5人，3人居住在宁化，2人居住在长汀，除赵汝舟系嘉定十二年（1219年）自山东迁入外，其余4人分别是庆元二年（1196年）、开禧元年（1205年）、宝庆二年（1226年）和嘉熙二年（1238年）进士[2]。赵汝愚在《论汀赣利害奏》的报告中，也多次提到居住汀州的"养老归正等人"和"宗室、忠顺官"[3]。既然有来自北方的归正官和宗子，便不可能没有北方的平民迁入，只不过文献一般不予记载罢了。

　　元军灭宋以后，南宋残部退至闽粤。赣州和汀州是文天祥部集聚力量抗击元军的根据地，约为时二年，最后失败也在这一带[4]。文天祥部和其他抗元武装的一些人在失败以后进入汀、赣二州避乱，例如原住宜春的宗子赵希泊，在吉州失败以后"遂与从子必向避地赣州"，局势平静以后才返回宜春[5]。也有一些人定居于此，如曾任抚州知州的宗子赵戊㘴在抗元失败后隐匿在汀州，直至死去[6]。

　　南宋时期汀州和赣州多次发生过主要是走私食盐的人领导的起义。为了保持当地的统治秩序，绍兴四年（1134年）高宗诏神武右军，选精锐军马3 000前往虔州戍守[7]，此后直至南宋灭亡汀、赣地区均驻有重兵。绍兴十五年起，由周虎臣和陈敏家丁组成的殿前司左翼军又长期驻戍赣州，周虎臣部为北方移民。南宋中期赵汝愚《论汀赣利害奏》提到汀州的一次军民冲突，就是"秦兵以捕私盐为名，杀死百姓叶陶之子"而发生的[8]。南宋后期又自淮西调来3 500名军人镇压农民起义[9]。南宋的军队多由北方人组成[10]，且驻戍部队一般都带家属，不

1　《宋会要辑稿》兵一六之一六。
2　《永乐大典》卷7894，"汀"字。
3　《历代名臣奏议》卷319。
4　见《宋史》卷418《文天祥传》。
5　《宋史》卷454《赵希泊传》，第13342页。
6　刘壎：《水云村稿》卷4《赵抚州传》。
7　《建炎以来系年要录》卷76，绍兴四年五月甲戌，第1258页。
8　《历代名臣奏议》卷319。
9　真德秀：《西山文集》卷25《福建招捕使陈公生祠记》。
10　参见本卷第十二章第二节。

少军人往往就地安家,如居住在赣州北面不远崇仁成岗的夏氏祖先,便是宋代"领众守成(当地),因家焉"[1],可见也有一些军人定居在汀、赣二州。

二 客家源流研究的若干限定

客家是汉族中一个颇具特点的民系,广泛分布在广东、广西、江西、台湾、港澳等南方地区,并是海外华侨的重要组成部分。学术界一般认为,客家人原先生活在北方,为避战乱迁到南方。罗香林的《客家源流考》诸著作据家谱以为客家先祖东晋以后开始南迁,远者到达今江西的中部和南部,近者到达颖、淮、汝、汉诸水间,在唐末黄巢起义以后及五代时期再迁入汀、赣二州,于五代宋初形成民系,宋元之际开始自汀赣迁入广东[2]。长期以来,此说被视为客家源流研究的经典,反复引用。但仔细琢磨,仍有不妥之处。

笔者认为,客家先民和客家源流并不是一回事。客家先民是指客家人较早的祖先,客家源流则是先民中对客家语言和风俗形成产生决定性影响的那一部分人,并不是自北方南迁越早对客家文化的作用就越大。而客家人与汉族其他部分的区别,则完全在于文化特征(主要是来源于北方的语言和风俗)而不是人类学上的特点。客家先民自北方迁入南方以后,只有具备一定的移民数量,并生活在一个相对封闭的环境中,才能长期保持并延续北方的文化特征。因此,只有那些具有一定规模并直接从北方进入汀、赣二州这种相对封闭环境的移民,或虽不直接进入二州,但进入以前在其他地区停留时间不长的移民,才有资格成为客家人的源流。东晋初年为4世纪初,唐末为10世纪,北方移民在到达汀、赣之前已在经济不落后、交通也不闭塞的长江南北居住了6个世纪,如何还能保持中原古音和风俗?令人费解。而一旦失去北方文化的特点,无论自何代迁入都不可能对后世客家文化的形成产生作用。因此,罗香林先生的东晋移民五代宋初形成说显然是站不住脚的。

---

[1] 吴澄:《吴文正集》卷75《乐安夏镇抚墓志铭》。
[2] 《客家源流考》,中国华侨出版公司1989年版,第15、16、20页。

唐代，本地区的经济文化仍相当落后，非汉民族人口较多，赣州有被士大夫称为"鬼类"的木客，汀州更是"山都、木客丛萃其中"[1]。陈元光于唐前期说漳州："左衽居椎髻之半，可垦乃石田之余。"[2]漳州早期县的建立时间介于赣州和汀州之间，据此可以推测唐前期赣、汀两州的非汉民族都有一定数量，在汀州甚至可能占当地人口的主体部分。赣州邻近江西—广东交通线的县建立较早，但靠近汀州的东部诸县迟至五代以后才建立，而汀州在唐开元间始建立最早的县份[3]。在这种背景下，少量迁入的北方移民不仅无法保持自己的语言和风俗，而且完全可能会被非汉民族所同化。

客家人自迁入广东以后，开始得到较快的发展，明代已布满广东东部、北部的不少山区，此后又向广东其他地区和外省迁移。但奇怪的是，在宋元文献中并无任何迹象表明在汀赣山区居住着一群具有独特的语言和风俗的人群。南宋庆元（1195—1200年）年间汀州人口密度为每平方公里12.5户，已接近福建路治所福州十余年前的水平（13.4户）[4]。连汀州与广东梅州间"林木蓊翳，旧有象出其间"的武平县象洞，也获得开发[5]。赣州虽仍地广人稀，但位居岭南往长江下游的交通要道上。因此，宋元时代进出汀、赣二州的文人很多，留下大量关于这一地区的文献记载，但却没有任何文献提到这一地区生活着文化与众不同的群体。今存《永乐大典》载南宋开庆（1259年）《临汀志》，以及《元一统志》《图经》等方志，比较完整地保持了"风俗形势""户口""丛录"等门的内容，提到江右、广南游手失业之人逃入汀州畲民之中，导致"时或弄兵"，却只字不提这一地区还有具有独特风俗和语言的其他人群。

宋元之际是汀赣地区客家人开始向广东大批迁移的时期，在此前后文天祥领导的抗元复宋力量以汀、赣为主要活动地区，此外畲族钟明亮据汀州起事波及闽、赣两省数州之地，但有关这两起事件的文

---

1 乐史：《太平寰宇记》卷108、卷102。
2 《请建州县表》，《全唐文》卷164，上海古籍出版社1990年影印本。
3 乐史：《太平寰宇记》卷108、卷102。
4 见吴松弟：《宋代福建人口研究》。
5 《临汀志》，载《永乐大典》卷7891"汀"字。

献记载，如刘壎的《水云村稿》卷 4《赵抚州传》和卷 13《汀寇钟明亮事略》，却都不提客家人及其文化现象。《赵抚州传》载居住本县的南宋宗室赵戊嵒抗元事迹：宋末参与抗元复宋斗争，进攻赣州失败后逃入汀州，在此"捐重赏募峒丁廖陈六等进取"，未能成功。在知汀州黄去疾降元以后，赵解兵隐迹于畲民之中，最后死于此。试问，如果汀州有大批的客家人，作为北方人后裔的赵抚州为何不捐重赏，招募语言和风俗相同的客家，反而招募峒丁？在失败后，为何不隐迹于客家人之中，反而逃入畲中？刘壎作为邻近汀州的南丰人记载耳闻目睹之事必不会有疏漏，客家人未能在文献中留下记载，只能表明他们人数过少，以致未能引起人们的注意。有理由估计在宋末迁入广东梅州之前，汀赣地区的客家人数决不会很多，至多只有几万人。

众所周知，今天客家方言中保留许多古代北方方言的特征，探明这些语言特征同于古代中原哪一时期的语言，对于解开客家源流之谜无疑具有重要意义。不过，遗憾的是并无论著提到这一点。笔者1993 年在中山大学拜访著名的古代汉语专家李新魁教授，就此问题向他请教时，多年的疑问始得解决。李教授认为，客家话接近元代周德清的《中原音韵》，反映南宋末和元代的基本语言面貌，因此，说客家在南宋之后形成是可以成立的。笔者对此话的理解是：如果对客家语言形成产生主要影响的客家先民不是在宋代，而是在此以前（唐代乃至东晋时期）南迁，客家话便不是接近元代的《中原音韵》，而是接近北宋的《广韵》和《集韵》。显然，语言的特征也表明，客家先民主要是在南宋时期自北方迁入汀赣一带[1]。

据上所述，可以得出如下认识：

第一，宋元之际在迁入广东之前，生活在汀赣地区的客家人人数最多只有数万人，否则应在当时文献中留下记载。

第二，作为客家源流的北方移民迁入客区的时间不应该离宋元之际过远，否则北方文化便难以立足，也不符合其语言的历史特征。

第三，作为客家源流的北方移民，在迁移时和迁入后要将北方文

---

[1] 此段话在本节完成之前又蒙李教授审阅，在此一并表示感谢。

化保留下来,还需具备这样一个条件:或具有一定数量的集团移民,或是在移民潮进行时的零散迁移(在这种情况下,虽然零散迁移但合计在一起的移民人数仍很多),否则其北方语言便可能被南方方言所湮没。

三 客家南宋源流说

由于缺少文献资料,历来研究客家源流都以客家家谱记载为基本依据。虽然家谱记载未尽可靠,但在没有其他资料的前提下,要研究客家人仍须利用之,只是需要采用新的视野重新进行审视。《客家史料汇篇》第一册(香港中国学社 1965 年出版)和赖际熙《崇正同人系谱》(香港奇雅书局 1925 年版)中所收的家谱,是罗香林先生研究客家人的基本资料来源。近年来出版的《客家学研究》(主编吴泽,上海人民出版社出版)、《宁化客家研究》(宁化县客家研究会编)等刊物也引用了一些家谱资料。笔者依据上述资料和广东省图书馆所藏部分客家家谱,整理出 130 个曾在汀赣地区居住过的氏族迁移资料,制成表 9-9。由于汀赣地区是客家人形成的摇篮(简称早期客区),可据此研究客家源流。表中的"南迁始祖",指该氏族自北方南迁时的祖先;"迁客区始祖"则是自外地(或自北方,或自南方其他地方)迁入汀赣或广东地区的祖先。

表中有 38 个氏族明确称祖先自长江以北地区迁来,占列表氏族总数的 29.2%。以下再将此 38 个氏族,按直接或不久即迁入前期客区和过数百年始迁入两种进行区分,凡自中原直接迁入前期客区或虽先迁入江南但不到百年即迁入前期客区的为 A 型,迁入江南后数百年始迁入前期客区的为 B 型:

汉代自中原南迁 1 支氏族:曾氏,曾据于新莽时自今山东迁入庐陵吉阳(今江西吉安市境),北宋政和年间曾焞复自江西南丰迁入宁化石壁。属 B 型。

两晋自中原南迁 13 支氏族:

(1) 邓氏,西晋太熙年间自今山西迁宁化石壁。

(2) 邓氏,叔筱公于西晋永嘉末自北方迁入宁化石壁。

(3) 赖氏,东晋安帝时自颍川郡迁今福建漳州,宋代自漳州迁入宁化石壁。

(4) 赖氏,西晋永兴时自光州迁今浙江松阳,刘宋元嘉间赖硕自松阳迁入江西宁都。

(5) 廖氏,廖从宪于西晋自洛阳迁今浙江境,唐末廖崇德自浙江迁入虔化(今江西宁都)。

(6) 刘氏,西晋末自北方迁江南,唐乾符间刘祥自江南迁宁化石壁(一说唐乾符间刘祥自洛阳迁宁化石壁)。

(7) 罗氏,东晋自北方迁江浙,唐末罗景新自江浙迁宁化石壁(一说汉代居南昌,唐末五代罗景新自江西吉丰迁入宁化石壁)。

(8) 丘氏,东晋自河南迁宁化石壁。

(9) 温氏,西晋末温峤自河南迁浙江,唐僖宗时温钢宝自浙江迁江西石城。

(10) 温氏,相传为温峤后,东晋南迁,唐末九郎公自洪都(今江西南昌)迁福建上杭县。

(11) 巫氏,巫暹于西晋末自山西夏县迁福建剑津(今福建南平),隋大业巫罗俊父子复由此迁入宁化。

(12) 钟氏,钟贤于东晋元熙自河南许州迁赣州,其后裔钟礼于唐天宝自赣州迁入汀州[1]。

(13) 卓氏,卓炜于西晋末自中原迁建安郡(今福建建瓯),南宋绍兴卓庠自莆田迁连城。

上述氏族中,邓氏(1)、邓氏(2)、赖氏(4)、丘氏属 A 型,赖氏(3)、廖氏、刘氏、罗氏、温氏(9)、温氏(10)、巫氏、钟氏、卓氏属 B 型。

隋和唐前期(安史乱前)自中原南迁 2 个氏族:

(1) 张氏,张君政于隋唐间自长安迁韶州(今广东韶关),唐末张端自韶州迁宁化石壁(一说其祖先在东晋时迁居韶州曲江)。

(2) 钟氏,钟酉于唐高祖时自颍川迁金陵(今江苏南京),迁后 26

---

[1] 《崇正同人系谱》卷 2 载:钟贤于东晋元熙自颍川迁赣州,其子钟朝自赣州迁宁化。按在唐之前,福建县均设于闽江干流和通浙江、江西的支流上,汀州并不当入闽要道,朝为何要迁入宁化,殊难理解,故不取。

年其子钟宝自金陵迁江西兴国。

钟氏属 A 型,张氏属 B 型。

唐后期至五代自中原南迁 9 个氏族:

(1) 官氏,官膺于唐末自山西解县迁宁化石壁。

(2) 何氏,何旦于五代自庐江迁福建武平。

(3) 黄氏,黄天舆于五代初自光州固始迁入福建邵武,后代于北宋嘉祐时自邵武迁汀州上杭。

(4) 凌氏,凌孜于唐代自河南迁今浙江余杭,宋代凌吉自余杭迁江西会昌。

(5) 卢氏,卢富于唐中叶自范阳(今北京市境)迁虔州虔化(今江西宁都)。

(6) 沈氏,五代自中原迁汀州。

(7) 孙氏,孙俐于唐末自河南陈州迁今江西宁都。

(8) 薛氏,唐末自河东迁宁化石壁。

(9) 伊氏,伊文敏于唐乾符自开封迁宁化河龙。

上述氏族中,官氏、何氏、卢氏、沈氏、孙氏、薛氏、伊氏属 A 型,黄氏、凌氏属 B 型[1]。

宋代自中原南迁 9 个氏族:

---

[1] 郭氏、古氏和李氏未列入唐后期至五代南迁的氏族。原因是:

郭氏。《崇正同人系谱》卷 2 载:郭暄为唐代名将郭子仪第七子,因出守汀州,生子福安,福安遂家于汀州郭坊村,此为郭氏一世祖。按:查新、旧《唐书·郭子仪传》,子仪八子,并无一人名暄,其第七子名曙亦非暄。关于郭福安,据《小留竹林郭氏源流考》,为宋代自华州迁宁化石壁,并非唐代郭暄之子。

古氏。民国修《古氏族谱》云:一世古云应(唐代兴元—大中二年)任江西洪州通判,因籍赣州,迁南雄保昌之珠玑里。二世㡣(元和二年—乾符三年)迁今江西安远县境。六世祖全望于后唐天成元年徙广东增城,七世祖继绶迁程乡县。按:此谱世系清楚,年代详尽,应最可信。但既迁珠玑巷,为何不是广府人?如古为客家先民,则客人最初应形成于粤而不是汀、赣。据光绪《嘉应州志》卷 12《谈梅》,宋末梅州百姓起兵响应文天祥,"兵败后,所遗余子只杨、古、卜三姓,地为之墟,闽之邻粤者相率迁移来梅"。则在客家自汀、赣迁入前古氏已居住梅州,显然古氏为粤东古姓但非客家源流,宋末客人入梅后始从与客家。又,《崇正同人系谱》卷 2 载:古云应元和中自河东迁江西洪州,其后裔古蕃的 6 个儿子于五代因中原扰攘分于岭南各地。不曾迁过赣州。

李氏。《崇正同人系谱》卷 2 载:李孟本唐宗室,唐末由长安迁汴梁,继迁宁化,孟生子珠,珠生五子,分别以金、木、水、火、土命名。按:深港《葵冲李氏族谱》(引自《客家学研究》,第 57 页)不提李孟,只说唐肃宗时避安禄山乱久德流寓江苏宜兴,唐末避黄巢之乱复迁宁化石壁。修于明永乐四年的《陇西李氏族谱序》(载《客家史料汇篇》)却说李孟为宋人,生李珠,移居宁化石壁,珠有金、木、水、火、土五子。《兴梅源远李氏谱钞》《兴宁仁本李氏族谱》均主此说,笔者莫知所从,有待考证。

(1) 陈氏,陈魁于南宋末自颍川迁入宁化。

(2) 成氏,成勉于宋代自中原迁入虔州。

(3) 郭氏,郭福安于宋代自陕西华州迁宁化石壁。

(4) 华氏,华原泉于北宋靖康自河南开封迁无锡,南宋绍兴又自无锡迁福建连城。

(5) 丘氏,三五郎于南宋末自河南迁宁化石壁。

(6) 邱氏,宋末自河南固始迁宁化石壁。

(7) 邱氏,邱法言于北宋初自河南固始迁宁化石壁。

(8) 伍氏,伍珉于北宋末自开封迁广东新会,南宋末伍昌自新会迁宁化石壁。

(9) 郑氏,郑清于南宋孝宗时自中原迁入汀州上杭。

上述氏族,除伍氏属 B 型,余 8 族均属 A 型。

另有 4 个氏族自中原南迁时间不明:

(1) 何氏,某朝自庐州庐江迁入宁化。

(2) 黄氏,黄裳于某朝自光州迁入福建邵武,宋代黄化自邵武迁入宁化石壁。

(3) 利氏,某朝自江北迁入江西上犹。

(4) 周氏,某朝自河南汝南迁宁化石壁。

上述氏族,何、利、周 3 族属 A 型,黄氏 1 族属 B 型。

兹将上述类型分析整理成表 9-8。

表 9-8 38 个客家氏族的迁移类型

迁入客区时间	氏族迁移类型		
	总 数	A 型	B 型
汉代	1		1
两晋	13	4	9
隋和唐前期	2	1	1
唐后期五代	9	7	2
宋代	9	8	1
时间不明	4	3	1
合 计	38	23	15

综上所述，在祖先自长江以北迁入的38族中，对客家的形成能够起作用的A型移民有23族。在A型已知时代的20族中，唐后期五代和宋代迁入15族，占75％；汉代至唐前期迁入的移民共5族，占25％，移民规模无法与前者相比。

在汀、赣二州中，赣州向居岭南—江南—中原交通的必经之地，建县远远早于汀州，但在明代以前长期地广人稀山林众多，便于逃避战乱。汀州比较偏僻，唐开元末才开始建县，唐代经济远远落后于赣州。因此，以常理推论，两晋和隋、唐前期迁入的A型的5族就应求近求便居住在赣州，但奇怪是仅有2族迁入赣州，其余皆迁入汀州宁化。可以设想，在唐中叶以前，即使有北方移民，其人数必不会很多，不可能会将北方语言风俗长期保持下来并给后来人以影响，某些移民甚至有被当地文化同化从而丧失北方语言和风俗的可能。因此，只有唐后期五代和宋代，特别是南宋时期迁入的北方移民氏族，才有可能对客家的形成产生决定性的影响。

靖康乱后迁入汀、赣二州的北方移民人数颇多，这些移民为客家民系最后形成提供了良好的基础。上述客家家谱的分类整理结果也表明，宋代迁入的A型氏族8族，超过其他各时期，其中5族在靖康之乱以后南迁，2族在南宋还是北宋迁移不明，已知在靖康乱前迁入只有1族。而且，南宋移民几乎都是直接自北方迁入早期客区。另外，家谱记载的集体迁移，也多发生在宋代，南宋末陈魁率族众93人自河南迁宁化和上杭[1]，即是其中规模较大的一次。唐后期五代迁入的A型氏族也有7族，表明在此期间移民的氏族也是客家源流的一个组成部分。但根据笔者研究唐宋移民史得出的印象[2]，靖康乱后北方移民的南迁规模超过唐后期五代。而且，南宋移民距汀赣客家大批迁入广东等地时间较近，完全有可能把北方的语言和风俗带入前期客区，并直接影响迁入后期客区的客家先民。虽然南宋移民及其后裔未必都是客家的源流，但客家的源流主要来自南宋移民应无问题。

---

1 《崇正同人系谱》卷2。
2 参见本书第三卷《隋唐五代时期》第八章第五节。

四　余论

还需要对客家家谱资料再作论述。在列入表9-9的130族中，有101族已知迁入地；其中，称祖先从北方迁入的不过38族（包括A、B两型），仅占37％。另63族分别来自：福建27族，江西25族，浙江7族，江苏和广东各2族，湖南1族。换言之，即使依据客家家谱记载，居住在早期客区的客家祖先的绝大部分也是南方居民而非北方移民。广东是元代以来客家人的主要生活地区，本卷第六章表6-8共载209个客家氏族，166族已知迁出地，它们分别来自：汀州92族（其中宁化58族）、赣州13族、江西（除赣州）24族、福建（除汀州）18族、浙江3族、广东2族、江苏2族、湖北1族、湖南4族、南方其他2族、北方5族，来自汀赣的氏族占166族的63％，另有34％的氏族迁自南方其他地方，3％的氏族迁自北方。据此可见，广东的客家人除迁自早期客家人生活的汀赣地区，也迁自南方的其他地区。

这不能不使人认为，只是一小部分客家人的祖先是真正来自北方，大部分人的祖先则是闽浙赣粤等省的土著。事实上，不少客家氏族，无论是依据史料还是他们的家谱，都不可能是北方移民的后裔而只能是当地的土著。例如，岭南冼氏，不管是史书和家谱均记载是六朝以来的高凉著姓。此外，遗传学的研究也证明了这一点。近些年来，一些遗传学家调查了我国24个民族、74个群体的免疫球蛋白同种异型的Gm、Km分布，得出了中华民族分别起源于古代南北两个不同群体的假说，两个群体大致以北纬30度为界。调查人员在以客家人为主的广东梅州市的汉人中提取了92个样本，似乎未出现不同于南方群体的独特性[1]。这一结论和移民史的研究成果基本吻合（详见本卷第十章第五节），即北纬30度以南的汉族主要来自南方的土著民族，北方移民虽然对南方汉族文化的形成产生重大影响，但在人数

---

[1] 参见赵桐茂、陈琦等：《中国人免疫球蛋白同种异型的研究：中华民族起源的一个假说》，《遗传学报》第18卷第2期，1991年。

表9-9 客家氏族移民实例

氏族	南迁始祖	南迁时间	迁出地	迁入地区	迁客区始祖	迁移时间	迁出地	迁入地	资料来源
蔡氏	?	唐末	?	闽南	?	宋代	潼州	宁化	宁化客家研究/4
蔡氏					蔡元定	南宋庆元	建阳	宁化	崇正同人系谱2/
曹氏						南宋景定	浙江台州	宁化曹坊	宁化客家研究/5
陈氏					陈万顷	宋末	?	宁化石壁	梅县陈氏族谱
陈氏					陈起	南北朝	?	宁化	客家史料汇篇/48
陈氏	陈魁	南宋末	颍川	宁化	陈魁	宋元间	福州	虔州桃川	客家史料汇篇/79
陈氏	陈霸先后代				陈宗大	南宋末	颍川	宁化	崇正同人系谱2/
成氏	成勉	宋代	中原	虔州		宋仁宗	江州庐山	宁化	客家史料汇篇/84
池氏					裕郎	南宋开禧	江西宁都	宁化	宁化客家研究/51
萧氏	萧衍后代				萧轩	宋代	江西泰和	宁化石壁	崇正同人系谱2/
戴氏					戴杏	宋末	江西乐平	宁化石壁	客家史料汇篇/48
邓氏					?	?	江西南康	宁化石壁	客家史料汇篇/2
邓氏	?	西晋太熙	山西	宁化石壁	?	西晋太熙	山西	宁化石壁	安远硝坊邓氏族
邓氏	叔筱公	西晋永嘉	北方		叔筱公	西晋末	北方	宁化	梅县邓氏族谱
丁氏					君荣	南宋嘉定	建阳	宁化	宁化客家研究/51
杜氏					时发	南宋宝祐	建宁	宁化	宁化客家研究/51

续表

氏族	南迁始祖	南迁时间	迁出地	迁入地区	迁客区始祖	迁移时间	迁出地	迁入地	资料来源
范氏	范绅	唐僖宗	?	浙江杭州	范绅?	?	沙县	宁化	大博范氏族谱
方氏					开宣	北宋治平	江西崇仁	宁化	宁化客家研究/51
傅氏					一郎	南宋	吴	宁化石壁	宁化客家研究/49
高氏					念七郎	宋代	兴化泉州	上杭	客家史料汇篇/180
古氏	古云应	唐大中前	河东	南雄	古蕡	南宋	临川	宁化	宁化客家研究/51
官氏	官膺	唐末	山西	宁化石壁	官膺	唐末	南雄珠玑	雩都	客家史料汇篇/252
管氏					真郎	?	山西解县	宁化石壁	宁化客家研究/52
郭氏	郭福安	宋代	华州	宁化石壁	郭福安	宋代	水西贾坊	江西宁都	宁化客家研究/46
郭氏	郭嵩	唐后期	中原	汀州	郭嵩	唐后期	华州	汀州	小留竹林郭氏源流考
何氏					大郎公	后梁贞明	中原	宁化石壁	崇正同人系谱 2/
何氏					大郎	南宋隆兴	南京	宁化	梅县陈氏族谱
何氏	?	?	庐州	宁化	?	?	广昌	宁化	宁化客家研究/51
何氏	何大郎	唐景福	庐州	宁化石壁	何大郎	唐景福	庐州庐江	宁化	崇正同人系谱 2/
何氏	何庶	西汉文帝	北方	庐江郡	何旦	五代	庐州庐江	武平	客家姓氏渊源/102
何氏	南北籍贯不详				何泰	?	庐江郡	宁化石壁	客家史料汇篇/97
华氏	华原泉	北宋靖康	开封	无锡	华原泉	南宋绍兴	广州增城	连城	客家史料汇篇/127

续表

氏族	南迁始祖	南迁时间	迁出地	迁入地区	迁客区始祖	迁移时间	迁出地	迁入地	资料来源
黄氏					黄宁	宋	福建邵武	宁化	宁化客家研究/50
黄氏	黄裳	?	光州	邵武	黄化	北宋真宗	邵武	宁化石壁	黄氏族谱
黄氏	黄天贵	五代?	光州	邵武	?	元初	邵武	上杭	客家史料汇篇185
江氏					万里后代	南宋末	福建同安	宁化石壁	宁化客家研究/49
江氏	未说南迁				?	宋代	江西都昌	汀州	崇正同人系谱2/
赖氏	?	东晋安帝	颍川郡	漳州	赖硕	刘宋元嘉	漳州	宁化石壁	宁化客家研究/50
赖氏	?	西晋永兴	光州	浙东松阳	仲方	东晋末	浙东松阳	江西宁都	客家史料汇篇/346
赖氏	赖光	东晋永兴	中原	处州			处州	江西宁都	崇正同人系谱2/
蓝氏					万一郎	十七世	福建建宁	宁化中沙	五华蓝氏族谱
雷氏					雷甫	唐建中	江西抚州	宁化中沙	宁化客家研究/50
黎氏					?	唐末?	江西宁都	宁化	宁化客家研究/49
李氏					李八承	唐总章	福建邵武	宁化石壁	泉上李氏族谱
李氏	火德公	唐肃宗时	中原	江苏宜兴	李珠公	南宋末	?	宁化石壁	客家史料汇篇/49
李氏	李孟	唐末	开封	宁化石壁	?	唐	江西宜兴	宁化石壁	客家学研究/57
李氏					李孟	南宋末	开封	宁化石壁	崇正同人系谱2/
利氏	?	?	江北	上杭	?	?	江北	江西上杭	崇正同人系谱2/
梁氏					?	宋代	?	宁化石壁	宁化客家研究/49

续 表

氏族	南迁始祖	南迁时间	迁出地	迁入地区	迁客区始祖	迁移时间	迁出地	迁入地	资料来源
廖氏					四十一郎	宋代	江西宁都	宁化石壁	宁化客家研究48/
廖氏					?	唐代	江西雩都	宁化石壁	兴宁廖氏族谱
廖氏					廖崇德	唐贞观	?	江西虔化	客家史料汇编/359
廖氏					廖花	宋?	福建顺昌	上杭	客家史料汇编/360
廖氏	廖从宪	西晋	洛阳	浙江郎县	?	唐末	江西雩都	宁化石壁	客家史料汇编/362
凌氏	凌孜	唐代	河南	余杭	廖崇德	宋代	浙江	虔化	崇正同人系谱2/
刘氏					凌吉	唐乾符	余杭	江西会昌	客家史料研究375
刘氏	刘祥	唐乾符	洛阳	宁化石壁	刘天锡	唐乾符	?	宁化石壁	客家史料汇编/228（1）
龙氏					刘祥	元泰定	洛阳	宁化	宁化客家研究/51
卢氏					云郎	北宋末	浙江	宁化	宁化客家研究/49
卢氏					三六郎	南宋嘉定	江西宁都	宁化石壁	宁化客家研究/49
卢氏	卢富	唐中叶	范阳	虔州虔化	卢堆钦	南宋末初	江西虔州	宁化石壁	客家史料汇编/351
罗氏	?	东晋	北方	江浙	?	北宋真宗	虔州虔化	宁化石壁	宁化客家研究/169
罗氏	?				罗斌	唐末	江浙	宁化石壁	崇正同人系谱2/（2）
马氏					罗景新	宋末	建昌	宁化安乐	宁化客家研究/51
毛氏					十二郎	明正统	江西宁都	宁化	宁化客家研究/52
					毛魁				

续表

氏族	南迁始祖	南迁时间	迁出地	迁入地区	迁客区始祖	迁移时间	迁出地	迁入地	资料来源
欧阳氏					万春	唐乾符	福建沙县	宁化	宁化客家研究/50
彭氏					行修	明嘉靖	洛安	宁化安远	宁化客家研究/50
丘氏		东晋	河南	宁化石壁		东晋	河南	宁化石壁	梅县丘氏族谱传序
丘氏	三五郎	南宋末	河南	宁化石壁	三五郎	南宋末	河南	宁化石壁	崇正同人系谱 2/
邱氏					三六郎公	宋代	？	宁化石壁	客家史料汇篇/216
邱氏					邱礼郎	唐长庆	建州	宁化	宁化客家研究/50
邱氏	？	宋末	河南	宁化石壁	？	宋末	河南固始	宁化石壁	台湾北埔邱氏家谱
邱氏	邱法言	北宋初	河南	宁化石壁					宁化客家研究/50
饶氏	？	？	饶州	？	四郎父亲	南宋末	江西永丰	汀州	崇正同人系谱 2/
饶氏					饶明	宋末	吉安	汀州	客家史料汇篇/255
阮氏					文富	北宋皇祐	绥安	宁化	宁化客家研究/50
上官氏					新郎	南宋绍定	光泽	宁化县城	宁化客家研究/51
沈氏					椿	南宋前期	福建建阳	宁化贵溪	梅县沈氏族谱
沈氏					桂		建阳	宁化	宁化客家研究/52
沈氏	？	五代	中原	汀州	？	五代	中原	汀州	崇正同人系谱 2/
施氏					太定	唐天祐	广州	宁化城	宁化客家研究/51
孙氏	孙利	唐末	陈州	江西宁都	孙利	唐末	陈州	宁都	客家史料汇篇/46

续 表

氏族	南迁始祖	南迁时间	迁出地	迁入地区	迁客区始祖	迁移时间	迁出地	迁入地	资料来源
汤氏					庆可	宋？	浙江萧山	宁化石壁	宁化客家研究/52
唐氏					汴公	唐光启	江西南丰	宁化	宁化客家研究/51
涂氏					水接	明洪武	邵武	宁化	宁化客家研究/52
涂氏					？	宋元间？	江西宜黄	汀州	客家史料汇篇/351
万氏					善邻	北宋宣和	江西南昌	宁化	宁化客家研究/51
汪氏					大郎	南宋绍兴	建宁	宁化	宁化客家研究/51
王氏	十八郎	明嘉靖	建宁	宁化	十八郎	明嘉靖	建宁	宁化	宁化客家研究/50
危氏					赐郎之子	南宋绍兴	邵武	宁化	宁化客家研究/51
魏氏					魏祯	宋末	江西石城	宁化	宁化客家研究/50
温氏	？	西晋末	河南	江西石城	温钢宝	唐僖宗	江西石城	宁化石壁	兴宁温氏族谱
温氏	传温峤				九郎公	唐末	洪都	上杭	崇正同人系谱 2/
温氏	温峤	东晋	山西	浙江	？	？	江西建昌	江西济村	客家史料汇篇/366
巫氏					巫德益	南齐永明	江西建昌	宁化巫家湖	济村巫家湖巫氏族谱
巫氏	巫暹	西晋末	山西	福建剑津	罗俊父子	隋大业	福建剑津	宁化	客家史料汇篇/264
吴氏	祖居江南				吴宥	宋代？	江西南丰	宁化	客家史料汇篇/60
伍氏	未说南迁				？	宋末	江浙	宁化	崇正同人系谱 2/
伍氏	伍浞	北宋末	开封	新会	伍昌	南宋末？	新会	宁化石壁	广东伍氏族总谱

续表

氏族	南迁始祖	南迁时间	迁出地	迁入地区	迁客区始祖	迁移时间	迁出地	迁入地	资料来源
萧氏					萧器之	宋景佑后	江西	宁化	客家史料汇编/191
萧氏					?	?	江西	宁化石壁	客家史料汇编/191
谢氏	?	唐末	?	浙江绍兴	谢开书	宋元间	浙江绍兴	宁化石壁	谢氏族谱正德十三年序
谢氏	?	唐末	?	宁化石壁	?	唐末	?	宁化	谢氏族谱正德十三年序
熊氏					万株	唐末	江西石城	宁化	宁化客家研究/51
徐氏					郎公	宋末	江西石城	连城	客家史料汇编/300
徐氏					一郎公	宋末	江西石城	汀州上杭	客家史料汇编/300
薛氏					?	唐末	南方	宁化石壁	崇正同人系谱2/
杨氏	?	唐末	河东	宁化石壁	圣郎	唐末	河东	宁化	崇正同人系谱2/
姚氏					念一郎	唐乾符	延平	宁化石壁	宁化客家研究/50
姚氏					景清	宋末	莆田	宁化	平远姚氏族谱
伊氏	文敏	唐乾符	开封	宁化河龙	文敏	唐乾符	开封	宁化河龙	宁化客家研究/50
俞氏					思宇	明洪武	江西南丰	宁化	宁化客家研究/51
曾氏	曾据	新莽时	山东	庐陵吉阳	曾悖	北宋政和	江西南丰	宁化石壁	客家史料汇编/268
张氏	张君政	隋唐间	长安	韶州	张端	唐末?	韶州	宁化石壁	客家史料汇编/113（3）
郑氏	?	?	?	?	郑清	南宋孝宗	?	上杭	崇正同人系谱2/

续 表

氏族	南迁始祖	南迁时间	迁出地	迁入地区	迁客区始祖	迁移时间	迁出地	迁入地	资料来源
钟氏	钟西公	唐高祖	颍川	金陵	钟宝	迁后26年	金陵	兴国	客家史料汇编/225
钟氏	钟贤	东晋元熙	许州	赣州	钟礼	唐天宝	赣州	汀州	客家史料汇编/223
钟氏	钟贤	东晋元熙	颍川	江西赣州	钟朝	贤子	赣州	宁化	崇正同人系谱/2
周氏	?	?	河南	宁化石壁	?	?	河南汝南	宁化	汝南周氏族谱
朱氏	卓炜	西晋末	中原	建安郡	兴隆	明嘉靖	秦宁	连城	宁化客家研究/51
卓氏	卓炜	西晋末	中原	建安郡	卓庠	南宋绍兴	莆田	连城	崇正同人系谱/2
邹氏					邹应龙	南宋绍定	邵武	长汀	客家史料汇编/130
谌氏					茂晖	南宋景炎	南昌	宁化	宁化客家研究/51
邬氏					成化	唐末	江西	宁化石壁	宁化客家研究/50
缪氏	衍真公	南宋	金陵	江西汝南	宁公	真后八世	江苏崇明	宁化	五华缪氏文仁家谱
滕氏					学珠	南宋绍定	江西临川	安远	宁化客家研究/50

表注：(1) 说南迁始祖为刘永后代，西晋末自北方迁江南，后裔刘祥于唐乾符自江南迁宁化石壁（见《宁化客家研究》，第47页）。
(2) 说汉代语南昌，罗景新于唐末五代自江西吉丰迁入宁化石壁（载《客家史料汇编》，第153页）。
(3) 说其祖先在东晋时迁居韶州曲江（见《崇正同人系谱》卷2）。

上并不占主体地位,客家也不例外。

　　据上所述,可以看出客家先民对于客家的影响,主要在于文化而不在于北方血统的绵延不绝。先民迁入汀赣地区以后,虽然人数不很多,但他们附载的北方文化比迁入地的土著文化先进,当地的居民(其中少数人可能是早期零散迁入的北方移民的后裔)受影响并接受了这种文化,从而成为南方汉族内部具有北方语言和风俗特点的民系(这一时间大致在宋末)。客家人在宋元之际迁入广东东部,明清时期已在广东山区具有相当大的势力;零散迁入山区的南方移民为了站住脚,完全可能会接受客家人的语言和风俗,最后自称为客家人,从而使客家队伍日趋扩大。那些自汀赣以外地区迁入的氏族之所以成为客家人,无疑出于这一原因。清代广东土客斗争严重,生活在客家居住区的人也有可能被看作客家或参加进去,因为客家人和其他汉族人民的区别仅仅在于语言风俗方面,况且这种差异是可以接受的。光绪《嘉应州志》卷7说粤东1州17县"其土音大致皆可相通……广州之人,谓以上各州县人为客家,谓其话为客话",即是对此很好的说明。换言之,那些住在客家生活地区的人民,不管是原住此地的客家人还是非客家人或新迁入的移民,只要讲客家话都可能被看作客家人。

　　综上所述,可以得出如下认识:

　　第一,客家先民中真正迁自北方,并将北方语言、风俗带入汀赣地区从而成为客家源流的移民,主要迁自南宋时期,人数并不很多。但他们带入比较先进的北方文化,影响了周围的居民,大约在宋末开始形成客家民系。至于那些宋之前迁入汀赣地区的北方移民,虽然属于客家先民较早的一部分,但并非属于客家源流,因为他们未能将北方语言和风俗保持下来。

　　第二,客家的大部分氏族是南方人,他们或在宋之前迁入汀赣地区而成为客家先民的一部分,或在广东依附于客家人,采用客家文化,从而加入客家人的行列中。

葛剑雄 主编

中国移民史

第四卷 下 辽宋金元时期

吴松弟 著

复旦大学出版社

第十章

靖康乱后北方人口的南迁：分布地区（下）

四川、淮南、两湖和两广的移民状况与江南、江西和福建不同。淮南与两湖的北部（荆襄地区）是宋金、宋蒙（元）战争的主要交兵地带，既接纳大量的北方人民，又有大批当地人民迁往长江以南，并且相当一部分北方移民迁入这两个地区若干年以后，本人或其子孙因战争复迁往长江以南。由于这种波浪式的迁移，到南宋末年当地人口中北方籍人民已占很高的比例。四川北部也是当时主要交兵地带，也有类似于淮南和荆襄地区的这种现象，不过由于秦岭阻挡，金和蒙古军大规模侵入的次数较少，移民的波浪式迁移现象不如上述地区显著。两湖和四川的其他地区的移民数量较之于江南、江西、福建和上述地区要少得多，两广更少一些。

第一节

四　川

此处所说的四川,指的是南宋的四川四路即成都府路、潼川府路、利州路和夔州路,相当于今天的四川盆地和位于秦岭、大巴山、米仓山之间的今陕西南部(绝大部分属汉水谷地),以及今甘肃东南部的白龙江、西汉水流域与湖北西北郧县西之一隅。四川是南宋经济文化比较发达的地区,当建炎和绍兴年间江淮和长江以南地区战争不止时,四川盆地的人民却享有难得的安宁和繁荣,进入四川盆地避难遂成为相当多的北方移民的梦想。不少移民涌向四川,在每个移民阶段都有移民迁入。移民入川主要走两条路,一自关中翻越秦岭经汉水谷地入盆地,二自荆襄向西溯汉水谷地进入陕南而后入盆地。

一　概说

靖康之乱以后北方移民纷纷退入四川。高宗建炎元年十二月(1127年),河东经置使王璪率驻守在陕西的兵马由金州、商州退入四川,被安排在兴元府(治今陕西汉中)驻扎[1]。建炎二年,由于"自两河失守,兵官之败散者,多在兴(州,后改名沔州,治今略阳)、凤(州,治今凤县北)间招集溃兵入蜀",朝廷限制流民和溃兵入川,在大散关置关使检查行人,只有"审验告敕无伪者听过"。此外,朝廷要求"沿边将兵避难入蜀者,并放罪限半月赴行在"[2]。三年十月,朝廷再次"禁诸军

---

[1] 《建炎以来系年要录》卷11,建炎元年十一月甲戌,第255页。
[2] 《建炎以来系年要录》卷12,建炎二年正月己酉,第276页。

擅入川陕"[1]。除了溃兵要入川,由于"中原盗贼蜂起,无所资给,惟四川号为全富"[2],桑仲、李忠等北方流民武装集团也纷纷扑向四川。不过,他们在沿边地带因被王彦等宋将击败,未能入川[3]。

当时,只有守边将官允许的人马方得以入川。建炎四年,襄阳守将马千秋率兵民经金州入川[4]。绍兴元年(1131年)四月,邓州知州谭究"率众突围,出奔入川中"[5]。六月,邵兴自河南卢氏率众退入兴元府[6]。

富平之战失败以后,南宋失去关中,关中的军队和流民纷纷入蜀。当时的四川统帅是张浚,"西北遗民,闻浚威德,归附日众"[7]。王庶在兴元也招集来自河东和陕西的溃兵,"不数月,有众二万"[8]。绍兴二年九月,张浚向朝廷报告,说迁入四川"舍伪从正"的将士达15万余人[9]。建炎和绍兴初是北方移民进入四川最多的时期,表10-2中的移民绝大多数是在此期间迁入的。由于移民中士人众多,张浚设秦川馆"以待河北、陕西士之来归者"[10],"以便宜令川陕举人即(转运)置司州试之",参加科举考试[11]。绍兴九年,金军退出今陕西和河南,四川的宋军进入关中,朝廷命令"招纳蕃部熟户及陷没夏国军民"[12]。十年,金军复占领关中,原在关中的部分百姓和归正人被迁至四川(详第八章第一节)。

在高宗末年以后的各个移民阶段,都有大批移民迁入四川。绍兴末年,归降四川宋军的"陕西在事军吏及一时奋发忠义携家归正,人数实繁"[13],仅在秦洮路招到的正号兵箭手便达万人[14]。次年(隆兴元

---

1 《宋史》卷25《高宗纪》,第469页。
2 王象之:《舆地纪胜》卷189"金州"。
3 见《宋史》卷368《王彦传》。
4 《三朝北盟会编》卷141,炎兴下帙四十一。
5 《三朝北盟会编》卷146,炎兴下帙四十五。
6 《三朝北盟会编》卷147,炎兴下帙四十七。
7 刘时举,《续宋编年资治通鉴》卷3。
8 《建炎以来系年要录》卷43,绍兴元年三月,第785页。
9 《续宋编年资治通鉴》卷3。
10 徐自明;《宋宰辅编年录》卷15,第993页。
11 《文献通考》卷32。
12 《宋史》卷29《高宗纪》,第541页。
13 《宋会要辑稿》兵一五之一九。
14 《建炎以来系年要录》卷199,绍兴三十二年四月甲戌,第3359页。

年),宋军自关中退兵入川,统帅吴玠向朝廷报告说:"今新附之众几十余万"[1],可见海陵南侵阶段迁入四川的移民不少。宁宗嘉定十一年(1218年)五月,朝廷"命四川制置司招集忠义人"[2]。宋蒙联合灭金前后,宋军大力招集金界人民,四川守边宋军中有很多刚刚南迁的北方人民,例如后来有兵达2万人的曹友闻部"皆两界亡命"[3]。

为了保卫四川,南宋在此驻扎重兵。绍兴年间正规军兵力达7万人,到乾道末年登记在册的军人达97 338人[4]。四川的宋军多来自北方,特别是今陕西和甘肃,主要兵力所在的兴州、兴元府和金州三都统司兵"本曲端、吴玠、关师古之徒,关西部曲也"[5]。此外,还有一定数量的来自河北和河东的军人[6]。如以每位军人有家属2口计,军人及其家属可达20余万。此外,北宋末宣和年间曾派一支12 490人组成的军队进入四川各地防守,后留居四川,时人称之为东军。从其"缘兵火各无所归"的留居原因来看,可能多为北方人。因此军"窜死相继",南宋又招在四川的河东、河北、陕西籍移民以为补充[7]。孝宗淳熙二年(1175年),知成都府兼权四川制置使范成大向朝廷报告:"自关外宿师以来,多有离军使臣及将家子弟,所在侨寓。外铨阙少,注拟不行,往往衣食匮乏,狼狈无归。"[8]可见也有很多分散在四川各地的军人子弟和退伍军人。

北宋时朝廷规定宗室不许在川陕任官,南宋初由于"宗室避难入蜀者多",朝廷改变了原来的做法[9],因此四川也是宗子的居住地之一。李心传说:"今(指《建炎以来朝野杂记》甲集成书的宁宗时期)蜀

---

1 明庭杰:《吴武安公功绩记》,载杜大珪:《名臣碑传琬琰之集》卷12。
2 《宋史》卷40《宁宗纪》,第770页。
3 佚名:《昭忠录·曹友闻传》。
4 李心传:《建炎以来朝野杂记》甲集卷18《关外军马钱粮数》,第263页。
5 《建炎以来朝野杂记》甲集卷18《关外军马钱粮数》,第263页。
6 《宋史》卷28《高宗纪》载,绍兴七年"诏席益(当时四川制置使)募陕西、河东、河北兵二千,部送行在充扈卫。"
7 《建炎以来系年要录》卷173,绍兴二十六年六月丁未,第2853页。《两朝纲目备要》卷10叙绍熙三年泸州军乱事时,说:"泸州饶雄等八指挥,本都禁兵也,宣和末朝廷遣成其地,号东土军。"依此,东军原为河南一带禁军。
8 《畔兵官札子》,载《范成大佚著辑存》,第25页。
9 《建炎以来系年要录》卷35,建炎四年七月乙卯,第676页。

中宗子甚众。"[1]

四川的移民多来自今陕西和甘肃等西北地区,来自河南的移民所占比重要低于东南各区域。列表10-2的移民中,来自今陕甘的共16人,来自河南的为13人。

综上所述,四川是南宋重要的移民分布区,移民数量可能次于江南,但不应少于江西。但四川的列表移民没有江西多,移民总数不及福建,而始迁者过之。究其原因,主要有两个:一是南宋后期四川受战争破坏严重,有关文献记载失传较多,因此有关移民的记载相对较少;二是四川的北方移民多军人,而文献往往不记载他们的安家地,因此表中缺载。

据表10-1,四川境内的北方移民分布相当广泛,20余府州都有。

表10-1 四川各府州列表北方移民分布

府州名	移民总数	始迁者	府州名	移民总数	始迁者
成都府	4	3	遂宁府	3	2
合 州	9	4	永康军	2	2
夔 州	4	3	富顺监	1	1
阆 州	5	3	昌 州	2	2
巴 州	3	3	忠 州	1	1
嘉定府	7	6	彭 州	2	
广安军	1	1	渠 州	1	1
涪 州	1	1	眉 州	2	
利 州	1		资 州	4	2
兴元府	1		东 川	1	1
金 州	1		府州不详	15	13
果 川	1				
叙 州	2		合 计	74	49

资料来源:据表10-2。

---

[1]《建炎以来朝野杂记》甲集卷1《大宗正司两外宗废置》,第26页。

表 10-2 靖康乱后南迁的北方移民实例（四川部分）

姓 名	迁移时间	迁出地	今省	迁入地	资料来源	备 注
尹焞	建炎	洛阳	河南	涪州	和靖集 8/（1）	后迁平江府
尹烛	建炎	洛阳	河南	广安军	同上	
王之奇	建炎	庆阳	甘肃	夔州巫山	定斋集 14/	父庶，前居南康军
王之荀	建炎	庆阳	甘肃	夔州巫山	同上	同上
张氏*				夔州	性善堂稿 14/	前居抚州
崔嘉彦	建炎	成纪	甘肃	夔州	永乐大典 2741/	
张通*				利州	画史会要 2/	原籍陕西
张通*				兴元府	同上	前居利州
郭杲*				金州	剑南诗稿 37/2367	父浩迁入地不明
王湛	建绍间	商州	陕西	四川	系年要录 132/2127	
孙子涛	建炎	安定郡	甘肃	四川	齐东野语 8/135	
王子涛母亲	建炎	安定郡	甘肃	四川	同上	
张锐	建绍间	郑州	河南	川中	宋史翼 38/（2）	
王公及*				果州	登科录	原籍河南
王永恩	绍兴卅一年		山东	阆州	宋会要辑稿 8/7043	
李好义*				阆州	大明一统志 68/	祖师中居四川
李好古*				阆州	同上	同上
郝章	建绍间	汾州	山西	阆州	画史会要 2/	
郑谷	建绍间	河东	山西	阆州	图绘宝鉴 4/	
司马子巳*				叙州	大明一统志 69/	原籍山西
司马梦求*				叙州	宋史 452/13309	原籍山西
古挚	建绍间	济州	山东	遂宁府	永乐大典 10889/	
赵孟櫶*				遂宁府小溪	登科录	原籍河南
刘履中	?	开封	河南	遂宁府	画史会要 2/	
宋汝为	建炎	徐州	江苏	永康军	大明一统志 67/	
姚平仲	靖康	五原	甘肃	永康军	渭南文集 23/	

续表

姓　名	迁移时间	迁出地	今省	迁入地	资料来源	备　注
马范祖父	绍兴卅一年	商州	陕西	巴州	鹤山集 77／	
马范父亲	绍兴卅一年	商州	陕西	巴州	同上	父某
马范	绍兴卅一年	商州	陕西	巴州	同上	祖某
袁溉	建炎	汝阴	河南	富顺监	浪语集 31／	后迁江陵
杜氏	建绍间	鄢陵	河南	昌州大足	方舟集 17／（3）	
李延智	建绍间	开封	河南	昌州永川	舆地纪胜 161／	
李邛	建炎	开封	河南	合州	鹤山集 71／	
李妻	建炎	开封	河南	合州	同上	邛妻
李炎震	建炎	开封	河南	合州	同上	
张氏	建炎	开封	河南	合州	同上	震妻
郭氏*				合州	性善堂稿 14／	原籍河南
赵与佩*				合州	登科录	原籍河南
赵孟浑*				合州	同上	同上
赵孟垒				合州	宋史 454／13356	原籍河南
赵时贯*				合州	登科录	原籍河南
李师中	建炎	秦州	甘肃	四川	宋史 402／12198	
李定一*				四川	同上	父师中
吴玠	建炎	陇干	甘肃	四川	宋史 366／11408	
吴拱	建炎	陇干	甘肃	四川	同上书 366／11414	父玠
吴璘	建炎	陇干	甘肃	四川	同上	
吴挺	建炎	陇干	甘肃	四川	同上书 366／11421	父璘
吴曦*				四川	宋史 475／13811	祖璘
吕锡山	建绍间	蓝田	陕西	四川	系年要录 111／1800	
赵令德	建绍间			河南	四川	宋史 244／8684	
赵伯深母亲	建炎	北方		四川	文忠集 51／	后迁吉州
邢焕	建炎	开封	河南	忠州	宋史 465／13589	
邵伯温	靖康	河南府	河南	嘉定府犍为	系要录 78／1278	
邵博	建炎	河南府	河南	嘉定府犍为	系年要录 121／1977	父伯温

续 表

姓 名	迁移时间	迁出地	今省	迁入地	资料来源	备 注
邵溥	建炎	河南府	河南	嘉定府犍为	系年要录 118／1971	父伯温
晁公武	建炎	济南	山东	嘉定府符文	方舆胜览 46／	
蔡迨	绍兴	胶水	山东	嘉定府犍为	南涧甲乙稿 14／	
刘著	建绍间	东光	河北	嘉定府	大明一统志 72／	
刘甲*				嘉定府	宋史 397／12093	父著
陈诚之*	建绍间				系年要录 69／1633	原籍甘肃
晁公遡	建炎	济南	山东	东川	嵩山集·序	
洪杲	建绍间	青州	山东	成都府	宋诗纪事 46／1148	
范圭	绍兴九年	许州	河南	成都府	方舟集 15／	
赵孟续*				成都府	登科录	原籍河南
赵怀恩	建绍间	西宁州	青海	成都府	宋会要辑稿 8／7049	
赵彦呐*				彭州	宋史 413／12399	同上
赵洸夫*				彭州	同上书 413／12400	父彦呐
冯久照	建绍间	汾州	山西	渠州	画史会要 2／	
赵嗣恩*				眉州	登科录	原籍河南
赵嗣昌*				眉州	登科录	原籍河南
赵与栳*				资州盘石	登科录	同上
薛仲邕父亲	建绍间	开封	河南	资州	方舟集 17／	
曹氏	建绍间	开封	河南	资州	同上	仲邕妻
薛仲邕*				资州	同上	父某

说明：（1）尹焞著，四库全书本。（2）陆心源著，光绪归安陆氏刊本。（3）李石著，四库全书本。

二　利州路

四川的移民主要分布在利州路，特别是其北部和西北部。孝宗乾道八年(1172年)四川宣抚司为武举解额申报朝廷的报告中说:"西北流寓素习武艺之人多寄居利州路",因此将武举解额的十分之四即16人分予利州路,分予成都府路12名,潼川府路10名,夔州路4人[1]。四川宋军败于富平以后,指挥机构自兴元退至阆中(四川今市)[2],可能有大批移民随之迁入这一带。南宋军队在战时驻在汉水流域,和平时主要在利州路就粮分屯。《建炎以来朝野杂记》甲集卷18《关外军马钱粮数》条列举四川守边大军就粮分屯的17郡,除潼川府(治今三台),其余均在利州路。

利州路北部相当于今陕西南部汉水流域,宋代设兴元府(治今陕西汉中)、金州(治今安康)、洋州(治今洋县东)和大安军(治今宁强西),为移民自北方入川的必经之地,南宋初期入川的官军和平民多安置于此。例如,王瓒率领的河东军队和邵兴率领的河南军民便安置在兴元府(见上)。绍兴元年王彦守金州,屡次击败企图入川的李忠、桑仲等北方流民武装集团,俘获甚多,仅击败李忠便俘获万余人[3],这些人都应定居在利州路北部地区。因受战争影响,建炎年间本地区经济残破,人口减少,"金州残弊特甚,户口无几"[4];梁、洋"两州之民,往往逃绝"[5]。为了发展经济,吴玠、郭浩等人都在当地招诱流民。兴元府境著名的水利灌溉工程褒城堰修复以后,区内外人民"知灌溉可恃,愿归业者数万家"[6],其中流民应占相当比重。

南宋初年以来宋军在此地区驻重兵。其中,20 000人守兴元,8 000人守金州;至乾道前后兴元都统司共统兵17 000人,金州都统司统兵11 000人[7];估计军人及其家属约有8万人。此外,绍兴四年吴玠在兴元府还"招两河、关陕流寓及阵亡兵将子弟、骁勇雄健、不能自存者"建民兵,称良家子;绍兴末年虞允文又于襄阳招来280余名

---

1 《宋会要辑稿》选举一七之三五。
2 《宋史》卷370《刘子羽传》,第11506页。
3 《三朝北盟会编》卷148,炎兴下帙四十八。
4 《宋史》卷367《郭浩传》,第11442页。
5 《宋会要辑稿》兵二九之二八。
6 《宋史》卷366《吴玠传》,第11413页。
7 《建炎以来朝野杂记》甲集卷18《关外军马钱粮数》《乾道内外大军数》,第262、263页。

汝、蔡、唐、邓移民为民兵,称之为御前忠义效用[1];绍兴年间在洋州还驻有以归正人和来降的契丹人、女真人、汉儿组成的义胜军500余人[2]。

孝宗以后北方移民仍不断迁入利州路北部。乾道三年(1167年),金、洋和兴元三府州的归正人2万余人生活困苦,四川宣抚使虞允文"分给官田,俾咸振业"[3]。孝宗时期兴元府由归正人组成义胜军,共500余家[4]。孝宗末年赵汝愚向朝廷报告,称金州上津(治今湖北郧西县西)和洋州真符(治今洋县东)"多有归正人在两县管下近边去处,散漫居止"[5]。宁宗末,金万户呼延棫率众"扣洋州以归",宋军"籍其兵千余人"[6],这些人及其家属估计也驻在洋州一带。南宋后期曹友闻率兵2万人驻在大安军,其相当部分来自新近迁入的北方移民[7]。

利州路西北部相当于今甘肃东南部和陕西汉中盆地西侧的白龙江、西汉水流域,南宋置兴、凤、成(后改名同庆府,治今甘肃成县)、西和(治今西和西)、阶(治今武都东)等州军。兴、凤、成等州控扼着关中经汉中盆地西侧进入四川盆地的重要通道,由于距成都平原较近,南宋在此屯驻重兵。兴州为最主要的屯兵地,绍兴年间以2万人守兴州,又以2万人分屯仙人关(在今徽县南)里外,二者占兴州、兴元和金州三都统司兵力半数以上,因此当时人称"三大将之兵,惟兴州偏重者"[8]。乾道间兴州都统司兵力达6万人,另二都统司合计尚不及其半[9],军人及其家属约可达十七八万人。此外,在文州和龙州等地还驻扎着少量东军[10]。

除军人外,每个阶段都有一定数量的北方移民迁入。高宗初期成

---

1 《建炎以来朝野杂记》甲集卷18《兴元良家子》,第265页。
2 《建炎以来朝野杂记》甲集卷18《赤心忠毅忠顺强勇义胜军》,第277页。
3 《宋史》卷383《虞允文传》,第11797页。
4 《宋会要辑稿》兵六之四。
5 《历代名臣奏议》卷108。
6 《宋史》卷406《崔与之传》,第12260页。
7 《昭忠录·曹友闻传》。
8 《建炎以来朝野杂记》甲集卷18《乾道内外大军数》,第263页。
9 同上。
10 《建炎以来系年要录》卷173,绍兴二十六年六月丁未,载文州有320人,龙州43人。

州（治今甘肃成县）是四川北部的重要移民中心，可能由于这里移民较多，绍兴二年四川在此设考场类试陕西路迁入四川的士人[1]，十四年又在此引试秦州的流寓举人[2]。绍兴十六年，知州王彦说："本州自兵火之后，荒田多是召人请射耕垦"[3]，绍兴后迁入的农民相当一部分应来自北方。其间，四川宣抚副使郑刚中又"于阶、成二州营田，抵秦州界，凡三千余顷"[4]。南宋在荆襄和淮南屯田的劳力主要是来自北方的移民和军人，阶、成二州也不应例外。

到孝宗时期，利州路北部和西北部移民已有相当数量。朝廷为吸收北方移民中的有武艺者设武举，兴元和金、洋、阶、成、西和、凤等七州移民较多，各保举三人，高于其他府州[5]。孝宗末年，金州"乡举者二人，其一又流寓也"[6]；并且，上津一县"通邑人户才二千家，而归正人实居其半"[7]。据此，孝宗以后迁入的移民可能已占当地人口的二三分之一。如考虑到南宋初期利州路北部和西北部人口数量严重下降，绍兴时北方移民已占当地人口相当比重，则孝宗时一些府州人口的主要部分应是北方移民及其后裔。受此影响，孝宗前后经济生活和风俗都已相当的北方化。著名文学家陆游在利州路北部任职时，观察到兴元府、兴州、凤州等地的变化。他说这一带："种粟多菽粟，艺木杂松楠"；夏天"藏冰一出卖满市，玉璞堆积寒峥嵘"；在语言方面"坐上新声犹蜀伎，道旁逆旅已秦音"，反映了相当一部分人讲"秦音"而不是四川盆地的语言。甚至风俗也是"地近咸秦气俗豪"，染上关中色彩[8]。由于北方移民嗜食产自今山西的解盐，当地有不少人以走私解盐为生[9]。北方语言的影响一直达到四川盆地的阆州，这一带"语音渐正

---

1 《宋会要辑稿》选举二之一五。
2 《宋会要辑稿》选举一六之七。
3 《宋会要辑稿》食货一之三八。
4 《宋史》卷370《郑刚中传》，第11513页。
5 《宋会要辑稿》选举一七之三四。
6 楼钥：《攻媿集》卷91《杨王休行状》。
7 《历代名臣奏议》卷144，赵汝愚奏文。
8 《陆放翁全集·剑南诗稿》卷76《顷岁从戎南郑屡往来兴凤间……有感》、卷5《蒸暑思梁州述怀》、28《梦至小益》、卷3《山南行》。
9 《宋会要辑稿》食货二八之一二。

带咸秦",已略同于关中[1]。

利州路南部包括阆州、利州(治今四川广元)、巴州(治今巴中)、蓬州(治今仪陇)、剑州(后改名隆庆府,治今剑阁)等州。绍兴和议签订以后宋金休兵,四川守边军队于沿边17州分屯就粮,其中即有利、阆、剑三州[2]。北宋末进驻四川的东军在剑门关(剑州境)和利、蓬、阆等州都有分布[3]。利、阆二州由于移民较多,乾道八年的武举解额各是三名[4]。

三 其他三路

四川的其他地区,移民人数较利州路要少得多,但分布相当广泛。

绵州(治今四川绵阳)、潼川府(治今三台)是四川守边大军在和平时的分屯就粮地之一[5]。成都府等州是东军驻地,东军在夔州(治今重庆奉节)曾驻4 447人,在成都府驻3 360人,在泸州驻2 989人,在恭州(后改名重庆府,治今重庆)驻200人[6]。河内李氏为北宋时北方大族,南渡后多迁居两浙,独"敷文、通直二房入蜀,故魏国大墓在忠(忠州),诸孙有居成都者、新繁者、罗江者、嘉定者、三荣者、邻水及古渝者、巴南及新洰者,衣冠历世不绝,举诸族殆何翅千指"[7]。李氏所居这些县分属于成都府、绵州、嘉定府(治今四川乐山)、渠州(治今渠县)、绍熙府(治今荣县)、重庆府和兴州。晁公遡《嵩山居士集》卷4《喜三十二弟来》诗说"黄尘暗河洛,分散各南奔。……闻汝居沈黎,乡党颇见尊"。沈黎指黎州,治今汉源县一带,已接近吐蕃的居住地。

---

1 《陆放翁全集·剑南诗稿》卷3《阆中作》。
2 《建炎以来系年要录》卷146,绍兴十二年八月,第2352页。
3 据《建炎以来系年要录》卷173,绍兴二十六年七月丁未,剑门关为360人,利州为225人,蓬州236人。
4 《宋会要辑稿》选举一七之三四。
5 《建炎以来系年要录》卷146,绍兴十二年八月,第2352页。
6 《建炎以来系年要录》卷173,绍兴二十六年七月丁未。
7 李曾伯:《可斋续稿》前卷6《赠杨户曹》。

第二节

两　　湖

此处所说的两湖,指今湖北、湖南两省,南宋属京西南路、荆湖北路和荆湖南路,以及淮南西路的黄州、蕲州和江南西路的兴国军。长江自西向东流过,其北以江陵府和襄阳府为中心的地区,历史上称为荆襄,南宋时既是移民接收区,又是移民输出区,每逢战争爆发时总有一定数量的人民迁往南方。其南的今湖南和湖北的南部,自高宗绍兴五年(1135年)杨么起义平定以后至元军攻入以前,享受了百余年的和平,南宋初期迁入的移民一般都能定居下来,接近长江南岸的地区以后还不断有移民迁入。表10-3表明移民在本区分布相当广,不过荆襄各府州在表中的人物较少,并不意味着移民不多,而是由于当地经济文化比较落后,移民中的上层人物较少。

表 10-3　两湖各府州列表北方移民分布

府州名	移民总数	始迁者	府州名	移民总数	始迁者
郢　州	3	1	沅　州	3	3
襄阳府	4	4	鼎　州	8	7
江陵府	5	3	潭　州	20	17
均　州	3	2	岳　州	2	1
德安府	4	2	永　州	5	5
黄　州	1	1	衡　州	10	7
随　州	4	?	桂阳军	?	?
峡　州	1	1	湘　中	1	1
鄂　州	8	5			
兴国军	3	3	合　计	87	67

资料来源:据表10-4。

一　荆襄地区

荆襄是南宋最早接受移民的地区,靖康之乱爆发不久移民即开始迁入。靖康元年(1126年)十一月,金军到达黄河北岸,河南的百姓开始迁往襄阳一带[1]。不久,开封被金军攻占,部分突围的军民进入京西和湖北,一些人"聚为盗贼"[2],标志着北方流民武装集团也进入荆襄。在靖康、建炎和绍兴初年,本地区是北方流民武装集团最主要的活动区域,李孝忠、党忠、祝进、薛广、曹成、李成、孔彦舟、刘超、张用、桑仲、李忠、崔进等部都在此活动过,有的并在此被击溃或招安(详第十二章第一节),因此不少流民定居于此。由于土著人口数量在战争中严重下降,北方移民在大部分府州的人口中都占了较大比重。而且,因绍兴末以来的南北战争迫使较早迁入的北方人口由此再迁江南,南宋后期一些府州的人民往往都是较晚才迁入的新移民。

襄阳(治湖北今市)紧靠中原,为京西南路的治所。靖康元年开封城破后郭京引所部六甲神兵2 000余人南迁,建炎二年宗印率邓州军民南迁,三年王择仁率万余人经商州南迁,皆进入襄阳[3]。北方流民武装集团李孝忠部、桑仲部和李横部,都相继攻陷过襄阳[4]。由于久经战乱,岳飞所部宋军收复时,襄阳、随、郢三府州都只有空城一座,"公吏军民自缘久罹兵火,或被驱掳,或遭杀戮,甚为荒残"[5],土著人口数量严重下降。当绍兴中期在外避难多年的襄阳人王之望返乡时,"相逢访亲旧,十百不一遇",他不由地发出"岂无新人民,往往皆旅寓"的感慨[6]。可见外来移民已成了当地人口的主体部分。

绍兴末年以后北方人民仍继续迁入襄阳。绍兴三十二年(1162

---

1 《三朝北盟会编》卷64,靖康中帙三十九。
2 《三朝北盟会编》卷70,靖康中帙四十五。
3 《建炎以来系年要录》卷4,建炎元年四月,第108页;卷12,建炎二年正月戊子,第265页;卷27,建炎三年闰八月乙巳,第552页。
4 《三朝北盟会编》卷104,炎兴下帙四。《建炎以来系年要录》卷36,建炎四年八月戊戌,第698页;卷61,绍兴二年十二月辛亥,第1054页。
5 岳珂:《金陀粹编》卷10《条具荆襄相度移治及差官奏》。
6 《汉滨集》卷1《赠襄阳帅吴彦猷》,四库全书本。

年),朝廷下令唐、邓二州的举子于此参加发解试[1]。淳熙四年(1177年),朝廷要求襄阳府拨米1.5万石,赈济当地的归正贫民[2]。在此前后,地方官多次向朝廷报告,说:"襄阳居民多系归正人","民多系西北唐、邓等处归正之人"[3]。据此看来,新近迁入的移民又代替了绍兴十三年前迁入的老移民,成为当地人口的主体部分。

南宋在襄阳驻有一支人数较多的军队。绍兴时期,军人1.3万名连其家属被派去"永屯襄阳"[4],军人连家属约有4万人左右。宁宗、理宗之际襄阳驻军人数大增,新从北方迁入的军人"北军"在其中占相当的比重。宋军驻扎在襄阳朱屯的正军原为4万人,北军3 000人,后北军增至2万人,而"正军日阙"[5]。

由于北军的大量增加和大批北方平民迁入,宁宗、理宗之际在襄阳人口中"降附之人,居其太半"[6]。换言之,嘉定前后迁入的新移民又一次取代以前迁入的老移民,成为当地人口的主体。

郢州(治今湖北钟祥)、随州(治今市)、德安府(治今安陆)也有较多的北方移民。

绍兴初,桑仲率领的北方流民武装曾在郢州驻守过几年[7]。宁宗嘉定八年(1215年),因"近年以来流民猥聚,词讼亦繁",郢州管下的长寿、京山两县县尉由武臣改为文臣担任[8]。《舆地纪胜》卷84说郢州"其民朴,其俗俭,其土饶粟麦,有西北之风声气习焉",这显然是北方移民迁入后造成的。

绍兴初岳飞收复随州时,只是一座空城,此后移民开始迁入,南宋后期名将孟宗政的父亲孟林就是绍兴初迁入的(见表10-4)。嘉定末迁入的移民很多,当时孟宗政知随州枣阳军,"中原遗民来归者以万

---

1 《建炎以来系年要录》卷198,绍兴三十一年闰二月丙戌,第3336页。
2 《宋会要辑稿》食货六八之七六。
3 《宋会要辑稿》兵一六之七、之八。
4 《舆地纪胜》卷64,江陵府。
5 魏了翁:《鹤山集》卷19《被诏除礼部尚书内引奏事第四札》。
6 《鹤山集》卷19《被诏除礼部尚书内引奏事第四札》。
7 《建炎以来系年要录》卷52,绍兴二年三月戊戌,第918页。
8 《宋会要辑稿》职官四八之八六。

数",宗政分给他们田地,并建房屋使之定居[1]。

两宋之际,当京西南路的各州受到流民武装破坏时,德安府在陈规的管辖下安然无恙。陈规并在当地招民屯田,凡民户所垦之田在纳赋满二年后皆可作为永业[2],吸引了不少的移民。南宋后期,这里还驻有由归正人组成的北军[3]。

光化军(治今湖北老河口市境)、均州(治今丹江口市境)和房州(治今房县南)居江汉平原进入四川的要道。南宋初桑仲、李忠等北方流民武装集团企图由此进犯四川,在这一带被宋军击溃(见上),难免有一些流民定居于此。绍兴三十一年,均州招到胥朝、杜海率领的北界忠义人2万余人和老小数万口[4],胥朝、杜海等人和相当一部分北界忠义人都定居在均州[5]。

荆襄地区的南部是位于长江北岸的荆南府(后改名江陵府,治今湖北江陵)、汉阳军(治今武汉汉阳)、复州(治今天门)、荆门军(治今荆门)、峡州(治今宜昌)、归州(治今秭归)以及黄州(治今黄冈)和蕲州(治今蕲春)。除归州缺乏移民史料外,其他府州都有一定数量的北方移民。

南宋初,江陵府因战乱人口剧减,"旧荆南户口数十万,寇乱以来几无人迹"[6]。战乱结束以后,"流民渡沔来,拽牛负其弩"[7],人口开始增加。绍兴三年,知府解潜因"招集军民,修城捍寇有劳"受到奖励[8]。六年,知府王庶极力招集流民,一时间"流庸四集"[9]。九年,由于荆南和襄阳府"流亡还归,皆授田而占籍",负责当地军政事务的岳飞受到朝廷的嘉奖[10]。由于移民的一再迁入,到乾道年间荆南府主客户已达

---

1 《宋史》卷403《孟宗政传》,第12213页。
2 《建炎以来系年要录》卷49,绍兴元年十一月丁未,第875页。
3 杜范:《清献集》卷6《论襄阳失守札子》。
4 《三朝北盟会编》卷234,炎兴下帙一百三十四。
5 《文忠集》卷78《黄牧之墓碣》说淳熙十三年黄牧之知均州,"欲录用归正胥朝、杜海、马清子孙"。
6 《建炎以来系年要录》卷167,绍兴二十四年十一月甲寅,第2731页。
7 胡寅:《斐然集》卷1《登纪南楼》。
8 《建炎以来系年要录》卷69,绍兴三年十月甲辰,第1173页。
9 《建炎以来系年要录》卷102,绍兴六年六月甲辰,第1666页。
10 岳珂:《金陀续编》卷2《开府仪同三司加食邑制》,四库全书本。

4.2万余户[1]。此外，荆南是南宋重要的屯兵地，乾道二年定荆南都统司统兵2万人[2]，军人及其家属估计有五六万人。绍兴末年以来北方移民仍继续迁入。理宗时，军人中很多人是新来自北方的"北军"[3]。

陆游在入蜀经荆南境时，听僧人说："沿路居民大抵多四方人，土著(著)才十一也。"[4]这个比例与南宋初期当地人口数量严重下降的事实是相符合的，显然外来人口已占了多数。《宋史》卷174《食货志》载，淳熙三年臣僚言："自荆南、安、复、岳、鄂、汉、沔、污莱相望，户口稀少，且皆江南狭乡百姓，扶老携幼，远来请佃，以田亩宽而税赋轻也。"此时淮南也有大批南方人民迁入，由此当地人口中来自南方和来自北方的人民各具有相当比例(详下)。荆襄也应如此。

荆襄南部的其他府州，除归州和峡州可能移民较少外，其余都有一定数量的北方移民。南宋人在汉阳军和复州建立庙宇，纪念绍兴初陈规"保城、济给流民"的功绩，此"流民"应指北方移民[5]。绍兴三十一年，汪澈从襄阳入荆门军境，见"它处人民襁褓而来，愿为编户"[6]，大批迁入荆门。蒙古攻宋战争开始以后，"襄汉扰乱"，人民大批南迁，"汉南自荆门、江陵以至汉阳，江南自岳阳、鄂渚以至武昌县，流移军民布满境内，而汉南数郡尤甚"[7]。所谓的"汉南诸郡"，指江陵府、荆门军、复州和汉阳军。

黄州和蕲州是北方流民武装进出两淮和两湖的必经之地，岳飞曾在蕲州降李成部1.5万人[8]，流民武装首领张用作过舒蕲镇抚使[9]，难免一些人留居于此。端平年间孟珙守黄州，"边民来归者日以千计"，孟珙造屋3万间供移民居住[10]。

---

1 《建炎以来朝野杂记》卷18《荆鄂义勇民兵》，第266页。
2 《建炎以来朝野杂记》卷18《乾道内外大军数》，第262页。
3 《鹤山集》卷29《奉北军当黑调伏庠内外相安》
4 《陆放翁全集·渭南文集》卷47《入蜀记》。
5 《宋会要辑稿》礼二〇之四四。
6 《三朝北盟会编》卷234，炎兴下帙一百三十四。
7 《鹤山集》卷30《缴奏奉使复命十事》。
8 《金陀续编》卷5。
9 《历代名臣奏议》卷239，章谊奏议。
10 《宋史》卷412《孟珙传》，第12374页。

南宋中期黄榦在汉阳军向朝廷报告"况湖右之地,皆五方杂处之民"[1],表明外来移民为当地人口主体部分。上述州军显然都是这样。

二 长江以南地区

长江以南地区包括今湖南全省和湖北的江南部分。

建炎三年,金军撤离潭州(治今湖南长沙),而在此前后"东北流移之人,相率渡江"[2],北方流民武装集团也纷纷进入江南。李纲向朝廷报告说:"荆湖南路,马友约六万余人,马数千匹,船数千只,见在潭州;李宏约一万余人,见在岳州(治今岳阳);曹成约十万余人,见在道州(治今道县);刘忠约一万余人,见在岳州平江、潭州浏阳界出没作过;胡元奭三千余人,见在茶陵界上;李冬至余党五千余人,见在郴(治今郴州)、连(治今广东连州)界上;荆湖北路杨华约一万余人,雷进约八千余人,刘超一万二千余人,见在鼎(后改名常德府,治今湖南常德)、澧州(治今澧县)界。已上约二十余万人,其余接境去处,千百为群,又不在此数。"[3] 上述各部,除李冬至(一作李冬至二)、杨华部外,均为北方流民武装集团。

绍兴初,这些武装集团被击溃或招安,青壮年收编为军,其余就地安家。原在湖南南部的王方部在被招安时有2万余人,到邵州(治今湖南邵阳)后"实管四千六百人";曹成部被招安时有7万余人,此后"实管一万六千余人"以及老小数万人;两部人数减少的原因是"老弱不堪之人并行措置,沿路放散",在湖南各地安家[4]。马友被李宏杀死后,部下数万人也散处江湖之间[5]。据说杨么起义时,散在湖南的"孔彦舟、马友、刘超、彭筠散亡之众尽入其党,以故人数众多"[6]。

由于荆襄和长江沿岸平原不安全,不少移民进入本地区的山区

---

1 《勉斋集》卷24《汉阳军条奏便民五事》。
2 《建炎以来系年要录》卷31,建炎四年正月甲午,第613页。
3 《梁溪集》卷66《具荆湖南北路已见利害奏状》。
4 《梁溪集》卷73《弹压遣发董旻降到王方、曹成人马经过衡州出界奏状》。
5 《梁溪集》卷72《乞正李宏擅杀马友典刑奏状》。
6 《梁溪集》卷73《乞发遣水军吴全等付本司招捉杨么奏状》。

或经此迁入岭南避难。宿州人吕好问、荆门人胡安国、开封人王蕃及其子、洛阳人陈与义曾在郴州、邵阳、永州(治今永州市零陵区)、道州等地住过,以后吕好问、陈与义再迁入岭南,胡安国和王蕃儿子王镇(王蕃死于途中)定居在湖南中部[1]。

北方移民以长江南岸诸府州最为集中。

鄂州(治今武汉市武昌)是接受移民最早最多的州。建炎三年,黄州的官吏军民渡江迁入鄂州[2]。次年八月,北方流民武装首领张用的妻子一丈青率所部2万余人至鄂州,接受招安[3]。此后,移民人数仍在继续增加,仅绍兴五年权江夏县吕大周便招集到2807户,而在任前县内仅有2753户,吕因之受到朝廷的嘉奖[4]。十一年,李兴率河南府军民万余人南迁,也进入鄂州[5]。移民不仅迁入治所所在地,也分散到下属各县,蒲圻县令刘旁因"招集流亡""户口岁增,田野日辟"得以连任[6],便是一证。

绍兴三十二年和理宗嘉熙元年前后都有一定数量的移民迁入鄂州,后一年份仅从移民中招收的雄淮义士便达3000人[7]。可以推测在绍兴和约以后的各阶段,都有一定数量的移民迁入。

鄂州还是南宋三大屯兵地之一,乾道二年朝廷定鄂州都统司统兵4.9万人[8]。鄂州和江陵府的驻军主要是岳飞的部下,由于长期驻屯,岳家军已成为鄂州人和江陵人[9]。如以每位军人有家属2人计,军人及其家属约15万人左右。

《大明一统志》于武昌府下引宋代《图册》说鄂州:"自往昔军兴,土民颇鲜存者,而西北避地者萃焉,东南趋利者辐焉,五方杂寓,家自为俗。"显见鄂州的居民主要自外地迁来。宁宗时期鄂州大约有人口20

---

1 参见吕祖谦:《东莱集》卷14《东莱公家传》;胡寅:《斐然集》卷20《悼亡别记》;周必大:《文忠集》卷77《王镇墓碣》;陈与义:《陈与义集》附《简斋年谱》,中华书局点校本。
2 《三朝北盟会编》卷133,炎兴下帙三十三。
3 《三朝北盟会编》卷141,下帙四十一。
4 《建炎以来系年要录》卷90,绍兴五年六月庚午,第1511页。
5 《建炎以来系年要录》卷140,绍兴十一年六月癸未,第2257页。
6 《宋会要辑稿》职官六〇之二九。
7 《宋会要辑稿》食货五八之一二;《寿昌乘·尺籍》。
8 《建炎以来朝野杂记》卷18《乾道内外大军数》,第262页。
9 陈傅良:《拟进札子》说:"岳家军者,今为鄂渚、江陵人矣。"载《历代名臣奏议》卷223。

万户[1],如以土著居民占十分之二,北方籍和东南籍移民各占十分之四计,估计北方籍人口大约有 8 万户 40 万人左右。

兴国军(治今湖北阳新)位于鄂州东南。绍兴二年,知军王绚和知永兴军陈升均因"措置招诱人户,耕垦闲田"有功获得提拔[2]。十五年,当地归业人户已达 7 000 余户[3],考虑到邻近的江西当时还不能输出移民,新增加的人口大部分来自北方。蒙古攻宋战争开始以后,江北人民大批迁往江南,一江之隔的兴国军是主要迁入地之一[4]。直到南宋末这里还有大批移民,董呆曾在富池镇上观察到流民颠沛流离的悲惨境遇[5]。

有关岳州的移民材料以嘉熙元年前后为多。来自京西南路的"流移军民布满境内"[6],朝廷要求岳州等府州予以招集赈恤[7]。

鼎州和澧州位于宋代自中原经襄阳、江陵和洞庭湖西北南下湖南和岭南的大道上,移民较多,故文献载:"西北士大夫遭靖康之难,多挈家南寓武陵(指鼎州)"[8]。这里也是孔彦舟部北方流民武装的主要活动地区,建炎四年该部占据鼎州,活动在包括澧州在内的洞庭湖西岸[9]。在钟相、杨么反宋地方武装中,不仅有孔彦舟、马友、刘超诸部的残兵败卒,也有"士大夫之避地者"[10]。

迁入鼎州还有来自蔡州(治今河南汝南)的军民。建炎四年,程昌寓率 3 000 名原驻在蔡州的军人进入鼎州。[11] 据载:"程吏部与竭城人民军兵南来"[12],如果将跟随迁移的家属和其他人民计算在内,当不下七八千人。绍兴二十九年,朝廷下令减去"鼎州程昌寓所增蔡州官兵

---

1 详第七章第二节。
2 《宋会要辑稿》食货六之一一。
3 《宋会要辑稿》食货六九之五八。
4 《宋史》卷 42《理宗纪》,第 812 页。
5 《庐山集》卷 4《富池镇上感怀》。
6 魏了翁:《鹤山集》卷 30《缴奏奉使复命十事》。
7 《宋史》卷 42《理宗纪》,第 812 页。
8 洪迈:《夷坚志》三志辛卷 4《武陵布龙帐》。
9 《三朝北盟会编》卷 137,炎兴下帙三十七。
10 熊克:《中兴小纪》卷 8,丛书集成初编本。
11 《中兴小记》卷 8。
12 岳珂:《金陀续编》卷 25《鼎澧逸民叙述杨么事迹一》。

衣粮钱四之一"[1],可见蔡州军民迁入后长期驻在鼎州,已成为当地居民。

淳熙三年(1176年)臣僚言:"今湖北唯鼎、澧地接湖南,垦田稍多"[2]。另外,鼎州龙阳县(约当今湖南汉寿县)"上下沚江乡村,民户无虑万家,比屋连檐,桑麻蔽野,稼穑连云,丁口数十万"[3]。这种状况和南宋初期鼎州一些县"民死十八九"[4],人口稀少恰成鲜明对比,新增加的人口只能主要来自移民。依据北方移民的迁入规模,估计应占南宋初期南北籍移民的半数以上。

一些移民还从鼎、澧两州溯沅水而上进入今湘西山区的沅州(治今湖南芷江)和辰州(治今沅陵),开封人万俟离便避难在湘西山区[5],分别居住在沅州黔阳和辰州的单路分和李晦更是移民的代表[6]。

潭州(治今湖南长沙)是湖南的首府,北方上层移民很多。欧阳守道说:"百年来,中原故家家长沙者颇多。"[7]据表10-4,州南部的衡山县是上层移民的重要聚居区,包括著名理学家胡安国父子在内的好几位列表移民便居住于此,大将刘锜则选择潭州的湘潭(今市)为定居地。南宋初期活动在潭州周围的北方流民武装甚多,也应有一些人定居于此。

衡州(治今湖南衡阳)曾被孔彦舟部占领50余天[8],曹成等部在衡州一带活动了较长时间[9]。由北方流民武装改编的宋军韩京部二三千人曾在茶陵、安仁两县屯田几年[10]。此外,建炎、绍兴之际西外宗正司也一度移往衡州[11]。由于具有这些有可能产生较多移民的条件,衡州的列表移民数字在洞庭湖以南各州仅次于潭州。

---

1 《宋史》卷31《高宗纪》。
2 《宋史》卷174《食货志》,第4218页。
3 岳珂:《金陀续编》卷26。
4 《中兴小纪》卷8。
5 《宋史》卷474《万俟离传》,第13769页。
6 张世南:《游宦纪闻》卷7,第58页;刘克庄:《后村集》卷7《哭李公晦二首》。
7 《巽斋文集》卷8《清溪刘武忠公诗集序》。
8 胡寅:《斐然集》卷11《论衡州修城札子》。
9 《斐然集》卷73《弹压遣发董旻降到王方、曹成人马经过衡州出界奏状》。
10 《建炎以来系年要录》卷68,绍兴三年九月壬戌,第1150页。
11 《建炎以来系年要录》卷46,绍兴元年七月壬申,第832页。

王方、曹成等部的老弱人员是在邵州（治今湖南邵阳）被"选拣"后放散的（见上），难免会有人居住于此。据谭其骧师对湖南之宝庆府（清代府名）和靖州、湘阴共七县的研究，南宋自北方迁入的氏族，新化县（宋代属邵州）和武冈县（宋代属武冈军）各有一族，迁自河南；靖州有三族，分别迁自江苏和山东[1]。永州和道州在建炎年间也有南迁的归正人[2]。此外，桂阳军（治今桂阳县）也留下了北方移民的踪迹（见表10-4）。

表10-4 靖康乱后南迁的北方移民实例（两湖部分）

姓 名	迁移时间	迁出地	今省	迁入地	资料来源	备 注
万绍之*				鄂州	全宋词4/2977	曾祖俟离曾居沅州
别湜*				鄂州	鹤山集85/	原籍北方
砚汝翌	靖康	颍州	安徽	鄂州	滋溪文稿7/	
王实	靖康	许昌	河南	鄂州咸宁	宋诗纪事补遗7/	
李兴	绍兴	王屋	河南	鄂州	三朝北盟会编206/	
李兴*				鄂州	登科录	原籍山西
李时发*				鄂州	同上	父兴
梁栋	金亡后	相州	河南	鄂州	至正金陵新志14/	
魏南寿*				鄂州蒲圻	黄文献集10/	祖某居袁州
肖氏	绍兴卅一年	金国	北方	鄂州武昌	宋会要辑稿1/786	
姬德	金末	泽州	山西	鄂州	滋溪文稿14/	前居襄阳
王质父亲	建炎	郓州	山东	兴国军	宋史395/12055	
王质	建炎	郓州	山东	兴国军	同上	父某
毕良史	建炎	上蔡	河南	兴国军	系年要录88/1472	
王元	金末	南阳	河南	襄阳府	元诗纪事33/748	
杨宏道	金末	淄川	山东	襄阳府	元诗纪事30/702	
韩若拙	建绍间	洛阳	河南	襄阳府	画史会要2/	
杜海	绍兴卅一年			河南	均州	文忠集78/

---

1 《湖南人由来考》，载《长水集》上册。
2 《宋会要辑稿》兵一五之一。

续 表

姓　名	迁移时间	迁出地	今省	迁入地	资料来源	备　注
杜某*				均州	同上	祖海
胥朝	建绍间	北方		均州	文忠集 78／	
李庭芝祖先	建绍间	开封	河南	德安府	宋史 421／12599	
李庭芝*				德安府	同上	祖某
砚汝翌	靖康	颍州	安徽	德安府应城	滋溪文稿 7／	前居鄠州
砚珍*				德安府应城	同上	父汝翌
吕文福祖先	南宋末	光州	河南	黄州	文宪集 19／	
孟安	建炎	绛州	山西	随州	宋史 412／12369	
孟林	建炎	绛州	山西	随州	宋史 403／12211	父安
孟宗政*				随州枣阳	同上	祖安
孟珙*				随州枣阳	宋史 412／12369	曾祖安
袁溉	建炎	汝阴	河南	江陵府	浪语集 31／	前居四川
孙皞	靖康	江陵府	湖北	江陵府松滋	鹤山集 79／	
孙堪*				江陵府松滋	同上	父皞
傅勉之*	河南府	河南		江陵府	登科录	
姬德	金末	泽州	山西	襄阳府	滋溪文稿 14／	后迁鄂州
张惟孝	端平	襄阳府	湖北	江陵府藕池	东南纪闻 1／（1）	
郭雍	建绍间	洛阳	河南	峡州长阳	水心文集 18／354	
万俟离	建炎	开封	河南	沅州	宋史 474／13769	
侯氏	建炎	开封	河南	沅州	同上	侯离妻
巿路分	建绍间	开封	河南	沅州	游宦纪闻 7／58	
王震	建炎	开封	河南	鼎州	斐然集 26／	
杜昉	建炎	密州	山东	鼎州	大明一统志 64／	
邢倞	靖康	郑州	河南	鼎州	同上	
邢绎*				鼎州	同上	父倞

续表

姓　名	迁移时间	迁出地	今省	迁入地	资料来源	备　注
邵宏渊	建炎	大名	河南	鼎州	同上	
师严	宋末	襄阳	湖北	鼎州	宋诗纪事78/1908	
程昌寓	建炎	顺昌	河南	鼎州	中兴小记8/	后迁饶州
董道隆	建炎	濮州	河南	鼎州	鹤山集80/	
李稙	靖康	泗州	江苏	潭州醴陵	宋史379/11702	
胡安国	建炎	荆门	湖北	潭州衡山	斐然集25/	
胡寅	建炎	荆门	湖北	潭州衡山	同上	父安国
胡宏	建炎	荆门	湖北	潭州衡山	同上	同上
胡大壮*				潭州衡山	后乐集12/	祖安国
胡宁	建炎	荆门	湖北	潭州衡山	宋元学案34/1182	父安国
侯寘	建炎	东武	山东	潭州	全宋词3/1424	
张邦昌	建炎	东光	河北	潭州	宋史475/13793	
贺允中	建炎	蔡州	河南	潭州	系年要录43/779	后迁台州
贾林	靖康	郓州	山东	潭州衡山	南轩集41/	
贾森	靖康	郓州	山东	潭州衡山	同上	
赵韦之	建炎		河南	潭州	宋史452/	
赵睦之	建炎		河南	潭州衡山	五峰集3/（2）	
赵师孟	建绍间		河南	潭州衡山	南轩集40/	
郑思恭	建炎	襄邑	河南	潭州衡山	南涧甲乙稿20/	
刘锜	建炎	德顺军	甘肃	潭州浏阳	巽斋文集8/	
薛氏	建炎	德顺军	甘肃	潭州浏阳	同上	刘锜妻
刘坦*				潭州浏阳	同上	曾祖锜
刘孝昌*				潭州衡山	宋元学案补遗20/	父君房迁入地不明
韩璜	建绍间	开封	河南	潭州衡山	全宋词2/984	
刘宗	建炎	北方		岳州华容	大明一统志62/	
韩希孟*				岳州	宋史460/13492	原籍河南
韩蕃	建炎	开封	河南	永州	文忠集77/	
王襄	建炎	南阳	河南	永州	宋史352/11127	
贾湇	建炎	开封	河南	永州	斐然集26/	

续表

姓　名	迁移时间	迁出地	今省	迁入地	资料来源	备注
滕康	建炎	应天府	河南	永州	宋名臣言行录别集上 3／（3）	
张氏	建炎	应天府	河南	永州	同上	滕妻
王镇	建炎	开封	河南	衡州	文忠集 77／	父蕃居永州
向沈	建炎	开封	河南	衡州	卢溪集 47／	
向子忞	建绍间	开封	河南	衡州	诚斋集 130／	
向潎	建绍间	开封	河南	衡州	同上	父子忞
向滈	建绍间	开封	河南	衡州	同上	父子忞
宋文仲	?	开封	河南	衡州	宋元学案 71／2387	
李椿	建炎	开封	河南	衡州	宋史 450／13253	
李大谦*				衡州	宋元学案补遗 34／	祖椿
李苪*				衡州	宋史 450／13253	曾祖椿
许玠*				衡州	宋诗纪事 56／1428	
折彦质	建炎	云中	山西	郴州	大明一统志 66／	
吴可	建炎	临汝	河南	桂阳军	四库全书总目·藏海居士集	
王子钦	靖康	北方	北方	桂阳军	鸿庆居士集 31／	
刘芮	建绍间	东平	山东	湘中	宋元学案 20／839	

说明：（1）不著撰人，四库全书本。（2）胡宏著，四库全书本。（3）李幼武著，四库全书本。

第三节

淮　南

此处所说的淮南，相当于今江苏、安徽二省的淮河以南、长江以北地区以及河南的东南部，南宋在这一带设淮南东路和淮南西路以及属于京西南路的信阳军。

在建炎三年（1129年）高宗南渡长江以前，淮南集聚了大量的南迁人民。由于金军的南下，这里成为宋金双方交战战场，大批进入淮南的北方人民继续南下，迁入比较安全的江南。例如，吕颐浩、张岩便是先居住在淮南而后再迁入江南的（见表10-5）。原居住在淮南的宗子在建炎三年底也迁到江南[1]。由于"虑人情猜忌，妄生事端"，有时朝廷也将原安置在淮南的归正人大批迁到江南，建炎四年五月便曾有过一次[2]。类似这种再迁移在南宋时期屡屡发生。此外，淮南的土著居民在金军南下时往往也大批渡过长江，迁入江南。叶适《安集两淮申省状》一文谈到开禧二年（1206年）金军南侵，说淮南人民20万户渡江，20万户退居山区[3]。准此比例，在每次金军大规模南侵时，可能都有一半左右的人民南渡，一半左右的人民留在当地。如果战乱为时不长，一部分南渡者仍会返回淮南，但如持续许多年，不少人便会留居江南不归。绍兴初大批宿迁人迁入楚州，到孝宗时尚有四五百家留在当地[4]，即是一个证明。

表10-5 靖康乱后南迁的北方移民实例（淮南部分）

姓　名	迁移时间	迁出地	今省	迁入地	资料来源	备注
王绹	靖康	安阳	河南	无为军	文忠集29/	
王三乙	建绍间	开封	河南	扬州	东江家藏集31/	
吕颐浩	靖康	乐陵	山东	扬州	景定建康志48/	后迁台州
张岩	建绍间	开封	河南	扬州	宋史396/12080	后迁湖州
罗竦	建绍间	开封	河南	扬州	晦庵集82/	
罗靖	建绍间	开封	河南	扬州	宋元学案27/1020	
司马述*				泰州	宋元学案补遗77/	
李全	嘉定十一年		山东	楚州	宋史476/13820	
汤克昭祖先	靖康	郓州	山东	楚州	至顺镇江志19/	
赵立	建炎	徐州	江苏	楚州	系年要录30/593	

---

1 《建炎以来系年要录》卷30，建炎三年十二月甲午，第590页。
2 《建炎以来系年要录》卷33，建炎四年五月甲辰，第640页。
3 《叶适集·水心文集》卷2，第10页。
4 《叶适集·水心文集》卷18，第343页。

续表

姓　名	迁移时间	迁出地	今省	迁入地	资料来源	备　注
魏胜	建绍间	宿迁	江苏	楚州	宋史 368 / 11461	
魏效	建绍间	宿迁	江苏	楚州	宋史 368 / 11462	父胜
吕氏	靖康	新乡	河南	安丰军	卢溪集 45 /	
周贞祖先	建绍间	开封	河南	真州	宋诗纪事 58 / 1464	
秦玉祖先	绍兴	盐城	江苏	通州崇明	东维子集 25 /	
瞿嗣兴祖先	?		河南	通州海门	文宪集 24 /	
时青	嘉定十一年	滕阳	山东	盱眙军	金史 117 / 2565	
密佑*				庐州	宋史 451 / 13271	原籍山东
张镒	建绍间	北方		滁州	图绘宝鉴 4 /	
李釜	建炎	大名	河北	高邮军	系年要录 1 / 407	

绍兴初大批宿迁人迁入楚州，到孝宗时尚有四五百家留在当地[1]，即是一个证明。

绍兴十一年（1141年）宋金和约签订以后，淮南享受了近20年的和平局面，在隆兴和约和嘉定和约签订以后又分别享受了40年左右和十余年的和平局面。而且，在绍兴和约签订到蒙古攻宋战争开始以前这漫长的时间中，南北战争持续时间都不长，战争时期迁入的移民的相当一部分战后都能够在淮南定居下来，发展生产繁衍后代。因此，在此期间迁入的北方人口往往成为淮南的移民。

文献载："两淮田亩荒芜，愿耕之民多非土著。"[2] 至迟到孝宗时期（1163—1189年），北方籍人口已在淮南人口中占有相当的比例。仲并说淮南："锄耰耘耤皆侨寄之农夫，介胄兵戈皆乌合之士卒。"[3] 陈造说淮南："风俗纯质，土物有中原气。近者南北杂处，渐不如旧。"[4] 又说高邮军："俗淳朴，异他邑。自顷南北杂处，其习龙戾夸竞陵暴，尤嚣于田讼，不复承平之旧。"[5] 陈造生活在淳熙前后，所说"近

---

1 《叶适集·水心文集》卷18《钱之望墓志铭》，第343页。
2 《宋会要辑稿》食货六之二○。
3 《浮山集》卷4《蕲州任满陛对札子》。
4 《江湖长翁文集》卷27《上王参政札子》。
5 《江湖长翁文集》卷21《孙宰轩亭记》。

者南北杂处"之"南"指乾道以来南方人口大批迁入淮南(参见第七章第一节),之"北"即此前已经迁入的北方移民及其后裔。估计在乾道以前,淮南人口以北方移民为主,此后南、北籍移民各居相当比例。

南宋后期,由于蒙古(元)军队攻宋的主战场在四川和襄阳一带,淮南战事稍少,大批移民迁入淮南并定居下来。南宋末淮南东、西两路人口分别比嘉定十六年(1227年)增加326%和135%,年平均增长率达28.3‰和16.6‰,而同期江淮七路年平均增长率为-0.6‰(分别见附表2和附表4)。"如果没有外来移民,即使在经济迅速发展的繁荣时期也不可能出现这样高的增长率。"[1]此外,南宋末淮南东、西两路的户均口数分别为2.00和1.99,而嘉定十六年分别为3.17和3.57[2]。葛剑雄先生以为:"合理的解释是,这二路新增加的户口中大多是户均口数很低或赋税对象'丁'极少的户,因而户数大量增加,'口数'却没有同步提高。这一类户显然正是避难的老弱妇孺和有成员死亡失散的不完整家庭。"[3]换言之,这些人极可能是新近迁入淮南的北方移民。魏了翁说淮南:"民夷杂居,客主不敌"[4],据此及扬州等地情况(详下),南宋后期新从北方迁入的移民已部分取代原来的北方和南方籍的人口,在人口中占了较大的比重。

扬州、庐州(治今安徽合肥)和楚州(治今江苏淮安)是本区北方移民的主要集聚中心。

建炎三年(1129年)在扬州集聚了大量的北方移民,高宗和隆祐太后都在此停留过一段时间。高宗南渡以后,金军进入扬州,"官吏军民死者数十万"[5]。此后北方人民迁入,人口数量缓慢恢复,开封人王三乙、罗𫗪、罗靖便是在绍兴期间迁居扬州的(见表10-5)。此后移民仍继续迁入。孝宗隆兴元年(1163年),知扬州向子固因"招集流移"

---

[1] 葛剑雄:《中国人口发展史》,福建人民出版社1991年版,第215页。
[2] 据《文献通考》卷11和《元史·世祖本纪》,淮南东、西两路口数分别为:嘉定十六年,404 261与779 612;南宋末,1 083 217与1 021 349。户数请见附表3。
[3] 葛剑雄:《中国人口发展史》,第215页。
[4] 《鹤山集》卷16《直前奏事札子二》。
[5] 《三朝北盟会编》卷120,炎兴下帙二十。

升官[1];归正人蒲察徒穆、大周仁等人前来这一带屯泊并垦种[2]。淳熙二年(1175年),徐子寅在扬、楚、泰等五州军招归正人近7 000人垦田[3]。宁宗嘉定元年(1208年),淮南饥民数千家流入扬州[4]。理宗时期迁入扬州的移民人数大增,开庆元年(1259年)于平山堂外筑城,便募得"汴(开封)南流民二万人以实之"[5]。时人魏了翁分析扬州的人口构成:"今降附之人,居其太半。"[6]可见南宋末年新迁入的北方移民已在当地人口中占相当比重。

建炎四年,张用率领的北方流民武装集团占领舒州(治今安徽潜山),并向庐州发展。由于"张用立大旗招诱,山东、河北士庶失业弃业人多归之"[7],庐州和舒州成为移民集中的地区。绍兴三年,淮西安抚使胡舜陟在庐州行仁政,"流民稍稍自归"[8],其中应有一部分是北方移民。绍兴八年,知庐州刘锜说:"淮北归正者不绝",估计当年可召纳四五万人[9]。乾道元年知州赵善俊先后招集到流移居民577户,安置在当地[10],表明在孝宗以后的各阶段都有移民迁入。

楚州接近北方,是山东移民进入淮南的第一站。绍兴年间,韩世忠自淮阳撤军,宿迁县人民随之迁入楚州[11]。隆兴元年(1163年),"楚州并涟水军接海州界,多淮北及山东庄农,将带老幼或牛具散在沿淮",朝廷要求当地招诱[12],应有相当数量的移民迁入。据钱之望报告,淳熙十三年(1186年)楚州管下归正人屯垦的庄田有35庄[13]。楚州是南宋的边防前线,乾道九年朝廷规定驻1.1万人[14],连家属当有二三万人左右。

---

1 《宋会要辑稿》选举三四之一二。
2 《宋会要辑稿》食货六一之五〇。
3 《宋会要辑稿》食货六一之三五。
4 《宋史》卷67《五行志》,第1467页。
5 《宋史》卷421《李庭芝传》,第12600页。
6 《鹤山集》卷19《被诏除礼部尚书内引奏事第四札》。
7 《三朝北盟会编》卷140,炎兴下帙四十。
8 《建炎以来系年要录》卷63,绍兴三年二月庚申,第1078页。
9 《宋史》卷360《赵鼎传》,第11292页。
10 《宋会要辑稿》食货六九之六四。
11 《叶适集·水心文集》卷18《钱之望墓志铭》,第343页。
12 《宋会要辑稿》食货六九之六一。
13 《宋会要辑稿》兵一六之八,第7032页。
14 《建炎以来朝野杂记》卷18《乾道内外大军数》,第262页。

嘉定末年,由于李全等山东反金武装迁入,楚州的北方移民数量日增。据叶适观察,汇聚州内的山东忠义人达到10万人[1]。数年后反金武装多叛变北去,但应有少数人留居于此。

除扬、庐、楚三州外,其他府州也迁入相当多的移民。

光州(治今河南潢川)、安丰军(后一度改称寿春府,治今安徽寿县)、濠州(治今凤阳东北)和盱眙军(曾称泗州,治今江苏盱眙)均与北方政权隔淮河相望,一旦南北处于战争状态,南迁的北方移民首先进入上述州军。南宋初年,盱眙军豪强刘位在扰攘之际,"聚集乡民,保守乡井,西北衣冠与细民多依之"[2],所在地成为北方移民的一个集结中心;另外,张用、马友、曹成、李宏诸部流民武装都曾屯驻光州一二年时间[3]。虽然移民大多继续向南迁移,但仍有一些人留居诸州军。绍兴三十二年,金顺昌府知府孟昭率部下投宋,被安置在光州[4];同年,右迪功郎卢仲贤招集到归正人10752人,安排在濠州耕种[5];都是其中的例子。

如前所述,建炎年间舒州曾为张用占据并成为招集北方移民的中心。绍兴五年知州武纠因"招辑流亡,经理郡事,备见有方"获得升迁[6];乾道五年怀宁、桐城二县的知县由于"招徕安集"有功也获得奖励[7];都说明迁入的移民不少。其东面的无为军(治今安徽无为)、和州(治今和县)、滁州和真州(治今江苏仪征)也有一定数量的北方移民。建炎年间无为军"鞠为盗区",人口剧减,"老稚几无噍类"[8]。此后移民迁入,人口开始增长,到绍兴十五年"流徙之民"已"渐复归业"[9]。绍兴末年,因金军南侵人口再次流失[10]。战后除一些居民返回外,北方移民又开始迁入,巢县柘皋庄原由军队垦种的官田便是在乾

---

1 《叶适集·水心文集》卷16《后总》,第846页。
2 《建炎以来系年要录》卷29,建炎三年十一月乙巳朔,第569页。
3 《建炎以来系年要录》卷25,建炎三年七月甲午,第512页。
4 《建炎以来系年要录》卷199,绍兴三十二年五月乙卯,第3373页。
5 《建炎以来系年要录》卷198,绍兴三十二年三月戊申,第3345页。
6 《建炎以来系年要录》卷90,绍兴五年六月乙丑,第1508页。
7 《宋会要辑稿》职官六〇之三四。
8 周紫芝:《太仓稊米集》卷60《振民堂记》。
9 《宋会要辑稿》食货六九之五八。
10 《三朝北盟会编》卷238,炎兴下帙一百三十八。

道六年改由归正人耕种的[1]。和州是南宋宗室成员的居住地之一[2],也是归正人的安置地,乾道六年仅在下马监一庄耕种的归正人便有76户约三四百人[3]。元代人孔齐说,滁阳(即滁州)、仪真(属真州)和舒州之舒城为"淮南之可居者","盖取其风土之近中原者厚也,接江南者浇也"[4]。此三地靠近江南,反被认为是风土近中原者,反映了北方移民对当地社会风气的影响。

高邮军(治今江苏高邮)位于扬州的北面,是移民经运河南迁的必经之地。南宋初曾多次为北方流民武装集团占据[5]。绍兴二十一年(1151年)当地组织义兵,招集到900余人,均是"东北强壮义勇堪披带之人"即来自山东、河北的青壮年,并都有全家老小同时迁入[6]。隆兴二年(1164年),权发遣高邮军宋肇侯因"安集流移,究心民事"有成绩,得以连任[7]。

通州(治今江苏南通市)和泰州虽然位于淮南东南角,并非南迁的必经之地,仍有很多北方移民。绍兴十八年臣僚言:"比年以来,迁徙之民,怀土归业者众,淮甸间如通、泰等州号为就绪"[8],即是一证。理宗开庆元年,位于淮河北岸的涟水等三个城镇的人民均被宋军迁到通、泰二州[9]。

第四节

岭　南

此处所说的岭南指今广东、广西和海南三省区,南宋分属广南东

---

[1] 佚名:《宋史全文》卷25上。
[2] 《宋史》卷454《赵时赏传》。
[3] 《宋会要辑稿》兵一五之二三。
[4] 《至正直记》卷2《淮南可居》。
[5] 见《三朝北盟会编》卷141,炎兴下帙四十一;《建炎以来系年要录》卷20,建炎三年二月癸酉,第407页。
[6] 《宋会要辑稿》兵一之二〇。
[7] 《宋会要辑稿》职官六〇之三三。
[8] 《宋会要辑稿》食货一一之一八,第5001页。
[9] 《宋史》卷421《李庭芝传》,第12600页。

路、广南西路以及荆湖南路的全州。

一 概说

建炎和绍兴初年,由于不是金军和北方流民武装集团作战区域,岭南成为南方的安全地区。庄绰说:"自中原遭胡虏之祸,民人死于兵革水火疾饥坠压寒暑力役者,盖已不可胜计,而避地二广者,幸获安居。"[1]陈与义、朱敦儒、朱胜非、胡安国和自北方退入江南的宗子都在金军侵入江南之后迁入岭南,时内、外宗正司分寓广州、泉州和潮州,广、潮便位于本区[2]。

其实,这些人不过是迁入岭南避难的北方人的极少一部分。史载:"时江北士大夫,多避地岭南者"[3];"时中原士大夫避难者,多在岭南",甚至广西与少数民族居住区相接壤的沿边 13 州也有[4]。建炎四年(1230 年),李纲自海南流放回来,自广西入广东,作《江行即事八首》,提到"衣冠避地成侨寓,风月留人长往还"[5],显然是针对沿途所见有感而发。

除了入广避难的士大夫和民众有可能定居于此,在广东路北部的连州(治今广东今市)被岳飞军击溃的曹成部流民武装也有人可能定居于此。绍兴初,曹成部拥众 10 万,在连州 2 万溃卒降于岳飞[6]。

但是,北方避难人民云集岭南这种状况并没有持续很长时间。在绍兴五、六年左右随着江南社会秩序重新稳定,避难的人民复大批迁回江南。表 10-6 列举迁入岭南的始迁者 33 位,19 位在岭南居住几年后重新外迁,占 58%,另 3 位(李邦彦、吴敏、蔡絛)是在迁入岭南不久后死去,长期居住于此的移民不多。当然,此表只反映上层移民的

---

[1] 《鸡肋编》卷中,第 64 页。
[2] 据陈与义:《陈与义集》附《简斋先生年谱》;周必大:《文忠集》卷 177《朱敦儒出处》;胡寅:《斐然集》卷 15《再论朱胜非》;《建炎以来系年要录》卷 48,绍兴元年十月壬申,第 861 页。
[3] 《建炎以来系年要录》卷 56,绍兴二年七月甲申,第 986 页。
[4] 《建炎以来系年要录》卷 63,绍兴三年三月癸未,第 1084 页。
[5] 载《梁溪集》卷 25。
[6] 岳珂:《金陀粹编》卷 5。

状况,但毕竟能看出一般趋势。岭南列表移民44人,在各区域中仅高于两淮,多24人,但如将后再迁者扣除仅多5人。考虑到文献所载的两淮移民规模,两淮的实际移民数量必定大大多于岭南。

宋元文献关于岭南北方移民的记载甚少,为此笔者在制作"靖康乱后南迁的北方移民实例"表岭南部分时,不得不取材于其他地区很少用的清人著作,据此也可以看出岭南的移民数量不可能很多,上层人物尤其少。

在南宋士大夫的眼中,岭南是不甚适宜居住的地区,不仅因为这里是经济文化相当落后的蛮荒之地,而且在此也不易取得功名。直到南宋后期,刘克庄还说:"国家忧顾在西北,功名机会在西北,天下士不游广陵谒陈登,适荆依刘表,则入蜀客严武。……若岭峤偏远,无进取蹊径,世以为雾潦炎热之地。士或南辕,亲友谏止;不可止,则握手郑重,以尊生为足;不相知者至有息阴止渴之疑。"[1] 甚至在元代,人们还认为:"方今庾岭南,谈者以为偏且远,风气异中州,仕者不欲往,往者又欲不久居。"[2] 因此,如非出于无奈,士大夫一般都不愿居住在岭南。归正官也不例外,南宋的大部分府州都有归正官居住,唯独岭南例外,原因是他们不愿意去[3]。迁自北方的平民百姓基于相似的理由,同样不愿迁往岭南。何况岭北土地开发未尽,湖南一带还可容纳大量人口,何必要迁入被人视为"雾潦炎热之地"的岭南。

毫无疑问,岭南北方移民的绝对数量要远远少于其他区域,但由于地广人稀,移民在一些地区人口中所占的比重不可小看,而且在绍兴末年以后仍有移民迁入。孝宗乾道元年(1165年),周必大曾为"湖湘之民方避地"进入广东作过一首诗[4]。次年,原融州通判唐孝颖谈广南考试情况时,提到寄居在岭南的"西北流寓人"[5]。一般说来,绍兴二十六年(1156年)北方流寓均已入籍,此后所说的"西北流寓人"往往指新迁入的北方移民。因此,绍兴末金海陵王南侵时期也有一定

---

1 《后村集》卷96《送卓渔之罗浮》。
2 徐明善:《芳谷集》卷上《送郑大使之广东序》,四库全书本。
3 《宋会要辑稿》兵一五之一三。
4 《文忠集》卷3《次韵广东芮漕》。
5 《宋会要辑稿》选举二六之四。

数量的北方移民进入岭南。此外,南宋末年也有一批移民随二王迁入岭南(详见第六章第二节)。光宗绍熙二年(1191年),朝廷要求各地宗子清理不规范的姓名,限四川和岭南的宗子在一年内清理完毕[1],可见本区也是宗室的分布地之一。

迁入岭南的北方移民,还包括驻守当地的军人和流放于此的谪官及罪人。

绍兴三年七月,由于广东盗贼作乱,朝廷令岳飞部差官兵3 000人并家小前去广州驻守[2],如以每位军人有家属2人计,军人及家属约有万余人。这支由韩京率领的军队称为摧锋军,以后基本驻在广东[3]。广西的军人相当一部分也来自北方,如隆兴元年(1163年)全州(治广西今县)军士骚乱,知州王次张"密召邓州一二以为腹心,从容治事如常事",遂得以平叛[4]。

军人及其家属是宋代岭南外来移民的重要部分,北宋平定侬智高后留居邕州(治今广西南宁)的军人1 500人便对当地产生很大影响,《大明一统志》引元代方志甚至说"今邕人皆其种类,故语言类襄汉"。南宋进驻的军队无疑也会对驻地产生一定的影响。

岭南和江南地区距离较远,交通不便,一些小官携家属到岭南赴任,官员死后家属往往无力北返。韩黶任官于德庆府(治今广东德庆),韩死后"其子少而故乡(指开封)未能归",地方长官为之在番禺(今广州)买地安居[5]。庆元五年(1199年),广东提刑陈晔说:广东14州自北面前来任职的小官,因"贪于近阙,挈累远来,死于瘴疠者时时有之,孥累贫不能还乡,遂至狼狈";陈于当地建房置田,使之定居下来[6]。可见因无力北返而留居岭南的官员家属并非个别。岭南是南宋流放谪官的主要地区,流官一般都携家前往,也应有一些流官家属在流官死后无力北返而留居两广。这两类人中,都有一些北方移民及

---

1 《宋会要辑稿》帝系七之一二。
2 《宋会要辑稿》兵五之一七。
3 见《建炎以来朝野杂记》甲集卷18《殿前司摧锋军》;《宋史》卷406《崔与之传》。
4 楼钥:《南涧甲乙稿》卷21《王公墓志铭》。
5 洪适:《盘洲文集》卷75《韩承议墓志铭》。
6 《宋会要辑稿》食货六〇之一。

其后裔。

二　广西路

北方移民进入湖南以后,有的溯湘水而上进入广西路。一些州的移民数量相当可观,已在当地留下影响。郁林州即是这样的一个地方。蔡絛曾自江南流放于此,他回顾说:"岭右顷俗淳物贱。吾以靖康丙午岁迁博白(属郁林州,治今县),时虎未始伤人,村落间独窃人家羊豕……十年以后北方流寓者日益众,风声日益变,加百物涌贵,而虎渐伤人。今则与内地无殊,啖人略不遗毛发。"[1] 由于移民迁入当地人口密度提高,已影响到虎的习性。绍兴十四年,高登流放容州(治今容县),次年与一些人士一起赋《深衣铭》诗,座中共有14人,其中2人分别来自河北大名和淮南的黄州[2]。《舆地纪胜》卷104载:"容介桂、广间,盖粤徼也。渡江以来,北客避地留家者众,俗化一变,今衣冠礼度并同中州。"移民已对当地风俗造成了影响。

《大明一统志》卷84引《宜阳志》说:宜州(治广西今市)"莫氏据其控扼,宋赐爵命,遂成市邑,居民颇驯,言语无异中州";引《苍梧志》说:梧州"乐音闲美,有京洛遗风"。这些现象可能都和北方移民有关。

一些移民还渡过琼州海峡进入今海南省。绍兴年间李光谪居全岛最西端的昌化军(治今海南临高西南),说当地:"近年风俗稍变,盖中原士人谪居者相踵,故家知教子,士风渐盛。"[3] 此"中原"并非就是北方,但谪居者有北方人应无问题。明人丘濬说海南岛的一些故家来自中原:"其散在四州者,琼为多。琼属邑文昌大族可数者五六家,邢其一也。邢之先自汴来,盖在宋南渡初,至今子孙繁衍,散居邑中者殆居他姓什三四焉。"[4]

1　《铁围山丛谈》卷6,第115页。
2　高登:《东溪集》卷下,丛书集成初编本。
3　《庄简集》卷16《儋耳庙碑》,四库全书本。
4　《重编琼台稿》卷10《文昌邢氏谱系序》,四库全书本。

三　广东路

明人叶盛说:"东广人言其地有宋坟无唐坟,盖自宋南渡后衣冠家多流落至此,始变其族事丧葬也。"[1] 可见在明代人看来,南宋时广东有一定数量的北方移民。

广州不仅是广南东路的首府,也是宋代重要的外贸港口,因此北方移民较多,在表10-6中无论移民总数还是始迁者人数都高于其他府州。南宋初期内、外宗正司曾分寓广州和潮州,后虽然北迁江南,但在二地都留下少数人,加上原在岭北后再迁广东的一些宗子,因此两州在表中都有宗子,广州的宗子分布在南海、番禺、东莞、香山诸县。据《大德南海志》卷9所载的进士题名,南宋时广州进士共101名,宗室有13名,占了八分之一左右。此外,在广州参加科举考试的流寓士人(其中部分为移民)也有一定数量,宁宗时广州知州陈岘便曾"奏增流寓解额以收寒士",又"重修延恩馆处士族之落南者"[2]。如果将已经落籍广州和军队中的北方移民也计算在内,移民可能在当地人口中占一定的比例。

表10-6　靖康乱后南迁的北方移民实例(岭南部分)

姓　名	迁移时间	迁出地	今省	迁入地	资　料　来　源	备　注
朱敦儒	建炎	洛阳	河南	南雄州	宋诗纪事44/1131	后迁秀州
朱胜非母亲	建炎	商丘	河南	宾州	斐然集15/	后迁湖州
李邦彦	建炎	怀州	河南	浔州	宰辅编年14/896	
赵子崧	建炎		河南	浔州	大明一统志85/	
吴敏	靖康	真州	江苏	柳州	宋史352/11124	
折彦质	建炎	河东	山西	柳州	舆地纪胜112/	后迁信州
曾幾	建炎		河南	柳州	东莱诗集·后序(1)	后迁江西
王安中	建炎		山西	柳州	舆地纪胜112/	后迁福建

1　《水东日记》卷14,四库全书本。
2　真德秀:《西山文集》卷44《陈公墓志铭》。

续　表

姓　名	迁移时间	迁出地	今省	迁入地	资　料　来　源	备　注
尚用之	建绍间	扬州	江苏	静江府	诚斋集 99／	
程佑之	绍兴	河南府	河南	静江府	大明一统志 83／	
张松卿	建绍间	邢州	河北	静江府	诚斋集 41／	
张松卿母亲	建绍间	邢州	河北	静江府	同上	
胡安国	建炎	荆门	湖北	全州	斐然集 20／	后迁潭州
姚古	靖康	五原	甘肃	广州	宋史 349／11061	
陈与义	建炎	洛阳	河南	广州	广州人物传 24／（2）	后迁江南
赵汝浴*				广州	宋东莞遗民录 1／	祖不矞居福建
赵崇䄂*				广州	东莞同上	曾祖不矞居福建
赵必璩*				广州	东莞同上	四代祖不矞
赵善璙*				广州	宋诗纪事 85／2053	原籍河南
赵东山*				广州	宋东莞遗民录上／	原籍河南
赵时清*				广州东莞	同上	原籍河南
赵崇垓*				广州南海	大德南海志 9／	原籍河南
刘宗曾祖父	靖康	濮州	山东	广州东莞	宋东莞遗民录下／	前居建康
傅自得	建炎	济源	河南	广州	晦庵集 98／	后迁泉州
傅自得母亲	建炎	济源	河南	广州	同上	同上
刘德祖先	建绍间	真定	河北	广州四会	广州人物传 11／	
赵若举*				广州香山	嘉靖香山县志 6／	原籍河南
赵时鈇*				广州番禺	同上	同上
赵夐夫*				潮州海阳	登科录	原籍河南
赵仲温	建炎	河南	广西		系年要录 79／1292	后迁临安府
怀州人某	建绍间		河南	广西	可斋杂稿 23／	
李龟朋	建炎	长安	陕西	岭南	攻媿集 52／	后迁台州

续 表

姓 名	迁移时间	迁出地	今省	迁入地	资料来源	备 注
李龟朋父亲	建炎	长安	陕西	岭南	同上	同上
马扩	建炎		河北	融州	系年要录 49/876	后迁江南
张端义*				韶州	贵耳集上/	
赵珪	建炎	河南府	河南㊉	林州	系年要录 91/1525	后迁江南
蔡絛	靖康	开封	河南㊉	林州	铁围山丛谈点校说明	
颜博文	建炎	德州	山东	贺州	宋诗纪事 42/1082	
欧阳德儒	建绍间		河南	连州	攻媿集 52/	
王禀儿子	建炎		北方	贵州	宋会要辑稿 6/5897	后迁江南
王禀儿子	建炎		北方	贵州	同上	同上
王禀儿子	建炎		北方	贵州	同上	同上

说明：(1) 吕本中著，四部丛刊本。(2) 黄佐著，丛书集成初编本。

广州及其附近的珠江三角洲是移民在广东的主要分布区。表 10-6 所列广东有北方移民的州县：南雄州（治今广东南雄）、海阳、连州、广州、东莞、南海、番禺、四会、香山（今中山），除南雄州、海阳与连州外，均位于珠江三角洲。本书第六章第二节曾对有关南雄珠玑巷的移民资料进行了比较详尽的分析，指出其中的合理性，并认为在两宋之际和南宋末迁入广东的氏族最多。此节所附《广府系移民实例》和《广东客家系移民实例》，记载了 20 个当代氏族的祖先于宋代自北方迁入广东情况。各氏族的迁入地是：南雄 8 族（陈氏 2 族，关、何、霍、雷、伍、程氏各 1 族），东莞 2 族（房氏、刘氏），南海 1 族（梁氏），四会 1 族（刘氏），新会 1 族（伍氏），广州 4 族（赵氏 2 族、苏氏和伍氏各 1 族），英德 1 族（赵氏），香山 1 族（赵氏），程乡 1 族（王氏）。除南雄 8 族和程乡 1 族，11 族（占总数的 55%）分布在今珠江三角洲及其周围。如果考虑到南雄是广府系移民的迁移中转地，8 族迁入后经此再迁广州及其周围，则除程乡 1 族外各族均分布在珠江三角洲。

第五节

小　结

综合第九章和第十章所述,靖康乱后北方人民的南迁分布范围极其广泛,分布密度很高。可以说,南宋绝大部分府州军的大部分县份都有数量不等的北方移民,相当多的府州军在各个移民阶段都有移民迁入。

但由于距移民迁出地远近、经济文化发展程度和战争影响等方面的原因,各地域的移民数量存在较大差别。简言之,江南最多,江西、两湖、淮南、四川和福建次之,岭南最少。如以移民分布的稀密状况和在当地人口中所占比重来划分,移民的空间分布可分为三个层次(参见图10-1):

(一)密集型。今白龙江秦岭淮河以南,大巴山和长江南岸平原以北都属于移民的密集分布区。以地区分,包括今甘肃南部、陕西南部、湖北(不含恩施地区)、安徽与江苏二省的淮河以南长江以北部分、以杭州、南京、苏州为中心的长江三角洲地区。在这一区域,北方移民及其后裔已在相当一部分府州中成了人口的主体部分。

(二)点状型。即同一区域中一些府州有较多的移民,一些府州则移民较少,因而未能密集成片而呈点状分布。包括今四川剑阁一巴中一线以北的南宋利州路南部,湖南的洞庭湖平原和湘江中游地区,江西和福建二省。在少数府州,移民在人口中占了相当的比重。

(三)稀疏型。即全区域移民总数不算多,因此虽然大多数府州都有分布,但各府州,移民人数并不多,除了极个别的府州,移民都未能对当地人口构成产生影响。此区域在点状型分布区之南。

靖康之乱以后的北方人口南迁是我国历史上三次北方人口南迁高潮的最后一次。此后,我国人口迁移的总趋势是南方人民北迁

图 10-1 靖康乱后南迁的北方移民分布

(迁入北方战乱以后人口剧减的区域)和内地汉族人民向边疆迁移,除了明代北方人民迁入荆襄山区和太平天国事件以后淮南人民迁入长江三角洲等局部地区以外,再也没有发生过大规模的北方人口南迁。因此,我国当代人口群体的分布与此次人口南迁有着直接的关系。

近年来,一些科学工作者调查了我国 24 个民族、74 个群体的免疫球蛋白同种异型 gm、km 分布,测定了 9 560 例个体的 gm 因子,根据 gm 单体型频率计算遗传距离并绘制了系统树,得出了中华民族起源于古代两个不同群体的假说。这两个群体大致以北纬 30 度为界,其北属于北方型,其南属于南方型,双方的gm表型的分布明显不同。而且,居住在北方的汉族和北方的少数民族在同一个集群,居住在南方的汉族和南方的少数民族在同一个集群,南方和北方汉族的差异远远大过汉族和当地少数民族的差异,原因是南方和北方两大集群的起源地不一样[1]。

由于抽查样本仍不够多,论述简略,此文未能涉及同一地域内部的差异,界线的划分在一些地方可能会有所出入,此外也未能说明两大区域的过渡情况。但是,此文结论是在大范围对近万人抽查基础上研究得出的,仅就南方的抽查范围而言已包括全部省市区的41个县市,这些县市的空间分布总的说来比较合理,因此此文具有一定的科学性,至少可以用以说明较大区域的人群差异。

北纬30度线约经过今浙江杭州以南、安徽皖南的北部、赣皖二省间和湖北的长江以及四川的中部。如果除去皖南的北部和四川的北部[2],与本文的移民密集分布区大体一致。这并非偶然,因为今日的人口分布是历史上一次又一次人口迁移的结果。史学界一般认为,远古时期长江以南的广大地区是越人活动区域,以后随着北方移民的不断南下,越人区域缩小。今天长江南岸地区的人民之所以同于北方汉族而不是同于南方汉族,恰好说明这里是南迁汉人的主要分布区,历史上南迁的北方移民南迁时在当地人口中占了优势,而其南地区虽然也有相当数量的移民进入,但数量上无法与江南相比,尤其是迁入时均未能占当地人口的多数。这种分布格局显然是在南宋时期最后奠定的,它充分说明了靖康之乱以后北方人口南迁对我国现代人群分布的巨大影响,也印证了本卷关于北方移民分布的研究是大体正确的。

如果我们自长江以南向南行进,可以发现无论在人的外表特征、语言、生活习俗诸方面,均存在着明显的地域差异,愈往南,差异愈大。在外表特征方面,以福建人、岭南人和其他地区人的差别最为明显。

---

1 赵桐茂、陈琦等:《中国人免疫球蛋白同种异形的研究:中华民族起源的一个假说》,《遗传学报》第18卷第2期,1991年。
2 皖南的北部在南宋时北方移民未能在当地人口中占优势,此后并无大批北方人口迁入。四川北部南宋时北方人口较多,但未在人口中占优势,宋元之际当地人口剧减,今人口主要是明清时代迁入的湖北、陕西籍移民的后裔。

笔者认为,这种状况的形成与北方移民迁入时在各地人口中所占比重有重要关系,所占比重越大,影响越深,与北方人群的相似性也大一些。闽、广二区域人民的外表特征之所以差别较大,原因即在于与南方北部人民在来源上存在重大区别。根据南宋情况,可以推测历来南迁的北方人口都未能在闽、广人口中占多数,因此未能根本改变越人的外表特征。

第十一章

靖康乱后北方人口的南迁：移民数量、迁移路线和入籍过程

除了迁移过程和移民分布以外，移民的数量、迁移路线、迁出地和入籍也是靖康乱后北方移民南迁研究所要解决的问题。

第一节

移民数量估计

要准确估计移民数量是困难的，但如缺少适当的估计也不易看出移民的规模。因此，笔者拟对规模最大的移民阶段靖康之乱时期的移民人数做个估计。

如第八、九、十章所述，南宋初期，因金兵南下、流民武装集团作乱等原因，江淮和长江以南各路以及四川北部的土著人口损失相当严重。在绍兴和约签订前后，湖南、江东、江西、两浙等路人口数量基本

恢复到战前水平；淮南东、淮南西、湖北、京西南和利州等五路，原先"长途莽莽，杳无居民"，"户口无已"的状况[1]，也开始得到初步改变（详见第十三章第一节）。由于没有文献证明当时南方其他地区有大批移民迁入，北方移民迁入是南宋初期上述区域人口恢复的主要原因。

两浙路在建炎三年（1129年）有户212.2万[2]。战乱时临安、平江两府人口约减少24万户（据第九章第一节数字推算）。孙觌说："浙西七州，盗残者五，惟苏、湖尚存。"[3]此为建炎三年状况，四年平江即遭金军屠城，浙西七州惟湖州尚存。浙东的明州、越州也为金军所破。金军并在明州屠城，使得"明州无噍类"[4]；又进行搜山，"由是遍州之境，深山穷谷平时人迹不到处，皆为虏人搜剔杀掠，不可胜数"[5]。估计两浙路在建炎四年户数减少45万左右，乱后土著约有167万户。南宋两浙路户年平均增长率较低，附表3所载两浙路在南宋时期的四个户数，即绍兴三十二年（1162年）、乾道九年（1173年）、嘉定十六年（1223年）及反映南宋末数据的元至元十二年或十三年（1275年或1276年），所反映的年平均增长率，前后两个时期分别受到金宋战争或宋元战争影响而显得较低，只有中间两个数字反映和平时的人口发展水平，其中绍兴三十二年至乾道九年的年平均增长率为1.35‰，绍兴三十二年以前的人口增长率应大体接近此数。依此增长率，绍兴末两浙路土著人口约174万户，该年总人口224.3万户（见附表3，下不注明），扣除此数约余50.3万户，当是北方移民及其后裔。

北宋崇宁元年（1102年），江西路户166.4万，如以南宋时的年平均增长率3.8‰计，建炎四年应有185万户。李纲说江西路："通一路计之，多寡相补，才及承平之半。"[6]由于赣州、吉州、信州、饶州等府州所受战争破坏不严重，疑"才及承平之半"估计过低，估计减少四分之一比较接近事实，依此估计乱后土著户数约有139万。按1.35‰

---

[1] 洪迈：《夷坚志》支景卷1《阳台虎精》；《宋史》卷367《郭浩传》。
[2] 《建炎以来系年要录》卷30，建炎三年十二月，第596页。
[3] 《鸿庆居士集》卷11《与郑至刚枢密书》。
[4] 汪藻：《浮溪集》卷1《奏论诸将无功状》。
[5] 《宝庆四明志》卷11。
[6] 《梁溪集》卷96《准省札催诸州军起发大军米奏状》。

的增长率,绍兴末年土著户数约 145 万,该年的总户数扣除后得北方移民及其后裔数约 44 万户。

江东路的建康府在战乱时人民被杀、被掠达十之八九,"逃而免者不过十分之一",原有固定人口 17 万人[1],约减少 15 万人。全府五县,"惟句容县一乡自保赤山,并无侵害,故今户口比他县独多"[2],其他县人口都有相当程度的下降,估计全府户数下降一半左右。太平州、广德军、池州、徽州、南康军也遭战乱[3],只有饶、信二州"未经残破"[4],但此后饶州局部地方受流民武装影响。考虑到绍兴三十二年江东路户数尚较崇宁元年少 4.5 万户,而同样是移民重要迁入区的两浙和江西人口都有所增加,显然建炎年间江东路人口损失比较严重,估计下降 30% 比较接近事实。崇宁元年江东路户 101.2 万,乱前约有 112.5 万户,乱后余 78 万户,绍兴末年土著户 82 万,北方移民及其后裔 14.6 万户。

陆游《入蜀记》载,江陵府一带"土著才十一也"。江淮各地的人口构成应与江陵府差不多。淮南东、淮南西、京西南、湖北四路绍兴三十二年共 52 万户不到,如以土著户占 30%(较《入蜀记》所载高出 2 倍),该年土著 15.6 万户,北方移民及其后裔 36.4 万户。

仅上述各路,绍兴三十二年已有移民及后裔 145.3 万户,约 726 万人(以每户 5 口计)。由于此时距绍兴和约签订不过 21 年,一般不可能繁衍第三代,还有相当一部分人因年龄关系不可能繁衍第二代,估计其中的二分之一即 360 万人为始迁者。如果加上迁入四川、湖南、福建、岭南的移民以及 26.4 万人左右的军人[5],在绍兴和约签订前估计大约有 500 万左右的北方移民迁入并定居在南方。

以上系从分析一些路的户数变化情况来估计移民数量,兹再从移民的分布情况论之。绍兴和约签订前移民遍及南方绝大部分地区,可以说绝大部分府州都有移民。即使地处边疆、各族人民交错居住的

---

1 叶梦得:《建康集》卷 4《掩骼记》。
2 韩淲:《涧泉日记》卷上,四库全书本。
3 《宋会要辑稿》食货六三之一。
4 《建炎以来系年要录》卷 35,建炎四年七月己巳,第 682 页。
5 《建炎以来朝野杂记》甲集卷 18《绍兴内外大军数》《关外军马钱粮数》。

广西路缘边 13 府州也都有移民。江南、江西、福建、淮南、荆襄和四川北部以及今之陕南、陇南等地区差不多县县都有移民,某些位置偏僻交通不便的山区(如开化山区)也不例外。许多府州的移民数量惊人。扬州、临安、平江、襄阳、建康、洪州、江州、潭州、鼎州、澧州、荆南、鄂州等 12 个南宋初土著居民减少甚多的府州,移民可能都在数量上超过土著居民。临安、平江二府估计应有 27.9 万户外来移民及其后裔(详见第九章第一节),如以每户 5 口计便有 140 万人,假如不计后裔应有 70 万人左右。建康府、镇江府、绍兴府、明州、秀州、常州、湖州、池州、洪州、信州、吉州、江州、福州、泉州、邵武军、兴元府、金州、洋州、兴州、成州、成都府、襄阳府、郢州、随州、德安府、荆南府、汉阳军、鄂州、兴国军、岳州、鼎州、醴州、潭州、扬州、楚州、庐州、舒州、无为军、盱眙军、光州、濠州、高邮军、真州等一大批府州,移民都可能在 1 万乃至数万。仅这 40 余个府州移民就应有一百几十万至 200 万人。而这些府州只占南宋府州军数的四分之一,如加上其他府州,移民完全可能达到 500 万人。

试再就北方人口的减少情况论之。据《宋史·地理志》户数统计,后属金统治区的北方地区在北宋崇宁元年约有 583 万户。但《金史》卷 46《食货志》载金世宗大定(1161—1189 年)初"天下户才三百余万",考虑到大定户口尚包括原辽朝统治区的户数,北方户数大约尚不及崇宁户数的一半[1]。与北宋后期比较,大约减少 300 万户即 1 500 万人,如估计其三分之一南迁,也应有 500 万人。

第二节

移民迁出地

移民来自今天所有的北方省份。"靖康乱后南迁的北方移民实

---

[1] 参见王曾瑜:《宋代人口浅谈》,《天津社会科学》1984 年第 6 期。

例"各部分中的始迁者共1 006人,各省的迁出人数及其所占比例分别是:河南601人,占60%;山东127人,占12.6%;江苏71人,占7.1%;河北37人,占3.7%;甘肃34人,占3.4%;安徽38人,占3.8%;山西30人,占3%;陕西26人,占2.6%;湖北17人,占1.7%;此外,还有今东北地区1人,青海2人,宁夏1人,北京1人,不明迁出地(表中作"北方")20人。

河南是北宋北方人口密度较高的地区,有运河连接淮南和江南,又因北宋时是首都所在地受到宋室迁移影响,在靖康之乱阶段大批人民随迁南方。由于比较靠近南方,在此后的各个阶段都有大量移民南迁,成为最主要的人口迁出区。"靖康乱后南迁的北方移民实例"主要反映上层移民情况,因此60%。这一数字并不代表河南占移民总数的比重,只反映了自河南迁出的移民中上层人物特别多。但是,在以躲避战乱为动机的移民潮中,上层移民迁出较多的地区,一般说来下层人民迁出数量也不会少。

除了河南,进入江淮和江南最方便的便是今山东了。山东不仅紧靠南宋的淮南地区,而且有漫长的海岸线和众多的海港,移民自山东南迁比较方便。除了在靖康之乱期间有大量人民南迁之外,绍兴和约签订以后仍有相当多的人口南迁。

各表所列之江苏和安徽主要指位于淮河和长江之间的淮南地区。淮南地处南北交兵地带,每当北方军队攻至淮河以南时总有大批人民迁到江南。但如果战争持续时间不长,一部分迁到江南的人民往往还会重新迁回,因此只有部分人成为移民。

北宋时今陕西和甘肃是防御西夏的国防前线,有时笼罩在战争阴云之下,因此人口密度相对较低,必然对靖康乱后的移民南迁数量造成影响。河北、北京和山西离南宋相距较远,因位于金朝统治中心政府控制比较严格,移民南迁不如河南和山东方便。由于上述原因,这些地区的移民数量不如河南、山东和淮南。

第三节

移民迁移路线

我国古代北方移民进入南方的迁移路线,向受南方北部两列山系的限制。西列为巫山—武陵山脉,成南北走向,海拔为1 000—1 500米,将四川盆地与长江中下游平原分割开来。东列为秦岭余脉大别山,成西北—东南走向,横亘在今湖北、河南、安徽三省交界,并向南延伸到长江北岸不远处,海拔1 000米左右。受此二列山脉影响,古代北方移民主要从西、中、东三条路线进入南方。西线分别从北面翻越秦岭和自东溯汉水进入汉水谷地,再翻越大巴山进入今四川。中线主要从河南平原进入今湖北、湖南,尔后再进入广东、广西。东线主要自淮北进入淮南,尔后进入长江以南的今江苏和安徽南部、浙江、江西、福建和广东。

南宋的北方移民南下路线大体上同于晋、唐,南段较晋、唐伸展得更远。由于初期金军和北方流民武装集团在江南活动,迫使移民向周围山区疏散,移民道路增多。大运河和海路也是南宋重要移民路线,反映了当时水上交通的发达。试据第八章内容[1],分东、中、西三线简述重要的移民路线如下(参见卷末图11-1)。

一 东线

在东线,连接开封和临安,沟通黄河、淮河、长江和钱塘江的运河(长江以北称汴河),是北宋时开封和南方保持经济联系的最重要通道。由于"乘舟顺流而适东南,固甚安便"[2],靖康之乱期间成为最重

---

[1] 凡此章已提及者不再注出处。
[2] 《建炎以来系年要录》卷7,建炎元年七月丙午,第185页。

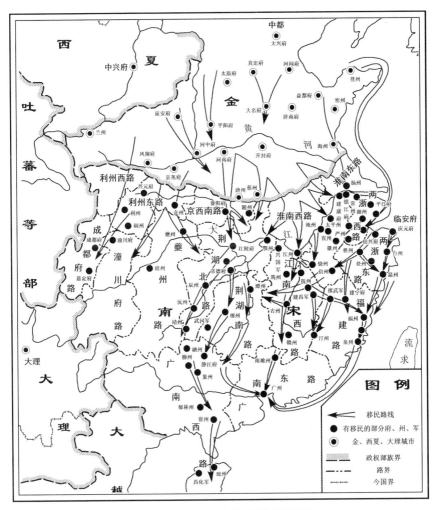

图 11-1 靖康乱后北方移民的南迁路线

要的迁移路线,建炎元年十月高宗自应天府南迁扬州便由运河坐船南下,不少移民特别是皇室和高官大将也经运河泛舟南迁。经此南迁的平民百姓为数更多,开封王氏老小 70 余人于靖康年间南迁,就是"自汴泛舟至京口(今江苏镇江)"的[1]。蔡河(经开封、淮阳、濠州)是

---

[1] 马纯:《陶朱新录》。

连接汴河的重要水道,初期经此南下的移民很多。建炎三年阎勋率部奉西京会圣宫神御南迁,就是"以舟船由蔡河而下"的[1]。建炎二年,高宗一度打算北回开封,冯檝对黄潜善说:"今蔡、汴两河已渐湮塞",一旦金军趁机断绝水道,要再次南迁"避地已不能"[2],可见汴河和蔡河是朝廷和中原人民南迁的重要途径。由于汴河呈西北—东南流向横贯华北平原南部,北方移民经东线迁徙无论水路还是陆路都要碰上汴河,只要有可能都会利用坐船这一便利的交通方式。徐州人丁述一家南迁,就是在徐州坐船,经清河(今废)入淮阴(今江苏淮安西),再入运河[3]。在绍兴和议签订前后汴河因失修而湮废,因而在后来的移民南迁中未发挥作用。

在今安徽省境的淮河上岸后,沿大别山东侧和南侧山麓平原行进,既可西入湖北,又可南过长江,向为重要的陆上迁移道路。建炎四年五月张用部北方流民武装集团自蕲州趋寿州,中经舒城(安徽今县),就是傍大别山麓而行的[4]。此路稍东,存在着另一条南北向道路,大致沿濠州(治今凤阳东)、庐州(治今合肥)、巢县一线,建炎四年崔增部流民武装集团扰淮南便走这一线[5]。淮南东部沿海地带也是移民南迁路线所经。绍兴三十一年,山后统制官王世隆、赵开率部至东海县(今江苏连云港市东南)会李宝军,李宝命赵开率领部属顺海边南迁,便是其中的一例[6]。

自淮南渡过长江便进入江南。江南最重要的渡口分别位于太平州(治今安徽当涂)、建康府(治今江苏南京)和镇江附近[7]。移民登陆后,大多顺沿江平原进入平江和临安为中心的江南平原,渡过钱塘江后再分东西二路。东路经绍兴府、明州、台州进入温州和福建,高宗渡钱塘江后东逃即沿此线走到明州入海,部分移民则继续沿海岸地带南迁入福建。西路经金(华)衢(州)盆地进入江西,复分二路。一路溯

---

1 《三朝北盟会编》卷132,炎兴下帙三十二。
2 《建炎以来系年要录》卷15,建炎二年五月丙戌,第317页。
3 魏了翁:《鹤山集》卷81《丁公墓志铭》。
4 《建炎以来系年要录》卷33,建炎四年五月,第655页。
5 同上。
6 《建炎以来系年要录》卷194,绍兴三十一年十一月己丑,第3278页。
7 《建炎以来系年要录》卷57,绍兴二年七月辛丑,第994页。

赣江谷地南行,到达赣南后翻越南岭进入广东,隆祐太后率官民入江西,大部分人沿此线进洪州、迁赣州,一些移民续由此入广东。一路向东翻越武夷山进入福建,约在建昌军附近复分为两路,一由邵武军入闽,一由盱水河谷南下入福建汀州。李纲从广东赴江西德兴走的是后一线,以后从江西迁入福建则走前一线。汀州和邵武军移民较多显然与此有关。

有时移民还经两浙和福建沿海地带进入广东。南宋末年二王入广是其中最重要的一次。二王自临安入婺州,经处州至温州,尔后沿着沿海地带进入福州,此后二王及随其南迁的人员一部分走海路,一部分经泉州、潮州入广州附近。此外,从吉州经安福、袁州入湖南也是当时江西的重要移民路线之一,刘冀就是在此山路上接济北方移民而得到移民称赞的[1]。

自长江南岸登陆后有的移民进入江州(治今江西九江),有的经池州进入赣东北。这两条路线在南宋后期尤其重要,嘉定八年自池州渡江趋饶州和信州的光州和安庆府移民"前后相续"[2],江州则是嘉熙元年淮南移民最多的十府州之一[3]。长江水道提供了便利的东西交通条件,因而也是重要的迁移路线。建炎年间刘宁止曾坐船自真州(今江苏仪征市境)迁江西[4]。

宋代海上交通发达,沿海港口和航线众多,这些航线成为移民的海上迁移路线,宋末二王率南宋残部自福州下海赴广东即是最著名的一次。此外,建炎三年,阎皋弃潍州率余众从登州坐船迁南方[5]。绍兴三年,范温自登州率众泛海南迁,经海州东海县(今江苏连云港市东南)和华亭县青龙镇(今上海嘉定西南)到临安[6],也是走的海道。

---

1 王庭珪:《卢溪集》卷46《刘君墓志铭》。
2 《历代名臣奏议》卷259。
3 《宋史》卷42《宁宗纪》,第812页。
4 曾敏行:《独醒杂志》卷7,第67页。
5 《三朝北盟会编》卷130,炎兴下帙三十。
6 《三朝北盟会编》卷155,炎兴下帙五十五。

二 中线

移民从中原进入湖北地区,主要有三条道路。一为中路,从今河南中部大致经今京广线一带进入。建炎四年程昌寓率蔡州军民南迁就是走此路,李孝忠、李成、刘超、桑仲等流民武装也由此路进入两湖。由于交通近便,今河南平原的人民当时迁入两湖可能主要是走这一路。一为西路,从南阳盆地进入襄阳以后,往南可入江陵,往东南可入汉阳一带。靖康元年正月,陈与义自陈留(今河南开封南)南迁避地,经商水、舞阳至南阳,七月复还陈留,未几再从叶县入南阳盆地,经襄汉一带南迁[1]。陈与义二入南阳盆地南下,反映了京畿地区的一些人认为经南阳盆地南下是比较安全的。一为东路,从淮南的西部经蕲州(治今湖北蕲春东)、黄州(治今黄冈)而入。建炎四年孔彦舟部自淮西入湖北,绍兴初年张用率领流民集团从淮西入两湖都是走这一线。

移民从湖北进入湖南多经洞庭湖西,程昌寓率领的蔡州军民和孔彦舟率领的流民武装集团由此路入湖南,此外陈与义自襄汉和胡安国自荆门南迁也走这一路。鼎(治今湖南常德)、澧(治今澧县)二州由于位于这一交通线上,移民较多。有的移民还从洞庭湖西岸地区溯水而上,深入到辰州(治今沅陵)和沅州(治芷江)。纵贯湖南南北的湘江河谷是移民自北往南推移并进入岭南的主要道路,移民往往沿湘江南北向的干支流的源头进入岭南。曹成部流民武装即由湘江源头进至道州(治今道县)和贺州(治广西今县)[2],胡安国一家循资水从邵阳(今属湖南)迁到全州的灌阳(今属广西)[3],陈与义则从邵州经道州,"上九嶷,度桂岭,登秦岩,至贺州",再南下封州(治今广东封开)入广州[4]。此外,与全州一山之隔的广西路治所静江府向为湖南入岭南重要交通线所经,移民完全有可能由此入广西。

---

1 《陈与义集》附《简斋先生年谱》。
2 《宋史》卷365《岳飞传》,第11380页。
3 胡寅:《斐然集》卷20《悼亡别记》。
4 《陈与义集》附《简斋先生年谱》。

三　西线

移民进入四川主要经由三条道路,一自北面翻秦岭而入,一自东北溯汉水谷地而入,一经长江水路从川东而入,以北和东北二路最重要。

北路为自关中入川的主要道路,依谷道又可分为各条支路,主要有二。一为自关中平原东侧经商州(治今陕西商洛)入金州(治今安康),绍兴十一年邵隆自商州入川,金末长安人焦永率乡人200余人道金、洋入蜀,便经由此线[1]。一为自关中平原西侧经大散关(在今宝鸡南),入凤州(治今凤县东)和兴州(治今略阳)。建炎、绍兴年间经此路入川的移民特别多,为了保持四川的稳定,建炎二年朝廷于大散关设关使拦查过往行人,禁止溃兵和流民武装入川[2]。移民入利州路北部地区以后,再分路进入成都平原和大巴山南各府州。

自江汉平原和今河南的南阳盆地入四川主要经东北路。绍兴元年邓州知州谭充率众突围入四川[3],邵兴自卢氏率众走兴元府(治今陕西汉中)[4],都是走此路。襄阳人王之望"数口避地",也是沿此路"西走汉中"的[5]。中原移民入蜀除部分人从关中经北路,主要是从东北路进去。东北路还有若干支路,例如建炎三年张嵲入蜀避难,便自竹山溯堵水而上翻大巴山进入达州(治四川今市)[6]。

坐船从川东入川的移民不多,只有一些进入南方后再迁到四川的移民走此路。例如,王庶的两个儿子为避秦桧的迫害坐船自原居地江西南康军迁入夔州巫山[7]。

---

1 《三朝北盟会编》卷205,炎兴下帙一百五;袁桷:《清容居士集》卷29《司天管勾焦君墓志铭》。
2 《建炎以来系年要录》卷12,建炎二年正月己酉,第276页。
3 《三朝北盟会编》卷146,炎兴下帙四十六。
4 《三朝北盟会编》卷147,炎兴下帙四十七。
5 王之望:《汉滨集》卷16《祭宜州蔡氏姐文》。
6 张嵲:《紫微集》卷4《去年十一月十二日……》。
7 蔡勘:《定斋集》卷14。

第四节

移民的入籍

对古代封建政府来说,要将不久前还在流徙中的移民变成能够承担赋役负担的编户齐民,必须让其纳入某一行政区域的户籍登记,并通过确定财产和田亩,明确需承担的赋税和徭役的额度。南宋也不例外,在绍兴和约签订前后完成了大部分南迁移民的入籍过程。

入籍以前,北方移民在南方各地以流寓的身份存在。绍兴二十六年(1156年)以前,北方士人以流寓的身份参加各地的科举考试,称"流寓试"[1],表明移民并未入籍。此外,也未发现绍兴十二年前移民已入籍的史料。当时,局势不够稳定,要让移民入籍客观上有困难。

建炎四年,金军退出江南。绍兴四、五年左右,各地的北方流民武装集团相继平定,社会秩序开始恢复,原四处流徙的移民一般都定居下来。

《宋会要辑稿》食货一一之一八载:"(绍兴)十二年七月十八日,户部言:州县人户产业簿依法三年一造,坊郭十等,乡村五等,以农隙时当官供通自相推排,对旧簿批注升降。今欲乞行下诸路州县,依平江府等处已降指挥,西北流寓之人候合当造簿年分推排施行。从之。"产业簿是划分户等的依据,户部的意图是通过确定北方移民的财产和户等这种方式使之入籍。同书载绍兴二十六年凌景夏之言可以证明这一点,凌说:"昨绍兴二十年,钱塘、仁和两县在城民户与西北人袤同推排等第,各已注籍"[2]。显然,完成了推排等第这一步骤,也就完成了使移民入籍的任务。临安府附郭县在绍兴二十年就完成移民入籍,可见各地移民入籍的时间并不一致。

---

1 《宋会要辑稿》选举四三之一。
2 《宋会要辑稿》食货三八之一九。

绍兴二十六年二月七日,高宗发布诏令取消流寓试,流寓人与土著士人一同录取,凡有移民的府州依适当比例增加科举名额,规定"立为定制",不得违反[1]。乾道七年,由于绍兴末年大批移民迁入南方,宗正少卿林机要求恢复流寓试,遭到虞允文等人的反对。理由之一是:"自建炎置流寓试,至绍兴二十六年而罢,今又十五年矣。"孝宗也说:"已四十余年,难以更议。"[2]

虽然北方移民在迁入南方后即已成为南方人,并已入籍取消流寓试,但一些人出于各种动机仍使用北方户贯。绍兴二十七年,由于国子监丞朱焯说"士大夫多用开封户贯,守官乡里,逞私者众",破坏了宋代当地人不得在当地任官的章法,高宗"诏西北流寓及东南人寄居满七年,或产业及第三等以上者,并不得注授举辟本处差遣"[3]。

孝宗以后,流寓试再也没有恢复过,原来的入籍也没有改变,但关于户贯的使用有所松动。淳熙元年(1174年),权礼部侍郎齐庆昌说:"流寓解额,并归本州,凡烟爨及七年以上许与本贯士人混试。国子监昨来申请,又令流寓户贯得解人并入东南户贯。后生晚辈但见生长于是,慷慨仗义谁与共之。乞自今科举流寓士人烟爨七年与土著混试自依新法外,其贯籍听依旧用西北旧贯。"朝廷接受了他的建议[4]。为了防止破坏当地人不得在当地任官的章法,淳熙九年朝廷再次重申:"诸注官不注本贯州","不系本贯而寄居及三年,或未及三年而有田产物力,虽非居住处亦不注(宗室同),即本贯开封惟不注本县"[5]。因此,以后所说的西北户贯仅表明祖先来自西北而不具有实际意义。

---

[1]《宋会要辑稿》选举一六之九。
[2]《宋会要辑稿》选举四三之一。
[3]《建炎以来系年要录》卷177,绍兴二十七年六月己酉,第2922页。
[4]《宋会要辑稿》选举一六之二二。
[5]《宋会要辑稿》职官八之四二。

第十二章

靖康乱后北方人口的南迁：移民与南宋政治

靖康乱后大批南迁的北方移民必然要对南宋政治产生影响，以下试分析其两个重要方面。

第一节

北方流民武装集团和南宋初期时局

流民武装集团是南宋初期北方移民的重要部分，对时局产生过较大影响。

一　流民武装集团出现的背景

北宋末年，金军尚未攻宋，宋朝败象已现。宋徽宗任用童贯、蔡京等人，大肆搜刮大江南北的民脂民膏，加之进攻长期被辽占领的燕云诸州,此后又供养来自燕云诸州人数甚多的常胜军,加重了人民负担,"由是齐、赵、晋、代之间,民力皆竭,而群盗蜂起"[1];"人不堪命,遂皆去而为盗。胡马未南牧,河北蜂起,游宦商贾已不可行"[2];中原开始趋于混乱。

就在这种背景下,金军大举进攻北宋,很快包围开封,朝廷政令无法下达,"中外音问不通者半年"[3],北方成为权力真空地带。不久,金军攻占开封,建立以张邦昌为首的政权,赵构也建立南宋政权。但是,此时的局势正如明人王夫之评论所说:"女真破汴京而不有,张邦昌僭大号而不尸,高宗远处淮左而不能令。郡邑无吏,吏无法。游奕之虏骑往来蹂践,民莫能自保其命。"[4]在这混乱时期,一些豪强纷纷"聚众砦处"自保,人民"相率依之,而据太行之麓,以延旦夕之命"[5],开始形成一个个自卫性质的武装集团。此外,也有一些人加入原已存在的反宋力量中。大批从前线退下来的溃兵败将,撤退时常有相当多不甘当亡国奴的人民随其迁移。由于衣食无着,这些武装集团往往会采取攻城略地打家劫舍的行动。李光说:"国家自靖康以来,因金人内逼,百姓失业,无所得食,弱者转徙乎沟壑,强者结集为寇盗,固非有仇主嫉上之心,特出于不得已耳。"[6]应当说,这是符合实际的。

靖康元年(1126年)十一月,金军攻占开封,数万名军民逃出城,"有得脱者,悉走京西(南路),聚为盗贼"[7],流民武装开始进入南方。与此同时,北方几乎各路都有武装集团,而且人数甚多。"王善者,河东巨寇也,拥众七十万、车万乘,欲据京城……时杨进号没角牛,兵三十万,王再兴、李贵、王大郎等各拥众数万,往来京西、淮南、河南北,侵掠为患。"[8]

南宋高宗建炎元年(1127年),宗泽担任开封留守,在李纲支持下

---

1 《建炎以来系年要录》卷1,宣和五年六月,第9页。
2 王明清:《挥麈录》后录卷2。
3 胡寅:《斐然集》卷20《悼亡别记》。
4 《宋论》卷10,中华书局点校本,第167页。
5 同上。
6 《庄简集》卷11《论招降盗贼札子》。
7 徐梦莘:《三朝北盟会编》卷70,靖康中帙四十五。
8 《宋史》卷360《宗泽传》,第11279页。

筹划抗金事项,招降各武装集团,主要集团悉来降,"兵势甚盛"[1]。二年,宗泽去世,杜充继任东京留守,一反宗泽所为,又滥杀部下,各武装集团"复去为盗,掠西南州县,数岁不能止"[2]。南宋政权南迁以后,流民武装集团尾随其后,相继进入江淮和长江以南的广大区域。

二 流民武装集团:特殊的移民形式

为便于了解北方流民武装集团的性质,有必要看看其内部成员状况。

被金军击溃的溃兵是流民集团的重要部分。最初进入南方的李孝忠、党忠、薛广、祝进、曹端等部,即是金军攻占开封时自城中逃出的西北籍军队刘延庆的部下[3]。南下为盗的开封溃军远不止上述各部,例如成忠郎张玘所部"靖康间隶禁旅,都城失守,众溃为盗"[4]。史载:"是时(建炎初),四方溃兵为盗者十余万人,攻劫山东、淮南、襄汉之间。"[5] 据说曹成部在绍兴初退据广西桂岭时,还有"贼众十余万,皆河北、河东、陕右之散卒,骁勇健斗"[6]。

除了溃兵,还有骄兵,即对抗或反叛朝廷的军人。例如,建炎三年(1129年),江淮宣抚司准备将戚方拥众叛[7];同年,傅选、司全、胡友、赵万等九名将领及其部下护卫隆祐太后入江西,后在太和叛变,"悉去为盗"[8]。

溃兵和骄兵多来自北方。马端临总结说:"建炎、绍兴之间,骄兵溃卒,布满东南,聚为大盗,攻陷城邑,荼毒生灵。"[9]

此外,还有一部分人来自勤王义军。宗泽上疏说:"自敌围京城,

---

1 《三朝北盟会编》卷117,炎兴下帙十七。
2 《三朝北盟会编》卷118,炎兴下帙十八。
3 《建炎以来系年要录》卷1,建炎元年正月壬寅,第28页。
4 郭彖:《睽车志》卷6,四库全书本。
5 《宋史》卷358《李纲传》,第11257页。
6 岳珂:《金陀粹编》卷5。
7 《宋史》卷25《高宗纪》,第471页。
8 《建炎以来系年要录》卷29,建炎三年十一月丁卯,第577页。
9 《文献通考》卷155。

忠义之士愤懑争奋,广之东西、湖之南北、福建、江、淮,越数千里,争先勤王。当时大臣无远识大略,不能抚而用之,使之饥饿困穷,弱者填沟壑,强者为盗贼。"[1]此话系就全国言之,但当时勤王义军实主要来自北方。如建炎三年,张浚说驻扎高邮军的薛庆部:"系河北忠义之士。因金人犯洺州(治今河北永年广府镇),累年坚守,势力不加,转战千余里,皆曾杀获,委有功效。"[2]

北方平民无疑是流民武装集团的主要部分。一般说来,在天下大乱又缺乏强有力的政权保护的情况下,平民为了保护自己的生命财产,往往会依附于武装力量集团,何况是在战争环境下进行长距离迁移。张浚说:"臣闻盗贼之徒,多河北、京东失业之人,义不归敌,偷生中国。"[3]即是对此最好的说明。曹成部流民武装在退至广西桂岭时有近十万人,"约有可战兵三万余人,别有占巢打食人约六万余人"[4],此"占巢打食人"的大多数只能是北方平民。建炎三年进入江南的丁进部主要由其故乡人民所组成,文献载:"进,寿春府(治今安徽凤台)军兵也,逃走遇乱,复归乡里,就苏村阖围,聚人作过。初自十、百至千、万,至有数万。"[5]

流民集团在南下过程中往往会有北方人民参加进来。例如,张用部占据淮南西部以后,于庐州(治今安徽合肥)、舒州(治今潜山)境"立大旗招诱",流落两淮的"山东、河北士庶弃业人多归之"[6],势力得以扩大。不仅单独迁移的平民如此,即连政府官员率领的南迁队伍有时也会加入流民集团。建炎四年光州统制官刘绍先率领军民南迁,"道梗无所向",往依李成部[7],即是一个证明。有时,流民集团为了扩大力量,还会强迫所占地区的人民当兵。桑仲部在唐州(今河南唐河)"尽取强壮为兵",在此以前避难在桐柏的唐州人民一部分已依附于董平部,"其不属平者,进退无所依,皆尽室归于仲。仲之众渐盛,遂自光

---

[1] 《宋史》卷360《宗泽传》,第11282—11283页。
[2] 《建炎以来系年要录》卷23,建炎三年五月乙未,第486页。
[3] 《历代名臣奏议》卷318。
[4] 李纲:《梁溪集》卷65《乞令福建等路宣抚司差拨兵将会合计捕曹成状子》。
[5] 《三朝北盟会编》卷115,炎兴下帙十五。
[6] 《三朝北盟会编》卷140,炎兴下帙四十。
[7] 《建炎以来系年要录》卷36,建炎四年八月丙戌,第694页。

化军而南"[1]。郭仲威部初起时不过数百之众,"乃取下邳八乡之民,杂于军中";攻入淮阳军后又"取强壮以充军"[2],逐渐发展为数万人。进入南方后,各武装集团中还有部分南方人民。

在南宋官员的眼里,流民武装集团实际上就是自北方流徙南方的移民。李纲说湖南境内的北方流民武装:"此曹皆东北无所归之人,纵之使去,又复为盗",必须给其出路[3]。朱胜非说北方流民武装与南方籍盗贼不同,前者是游寇,后者是土贼,朝廷对待二者政策也应有所区别,"东西(指南方)盗贼则欲招抚,西北剧寇则命之以官,使流离北人各得其所"[4]。叶适总结靖康乱后的全国形势,说:"奔走之民,所在聚为群盗,以自相摽抄而已"[5]。此外,流民武装进入南方以后,除了李成等极少数人重新迁回北方,一般都留在南方。因此可以说,流民武装集团是当时形势下一种特殊的移民形式。

三 流民武装的规模和活动地域

开封陷落以后流民武装开始进入江淮地区。建炎元年年底张遇率领所部跨过长江[6],标志着流民武装开始进入长江以南。到建炎三年朝廷迁入江南以后,南宋境内除今四川盆地和岭南、福建以外的广大区域,都成了流民武装的天下。

活动在大江南北的流民武装为数甚多,各集团少者几千人,大者数万乃至上十万人。规模和影响较大的集团,主要有:

李成部。李为雄州(治今河北雄县)弓箭手,雄州失守后率老小数万人渡河东归。建炎二年入宿州(今属安徽)掠民为兵,迅速向淮南发展。绍兴元年据江淮十余州,连兵数十万,有席卷东南之意,并遣大将马进、邵友进犯江西北部各州。当年,在洪州(治今江西南昌)、筠州

---

[1] 《建炎以来系年要录》卷29,建炎三年十一月丁未,第570页。
[2] 《建炎以来系年要录》卷25,建炎三年七月乙巳,第516页。
[3] 《梁溪集》卷116《与吕相公第十一书别幅》。
[4] 《建炎以来系年要录》卷42,绍兴三年二月乙酉,第768页。
[5] 《叶适集·水心文集》卷1《治势下》,第641页。
[6] 《宋史》卷24《高宗纪》,第450页。

(治今高安)等地败于岳飞军队,李成率少数人北降刘豫齐政权,马进余党数万亦被招安[1]。

孔彦舟部。孔本为东平府(治今山东东平)铃辖,聚众渐盛,建炎二年渡淮,四年渡江进入鼎(治今湖南常德)、澧(治今澧县)、潭(治今长沙)等州。绍兴元年因马友部进逼退往衡州(治今衡阳),不久退往长江以北,绍兴二年率所部投刘豫齐政权[2]。

张用部。张用相州(治今河南安阳)人,本为北方群盗之一,有兵5万,后为宗泽招安,泽死后复反。建炎三年进入淮南,并向湖北发展,据说有众20万。四年,张用妻一丈青率2万余人至鄂州(治今武汉市武昌)受招安,绍兴元年张用率部5万人在江西分宁(今江西修水)受招安[3]。

桑仲部。建炎三年十月自唐州(治今河南唐河)攻陷襄阳(湖北今市)。四年,据襄、邓(治今河南邓州)、随(治今湖北随州)、郢(治今钟祥)数州,有众十余万人。其后屡次要入川而为王彦部宋军击败。绍兴三年,桑仲为部下所杀,全军除后军统制王嵩北投刘豫齐政权以外,皆留在湖北[4]。

曹成部。建炎三年与张用在确山(河南今县)分兵,七月据光州,次年进入荆湖北路和荆湖南路。绍兴元年向南发展,直进至广西、广东交界处,有众10万左右。在连州(治今广东连州)为岳飞部宋军击败,2万余人投降,余众复逃入湖南,在衡阳受招安[5]。

马友部。绍兴元年自湖北进入湖南,占据潭州,有众约6万余人。马友后为另一武装集团李宏部所杀,部下数万人散处江湖间[6]。

王善部。自陈州(治今河南淮阳)与张用、曹成分军,进入淮南,掠

---

1 见《宋会要辑稿》兵一○之二二;《金陀粹编》卷5。
2 见《三朝北盟会编》卷137,炎兴下帙三十七。《建炎以来系年要录》卷43,绍兴元年三月丙午,第779页;卷55,绍兴二年六月壬寅,第970页。
3 见《三朝北盟会编》卷140,炎兴下帙四十;卷141,炎兴下帙四十一;卷148,炎兴下帙四十八。《建炎以来系年要录》卷46,绍兴元年七月丙寅,第830页;《宋史》卷404《汪若海传》,第12218页。
4 见《宋史》卷25《高宗纪》,第470页;《建炎以来系年要录》卷36,建炎四年八月戊戌,第698页;《宋史》卷368《王彦传》,第11453页;《建炎以来系年要录》卷53,绍兴二年四月己未,第948页。
5 见《建炎以来系年要录》卷25,建炎三年七月甲午,第512页;岳珂《金陀粹编》卷5;李纲《梁溪集》卷73《弹压遣发董旻降到王方、曹成人马经过衡州出界奏状》;《宋史》卷27《高宗纪》,第499页。
6 见《梁溪集》卷66《条具湖南北路已见利害奏状》、卷72《乞正李宏擅杀马友典刑奏状》。

宿、亳(治今安徽亳州)、濠州(治今凤阳东),占庐州(治今合肥),有众一二十万。建炎三年,王善在庐州降金,其前、后、右三军部众皆散处两淮间[1]。

丁进部。本寿春府军丁,后聚乡人作乱,建炎二年降于宗泽,泽死后复反。九月进入淮西,有众号称10万。十月降于刘正彦部宋军,后在镇江欲反,被诛[2]。

综上所述,活动在南方的北方流民武装集团人数甚多,仅将上述各部加以统计,便不下六七十万人,如果将其他规模较小的集团也计算在内,估计有100万人。对于南宋政府而言,这无疑是一支人数巨大的异己力量。

时人说:"建炎南渡,天下县州残,为盗区。"[3]南宋15路,除四川4路、广东、广西和福建路,其余8路都是流民武装的活动区域。在建炎到绍兴初的连续几年中,这一广大区域的大部分府州军都有流民武装,人数甚多,活动极其频繁。

京西、湖北、淮南东、淮南西四路为流民武装最先进去最后消灭的地区,据称"京西、湖北诸州悉为贼侵犯"[4];"自军兴后,淮西八郡,群盗攻躏,无全城"[5]。李纲的一篇奏文,为人们描述了绍兴初流民武装在两湖地区的活动状况:"今来蒙恩宣抚荆湖,正是盗贼区宇。马友、曹成、李宏、杨华、刘忠、奋进、韩京、吴锡等,拥众多者十数万,少者亦数万人,跨据州县,递相屠掠,自余盗贼千百为群,不可胜计。若不宣国威灵,广行招诱,则何以仰副委使,辑绥一方。"[6]上述各部,除杨华部外都是北方流民武装。据李纲另一篇奏文提供的各部数字统计,仅在湖南的流民武装便有20余万,"其余接境去处,千百为群,又不在此数"[7]。

---

1 见《三朝北盟会编》卷134,炎兴下帙三十四。
2 见《三朝北盟会编》卷115,炎兴下帙十五;《宋史》卷452《赵士㒟传》,第13291页;《建炎以来系年要录》卷20,建炎三年二月丁巳。
3 孙觌:《鸿庆居士集》卷21《慧山陆子泉亭记》。
4 《建炎以来系年要录》卷6,建炎元年六月,第150页。
5 《宋史》卷378《胡舜陟传》,第11670页。
6 《梁溪集》卷65《辩谤奏状》。
7 《梁溪集》卷66《具荆湖南北路已见利害奏状》。

在江西,李成、张用等部曾在北部进进出出,傅选、司全、胡友等部叛军也在南部活动了一年左右[1]。建炎三年,驻扎在南昌的宋将范琼说:"招到淮南、京东盗贼十九万人,皆愿听臣节制。"[2]这些人可能相当一部分是分布在江西境内。江西如此,江东也不例外,流民集团"每日十数万纵行江东,恣行杀掠"[3]。两浙路北部为都城临安所在,而距临安城"数百里外,率为寇贼之渊薮"[4]。

四 流民武装与南宋初期的经济政治

南宋初期,尚在初创阶段的军队忙于应付强大的金军,无力防御流民武装的进攻。一时间,"大盗所攻,无不破之城"[5],只在少数地方未能得手。流民武装在作战过程中,往往给当地经济带来严重的破坏。例如,孔彦舟部在鼎州"遂屠其城,民死十八九,余悉黥为兵"[6]。刘超据荆南府(治今湖北江陵),分众犯峡州(治今宜昌),又犯复州(治今天门),"凡所经过,井邑丘墟,人无噍类"[7]。马进长期包围江州(治今江西九江),也给当地人口带来严重损失[8]。两浙西路本是南方最为富庶的地区,然而"浙西七州,盗残者五,惟苏、湖独存"[9],经济也受到严重破坏。南宋初,金军深入江南,在各地烧杀,宋军在一些地方也有烧杀抢掠之举。总的看来,流民武装对各地的破坏程度不亚于金军和宋军,所受破坏的地区范围远远超过二者,可以说是导致南宋经济残破的主要破坏力量。

长江中下游和淮河流域经济的残破,使南宋政府财政收入显著减少,国力衰弱。庄绰说:"时天下州郡没于胡虏,据于僭伪,四川自供给军,淮甸、江、湖荒残盗贼。朝廷所仰,惟二浙、闽、广、江南,才平时

---
1 《建炎以来系年要录》卷29,建炎三年十一月丁卯,第577页。
2 《建炎以来系年要录》卷25,建炎三年七月丙戌,第509页。
3 廖刚:《高峰文集》卷9《与谢参政任伯启》,四库全书本。
4 《文献通考》卷154。
5 《鸿庆居士集》卷11《与郑至刚枢密书》。
6 熊克:《中兴小纪》卷8。
7 《三朝北盟会编》卷138,炎兴下帙三十八。
8 《建炎以来系年要录》卷87,绍兴五年三月丁丑,第1439页。
9 《建炎以来系年要录》卷22,建炎三年四月丁巳,第473页。

五分之一,兵费反逾前日。"[1]

南宋初年,还存在主要由南方人组成的反宋武装,有的武装的产生和发展和北方流民武装有关。流民武装在南方的破坏行为和镇压他们的宋军的骚扰使人民破产,政府却又不知体恤,往往激起民众反宋。廖刚分析福建范汝为起义原因:"初缘建州军贼作过,既而苗傅贼党、王瓔叛兵相继入本路,大兵又蹑其后。屋庐储积,焚荡掠取,既尽于贼,又须供亿大兵,实无从出"[2],故起而反宋。一度席卷洞庭湖地区的杨么、钟相农民军,是南宋初期一支较大的反宋武装。李心传记载此事,说钟相在洞庭湖地区以左道惑众 20 余年,"及湖湘盗起,相与其徒结集为忠义民兵,士大夫避乱者多依之……会孔彦舟入澧州,相乘人情惊扰,因托言拒彦舟以聚众,至是起兵。鼎、澧、荆南之民响应"[3]。显然,钟相部结集也有武装自保抵御流民武装的意图,并以抗拒孔彦舟为名起兵。在杨么部中还有北方流民,"孔彦舟、马友、刘超、彭筠散亡之众尽入其党,以故人数众多"[4]。绍兴三年十月高宗下令扑灭杨么部的诏令,也提到其中有"西北无归之人,为贼诱胁者"[5]。

综上所述,流民武装的活动给新建立不久的南宋政权带来严重问题,它不仅直接影响社会秩序和经济的恢复,而且使脆弱的南宋政权腹背受敌,既要对付强大的金军,又要对付身边不可轻视的流民武装。有的武装集团的首领,实际是具有南面称孤强烈愿望的野心家。李成自恃兵多,"有席卷东南之意,使其徒多为文书符谶,幻惑中外,朝廷患之"[6]。即连人马不多的韩世清也有野心,模仿当年陈桥驿故事,给宗室赵师𥮅"裂黄旗被其身"[7]。因此,如果不能扑灭流民武装,南宋政权就有倾覆的危险。绍兴元年,高宗内降手诏:"朕以国难日深,政治未洽,寇虏充斥,污渎于齐、鲁、宋、卫之郊;而盗贼跳梁,株

---

1 《鸡肋编》卷中。
2 《高峰文集》卷 1《投富枢密札子》。
3 《建炎以来系年要录》卷 31,建炎四年二月甲午,第 613 页。
4 李纲《梁溪集》卷 73《乞发遣水军吴全等副本司招捉杨么之奏状》。
5 熊克《中兴小纪》卷 15。
6 《建炎以来系年要录》卷 40,建炎四年十二月乙未,第 748 页。
7 《宋史》卷 247《赵师𥮅传》,第 8748 页。

连于江、鄂、洪、抚之地,闽中屡扰,淮上多虞,是用大惕于朕心,惧堕祖宗之业"[1],即表明了这种担忧。

虽然流民武装是朝廷必欲除之而后快的肉中刺,但在金军威胁仍然存在的情况下尚无余力镇压,只好采取羁縻政策,封江淮地区人数较多的武装集团首领为镇抚使,承认其对一方的统治权。《宋史》卷167《职官志七》对此有一段详尽的记载:

> 初,建炎四年,范宗尹为参知政事,议:群盗并力以拒官军,莫若析地以处之,盗有所归,则可渐制,乃请稍复藩镇之制。是年五月,宗尹为右仆射,于是请以淮南、京东西、湖南北诸路并分为镇,除茶盐之利仍归朝廷置官提举外,他监司并罢。上供财赋权免三年,余听帅臣移用,更不从朝廷应付,军兴听从便宜。时剧盗李成在舒、蕲,桑仲在襄、邓,郭仲威在扬州,薛庆在高邮,皆即以为镇抚使,其余或以处归朝之人,分划不一,许以能捍御外寇,显立大功,特与世袭。官属有参议官、书写机宜文字各一员,干办公事二员,并听奏辟。

当时,除了流民武装集团的首领,也有一些南宋的军官和地方官担任镇抚使职务。并且,设置镇抚使的地区均在长江以北,甚至在刘豫齐政权境内,显然在南宋和金、齐之间建立一个缓冲地带以避免正面受敌,也是南宋设置镇抚使的目的之一[2]。

自南宋建立至绍兴四、五年基本平定流民武装,整整八九年间宋军主要作战对象不是金军,而是以北方流民武装为主的武装集团。赵鼎在岳飞率师北伐前夕,上奏说:"窃惟陛下渡江以来,每遣兵将,止是讨荡盗贼,未尝与敌国交锋。飞之此举,利害甚重。"[3] 马端临总结说:"张、韩、刘、岳之徒,以辅佐中兴论功行赏,视前代卫、霍、裴、郭曾无少异,然究其勋庸,亦多是削平内寇抚定东南耳。"[4] 翻开《宋史》张俊、韩世忠、刘光世、岳飞各大将之列传,可以看出他们相当大的精力是放在

---

[1] 《宋会要辑稿》帝系九之二七。
[2] 据邹康达、黄宽重:《吴松弟著〈北方移民与南宋社会变迁〉》,载《新史学》第五卷第二期。
[3] 《忠正德文集·乞遣中使训谕诸帅应援岳飞札》,载《四库辑本别集》下册,第630页。
[4] 《文献通考》卷154,第1348页。

镇压各种武装集团上。由于李成部在江西不断攻城略地,宋高宗甚至想亲征,去饶(治今江西鄱阳)、信(治今上饶)二州坐镇指挥[1]。

绍兴元年(1331年),金军退出江南,朝廷开始集中主要兵力对付流民武装。通过"剿""抚"互用的方法,到绍兴四、五年间基本平定。一时间,大量的流民武装成员因招安或败降被编入南宋军中,大小首领往往被委以官职。由于受招安后封官的人数特别多,各地流传着"若要官,杀人放火受招安"这句俗语[2]。青壮年改编为军,这部分人在军队中占相当比例(详下节)。在收编流民武装时,一般将老弱病患妇女及不愿充军的人"就近分送州县居住,将天荒户绝抛弃转徙逃亡系官田土,措置给予耕种"[3]。因此,绍兴四五年前后各地不仅增添了大批来自北方流民武装的官员和军人,也增添了大量的劳动力。

五 流民武装与宋金和战问题

南宋初期曾围绕着对金朝采取"和"还是"战"的问题展开争论。宋高宗极力主和,自建炎三年开始即不遗余力地进行求和活动,在绍兴十一年宋金和约签订前夕还杀害坚持抗战的著名大将岳飞。后人对高宗这一做法多持否定态度。笔者认为,对此应结合当时客观环境特别是北方流民武装集团的活动及其后果进行分析。

南宋的一些学者,例如叶适、周密等人,对高宗求和的动机和效果曾有过一些评论。叶适说:

> 自宣和失驭,天下安土乐业之民皆化为盗贼,更起灭千万计,剑槊不能胜,旗榜不能绥,垂二十年。狙啖势穷,乃稍弭戢……故绍兴虽忍垢买和,终纳外侮,而内地驯服,纲制粗伸……[4]

> 自靖康破坏,维扬仓卒,海道艰难,杭、越草创,天下远者命令

---
1 《建炎以来系年要录》卷40,建炎四年十二月丙戌、丁酉,第747—748页。
2 张知甫:《张氏可书》,四库全书本。
3 《梁溪集》卷66《具荆湖南北路已见利害奏状》。
4 《叶适集·水心文集》卷22《薛弼墓志铭》,第427页。

不通,近者横溃莫制。国家无明具之威信以驱使强悍,而诸将自夸雄豪,刘光世、张俊、吴玠兄弟、韩世忠、岳飞,各以成军雄视海内。其玩寇养尊,无若刘光世;其任数避事,无若张俊。当是时也,廪稍惟其所赋,功勋惟其所奏,将校之禄多于兵卒之数,朝廷以转运使主馈饷,随意诛剥,无所顾惜,志意盛满,仇疾互生,而上下同以为患矣。……其后秦桧虑不及远,急于求和,以屈辱为安者,盖忧诸将之兵未易收,浸成疣赘,则非特北方不可收,而南方亦未易定也。[1]

周密说:

> 余尝以意推之,盖高宗间关兵间,察知东南地势、财力与一时人物,未可与争中原,意欲休养生聚,而后为万全之举。[2]

还有一些文献记载绍兴和议的某些效果。孙觌《鸿庆居士集》卷22《静治堂记》载:"自建炎被兵之后,伏尸流血者十五年矣。属者圣心悔祸,屈以销兵,南北解仇,江干撤警,及是创夷呻吟,疲瘵之余始一愒焉。"叶绍翁《四朝闻见录》戊卷《淮民浆枣》条载:"绍兴和议既坚,淮民始咸知生聚之乐,桑麻大稔。"赵彦卫《云麓漫钞》卷4载:"绍兴既讲和,务与民休息,禁网疏阔,富家巨室,竞造房廊,赁金日增。"

综上诸人所述,可以认为,如果不对金朝讲和,南宋便没有力量平息流民武装,不能获得与民休息恢复经济的机会,也不能收兵权于中央。明清著名思想家王夫之对高宗的求和也不是持简单否定的态度,而是同情其当时的处境,客观指出这一做法的危害,并通过分析宋代家法来寻找根源[3]。

笔者认为,高宗求和的动机和效果,在前后时期有所不同。在绍兴四、五年以前,以北方流民武装为首的反宋武装还未扑灭,南宋为了

---

1 《叶适集·水心别集》卷12《四屯驻大兵》,第783页。
2 《齐东野语》卷3,第51页。
3 《宋论》卷10说:"高宗之畏女真也,审身而不耻,屈膝而无惭,直不谓有生人之气矣。乃考其言动,察其志趣,固非周careful、晋惠之比也,何以如是之馁也? 李纲之言,非不知信也;宗泽之忠,非不知任也;韩世忠、岳飞之功,非不知赏也……而忘亲释怨,包羞丧节……是岂汪、黄二竖子之能取必于高宗哉? 且高宗亦终见其奸而斥之矣。抑主张屈辱者,非但汪、黄也。张浚、赵鼎力主战者,而首施两端,前却不定,抑不敢倡言和议之非。则自李纲、宗泽而外,能以避寇和为必不可者,一二冗散敢言之士而止。以时势度之,于斯时也,诚有旦夕不保之势,迟回葸畏,固有不可深责者焉。"

巩固在南方的统治恢复社会秩序和经济,必须首先消灭这些反宋武装。主战派大臣吕颐浩在绍兴元年也主张"先平内寇,然后可以御外侮"[1]。但当时军力有限,如果不与金人讲和,以减缓来自北面的军事压力,就无法集中兵力消灭反宋武装。因此,在绍兴四、五年流民武装基本平定前,军队主要作战对象不是金军而是反宋武装。无论高宗求和动机如何,由于金军压力减少,南宋得以集中兵力平定反宋武装。

据上所述,北方流民武装集团的活动对南宋初期时局造成了严重影响:

第一,迫使新生的南宋政权在长达八九年的时间中腹背受敌,不仅要对付强大的金军,还要对付身边的流民武装,比较弱小的军事力量不得不因之而分散。

第二,使江淮和江南地区本已残破的经济雪上加霜,严重影响了南宋财政收入,直到绍兴十年左右江南地区经济才得以恢复,而江淮地区的经济恢复还要更晚。

第三,南宋初年,各地人民负担沉重,加之流民武装活动和宋军骚扰,往往激起民变。

第四,大批流民武装集团的首领和成员涌入军中,"五军多出于盗"成为当时军队的一大特点。

第五,流民武装活动及其后果是导致高宗早期对金讲和的重要因素之一。

第二节

北人主军,南人主政:南宋政治的一个特点

南宋军队主要由北方移民及其后裔组成,将领也主要是北方人,

---

[1] 《建炎以来系年要录》卷47,绍兴元年九月丙辰。

而朝廷宰辅和路级长官则多由南方人担任。北人主军，南人主政成为南宋政治的一个特点。

一　前期和后期军人多来自北方移民

靖康年间金军大举攻宋，宋军溃不成军，已没有一支完整的有战斗力的军队。高宗建立南宋政权，由于原有的军队"所存无几"，"始召溃卒群盗以为五军，后又得王渊、杨惟忠等河北之兵"，开始组建军队[1]。建炎三年四月，建立御前五军，"而刘光世所领西兵，则谓之巡卫军，在五军之外"。绍兴四年，更御前五军为神武军，次年又改神武军和巡卫军为行营五护军[2]。

军队建立以后，开始招兵买马，扩充队伍。除了随同高宗从北方南迁的军人（人数不多），主要来自以下三部分：

（1）受招安的北方流民武装集团成员。南宋在平定北方流民武装时，普遍将其中的青壮年收编为军人。在当时的各主要军队中，韩世忠"军中多招安强盗"[3]；刘光世"麾下多降盗，素无纪律"[4]；王彦"招降来归，悉皆分隶麾下"[5]；无不有大量的流民武装成员，即使杨沂中统领的守卫都城的神武中军，也无例外[6]。《宋史》卷381《程瑀传》对此总结道："时三衙单弱，五军多出于盗。"

（2）其他北方移民。绍兴六年十月，高宗曾发布诏令，要求各路州军，"将西北流移无归人民，情愿充军，堪披带少壮人，招填禁军阙额"[7]。类似的诏令还下过多次，如绍兴十八年又"命杨政、吴璘招关陕流民补殿前军"[8]。那些在南方成长的移民，特别是军人的子弟，高

1　《建炎以来朝野杂记》卷18《御前诸军》。
2　《建炎以来朝野杂记》卷18《御前诸军》；《宋史》卷26《高宗纪三》、卷28《高宗纪五》。
3　《建炎以来系年要录》卷61，绍兴二年十二月戊戌，第1049页。
4　《宋史》卷369《刘光世传》，第11484页。
5　《三朝北盟会编》卷143，炎兴下帙四十三。
6　《建炎以来系年要录》卷85，绍兴五年二月己亥，第1407页。
7　《建炎以来系年要录》卷106，绍兴六年十月丙申，第1715。
8　《宋史》卷30《高宗纪七》，第567页。

宗时也成为军队招募的对象[1]。

（3）原驻扎在南方的军队。由于主要边防线在北方，南渡以前在南方驻兵不多。北宋末方腊起义之后，一部分北方军队调到南方，用以加强南方军力。其中，宣和年间调到四川戍守的军队蜀人称之为东军，军额12 490人[2]。宣和二年，威捷第一指挥马军、全捷第二、第三指挥步军和兵马钤辖司军兵，均奉调杭州驻扎，东南第三将和兵马钤辖军司属下的军人数目因之分别达到4 080人和2 050人。南宋建炎元年原驻在开封附近的京畿第二将奉调杭州平陈通之乱，下辖7 660人[3]。

综上所述，南宋初期军队主要由第一、第二两部分人所组成，第三部分中自北方调入的军队也是北方移民的一个部分，因此北方移民是军队的主要来源。李心传分析绍兴五年各支主力军人员构成如下：

> 中护军者，本张俊所将信德府（治今河北邢台）部曲，后以忠锐诸将及张俊亲兵，与张用、李横、阎臯之众隶之。前护军者，本韩世忠所将庆源府（治今赵县）部曲，后以张遇、曹成、马友、李宏、巨师古、王瓊、崔增之众隶之。后护军者，本岳飞所将河北部曲，后以韩京、吴锡、李山、赵秉渊、任士安之众隶之。左护军者，本刘光世部廊延部曲，其后王德、郦琼、靳赛自以其众隶之。右护军者，本吴玠泾原部曲，后得秦、凤散卒及刘子羽、关师古之众隶之。前护军者，本王彦河北所招部曲，其后稍以金州禁卒隶之。[4]

上述将领，除刘子羽为南方人外，其余都是北方人，相当一部分还是流民武装的首领，军士则绝大部分都是北方人。

其实，不仅绍兴五年如此，整个高宗时期皆如此。绍兴三十二年，张浚总结说："国家自南渡以来，兵势单弱，赖陕西及东北之人不忘本朝，率众归附以数万计，臣自为御营参赞军事，目所亲见，后之良将精

---

1 《宋史》卷193《兵志》载："建炎初，招募多西北之人，其后令诸路州、军、砦或三衙招募，或选刺三衙军中子弟，或从诸郡选刺中军子弟解发。"
2 《建炎以来系年要录》卷173，绍兴二十六年六月丁未，第2853页。
3 《乾道临安志》"军营"。
4 《建炎以来系年要录》卷96，绍兴五年十二月庚子，第1582页。

兵,往往当时归正人也,三十余年捍御力战,国势以安。"[1]

到高宗后期,一方面由于绍兴和约前南迁的移民因老、死的原因相继退出军队,另一方面由于不能接收移民不再有这方面的兵源,南宋军队中的早期移民逐渐减少,北方移民的后裔和南方土著日渐增多。到孝宗时,军队中"老旧北人无几,多是南方不经战阵之人"[2],北方移民后裔和南方土著成为军队的主体部分。

在南宋的许多大臣看来,南方人文弱矮小,不适宜当兵。绍兴五年,李弥正对高宗说:"西北之兵,岁久消减,乞令州郡募东南民兵教习,以壮国威,御盗贼,万一朝廷有警,亦可募以调发。"[3]李弥正虽为南方人,所提建议不过是训练南方民兵以备用而已。北方籍大臣赵鼎更直截了当地指出:"怯懦南兵,不足为用。"[4]基于这样的认识,朝廷只要能够招到足够数量的北方人,便不愿招南方人,南宋初期南方人在军队中占比重较小。但是,随着北方人的日渐减少,绍兴末一些军队中,例如淮东制置使成闵所部,已有相当数量的南方人[5]。

绍兴末金海陵王南侵,南北战争再起,朝廷改变政策,招纳北方移民。大臣张浚建言:"军籍日益凋寡,补集将士,必资西北之人,能战忍苦,方为可战。臣体访得西北今岁蝗虫大作,米价涌贵,中原之人,极艰于食,欲乞朝廷多拨米斛或钱物,付臣措置,招徕吾人。"经朝廷同意,张浚开始招诱北方人民南迁加入军队,"数月间来应者不绝"[6];"未几成军,凡万八千人"[7]。高宗末年和孝宗初年,以新迁入的移民(归正人)组建的军队还有建康的忠毅军,镇江的忠顺军,淮南的强勇军,四川的义胜军等[8]。

海陵南侵之后,宋金之间40多年相安无事,到宁宗开禧北伐以后

---

1 《历代名臣奏议》卷88《论绝归正人有六不可疏》。
2 李椿语,载《历代名臣奏议》卷52。
3 《建炎以来系年要录》卷89,绍兴五年五月乙酉,第1484页。
4 《忠正德文集·乞留所起人兵札子》,载《四库辑本别集拾遗》下册,第631页。
5 《建炎以来系年要录》卷195载成闵部多福建和江、浙人。
6 《建炎以来系年要录》卷199,绍兴三十二年四月癸亥,第3376页。
7 《建炎以来朝野杂记》甲集卷18《神劲神武忠勇忠锐忠武军》,第276页;《赤心忠毅忠顺强勇义胜军》,第277页。
8 《建炎以来朝野杂记》甲集卷18《神劲神武忠勇忠锐忠武军》《赤心忠毅忠顺强勇义胜军》。

几次重建的南北和平局面才比较短促。由于和平时期不能接收北方移民,南宋中期军队中的北方移民所占比重不可能高。虽然大臣们一再建议"(北方移民)其子孙伉健者,当教之战阵,不宜轻听离军"[1],但这种人出生、成长在南方,又能有多少不同于南方人的气质呢?

宋宁宗嘉定四年(金卫绍王大安三年,1211年)以后,蒙古军大举攻入华北,此后金宣宗南迁黄河以南,北方人民纷纷团结自保,义军蜂起。就第八章所述的移民阶段而言,金宣宗南侵之役结束(1224年)数年,便进入宋蒙联合灭金阶段(1232—1234年),紧接着即进入蒙元攻宋阶段(1235年开始)。因此,自嘉定十年北方移民开始涌入南宋,除了嘉定十七年后的8年中有过间歇以外,数十年间都有大量的北方人民迁入南方。北方移民再次涌入军中,嘉定以后荆襄的军队便多由北方归正人组成。吴柔胜知随州,"招四方亡命,得千人,立军曰忠勇"[2];孟宗政"招唐、邓、蔡壮士二万余人,号忠顺军"[3],人数更是可观。理宗时,孟珙在招收移民壮大军队方面业绩辉煌,先"招中原精锐百战之士万五千余人"组成镇北军[4];继又以分布襄、鄂两州的归顺人组成先锋军[5]。这些军队都是荆襄宋军的主力。

其实,从魏了翁以下的两段话来看,除了荆襄地区,嘉定以后淮南、四川北部等边防地区的军队中,相当一部分军人都来自北方移民,包括投诚的军人:

> 臣闻之,道路三边之地,华夷杂居。……其间夷裔种类,包祸畜乱者不可胜数。如襄阳朱屯,数年前正军犹是四万余人,而北军三寨之在城外者不及三千……今正军日阙,北军已增近二万,宾主不敌,识者寒心。……又闻淮东招纳泛滥……扬为淮东冲要,襄为湖北屏翰,今降附之人,居其太半。[6]

---

1 《宋史》卷433《程大昌传》,第12860页。
2 《宋史》卷400《吴柔胜传》,第12148页。
3 《宋史》卷412《孟珙传》,第12370页。
4 同上书,第12374页。
5 同上书,第12376页。
6 《鹤山集》卷19《被诏除礼部尚书内引奏事第四札》。

滁、庐旧戍之北军,虽已安居,岁久而事体大略相似。扬、泗所屯,类皆新招,建康亦有纳合买住降卒,而比至江陵者实繁有徒。[1]

除了边地,内地驻军也有不少北方人。例如福建汀州的一次军民冲突,就是"秦兵以捕私盐为名"杀死当地百姓而引起的[2]。

二 宰执和路级长官多为南方籍人士

自北宋中期起,南方士人中举人数不断增加,"及至熙宁间,荆公罢词赋、帖经、墨义,并归进士一科。齐、鲁、河朔之士,往往守先儒训诂,质厚不能为文辞,所以自进士科一并之后,榜出多是南人预选,北人预者极少"[3]。此后朝廷虽采取一些调整措施,但这种趋势并未改变,朝廷和地方的官员中南方人不断增加,到北宋后期南方人已在政治舞台上压倒北方人,"北方士大夫复有沉抑之叹"[4]。

宋室南迁以后,高宗采取种种提拔北方移民任职的措施。建炎四年七月,下令收用来自河北、河东、陕西、京西、京东、淮南等地移民中的官员[5]。九月,下令北方流移官员"内有缘罪犯未能赴部之人,许破常格,差岳庙官观一次"[6]。绍兴二年四月,又"诏内外侍从、监司、守臣,各举中原流寓士大夫三二人,以便任使"[7]。六月,又下诏:"自河北、京东赴行在之人,并充枢密院效士……其后都督行府亦如之"[8]。类似诏令还发过多次。

尽管如此,官员仍主要是南方人,重臣尤其这样。笔者调查了《宋宰辅编年录》和《续录》(王瑞来校注本)所列宰辅的籍贯,发现高宗朝宰执共88人,其中已知籍贯者80人,移民34人,占42.5%;南方籍

---

[1] 《鹤山集》卷29《奏北军当思调伏庶内外相安》。
[2] 赵汝愚:《论汀赣盗贼利害》,载《历代名臣奏议》卷319。
[3] 《文献通考》卷32。
[4] 陆游:《陆放翁全集·渭南文集》卷3《论选用西北士大夫札子》。
[5] 《宋会要辑稿》职官八之一一。
[6] 《宋会要辑稿》职官五四之三一。
[7] 《宋史》卷27《高宗纪》,第497页。
[8] 《建炎以来系年要录》卷55,绍兴二年六月辛卯,第965页。

46人,占57.5％,南方籍居大多数。

移民虽然在人数上居少数,但仍有一些重臣,其中赵鼎、吕颐浩、范宗尹等人都在南宋初期政治舞台上发挥过重要作用。孝宗时,李椿评论说:"自太上皇帝南渡艰难之时,任吕颐浩,所以能诛逆臣,破群寇,扶宗社,立纪纲,可谓有大勋劳。及叛臣挟敌势侵犯淮甸,太上皇帝用赵鼎,遣诸将破敌军,而后国势张,宗社固,天下翕然归重。此二臣者,皆北人也。"[1]此外,初年范宗尹提出的对北方流民武装集团首领暂时羁縻的对策,在当时情况下不失为上策。

但是,"自二臣(赵、吕)迁废死亡……,北人立朝者殆鲜"[2]。北方人张嵲赋诗感叹说:"惟晋东渡,始披荆棘。衣冠踵来,异士亦出。王、庾、贺、顾同赞王室。我宋用人,亦杂南北。维南多士,枋比周行。北客凋零,晓星相望。"[3]表达了北方士大夫的无奈心情。

自孝宗以后,移民及其后裔在宰执中所占比例日渐减少。孝宗朝占25.5％,光宗和宁宗朝占15.4％,理宗朝占5％,度宗朝为0,至瀛国公和二王时略有上升,分别占5％和25％。南宋著名的权臣,秦桧、韩侂胄、史弥远、贾似道、丁大全等人,惟韩侂胄是北方移民后裔,其他都是南方人。"公卿将相大抵多江、浙、闽、蜀之人"[4],已是南宋人人皆知的事实。

路级长官同样是南方人居优势。吴廷燮《南宋制抚年表》共载制抚702人,除去籍贯不明的176人,移民及其后裔158人,占30％;南方人368人,占70％。

孝宗期间,陆游上奏说:"臣伏睹方今,虽中原未复,然往者衣冠南渡,盖亦众矣,其间岂无抱才术蕴器识者,而班列其间北人鲜少,甚非示天下以广之道也。欲望圣慈,命大臣、近臣各举赵、魏、齐、鲁、秦、晋之遗才以渐试用,拔其尤者而用之,庶上遵仁祖用人之法,下慰遗民思旧之心,其于国家必将有赖。"并重复陈瓘之言:"重南轻北,分裂有

---

1 李椿:《乞擢用北人》,《历代名臣奏议》卷145。
2 同上。
3 《陈与义集》附《祭陈参政去非文》。
4 《宋史》卷436《陈亮传》,第12936页。

萌",以为告诫[1]。陆游作为南方人提出这问题,可见高层领导人南北籍比例严重失调的情况已引起人们的担心。

三 南宋政治舞台的北人、南人之争

陆游的担心是否有道理?北方移民是军队的主要组成部分,但他们在宰执制抚中所占比例甚小,这种现象是否会对南宋政治产生影响?均是值得探讨的问题。

北宋时期的军队成员应该说也主要来自北方人。在政治舞台上,自后期起,南方籍大臣人数日渐增加,开始超过北方人,但双方对比并不悬殊,只要看看高宗时期宰执中南北人比例便可明白这一点。

南宋时期,政治舞台上南方人占比例不断上升,孝宗以后北方人只占宰执的很小一部分,至度宗朝乃至零。内重外轻,重文轻武是北宋时确立的宋代祖宗家法,由于朝廷采取各种制约军将的措施,军人无法干政,在政治中不占重要的地位。因此,在宰执和制抚中所占比例的减少,意味着北方人政治地位的下降。

黄宽重先生认为,随着南方人占据宰执的绝大多数位置,"对从北方来的人而言,自然地筑起一道人事的壁垒,用人取舍之间,南北便有亲疏内外的不同了"[2]。笔者以为,这一道人事壁垒的建筑,主要通过两个途径。一是一些南方籍权臣重用乡党,如"赵雄多用蜀人,王淮多用浙人,选才而偏于乡旧"[3],遂使得北方籍官员人数日减。二是一些南方籍权臣有意排斥北方人。例如秦桧,虽然高宗一再"诏令侍从官举西北流寓之士,被举者甚众",但秦桧"皆置不问"[4],使北人在朝廷更不得志。还有一些南方籍大臣,出于排斥北人的目的,在朝中肆意攻击北方籍大臣。南方籍大臣王稽中便对孝宗说:"陛下留意北人,然北人皆负陛下。如贺允中老不知退,遭白简罢;王之望谋国,前后反复

---

[1]《陆放翁全集·渭南文集》卷3《论选用西北士大夫札子》。
[2]《略论南宋时代的归正人》,载《食货月刊》复刊第7卷第3期、第4期。
[3] 吴昌裔奏文,《历代名臣奏议》卷310。
[4] 徐自明:《宋宰辅编年录》卷15。

异词;尹穑奸邪,与汤思退阴结死党。"[1] 矛头直指朝廷中的北方籍大臣,已具有利益集团斗争的色彩。

日本学者山内正博先生认为,贯穿南宋政治最显著的政治势力的权力关系是:"以军队为后盾、从北方移居过来的皇族及与他相联系的新兴地主阶层,跟维持北宋以来的传统的南方原来的地主阶层之间的对立、妥协、斗争的展开"。秦桧由于其财政政策得到江南地主阶层的支持而稳定了统治基础,而韩侂胄代表新兴地主阶层试图与江南旧地主阶层妥协[2]。由于未能看到全文无法对此进行评论,但这种观点无疑可以给人以启发。

南宋主要依靠北方移民的浴血奋战,才有偏安局面,先与金对峙90余年,继又与强大的蒙古、元军队对抗40余年。不过,军队与朝廷一向有一种微妙的关系。南宋初期,在战火中成长的各军将势力甚大,"国家无明具之威信以驱使强悍,而诸将自夸雄豪……上下同以为患矣"[3]。高宗在绍兴和约前后实行宋代的第二次收兵权,军权固然收归朝廷,但"岳飞诛死,韩世忠罢,继起无人,阃帅听短长于文吏",军队战斗力大为下降;及至韩"侂胄之乐进武人而重奖之也",军队战斗力始有较大的提高[4]。据此看来,统治阶层的北、南人之争,已导致一定程度的军、政对立。

南北地域观念和军、政对立,还对南宋政治的另一个重要方面,即归正人问题(接收还是拒纳,如何安置,信任还是猜疑)产生重大影响。南宋后期的军队中,相当一部分是新迁自北方的归正人,他们为保卫南宋出了力,但也有不少人反叛,给政局造成重大影响。李全率领的山东忠义军叛宋,在淮南攻城略地,曾给朝廷造成很大的麻烦,宋军费了不少气力才镇压下去。金末自北方南迁的宋将刘整,因蜀帅俞兴诬构降蒙古,积极替蒙古人筹划灭宋战略,训练水军,引军队南下灭宋,更促成南宋的灭亡。

---

1 《宋史全文》卷24下。
2 引自小林广义撰,海新译:《评〈南宋初期政治史研究〉》,载中国宋史研究会编:《宋史研究通讯》1990年第3期。
3 《叶适集·水心别集》卷12《四屯驻大兵》,第783页。
4 王夫之:《宋论》卷10,第171页;卷14,第244页。

黄宽重先生的研究表明,除了归正人本身的一些原因以及南宋和战政策不定和内部政争造成的影响,由地域观念产生的南人轻视、排挤北人的现象也是归正人叛宋的主因之一。南宋以后,随着南北经济、政治地位的升降,在内重外轻、重文轻武的宋朝传统家法之外,又添上一层重南轻北的地域界线。由于宰相一职始终在南人手中,用人取舍之间南北有亲疏内外的区别。南宋渡江以来的几次重大事件,如岳飞之死,苗、刘叛变,及曲端被杀,似乎都有这种地域观念的作祟。这种畛域对归正人和南迁的义军尤甚,辛弃疾虽文武双全却屡遭排挤不得重用,就是一个最好的说明。宁宗嘉定以后北方忠义人争相归宋,但权相史弥远仍囿于南北之见,多方猜疑,终致李全等部叛宋而去。金朝灭亡以后,北人南归者倍增,朝廷虽然利用他们守边,但仍抱歧视态度。因此,在将帅统御失措,或者蒙古将领改变以往滥杀无辜政策,而加以招纳安抚时,一些归正人便转投蒙古,成了蒙古灭宋的主力[1]。

综上所述,北方移民对南宋政治产生过重要影响:

第一,北方移民和南方籍统治阶层共同建立并维持南宋政权,二者是政权的两根支柱。

第二,南宋初期北方流民武装活动及其后果对当时的政治经济产生重要影响,而南宋后期归正人的反叛又是促使南宋灭亡的因素之一。

第三,由于朝政主要为南方人所把持,军队在前期和后期主要由北方人组成,南北地域观念的作祟一定程度上体现为军、政之间对立,从而对南宋政局产生一定影响。

简言之,北方移民的活动直接关系到南宋政权的兴衰和存亡。

---

[1] 参见《南宋时代抗金的义军》第四章"宁宗、理宗时期的义军",第229—233页。

第十三章

靖康乱后北方人口的南迁:移民与南宋经济

北宋时期,南方是我国经济文化比较发达的地区。神宗元丰三年(1080年),宋统治范围内总户数为1 659万,其中南方为1 092.7万户,占65.9%[1]。垦田数(不计官田)共计4 553 156顷,其中南方为3 158 788顷,占69%[2],皆远远超过北方。关于南方经济实力超过北方这一点,张家驹先生《两宋经济重心的南移》的第二章已做了充分论述,近年漆侠先生的《宋代经济史》更从各方面作了剖析。结论是明确的:"就南北经济地位的升降而言,北宋时南优北劣的局势已经形成"[3];"从宋代经济发展的全部情况来看,……若以淮水划界,则淮水以北的北方诸路的生产不如南方诸路"[4]。不过,南北方经济差距远不如元明以后大,北方还有不少农业比较发达的区域,一些手工业部门的技术水平和产量仍为人称道。移民将北方先进技术带入南方,有利于南方经济发展。由于与移民生产生活有关,南方地区麦、粟等旱

---

1 见表6-1。
2 据《文献通考》卷4统计。
3 张家驹:《两宋经济重心的南移》,第38页。
4 漆侠:《宋代经济史》上册,上海人民出版社1987年版,第175页。

作作物的种植范围扩大,畜牧业有所发展。源源而来的移民还为各地区提供了大量的劳动力,从而促进了区域开发。兹分三个方面,对此加以论述。

第一节

地区经济开发的进展

一 南方经济发展的基础和政府的措施

在只使用简单工具、体力劳动的条件下,劳动人口是地区经济开发的决定性力量。在同样的自然条件、技术水平及政治经济制度下,区域开发的进展快慢和发展水平往往取决于人口密度高低。北宋时期,人口密度较高的路基本都集中在东南和四川(详见第六章第一节)。张方平说:"江淮之境,人稠土狭,田无休息。"又说:"两川地狭生齿繁,无尺寸旷土。"[1] 福建虽然人口密度不算很高,但因山多田少,户均田亩拥有量远远低于东南和四川[2]。因此,这些地区的土地垦殖程度已相当高。为了扩大耕地面积,东南和四川开始修建梯田,沿海围海造田也相当广泛。文献载:"吴中地沃而物夥⋯⋯其稼则刘麦种禾,一岁再熟,稻有早晚。"[3] 表明某些地区已推广复种制。秦观说:"今天下之田称沃衍者,莫如吴、越、闽、蜀,其一亩所出,视他州辄数倍。⋯⋯何哉? 吴、越、闽、蜀地狭人众,培粪灌溉之功至也。"[4] 可见这些地区的生产技术和亩产量都居全国之冠。在封建社会,农业是基

---

1 《乐全集》卷 14《刍荛论·食货论·屯田》、卷 36《傅求神道碑》。
2 详见本卷第六章第一节。
3 朱长文:《吴郡图经续记》卷上,民国乌程蒋氏景宋刻本。
4 《淮海集》卷 15《财用》下,四部丛刊本。

本经济部门,农业的发展必然促进手工业和商业发展,提高综合经济实力。两浙路就是农业和工商业全面发展的地区,人们称赞它:"地殖稻鱼,山采铅铜,熬盐赋荠,错出珍贝,飞舻长帆,以输都藏,号令经营,天下之甲。"[1]

不过,湖北、湖南、岭南和四川东部的夔州等路,由于人口密度较低,地区开发不够,经济仍比较落后[2]。

南渡以前南方的开发状况大致如此。第六章的表6-1表明,太宗太平兴国年间(976—984年),南方各路占宋统治范围户数的60.8%,在百年后的神宗元丰三年(1080年)便上升为占65.9%。在此期间的户年平均增长率,南方为10.24‰,北方为87‰。这一事实说明,虽然北方没有发生战乱,而且处于经济恢复发展时期,人口增长速度也不如南方,南方人口增长表现出较北方更为强劲有力的势头,而人口的增长必然导致地区开发的发展,经济的发展又势必带来文化的繁荣。可以设想,如果没有发生在北方的战乱,没有北方移民南迁,南方经济也将进一步超过北方,移民南迁只是加速这一进程罢了。因此,我们在论述移民南迁对经济开发的作用时,不能忘记北宋时的基础。靖康之乱以后的北方人口南迁,与西晋永嘉之乱以后、唐安史之乱以后的北方人口南迁的背景有较大的不同,前两次移民发生时南方的经济文化落后于北方,而此次移民发生时南方经济文化发展程度已经超过北方,并完全能够在原有基础上继续向前发展。因此,不能简单地将南方的发展皆归之于北方人民的南迁,探讨移民对南方经济以及文化发展的作用只能从分析移民有关活动入手。

同时,还不能忽略都城南迁给南方开发带来的促进作用。我国是一个地域广大的泱泱大国,专制政府不可能摆平各区域利益,必有所侧重。南渡以后,统治者在财政上完全倚赖南方,为了保证财源,采取许多有利于发展经济的措施。

南宋初年,朝廷采取种种安集流散,恢复生产的措施。高宗建炎

---

1 宋祁:《景文集》卷45《送张端公转运两浙序》,丛书集成初编本。
2 参见《宋代经济史》上册第一章第四节。

三年(1129年),由于"见今西北流寓人众",贾公晔上书要求将"天下坊郭乡村系省田宅……乘时给卖,则官私两济",朝廷采纳了他的建议[1]。四年十月,高宗又下诏:"见今业主未归并田户死亡无人耕佃者,委令佐多方招诱,招人承佃。"[2]此外,"朝廷优恤流寓士大夫,并许指射官田"[3]。在政府的鼓励下,一些移民积极开垦荒地,发展生产,所垦出的土地往往可作为永业。在这方面,迁入江西吉州的山东人李氏是一个很好的例子。"当时悯恤流民,令所在郡县安养。李氏出力辟旷土,得田四百亩,请于官,官界之,为世业。"[4]由于"荆湖、江南与两浙上腴之田,弥亘数千里,无人以耕,则地有遗利;中原士民扶携南渡,不知其几千万人,则人有余力"[5],朝廷还采取了通过屯田组织人民垦荒的重要步骤。

南宋重视南方水利,许多重要的工程都是由政府或地方官员组织兴修的。《宋史·食货志》总结:"南渡后水田之利,富于中原,故水利大兴。"此外,还不断颁布诏令、制定措施,鼓励并帮助人民广种旱作作物(详下)。朝廷相当重视海外贸易,采取不少奖倡的办法[6]。这些措施无疑有利于南方经济的发展。

南宋初,活动在江淮地区的百万流民武装曾对所在地区的经济造成严重破坏,构成移民对区域经济负面作用的主要表现。但移民对经济发展的积极作用,无疑远远大于负面作用。广泛分布在各地的北方劳动人民,不仅带来北方仍属先进的生产技术,促进旱作作物的推广,而且与南方人民胼手胝足,为地区开发做出了贡献,从而使南方经济达到更高的水平,完成了我国经济重心南移的进程。

试根据不同区域的移民和经济开发状况,简述于下。

---

[1] 《宋会要辑稿》食货五之二〇。
[2] 《宋会要辑稿》食货六九之四八。
[3] 《宋会要辑稿》食货六一之四八。
[4] 吴澄:《吴文正集》卷63《题李氏世业田碑后》。
[5] 《建炎以来系年要录》卷86,绍兴五年闰二月壬戌,第1422页。
[6] 参见陈高华、吴泰:《宋元时期的海外贸易》第五章第三节,天津人民出版社1981年版。

二　江淮和陕南、陇南的地区开发

白龙江—秦岭—淮河一线以南,大巴山和长江以北地区属于移民密集分布区。在这一区域中,江淮(荆襄和淮南)向为南北交兵地带,如上所述,由于土著的南迁,居民主要为外来移民。淮南除在孝宗、光宗和宁宗时期有相当数量的南方人迁入外,其他时期都是北方移民为主。荆襄南部的移民中,南方和北方籍可能各占一半,而北部则以北方籍为主。四川北部的今陕南和陇南地区,南宋时期也以北方移民为主。因此,本区的人口增长,主要是北方移民迁入所致,他们是这一地区经济开发的基本力量。

南宋初年,本区受战争破坏严重。淮南"民去本业,十室而九,其不耕之田,千里相望,流移之人,非朝夕可还"[1];荆襄"自鄂渚至襄阳七百里,经乱离之后,长途莽莽,杳无居民"[2];四川北部"金州(治今陕西安康)残弊特甚,户口无几"[3],梁(治今汉中)、洋(治今洋县)"两州之民,往往逃绝"[4],景象均十分凄惨。

南宋初年,在地方政府组织下,荆襄地区兴起屯田和营田,此后推广到淮南和四川北部[5]。南宋还采取其他招民垦荒的措施。绍兴四年四月庐州(治今安徽合肥)"措置招募效用人,各令种田"[6],九月朝廷接受朱震关于在荆襄由军队招集流亡、屯垦守边的建议[7],皆是其中的例子。此外,军队屯垦也具有一定的规模,绍兴二年扬州江都、天长(今皆属江苏)两县水陆田3万余顷便分拨军队"趁时耕种"[8]。

此后,为了推进淮南和荆襄的垦荒,朝廷屡屡发布诏令,督促地方官实施。但由于战争时断时起,当地人烟稀少的状况并无根本改观。

---

1 《宋史》卷367《郭浩传》,第11442页。
2 《建炎以来系年要录》卷40,建炎四年十二月,第749页。
3 洪迈:《夷坚志》支景卷1《阳台虎精》。
4 《宋会要辑稿》兵二九之二八。
5 《建炎以来朝野杂记》甲集卷16《屯田》《营田》。
6 《宋会要辑稿》食货二之一三。
7 《宋会要辑稿》食货二之一三。
8 《宋会要辑稿》食货二之九。

绍兴和约签订以后,南北双方相安无事,荆襄和淮南人民得以安居,经济加快恢复。绍兴十五年(1145年),无为军(治今安徽无为)"流徙之民,渐复归业"[1]。十八年,由于流民"怀土归业者众,淮甸间如通(治今江苏南通)、泰(治今泰州)等州号为就绪"[2]。二十七年,通、泰、楚(治今淮安)三州修建大型水利工程捍海堰[3]。据《宋史·地理志》,建炎四年扬子县(治今仪征)废为镇,绍兴五年淮阴(江苏今市)、来安(安徽今县)、兴化(江苏今市)、乌江(今安徽和县东北)、巢(今巢湖)诸县因人口锐减均废为镇,在绍兴六年至十九年间由于人口和经济有所恢复相继复为县。高邮县(江苏今市)本为承州治所,绍兴五年废州,三十一年复升为高邮军。约在此前后,荆襄一带由于"朝廷宽恤,州县招诱,四方之流移者稍稍聚集",农业也得到一定的恢复[4]。

江淮地区的经济恢复尽管取得上述成就,但与长江以南的区域相比,其速度仍相当慢。不久,因金海陵率军南侵,区域内发生较大规模的战争,使得绍兴以来的垦荒成绩荡然无存。孝宗时期,逐渐治愈战争创伤,经济渐具规模。杨万里奉使北上经扬州瓜洲镇,赋诗记载所见:"南北休兵三十载,菜畦麦垄正连天。"[5]卫泾说:淮南"其土地饶沃,谷粟登成,是以淮民富实,家多盖藏"[6]。

宁宗和理宗时期,虽有几次南北战争,但时间都不长,破坏较轻,由于移民的迁入,人口有了较大的增长。淮南东、淮南西、湖北三路在由宋入元之年(1275、1276年)及京西南路在元世祖至元二十七年(1290年)的户数,比宋嘉定十六年(1223年)分别增长326%、135%、117%和216%(见附表3)。绍定年间(1228—1233年),盐城射阳湖水上居民"浮居者"便达数万家[7]。经济有所发展,淮盐尤值得一提,人称"天下大计仰东南,而东南大计仰淮盐"[8]。

---

1 《宋会要辑稿》食货六九之五八。
2 《宋会要辑稿》食货一一之一八。
3 《宋史》卷31《高宗纪》,第588页。
4 王炎:《双溪集》卷19《上林鄂州》。
5 《诚斋集》卷27《过瓜洲镇》。
6 《历代名臣奏议》卷109。
7 《宋史》卷477《李全传》,第13840页。
8 刘克庄:《后村集》卷65《淮东提举章峒赏转一官制》。

江陵(今湖北江陵县)、扬州、襄阳(今市)等城市南宋初年受到严重破坏,此后由于移民迁入城市经济逐渐恢复。江陵在靖康乱后"伐荥芦,逐虎豹,四招流民,重立坊市",经过50年的努力恢复到乱前的面貌[1]。嘉泰四年(1204年),扬州城所属的江都县由于"所管户口年来增进,诸事繁夥",增置县宰一员[2]。刘克庄于景定年间(1260—1264年)说扬州:"人物盛,军民错居"[3],城市日趋繁荣。襄阳自岳飞收复以后,"凡一百三十余年,生聚繁庶,不减昔日,城池高深,甲于西陲",已相当繁华[4]。

元世祖至元二十七年(1290年),原宋湖北、淮南东、淮南西三路户数,与三路由宋入元之年(至元十二年或十三年)的户数相比,除湖北路有较大增长外,其余皆下降较多(见附表3),其中原因尚待研究。据表13-1所示,该年三路户数分别相当于北宋崇宁元年的172%、110%、19%;另外,京西南路该年的户数则相当于崇宁元年的69%。四路中,湖北和淮南东的户数都已超过北宋末,湖北并有较大的增长,从而为元明的大发展打下坚实的基础。

表13-1 北宋崇宁元年至元至元二十七年各路户数升降百分比(%)

路 名	崇宁元年(1102年)	绍兴三十二年(1162年)	嘉定十六年(1223年)	元至元二十七年(1290年)
两 浙	100	114	112	171
江 东	100	95	103	172
江 西	100	114	136	115
湖 南	100	102	129	99.7
福 建	100	131	151	131
成都府	100	124	129	5
潼川府	100	143	150	5
夔 州		156	84	5
利 州	100	83	90	5

---

[1] 《叶适集·水心文集》卷9《江陵府修城记》,第139页。
[2] 《宋会要辑稿》职官四八之五八。
[3] 《后村集》卷163《制置杜大卿墓志铭》。
[4] 周密:《齐东野语》卷5,第83页。

续 表

路　名	崇宁元年（1102年）	绍兴三十二年（1162年）	嘉定十六年（1223年）	元至元二十七年（1290年）
淮南东	100	31	36	110
淮南西	100	16	31	19
湖　北	100	38	56	172
京西南	100	149	22	69
广　东		91	79	67
广　西		202	218	257

资料来源：据附表3。

说明：　＊为元丰三年（1080年）户数。

四川北部的营田，始于高宗绍兴五年（1135年）。当年八月，吴玠于梁、洋、成（治今甘肃成县）、凤（治今陕西凤县东）、岷（治今甘肃岷县）等州安排屯田[1]。次年，修复梁、洋二州间的水利工程，军民营田达60庄，计田854顷，岁收25万石[2]。绍兴十五年，营田数达2 600余顷，遍及阶（治今甘肃陇南市武都区东）、成、凤、西和（治今县）、天水（治今天水南）、沔（治今陕西略阳）、梁、洋、利（治今四川广元）等九州军[3]。移民自发垦殖规模更大。至绍兴十六年，成州的"逃移之民，渐复归业"，西和州也有一些移民归业[4]。可见利州路人民已逐渐复业，经济渐次得到恢复。王彦说成州"自兵火之后，荒田多是招人请射耕垦"[5]，四川北部的一些府州可能都如此。从第十章第一节所述当地语言风俗渐趋北方化这一点来看，这些移民主要来自北方。

通过移民和当地人民的辛勤劳动，南宋中后期四川北部的经济有了较大的发展。汉中地区即是一例。吴泳赋诗说蒙古军攻入之前的汉中状况：

> 汉中在昔称梁州，坠腴壤沃人烟稠。
> 稻畦诈陇翠相属，花树绕屋香不收。

1　《宋会要辑稿》食货二之一五。
2　《文献通考》卷7。
3　《宋会要辑稿》食货六三之一五八。
4　《宋会要辑稿》食货六九之五八。
5　《宋会要辑稿》食货一之三八。

年年二月春风尾,户户浇花压醪子。

长裙阔袖低盖头,首饰金翅竟奢侈。[1]

展现在人们面前的是一派经济发展、人烟稠密的景象。金州本为冷僻之地,"自渡江以后,舟车辐凑,商贾云集,遂为秦头楚尾一大都会"[2]。蒙古军攻入四川以后,区域人口剧减,长期地广人稀,十分荒凉,北部也不例外。

三 东南和四川盆地的地区开发

大巴山和长江一线以南、南岭以北的广大区域,除湖南和四川东部,其余都是宋代经济比较发达的地区,在元军攻入以前又享受了一百余年的和平局面,经济发展较快。

南宋初期,连续多年的战争破坏了江南、江西、湖南的经济,一些地区人口减少较多。江西一路"自兵火残破之后,又经旱灾,人户凋耗……人户未尽归业,田土荒废尚多。谓如洪州分宁、奉新等县,人户所存才有十之三四,其余县分号为多处,不过十之六七。通一路计之,多寡相补,才及承平之半"[3]。湖南"连年兵火人烟稀,田野荆榛气萧瑟",一些地方"上户逃移下户死,人口凋零十无八"[4]。两浙北部"兵火之后,民间荒废田土甚多","沿江两岸沙田圩田,顷亩不可胜计,例多荒闲"[5]。在这种情况下,大批迁入的北方移民及时补充了减少的人口,成为恢复经济的重要力量,使这些地区的经济较快地得到恢复。

江南的招民垦荒以建康(今江苏南京)、平江(今苏州)为中心。绍兴三年(1133年)四月,工部侍郎李擢报告说:"平江府东南有逃田,湖浸相连,塍岸久废,岁失(租米)四万三千余斛",要求招诱流民兴修水利开垦荒地;又"郡民之陷虏者,弃田三万六千余顷",亦要求允许流民

---

1 《鹤林集》卷2《汉中行》,四库全书本。
2 王象之:《舆地纪胜》卷189引《图经》。
3 李纲:《梁溪集》卷96《准省札催诸州军起发大军米奏状》。
4 《梁溪集》卷29《八月十一日次茶陵县入湖南界有感》。
5 《宋会要辑稿》食货二之七。

耕垦;得到朝廷的同意。据李心传所说,此流民即北方移民[1]。在此前后,广德军(治今安徽广德)、太平州(治今当涂)在"劝诱人户分户佃种"、"招诱人户归业"方面也取得一些成绩[2]。绍兴七年,大臣韩侂胄说:"江之南岸,并江之民甚少,旷土甚多,皆可指为屯田。沿江大将,各占分地而分屯,而其军士旧尝为农者十计五六,择其非甚精锐可为田者使各受地……军士所田,必不能尽遍长江之南岸,则募江北流徙之人给之;又有余,则募江南无业愿迁之人给之。"[3]据此,江南的招民垦荒此时仍在进行着,并具有一定的规模。绍兴十三年仓部员外郎王循友说:"两浙号为膏腴沃衍,粒米充羨,初无不耕之土。"[4]可能在此前后江南的农业经济已得到恢复,不复有大片荒地。

绍兴元年,江西路安抚大使李回向朝廷报告:"江州(治今江西九江)、南康(治今星子)、兴国军(治今湖北阳新)界,赤地千里,无人耕种。"他要求依照淮南和两浙路,"专委监官措置营田",得到批准[5]。当时,"东北流移之人,布满江西,其间多少壮可用者,无业可归,迫于饥寒,类多失所"[6],这些人遂为恢复江西经济的重要力量。约经过六七年的"涵养休息",江西的经济开始"渐复承平旧观"[7]。

绍兴六年,由于"湖南一路,流移甚多,旷土不少",湖南安抚大使吕颐浩向朝廷报告:"欲望令本路诸县令佐同管营田职事,踏逐抛荒田土,权暂耕种";朝廷同意并拨钱十万贯,供措置湖南营田[8],开始利用北方移民开垦荒地。潭州州治(今湖南长沙)东可溉田万余顷的龟塘,岁久堙废,次年由吕熙浩募饥民修复[9]。约在此后几年,李纲赋诗:"年来盗贼若冰销,襁负归民满四郊。烟雨一犁初破土,江村环堵且诛茅。"并将此诗题为《自长沙至醴陵田皆垦辟,有筑寨而居者》[10],可见

---

1 《文献通考》卷5。参《建炎以来系年要录》卷64,绍兴三年四月丁未。二者文辞略异。
2 《宋会要辑稿》食货一之三五。
3 《三朝北盟会编》卷176,炎兴下帙七十六。
4 《建炎以来系年要录》卷149,绍兴十三年六月戊子,第2396页。
5 《宋会要辑稿》食货二之八。
6 李纲:《梁溪集》卷101《条具防冬利害事件奏状》。
7 《梁溪集》卷101《条具防冬利害事件奏状》。
8 《宋会要辑稿》食货二之一七。
9 《建炎以来系年要录》卷109,绍兴七年三月辛巳,第1776页。
10 载《梁溪集》卷29。

在此前后湖南的经济已开始恢复。

绍兴三十二年,上述两浙、江西、江东、湖南四路的户数,除了江东仍未恢复,其他三路都超过北宋末崇宁元年(1102年)。四川盆地的成都府、潼川府、夔州三路和福建路在南宋初期未受战争影响或受影响较小,人口增长的百分比又高过上述各路(见表13-1)。此后至嘉定十六年(1223年),仅两浙路在乾道前后因严重饥荒大批人民迁出,户数略有减少[1],夔州路户数减少较多(原因待研究),江东、江西、湖南、福建、成都府、潼川府等路的户数又有了一定的增长(见表13-1)。这些区域的人口增长或多或少都和移民迁入有关。

到嘉定十六年,南方人口密度最高的成都府、两浙、江西三路,每平方公里人口密度已分别达22.5户、18.1户和17.0户。此外,福建路为13.3户,江东路为12.9户,潼川府路为12.5户,湖南路为9.3户[2]。此后至元初,两浙、江东两路的人口增长速度仍然很快(见表13-1)。

江南、江西、福建等地区人口密度本来就比较大,南宋时由于"四方流徙尽集于千里之内,而衣冠贵人不知其几族,故以十五州之众当今天下之半",人多地少问题进一步加剧。叶适惊叹:"闽、浙之盛,自唐而始,独为东南之望,然则亦古所未有也。"[3]东南如此,四川盆地西部的平原、丘陵地区也不例外。东南和四川人稠地狭地区的一些人民,为生计所迫,只好向淮南、湖北、湖南、广东、广西等地广人稀有较多荒地和就业机会的区域迁徙,从而使南方土著居民的迁移达到较大的规模(详见本卷第六章、第七章)。那些仍留在故乡的人民则想方设法发展农业和工商业,进一步向生产的广度和深度进军。

为了在同样面积的耕地上养活更多的人,东南和四川的人民努力提高粮食单位面积产量。平原地区较多地实行晚稻和冬麦连作制,"隔岁种成麦,起麦秧稻田"[4],实现一年两熟。加之双季稻种植面积的扩大,单位面积产量有了较大的提高。例如,太湖流域和江东路圩

---

1 《宋史》卷67《五行志》。
2 据胡道修:《宋代人口的分布和变迁》,载《宋辽金史论丛》第二辑,中国社会科学院历史研究所宋辽金元史室编,中华书局1991年版。
3 《叶适集·水心别集》卷2《民事中》,第655页。
4 曹勋:《松隐集》卷21《山居杂诗》。

田区高产田亩产量,从北宋的产米 3 石发展到南宋的 5—6 石,高达 600—700 斤,直至明清时代两浙高产田的亩产量仍未超过南宋水平[1]。本区是南方的主要部分,本区的发展使南北农业的差距进一步扩大,"从复种面积看,南方田一亩,相当于北方的一点三三亩至二亩",因此"南方亩产量普遍高于北方"[2]。

为了增加耕地,人们还通过修建梯田和围海造田等方式,向山地和浅海要田。福建山区"步邱皆力穑,掌地也成田"[3],几无不耕之地。江南山区也不例外,例如台州(治今浙江临海)已是"寸壤以上未有莱而不耕者"[4]。"江西良田,多占山岗,上资水源,以为灌溉"[5],梯田修建也很兴盛。有的学者认为,江西梯田"到南宋时期便遍及各县"[6]。沿海加紧围海造田,仅台州在嘉定十六年便有围田、海田 47 880 亩[7]。温州沿海的"涂泥之地"到南宋后期都已开垦,"弥川布垅,其苗蠓蠓,无不种之麦矣"[8]。四川盆地西部的一些地区"地狭而腴,民勤耕作,无寸土之旷,岁三四收"[9],土地利用率很高。

一些交通不便、人口较少、经济落后的偏僻山区,南宋时也获得开发。例如福建汀州(治今长汀县),太平兴国初人口密度每平方公里仅 1.4 户,此后开始进入初步开发阶段。南宋由于移民迁入,人口增加很多,仅隆兴二年(1164 年)的户数便比元丰三年(1180 年)增加 114.2%。地区开发全面铺开。绍兴三年(1133 年)增设莲城县(今连城),连靠近广东"林木蓊翳,旧有象出其间"的武平县象洞以后也获得开发[10]。至宁宗庆元时期(1195—1200 年),汀州"地狭人稠,至有赡养无资,生子不举者"[11]。四川的地区开发逐渐向少数民族区域扩展,边

---

1 载邓广铭、漆侠:《宋史问题》,第 68—69 页。
2 漆侠:《宋代经济史》上册,第 138、134、137 页。
3 乾隆《泉州府志》卷 7,引宋人黄锐诗。
4 《嘉定赤城志》卷 13,台川丛书本。
5 《宋会要辑稿》食货七之四六。
6 许怀林:《试论江西经济文化的大发展》,载《宋史研究论文集》,上海古籍出版社 1982 年版。
7 《嘉定赤城志》卷 13。
8 吴泳:《鹤林集》卷 39《温州劝农文》。
9 《宋史》卷 89《地理志》,第 2230 页。
10 载《临汀志》,《永乐大典》卷 7892"汀"字。
11 杨蓉江:《临汀汇考》卷 1。

远山区的经济水平有了一定程度的提高(详见第七章第五节)。

为了扩大耕地面积,东南和四川平原盛行围湖造田。陆游说:"陂泽惟近时最多废。吾乡(今浙江绍兴)镜湖三百里,为人侵耕几尽。阆州(治今四川阆中)南池亦数百里,今为平陆。……成都摩诃池、嘉州(今乐山)石堂溪之类,盖不足道。"[1]有的湖泊,是被移民开垦为田的。例如镇江附近的练湖,周回40里,北宋末开始围田,绍兴时因影响当地水利被还湖为田,但南宋后期又开始围湖为田,"自淳祐以来,又为流民侵占愈广,遂至湖水狭小湮塞者多"。此后愈演愈烈,"流民扶老携幼而来",终于至宋末尽围为田[2]。由于江南围湖造田影响当地水利,朝廷屡诏严禁围田。不过,有时为了解决移民生计,仍不得不开禁。开禧二年(1207年),大批两淮移民迁入江南。为了解决他们的衣食,朝廷特下令将刚还田为湖的围田重行围裹,"募两淮流民耕种"[3]。《鸡肋编》卷中载:"今驻跸吴、越,山林之广,不足以供樵苏。虽佳花美竹,坟墓之松楸,岁月之间,尽成赤地。根柢之微,斫撅皆遍,芽蘖无复可生。"可见在两浙一些地区由于人口众多,当地山林和环境已受到一定程度的破坏。

大量无地人民还涌入工商业部门。由于移民传入北方某些先进的手工业技术,本区的手工业生产水平又有了一定的提高,造船、纺织、印刷、陶瓷等手工业部门都有一定的发展,海外贸易规模扩大,临安一带成为南宋重要的商业中心(详下)。

南宋初,临安、平江、建康等江南主要城市都遭到战争的严重破坏,人口大量减少。由于移民特别是北方移民的迁入,这些城市开始恢复并走向繁荣。

临安(今浙江杭州)在建炎年间"城之内外所向墟落,不复井邑。继大驾巡幸,驻跸吴会,以临浙江之潮,于是士民稍稍来归,商旅复业,通衢舍屋,渐就伦序"[4]。此后,随着各地移民的纷纷迁入,城市更加

---

1 《老学庵笔记》卷2。
2 《至顺镇江志》卷7。
3 《两朝纲目备要》卷9,参见《宋会要辑稿》食货六一之四五。
4 曹勋:《松隐集》卷31《仙林寺记》。

繁荣,规模扩大。南宋中期,临安的老人回顾说:"昔岁风物与今不同,四隅皆空迥,人迹不到,宝连山、吴山、万松岭林木茂密,何尝有人居。城中僧寺甚多,楼殿相望,出涌金门望九里松,极目更无障碍。自六辈驻跸,日益繁盛,湖上屋宇连接不减",以至于"一色楼台三十里,不知何处觅孤山"[1]。

平江(今江苏苏州)在建炎间全城烧为灰烬,"所存惟觉报小寺及子城角天王祠"。因此,"州宅、学舍、仓庾、亭馆之类",都是南宋初建立[2]。南宋中后期,城市更加富丽。《马可波罗行纪》中册说:"苏州是一颇名贵之大城……恃商工为活,产丝甚饶……其城甚大,周围有六十里,人烟稠密,至不知其数。"此时离南宋不远,这种描述显然是南宋末年状况的反映。

建康(今江苏南京)的城市经济于绍兴十年左右开始恢复,"市廛五方杂居,生聚之盛,虽非前日比,然询汉唐诸史尚未有也"[3]。南宋中期楼钥赞美建康城:"罗绮一城,富六朝之风物;弦歌千里,绵百世之衣冠。"[4]

以临安、平江、建康为中心的长江三角洲,北宋时经济水平已相当高,南宋生产持续发展,为我国经济最为发达生活水平最高的地区。南宋前期已流传"天上天堂,地下苏杭"这句俗语[5]。

江南的另一重要城市绍兴府城(今绍兴)的发展也很迅速。据陈桥驿先生研究,南宋是绍兴城市飞速发展的时期,居民达5万户以上,街坊由北宋大中祥符(1008—1016年)年间的32坊增至南宋嘉泰年间(1201—1204年)的96坊,并设置了8个集市,城内还进行了大规模的建设。从此,绍兴城内的厢坊设置、街衢布局和河道分布都大体定局,直至清末民国均无变化[6]。

湖南和湖北的长江以南部分,北宋时人口密度低于上述地区,经

---

[1] 周辉:《清波杂志》卷3,四部丛刊本。
[2] 《吴郡志》卷6"官宇"。
[3] 叶梦得:《建康集》卷4《细书阁记》。
[4] 《攻媿集》卷63《代通苏通判师德启》。
[5] 《吴郡志》卷50"杂志"。
[6] 《历史时期绍兴城市的形成和发展》,载《纪念顾颉刚学术论文集》下册,巴蜀书社1990年版。

济基础较差。南宋时除涌入一定数量的北方移民,还迁入为数更多的南方籍移民,人口增长较快,地区经济开发有所进展。

南宋初年湖南路因战争人口有所下降,但到绍兴三十二年(1162年)已恢复并略超过到北宋末的水平(为崇宁元年的102%)。此后继续增长,至宁宗嘉定十六年(1223年)户数为崇宁元年的129%(见表13-1),人口密度相应地从崇宁元年的每平方公里7.1户上升到9.3户[1]。虽然这一人口密度较东南各路仍少很多,还不足以根本改变全境地广人稀的状态,但某些州县的经济面貌却已迥然不同于以往。

在湖南路治所所在的潭州(治今湖南长沙),农民已较多地种植早晚二季稻,早稻约居晚稻的十分之七,晚稻交官府,早稻留给自己吃[2]。城市规模有所扩大,绍兴二十六年已将"城内空闲地段及已耕菜园、麦地,并许土著、流寓官户百姓之家经官指占,兴造房舍"[3]。南宋后期,城内居民达十万余户[4]。

值得注意的是,今湖南境内偏僻落后的南部和西部山区,也有了较大的发展。时人赞宝庆府(治今湖南邵阳):"其水宜稻,其陆饶黍稷麻麦。"[5]绍兴十六年,增设临武县。嘉定年间,增设兴宁(今资兴)、湘东(治今萍乡市湘东区南)、酃等县[6]。偏在西南、设置较晚的武冈军武冈县和靖州永平县(今靖州),淳熙十三年也定为中县[7]。一般说来,县的增设或级别上升往往是人口和经济发展的结果。

虽然一直到嘉定十六年,湖北路户数均呈下降趋势,宋末才开始有较大的增长[8],并且嘉定十六年的人口密度每平方公里只有2.4户[9],但自绍兴五六年以后人口下降的现象基本发生在屡受战争影响的长江以北地区,长江以南的鼎、澧、鄂诸州人口数量却有较大的上

---

1 参见胡道修:《宋代人口的分布和变迁》。
2 真德秀:《西山文集》卷10《申朝省借拨和籴米状》。
3 《宋会要辑稿》食货六三之一三。
4 真德秀:《西山文集》卷10《申朝省借拨和籴米状》。
5 祝穆:《方舆胜览》卷26,引《年丰堂记》。
6 《宋史》卷88《地理志》,第3200—3201页。
7 《宋会要辑稿》职官八之六五。
8 据附表3。
9 胡道修:《宋代人口的分布和变迁》。

升,经济的恢复和发展比较快。

鼎州(治今湖南常德)和澧州(治今澧县)南宋初期人口数量严重下降,"井邑萧条,居民稀少"[1]。孝宗年间,司农卿李椿说湖北垦田情况:"惟常德府(以鼎州改名)已耕垦及九分以上,澧州及七分以上,其余州郡亦五分以上下"[2],农业生产逐渐恢复。原先人烟稀少的鼎州龙阳县,孝宗淳熙九年(1182年)人民"安居乐业,繁夥熙熙",上下沚江一带"乡村民户无虑万家,比屋连檐,桑麻蔽野,稼穑连云,丁黄数十万"[3],呈现出一派人口密集、经济兴旺的景象。

鄂州(治今湖北武汉市武昌)在南宋初期曾遭战争严重破坏,"士民颇鲜存者"[4],移民迁入后人口数量和经济开始恢复。但到孝宗乾道四年(1168年),知鄂州李椿仍说:"州虽在江南,荒田甚多。"要求召人请射,并以免税三年作为优惠条件[5]。此后鄂州经济开始迅速发展。鄂州城为长江中游重要的商业都会,据陆游的观察:"贾船客舫不可胜计,衔尾不绝者数里,自京口以西皆不及也。……市井雄富,列肆繁错,城外南市亦数里,虽钱塘、建康不能过,隐然一大都会也。"[6]宁宗时,黄榦说鄂州人口为汉阳军的10倍,时汉阳军2万户,则鄂州当为20万户左右[7]。在此同时,江陵和襄阳虽然是路的治所,但城市发展瞠乎其后。南宋的大发展为鄂州在元明以后成为湖北区域中心奠定了雄厚的基础。

四　岭南的地区开发

在南岭以南的岭南,移民数量少于其他地区,经济比较落后,但移民对地区开发也产生一定影响。

今广西、海南和广东西部所在的广西路是南宋人口增长最快的

---

1 《夷坚志》支戊卷8《龙阳章令》。
2 《历代名臣奏议》卷258。
3 岳珂:《金陀续编》卷26《鼎澧逸民叙述杨么事迹二》。
4 《大明一统志》卷59。
5 《宋史》卷173《食货志》,第4174页。
6 《陆放翁全集·渭南文集》卷47《入蜀记》。
7 《勉斋集》卷28《申制置司乞援鄂州给米》。

路,绍兴三十二年、嘉定十六年和元至元二十七年的户数,分别相当于北宋末崇宁元年的202%、218%和257%(见表13-1)。不能将人口的增长皆归之于北方移民迁入,但据第十章第四节所述,移民(包括北方籍)迁入应是人口增长的原因之一。

一个半世纪的人口增长推动了农业的发展,"这一增长虽然还不能迅速改变广南西路极目黄茅白苇的空旷景象,也不能立即改变那里的耕作粗放或刀耕火种的落后生产方法,但它毕竟推动了农业的发展"[1]。周去非在岭南了解到,"静江民颇力于田"[2]。有的地区,例如郁林州(治今广西玉林),由于"北方流移者日益众",已对当地物价产生一定影响,导致"风声日益变","百物涌贵"[3]。南宋时广西路增置或复置河池(广西今市)、石城(今广东廉江北)、遂溪(今县)、徐闻(今县西)等县[4]。

南宋广东路的移民较其他路少,而且奇怪的是全路人口一直呈下降趋势,原因有待研究。由于总人口过少,直至元代广东给人的印象仍比较荒凉落后,到明代沿海地带的发展水平才赶上内地发达地区。但南宋时代广东人口分布却发生较大变化,珠江三角洲地区的广州、新州人口增长较快,增设香山、乳源二县(皆详本卷第六章第二节)。当地的水利建设和农业开发都有了一定的发展[5]。

五 小结

南宋是南方地区开发迅速发展的时期,东南地区的发展尤其令人注目。南宋的大发展,与北宋时的良好基础、南宋时的长期和平环境及朝廷的大力经营分不开,因此我们不能将一切经济成就都归之于北方移民南迁。在白龙江—秦岭—淮河一线以南,大巴山和长江以北的移民密集区,居民主要来自北方,北方移民是经济发展的主

---

[1] 漆侠:《宋代经济史》上册,第71页。
[2] 《岭外代答》卷4《踏犁》。
[3] 蔡絛:《铁围山丛谈》卷6,第115页。
[4] 《宋史》卷90《地理志》。
[5] 参见何维鼎:《宋代人口南迁和珠江三角洲的农业开发》,《学术研究》1987年第1期。

要力量。但在其他地区,除了南宋初期在两浙、江西、江东和湖南诸路的北部区域北方移民曾在经济恢复中起了重要作用外,其他时期的发展往往都是多种因素综合作用的结果,北方移民的作用只是一种因素。

经过南宋的大开发,江南、江西、福建和四川西部地区的经济有了更大的发展,土地垦殖程度很高,农业和手工业商业相当发达,城市和农村经济更加繁荣。不过,在蒙古军队攻入四川以后,四川人口急剧下降,元至元二十七年的户数只相当于近 200 年前北宋崇宁元年的 5%,景象之悲惨可想而知。因此,南宋后期南方发达的地区基本都在东南。元统一南北以后,就全国而言,无论农业、手工业和商业,皆以东南地区最称发达。湖南、湖北(特别是长江以南)在南宋时获得较大的发展,从而为明代这一区域全面完成经济开发跻入发达地区行列奠定了基础。淮南的地区开发受战争影响进展较慢,岭南由于人口密度不高经济落后状态尚无根本改变,但在这些地区经济也有了一定的发展,从而为明代的大开发做了一定的准备。

第二节

麦、粟种植面积的扩大和畜牧业的发展

一 麦、粟种植面积的扩大

麦和粟是我国古代北方人民的主食,南方种植较少,麦和粟在南方种植范围的扩大,一般说来是和生产技术的提高、政府的提倡和北方人口的南迁分不开的。宋代尤其南宋是麦和粟种植区域南伸的重要时期,实现这一地域突破的重要原因是:一是水稻秧播技术的出现,为水旱轮作在时间和空间上提供了可能;二是挖沟作疄的技术措

施解决了水旱轮作的土壤水分转换问题;三是大量人口的南迁,成为旱地作物向南传播的动力和促进因素[1]。关于北方人口南迁与麦、粟种植范围扩大的关系,已有许多论著所及,但都相当简略,仍需在此加以较为详细的说明。

对于北方移民来说,要改变长期形成的吃面食和小米为主的生活习惯是相当不容易的。在高宗每日的食谱上都有面食[2]。岳飞一家也主要吃面食和粟,当被抄家时,除了"粟、麦五千余斛"外便没有发现别的粮食[3]。上层移民这样,下层移民同样如此。北方移民的喜好给南方人留下深刻的印象,以致当一次小麦丰收时,周孚禁不住写了《今秋麦大熟,北客所愿也,戏作诗寄王季裴》一诗,说:"为君一洗南烹恶,从此儒仙莫怒朣。"[4]由于北方人民大量涌入南方,小麦供不应求,绍兴初年每斛涨至12 000钱[5]。

由于饮食习惯和麦价的关系,北方农民进入南方以后往往在定居地种植小麦。郢州(治今湖北钟祥)曾为桑仲统率的流民武装霍明部占据几年,"近城多种二麦"成为霍明"措置郢州,颇有条理"的政绩之一[6]。郢州向以水稻为主要粮食作物,近城大面积的二麦应当是随桑仲南迁的移民种植的。南宋初年,荆襄、淮南、四川北部和江南的一些府州北方移民已成为当地人口的主要部分,这些地区的北方农民和屯田军人不可能不种自己爱吃并会种的小麦,而去种不爱吃又不会种的水稻。

为了满足北方人的生活需要,朝廷采取措施鼓励人民种麦,"佃户输租,只有秋课,而课麦之利,独归客户"。加之麦价高涨,"农获其利,倍于种稻"[7],种麦者得到较高的经济收益,从而也刺激农民(包括北方籍和南方籍)的种麦积极性。

---

1 参见韩茂莉:《地理环境与农业地域性宋代小麦区的扩展为例》(油印件),1992年,复旦大学地理环境与中国历史文化专题讨论会论文。
2 周煇:《清波杂志》卷9载高宗食谱,主食是胡饼、麦和米等。
3 袁褧:《枫窗小牍》卷下,丛书集成初编本。
4 《蠹斋铅刀编》卷7。
5 庄绰:《鸡肋编》卷上,第36页。
6 徐梦莘:《三朝北盟会编》卷150,炎兴下帙五十。
7 《鸡肋编》卷上,第36页。

为了帮助各地解决新米上市之前缺粮问题，并防备可能出现的灾荒，孝宗以后朝廷还多次下达劝民种麦的诏令。乾道七年(1171年)，"司马伋请劝民种麦为来春之计。于是诏江东西、湖南北、淮东西路帅漕，官为借种及谕大姓假贷农民广种，依赈济格推赏。仍上已种顷亩，议赏罚"[1]。淳熙七年(1180年)，"复诏两浙、江、淮、湖南、京西路帅、漕臣督守令劝民种麦，务要增广。自是每岁如之"[2]。嘉定八年(1215年)，由于赵师恕的建议，宁宗"诏两浙、江、淮路谕民杂种粟、麦、麻、豆，有司毋收其赋，田主毋责其租"[3]。建议扩大种麦和其他旱作粮食作物的司马伋和赵师恕都是移民或其后裔。

大麦的扩大种植和南宋收购大麦作马料有关。每年朝廷都拨款收购几十万石大麦，乾道七年下达给各路收购大麦的指标达46万石[4]。

除了大、小麦，一些地区还广种荞麦。严州(治今浙江建德境)种植很多，陆游赋诗记当地收麦季节所见："城南城北如铺雪，原野家家种荞麦。雪晴收敛少在家，饼饵今冬不忧窄。"[5]

约自高宗后期起，南方除岭南之外，各地已普遍种麦，麦子在粮食作物中占有一定的比重。绍兴三十一年春，两湖、两浙等路麦子歉收，缺乏春粮，一度导致饥荒和动乱[6]，可见麦子的重要性。《宋史》卷67《五行志》载南宋各地饥荒情况，凡孝宗乾道以后的饥荒相当一部分都和"亡麦""麦种不入""亡麦苗"有关。类似情况，发生在淮南诸郡、江西、台州、福建、成州、阶州、凤州、西和州、资州、隆州、荣州、普州、叙州、简州、富顺监、绵州、绍兴府、安丰军、浙东诸郡、广安军、怀安军、潼川府、衢州、婺州、江东诸州。由此可见，在相当多的地区麦子已成为必不可少的粮食作物，如果歉收便会发生饥荒。《舆地纪胜》于全州(治今广西全县)下引陈瑾诗："瘴岭只将梅作雪，湘山今见麦为春"，可

---

1 《宋史》卷173《食货志》，第4175页。
2 同上书，第4176页。
3 《宋史》卷39《宁宗纪》，第762页；卷173《食货志》，第4178页。
4 《宋会要辑稿》食货四〇之五一。
5 《陆放翁全集·剑南诗稿》卷19《荞麦初熟刈者满野喜而作》。
6 《宋史》卷381《张阐传》，第11746页。

见连今广西北部的全州也大量种植冬小麦。《淳熙三山志》卷41引苏恭话:"今南北之人,皆能种莳(小麦)",显然是符合实际的。

绍兴末年,成闵率宋军追击金军进至泗州。由于后方未能及时将军粮运到而断粮,虽然"金人遗弃粟米山积",但是"闵之众多福建、江浙人,不能食粟,其死者甚众"[1]。此例说明南方广大区域多不种粟,否则军人不至于不食粟。此后,由于政府的提倡和推广,福建、江浙一带都种了不少的粟。福建以泉州和福州种植较多,韩元吉在建宁府(治今福建建瓯)劝农时便说当地"其无水之地,可以种粟、麦者,未如泉、福之广也"[2]。南宋时临安新城县山田多种粟[3],湖北、吉州(治今江西吉安)、成都府、川东等很多地区也种粟[4]。

据研究,唐代南方产麦区主要集中在太湖流域、汉水流域和洞庭湖、鄱阳湖地区以及成都附近的平原上,其他地区在文献记载上寥若晨星;四川的东部和北部是粟的重要产区,此外其他的广大区域只有零星种植[5]。显然,宋代的麦、粟产区已大大向南伸展,而且产地更加密集。

在某些移民较多的地区,麦类和粟成为当地人民的主食,或与大米平分秋色。郢州和德安府(治今湖北安陆)就是以麦、粟为主食的地区。《舆地纪胜》载郢州风俗和物产,说"其民朴,其俗俭,其土饶粟、麦,有西北之风声气习焉",而不提饶水稻。乾道三年,德安府和郢州屯田收粮5万余石,其中的黑豆喂牛,大麦和稻谷作马料,所有小麦、粟、杂豆在当地出卖[6]。如果两州人民主粮是稻米而不是麦粟,就不可能将稻谷作马料而将小麦卖掉。兴元府(治今陕西汉中)每月供应良家子的俸粮是米、麦各一石[7]。此外,朝廷供应大臣和将领的俸粮

---

1 《建炎以来系年要录》卷195,绍兴三十一年十二月庚戌,第3297页。
2 《南涧甲乙稿》卷18《又劝农文》。
3 《宋会要辑稿》食货七之一〇九。
4 见《宋会要辑稿》食货三之一七;欧阳守道:《巽斋文集》卷4《与王吉州论郡政书》;陆游:《陆放翁全集·剑南诗稿》卷7《小疾谢客》;《建炎以来系年要录》卷141,绍兴十一年七月庚戌,第2273页。
5 参见华林甫:《唐代主粮生产布局的初步研究》第一章第三节、第二章第四节,复旦大学硕士学位论文。
6 《宋会要辑稿》食货三之一七。
7 《文献通考》卷158。

差不多也是米、麦各半[1]。

麦、粟的大面积种植,对南方的农业生产具有重要意义。第一,促进麦稻复种制区域的扩大,在相当多的平原地区往往是收了麦子再种水稻,一年得以两次收获,麦稻复种和某些地方两季稻种植面积的扩大提高了单位面积产量。第二,促进山区的开发。南方山区相当多的一些地方由于水源、地势的关系,不适宜于种植水稻,麦、粟等旱作作物的推广使这些地方获得适宜种植的粮食作物,土地利用范围扩大。两浙路的婺州(治今浙江金华)是"(田土)膏腴在下而濒溪,硗瘠居高而带山"的山区。由于广种旱作物,当地形成"下者宜秔宜粳宜秫,高者宜粟宜豆宜油麻,又其次则荞麦、芋、果、蔬、蓏"的种植格局[2]。韩元吉在建宁府劝农时要求当地不失时机耕种,"高者种粟,低者种豆,有水源者艺稻,无水源者播麦"[3]。真德秀则要求泉州农民:"高田种早,低田种晚,燥处宜麦,湿处宜禾,田硬宜豆,山畲宜粟,随地所宜,无不栽种。"[4]这些人多地少地区的土地利用率显然已相当高。

二 畜牧业的发展

"北人善马,南人善舟"这句很早即开始流传的俗语,说明养马骑马都非南方人所长。确实,由于气候、水草等方面的原因,南方养马业向来落后。但是,随着北方人口的南迁,南方的养马业有所发展。

宋金战争主要作战区域是地势平坦的江淮平原地带,骑兵在战争中发挥重要作用。南宋有善于驾驭战马的人即来自北方的移民,但却苦于缺乏战马。为了解决战马来源,朝廷一方面在四川、广西、淮南开设马市,通过边境互市获得战马,另一方面在若干地方设立养马场,派人(主要是军人)去养马。

---

[1] 据《宋会要辑稿》职官五七之八一和五七之八八,隆兴元年时左右仆射每月领粳米、小麦各122石5斗,同知枢密院事领粳米小麦各100石,乾道六年发给郭振部军官俸粮的"细色"中米麦各占一半。
[2] 王柏:《鲁斋集》卷9《水灾后札子》,四库全书本。
[3] 《南涧甲乙稿》卷18《建宁府劝农文》。
[4] 《西山文集》卷40《再守泉州劝农文》。

高宗绍兴二年（1132年）十月，开始置孳生马监于饶州（治今江西鄱阳），"命守臣提领，括神武诸军及郡县官牧马隶之，仍选使臣五人专主其事"[1]。此后，朝廷相继在临安、建康、惠州（治广东今市）、潮州、汉阳军（治今湖北武汉市汉阳）、荆南（治今江陵）、平江府、常州、镇江、秀州（治今浙江嘉兴）、扬州、湖州等地放养军马[2]。有的牧马场达到一定的规模，例如乾道五年建康府放牧战马达5 000匹[3]。

关于南宋养马的经过和得失，李心传《建炎以来朝野杂记》甲集卷18《孳生监牧》条总结说：

> 自渡江以来无复国马。绍兴三年冬，始命三省枢密院措置马监，后置于饶州，以守倅领之，择官田为牧地，复置官提举，俄亦废。四年，又置于临安之余杭及南荡。十九年夏，诏马五百匹为一监，牡一而牝四之，监分四郡，岁产驹三分，及毙二分以上，有赏罚，上尝谓大臣曰："议者言南地不宜牧马，朕昨自措置养马，今方二三年，已得马数百矣。"先是川路所置马岁付镇江军中牧养，十九年春，上以未见孳生之数，遂分送江上诸军，仍立赏罚。后又置于郢、鄂之间，牡牝千余，十有余年才生三十驹，而又不可用，乃已。故凡国之战马，悉仰川、秦、广三边焉。

据上可见，南宋的官营牧马业是失败的。不过，朝廷提倡养马和设在各地的官营养马业无疑会促进民间养马业的发展。淮南的养马业便很兴旺，南宋中后期"淮民多畜马，善射"，以致主管淮东安抚司公事的崔与之"欲依万弩手法创万马社，募民为之"[4]。湖州、徽州（治今安徽歙县）民间也有养马，湖州山区有的人家养一二匹马[5]，徽州除了养马还养一定数量的驴和骡[6]。

---

1 李心传：《建炎以来系年要录》卷59，绍兴二年十月戊子朔，第1017页。
2 临安见《咸淳临安志》卷47，建康见《景定建康志》卷14，潮州和惠州见《宋史》卷31《高宗纪》，汉阳军见黄榦：《勉斋集》卷24《汉阳条具便民五事》，平江见《吴郡志》卷5，常州见《咸淳毗陵志》卷12，镇江见《宋史》卷198《兵志》，秀州见《宋史》卷35《孝宗纪》，扬州和荆南府见《宋会要辑稿》兵二一之一二至一四，湖州见同书兵二六之一。
3 《景定建康志》卷14。
4 《宋史》卷406《崔与之传》，第12259页。
5 《嘉泰吴兴志》卷20。
6 罗愿：《新安志》卷2。

驴子为当时重要的交通工具,在陆游、刘克庄等人的诗篇中常常提到他们骑驴外出[1]。不仅江南和福建等地可以见到作为乘骑的驴,而且远在天边的海南岛也有驴,李光曾在儋州"蹇驴牵去系榕根"[2]。南方盛行骑驴可能和善于骑驴养驴的北方人南迁有关。

宋人说:"西北品味,止以羊为贵"[3]。在南迁的皇室和大臣的日常饮食中,羊肉是较之猪肉更为鲜美的上等食品。此外,北方人还喜喝牛奶,吃奶酪制品。受这种风气影响,南宋时各地盛行吃羊肉和奶制品,喝牛奶(详下),消费量的增加是畜牧业发展的充分体现。

第二节

某些手工业技术的南传和商业的发展

一 某些手工业技术的南传

北宋时,南方手工业技术的总体水平已赶上北方,但北方还有不少部门技术水平超过南方[4]。除了民间手工业仍有可称道之处,集中在开封等地的官营手工业也相当发达。开封的官营手工业作坊,主要分属于少府监、将作监、军器监和国子监等机构。有的作坊规模很大,例如御前军器所有兵万人,军匠3 700余人,工匠5 000余人[5],许多产品质好量多。文献一般不记载手工业工人的南迁情况,但从下述事实来看,有一定数量的手工业工人南迁,包括官营作坊工人。北方工匠将比较先进的技术带入南方,经过他们和南方手工业工人的共同劳

---

1 《陆放翁全集・剑南诗稿》卷32《路傍曲》;《后村集》卷7《桐庐道上》。
2 《庄简集》卷7《新年杂兴十首》。
3 周煇:《清波杂志》卷9。
4 参见张家驹:《两宋经济重心的南移》第二章,和《宋代经济史》第二编"引言"。
5 《建炎以来朝野杂记》甲集卷18《御前军器所》。

动,南方手工业产品的质量和产量都得到提高。

南宋时,一种名叫车船的先进船只获得较为广泛的使用。这种船,在船舷两侧各安装一双翼轮,贯之以轴,人用脚踩踏轮轴,使翼轮激水前进,速度很快。并且,船可进可退,大船可载二三百人,两边有护板,"但见船行如龙,观者以为神异"。这种车船,由随程昌寓迁入鼎州的原开封都水监工匠高宣设计制造,在程昌寓军中和杨么农民军中(自程军缴来)都曾大显身手[1]。绍兴五年,朝廷下令江东、浙东各仿此制造车船,共25艘[2]。南宋末期西湖游船也有用脚踏车轮而行的[3],或许是仿车船而造。

北宋时河北定州的丝织技术克丝闻名国内,开封文思院也制造这种产品。由于北方工匠的迁入,南宋时江南的克丝业得到发展,临安产花、素二种[4]。高宗时驸马濮凤自北方迁居桐乡县濮院,濮氏后在此经营蚕织,规模渐大,这一带成为著名的丝绸产地之一[5]。1975年,福州浮仓山宋墓出土大批精美的丝织品,其中二匹丝织料子的两端有题记,写"宗正纺染金丝绢官记",这些丝织品很可能是南迁泉州的南外宗正司组织生产的[6]。

北宋时南方的文具制造业发达,名品颇多,但北方也有一些著名产品。南迁的文具制造工人将北方先进技术带入南方,使南方文具产品更加丰富多彩。《游宦纪闻》卷7载:"沅芷(指今湖南芷江)黎溪砚,紫者类端石而无眼,有金束腰、眉子纹。间有润者,其初甚发墨,久而复滑,或磨以细石,乃仍如新",曾流行一时;这种砚是庆元年间北方移民单路分首创的。建炎、绍兴年间,随高宗南迁的笔工屠希所造之笔闻名一时,"自天子、公卿、朝士、四方士大夫皆贵希笔,一笴至千钱,下此不可得"。其后裔也以制笔为生,至其孙子时虽质量下降但也一笴百钱[7]。

---

1 岳珂:《金陀续编》卷25《鼎澧逸民叙述杨么事迹》。
2 《建炎以来系年要录》卷86,绍兴五年闰二月丙寅,第1425页。
3 《梦粱录》卷12"湖船",浙江人民出版社标点本。
4 《咸淳临安志》卷58。
5 《桐乡濮院镇志》,转引自朱新予主编:《浙江丝绸史》,浙江人民出版社1985年版,第41页。
6 《福州市北郊宋墓清理简报》,《文物》1977年第7期。
7 陆游:《陆放翁全集·渭南文集》卷25《书屠觉笔》。

此外，宗室赵令衿及其子孙制的墨是当时的名品[1]。

北宋时以杭州和设在开封的国子监所刻之书质量最好。南宋时临安的刻书质量仍领先于各地，其中以国子监的印本最精，印刷技术最高，号称监本。临安还有一些从汴京迁来的民间刻书店，如中瓦南街东开印经史书籍的荣六郎家，原住汴京大相国寺东，迁至临安后其所刻之书上都注明北宋时的原址[2]。

南宋时加羊肉酿制的羊酒，被人称为酒中名品，许多地方都能喝到（详本卷第十四章第三节）。北宋末江南人朱翼中撰《酒经》，载有羊酒（称白羊酒），但不知当时南方是否也产，估计南宋时的广泛酿制和北方移民影响有关。南宋赵令畤著《侯鲭录》载："内库酒法：自柴世宗破河东，李守正得匠人至汴苑。今用其法。"显然南宋也产内库酒（可能是一种葡萄酒）。

北宋时南方陶瓷业相当发达，但北方也有一些名窑，其中设在开封属朝廷经营的官窑最为有名。南宋时，北方工匠也在临安生产类似瓷器。当时，"有邵成章（北方移民）提举后苑，号邵局，袭故京遗制，置窑于修内司，造青器，名内窑。澄泥为范，极其精致，油色莹彻，为世所珍"[3]。除修内司，在郊坛下也有官窑窑址。

迁都临安以后，原设在开封的官营手工业各机构纷纷在临安设立，南北各地匠人集中于此。临安迅速发展为南宋最大的手工业中心，除纺织、印刷等部门较前发达，军器制造业也相当兴盛。

二　移民和南宋商业的发展

移民的南迁对南宋商业产生了一定的影响。

定都临安以后，大批皇亲国戚、达官贵人云集江南。他们是社会上最富有的部分，消费能力高，临安及其地区因之成为南方的主要消费中心，从而刺激了商业的发展。此外，其他移民众多的城市，例如建

1　陆友：《墨史》卷下，丛书集成初编本。
2　参见王星麟：《宋代的刻书业》，《史学月刊》1986年第1期。
3　陶宗仪：《辍耕录》卷29，丛书集成初编本。

康、鄂州、泉州,也是具有一定规模的商业中心。商业的需要又促进了交通的发达[1]。南宋的海外贸易较北宋有了很大的发展。泉州港超过广州发展为全国最大的港口。泉州港的繁盛,除了福建商品经济的较大发展等原因以外,也与其距临安较近和在福建与泉州有较多的皇亲贵戚有关[2]。此外,南宋后期泉州由于要供养人数达二三千余人的宗室成员,不得不增加对外国商船的课税,也一度使泉州港外贸业趋于萧条[3]。

南宋时期对战马的大量需求,使得四川、广西等地边境的互市贸易较前有所发展。例如,四川在乾道四年从边外购进 11 000 匹马,而在北宋末四川和陕西的岷州、阶州每年不过购马 8 700 匹左右[4]。同时,产自内地的盐、茶、丝绸等产品大量销往边地。这种互市贸易无疑有利于区域经济发展。

北方饮食风俗的南传,则是移民南迁给南方商业增添新的内容的表现之一。例如,南宋时不少城镇夏天有冰的销售,这完全是移民南迁后才出现的(详第十四章第三节)。此外,四川北部和荆襄地区解盐走私的盛行和北方移民有关。由于官卖的淮盐价昂味淡,而产自河东的解盐味重适合移民口味,十分好销,上述两地区的许多归正人以走私解盐为业,朝廷屡禁不止[5]。

第四节

人口南迁和全国经济重心的南移

北方人口的南迁对我国古代经济重心的南移产生了重要影响。

---

1 参见梁庚尧:《南宋城市的发展》,《食货月刊》(台湾)十卷十期、十一期,1981 年。
2 参见陈高华、吴泰:《宋元时期的海外贸易》,天津人民出版社 1981 年版,第 143—148 页。
3 真德秀:《西山文集》卷 15《申尚书省乞拨度牒添助宗子请给》。
4 《宋会要辑稿》职官四三之一一二。
5 《宋会要辑稿》食货二七之二八、二八之八。

笔者认为，我国封建社会经济重心南移的进程，始于东晋以后，到南宋结束，其间约可分为三个阶段。东晋南朝隋唐前期为第一阶段，南方经济有了很大的发展，显示了实力，但北方经济仍超过南方。唐中后期五代北宋为第二阶段，南方经济已胜过北方，但南北经济差距尚不太大。南宋为第三即最后确立阶段，至此南方在经济上完全超过北方。

表13-2 公元280—1820年南方著籍户口占全国的比重变化

时　　代	单位	全国总数	南方数量	南方比重（%）
西晋太康（280—289年）	万户	247	113	45.7
隋大业五年（609年）	万户	890	253	28.4
唐天宝元年（742年）	万户	897	405	45.1
北宋太平兴国（976—984年）	万户	653	394.7	60.8
北宋元丰三年（1080年）	万户	1 657	1 159	65.9
元至元二十七年（1290年）	万户	1 319	1 184	89.8
明洪武二十六年（1393年）	万户	1 065	836	78.5
清嘉庆二十五年（1820年）	万人	34 716	25 221	72.6

资料来源：《晋书·地理志》、《隋书·地理志》、《新唐书·地理志》、《经世大典·序录》、《图书编》卷90、嘉庆《清一统志》，以及本卷表6-1。

在封建社会，人口数量在全国所占比重往往是衡量一个区域在全国经济中所占地位高低的标尺。据上表可见，南方虽经历第一次北方移民南迁浪潮，但在隋统一以后户口不但没有上升反而有所下降，这固然有种种原因，至少可以证明一旦结束战争北方很快就可获得发展，并在人口数量上完全压倒南方。经唐后期五代的第二次北方移民南迁浪潮，南方人口数量已开始超过北方，这种优势一直保持下来，北宋时期南方的发展使其所占比重又有所提高。靖康之乱以后的第三次北方移民南迁浪潮和发生在北方的宋金、金元之际的残酷战争，使南方在全国人口中所占比重再次大幅度上升，元代几占十分之九，明清北方人口比重有所上升但南方仍占十分之七八。清代北方不少地方重新成为我国人口密度很高的地区，但人口在全国所占比重仍未有大的提高。由此可见，在宋之后，南方在全国人口中始终占有很大的比重。有关南方农业、手工业和商业发展的总体水平大大超过北方的观点,早已成为史学界定论,无须笔者赘言。总之,宋之后南方经济发展的总体水平已远远超过北方,南胜北的局面再也没有扭转过来。史学界虽然对南移进程有各种争论,但都认为南方成为经济重心的下限皆未晚过南宋,这也充分说明南宋时期南方经济已完全确立对北方的优势。

南宋时期经济重心彻底南移,主要有以下几个原因:

第一,南方相对和平的环境有利于经济发展,而发生在北方的金灭北宋和蒙古灭金的战争对生产力造成严重破坏。

第二,南方经济在北宋时已呈现快速增长的势头,南宋时由于政治中心南移,采取不少有利于发展经济的措施,因而在原有的基础上继续快速发展。

第三,北方移民的南迁促进了南方经济发展。主要体现在:

(1) 北方某些先进的手工业技术的传入,由于移民南迁引起的麦、粟等作物种植面积的扩大以及畜牧业的发展,皆有利于农业手工业产品质量的提高和数量的增加,并使生产向广度和深度进军。

(2) 移民及时补充了江淮地区和江南、江西、湖南、四川北部在南宋初期大量下降的人口,使江南、江西等发达地区能够在原有基础上继续向前发展,而不致因缺少人口陷于停滞或后退,在江淮和四川北部移民则是恢复和发展经济的主要力量。

(3) 移民的迁入,增加了发达地区的人口压力,迫使这些地区不得不向外输出人口,或加快土地开发与发展工商业的速度,因而有利于各个区域的生产发展。分布在经济比较落后地区的移民,也在一定程度上促使这些地区由落后地区向先进转化。

此外,从唐宋开始,北方地区的生态环境开始朝着不利于生产的方面发展,且有逐步加强的趋势,这也是北方在我国经济中所占地位下降的原因之一。

第十四章

靖康乱后北方人口的南迁：移民与南宋文化

我国的南北文化，自古有较大的差异。南北之间大规模的人口移民，往往是促进南北文化交流以至融合的重要途径。在这个进程中，南宋占有重要的地位。通过北方移民的南迁，北方文化又一次较大规模地注入南方，影响南方文化，并使局部地区在一定时期内染上相当浓厚的北方文化的色彩，在此基础上形成不同于以往的南方文化。随着元代的统一，这种南方文化的某些内容影响到全国。南宋时期南方的总体文化水平有了很大的提高，在确立全国经济重心地位的同时，也确立了全国文化重心的地位。

第一节

思 想 文 化

在我国古代思想文化的发展进程中，南宋占有十分重要的地位。

元明清时期在思想领域占统治地位的理学,就是在南宋时得到较大发展并最终成为官方的正统思想的。北宋中后期,南方思想界几种学派并立。主要有以王安石的思想为代表的新学,以苏氏父子思想为代表的蜀学,随着二程学生杨时的南归,理学也开始在福建等地流传。北宋理学代表人物集中于北方的洛阳和关中,程颢、程颐、邵雍、张载、司马光等人都是北方人,南方虽然是理学开山大师周敦颐的故乡,其地位远逊于北方,直到"中兴以来,始盛于东南"[1]。南宋时期南方理学获得巨大发展并成为我国理学中心,主要应归功于靖康之乱以后北方思想家的南迁。

一 北方思想家南迁与理学中心的南移

靖康之乱以后,许多思想家南迁。黄宗羲原著、全祖望补修的《宋元学案》(中华书局1986年点校本)是近代以前研究宋元思想史最重要的著作,书中传主在南宋活动过的有1 144名,其中北方籍思想家115人,占总数的10%,广泛分布在今江苏、浙江、江西、四川、湖南、湖北、福建、安徽、广东等9省的30余市县(见表14-1)。

表14-1 《宋元学案》北方籍传主的迁移和分布

姓 名	迁出地	迁 入 地	所列学案
邵伯温	河南府	犍为(四川今县)	百源
程端中	河南	池州(安徽今市)	伊川
刘芮	东平	湘中	元城
晁说之	北方	南方	景迁★
朱弁	新郑	南方	景迁
王安中	中山府	泉州(福建今市)	景迁
吕好问	开封	婺州(今浙江金华)	荥阳
吕切问	开封	南方	荥阳
魏纪	寿春	明州(今浙江宁波)	龟山

---

[1] 马端临:《文献通考》卷32。

续 表

姓 名	迁出地	迁 入 地	所列学案
程迥	宁陵	余姚（浙江今市）	龟山
高元之	开封	明州	龟山
张良臣	襄邑	明州	龟山
曾开	河南府	南方	廌山
曾集（1）			廌山
尹焞	河南	平江府（今江苏苏州）	和靖★
吕和问	开封	太平（今属安徽）	和靖
吕广问	开封	太平	和靖
吕稽中	开封	蜀中	和靖
吕坚中	开封	南方	和靖
吕绷中	开封	婺州	和靖
冯忠恕	汝阳	南方	和靖
倪宽	均州	江州（今江西九江）	和靖
徐度	睢阳	南方	和靖
韩元吉	开封	信州（今江西上饶）	和靖
蔡迨	许昌	南方	和靖
罗靖	开封	扬州（江苏今市）	和靖
林宪	山东	台州（今浙江临海）	和靖
郭雍	洛阳	长阳（湖北今县）	兼山
曾逮	河南府	信州	震泽
马伸	东平	龙游（今浙江衢州境）	刘李诸儒
袁溉	汝阴	江陵府（今湖北江陵）	刘李诸儒
焦瑗	山东	明州	刘李诸儒
邵溥	河南	犍为	刘李诸儒
李迎	济源	德清（浙江今县）	周许诸儒
胡安国	荆门	衡山（湖南今县）	武夷★
胡宁	荆门	衡山	武夷
胡宪	荆门	衡山	武夷
曾幾	河南	信州	武夷
韩璜	开封	衡山	武夷

续 表

姓　名	迁出地	迁　入　地	所列学案
李椿	开封	衡州（今湖南衡阳）	武夷
向沈	开封	衡州	武夷
向涪	开封	衡山	武夷
吕本中	开封	婺州	紫微★
吕大器	开封	婺州	紫微
吕大伦	开封	南方	紫微
吕大猷	开封	南方	紫微
吕大同	开封	南方	紫微
朱震	荆门	临安	汉上★
胡寅	荆门	衡山	衡麓★
张孝祥	和州	芜湖（安徽今市）	衡麓
胡宏	荆门	衡山	五峰★
胡实①		南方	五峰
胡大原①		南方	五峰
胡大本①		南方	五峰
赵师孟	河南	衡山	五峰
向语①		南方	五峰
许翰	襄邑	分宁（今江西修水）	范许诸儒
许忻	拱州	抚州（江西今市）	范许诸儒
赵汝愚①		余干（江西今县）	玉山
赵焯	开封	福建	玉山
赵崇宪①		余干	玉山
赵崇度①		玉山（江西今县）	玉山
赵崇模①		玉山	玉山
赵崇实①		玉山	玉山
赵必愿①		玉山	玉山
赵不息	河南	南方	晦翁
赵汝靓	河南	南方	晦翁
赵汝腾①		福州	晦翁
赵毕升①		南方	晦翁

续表

姓 名	迁出地	迁 入 地	所列学案
吕祖谦①		婺州	东莱★
吕祖俭①		婺州	东莱
吕祖泰①		宜兴（江苏今市）	东莱
吕乔年①		南方	东莱
吴琚	开封	临安（今浙江杭州）	止斋
孟猷①		平江府	水心
赵汝当①		余杭（今杭州境）	水心
孟导①		平江府	水心
宋驹①		绍兴府（浙江今市）	水心
孔元忠①		平江府	水心
赵彦肃①		严州（今浙江建德境）	水心
赵蕃①		玉山	清江
韩冠卿①		南方	清江
韩虎①		信州	清江
韩沆①		南方	清江
赵希绾①		南方	徐陈诸儒
丁黻①		石埭（今安徽黄山市境）	徐陈诸儒
赵师恕①		南方	勉斋
辅广①		崇德（今浙江桐乡境）	潜庵★
辅万①		南方	潜庵
高耕①		南方	南湖
赵纶①		南方	沧州诸儒
赵汝谈①		余杭	沧州诸儒
韩居仁①		南方	沧州诸儒
赵顺孙①		南方	沧州诸儒
赵师渊①		台州	沧州诸儒
赵善佐①		邵武军（今福建邵武）	岳麓诸儒
邢世才	开封	绍兴府	丽泽诸儒
赵善淡①		南方	丽泽诸儒
巩丰①		武义（浙江今县）	丽泽诸儒

续表

姓　名	迁出地	迁　入　地	所列学案
王扬①		明州	丽泽诸儒
赵㧪①		余姚	慈湖
张端义①		韶州（今广东韶关）	慈湖
赵与䇑		南方	慈湖
安刘①		明州	广平
赵师雍①		黄岩	槐堂
孟浼	澶渊	抚州	槐堂
晁百谈	北方	南方	槐堂
王卿月①		台州	槐堂
孔元龙①		衢州（浙江今市）	西山
赵良淳①		南方	双峰
赵孟頫①		湖州	双峰
王应麟①		明州	深宁★
王应凤①		明州	深宁
王良学①		明州	深宁
王昌世①		明州	深宁

资料来源：《宋元学案》；本卷第九章、第十章《靖康乱后南迁的北方移民实例》各部分。
说明：　★学案开创者。　①移民后裔。

北方思想家的南迁壮大了南方思想界的队伍。不过，他们在南宋思想界所起的作用要远远大于其人数所占的比例。他们多在当时思想界占有崇高地位，为南宋思想文化的发展作出重要贡献。

《宋明理学史》上卷（侯外庐、邱汉生、张岂之主编，人民出版社1984年版）《南宋时期的理学》章叙述初期的重要理学家："南宋初年，尹焞、杨时都有很高的地位。……胡安国、胡宏父子首开湖湘学派。"此外，比较重要的理学家还有张九成和朱震。上述诸人，除杨时和张九成，都是北方移民。

尹焞跟随程颐20余年，以笃行得程颐称赞，程颐尝言"吾晚得二士"，即张绎和尹焞[1]，但张绎去世较早，影响有限。程颐又说："我死，

---
[1] 《宋史》卷428《张绎传》，第12733页。

而不失其正者，尹氏子也。"尹焞后又得程颐《易传》十卦于其门人吕稽中，得全本于其婿邢纯[1]。高宗绍兴六年（1136年），尹焞奉诏入朝，任秘书郎兼说书，宣讲理学，产生较大影响。

尹焞弟子众多，其本人开创和靖学案，弟子吕本中创紫微学案，再传弟子中"林拙斋（林之奇）之后有东莱（吕祖谦，创东莱学案），陆子正（陆景端）之后有艾轩（林光朝，创艾轩学案），皆名世大儒也"[2]。尹焞本人并有《论语解》和《门人问答》等著作行世。

胡安国原籍福建，但靖康之乱前已在湖北荆门居住20余年，南渡后迁到湖南衡山。安国于北宋哲宗时入太学，以程颐朋友朱长文和靳裁之为师，学宗程颐，尤深于《春秋》之学。绍兴初，任中书舍人、给事中，又兼侍读，专讲《春秋》，后又奉令撰《春秋传》。经胡安国努力，《春秋》这一曾遭王安石禁锢之书，得以"洗雪而彰明之，使为乱臣贼子者增惧，使用夏变夷者加劝"。《春秋传》借史事寓爱国情感，自成书以来便为统治者所推崇，列入学官[3]，在元明二代皆为科举考试必读书。

胡安国晚年以讲道自乐，与儿子胡宏创湖湘学派，在《宋元学案》中分别是武夷学案和五峰学案的开创者，另一儿子胡寅则是衡麓学案的开创者。

全祖望对胡安国评价很高："私淑洛学而大成者，胡文定公其人也。……南渡昌明洛学之功，文定几侔于龟山（杨时），盖晦翁（朱熹）、南轩（张栻）、东莱（吕祖谦）皆其再传也。"又称赞其子孙："致堂、籍溪、五峰、茅堂四先生并以大儒树节南宋之初，盖当时伊洛世适，莫有过于文定一门者。四先生殁后，广仲尚能禅其家学，而伯逢、季龙兄弟游于朱、张之门，称高第，可谓盛矣。"[4]

朱震本荆门军人，政和年间进士，南渡后定居在临安。高宗时因学术深博廉正守道而被召入宫中，后迁中书舍人等职。学问深博，尤精于《周易》，他的《汉上易传》以程颐《易传》为主，会通邵雍和张载学

---

1 《宋史》卷428《尹焞传》，第12734页。
2 《宋元学案》卷27《和靖学案》，第1004页。
3 戴表元：《剡源集》卷7《春秋法度编序》。
4 《宋元学案》卷34，第1182、1170页。

说，博采汉代至宋诸家议论，是有名的象数学著作[1]。朱震并是汉上学案的开创者。

除了上述诸人，还有一些北方籍思想家在当时也有较高的威望，并为传播北方思想文化做出贡献。

程氏易学的流传和郭雍的努力分不开。其父郭忠孝师事程颐20余年，受《易》和《中庸》。郭雍南迁后隐居山中，著书"传其父学"。孝宗乾道、淳熙年间，学者裒集二程、张载、游酢、杨时和郭氏父子凡七家，为《大易粹言》行于世[2]。陆游评价说："盖程氏易学，立之（即忠孝）父子实传之。"[3]

吕本中出身于中原数代文献世家。祖父希哲少学于焦千之、胡瑗等著名学者，后师从程颐，著有《发明义理》《传讲杂记》等著作。本中自青年时即从游于著名理学家杨时、游酢、尹焞等人，然"三家或有疑异，未尝苟同"，有《春秋解》和《师友渊源录》等理学著作行世[4]。吕本中创紫微学案；其子祖谦是孝宗以后的大思想家。全祖望评价本中，说："愚以为先生之家学，在多识前言往行以畜德，盖自正献以来所传如此。原明（希哲字）再传而为先生，虽历登杨、游、尹之门，而所守者世传也。先生再传而为伯恭（祖谦字），其所守者亦世传也。故中原文献之传独归吕氏，其余大儒弗及也。"[5]

综上所述，北方籍思想家在当时思想界实占有十分崇高的地位，具有很高的学术威望和很强的号召力，并是相当一部分南宋思想家的思想源流所在，可以说他们代表了两宋之交我国思想界的主要精华和领导力量。因此，他们对南宋思想界的影响要超过其人数所占的比例。以《宋元学案》所立各学案论，除去一般人数较少的诸儒学案，学案创始人在南宋活动过的有45人，其中晁说之、尹焞、胡安国、吕本中、胡寅、胡宏、吕祖谦、辅广、王应麟等9人都是北方籍，占20%。

早在南宋后期和元初，学者已注意到北方思想家南迁对促进南

---

1 《宋明理学史》上卷，第221页。
2 《宋史》卷459《郭雍传》，第13465页。
3 《陆放翁全集·渭南文集》卷27《跋兼山先生易说》。
4 《宋史》卷376《吕本中传》。
5 《宋元学案》卷36，第1234页。

方思想文化发展和我国思想文化中心转移的重要性。刘宰说:"粤自炎祚中兴,文物萃于东南。厥初诸老先生师友渊源,有以系学者之望,天下学者,翕然而景从之。闽、湘、江、浙,师道并建,凡异时孔孟之所传,周、程、张、邵之所讲,思之益详,炳然斯文,万世攸赖。"[1] 吴莱说:"自东都文献之余,天下士大夫之学日趋于南。或推皇帝王霸之略,或谈道德性命之理,彬彬然一时人才学术之盛,不可胜纪。"[2]

显然,由于北方思想家的南迁,以及北方因战争而导致的思想文化的衰落,南方成为我国思想文化,特别是理学的中心。原来流传在北方的某些思想内容,之所以能得到保存并在南方发扬光大,主要也是通过北方籍思想家的南传才得以实现的。

二 北方思想家南迁与理学影响的扩大

南宋以后,受理学影响的地区大为扩展,"闽、湘、江、浙,师道并建"(见上),理学开始为各地的士大夫和文人所认识和接受。理学影响的扩大是理学家在各地兴学讲道的结果,分布各地的北方籍理学家也为此作出了巨大的贡献。有关这方面的事例不胜枚举。

南宋以前,婺州(治今浙江金华)"地偏俗古,文物未振"。北方大族巩氏和吕氏迁入后在此办学,"山堂巩先生首以北方之学授徒,著录几数百人;吕成公继讲道明招精舍,负笈坌集,声气薰浃,渊源濡渐,类为世闻人"[3]。吕成公祖谦办学影响尤其大,"四方学子云合而影从,虽儒宗文师磊落相望,亦莫不折官位抑辈行,愿就弟子列"[4];据说"四方来者至千余人"[5]。到南宋中期,金华成为理学的重要中心。

南宋初期,"西北士大夫多在钱塘",随同南迁的程迥"得以考德问业焉"。程迥后成为著名的思想家,又将理学传于昆山王葆、嘉禾闻人

---

[1] 赵蕃:《章泉稿》附刘宰《章泉赵先生墓表》。
[2] 倪朴:《倪石陵书》附吴莱《石陵先生倪氏杂著序》,四库全书本。
[3] 洪咨夔:《平斋集》卷31《吏部巩公墓志铭》。
[4] 王柏:《鲁斋集》卷12《跋丽泽诸友帖》。
[5] 吴师道:《礼部集》卷18《时所性文钞后题》。

茂德、严陵喻樗等人[1]。

河南府人郭维于建炎年间迁居明州昌国县（今浙江舟山），"以北学教授诸生，从者如云"[2]。郭维父亲郭受曾官奉议郎，他们居住的河南府是北宋时理学中心，父子二人很可能已接受理学，郭维教授诸生之"北学"疑即理学。

出于对中原文化的景仰，南方籍文人大多愿意与北方学者交往。如济源人李迎任官明州（治今浙江宁波），当地人"知君京洛故家，屈意愿交"，因而"其门如市"[3]。居住明州的开封人高元之曾从程迥受《易》与《春秋》，郡教授傅伯成（亦是北方人）尊重他，"由是乡学者数百人师事之"[4]。山东人焦瑗曾游伊川之门，明州的学人因"其所言多与杨氏（时）合，于是日益请业"[5]。北方籍学者吕广问、吕和问和罗靖仲等人寄寓婺源（今属江西），当地人李氏父子从他们游，滕南夫"亦受其学"[6]。分布各地的北方籍思想家在与南方文人的交往中，都传播并扩大了理学的影响。

在北方籍理学家的影响下，一些南方文人开始认识并接受理学。南宋著名理学家陆九龄思想的形成便和北方人许忻有关。当时，许忻"以论事忤秦桧意，屏居临川（今江西抚州）。……举人陆九龄年尚少，忻一见，亟折辈行与深语。至是遂与之俱（邵州）。……时场屋无道程氏学者，九龄从故编得其说，独委心焉"[7]。据《宋元学案》，各位北方理学家的弟子或再传弟子，不仅有北方人，也有很多南方人；除陆九龄外，上述林之奇、林光朝、陆景端等南方籍理学家都有一定名望，张栻尤为著名。

北方移民对南方其他思想，例如永嘉事功学派，也产生过重要影响。永嘉事功学派的先驱薛季宣，少年时"从（伯父）弼宦游，及见渡江

---

1 《宋史》卷437《程迥传》，第12949、12952页。
2 《大德昌国州图志》卷6。
3 周必大：《文忠集》卷75《李迎墓表》。
4 《宋元学案》卷25，第989页。
5 《宋元学案》卷30，第1076页。
6 朱熹：《晦庵集》卷83《跋吕仁甫诸公帖》。
7 《建炎以来系年要录》卷160，绍兴十九年七月辛卯，第2589页。

诸老,闻中兴经理大略。喜从老校、退卒语,得岳(飞)、韩(世忠)诸将兵间事甚悉。年十七,起从荆南帅辟书写机宜文字,获事袁溉。溉尝从程颐学,尽以其学授之。季宣既得溉学,于古封建、井田、乡遂、司马法之制,靡不研究讲画,皆可行于时"[1]。对薛季宣思想产生深刻影响的袁溉是汝阴(今安徽阜阳)人,渡江诸老和老校退卒也多是北方人。

三 南、北籍理学家的思想交流与理学的发展

我国地域广大,古代的南北文化,包括思想文化,向有一定的区别,南北两方思想家的交流学习往往会促使形成新型的思想文化。南宋理学就是在南北双方理学家互为师友,互相学习,兼收并蓄南北思想精华的基础上形成的。

朱熹、张栻和吕祖谦是孝宗以后最为著名的三大理学家。周密指出:"伊洛之学行于世,至乾道、淳熙间盛矣。其能发明先贤旨意,溯流徂源,论著讲解卓然自为一家者,惟广汉张氏敬夫、东莱吕氏伯恭、新安朱氏元晦而已。"[2] 吴泳叙宋代理学的发展历程,说:"盖自濂溪周氏、伊川二程氏上接洙泗之传,下演河洛之学,缘北方而盛行于南国者,盖亦有自来矣。南轩受道于五峰,于是乎有湖南之学;吕公受经于三山,于是乎有东莱之学;象山兄弟自立于家塾,又于是乎有江西之学。惟永嘉陈氏之学则得于薛公持正,建安朱氏之学接于周公行己、许公景衡而实本伊川者也。"[3]

试分析上述重要理学家的学术渊源。

张栻受道于五峰先生胡宏;胡宏为北方移民,乃胡安国之子,虽幼从杨时、侯仲良学,"而卒传其父之学"[4]。因此,全祖望说:"南轩……皆其(胡安国)再传也。"(见上)张栻思想渊源部分来自南方籍学者杨时,故《宋史·杨时传》说:"张栻之学得程氏之正,其源委脉络皆出于

---

[1]《宋史》卷434《薛季宣传》,第12883页。
[2]《齐东野语》卷11《道学》。
[3]《鹤林集》卷32《上曹太傅书》。
[4]《宋史》卷435《胡宏传》,第12922页。

时。"文献又载,张栻见朱熹,"相与博约,又大进焉"[1]。

吕祖谦学问兼糅南北,最为庞杂,这与他的家学传统和广交南北方师友有关。刘时举《续宋编年资治通鉴》卷10分析其学术渊源:"其学本于累世家庭之所传,博诣四方师友之所讲。"《宋史·吕祖谦传》也指出:"祖谦之学本之家庭,有中原文献之传。长从林之奇、汪应辰、胡宪游,既又友张栻、朱熹,讲索益精。"由于他的思想部分渊源于胡安国,因此全祖望说:"东莱皆其(胡安国)再传也。"(见上)而吴泳又说:"吕公受经于三山,于是乎有东莱之学。"(见上)

朱熹是南宋理学集大成的人物。朱熹之父朱松曾从杨时学《大学》和《中庸》[2],熹稍长从延平(今福建南平)人李侗学,李侗尝学于罗从彦,而罗为杨时高足,此外杨时与胡安国往来讲论甚多。所以,《宋史》卷428《杨时传》说:"朱熹……之学得程氏之正,其源委脉络皆出于时。"而全祖望又言:"晦翁……皆其(胡安国)再传也。"(见上)由于朱熹"既博求之经传,复遍交当世有识之士"[3],才蓄成博大精深的学问。在朱熹的讲友学侣中,吕祖谦、赵汝愚、赵汝靓、韩元吉等人都是北方籍[4]。

熊禾评论道:"周东迁而夫子出,宋南渡而文公(朱熹)生。"[5]笔者认为,"宋南渡"而导致"文公生"的原因是:第一,北方籍思想家的南迁,为朱熹广泛吸收南北思想之精华提供了方便;第二,宋代政治中心和理学中心南迁,为朱熹学术影响的扩大提供了方便。

由于处于中心地区,一形成便能产生巨大的影响,否则,必然要影响朱熹成为博大精深的学者并减弱其对南宋思想文化产生的影响。

吴泳所说的"永嘉陈氏之学",指的是永嘉事功学派陈傅良的思想,其渊源不仅来自永嘉学派的先驱郑伯熊和薛季宣,也来自张栻和吕祖谦。《宋史·陈傅良传》载:"当是时,永嘉郑伯熊、薛季宣皆以学行闻,而伯熊于古人经制治法,讨论尤精,傅良皆师事之,而得季宣之

---

[1] 《宋史》卷427《道学传》序,第12710页。
[2] 朱熹:《晦庵集》卷94《朱府君迁墓记》。
[3] 《宋史》卷429《朱熹传》,第12769页。
[4] 见《宋元学案》卷49《晦翁学案》。
[5] 《勿轩集》卷2《考亭书院记》,四库全书本。

学为多。及入太学，与广汉张栻、东莱吕祖谦友善。祖谦为言本朝文献相承条序，而主敬集义之功得于栻为多。"此外，陆九龄早期理学思想的形成，说明象山兄弟虽"自立于家塾"，仍受到北方籍学者的影响。

除了上述名家，其他思想家思想的形成差不多具有同样的特点。翻开《宋元学案》，可以看到差不多所有的理学家的学侣、讲友或门人，都有南方籍和北方籍。南宋时期的理学，就在这种南、北籍理学家互为师友互相吸收思想精华的过程中日臻于完善。北方籍学者南迁，"文物萃于东南"，无疑为南北籍学者"师友渊源"提供了方便。

四 结论

综上所述，北方思想家的南迁是促进南宋思想文化发展的重要事件，其作用主要体现在：

第一，使南方成为我国思想界特别是理学的中心，某些原来主要流传在北方的思想内容因之得以保存和发展。

第二，壮大了南方思想界的队伍，他们与南方籍思想家一起在各地兴学讲经，从而促进了理学影响的扩大。

第三，为南北方思想文化的交流和融合提供了方便，从而在此基础上形成了以朱熹、张栻和吕祖谦等人的思想为代表的理学思想体系。

可以说，在理学中心的转移和发展过程中，北方籍思想家起到了承前启后的重要作用。

需要指出，南宋初期和后期统治集团的推崇也是理学兴盛的不可忽视的因素。绍兴元年，高宗诏赠程颐直龙图阁，重新推崇二程的学统，不久又诏杨时、胡安国、范冲、尹焞等人，宣讲理学[1]。宰相赵鼎极力推崇理学，列理学为科举考试内容[2]。张浚同样推崇理学。统治集团的推崇极有利于理学影响的扩大，全祖望评论说："中兴二相，丰国赵公尝从邵子文游，魏国张公尝从谯天授游。丰国所得浅，而魏公

---

1 《宋史》卷428《尹焞传》，第12735页。
2 《建炎以来系年要录》卷173，绍兴二十六年六月乙酉，第2847页。

则惑于禅宗,然伊洛之学从此得昌。"[1] 在理宗时期,由于统治集团的推崇,理学终于成为官方的正统思想。

南宋末年,赵复和砚弥坚等南宋理学家被迫北迁,在北方建立书院并广收门徒,长期衰落的北方理学开始得到发展。此后,姚枢、许衡、窦默等人成为元代北方名儒,并对元朝统治者接受汉文化起了较大的作用。随着元朝的统一,理学推向全国,对明清乃至近代社会产生深刻影响。

第二节

文学和艺术

北宋末年,虽然政治上的败象已经出现,但却是宋代文化发展的鼎盛时期,都城开封集中了大批著名的文学家和艺术家。南渡以后,来自开封以及其他地方的北方文学家和艺术家纷纷迁入南方,对南方的文学和艺术发展产生了重要影响。

一 移民与文学

南宋不少著名的诗人、词人和散文家是北方移民。

宋末刘克庄列举南渡后著名诗人名字,说:"南渡诗尤盛于东都。(建)炎、绍(兴)初,则王履道、陈去非、江彦章、吕居仁、韩子苍、徐师川、曾吉甫、刘彦冲、朱新、仲希贡。乾(道)、淳(熙)间,则范至能、陆放翁、杨廷秀、萧东夫、张安国,一二十公皆大家数内。"[2] 上举 15 人中,陈去非(与义)、吕居仁(本中)、韩子苍(驹)、曾吉甫(幾)皆是移民。

---

[1]《宋元学案》卷 44《赵张诸儒学案》,第 1411 页。
[2]《后村集》卷 97《中兴绝句续选序》。

宋元间人方回评论南宋诗人："堂堂陈去非，中兴以诗鸣。曾、吕两从橐，残月配长庚。尤、萧、范、陆、杨，复振乾、淳声。尔后顿寂寥，草虫何薨薨。永嘉有四灵，词工格乃平。上饶有二泉，旨淡骨独清。"[1]陈去非、曾吉甫、吕居仁、赵师秀（永嘉四灵之一）和上饶二泉（指涧泉韩元吉、章泉赵蕃）都是北方籍。六人中，除赵师秀和赵蕃是移民后裔，其余四人都是始迁者。

不管人们评论南宋诗人的标准有何不同，北方移民在著名诗人中都占有一定的比例。

南宋著名词人中不少人是北方人，初期尤其这样。胡云翼《宋词研究》列南渡12位词人：张孝祥、陈与义、杨无咎、张元中、范成大、吕滨老、叶梦得、康与之、朱敦儒、毛升、杨炎正、向子諲，其中张孝祥、陈与义、康与之、朱敦儒、向子諲等五人都是北方移民。此后，李清照、辛弃疾以其独特的风格而称雄于词坛，辛弃疾甚至被称为词坛领袖。

韩淲说："渡江南来，晁詹事以道、吕舍人居仁议论文章，字字皆是中原诸老一二百年酝酿相传而得者，不可不讽味。崔德符、陈叔易皆许昌先贤，俱从伊洛诸公游，有文章盛名，节行亦正当。"[2]陆游说："宋兴，诸儒相望，有出汉、唐之上者。迨建炎、绍兴间，承丧乱之余，学术文辞犹不愧前辈，如故紫微舍人东莱吕公者，又其杰出者也。"[3]据上可见，名散文家中一些人是移民。陆游又说：高宗时期，"虽艰难颠沛，文章独不少衰"，文章的主要表现形式有二，其一即"流落不偶者娱忧纾愤，发为诗骚"[4]，相当一部分"流落不偶者"是南迁的北方失意文人。

南迁的北方文学家，不但通过自己的创作，极大地丰富了南宋文坛，而且他们的创作也影响了南方文学，促使其内容和风格随着时代的变化而变化。

北宋后期，以黄庭坚为首的江西诗派代表诗坛主流，影响诗的发

---

[1] 陈衍编：《元诗纪事》卷5《秋晚杂书十首》。
[2] 《涧泉日记》卷下。
[3] 《陆放翁全集·渭南文集》卷14《吕居仁集序》。
[4] 《陆放翁全集·渭南文集》卷15《陈长翁文集序》。

展。南宋初期,陈与义、吕本中、曾几摆脱江西诗派崇尚形式的束缚,师法自然,自由地表达炽烈的爱国情怀。河东正平(今山西新绛)人张戒还在《岁寒堂诗话》中,公开批评江西诗派"韵度矜持,冶容太甚"的形式,促进南宋诗风的改变[1]。这些人都是北方人,这可能和他们目睹山河破碎的惨景,亲身经历家破人亡颠沛流离的巨大痛苦有关,故感情激烈发愤而作。

一般认为词发源于南方,主要由南方人创作,带有柔美这一明显的地域文化特色。南宋时词的内容和风格发生重大变化,词达极盛阶段。这种变化,一定程度上与北方移民有关。家破人亡和安乐生活的失去,使一些人大写伤感之词,如李清照;对金人的极大愤恨和对南宋统治者屈辱求和的不满,使一些人大写悲壮豪放之词,如辛弃疾;一些北方词人不满政局但又北归无望,索性以他乡为家乡,大写隐逸之词,如朱希真。在他们和南方籍词人的努力下,南宋词的内容和风格都发生了变化。

北方文学家迁入南方,不但充实了南方文坛,而且以他们崇尚文学的精神和中原文风影响了南方文人。大诗人陆游尝从曾几学诗,并受到其他北方籍诗人的影响。陆游赋诗说:"大驾初渡江,中原皆避胡。吾犹见故老,清夜陪坐隅。论文有脉络,千古著不诬。"[2]"我虽生乱离,犹及见前辈。衣冠方南奔,文献往往在。幸供扫洒役,迹忝诸生内。话言犹在耳,造次敢不佩。"[3]诗里行间,看得出他对这些文学家的敬佩与感激之情。

中古时代主要使用于开封和洛阳一带的语音,被时人视为中原正音,当然也是赋诗作词时的语音标准。元代人虞集在周德清《中原音韵》的序言上说:"辛幼安自北而南;元裕之(好问)在金末国初,虽词多慷慨,而音节则为中原之正,学者取之。"辛幼安(弃疾)是北方移民,虞集此段话反映了南方文人写作诗词时在语音上往往取法于迁自北方的文人。

---

1 参见王运熙、顾易生:《中国文学批评史》中册,上海古籍出版社1981年版,第88页。
2 《陆放翁全集·剑南诗稿》卷7《书叹》。
3 《陆放翁全集·剑南诗稿》卷30《谢徐居厚汪叔潜携酒见访》。

还有一段记载,生动记述了南宋初期开封的中原正音和教坊遗曲流播江南,对江南的词产生影响的事例。元代人刘壎《水云村稿》卷4《词人吴用章传》载:

> 吴用章,名康,南丰人,生宋绍兴间。……当是时,去南渡未远,汴都正音教坊遗曲犹流播江南。用章博采精探,悟彻音律,单词短韵,字征协谐。性爱梅……用章殁,词盛行于时,不惟伶工歌妓以为首唱,士大夫风流文雅者酒酣兴发辄歌之。……殆百十年,至咸淳,永嘉戏曲出,泼少年化之,而后淫哇盛,正音歇,然州里遗老犹歌用章词不置也,其苦心盖无负矣。

吴用章依开封正音和教坊遗曲所谱之词在江西一带流传了一百余年,直至元代仍有人歌之,影响不可谓不深刻。

二 移民与表演艺术和音乐

靖康之乱以后,不少表演戏曲、曲艺、舞蹈和音乐的艺术家流落南方。例如,开封能歌善舞的名妓李师师迁入湖湘[1];有"倚声度曲,公瑾之妙;散发横筵,野王之逸;奋袖起舞,越石之北"之誉的开封艺术家孙花翁,南迁后活动在婺州和苏、杭一带[2]。在开封时和赵构有交往的僧人辉、仙二人,迁入临安以后,仍不时进入宫廷为高宗赵构演奏丝竹[3],显然也是南迁的北方艺术家。绍兴元年,朝廷打算举行祭礼,"用乐工四十有七人。乃访旧工,以备其数"[4]。此47人自然是南迁的宫廷乐工。

北宋时开封一带称民间艺人为路岐人,女艺人为路岐女,又将"路岐女有慧黠知文墨、能于席上指物题咏应命辄成者,谓之合生;其滑稽含玩讽者谓之乔合生",南宋临安也沿用这种称谓[5]。虽然文献一般

---

1 刘子翚《屏山集》卷18《汴京纪事》云:"辇毂繁华事可伤,师师垂老过湖湘。缕衣檀板无颜色,一曲当时动帝王。"
2 刘克庄《后村集》卷150《孙花翁墓志铭》。
3 叶绍翁《四朝闻见录》卷2《高宗好丝桐》。
4 《宋史》卷130《乐志》,第3030页。
5 据沈嘉辙《南宋杂事诗》卷1、卷2,四库全书本。

只记载个别有名气或际遇特殊的艺人,一般的艺人的名字及其迁移都未能在文献中留下记载,但艺人专称的南传仍提示有北方民间艺人南迁。严灿《观北来倡优诗》更生动描写了北方民间艺人在南方的活动:"见说中原极可哀,更无飞鸟下蒿莱。吾侬尚笑倡优拙,欲唤新翻歌舞来。"[1]据以下反映北方移民影响南宋艺术发展的史料来看,应有一定数量的北方艺术家南迁。

据戏曲史专家的研究,南宋时期东南沿海地区的南戏,"是北宋时期流行在广大北方地区的杂剧艺术传播到南方以后,和当地的民间艺术结合而发展起来的一种戏剧艺术"[2]。温州是较早上演南戏的地方,周贻白先生认为,在北宋末年当地可能已用歌谣小曲的声调表演故事,南宋初期受南迁的北方路岐人的影响,进而与之相结合形成南戏[3]。南戏从北方杂剧中吸收了不少东西,因而在早期的南戏剧目中仍然保留着宋杂剧的某些明显痕迹。另外,在《荔枝记》《荔镜记》等剧中,仍能看出《东京梦华录》所载北宋开封的风物人情[4]。元统一以后,南戏和北方的戏剧合流,对我国以后的戏曲发展产生重大影响。南戏上演了很长时间,今福建的梨园戏、莆仙戏被认为是宋元南戏的遗音[5]。

南宋临安等地的说唱艺术,不少和北方移民有关。

唱赚。吴自牧《梦粱录》卷 20《妓乐》载:"唱赚在京时,只有缠令、缠达。有引子、尾声为缠令。引子后只有两腔迎互循环,间有缠达。绍兴年间,有张五牛大夫,因听动鼓板中有《太平令》或赚鼓板,即今拍板大节抑扬处也,遂撰为'赚'。"可见唱赚源于开封,在临安又有了发展,采用鼓板等伴奏。

诸宫调。《梦粱录》同上条载:"说唱诸宫调,昨汴京有孔三传编成传奇灵怪,入曲说唱,今杭城有女流熊保保及后辈女童皆效此,说唱亦精,于上鼓板无二也。"可见诸宫调源于开封。

---

1 载陈起:《南宋群贤小集·中兴群公吟稿》戊集卷 7。
2 刘念兹:《南戏新证》,中华书局 1986 年版,第 16,4 页。
3 《中国戏曲发展史纲要》,上海古籍出版社 1979 年版,第 123 页。
4 《南戏新证》,第 231 页。
5 同上书,第 29 页。

陶真（一作淘真）。田汝成《西湖游览志余》卷20载："杭州男女瞽者，多学琵琶，唱古今小说、平话，以觅衣食，谓之陶真。大抵说宋时事，盖汴京遗俗也。"陶真可能也与移民南迁有关。

耐得翁《都城纪胜·瓦舍众伎》载："叫声，自京师起撰，因市井诸色歌吟卖物之声，采合宫调而成也。""杂扮，或名杂旺，又名纽元子，又名技和，乃杂剧之散段。在京师时，村人罕得入城，遂撰此端，多是借装为山东、河北村人，以资笑。今之打和鼓、捻梢子、散耍皆是也。"这些说唱艺术都和移民南迁有关。

《梦粱录》同上卷《百戏伎艺》载："更有弄影戏者，元汴京初以素纸雕镞，自后人巧工精，以羊皮雕形，用以彩色妆饰，不致损坏。杭城有贾四郎、王升、王闰卿等，熟于摆布，立讲无差。"可见除说唱艺术外，影戏也和移民有关。

临安的艺术表演场所称瓦舍。《梦粱录》卷19《瓦舍》条载："不知起于何时。顷者京师甚为士庶放荡不羁之所，亦为子弟流连破坏之门。杭城绍兴间驻跸于此，殿岩杨和王因军士多西北人，是以城内外创立瓦舍，招集伎乐，以为军卒暇日娱戏之所。"据此，临安之瓦舍在西北军人迁入后始创立。不过，以情理推测，北宋时杭州应有艺术表演场所，可能在两宋之际均毁于兵火，新的艺术表演场所瓦舍则在西北军人迁入后始建立。

《宋史·乐志》说宫廷雅乐："南渡之后，大抵皆用先朝之旧，未尝有所改作。"显然，在乐工南迁的同时，宫廷雅乐也传入南方。《云麓漫钞》卷3载："今之太常所用祭器、雅乐，悉是绍兴十六年礼器局新造，祭器用《博古图》，雅乐用大晟府制度，大晟乐用徽宗君指三节为三寸，崇宁四年所铸景钟是也。"

大曲是一种包含有器乐、声乐和舞蹈的大型乐舞形式，参加歌舞的人员有时被称为小儿队。原主要在宫廷表演，南宋时期许多地方都有这种表演。刘克庄写诗记其广州所见："东庙小儿队，南风大贾舟。不知今广市，何似古扬州。"[1]记莆田所见："冠盖憧憧有许忙，直从虚

---

[1] 《后村集》卷12《即事十首》。

市到球场。宝珠似得于佗家,卉服疑来自越裳。鬓雪难匀小儿队,眼花休发少年狂。"[1]在四川广元南宋墓葬上亦有以大曲为内容的伎乐场面[2]。据此,南方不少地方都上演过宫廷乐舞,这无疑和北方人民南迁与定都江南有关。浔州平南(广西今县)南宋中后期"有旧教坊乐,甚整"。当时人分析教坊乐在此流行的原因:"异时有以教坊得官,乱离至平南,教土人合乐",所以当地人"至今能传其声"[3]。

琴(今名古琴,又称七弦琴)为宋代重要乐器,北宋中后期的琴谱以藏于秘阁的宫廷乐谱阁谱为重。"方阁谱行时,别谱存于世良多。至大晟乐府证定,益以阁谱为贵,别谱复不得入,其学寖绝。"靖康乱后,阁谱随着朝廷的移徙而南迁临安,保留在宫廷乐工手中,私相传习[4]。此外,南迁的北方大族韩氏也有阁谱,韩侂胄传给张岩,张岩又传给精通琴的永嘉人郭沔(字楚望),逐渐在南方流传。此后,在阁谱基础上形成江西谱[5]。南宋末年,北方移民后裔杨瓒对阁谱进行整理,编成《紫霞洞谱》,从而形成浙谱,大行于时,"(阁、江西)二谱渐废不用"[6]。接受阁谱的张岩、郭沔和创立浙谱的杨瓒,被视为浙派古琴艺术的开创者,对以后的元、明乃至现代的古琴艺术都有一定的影响。

三 孝宗以后胡化音乐舞蹈的影响

自孝宗以后迁入的北方移民,由于受金统治多年,深受内迁的女真、契丹、渤海等东北民族文化的影响,还有一些移民本身就是女真人或契丹人、渤海人。他们南迁以后,这种胡化了的文化,包括音乐、舞蹈、服装,开始传入南方并产生一定的影响。朝廷对这种来自敌国的文化采取抵制的政策,多次下令禁止。从朝臣的有关议论中,可以看

---

1 《后村集》卷21《次韵三首·又三首》。
2 参见廖奔:《宋元戏曲文物与民俗》,文化艺术出版社1989年版,第68页。
3 周去非:《岭外代答》卷7《平南乐》。
4 袁桷:《清容居士集》卷44《琴述赠黄依然》。
5 《清容居士集》卷44《示罗道士》《琴述赠黄依然》。
6 袁桷:《清容居士集》卷44《琴述赠黄依然》。

出这种文化在当时影响很不小。

孝宗隆兴元年(1163年)七月二十五日,"中书门下省言:'窃见近来临安府士庶,服饰乱常,声音乱雅,如插棹篦、吹鹧鸪、拨胡琴、作胡舞之类已降指挥严行禁止外,访闻归朝、正等人往往不改胡服,及诸军有仿效蕃装,所习音乐杂以胡声。乞行下诸军及诸州县,并行禁止。'从之"[1]。

乾道四年(1168年)七月,"臣僚言:'临安府风俗,自十数年来……声音乱雅,好为胡乐,如插棹篦,不问男女;如吹鹧鸪,如拨胡琴,如作胡舞,所在而然。此则小人喜新,初则效学以供戏笑,久则习之为非。甚则上之人亦将乐之,与之俱化矣。……今都人,静夜十百为群,咬鹧鸪,拨胡琴,使一人黑衣而舞,众人拍手和之,道路聚观,便同夷落,伤风败俗,不可不惩。'"[2]

淳熙十二年(1185年)三月,"右正言蒋继周言:'今蕃乐有名渤海乐者,盛行于世,都人多肆习之,往往流传宫禁。乞行禁戢。'从之"[3]。

光宗绍熙二年(1191年)五月,"太学生余古上书,言上宴游无度,声乐不绝……甚至奏胡戎乐,习齐郎舞"[4]。

综上所述,隆兴以来胡化音乐舞蹈对江南等地的影响不可谓不严重,民间自不必说,连宫廷也用胡乐胡舞。流行地区,不仅有首都临安,也有其他州县。喜好之人,不仅有军人,有平民,也有皇帝。又,范成大《范石湖集》卷6有《次韵宗伟阅番乐诗》,诗说:

十日闲愁昼掩关,起寻一笑共清欢。

罢休诗社工夫淡,洗净书生气味酸。

尽遣余钱付桑落,莫随短梦到槐安。

绣靴画鼓留花住,剩舞春风小契丹。

显然,胡化音乐已进入表演场所,而身为士大夫的范成大也好之。

---

[1] 《宋会要辑稿》刑法二之一五六。
[2] 《咸淳临安志》卷47。
[3] 《宋会要辑稿》刑法二之一二二。
[4] 刘时举:《续宋编年资治通鉴》卷11。

四　移民与绘画

宋代是中国画的高峰时期，山水和花鸟二科尤为发达。北宋时设在开封的国家画院名画家云集，南渡后不少画院学生南迁并进入南宋画院，从而促进了南方画坛繁荣。刘克庄在分析高宗朝绘画精妙的原因时，便说："盖宣（和）、政（和）间画学生，此时犹多存者。"[1]

著名画家张择端的名作《清明上河图》及《西湖争标图》，在绍兴中被内府选为神品[2]。此二画分别反映开封和临安的城市生活，如没有在此两地的生活体验是难以有此传世之作的，估计张择端是南迁的北方籍画家。除了都城临安，其他地方，例如今四川，也有南迁的北方名画家。迁居宁江军（治今重庆奉节）的移民刘生，北宋末曾以画供奉于翰林中，靖康乱后流落巴东，仍然作画。时人赞他"老来摹写益神妙，指麾草木回春风"[3]。

南宋画家中北方移民及其后裔占相当比例。元人夏文彦《图绘宝鉴》共收南宋画家295人，籍贯可查者187人，其中北方移民及其后裔78人，占了42%；南方人109人，占58%。《中国古代绘画简史》（童教英著，复旦大学出版社1991年版）一书提到17位南宋著名画家名字：梁楷、夏圭、苏汉臣、李嵩、马和之、李唐、萧照、刘松年、赵伯驹兄弟、马远、米友仁、李迪、法常、杨无咎、赵孟坚、郑思肖。除夏圭、李嵩、马和之、刘松年、法常、杨无咎、郑思肖等七人以外，都是移民及其后裔。

北方画家南迁以后，受南方柔美环境的熏陶以及南方画派的影响，形成了新的绘画风格。南方画家也向他们学习北方画法，熔南北画法于一炉。例如，南宋最有名的山水画家李唐（河南人），有时画树和岩石全用焦墨，因此有"点漆"的比喻，这些都是北方派山水的特征。

---

1 《后村集》卷104《胡笳十八拍跋》。
2 沈嘉辙：《南宋杂事诗》卷2，引向氏《图画记》。
3 晁公遡：《嵩山居士集》卷4《宁江侨人……》。

有时,李唐也用披麻皴,这又是受江南派山水大家董源及南渡后江南真山水的影响[1]。经李唐的努力,终于完成自北宋中后期开始的北方派山水画逐渐江南化的变革过程。此外,马远、夏圭的画风都具有北方派硬的笔法和南方派清润的墨法相结合的特点[2],从而把山水画推到高峰。南宋的画法对元明清的绘画风格产生了重要影响。

北方画家在培养南方绘画人才方面也有不少的成绩。名画家李嵩(钱塘人)少年时为木匠,后被北方画家李从训收为养子,开始走上绘画道路[3]。一些南方籍画家以北方籍名画家为师,例如,陈宗训以苏汉臣为师,俞洪以梁楷为师[4]。南宋时临安籍画家人数不少,可能和居住此地的北方籍画家的影响有关。

据上所述,北方文学家和艺术家南迁对南方文学和艺术的影响,主要体现在:

第一,一些南方原来没有的文学和艺术的内容与形式,随着移民的南迁传入南方,如阁谱和临安的一些说唱艺术,从而丰富了南方的文学和艺术。

第二,一些南方原来已有的文学和艺术形式,在北方文化注入的基础上,形成了新的内容和表现形式。南戏、江西琴谱即在吸收北方杂剧和阁谱基础上形成。南方诗风的改变,不仅和时代变化有关,也与北方移民的影响有关。

第三,就人数而言,北方文学家和艺术家的迁入壮大了南方文学家和艺术家的队伍。此外,一些南方籍文学家和艺术家的成长,也与北方移民的帮助或影响分不开。

第四,在大规模吸收北方文化的基础上,在相对和平的环境中,南方文学和艺术的水平得到较大的提高。而北方由于在宋金战争特别是蒙古灭金战争时遭受严重破坏,经济残破,文化衰落,文学和艺术的

---

1 童教英:《中国古代绘画简史》,第137页。
2 同上书,第139页。
3 夏文彦:《图绘宝鉴》卷4。
4 同上。

发展都受到严重影响。可以认为,在南宋以后南方文学和艺术的总体发展水平已高于北方。

第三节

饮 食 文 化

我国人民的食物,南北向有较大的区别。据朱瑞熙先生的研究,北宋已形成南食和北食两个系统,其大致区别是,南食以稻米制品为主食,北食以麦食制品为主食;南食的荤菜以猪肉、鱼为主,北食的荤菜以羊肉为主。北方人很少吃米食,南方人很少吃麦食。这种习惯,直到南宋初年才有所改变[1]。《梦粱录》卷16《面食店》条说:"向者汴京开南食面店、川饭分茶,以备江南往来士夫,谓其不便北食故耳。南渡以来,几二百余年,则水土既惯,饮食混淆,无南北之分矣。"此局面之形成,除了北方移民逐渐适应南方食物的一面,也包括南方人民逐渐适应北方食物的一面,后者基本上是移民将北方食物与吃法在南方广为传播的结果。《都城纪胜·食店》条载:"都城食店,多是旧京师人开张",北方人直接在南方开饮食店更有利于传播北方食物与吃法。

南宋时期,南方各地的北食花样繁多,应有尽有,北方有的食物差不多都能吃到。比较《东京梦华录》和《梦粱录》所载,可以看出临安人的饮食喜好几乎与开封没有区别,只不过较开封多了许多南方食品,显得更加丰富。

一 面食

临安面食店众多,面食制品丰富,仅面条名称便不下二三十种[2]。

---

1 《宋代社会风俗概述》,《抚州师专学报》1991年第3期。
2 《梦粱录》卷16《面食店》。

此外，临安以外的地区一般也都可以吃到面食，虽然花色品种可能赶不上临安繁多，也不一定是主食。陈造在淮南赋诗咏面条："厥初木禾种，移殖云水乡。粉之且缕之，一缕百尺强。匀细茧吐绪，洁润鹅截肪。吴侬方法殊，楚产可倚墙。"[1]可见，吴、淮南、楚等地区都产面条，而且各自形状不同。王洋说信州（治今江西上饶）人以汤饼为诱饵，使贪食的兔子落入陷坑[2]；周密记成都有面食店[3]。甚至连偏僻的湘西溆浦也吃面食，当地富家别出心裁地包了一种螃蟹馄饨[4]。

淳熙十年，孝宗说："闻外间米面甚平，见老兵去，三十文买面一碗，可饱终日。"[5]可见来自北方的老兵以面食为主食，而且面价不贵。江淮和四川的北部北方移民众多，麦、粟是当地人民主食，吃面食应比较常见。除了北方人以面食为主食，一些南方人也愿意以面食为主食，吉州（治今江西吉安）人杨万里就说自己"老子平生汤饼肠"[6]。在一些农村的春冬季节，几乎家家都吃面食。严州（治今浙江建德境）就如此，陆游赋诗说严州荞麦丰收，因而当地人今年冬天不愁没饼吃[7]。

二 羊肉、羊酒和牛、羊乳及其制品

"西北品味，止以羊为贵"[8]，反映了北方人以羊肉及其加工品为第一等美味食品的饮食文化现象。南宋时受北方移民影响，南方人也认为羊肉是最好吃的美味食品。临安俗语讽刺当时滥封官员的现象，便提到："户度金仓，细酒肥羊。"[9]四川的士人崇尚苏东坡文章，俗语又说："苏文熟，吃羊肉。苏文生，吃菜羹。"[10]不过，在各地能吃得起羊肉的一般都是上层人物，绍兴三十一年江南人民讥笑不懂军事的知

---

1 《江湖长翁集》卷6《旅馆三适》。
2 《东牟集》卷2。
3 周密：《癸辛杂识》前集《葵》。
4 《癸辛杂识》别集卷上。
5 佚名：《宋史全文》卷23上。
6 《诚斋集》卷19《梳头看可见正平诗……》。
7 《陆放翁全集·剑南诗稿》卷19《荞麦初熟割者满野喜而作》。
8 周煇：《清波杂志》卷9。
9 陆游：《老学庵笔记》卷6。
10 《老学庵笔记》卷8。

枢密院事叶义问,就说"枢密吃羊肉,其识见何故不及我吃糟糠村人?"[1]

羊膏酒,又称羊酒、羊膏儿酒,是一种加入羊肉酿制的美酒,在南宋负有盛名,朝廷往往将其作为赐送官员的物品,有关这方面的记载很多。士大夫和百姓也普遍认为这是酒类中之佳品,不少诗人都留下歌颂羊酒的动人诗篇。仅仅周必大《文忠集》中,就有《十二月二十二日葛守送羊羔酒戏占小诗》(卷3)、《再赋羊羔酒》(卷4)等诗篇。

《嘉泰会稽志》卷17载:"中州烊湩取酥酪,以雍酥为冠。今南方亦皆作,而会稽者尤佳。会稽诸邑又推诸暨为冠,盖吴中酥虽绝多,大抵味淡,不可与会稽班也。晋王武子指羊酥示陆士衡云:'卿江东何以敌此?'疑当时南方未有酥酪也。"《嘉泰吴兴志》卷18载:"大抵乡间畜牛之家,例能为酥及乳。"显然,南宋时江南一带盛产牛乳和以牛乳、羊乳为原料制成的酪和酥。此类产品东晋时南方尚无,从"今南方亦皆作"一语推测,极可能是南宋时北方移民迁入后由于食者剧增始扩大生产的。福建也有人吃乳酪,当地人还分别将荔枝肉和椰子花与乳酪混合一起炒吃[2]。北宋时朱翌说"北人以乳酪拌樱桃食之"[3],南宋时南方也盛行这种吃法。从陆游"草草杯盆莫笑贫,朱樱羊酪也尝新"诗句来看[4],他也吃过樱桃拌乳酪。

江南不少地方的人民喜喝牛乳,将之作为日常食物。张仲文《白獭髓》载:"浙间以牛乳为素食,佛以为食。"可见不但百姓喝牛乳,因其是"素食"和尚也将其作为食物。杨万里在江南喝惯牛乳,回到江西吉安喝不到牛乳,赋《除夜小饮叹都下酥乳不至》诗,感叹道:"雪韭霜菘酌岁除,也无牛乳也无酥。"[5] 一些地方因产马还可喝到马乳。周必大曾赋诗:"马乳三年隔大官,羊羔(酒)今日倒芳樽。"[6]

---

1 徐梦莘:《三朝北盟会编》卷238,炎兴下帙一百三十八。
2 吴曾:《能改斋漫录》卷15《荔枝谱》。
3 《猗觉寮杂记》卷下,丛书集成初编本。
4 《陆放翁全集·剑南诗稿》卷16《偶得北虏金泉酒小酌》。
5 《诚斋集》卷37。
6 《文忠集》卷3《十二月二十二日高守送羊羔酒戏占小诗》。

三 喝冰水消夏与冬季藏冰

冬天取冰藏于窖中,夏天取出喝冰水消暑,是北宋时北方人的生活习惯。南宋初年,这种生活方式传入南方。《鸡肋编》卷中载:"二浙旧少冰雪,绍兴壬子,车驾在钱塘,是冬大寒屡雪,冰厚数寸。北人遂窖藏之,烧地作廥,皆如京师之法。临安府委诸县皆藏,率请北人教其制度。明年五月天中节日,天适晴暑,供奉行宫,有司大获犒赏。其后钱塘无冰可收,时韩世忠在镇江,率以舟载至行在,兼昼夜牵挽疾驰,谓之'进冰船'。"

由于北方移民及受其影响的一部分南方人在夏季暑热天气靠喝冰水消夏,冬季藏冰极为普遍,并且临安市场一到炎夏便有冰卖。杨万里诗说:"北人冰雪作生涯,冰雪一窖活一家。帝城六月日卓午,市人如炊汗如雨。卖冰一声隔水来,行人未吃心眼开。甘霖甜雪如压蔗,年年窖于南山下。"[1]除了临安,其他地方也有藏冰和卖冰。建康有官府设立的藏冰所[2],镇江的饭店夏天供冰[3]。居住明州的楼钥说他在炎夏时:"难学孙儿频饮冷,时将冰水洗霜须。"[4]汉中一带"藏冰一出卖满市,玉璞堆积寒嵯峨"[5]。明州还有窖藏雪,夏天将酒和水果藏于雪水中保鲜[6]。

第四节

社 会 风 尚

随着移民的南迁,北方的某些社会风尚传入南方。有的南方原来

---

1 《诚斋集》卷18《荔枝歌》。
2 《至大金陵新志》卷9。
3 《陆放翁全集·渭南文集》卷47《入蜀记》。
4 《攻媿集》卷11《午暑》。
5 《陆放翁全集·剑南诗稿》卷5《蒸暑思梁州述怀》。
6 袁文:《瓮牖闲评》卷8,上海古籍出版社点校本。

就有,由于受移民的影响或统治者的推广,流传范围扩大。

一 服饰

《宋史》卷153《舆服志》说:"中兴,士大夫之服,大抵因东都之旧,而其后稍变焉。一曰深衣,二曰紫衫,三曰凉衫,四曰帽衫,五曰襕衫。"其中,紫衫在南宋初期流行了相当长的一段时间。紫衫本来是军服,南宋初由于便于行军作战,士大夫也多穿之。绍兴二十六年朝廷严禁士大夫穿军服,但时隔不久由于紫衫便于穿着重新流行开来[1]。南宋时期服装式样变化颇快,导致变化的原因不一,初期穿紫衫的士大夫也不尽是北方人。但是,军队主要由北方人组成,北方士大夫南迁时出于方便也会穿紫衫,因此紫衫的流行与移民有关。

北宋时开封官员已开始穿凉衫,以一种褐色的绸布制作。南宋时相当流行,到后期已"遍于天下"。不过,颜色不再是褐色,而是白色[2]。

妇女的打扮也受到移民的影响,如瘦金莲方、莹面丸、遍体香等化饰方式和化饰用品,"皆自北传南者"[3]。

自女真内迁以后,北方人民深受女真、契丹等东北民族的习俗影响,"态度、嗜好与之俱化",特别在服装方面"其制尽为胡矣"[4]。绍兴末年以后,受东北民族文化影响的北方移民大批迁入南方,不仅对江南的音乐舞蹈产生影响,而且对这一带的服装穿着产生影响。隆兴元年,由于"归明、归朝、归正等人往往承前不改胡服,及诸军又有效习蕃装",致使临安等地"士庶服饰乱常",朝廷下令禁止士庶着胡服[5]。乾道四年,朝廷再次"申禁异服异乐"[6]。淳熙年间,袁说友上奏,说:"臣窃见今来都下一切衣冠服制习外国俗,官民士庶浸相效习,恬不知

---

1 《宋会要辑稿》舆服四之一〇。
2 佚名:《爱日斋丛钞》卷5,丛书集成初编本。
3 袁褧:《枫窗小牍》卷上。
4 范成大:《揽辔录》,丛书集成初编本。
5 《宋会要辑稿》兵一五之一二。
6 《宋史》卷34《孝宗纪》,第643页。

耻。……紫袍紫衫，必欲为红赤紫色，谓之顺圣紫。靴鞋常履，必欲前尖后高，用皂草，谓之不到头。巾制，则辫发低髻为短统塌顶巾。樟篦，则虽武夫力士，皆插巾侧。如此等类，不一而足。"[1]

二 节日风俗

南宋以前，南方的节日风俗反映了南方经济文化和人民生活的特点，与北方有很大的不同，故《鸡肋编》卷上说："南方之俗，尤异于中原故习"。南迁以后，移民将北方的节日风俗带入南方，给南方尤其是移民密集地区的节日生活增添一些北方色彩。有的南方原来没有，此时有了。南宋时临安的寺院有供应腊八粥的风俗[2]，每逢十二月八日，寺院以一些瓜果作原料制成五味粥，供应僧人和施主。王洋赋诗说："腊月八日梁宋俗，家家相传侑僧粥。"[3]可见此原为北方风俗，可能在南渡后传入南方。有的节日风俗原来有，随着移民的迁入流行地区扩大，寒食节即是一例。北宋时，北方和江淮地区的人民过寒食节，"自闽岭已南，视此节若不闻矣"[4]。但南宋后期刘克庄赋《寒食二首》诗，已说："古来禁火惟汾晋，今遍天涯海角然。"[5]

临安的节日风俗，相当一部分和北宋开封相似。

立春日，有鞭春的习俗。前一日，以鼓乐引春牛到临安府，百姓争掷百谷。次日，郡守率僚佐用彩杖鞭春牛[6]。此俗北宋开封已有，《东京梦华录》卷6载："立春前一日，开封府进禁中鞭春。"

元宵节夜晚，街道上游人如织，"至夜阑，则有持小灯照路拾遗者，谓之扫街，遗钿坠珥，往往得之，亦东都遗风也"[7]。

汴京以五月初一为端一，初二为端二，数至五，谓之端午。此俗随

---

1 《历代名臣奏议》卷120。
2 《梦粱录》卷6《十二月》。
3 《东牟集》卷2。
4 彭乘：《墨客挥犀》卷6，四库全书本。
5 《后村集》卷38。
6 《梦粱录》卷1《立春》。
7 周密：《武林旧事》卷2《元夕》，浙江人民出版社点校本。

宋室南迁传至临安[1]。

七月七日,称为七夕节。"市井儿童,手执新荷叶,效摩睺罗之状。此东都流传,至今不改。"[2]

七月十五日中元节,临安人有吃素食、接祖宗之举。后人对此解释道:"盖因南宋杭人多半由汴京南渡而来,祖宗坟茔在北,无从设祭,遂有是事,相沿成习,为他郡所无。故杭谚有'七月十二接祖宗,西瓜老藕瞎莲蓬'。"[3]

九月初九日重阳节,人家以五色米粉塑成狮子蛮王的形状,放在熟栗子和麝香、蜂蜜拌和的糕上,称为"狮蛮栗糕"[4]。此俗完全同于开封[5]。

十二月八日为腊八日,寺院设腊八粥,此为开封风俗(详上)。

十二月二十四日为小节夜,三十日为大节夜,宫中举行驱傩仪式,"大率如《梦华》所载"[6]。

总的说来,经过南北风俗大融合,杭州的社会风俗已发生很大变化。张家驹先生说:"我们试将吴自牧《梦粱录》所记南宋末杭州地主阶级社会风俗,与孟元老《东京梦华录》所记北宋汴京的情况作一对比,几乎看不见这两者之间有什么很大的区别。说明经过长期的糅杂以后,南北风俗已趋于融合。"[7]杭州的变化必然要对周围地区和杭州以后的风俗产生影响。据《临安岁时记》,民国时杭州仍大体保留摩睺罗、中元节的祭祖和素食、腊八粥等南宋习俗[8]。

三 观赏花木、坐轿和火葬

南宋时,一些移民还将洛阳牡丹花种及其他观赏花木传入南

---

1 见《岁时广记》卷 21 与《武林旧事》卷 3《端午》。
2 《梦粱录》卷 4《七夕》。
3 王企救:《南宋杭州的时俗》,《南宋京城杭州》,政协杭州市办公室编,1984 年版。
4 《梦粱录》卷 5《九月重九附》,第 30 页。
5 见孟元老:《东京梦华录》卷 8《重阳》,中华书局点校本。
6 《武林旧事》卷 3《岁除》。
7 张家驹:《两宋经济重心的南迁》,第 60 页。
8 载胡朴安:《中华全国风俗志》下编,河北人民出版社 1986 年版。

方。北宋时平江(今江苏苏州)城中权臣朱勔的花园中牡丹极盛,品种繁多,朱勔败后牡丹花都拔起作为薪柴。南宋时,平江府人家重新接种牡丹花,"有传洛阳花种至吴中者,肉红则观音、崇宁、寿安、王希、叠罗等红,淡红则凤娇(又名胜西施)、一捻红,深红则朝霞红(又名富一家)、鞓红、云叶,及茜金球、紫中贵、牛家黄等"[1]。据杨万里在常州和吉安所作诗文,两地也种洛阳牡丹花[2]。又,董嗣杲《蜡梅》诗序:"此花出京洛间,类撚蜡而成,今在在有之。"[3] 韩淲《涧泉集》卷17《次韵仲至腊梅水仙》诗说:"梅下水仙京洛种,吟成应话故园香。"自注:"元唱谓水仙种于梅下,乃京洛旧根。"徐照赋诗咏温州一种著名的菊花:"邓州兵革外,流种遍江乡。"[4] 或许三者都与移民南迁有关。

北宋政和年间,开封官民乘轿已相当普遍,但因此举僭礼犯禁,朝廷下令禁止[5]。建炎元年,高宗南迁至扬州,由于"扬州道路砖滑,自来不行车马",准许百官乘轿[6]。此后,乘轿之风在南方盛行,"百官非入朝无乘马者"[7]。

火葬这种丧葬形式,北宋时北方开封、河东等许多地区相当盛行,南方也有,但在南方的大量流行要到南宋时期。例如,今四川成都地区,在已发现的宋代墓葬中,南宋火葬墓约占80%以上[8]。两浙路是南宋火葬最为盛行的地方,不仅穷人死后火葬,富人同样如此[9]。福建、江西、湖北、淮南、广东等地均风行火葬[10]。

---

1 《吴郡志》卷30。
2 《诚斋集》卷9《和张倅子仪送鞓红……四种牡丹》、卷37《题益公丞相天香堂》。
3 载《四库辑本别集拾遗》下册,第480页。
4 《芳兰轩诗集》卷上《菊》,载《永嘉四灵集》,浙江古籍出版社点校本,第18页。
5 《宋会要辑稿》舆服四之九。
6 《宋会要辑稿》仪制五之二三。
7 《爱日斋丛钞》卷1。
8 洪剑民:《略谈成都近郊五代至南宋的墓葬形制》,《考古》1959年1期;陈建中:《成都市郊的宋墓》,《文物参考资料》1956年第6期。
9 周煇:《清波杂志》卷12。
10 见朱熹:《晦庵集》卷89《王公神道碑》、卷92《赵使君墓碣铭》;吴曾:《能改斋漫录》卷18《梦至虎头洲》;《宋史》卷125《礼志》;刘克庄:《后村集》卷145《余尚书神道碑》;黄佐:《广州人物传》卷6。

四　庙宇

建炎南渡以后,朝廷在临安建立宗庙,随迁的开封僧侣道士也纷纷在此建寺立庙。建立的佛寺有太平兴国仁王寺、开宝仁王寺、演教院、千佛阁安福院、崇宁万寿教寺、慧林寺、净胜寺、大德尼寺、永隆院等,道观有四圣延祥观、宁寿观等。此外,开封人在此还建有皮场庙、显应观等其他宗教建筑[1]。这些庙宇不少以南迁的僧侣道士在开封时所居的庙宇名字命名,例如,太平兴国传法寺、开宝仁王寺、慧林寺、永隆院、四圣延祥观、宁寿观。有的虽不一定是由开封同一庙宇的人所建,也往往与此庙有关。如皮场庙,南渡初开封人商立携显仁坊皮场土地神祠的神像至临安建庙,以故名命之。

在临安,除了开封人所建的一批庙宇,还有其他地方的移民所建的庙宇。主要有:崇恩延福院,"旧系西北流寓濠州钟离县(今安徽凤阳东)孔雀妙明寺";旌忠庙,本建于凤翔府(治今陕西凤翔)和尚原。还有一些庙宇,也是北方移民所建,只是暂难考定何方人所建,主要有:白莲慈云院、瑞云院、无碍院、大佛万寿院、瑞应院、国清寺、西北真如院、惠严院、传法五藏院、法明院、演法院。甚至在临安的远郊也有北方移民建的寺庙,富阳大元山便有开封女冠清妙虚心大师和其师所建的紫霄宫[2]。

在南方的其他地方,也有一些庙宇是北方移民所建或与移民有一定关系。绍兴府城的护国旌忠庙,本建于凤翔和尚原;建于余姚县的报先院,系"移东京报先院额建";胜果院则系绍兴七年移应天府胜果院额建[3]。镇江建有皮场庙,韩世忠军队和海州人还在此建奉真道院、旌忠庙和褒忠庙[4]。明州也有皮场庙,并有祭南迁将领李显忠和郑世忠的猛将庙与灵显庙[5]。真州(治今江苏仪征)和扬州有祭祀北

---

1 《咸淳临安志》卷13、73、76、79、81、82。
2 均见《咸淳临安志》卷76、72、81、75。
3 《嘉泰会稽志》卷6、8,嘉庆十三年刻本。
4 《至顺镇江志》卷8、10。
5 《延祐四明志》卷15。

方籍将领邵宏渊的庙宇;武昌有祭祀归正人萧忠一的愍忠庙;叙州(治今四川宜宾)有祭祀北方人种师道的忠惠祠;阆州(治今阆中)建有祭祀北方将领李彦仙的庙宇,此庙原建于商州[1]。

需要指出,信奉自北方迁来的菩萨仙人的人并不仅仅是北方移民,不少南方百姓也很相信。例如,临安的皮场庙是来赶考的士人(不管是北方籍还是南方籍)求神保佑的处所,而且临安人有病也去此庙祷告[2]。

《南涧甲乙稿》卷15《崇胜戒坛记》载:"建炎渡江,兵寇杂扰,(金陵)寺宇无一存者。……会慈济大师初政,以慈恩教法自北方之汉,曰:'吾教江南未有传也,闻智者大师尝讲正观造疏钞于此,则此地宜为讲席久矣。'相于庐其侧以告于有司",二十余年后建成此庙。据此可见,某些北方教派也曾由移民传入南方。

第五节

方　言

根据李新魁先生的研究,由于南北朝和隋唐王朝多定都于洛阳,中古时代的中原正音(又称标准音、中原雅音)以洛阳音为代表。北宋都开封,汴洛之音为中原雅音的代表。相对于中原雅音,还存在着许多种各地的方音。其中,河北的方音被称为北音;关中一带的方音为秦音或西音;山东的方言为东音;南方的吴方言、闽方言、楚方言等语音,有时又被统称为南音[3]。

人口的迁移往往会导致方言区的变化。南宋时位于秦岭和淮河以南、四川盆地和长江以北的移民密集区,由于北方人口在相当多的

---

1 《宋会要辑稿》礼二〇之五四、四三、四四、六。
2 王栐:《燕翼贻谋录》卷5,中华书局点校本;《咸淳临安志》卷73。
3 《中古音·壹中古时期的共同语语音》,商务印书馆1991年版。

府州中占人口的多数,演变成北方方言区。当地或主要讲北方方言,或北方方言与南方语言相颉颃。

南宋时四川北部的人民以讲秦音为主,讲蜀语(四川盆地的方言)的人可能要少一些。时人说:沔州(治今陕西略阳)"山犹连蜀道,人已作秦音"[1];梁州(治今汉中)"坐上新声犹蜀伎,道旁逆旅已秦音"[2];兴州(即沔州)和凤州(治今凤县东北)之间"城郭秦风近,村墟蜀语参"[3]。秦音区的南界可能在利州(治今四川广元)和阆州一带。《方舆胜览》卷66引《宁武志》说利州语言:"自城以南,纯带巴音;由城以北,杂以秦语。"陆游在阆州观察到当地人"语音渐正带咸秦"[4]。估计在利州、阆州一线以北,大巴山以南的四川盆地北部区域,蜀语和秦音相颉颃,同为当地的主要方言。

有关荆襄和淮南的材料比较少。本卷第十章曾提到这一区域北方移民众多,已占了当地人口的主要部分。既然如此,便有理由推测当地主要讲北方方言。从一些文献中也可看出这一点。南宋人说郢州(治今湖北钟祥)"有西北之风声习焉"[5],除了从当地作物和风俗着眼,可能也考虑到方言。位今鄂西北的均州(治今丹江口市境)、房州(治今房县南)一带"民多秦音","语音劲正西带秦"[6]。南宋中期人陈造注意到由于淮南和江南方言的不同,如果将布谷鸟的同一声叫声用文字记录下来,便有着不同的意思,因而赋诗说"浙风淮俗隔江水,意解禽言乃如此"[7]。

由于临安(今浙江杭州)、平江(今江苏苏州)、建康(今南京)等地北方移民成为当地人口的主体部分,这一带也成了北方方言区。

明代郎瑛指出:杭州"城中语音,好于他郡。盖初皆汴人,扈宋南渡,遂家焉,故至今与汴音颇相似。……唯江干人言语躁动,为杭人之

---

1 祝穆:《方舆胜览》卷69,引杨粹中诗。
2 陆游:《陆放翁全集·剑南诗稿》卷28《梦至小益》。
3 《陆放翁全集·剑南诗稿》卷76《顷岁从往南郑屡往来兴、凤间暇日追怀旧游有感》。
4 《陆放翁全集·剑南诗稿》卷3《阆中作》。
5 王象之:《舆地纪胜》卷84。
6 《舆地纪胜》卷85,引《图说》;陈造:《江湖长翁集》卷8《次韵梁教授》。
7 《江湖长翁集》卷7《布谷吟》。

旧音"[1]。据此可见,开封方言对临安的影响极其深刻,不仅使临安加入了北方方言区,而且一直影响到明代乃至更后。在这一点上,当代历史和语言学家的看法基本与郎瑛一致。平江"南人多是北人来"[2],不少人讲北方方言,因而存在着北方话和南音的对立[3]。《至大金陵新志》卷8引宋元间人戚氏语:"(建康)在宋建炎中,绝城境为墟,来居者多汴洛力能远迁巨族仕家,视东晋至此又为一变。岁时礼节、饮食、市井负衒讴歌,尚传京城故事……气习大率有近中原。"又说:金陵"士民交际、衣服、饮食,多中原遗俗。"既然北方人是建康人口的主体部分,且此地风俗受北方影响很大,在语言方面不能不受到北方方言的影响,上述的"交际"很可能包括语言在内。由于移民多来自汴洛,传入这一带的北方方言显然就是中原雅音。

既然在临安、平江、建康这几个重要城市都受到北方方言的强烈影响,可以想象其周围地区亦即长江三角洲一带也应受到不同程度的影响。长江中游南岸的鄂州(治今武汉市武昌)、鼎州(治今湖南常德)、澧州(治今澧县),北方移民人数不少,在一定时期内也应有北方方言和南方土语并存的状况。

根据周振鹤先生的研究,东晋南朝时北方方言区南界已到达长江以北,唐安史之乱以后长江以北的北方方言区得到加强。关于靖康之乱以后的北方方言区的南界,大体如本文上述[4]。形成这一局面的原因,显然是因为南宋的移民密集分布区并未较前两次有很大的南移。不过,由于聚集在江南的移民数量很大,因而对江南语言的影响很深。尤其是,对杭州语言的影响是如此之深刻,以致根本改变了杭州的方言面貌,影响长达几百年。

在北方移民较多的其他地区,移民也应对当地语言产生影响。某些地方,例如广西,也有一定数量的人讲北方方言。《大明一统志》廉州府(治今广西合浦)下引宋代《图经》:"俗有四民,一曰客户,居城郭,

---

1 《七修类稿》卷26"杭音",中华书局点校本。
2 韩淲:《涧泉集》卷17《次韵》。
3 参见张家驹:《两宋经济重心的南移》,第59页。
4 《现代汉语方言地理的历史背景》,《历史地理》第9辑,上海人民出版社1990年版。

解汉音",此外还有讲闽语的东人和讲当地话的俚人和蛋户。此"汉音"估计不是南方方言,而是北方方言,讲者或者是北方移民,或者是会讲此种方言的当地人。同志于雷州府(治今广东雷州)下引《图经》,说雷州有官语、客语、黎语三种,"官语则可对州县官言"。宋代州官知县一般都由京官外放,由于都城讲北方方言,京官一般都应会讲此方言,能与州县官对话的官语可能也是北方方言。

第六节

地区文化水平的提高

朱熹说:"靖康之乱,中原涂炭,衣冠人物,萃于东南。"[1]反映了南迁的移民中不少人是文化人。这些文化人的子孙往往也具有较高的文化水平,或不断有人中举,或以教书育人和行医为职业,或从事艺术。移民迁入地区的文化人的数目因而得到增加,有的地区甚至从无到有。这些文化人,不仅通过身体力行影响当地风气,还通过讲学、交往等方式传播文化,从而促进各地的文化发展。

一 文化比较发达地区

江南、江西、福建和四川等区域,迁入的北方文化人特别多。这些地区原先文化比较发达,由于移民的迁入,文化水平又有一定的提高。

婺州(治今浙江金华)在南宋时文化比较发达,理学尤为人称道,这是和北方移民巩氏、吕氏的讲学分不开的。巩氏迁自山东东平,"首以北方之学授徒,著录几数百人"[2]。吕氏在此兴学影响更为深远。

---

1 《晦庵集》卷83《跋吕仁甫诸公帖》。
2 洪咨夔:《平斋集》卷31《巩公墓志铭》。

吕氏在吕好问时迁入婺州，北宋时其家即以三代宰相（吕蒙正、吕夷简、吕公著）和具有深厚的家学渊源而闻名。吕祖谦继承家学传统，在此创办著名的丽泽书院，据说在孝宗时"四方来者至千余人"[1]。南宋时婺州人才辈出，"名士斑斑其传"，原因之一便在于"婺人被东莱（吕祖谦）之教尤深"[2]。直至明代初年，婺州人宋濂仍说："吾婺自东莱吕成公传中原文献之正，风声气习，蔼然如邹鲁。"[3] 可见明代尚能感受其影响。

南宋时迁入平江府（治今江苏苏州）的北方文化人相当多，因此明代人有"自有宋南渡后，中州冠冕之族多聚于吴中"一语[4]。迁入的北方文化人，除了尹焞等著名学者，还有一批其他方面的文化人。平江府文化发达，"自古为衣冠之薮"，南宋以后"应举之士，倍承平时"[5]，出进士人数更多。此外，其他方面，例如医学，也得到很大的提高。明人顾清说："吴中自宋来多名医，至国朝尤盛。凡今京师以医名者，大半皆吴人也。"[6] 明代苏州的一些名医是南宋北方移民的后裔。例如祖先有人在元代任江浙行省医学提举、在明代任太医院御医的沈氏，其祖先本汴京人，南渡后迁此，两宋之际即以医术闻名，宋高宗曾写"良惠"二字赐之[7]。

信州（治今江西上饶）南宋时聚集了一批来自北方的文化人，叶适说："初渡江时，上饶号称贤俊所聚，义理之宅，如汉许下、晋会稽焉。"[8] 刘克庄说："上饶郡为过江文献所聚，南涧方齐之文、稼轩之词皆名世，至章泉、涧泉又各以其诗号为大家数。"[9] 四人中，前二人南涧韩元吉和稼轩辛弃疾是北方移民；后二人章泉赵蕃和涧泉韩淲是移民后裔，南宋中后期人。可见在南宋相当长的时期当地的移民及后裔人才辈出，名家不断。这些移民对当地崇尚文化之风的上升起到了促

---

1 吴师道：《礼部集》卷18《时所性文钞后题》。
2 楼钥：《攻媿集》卷55《东莱吕太史祠堂记》。
3 《文宪集》卷26《题蒋伯康小传后》。
4 顾清：《东江家藏集》卷29《故静庵处士刘翁配凤孺人合葬墓表》。
5 《吴郡志》卷4《县学记》。
6 《东江家藏集》卷29《慎庵钱君配徐孺人合葬墓表》。
7 《东江家藏集》卷29《故谕德东溪沈先生墓表》。
8 《叶适集·水心文集》卷12《徐斯远文集序》。
9 《后村集》卷97《赵庭原诗序》。

进作用。例如,吕居仁于南宋初期迁居此地以后,"上饶士子稍宗其学问,虽田夫野老能记其曳仗行吟风流韵度也"[1]。

婺州、平江府和信州的事例说明,即使在原先文化比较发达的地区,移民仍对当地文化发展起到一定的推动作用,使之达到更高的水平。还可举抚州、湖州、福州为例。抚州(治今江西临川)北宋时出了一些著名诗人,"自晏元献公(晏殊)、王文公(王安石)主文盟于本朝,由是诗人项背相望……南渡以来,又得寓公韩子苍、吕居仁振而作之,四方传为盛事"[2]。韩子苍、吕居仁都是北方移民,抚州诗坛因二人迁入而增色添辉。《嘉泰吴兴志》卷20说:"高宗皇帝驻跸临安,(湖州)实为行都辅郡,风化先被,英杰辈出,四方士大夫乐山水之胜者,鼎来卜居,衣冠雾合,弦诵驰声,上齐衡于邹、鲁。"由于上层移民众多,"缙绅多居花圃",遂使得当地"花果视昔稍盛,而金石之华第有其名"。福州人黄榦说:"中原衣冠多南徙,吾乡之学彬彬矣。"[3]字里行间流露出对中原衣冠的感激心情。

定都临安以后,大批文化人云集临安,太学、武学、宗学以及各类专门学校自开封迁来,国家图书馆设于此,临安迅速发展为南宋文化中心,当地的文化水平得到极大的提高,各种文艺演出形式众多,文化名人辈出,城市更加繁荣富丽[4]。临安文化的发展,除了北宋已有良好的基础和作为南宋政治中心所带来的便利条件,"中朝人物悉会于行在"[5],无疑也是原因之一。

二 文化比较落后地区

在岭南等地区,虽然移民人数比较少,但由于原先文化比较落后,移民促进文化发展的作用显得很突出。

南宋后期广州的进士解额一增再增,由嘉定庚午年的 15 名增至

---

1 《南涧甲乙稿》卷15《两贤堂记》。
2 周必大:《文忠集》卷48《跋抚州邱虞诗》。
3 《勉斋集》卷37《潘君立之行状》。
4 有关临安的文化状况,可参林正秋:《南宋都城临安》,西泠印社1986年版。
5 陆游:《陆放翁全集·渭南文集》卷15《傅给事外制集序》。

23名[1]。因此,刘克庄说"番禺文物于今盛,闽、浙彬彬未足夸"[2]。南宋广州的举人中约八分之一是宗室成员[3],如加上其他移民及后裔(人数应比宗子多得多),北方移民及其后裔所占比例肯定更高。这些人对当地文风的昌盛无疑起到了重要作用。

昌化军(治今海南儋州西北)原来文风不振,南宋初期开始得到改变,"家知教子,士风渐盛,应举终场者凡三百人,比往年几十倍";李光认为"近年风俗稍变"的原因是"中原士人谪居者相踵"[4]。庄芳《小学记》说:"琼之为州,在天下极南,文物彬彬有中原风。"[5]显然文化水平已有了较大的提高。明人丘濬对移民在海南岛的影响有较高的评价:"海内氏族所谓故家乔木者,皆自中州来,故其遗风流俗往往而在,苏长公所谓衣冠礼乐斑斑盖指此也。"[6]

移民不仅对文化水平的提高起到了作用,也影响了当地的社会风气,使原先的一些落后习俗得以改变。在这方面,容州(治今广西容县)和柳州是很好的例子。容州自"渡江以来,中原士大夫避地留家者众,俗化一变,今衣冠礼度并同中州"[7]。柳州由于"中朝名士如王安中辈尝避地寓居此,耳濡目染,人耻为非"[8],社会风气有所改变。

第七节

移民对南宋文化发展的促进

南宋以来,南方在经济不断发展的同时,文化也得到进一步的发

---

1 《大德南海志》卷8。
2 《后村集》卷12《广州劝驾·庚子权郡》。
3 《大德南海志》卷9。
4 《庄简集》卷16《儋耳庙碑》。
5 载《正德琼台志》卷7。
6 《重编琼台稿》卷10《文昌邢氏谱系序》。
7 《舆地纪胜》卷104,引《容州志》。
8 《舆地纪胜》卷121,引《龙城图志》。

展。此外,都城的南迁对南方文化发展起了促进作用,大量南迁的北方移民更促进了南方文化的发展。

移民对南方文化发展的促进作用,概括而言,主要体现在:

第一,使南方各区域的文化水平进一步提高。发达地区更加发达,落后地区文化面貌也有所改变。

我国文化重心的南移是一个渐进的过程。唐后期五代南方文化大发展,而北方基于战乱发展速度减慢,五代时南方文化较北方文化繁荣,水平更高,从而开始文化重心南移的进程。北宋统一以后,北方文化有所复兴,但南方文化水平仍胜于北方。北宋后期进士和大臣中南方籍人士占多数的事实[1],表明双方差距拉大。南宋以后,在南方文化继续发展的同时,北方受到战乱破坏,金元之际残酷战争的破坏尤为惨烈,加之北方生态环境恶化导致的南北经济差异扩大对文化的影响,南胜北的局面不仅已成定局,而且双方文化水平的差距越拉越大。

在明洪武四年至万历四十四年的245年中,每科的状元、榜眼、探花和会元,共计244人,南方人计215人,占88%;北方人仅29人,只占12%[2]。江南地区文化最称发达,出人才尤多。明代人张瀚说:"我国家英贤辈出,其以道德、功业、文章名世者代不乏人,而焯焯国史尤彰明较著者,往往萃于吾浙。"[3]清代仍然如此。清乾隆元年设博学鸿词科,此后中选者267人,江、浙、皖、赣四省合计201人,占了75%,而江、浙两省达146人,已占全国半数[4]。

第二,北方的思想文化、文学和艺术形式、饮食文化、社会风尚乃至语言,通过移民大规模注入南方,形成历史上又一次南北文化交流的高潮,在此基础上重新形成不同于以往的南方文化。如果将南宋末和北宋加以比较,可以发现已有若干不同的地方:

(1)在思想文化方面,理学在上层中占了主导地位,其他学派的

---

[1] 参见程民生:《略论宋代地域文化》,《历史研究》1995年第1期。
[2] 陈正祥:《中国文化地理》,三联书店1983年出版,第21页。
[3] 《松窗梦语》卷4《士人纪》,上海古籍出版社标点本。
[4] 《中国文化地理》,第21—22页。

影响相对减弱。尤其值得一提的是,通过统治阶级的宣传与具体运用,理学开始在稳定社会秩序方面发挥作用[1]。不过,具有浓厚地域文化特色的南方学派例如浙东事功学派仍顽强存在。

(2)南方文化和艺术更加丰富多彩,水平也得到相应的提高。在南、北交流的基础上形成南戏、浙派琴谱等新的艺术形式,绘画技巧也有较大改变。

(3)南方饮食更加多种多样,南北方人民生活习俗的差距有所缩小。在江淮、江南等移民较多的地区,北方社会风俗和当地社会风俗相融合,社会风貌有所改变。

(4)长江南岸的临安、平江、建康等地加入北方方言区或次方言区。

已故的旅美学者、著名宋史专家刘子健先生在《略论南宋的重要性》一文中,高度评价南宋文化对后世的巨大影响。他说:"中国近八百年来的文化模式,是以南宋为领导的模式,以江、浙一带为重心。全国政治、经济、文化重心皆聚在一起,这是史所稀见的。"刘先生所说的江浙,系指长江下游的南岸,从太湖四周到江西、浙江一片,再加上浙东和福建沿海。他认为这种文化模式,起源于北宋,但北宋时仍在生长、变化中,到南宋始加以改变和定型,元统一中国以后逐渐渗透民间,此后南宋模式和文化成为汉族文化的大传统。这一模式有九个特点,在经济文化方面,主要有:经济上的发展和稳定;尚文轻武;文化渐趋普及;理学对稳定社会秩序起了大作用;儒佛道三教合一成为普遍倾向,等等。

此文未能对南宋文化模式展开论述,某些观点也可以商榷和完善,但笔者认为,关于近800年来的文化是以南宋为领导的模式这一观点是相当精辟而发人深思的。先师谭其骧教授在与笔者论学时,也曾强调指出,宋以前的社会和宋以后的社会有极大的不同,在政治、经济、文化等方面都有很大的区别。笔者认为,如果说,南宋奠定了800

---

[1] 参见刘子健:《略论南宋的重要性》,《大陆杂志》第71卷第2期,1985年。

年来中国文化的基础的话,在这一新旧交替的过程中,大规模南迁的北方移民无疑起了一定的承前启后的作用。

北宋时期,虽然经济、文化重心已开始南移,但政治中心在北方。南迁后,政治中心南移,南宋统治集团将北宋的统治制度、典章文物带入南方,而与此同时残酷的战争对北方造成了严重的破坏。特别是,元朝统治者是在横扫中原,对经济文化造成极其严重的破坏(其程度可能远远过于以往侵入中原的任何周边民族)以后,开始接受汉族比较先进的经济文化制度的。在元统治者的汉化过程中,北迁的理学家赵复的弟子和叛宋归元的归正人都起了较大的作用。我国封建社会后期的政治制度,虽然有很大的不同,但仍有一定的连续性,在保持这种连续性方面北方移民起了一定的作用。

在相对和平的环境中,由于政治中心和北方移民南迁等有利因素,南方经济获得迅速发展,经济的发展又带来文化的进步,从而在经济文化方面都形成南重北轻的格局。江浙一带是移民云集之区都城所在之地,经济文化发展尤为迅速。经济和文化的优势,又加强了这一地区的政治力量。元明清三代虽然都城基本上设在北京,但在政治舞台上唱主角的仍旧是南方人,尤其是江浙人,宰执和地方大员往往产于这一地区,从而对国内政治产生了巨大影响。因此,也可以说,自南宋以后南方已成长为全国政治上最为重要的区域即政治重心地区。在元以前,我国历史上曾多次出现过较长时间的分裂局面,元以后全国不曾出现这种局面,应当说与全国政治、经济和文化重心都集中于一个地区有关。

南宋以后,虽然屡次王朝更迭江山易代,但理学始终是官方的正统思想,通过统治者的推广在对社会的潜移默化方面发生了较大的作用。理学形成于北方,发展于南宋的南方,在南宋取得统治地位,随元朝的统一而推之全国。在理学中心的转移和发展方面移民起了重要作用。

我国的戏剧,一般认为由元代杂剧发展而来,南宋的南戏是其两个源头之一,而南戏的形成则是移民带来的北方杂剧和南方民间艺术相结合的结果。由于移民的南迁,南方的火葬之风日盛,从而对明清也产生影响。类似这种文化方面的影响还可列举很多。如果说,北宋以前是北方文化在全国占主导地位的话,那么在南宋以后可以说是南方文化在全国占主导地位。这是南方文化大发展而北方文化衰落的必然结果,在这个过程中,北方移民对南方文化的发展,和北方某些重要文化内容在南方的流播,起了相当大的作用。

　　以上所说的,只是移民间接影响的一部分。如果我们在对元明清乃至近代社会的政治、经济、文化各方面的具体事项进行全面研究时,能够追究其形成的历史渊源和线索的话,或许还能够发现这次移民的影响。只有在此基础上,才能透彻认识靖康乱后北方移民南迁对中国社会的深远影响。

第十五章

蒙元时期非汉民族人口的内迁(上)

在蒙古国成立至元代灭亡(1206—1368年)的百余年间,不仅有大批的汉族人民自内地迁往边疆,也有大量来自周边和域外的非汉民族人民迁往内地。而且,无论是非汉民族移民在内地的分布范围,还是汉族移民在边疆的分布范围,都远远超过前代。

第一节

蒙古人的迁移

蒙古族是古代北方草原游牧民族之一,唐朝称为蒙兀室韦。8世纪以后,在斡难河(即今蒙古国和俄罗斯境内的石勒喀河、鄂嫩河)和怯绿连河(今蒙古国克鲁伦河)之间游牧,部落众多。12世纪以来,社会经济有了显著的发展,各部间的掠夺战争相当频繁。在战争过程中,孛儿只斤部的贵族铁木真势力逐渐壮大,先后击败各部。1206年

(南宋宁宗开禧二年,金章宗泰和六年),铁木真统一各部,建立蒙古国,在斡难河源作了大汗,被尊称为成吉思汗。窝阔台汗七年(1235年)定都和林(在今蒙古国鄂尔浑河上游哈尔和林),世祖中统四年(1263年)迁都上都开平府(今内蒙古正蓝旗东),至元八年(1271年)改国号为元,次年迁都大都城(今北京)。

为了掠夺更多的奴隶和财富,蒙古军队在成吉思汗的领导下不断发动对外战争。在成吉思汗作大汗的前一年(1205年,西夏天庆十二年),蒙古军开始侵入西夏,此后20多年中,成吉思汗率军数次攻入西夏,于二十二年(1227年)灭之。自成吉思汗六年(1211年)起开始大举攻金,迫使金于九年(金宣宗贞祐二年,1214年)将都城从中都城(今北京)迁到南京(今河南开封),窝阔台汗六年(金哀宗天兴三年,1234年)灭金。从成吉思汗十三年到十八年(1218—1223年)间,蒙古军向中亚地区发动第一次西征,攻灭西辽和花剌子模国,占领中亚细亚。从窝阔台汗七年到十三年(1235—1241年),第二次西征,攻占斡罗思国,兵锋直指东欧。在宪宗三年至八年(1253—1258年),第三次西征,势力发展到亚洲西部。窝阔台汗七年,蒙古军对南宋发动全面军事进攻,世祖至元十三年(南宋恭帝德祐二年,1276年)灭宋,统一中国。

一 迁居原因

随着军队的前进步伐,蒙古移民作为征服者和统治者开始分布到我国南北各地。蒙古族人民主要是在以下几种情况下迁入并定居在中原各地的[1]:

第一,因作战或镇守而迁居。

拉施特《史集》载:"当忽必烈合罕征讨广大辽阔的乞台(指金国)、南家思(指南宋)、哈剌章(指大理国)、女真(指东北的女真部落)、唐兀惕(指西夏国)及吐蕃地区时,他不断派遣诸王率领全体军队征伐上述

---

[1] 在此方面,罗贤佑《元代蒙古族人南迁活动述略》(载《民族研究》1989年第4期)曾作过论述,本文吸收了罗先生的研究成果。

各地。(上述各地)被征服后,他又指派诸王驻守那些地区。正如下文所述,现在他们全都按照既定的惯例,驻在那些地区上。"[1] 所谓"既定的惯例",即带领下属的军队以及军人家属驻守各地。

征戍过程中带家属同行是蒙古国的定制。蒙古军出征时,往往携带家口、辎重同行,作战时屯驻在离前线不远的地方,称为"老小营"[2]。南宋使节徐霆在北方草原看见蒙古军队前进时:"头目、民户车载辎重及老少、畜产,尽室而行,数日不绝。"[3] 另一南宋使者孟珙也记载道:"其俗出师,不以贵贱,多带妻孥而行,自云用以管行李、衣服、钱物之类。其妇女专管张立毡帐,收卸鞍马、辎重、车驮等物事。"[4] 因此,随着蒙古军队的前进,大量的蒙古人全家离开漠北草原,散布到包括中原在内的广阔地区。

《元文类》卷41《屯戍》载元统一以后的驻兵制度:"及天下平,命宗王将兵镇边徼襟喉之地(如和林、云南、回回、辉和尔、河西、辽东、扬州之类),而以蒙古军屯河洛、山东,据天下腹心,汉军、特默齐军戍淮江之南以尽南海,而新附军亦间厕焉。蒙古军即营以家,余军岁时践更,皆有成法。"所谓的"即营以家",是与"岁时践更"相比较而言的,即世代驻守一地不常践更,元代文献中颇多蒙古族军人一家几代长驻一地的记载,显然这些军人就是定居当地的蒙古族移民。克呼的祖父、父亲驻屯河东闻喜县薛庄,以后其子孙世代居闻喜[5];克呼苏卜实在洛阳鸣皋山下任千夫长,此后子孙三代都居住于此[6];都是其中的例子。

按照蒙古国时期的规定,"家有男子,十五以上、七十以下,无众寡尽签为兵。……上马则备战斗,下马则屯聚牧养"[7]。由于绝大多数家庭都会有需要参加征戍的15岁以上70岁以下的男子,作战或镇守是蒙古人迁移的最主要原因。

---

1 第1卷第2分册第2编,余大钧、周建奇译,商务印书馆1992年版,第382页。
2 《蒙古秘史》卷4第136节,卷8第198节,内蒙古人民出版社校勘本。
3 彭大雅著,徐霆疏证:《黑鞑事略》,丛书集成初编本。
4 孟珙:《蒙鞑备录·妇女》,丛书集成初编本。
5 程钜夫:《雪楼集》卷21《克呼君碑铭》。
6 姚燧:《牧庵集》卷6《千户所厅壁记》。
7 《元史》卷98《兵志》,第2508页。

第二,因任官而迁居。

元朝在各路、府、州、县录事司及非蒙古军队中均设达鲁花赤,用以执掌实权,保证蒙古人的统治地位,规定只有蒙古人和个别回回、畏兀儿、乃蛮、唐兀等色目人可担任达鲁花赤[1]。各路的达鲁花赤往往不止一人,例如江南上、中等级的路便各设二员,下路设一人[2]。成宗大德三年(1299年)又规定:"各道廉访司必择蒙古人为使。"在各地任官的蒙古人往往携家眷赴任,选择较早并且环境尚可的任官地为定居地。类似事例甚多,蒙古人塔本默色任卫辉路(治汲县,今河南卫辉)监郡,遂家汲县[3],便是其中一例。

第三,因分封诸王而迁居。

蒙元时期称宗室和驸马为诸王,曾进行多次分封。早期的分封往往将部分人民和土地分予诸王。元朝建立以后,忽必烈又先后封自己诸子为王,坐镇边徼襟喉要地。接受分封的诸王往往都有特定的居住地,子孙世代居住于此。同时,诸王的下属,包括王府管属和怯薛丹(亲军)等,也有一定的数量[4],这些人一般长期居住在诸王的封地。据《元史》卷108《诸王表》,世祖以后分封到各地的诸王至少有七八个王或系统,可以想见随诸王出镇各地的蒙古人必不在少数。

第四,因灾害、降附和避战乱而迁居。

漠北草原经济以畜牧业为主,抵御自然灾害的能力较弱,牲畜的多寡往往取决于降水和降雪状况。自元世祖至元后期起,草原灾害频仍,灾年往往有大批蒙古人衣食无着,被迫南迁求食。此外,分封在西北的诸王为了争夺大汗之位,屡次发动叛乱。有时,诸王战败,不得已表示降附,从而南迁。世祖至元元年(1264年),盘踞西北的诸王阿里不哥内外交困,又值饥荒,只好降忽必烈,次年"率部民来归"[5]。在战争发生时,漠北和西北的蒙古人为避战乱往往也要向南流徙,多具有

---

1 《元史》卷6《世祖纪》,第106页,第118页。
2 《元史》卷10《世祖纪》,第214页。
3 王恽:《秋涧集》卷51《塔必公神道碑铭并序》。
4 参见《元史》卷117《帖木儿不花传》。
5 《元史》卷5《世祖纪》,第96页。

相当规模。至元后期海都叛乱,"其民来归者七十余万,散居云(今山西大同)、朔(今山西朔州)间"[1]。武宗至大元年(1308年),大批漠北贫民南迁,朝廷以钞十万锭赈济之,并在大同(山西今市)、隆兴(今河北张北)等地发赈济粮和安排屯田[2]。

史载:至大四年闰七月,朝廷下令赈济岭北流民[3]。英宗延祐七年(1320年),朝廷"括马三万匹,给蒙古流民,遣还其部"[4]。文宗天历二年(1329年),朝廷将"蒙古饥民之聚京师者,遣往居庸关北",并发给适量的钱、粮和布匹,使之"还所部"[5]。据上所述,可以推测至大四年、延祐七年和天历二年都有一定规模的漠北人口向南迁徙,当然南迁者并不完全都是蒙古人。朝廷对待南迁的漠北流民,有时会采取措施遣送他们北归,有时也会安排他们在中原各地就食,中统二年朝廷迁曳捏即地贫民就食河南、平阳、太原即是一例[6]。在不少情况下就食往往会导致定居,因此估计会有一些蒙古流民定居中原不返。

漠北草原之所以能成为大批内迁蒙古人的迁出地,表明居住漠北的蒙古人人数仍然不少。成宗末年,元朝打败窝阔台汗国,原窝阔台王所领的部众,有的被元军俘虏,另有百余万口人归附朝廷,迁入漠北[7],这些人成为以后向南迁移的蒙古移民的新来源。

二 移民分布

元代蒙古人的分布非常广泛,可以说北自长城内外,南到五岭以南,东自东北地区,西到天山南北,都有蒙古移民。基本分布状况如下(参见图15-1)。

1. 漠南

指今内蒙古和河北坝上地区。辽金时期蒙古各部落主要生活在

---

1 《元史》卷173《马绍传》,第4053页。
2 《元史》卷22《武宗纪》,第496页。
3 《元史》卷24《仁宗纪》,第545页。
4 《元史》卷27《英宗纪》,第601页。
5 《元史》卷33《文宗纪》,第732页。
6 《元史》卷96《食货志》,第2474页。
7 参见《元史》卷136《哈剌哈孙传》;刘敏中:《中庵集》卷15《丞相顺德忠献王碑》。

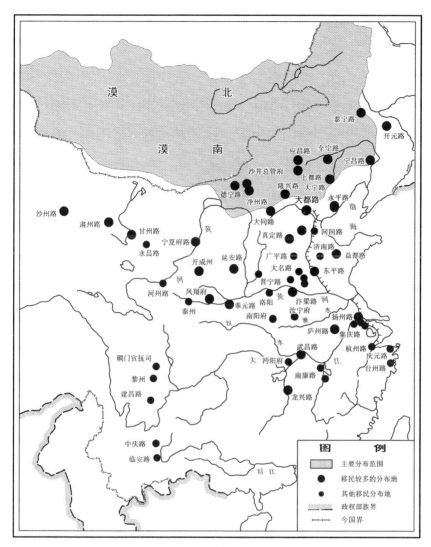

图 15-1　元代蒙古族分布图

大漠以北的今蒙古国境内,漠南的蒙古族人民主要是在蒙元时代开始大量迁入的。拉施特《史集》载:元统一中国之后,"他(忽必烈)将乞台(指金国)边境上及接近(乞台)边界的蒙古禹儿惕(营盘、分地)上的大片地方,赐给军中其他诸人作为驻冬牧地和驻夏牧地。大量军队占据了乞台、女真、蒙古的驻冬和驻夏牧地上的整个草原和山岭,在那里定居下来"[1]。

元贞二年(1296年),成宗下诏:"诸王、驸马及有分地功臣户,居上都、大都、隆兴者,与民均纳供需。"[2]仁宗延祐六年(1319年),朝廷要求京城诸司运粮到上都和兴和,赈济蒙古饥民[3]。上都开平府(治今内蒙古正蓝旗东)和隆兴路(后改名兴和路,治今河北张北)应有不少蒙古移民,并且是全国蒙古贵族较多的地方。

元初上都一带是蒙古札剌儿部和兀鲁郡王的营幕地,蒙哥汗五年(1255年)为忽必烈部居地,中统元年(1260年)忽必烈在此即皇帝位,建立开平府,成为元代都城,此后开始组织移民上都。至元二年(1265年),下令上都的商税、酒醋诸课毋征,"诸人自愿徙居永业者,复其家"[4]。至元九年迁都大都以后上都仍为陪都,每年夏季皇帝都要驻此,与大都并称"两都"[5]。上都作为元代政治中心之一,自然会有不少蒙古人集中于此。此外,漠北蒙古人民南下时往往也迁入上都,延祐七年(1320年)南下的漠北人民之一部便安置于此屯种[6]。元代会试赴考名额中,规定分予蒙古人75名,其中上都6人,在全国仅次于大都(15人)[7]。会试赴考名额的多寡往往与实际人口数量相联系,因此上都是全国蒙古移民最多的城市之一。

隆兴路在上都西南,元代在此建有行宫。当地的蒙古民户中,一部分人可能在至元元年随阿里不哥迁入[8],一部分在武宗至大元年(1308年)自漠北迁来屯田[9]。到文宗至顺二年(1331年),隆兴路的蒙古民户和鹰坊户至少在11 000户以上[10]。

应昌府(后改为路,治今内蒙古克什克腾旗西)在上都东北,是诸

---

1 第1集第2分册第2编,第382页。
2 《元史》卷19《成宗纪》,第404页。
3 《元史》卷26《仁宗纪》,第589页。
4 《元史》卷6《世祖纪》,第107页。
5 《元史》卷58《地理志》,第1350页。
6 《元史》卷27《英宗纪》,第598页。
7 《元史》卷81《选举志》,第2021页。
8 《元史》卷5《世祖纪》,第96页。
9 《元史》卷22《武宗纪》,第496页。
10 《元史》卷35《文宗纪》,第793页。

王翰罗陈万户和囊加真公主的封地，世祖至元七年（1270年）建城邑以居之。成宗元贞元年（1295年）济宁王蛮子台也和囊加真公主结婚，另在应昌府东700里建城邑，名为全宁路（治今内蒙古翁牛特旗）[1]。

位于阴山以北四子王旗以西的德宁路、砂井总管府和净州路，是蒙古族移民的另一重要分布地，文宗至顺二年三路仅需要赈济的蒙古民户便达16 000余户[2]。

大宁路（治今内蒙古宁城西）在元初称北京，为北方重镇，至元元年一部分随阿里不哥南迁的蒙古人民迁入此地[3]。此后，这里的蒙古部落称大千户部。泰定帝至治三年（1323年）此部因大风雪牲畜大量死亡，朝廷拨给部落赈济米15万石[4]，可见人数不少。

元人张德辉记北上所见：自大都经宣德州（今河北张家口宣化区），出得胜口（今山西大同北长城口），过孛落驿（今地不详），"自是以北诸驿皆蒙古部族所分主也，每驿各以主者之名名之。由岭而上，则东北行，始见毳幕毡车，逐水草畜牧而已，非复中原之风土也"[5]。可见元代蒙古族已成为今内蒙古地区人民的主体部分。

2. 华北

华北可分为北部、南部，北部指今北京市、天津市和山西、河北两省，南部指今河南、山东两省。华北北部元代属中书省辖地，元代定都大都城，以今北京市区为中心的大都路是蒙古皇室、达官贵人和军人最为集中的地方，蒙古移民较多。元代会试赴试名额中，大都15人，高居全国第一，占全部蒙古名额的五分之一。一些蒙古移民住在首都东面的通州（治今北京通州）和漷州（治今天津武清西北），延祐七年（1320年）朝廷曾对此二州的蒙古贫民进行赈济和发放夏布[6]。自世祖时起，在大都周围先后设置左翊蒙古侍卫、右翊蒙古侍卫、隆福宫左

---

1 《元史》卷118《特薛禅传》，第2920页。
2 《元史》卷35《文宗纪》，第779页。
3 《元史》卷5《世祖纪》，第96页。
4 《元史》卷29《泰定帝纪》，第639页。
5 《纪行》，载王恽：《秋涧集》卷100。
6 《元史》卷27《英宗纪》，第598、601页。

右都威卫使司等蒙古卫军机构,文宗时有百户288员,大约统军14 000至20 000人[1]。此外,在大都周围的驿站也有很多蒙古族站户,至元十八年以这些站户实行屯田[2]。

　　大都西面的河东(相当于今山西省境),南面的真定等(约相当于河北大部)在全国蒙古人会试赴考名额中各占五名,皆居各地前列。大同路(治山西大同,原称西京,又称云州)由于邻近塞北草原,是元代漠北蒙古人的主要迁入地之一。世祖至元元年随阿里不哥南迁的一部分蒙古移民迁入此地[3]。海都叛乱时,南迁的七十余万人大多散居云、朔两州之间。至大元年(1308年)漠北贫民大量南迁,朝廷又将其安排在大同、隆兴(今河北张北)屯田(皆见上);延祐七年(1320年)又有一批蒙古人民迁入大同一带垦种,为朝廷安置此次南迁漠北人民的地区之一[4];难免有许多人会定居在这一带。在此以前,中统三年(1262年)朝廷曾以米1 000石、牛300头发放给大同的蒙古户[5]。

　　位于大都之南的河间路(治今河北河间)和真定路(治今正定)是蒙古军的重要驻地。英宗延祐七年朝廷曾赈济两路的蒙古军人[6]。此外,河间路辖下的清州(治今青县)和沧州(治今市)及靖海(今天津静海)还是元朝重要的军屯地区,至元二十二年蒙古军3 000人在此屯田[7]。顺帝元统元年(1333年)全国录取了24名蒙古族进士,其中有2人来自真定路[8]。位于大都以东的永平路(治今河北卢龙)是元后期蒙古人的一个重要聚居地。英宗至治二年(1322年)朝廷于此置营,收养被卖到各地的蒙古人子女共3 000户,并立宗仁侍卫亲军都指挥使司统之[9]。由于蒙古以及其他周边民族的移民较多,永平路"俗混华夷,人多刚鸷而尚才勇"[10]。《元史》卷19《成宗纪》载:札剌儿

1　据史卫民:《元代侍卫亲军建置沿革考述》,《元史论丛》第4辑,中华书局1992年版。
2　《元史》卷11《世祖纪》,第234页。
3　《元史》卷5《世祖纪》,第96页。
4　《元史》卷27《英宗纪》,第598页。
5　《元史》卷5《世祖纪》,第84页。
6　《元史》卷27《英宗纪》,第601页。
7　《元史》卷13《世祖纪》,第279页。
8　佚名:《元统元年进士录》,浙江古籍出版社点校本。
9　据《元史》卷28《英宗纪》,第622页;卷86《百官志》,第2171页。
10　赵万里辑校:《元一统志》卷1,中华书局1966年版。

忽都虎部蒙古户居于奉圣州者（治今涿鹿）"与民均供徭役"，可见此地也有一定数量的蒙古移民。

此外，曲周县（今属河北）、大名路（治今大名南）、襄垣县和高平县（今属山西）、太平县（治今襄汾西南）、河东县（治今永济境）和闻喜县等地也有蒙古移民[1]。

华北南部元代分别属河南行省和中书省的东南部，为金朝覆灭前的统治中心，在元统一全国之前又是宋元交界地带，屯驻的蒙古军队特别多。时人说全国的驻兵状况：探马赤和汉军驻江淮以南，"而蒙古军屯河洛、山东，据天下腹心"（见上）。泰定四年（1327年）前后元朝在此屯驻11万户蒙古军，其中河南省（治今开封）以西3万户，以南1万户，以北2万户，山东一带5万户[2]。本区又是元代屯田的重点地区，蒙古军是屯田生产者的主要组成部分之一。世祖至元二年（1265年），朝廷下令将黄河南、北的荒田分给蒙古军耕种[3]。有时，还有一些蒙古人自外地迁入河南，仅至元二十九年一次迁入益都（今山东青州）耕田的拔都儿畸零户便有347户[4]。

由于上述原因，定居在河南的蒙古人数较多，元代会试赴考的蒙古人数中，分配东平等地5人（相当于今山东西部），山东（相当于山东东部）4人，河南（相当今河南大部和鄂、苏、皖三省的长江以北地区）5人，合计14人，居各区域前列。由于蒙古族移民人数很多，至元二十九年朝廷规定给河南行省下达诏令一律用蒙古语[5]，而在其他行省一般都是用汉语。

天历元年（1328年），文宗为了对付辽东叛军，征调河南蒙古军老幼5万人增援京师[6]。如加上山东，本区的蒙古军老幼估计在十几万人以上。

---

1 曲周县见许有壬，《至正集》（四库全书本）卷56《禹图公神道碑》、卷57《万公神道碑》；佚名《元统元年进士录》。襄垣县见《元史》卷24《仁宗纪》，第553页。大名路、高平县、太平县和河东县皆见《元统元年进士录》。闻喜县见程钜夫：《雪楼集》卷21《克呼君墓志铭》。
2 《元史》卷99《兵志》，第2550页。
3 《元史》卷6《世祖纪》，第105页。
4 《元史》卷17《世祖纪》，第360页。
5 同上书，第358页。
6 《元史》卷32《文宗纪》，第712页。

《元统元年进士录》登录的全国该年中榜的 24 名蒙古族进士中,有 10 人籍贯河南或山东,亦可证明华北南部移民在蒙古族全部内迁人数中占较大的比重。这些进士的籍贯分别是内黄(河南今县)、洛阳(今市)、郏县、开封、济阳(山东今县)、濮州(今鄄城北)、济阴(今菏泽)、掖县(今莱州)、金乡和陵州(今德州)。此外,息州(今河南息县)、南阳、阳武县(今原阳)、卫辉、白马(今滑县)、沈丘、益都、滨州、济宁等地的蒙古移民及其后裔都在历史文献中留下了记载[1]。

3. 东北

指今辽宁、吉林和黑龙江三省,元代基本属辽东行省范围。蒙古汗国崛起以后,为了控制东北并屏卫京师,将一些王封于东北西部。其中,大体以喀尔喀河、洮儿河及松花江中段为界,北侧为成吉思汗诸弟的分地与民户,南侧为札剌亦儿等异姓王的分地与民户。依据《蒙古秘史》有关记载,蒙古国时诸王民户总数约 2.5 万—3 万户左右,后虽经变动,至元末大体仍有 2.55 万至 3 万户。此外,加上东路蒙古军上万户府和山北辽阳等路蒙古军万户府及其他部分,元末蒙古族总数约有 3 万—4 万户、近 20 万人。蒙古民户主要分布在开元路(先后治今吉林农安和辽宁铁岭)的西部、大宁路(治今内蒙古宁城西)的北部,以及宁昌路(治今辽宁阜新东北)、泰宁路(治今吉林洮安东)境内,随蒙古驻军而居者主要在辽河流域一带[2]。

4. 西北

指今陕西、甘肃和宁夏,元代属陕西行省和甘肃行省。蒙古族移民主要在三种情况下迁入。一为屯戍,成宗大德七年(1303 年)仅驻守在甘州(治今甘肃张掖)并进行屯田的蒙古军便达万人以上[3]。二为避灾迁入。由于相距较近,大漠南北发生灾荒时往往会有一些饥民迁入陕甘,世祖至元七年(1270 年)诸王拜答寒部告饥,朝廷令无车马

---

[1] 息州和南阳见《元史》卷 197《孝友传》,第 4446 页;阳武见《元史》卷 123《抄儿传》,第 3027 页;卫辉见王恽《秋涧集》卷 51《塔本默色传》;白马见吴澄《吴文正集》卷 69《秃合赤墓表》;沈丘见《元史》卷 141《察罕帖木儿传》,第 3384 页;益都见《元史》卷 17《世祖纪》(第 360 页)和卷 193《合剌普华传》(第 4384 页);滨州见刘敏中《中庵集》卷 1《贞妇和拉》;济宁见《元史》卷 15《世祖纪》,第 314 页。
[2] 以上据丛佩远:《元代辽阳行省境内的契丹、高丽、色目与蒙古人》,《史学集刊》1993 年第 1 期。
[3] 《元史》卷 21《成宗纪》,第 452 页。

的贫民就食甘、肃(治今甘肃酒泉)和沙州(治今敦煌西)[1];至元二十六年徙瓮吉剌部贫困者就食六盘(在今宁夏境)[2];延祐七年(1320年)二月,朝廷要求甘肃将旷地给朔方民户屯种[3];均是此类例子,有的饥民便留居于此。三是受封为王而迁入。至元九年世祖封忙哥剌为安西王,出镇长安(今陕西西安),次年加封秦王,在长安和六盘山的开成(今宁夏固原南)皆置有官邸,往往冬居长安,夏徙六盘山。忙哥剌的子孙以后世代居此[4],忙哥剌统辖的军队也长驻这一地区[5]。

作为安西王分封地的长安、开成,重要屯田区的甘州,安置蒙古贫民的肃州和沙州,都是陕甘地区蒙古移民较多的地方。今宁夏境内(主要属甘肃行省)也有不少蒙古移民。至元初董文用任西夏中兴等路行省郎中,在此开渠发展农业生产,"诸部落及溃叛之来降者"迁入此地[6]。至元三年,朝廷要求宁夏黄河灌区内"凡良田为僧所据者,听蒙古人分垦"[7]。此外,凤翔(陕西今县)居住着诸王小薛部的300余户蒙古移民[8];至元十八年延安设屯田打捕总管府,管理北来的蒙古人户[9],也应有一定数量的移民。西凉州(今甘肃武威)、河州(今临夏县西南)、礼店(今礼县东)、秦州(今天水)、乾州(今陕西乾县)也有蒙古移民[10]。据上所述,甘肃行省境内的蒙古移民数量可能多于陕西行省,贫民人数尤多。由于贫民入科举者少,故元代会试赴考蒙古人的名额中甘肃只有(3人),不及陕西(5人)。

5. 新疆

广阔的西域地区是蒙古诸王的主要分封地之一,应有一定数量的蒙古人移居。其中,位于中国境内的新疆也有少数蒙古人。至元十

---

1 《元史》卷7《世祖纪》,第130页。
2 《元史》卷15《世祖纪》,第328页。
3 《元史》卷27《英宗纪》,第598页。
4 《元史》卷108《诸王表》,第2736页;卷163《赵炳传》,第3837页。
5 拉施特:《史集》第2卷,第370页。
6 《元史》卷148《董俊传》,第3496页。
7 《元史》卷6《世祖纪》,第110页。
8 《元史》卷19《成宗纪》,第421页。
9 《元史》卷86《百官志》,第2169页。
10 西凉州见虞集:《道园学古录》卷16《苏达苏氏世勋碑》;河州见《元史》卷34《文宗纪》,第770页;礼店见《元史》卷60《地理志》,第1434页;秦州见《元史》卷197《孝友传》,第4444页;乾州见《元史》卷30《泰定帝纪》,第685页。

六年,朝廷曾派忽必来、别速台率蒙古军2 000人前往斡端城(今新疆和田)驻守[1],开始成为南疆地区的蒙古移民。

拉施特《史集》说:成吉思汗从弘吉剌惕部拨出四个千户赐给女婿失窟,"派(他)到吐蕃地区去。他们(迄今)还全部在那里"[2]。如果这一记载无误,则在吐蕃地区(很可能是位今青海省部分)也有一些蒙古移民。

6. 东南

指今长江中下游、珠江流域和东南沿海各省市。早在元朝实现统一之前,即有一些蒙古军人由于某种原因逃入南宋,至元十六年以后在元朝的招抚下这些人重新收编入蒙古军[3]。尽管这样,元代文献中有关东南地区蒙古移民的记载比较少,可以推测移民数量不如北方地区。元代会试赴考蒙古人的名额中,江浙5人、江西3人、湖广3人,三地应是区内蒙古人较多的区域。长江、淮河之间的江淮地区是元代屯田的重要区域,大德二年(1298年)朝廷下令"以两淮闲田给蒙古军"[4],可见蒙古军人是屯田的劳动力之一。至元二十六年,原分封在辽阳行省的诸王乃颜部反叛,部众流放江南。据该年尚书省臣言:"乃颜以反诛,其人户月给米万七千五百二十三石,父母妻子俱在北方,恐生它志,请徙置江南,充沙不丁所请海船水军。"[5] 如以每人每月平均食米30斤计,迁往江南的乃颜部众男女老少大约有六七万人[6],但不知是否全部南迁。

扬州是世祖第九子镇南王脱欢的封地,以后子孙中又有人封为宣让王,移镇庐州(治今安徽合肥)[7]。除了以蒙古军100人为脱欢宿卫外,至元二十年朝廷又确定留蒙古军1 000人戍扬州[8];次年确定驻戍潭州(治今湖南长沙)的蒙古军为1 000人[9];此外,威顺王宽彻普化

---

1 《元史》卷10《世祖纪》,第216页。
2 第1卷第2分册第2编,第373页。
3 《元史》卷98《兵志》,第2517页。
4 《元史》卷19《成宗纪》,第418页。
5 《元史》卷15《世祖纪》,第322页。
6 据梁方仲《中国历代户口、田地、田赋统计》第545页,元1石约相当于今之9.5斗即133斤。
7 《元史》卷117《帖木儿不花传》,第2912页。
8 《元史》卷99、98《兵志》,第2542页、2519页。
9 《元史》卷99《兵志》,第2542页。

于泰定三年受封,出镇武昌[1]。这几个地方都有较多的蒙古移民。镇江路(治江苏今市)有蒙古民户29户和军人等592人[2];定海(今浙江宁波镇海区)有守海口的蒙古军300人,并是辽东乃颜部叛乱军人的流放地之一[3]。

此外,杭州、台州(治今浙江临海)、建德路(治今建德东)、集庆路上元县(今江苏南京)和句容县、常州、龙兴路(治今江西南昌)、进贤、南康路(治今星子)、沔阳府景陵县(今湖北天门)也有蒙古移民的踪迹[4]。

7. 西南

指今四川和云南两省,元代属四川行省和云南行省。元代会试赴考的蒙古人名额中,分予四川1人、云南1人,居各行省末位,据此可以推测两省的蒙古人就全国而言并不多。

移民主要是进驻于此的军人,仅至元十六年(1279年)调付安西王的军人便有7 000人[5]。在四川西部接近藏族地区的碉门(今四川天全)、黎州(今汉源)等地也有蒙古军数百人[6]。明洪武末平建昌(在今西昌地区)诸部时,这里的居民不仅有土著,而且有"鞑靼(即蒙古)、回纥(即畏兀儿)诸种,散居山谷间"[7]。这些鞑靼人和回纥人都应是在元代迁入的移民后裔。

云南的蒙古人,部分是随云南王、梁王以及其他诸王迁去的人户,更多的是原蒙古军户,他们或者是在路经云南远征边区邻国的往返途中留镇其地,或者是直接调来镇守云南的[8]。不过,元在云南主要依靠部族武装维持地方治安[9],因此蒙古军人不可能很多。据估计元末云南的蒙古族官兵大约以万计,此后均落籍于此。今云南的一些地

---

1 《元史》卷30《泰定帝纪》,第667页。
2 《至顺镇江志》卷3《户口》。
3 《元史》卷99《兵志》,第2518页,陶宗仪,《辍耕录》卷2《斩曾告讦抽》。
4 杭州和进贤见郎瑛:《七修类稿》卷16;台州见《元史》卷143《泰不华传》,第3423页;集庆路见《至大金陵新志》卷8《民俗志》;建德路、常州、龙兴路、南康路、沔阳府景陵县均见《元统元年进士录》。
5 《元史》卷10《世祖纪》,第214页。
6 《元史》卷10、11《世祖纪》,第213页、第223页。
7 《明史》卷331《四川土司传》,第8019页。
8 韩儒林主编,陈得芝、邱树森、丁国范、施一揆:《元朝史》,人民出版社1986年出版,第291页。
9 《元史》卷98《兵志》,第2516页。

方,例如安宁市燕塔村、蒙自县余家寨以及路南县等地的蒙古族人民,据说都是元代蒙古移民的后裔[1]。此外,今通海县北的曲陀关为元代蒙古军都元帅府驻地,这些军人以后都留居在通海一带[2]。

综上所述,元代内迁的蒙古移民居住地非常广泛,可能以漠南、京畿、河南、东北等地区的移民人数较多。但究竟有多少蒙古人内迁中原却无史料可考,也无法估计。元朝覆灭之年,元顺帝率三宫后妃、皇太子和一些大臣、军队向北逃回蒙古草原[3]。《蒙古源流》卷5载:"方大乱时,各处转战蒙古人等四十万,内惟脱出六万,其三十四万俱陷于敌。"此数字显然是指全国,但是否准确至今已无法检验,同时也不知是仅指军人还是包括妇女老幼。不过,他们已不仅仅是移民,而是包括他们的后裔。这一数字提示人们,内迁的蒙古人大多不能或不愿北返大漠南北,而是继续留居中原。

作为昨天的统治民族,许多人在王朝灭亡时产生巨大的恐惧感,主动改姓(用汉姓)易名隐居起来,或由于各种原因重新迁移。今河南南阳镇平、内乡、南召诸县境内的王姓蒙古人和唐河县的李姓蒙古人,据说就在这种背景下改姓并迁到这一地区[4]。今居住山东鄄城县的蒙古族苏氏,据说始祖本元代蒙古贵族,在大都城即将被明军攻克时拣选亲信出逃到濮州南境,不久改称苏氏,世代居住于此[5]。今贵州大方县的蒙古族余氏,原是居住湖北麻城县的蒙古贵族,明初改姓弃官避难入四川,以后辗转进入贵州[6]。类似的事例很多。

明朝洪武五年(1372年)于《明律》卷6中明确规定:"蒙古、色目人氏既居中国,许与中国人家结婚姻,不许本类自相嫁娶……夫本类嫁娶有禁者,恐其种类日滋也。"这一法律规定大大促进了蒙古族后裔与汉族及其他民族融合的进程,此后,留在中原的蒙古族移民后裔的

---

1 均据云南历史研究所:《云南少数民族》"蒙古族",云南人民出版社1983年版。
2 方国瑜:《中国西南历史地理考释》下册,中华书局1987年版,第1098页。
3 《元史》卷47《顺帝纪》,第986页。
4 荣盛:《河南省南阳地区的蒙古族》,《内蒙古社会科学》1992年第3期。
5 苏德彪:《山东鄄城县蒙古族苏氏族源考》,《内蒙古社会科学》1993年第5期。
6 荣盛:《贵州省余姓蒙古族族籍试考》,《内蒙古社会科学》1989年第5期。

相当一部分与汉族及其他民族相融合。

第二节

色目人的迁移（上）

据《蒙古秘史》所载，成吉思汗统一蒙古各部后的兵力，除所封95千户的军队外，还有1万名最精锐的护卫军[1]，总数超过10万人。按照古代波斯史学家拉施特的说法，成吉思汗军队的总数是129 000人[2]。根据明末努尔哈赤给林丹汗的信，说元代蒙古人到中原来的约有40万人[3]。这一数字，大约包括军人及其家小。但即使这一数字可靠，对于征服和统治中国这一地域广大人口众多的国家来说，仍未免太少了。因此，蒙古统治者不得不依靠色目人，无论是投降的，还是被征服的，都被征发来中原，充当兵员和劳动力。

所谓"色目"，意为"各色名目"，泛指元代从西北各族、西域以至欧洲来华的各族人。在元之前，一些西域人曾由于经商、传教等原因迁入中原，但无论移民的人数和所属民族的数量都无法与元代相比。并且，这些移民大多是自愿主动迁入，蒙元的色目移民却大多是在蒙古军队的武力下被迫迁入的：

第一，因沦为俘虏而迁移。蒙古族兴起时，正处于奴隶制发展阶段，掳掠人口是从事战争的主要目的之一。成吉思汗第一次进攻西夏，拔力吉里寨，经落思城，便"大掠人民及其骆驼而还"[4]；进攻西北喀喇部，"掳其全部以归"[5]；都是其中的例子。《蒙古秘史》载蒙古军

---

1 见卷8第203节、卷9第224节。
2 《史集》第1卷第2分册第2编，第362页。
3 参见韩儒林：《元朝史》，第5—6页。此数字同于《蒙古源流》所载的元末各处转战的蒙古人数，未知二者是否同一来源，究竟反映何一时代的人口。
4 《元史》卷1《太祖纪》，第13页。
5 赵孟頫：《松雪斋集》卷7《喀喇公碑》。

在康邻(即康里)、乞察(即钦察)和斡鲁思等地作战:"降其康里、乞察等三种,破其斡鲁思种城,悉杀虏其人。惟阿速惕(即阿速)等城百姓,虏得虏了,归附得归附了,立答鲁合臣、探马赤官,镇守而回。"[1]

蒙古军"平时无赏,惟用兵战胜,则赏以马或金银牌,或竹丝缎,陷城则纵其掳掠子女玉帛"[2]。因此,各将领在作战时,往往都要掳掠很多的人民,例如大将镇海"从攻塔塔儿、钦察、唐兀、只温、契丹、女直、河西诸国,所俘生口万计"[3]。此外,掳掠对方人口也是克敌制胜的一种军事手段。蒙古军在作战过程中,"凡攻大城,先击小郡,掠其人民以供驱使。乃下令曰:'每一骑兵必欲掠十人。'"[4]

俘虏中很大一部分是手工业工匠。蒙古在兴起初期手工业十分落后,"百工之事,无一而有。……后来灭回回,始有物产,始有工匠,始有器械"[5]。为了满足军事上和生活上的需要,在攻城掠地大肆屠杀之时,比较注意搜罗工匠,将之迁入漠北和中原。例如,成吉思汗攻占花刺子模国的撒麻耳干,在大肆屠杀之后,将幸存的工匠1 000名分拨诸子、诸妻和诸异密[6]。在攻占玉龙杰赤城时,将城中居民全部赶出城外,命工匠(据说有10万人左右)别居一处,押送到东方,其余人除妇女和儿童掳为奴婢外,尽数屠杀[7]。由于人数众多,在中原和漠北的一些地区往往都有西域工匠。蒙元大将刘敏在燕京路(治今北京)任职时,手下便有西域工匠千余户[8]。窝阔台汗时,收天下童男童女及工匠,置局弘州(治今河北阳原),其中有来自西域的织金绮纹工300余户[9]。在上都附近的荨麻林,也有3 000户回回工匠[10]。类似的记载极多。

第二,因被征发从军而迁移。徐霆在北方观察到:蒙古军队"一

---

[1] 续集卷2第274节。
[2] 彭大雅:《黑鞑事略》。
[3] 《元史》卷120《镇海传》,第2964页。
[4] 孟珙:《蒙鞑备录·军政》。
[5] 《黑鞑事略》。
[6] 拉施特:《史集》第1卷第2分册,第286页。
[7] 同上书,第298页。
[8] 《元史》卷153《刘敏传》,第3609页。
[9] 《元史》卷120《镇海传》,第2694页。
[10] 《元史》卷122《哈散纳传》,第3016页。

军中宁有多少鞑人？甚余尽是亡国之人。"[1]换言之，蒙古军队的大部分均来自被其灭亡国家的人民。从历史记载来看，无论是主动投附还是被攻灭的国家，蒙古均要征发他们的军队，随同蒙古军参加各地的作战行动。

早在1221年，西夏国王就派5万人的军队，在蒙古军大将木华黎的指挥下参加攻金战争[2]。畏兀儿（即高昌回鹘）国主巴而术阿忒的斤附蒙之后，率部曲1万人随成吉思汗出征西域，以后其孙子马木剌的斤又率探马赤军万人从蒙哥汗在四川作战[3]。成吉思汗西进时，原西辽阔儿汗近侍曷思麦里率可散等城酋长迎降，后率部随蒙古军在西域和中原各地作战，在淮西与南宋作战时战死[4]。窝阔台汗率蒙古军进入阿速国，阿速国主杭忽思投降。不久，窝阔台下令选阿速军1000人，由杭忽思的长子阿塔赤率领进入中原作战[5]。约二三十年后，蒙哥汗又率兵包围阿速国的阿儿思兰城，守将阿儿思兰出降，蒙哥命令阿速军的一半兵员，由阿儿思兰的儿子率领同蒙古军一同进入中原作战[6]。蒙古将领速不台在西域作战时，还以归降的蔑里吉、乃蛮、克烈、康里、钦察诸部千户"通立一军"[7]。

此外，蒙元统治者往往还将被灭国的青壮年签发为军，进入中原作战或驻守。至元八年(1271年)到大德六年(1302年)，元朝多次在原西夏国统治地区签征西夏人从军，去镇戍中原，即为一证[8]。

第三，因入侍而迁移。所谓入侍，指来到统治者身边宿卫或充任文臣。一部分宿卫军士来自诸国的贵族、军将及其统领的军人，回回贵族赛典赤赡思丁率千余骑降成吉思汗，以后"入宿卫，从征伐"[9]，便是其中的一例。回纥别失八里人康懿公之孙大乘都中统中来华朝见，

---

1 《黑鞑事略》。
2 《元史》卷119《木华黎传》，第2934页。
3 《元史》卷122《巴而术阿忒的斤传》，第3000页。
4 《元史》卷120《曷思麦里传》。
5 《元史》卷132《杭忽思传》，第3205页。
6 《元史》卷123《阿儿思兰传》，第3038页。
7 《元史》卷121《速不台传》，第2976页。
8 参见孟楠：《浅析元代西夏人组成的军队》，《中央民族学院学报》1991年第6期。
9 《元史》卷125《赛典赤赡思丁传》，第3063页。

由于有学问得到世祖器重,"即命通籍禁门,恒侍左右,诵说经典"[1],则是因学问而被留下的例子。

宿卫军中的散班称秃鲁花,系"取诸侯将校之子弟充军,曰质子军,又曰秃鲁华军"。世祖中统以后规定万户、千户仍需以子弟入朝充秃鲁花,一般情况下"不得隐匿代替"[2]。所谓"质子",即人质,相当一部分秃鲁花来自诸国的贵族或军将的子弟。例如,大德十一年七月武宗先后两次派人分赴吉利吉思和唐兀征秃鲁花,申明"秃鲁花户籍已定,其入诸王、驸马各部避役之人及冒匿者,皆有罪"[3]。

依元统一以后的军制,宿卫军屯驻首都周围,蒙古军和探马赤军镇戍河洛、山东等中原的腹心地区,除蒙古军"即营以家","余军岁时践更,皆有成法"[4]。但实际情况并非全是如此。《元史·兵志》载:"国制,既平江南,以兵戍列城,其长军之官,皆世守不易,故多与富民树党,因夺民田宅居室,蠹有司政事,为害滋甚。"[5]文献中也颇多色目军人因长守一地就地安家的事例。汪古部人按竺迩担任蒙古汉军征行大元帅,镇蜀,"因家成都"[6];哈剌鲁人沙的戍河南柳泉,"家焉"[7];另一哈剌鲁人抄儿赤被派到建昌(今江西南城)驻守,以后其儿子秃鲁罕、孙子秃林台"三世皆戍建昌"[8];康里人也里白白在成吉思汗时,"奉旨南征至洛阳,得唐白乐天故址,遂家焉"[9];都是其中的事例。至元二十二年(1285年)十月,雪雪的斤领1 000畏兀儿户出戍哈剌章(即云南行省),至大元年(1308年)前调到荆襄,但不久云南行省以"世祖有旨使归云南,以佐征讨"为理由要求调回,获得朝廷同意[10]。显见这支畏兀儿军进驻之初忽必烈便许可其长期驻扎云南。

---

1 程钜夫:《雪楼集》卷8《秦国先茔碑》。
2 《元史》卷98《兵志》,第2508页、2511页。
3 《元史》卷22《武帝纪》,第485页。
4 苏天爵编《元文类》卷41《屯戍》,四库全书本。
5 卷99,第2541页。
6 《元史》卷180《赵世延传》,第4163页。
7 《元史》卷132《沙全传》,第3217页。
8 揭傒斯:《揭傒斯全集》文集卷4《送也速答儿赤序》,第311页。
9 《元史》卷135《塔里赤传》,第3275页。
10 《元史》卷13《世祖纪》、卷22《武宗纪》;参见方国瑜:《中国西南历史地理考释》下册,第1097页。

可能基于上述这种情况,世祖至元十年(1273年)颁诏:"令探马赤随处入社","与编民等"[1]。社是元代各地普遍设立的社会基层组织,凡督促生产、户口统计、征调赋役和社会治安均以社为单位进行,因此探马赤军人在各地入社"与编民等",意味着他们已成为当地的居民,只有在军事方面才与普通平民有区别。

第四,因经商、传教、任官等原因而迁移。

元代色目人在全国四等人中居第二,政治经济地位虽不及蒙古人,但高居于汉人(原金国人民)和南人(原南宋人民)之上,是蒙古贵族统治中国的主要伙伴,在许多方面拥有特权。元代设于各路、府、州、县录事司及非蒙古军队中执掌大权的达鲁花赤,除了大多数由蒙古人担任外,个别回回、畏兀儿、乃蛮、唐兀等色目人也可担任。此外,各路还设同知,由回回人担任[2]。政治上的特权保证了色目人商业上的特权,色目人"尤多大贾,擅水陆利,天下名城巨邑必居其津要,专其膏腴"[3]。

通过任官、经商等途径,色目人迁居到全国各地。例如,西夏人沙剌藏卜"官庐州(治今安徽合肥),遂为庐州人"[4]。大食国人鲁坤任官真定(今河北正定),"因家真定"[5]。西域巴勒哈人布都纳任官解州(今山西运城西南),"因家焉"[6]。

蒙古军第三次西征以后,广大的西域地区处于蒙古诸汗国的统治下。东西方交通空前通畅,"无此疆彼界。朔、南名利之相往来,适千里者如在户庭,之万里者如出邻家"[7]。因经商、任官、传教或其他原因前来中原的西域人民为数甚多,其中许多人留居中原不返。时人说:"西域之仕于中朝,学于南夏,乐江湖而忘乡国者众矣。"他们在中原"岁久家成,日暮途远,尚何屑屑首邱之义乎?"[8]

---

1 《元史》卷93《食货志》,第2356页。
2 《元史》卷6《世祖纪》,第106页、第118页。
3 许有壬:《至正集》卷53《西域使者哈扎哈津碑》。
4 《元史》卷143《余阙传》,第3426页。
5 《元史》卷190《赡思传》,第4351页。
6 程钜夫:《雪楼集》卷18《布都公神道碑铭》。
7 王礼:《麟原集》前集卷6《义冢记》。
8 《麟原集》前集卷6《义冢记》。

因任官和经商而迁入中原的色目人，以畏兀儿、回回族人最多。《元统元年进士录》中的蒙古人和色目人大多籍贯中原，唯有四人本贯西域地区，其中畏兀儿人普达世理本贯别失八里，居岳州录事司；畏兀儿人道同本贯别失八里，见居池州路录事司。此两人的父亲估计是因任官始入居中原的，否则不应见居岳州或池州路的录事司。时人说：畏兀儿在西北各国中"最强，最先附"，因此"宠异冠诸国。自是有一材一艺者毕效于朝"[1]，因任官入迁者不在少数。

至元九年，意大利人约翰·孟德高维奴奉教皇尼古拉四世之命，不远万里前往中国宣教。由于约翰在中国勋绩卓著，教皇特设汗八里总主教，以约翰充之。复遣送主教7人，前来襄理约翰。数十年后约翰在中国卒，时年81岁[2]。此是因传教迁居中国的事例。

还有一些人因羡慕中华文化而迁入。马祖常说："天子有意乎礼乐之事，则人皆慕义向化矣。延祐初，诏举进士三百人，会试春官五十人。或朔方、于阗、大食、康居诸土之士，咸囊书橐笔，联袂造庭，而待问于有司。"[3]阿鲁浑（在今伊朗西部）人哈扎哈津在蒙古军临境时降附，后为分封在伊朗的伊利汗国大汗旭烈兀的属下。元统一中国以后，伊利汗派哈扎哈津出使中国，"公夙慕中土，因挈家行"，留居不返[4]，便是其中的例子。

第三节

色目人的迁移（中）

元代色目人种类繁多，据陶宗仪《辍耕录》卷1，共有31种。由于

---

[1] 赵孟頫：《松雪斋集》卷7《赵国公谥文定全公神道碑铭》。
[2] 张星烺编注，朱杰勤校订：《中西交通史料汇篇》第2册第5章，"北京最初之总主教约翰孟德高维奴"引亨利玉尔《古代中国闻见录》，中华书局1977年出版。
[3] 马祖常：《石田集》卷9《送李公敏之官序》，四库全书本。
[4] 许有壬：《至正集》卷53《西域使者哈扎哈津碑》。

元代文献有时将西域人民不加区别地称为色目人,给研究各族人民的迁移和分布带来很大的困难,因此,本节所提到的移民分布地,只能是文献明确记载有该族移民的地方(参见图15-2)。

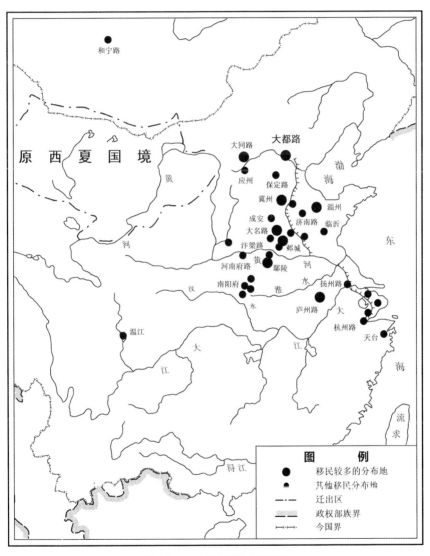

图15-2 元代西夏移民分布图

一　西夏人

西夏是我国宋辽金时期割据西北的区域性政权,在稳定时期大致管辖着今宁夏和甘肃的大部及内蒙古、陕西、青海的部分地区,人民主要属党项族和汉族。元代称党项人和西夏国为唐兀,又称作河西。

西夏桓帝天庆十二年(1205年)三月,成吉思汗率蒙古军第一次侵入西夏,拔力吉里寨,经落思城,大掠人民及骆驼[1],成为西夏人民对外迁移的开端。自襄宗应天四年(1209年)起,西夏臣服于蒙古,神宗光定十一年(1221年)曾派5万人的军队,在木华黎的指挥下参加攻金战争[2]。这些军人,以后可能都参加蒙古军籍,未能重回西夏[3]。献宗乾定二年(1224年),夏金两国达成和议。由于西夏改变对金政策,重新成为蒙古军的攻击目标。同年九月,孛鲁率蒙古军攻入西夏,斩首数万级,俘人民和牲畜数十万[4]。此外,在其他地方的作战过程中,蒙古军也掠掳了很多的西夏人民。

末主宝义二年(1227年),西夏灭于蒙古。《蒙古秘史》载:蒙古军"既虏了唐兀惕百姓,杀其主不儿罕,灭其父母子孙"[5]。"既虏唐兀惕百姓"一语表明可能绝大多数的西夏人民都沦为蒙古俘虏,据以下史实,他们中的很大一部分可能被迫东迁。《元史》卷134《刘容传》载:"西夏平,徙西宁(青海今市)民于云京(今山西大同)。"邓文原《巴西集》卷下《李公神道碑铭》载:"李氏世居宁州,胄本西夏。大兵有事沙陲,中奉公犹为其国执戟,即以上命徙家大同,即古云中雁门地。"据此,灭夏之初蒙古统治者曾强迫西夏人民外迁,而大同路一带是主要的迁入地之一。被征为匠户的西夏手工业工匠也在强迫迁徙之列,善

---

1 《元史》卷1《太祖纪》,第13页。
2 《元史》卷119《木华黎传》,第2934页。
3 《元史》卷123《也蒲甘卜传》载:西夏人也卜甘蒲于辛巳岁"率众归太祖,隶蒙古军籍。奉旨同所管河西人,从木华黎出征,以疾卒"。又卷132《昂吉儿传》载西夏将领甘卜于辛巳归太祖事,事迹与也卜甘蒲略同。按辛巳即1221年,此时西夏臣服于蒙,未闻有蒙军征西夏事,"率众归太祖"应与西夏国王派兵5万随蒙军攻金是同一事。
4 《元史》卷119《孛鲁传》,第2936页。
5 续集卷2第268节。

于制弓的工匠小丑就是在蒙古灭夏时因"括诸色人匠"而徙居和林的[1]。还有一些西夏人民逃入金的统治区,金的唐(治今河南唐河)、邓(治今邓州)、申(治今南阳)、裕(治今方城)等州都有降金的夏国民户[2]。此外,还有一些西夏的党项人向青藏高原东部迁移,居住在今四川省阿坝州木雅山区的木雅人可能就是党项移民的后裔[3]。

尽管进行了一定规模的对外移民,河西地区的西夏人并未迁光。为了补充军力,世祖时期又在此进行过几次征发。至元十二年(1275年)五月,朝廷遣肃州(治今甘肃酒泉)达鲁花赤阿沙签河西军[4]。十六年,又在河西签军 600 人[5]。

中原地区的许多地方都有西夏移民(参见图 15-2)。

大都。保卫首都的宿卫诸军中有西夏人组成的唐兀卫,始置于至元十八年(1281年),兵力 3 000 人[6]。此外,在居庸关的南、北口也有守关的唐兀军[7]。如加上家属,大都周围的西夏人估计有万人左右。

大同路(治今山西大同)。大同(一称云京、云中)是蒙古灭夏时强制移民的重要迁入地,西宁人刘阿华、刘海川父子即同其他西宁人民一起被迁于此地,刘氏后人以后长期居住于此[8]。西夏军人李某也被迁到大同(上揭)。大同路辖下的应州(治今应县)是世祖时西夏人的另一个聚居地,中统三年仅生活贫困不能自赡者便有 160 户[9]。

鄢陵(河南今县)。当地有羌族炮手万余人(原文作"室",疑误),元成宗大德时和当地百姓一起参加增筑堤防的工程,堵住了黄河的泛滥[10]。

冀州(今属河北)。王恽向朝廷报告,提到冀州境内有河西军

---

1 《元史》卷 134《朵罗台传》,第 3265 页。
2 《金史》卷 134《外国传》,第 2876 页。
3 参见李范文:《西夏遗民调查记》,《西夏研究论集》,宁夏人民出版社 1983 年版。
4 《元史》卷 8《世祖纪》,第 167 页。
5 《元史》卷 98《兵志》,第 2517 页。
6 《元史》卷 86《百官志》,第 2168 页。
7 《元史》卷 99《兵志》,第 2528 页。
8 《元史》卷 134《刘容传》,第 3259 页。
9 《元史》卷 5《世祖纪》,第 89 页。
10 富珠哩翀:《参知政事王公神道碑》,《元文类》卷 68,第 899 页。

户,"闲处村乡,不时骚扰,如强耕田、白采桑、欺凌农民等事"[1]。如果冀州的西夏军户较少,王恽的报告便不可能会特意提及此事。

庐州(治今安徽合肥)。此州的驻军均是西夏人。余阙《青阳集》卷2《送归彦温赴河西廉使序》说:"自数十年来,吾夏人之居合肥者,老者皆已亡,少者皆已长,其习日以异,其俗日不同。"可见这些西夏人长期在此驻守,人数不少。此外,西夏人沙剌臧卜因官庐州,也家于此,其子余阙曾在地方和朝廷任官,现合肥市和桐城市等地仍有余氏后裔5 000余人[2]。

斡端城(今新疆和田)。世祖至元十六年,朝廷派西夏军1 000人前往驻守[3]。

汤开建先生的《元代西夏人物表》(载《甘肃民族研究》1986年第1期)搜罗了230余个西夏人物的姓名、族称和居地、主要事迹,其中63人有内迁中原以后的居住地。这63人的分布情况是:大名(河北今县境)6人,成安2人,保定4人,新州(今地不详,疑指涿鹿县)1人,大同3人,淄州(今山东淄博境)5人,临沂1人,聊城1人,鄄城5人,德州1人,曹州(今菏泽)1人,邹县(今邹城)1人,济南1人,洛阳1人,开封3人,濮阳5人,太平(今山西襄汾县境)1人,庐州7人,杭州4人,天台1人,崇德(今浙江桐乡南)1人,扬州1人,镇江1人,无锡1人,松江(今属上海)1人,温江(四川今县)1人。上述27个地方,除2个(大同、庐州)已作论述,其余25个地方也都是西夏移民的居住地。至元二十九年(1292年)八月,世祖下令"括唐兀秃鲁花所部阔象赤及河西逃人入蛮地者"[4],可见在边远地区也有一些西夏的移民。

二 汪古人

汪古,又译雍古、汪古惕。金代称白达达,居住在阴山以北的黑水

---

[1] 《秋涧集》卷90《便民三十五事·禁约侵扰百姓》。
[2] 据史金波、吴峰云:《西夏后裔在安徽》,《安徽大学学报》1983年第1期。
[3] 《元史》卷10《世祖纪》,第216页。
[4] 《元史》卷17《世祖纪》,第365页。

（流经今内蒙古达尔罕茂明安旗境内），为金人守边，约有4 000车帐[1]。金代已有一些汪古人在中原当兵或任官[2]，因而接受了一定的汉文化，有的并改用汉姓[3]。成吉思汗漠北起兵以后，汪古部部长阿剌兀思惕吉忽里主动投附并参与进攻乃蛮部，此后又充当向导，引蒙古军南下攻金[4]。任金朝群牧使的按迭竺之父，于成吉思汗六年（1211年）降蒙，尽以所辖马匹归蒙古军[5]。按竺迭和阿剌兀思剔吉忽里之子勃要合此后皆率部人随同蒙古军南北征战，立下战功。据《圣武亲征录》记载，戊寅年（1218年）木华黎开始经略中原时，所部有王孤部万骑，此"王孤部"即汪古部。成吉思汗此举几乎把汪古部的男丁都抽光，只剩下妇女留守[6]。

在征战过程中，一些汪古部人民在中原各地定居下来。延安府（治今陕西延安市）有汪古部农民，至元十一年世祖下令签延安的江古民户充军[7]。月合乃从忽必烈南征，因家汴梁（今河南开封），其子马润迁居光州（今固始），又有子孙居福建漳州[8]。按竺迭任蒙古汉军征行大元帅，"镇蜀，因家成都"[9]。子国宝于中统元年（1260年）以后任文州（治今甘肃文县境）吐蕃户达鲁花赤，卒后其弟国安、子世荣相继任此职[10]，估计国宝及其兄弟、子女均已定居文州。

三 吉利吉思人

吉利吉思，又译乞儿吉思、怯里吉思等，唐代作黠戛斯，辽代称辖戛斯，居住在今俄罗斯境内的叶尼塞河流域。

成吉思汗崛起后，向北方森林地区扩展。1207年吉利吉思人表

---

1 拉施特：《史集》第1卷第1分册，第229—230页。
2 例如，锡里吉思于金末任凤翔兵马判官，见《元史》卷143《马祖常列传》。
3 月合乃的祖先改姓马即是一例，见《元史》卷134《月合乃传》，第3244页。
4 《元史》卷118《阿剌兀思剔忽里传》。
5 《元史》卷121《按竺迭传》。
6 参见黄时鉴：《木华黎国王麾下诸军考》，载《元史论丛》第一辑，中华书局1982年版。
7 《元史》卷98《兵志》，第2515页。
8 见《元史》卷143《马祖常传》；袁桷《清容居士集》卷26《马公神道碑铭》。
9 《元史》卷108《赵世延传》，第4163页。
10 《元史》卷121《按竺迭传》。

示臣服,1218 年举兵抗蒙,不久被蒙古军队征服,蒙古统治者将吉利吉思人民分成 9 个千户[1]。

内迁的吉利吉思人主要分布在东北的肇州(治今黑龙江肇东八里城)和辽东半岛。

世祖至元二十四年(1287 年),分封地拥有松花江上游及嫩江一带的诸王乃颜起兵反叛,不久被擒获,但其余党仍然存在。为了控制东方,元朝在乃颜故地设立肇州以镇之,派吉利吉思、兀速和憨哈纳思三部人居之,在此建立城镇和市场[2]。至元明之际,吉利吉思移民及附近诸部被称为乌良哈[3]。

《元史》卷 17《世祖纪》载:至元三十年七月,"以只儿合忽所汰乞儿吉思户七百,屯田合思合之地"。合思合一作合思罕,即辽金时代辽东半岛的曷苏馆地[4]。

《元史》卷 88《百官志》载:"海西、辽东、哈思罕等处鹰房诸色人匠,怯怜口万户府管领哈思罕、肇州、朵因温都儿(兀良哈)诸色人匠四千户"。据韩儒林先生的研究,这几处都有吉利吉思人徙居其地[5]。

此外,成宗元贞元年(1295 年)朝廷将原居缙山(今北京延庆)的吉利吉思等民迁到山东,分给田地和耕牛、种子[6]。显然在北京和山东一带也有吉利吉思移民或后裔。

四 畏兀儿人

畏兀儿,又译畏吾而、畏吾、辉和尔等,均是"回鹘"的蒙古语读音的汉译。自 9 世纪西迁以后,畏兀儿渐成为新疆地区的主要民族之一。他们建立的政权,在辽宋时代的汉文史料中称为高昌回鹘,据有以哈剌火州(高昌,今新疆吐鲁番东)和别失八里(即北庭,今新疆吉木

---

1 《元史》卷 63《地理志》,第 1574 页。
2 据《元史》卷 169《刘哈剌八都鲁传》和卷 14《世祖纪》。
3 参见韩儒林:《元代的吉利吉思及其邻近诸部》,《穹庐集》,上海人民出版社 1982 年版。
4 同上。
5 同上。
6 《元史》卷 18《成宗纪》,第 398 页。

萨尔北)为中心的地区,国王称亦都护,人民主要信仰佛教。

成吉思汗三年(1208年),蒙古军队向西域进军,高昌亦都护巴而术阿而忒的斤借此摆脱西辽的控制,转而投靠蒙古。次年,巴而术到蒙古朝见成吉思汗。因他主动投附,成吉思汗许以女儿嫁之,并让他享有"第五子"的待遇。以后,虽然蒙古攻灭诸国,仍允许高昌保持着国家政权。朝见返国不久,巴而术率部曲万人随同蒙古军征西夏和西域各国。马木剌的斤继位后,又亲率探马赤军万人,随同蒙哥率领的蒙古军在四川等地作战[1]。

每次随蒙古军入中原作战,总有大批畏兀儿人留居中原不返。例如,千夫长阿剌瓦而思从成吉思汗出征战死,其子阿剌瓦丁和赡思丁继续参加作战,后都定居中原[2]。伊吾庐人塔本从成吉思汗征讨,留居中原不归[3]。原居哈喇和卓的贵族扬珠布哈,在亦都护附蒙之后即领众内附,"留直禁卫"[4]。

在蒙古国和元前期,畏兀儿人除了受亦都护派遣进入中原作战而留居以外,还有一些人因其他原因迁入中原。原在乃蛮国可汗处掌管印玺并管理钱谷事务的畏兀儿人塔塔统阿,在乃蛮国灭时成为俘虏,后随蒙军征战并迁居中原[5]。高昌某部落首领野里术骁勇善战,部落强大。为了对其加以控制,成吉思汗派500匹驿马,将野里术及其部落接来,参与作战,以后野里术同子孙都留居中原[6]。由于畏兀儿在西北各国中最先投附,因此受到蒙古统治者宠信,有一些人因任官、入侍等原因而迁居中原[7]。

世祖至元以后,因诸王海都、帖木迭儿等人相继发动叛乱,西北地区40余年不得安宁。畏兀儿人民受战乱影响流离失所,有的便迁入中原。例如,原居别失八里之东的月儿思蛮,"尽室徙居平凉(甘肃今

---

1 《元史》卷122《巴而术阿而忒的斤传》。
2 《元史》卷123《阿剌瓦而思传》,第3026页。
3 《元史》卷124《塔本传》,第3043页。
4 陆文圭:《墙东类稿》卷12《中奉大夫广东道宣慰使都元帅墓志铭》。
5 《元史》卷124《塔塔统阿传》,第3048页。
6 《元史》卷135《铁哥术传》。
7 据赵孟𫖯:《松雪斋集》卷7《赵国公谥文定全公神道碑铭》。

市)"[1]。但据《元史》所载，不久元帝即"命亦都护收而抚之，其民人在宗王近戚之境者，悉遣还其部，畏兀儿之众复辑"[2]，至元初期畏兀儿人外迁的人数并不多。

至元十二年(1275年)，高昌亦都护火赤哈儿的斤在与诸王叛军作战中战死，子纽林的斤被迫迁居永昌(今属甘肃)[3]，一些畏兀儿人民随其迁入内地。此后的十七八年中，一直是元政府出面招徕并安集畏兀儿移民，部分人被安排在河西地区屯田[4]。

内迁以后，纽林的斤奉元朝命令，率本部探马赤军万人前往吐蕃宣慰司(约相当于今青海、甘肃和四川三省交界地区)镇守。至武宗(1308—1311年)时才召回内地，继为亦都护。仁宗时封为高昌王，设立王府各官。纽林的斤身兼亦都护和高昌王二职，"其(高昌)王印行诸内郡，亦都护印行诸畏兀儿之境"，此"诸郡"当是甘肃行省安置畏兀儿移民的地区。不久，奉命领兵返回故国，死于元仁宗延祐五年(1318年)[5]。

火赤儿哈的斤死于永昌(今属甘肃)[6]，估计其归国后不久又重新返回永昌，并死于此。并且，在他死时在永昌还有相当数量的畏兀儿移民。既然随亦都护前往吐蕃的本部探马赤军有万人之多，居住在永昌一带的畏兀儿人男女老少当达数万人。

文献载："六盘为高昌要冲"[7]；至元十七年"畏兀户居河西界者，令其屯田"(见上)；显然今宁夏境内也是高昌移民分布区。此外，亦都护的长子帖木儿补化在其父死前担任巩昌路(治今甘肃陇西)达鲁花赤[8]，巩昌路与永昌路毗邻，路内很可能也有畏兀儿移民。

帖木儿补化以后继任高昌亦都护并返回本国，泰定(1324—1328

---

1 《元史》卷124《哈剌亦哈赤北鲁传》，第3047页。
2 《元史》卷122《巴而术阿而忒的斤传》，第3001页。
3 同上。
4 《元史·世祖纪》载：至元十七年，"畏吾户居河西界者，令其屯田"；至元二十九年十二月，"诏罢遣官招集畏兀氏"。
5 《元史》卷122《巴而术阿而忒的斤传》。
6 《元史》卷122《巴而术阿而忒的斤传》载其长子帖木儿补化"奔父丧于永昌"。
7 袁桷：《清容居士集》卷27《马公神道碑铭》。
8 《元史》卷122《巴而术阿而忒的斤传》，第3002页。

年)中为朝廷召回,自此畏兀儿之地入于察合台后王。帖木儿补化此后出镇襄阳,又在湖北行省和朝廷任高官[1]。在高昌国不复存在、亦都护流寓中原的情况下,一般说来内迁的畏兀儿人民重返故国的可能性很小。

元中后期,南阳府(治今河南南阳)和襄阳路(治今湖北襄阳)开始成为畏兀儿人的重要聚居区。成宗大德五年(1301年),朝廷"拨南阳府屯田地给新籍畏吾而户,俾耕以自赡,仍给粮三月"[2]。估计这些移民新从外地迁来,尚未立足。文宗至顺元年(1330年)襄阳、南阳发生战乱,因受害需赈济的畏兀儿移民达640户[3],约有三四千人,估计当地的畏兀儿移民至少在万人左右。亦都护帖木儿补化泰定中从高昌再次内迁以后出镇襄阳,以后其子亦都护月鲁帖木儿也在此镇守,并于元末战死于此[4]。考虑到文献反映的畏兀儿移民居住区全元间主要在永昌、巩昌和宁夏,而元中后期已很少见到有关这一地区移民的记载,显然这一地区的畏兀儿人因某种原因在元中后期已向东迁移,南阳府和襄阳府成为他们的主要聚居区(参见图15-3)。

除了上述地区,陕西和云南两行省及大都城(今北京)也有一定数量的畏兀儿移民。文宗天历二年(1329年)二月,奉元路(治今陕西西安)境内的畏兀儿人800余户告饥,陕西行省发粮赈济[5],此路的畏兀儿人户至少有千余家。世祖至元二十二年(1285年)十月,元朝遣雪雪的斤领畏兀儿户1 000戍合剌章(即云南),以后这支军队长期驻云南[6]。仁宗延祐三年(1316年),由于乌蒙(今昭通)一带"别无屯戍军马",元以畏兀儿人及新附军共5 000人在此屯田驻守[7]。明初建昌(在今西昌地区)诸部有"回纥(即畏兀儿)诸种,散居山谷间"[8],他们应是元代移民的后裔。

---

1 《元史》卷122《巴而术阿而忒的斤传》,第3002页。
2 《元史》卷20《成宗纪》,第437页。
3 《元史》卷34《文宗纪》,第769页。
4 《元史》卷43《顺帝纪》,第910页。
5 《元史》卷33《文宗纪》,第731页。
6 《元史》卷13《世祖纪》,卷22《武宗纪》;参见方国瑜:《中国西南历史地理考释》下册,第1097页。
7 《元史》卷100《兵志》,第2578页。
8 《明史》卷331《四川土司传》,第8019页。

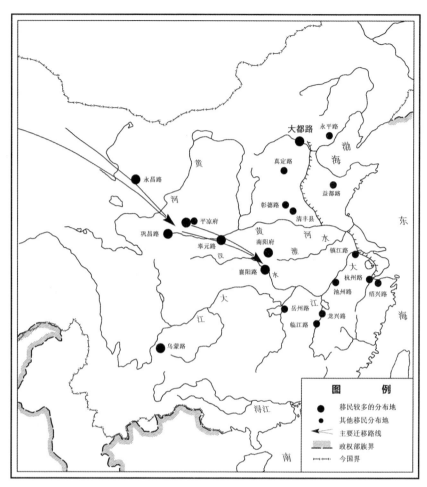

图 15-3 元代畏兀儿人的迁移和分布

元大都城是在朝廷任官的畏兀儿移民居住区。高昌贵族野里术自成吉思汗时入居，几代定居于此[1]。伯什里人康懿公，后被元朝封为秦国文靖公的安藏、武都忠简王的阿实特尔、文定全公的阿哩雅萨里，兄弟五人一同内迁的洁宝弥尔，均居住在大都[2]。

---

1 《元史》卷135《铁哥术传》，第3271页。
2 据程钜夫：《雪楼集》卷8《秦国先墓碑》、卷9《秦国文靖公神道碑》、卷7《武都忠简王神道碑》；赵孟頫：《松雪斋集》卷7《赵国公谥文定全公神道碑》；吴澄：《吴文正集》卷64《文忠公神道碑》。

除了上述地区,在彰德(今河南安阳)、清丰(今县)、平凉(甘肃今市)、益都(今山东青州)、真定(今河北正定)、永平(今卢龙)、镇江路(治今江苏镇江市)、杭州、龙兴(今江西南昌)、临江(今樟树)、岳州(今湖南岳阳)、池州(今安徽池州)、绍兴路(治今浙江绍兴市)等地也有畏兀儿移民或后裔[1]。

五 哈剌鲁人

哈剌鲁,又译作合儿鲁、匣剌鲁、罕禄鲁。唐代作葛逻禄,为西突厥的一部。金代生活在今哈萨克斯坦的巴尔喀什湖东,臣服于西辽,信仰伊斯兰教。成吉思汗六年(1211年),忽必来率蒙古军向西辽进攻,哈剌鲁可汗投附蒙古,一些哈剌鲁人开始随同蒙古军在中原各地征战。其中,由匣答儿密立率领的哈剌鲁军3 000人归服成吉思汗,从征西域和西夏;匣答儿密立死后其子密立火者继续率军参加灭金和攻宋战争,后代定居在中原[2]。世祖至元二十四年(1287年),以在首都应直宿卫的哈剌鲁军人立万户府,不久移屯襄阳屯田,共有637户[3]。大德元年(1297年),移襄阳哈剌鲁军于南阳,每户受田150亩,并拨给种子、耕牛和农具[4],估计受田后即定居在南阳。但在大都周围还有哈剌鲁军人,仍设有哈剌鲁军千户所[5]。至元二十一年哈剌鲁人也先的斤率部征缅,战事结束后朝廷命都元帅合带、万户不都蛮等以兵5 000守戍建都和金齿之地[6],可见在云南一带也有较多的哈剌鲁人。此外,建昌(今江西南城)、开州(今河南濮阳)、河南(今洛阳)的

---

1 彰德见胡祗遹《紫山大全集》卷18《什尔达夫人墓志铭》;清丰见《元史》卷131《拜降传》,第3200页;平凉见《元史》卷124《哈剌亦哈赤北鲁传》,第3047页;益都和真定分别见许有壬《至正集》卷51《哈喇布哈公墓志铭》与卷61《布延公神道碑铭》;真定又见《元史》卷137《脱烈海牙传》,第3319页;永平见《元史》卷124《塔本传》;镇江见《至顺镇江志》卷5;杭州见陶宗仪《辍耕录》卷11"女奴义烈";龙兴、临江、岳州、池州、绍兴路见《元统元年进士录》。
2 《元史》卷133《也罕的斤传》,第3226页。
3 《元史》卷86《百官志》,第2177页;卷17《世祖纪》,第360页。
4 《元史》卷19《成宗纪》,第415页。
5 《元史》卷86《百官志》,第2162页。
6 《元史》卷133《也罕的斤传》,第3227页。

柳泉、真定有哈剌鲁移民或后裔[1],镇守扬州的脱欢太子部下也有哈剌鲁军人[2]。

六 康里人

康里,又译康礼、航里、杭斤,属突厥语族,游牧于乌拉尔河以东至咸海东北。成吉思汗十八年(1223年),蒙古军击败康里军队,康里人开始随同蒙古军作战并迁入中原。例如,康里某部首领海兰伯率部下逃亡,遇蒙古军,"太祖皇帝掳其全部以归"[3]。康里移民大多从军,主要在大都一带宿卫。武宗至大元年(1308年)设立康里卫,诸王所领探马赤军中的康礼人皆集中于此。但武宗死后,康里卫便撤销了[4]。武宗时曾派2000名康里军人到直沽(在今天津境)海口驻守[5],据此康里军人应有数千人之众。除了大都一带,兴和(今内蒙古张北)和洛阳等地也有康里移民[6]。

七 阿儿浑人

阿儿浑,又称阿鲁浑、阿剌温,居住今吉尔吉斯斯坦的托克马克和哈萨克斯坦的江布尔之间,操突厥语,信奉伊斯兰教。此部人在成吉思汗西征时降附,一些人随蒙军征战,后迁入中原。克烈人哈散纳曾率领阿儿浑军从成吉思汗征西域,窝阔台汗时领阿儿浑军并回回工匠住在荨麻林(今河北张家口市洗马林)[7]。此外,丰州(在今内蒙古呼和浩特东)、夏水(今内蒙古凉城岱海)也是阿儿浑军的驻地[8]。成

---

1 建昌见揭傒斯:《揭傒斯全集》文集卷4《送也速答儿赤序》,第311页。开州和柳泉分别见《元史》卷190《伯颜传》,第4339页;卷132《沙全传》,第3217页。真定见《元统元年进士录》。
2 《元史》卷99《兵志》,第2546页。
3 赵孟頫:《松雪斋集》卷7《喀喇公碑》。
4 《元史》卷99《兵志》,第2528页;卷24《仁宗纪》,第538页。
5 《元史》卷23《武宗纪》,第511页。
6 分别见《元史》卷136《阿沙不花传》,第3296页;《元史》卷135《塔里赤传》,第3275页。
7 《元史》卷122《哈散纳传》,第3016页。
8 《元史》卷4《世祖纪》,第75页。

宗元贞元年(1295年),以阿儿浑人设立西域卫,因而又称阿儿浑卫。文宗时西域卫设37个百户,估计士兵总额在1 800至2 600人之间[1]。

八　啰哩人

啰哩,又称罗里、剌里。根据杨志玖先生的研究,即以后的吉卜赛人,是蒙古军西征从波斯带回来,也可能是自动流浪到中国来。最早的文献记载见于元成宗大德六年(1302年),显然在此以前他们已经到达中国[2]。《元史·成宗纪》和《元史·刑法志》"杂犯"均提到啰里,人数可能不少。《元史》卷41《顺帝纪》载:至正三年(1343年)六月,"回回剌里五百余人渡河寇掠解、吉、隰等州"。据此,陕西和甘肃一带可能是啰哩人的主要分布地区。元木宁国路泾县(今属安徽)有"西域流户数百人,因恃以为暴"[3]。此"西域流民"也可能是流徙而至的啰哩人。今甘肃永登县薛家湾的居良,可能是元代啰哩移民的遗裔。

九　犹太人

关于犹太人何时进入中国,至今还有几种不同看法。据阿拉伯人亚布尔玺特《东洋纪行》,唐末黄巢攻入广府(今广东广州),因贸易而至之外国人,包括犹太人死者甚多,可见此时已有犹太人入中国。但是,由于缺少汉文资料,一些学者认为他们"不过侨寓一时,未必即为永住"。据陈垣先生研究,"犹太族之见于汉文记载者,莫先于《元史》"[4]。

元代称犹太人为术忽或主鹘[5]。文宗天历二年(1329年)三月,曾下令术忽中的商人,与僧、道、也里可温、答失蛮为商者一样"仍旧制纳

---

1 参见史为民:《元代侍卫亲军建置沿革考述》,《元史论丛》第4期。
2 《元代的吉普赛人——啰哩回回》,《历史研究》1991年第3期。本段依据此文,下不另注。
3 高启:《高青丘集·凫藻集》卷5《胡君墓志铭》,上海古籍出版社点校本。
4 《开封一赐乐业教考》,载《陈垣学术论文集》第一集,中华书局1980年版。
5 据陈垣:《开封一赐乐业教考》。另《元史》中颇多"斡脱"一词,一些学者认为即犹太人,但对此争论很多。

税"[1]。顺帝至正十四年(1354年)五月,又下令:"各处回回、术忽殷富者,赴京师从军。"[2]此外,主持杭州砂糖局事务的糖官"皆主鹘、回回富商也"[3]。犹太人既然能与僧、道、也里可温和答失蛮或回回并提,人数不会少。

不仅元代文献中留下了犹太人的踪迹,当时自西方来中国的人士,如马可波罗、马黎诺里及依宾拔都他,也都在行记中记载中国有犹太人。《马可波罗行记》卷2第79章元世祖讨平乃颜部叛乱事下的沙海昂注引地理学会法文本:"此处作'回教徒、偶像教徒、犹太教徒及其他不少不信天主之人。……其他诸本若剌木学本亦著录有犹太教徒。"又卷2第79章(重)提到忽必烈参加各种宗教的节庆活动,"对于回教徒、犹太教徒、偶像教徒之主要节庆,执礼亦同"。奉命前往中国的意大利基督教教徒马黎诺里说自己:"留汗八里(今北京)时,常与犹太人及他派教士,讨论宗教上之正义,皆能辩胜之。"[4]依宾拔都他记汉沙(今浙江杭州)第二城(居民区)之门名犹太门,"附近居有犹太人、基督教徒及土耳其人甚众"[5]。据此,大都城及杭州等地都有不少的犹太人。

在元代的犹太人中,居住开封的犹太人以其迁入最早、民族和宗教保持最长而成为历史学家津津乐道的话题。据明弘治的碑刻《重建清真寺记》,北宋时犹太人李、俺、艾、高、穆、赵、金、周、张、石、黄、李、聂、金、张、左、白等70姓,因进贡西洋布来到中国,此后定居在开封。金世宗大定三年(1163年,南宋孝宗隆兴元年)开始在开封建立犹太教的寺庙,元世祖至元十六年(1279年)重新扩建庙宇[6]。明代和清初,开封的犹太人和犹太教的寺庙仍然存在,并数次重修庙宇。清朝道光、咸丰、同治(1821—1874年)以后开封犹太教走向衰落,寺庙也毁于黄河泛滥,但民国初仍有百余名族人,一些人已改信伊斯兰教[7]。

---

1 《元史》卷33《文宗纪》,第732页。
2 《元史》卷43《顺帝纪》,第915页。
3 杨瑀《山居新话》卷1,四库全书本。
4 亨利玉尔:《古代中国闻见录》,引自《中西交通史料汇篇》第2册第5章第27节。
5 《拔都他游历中国记》,载《中西交通史料汇篇》第2编第3章。
6 见《开封一赐乐业教考》。
7 同上。

据说，在今开封市范围内还有 300 多人为犹太人后裔[1]。

十　南亚人

元代迁入中原的南亚人为数不多，载于《元史》的不过数人，但他们地位较高，并且都对元代的文化作出过一定的贡献。

窝阔台汗（1229—1241 年在位）时，迦叶迷儿（即今克什米尔）的佛教徒斡脱赤和弟弟那摩一同入华，受到礼遇，定宗贵由师事那摩，斡脱赤也在朝中任官。宪宗蒙哥也尊那摩为国师，"授玉印，总天下释教"，世祖朝仍然如此。斡脱赤任迦叶迷儿万户，后回国劝说本国国王臣服时被杀。斡脱赤的妻子是汉人，儿子铁哥任正奉大夫，在仁宗朝授开府仪同三司、太傅，地位极其显赫。铁哥子六人，孙八人，多居宿卫[2]。从斡脱赤领迦叶迷儿万户一事来看，当时应该还有其他迦叶迷儿人内迁中原。

世祖中统元年（1260 年），元在吐蕃造黄金塔，尼波罗（今尼泊尔）国选工匠 80 人前往修造，以年仅 17 岁的少年阿尼哥主持其事。事后，阿尼哥拜吐蕃人、元代国师八思巴为师学佛，迁入中原。阿尼哥善工技，在建筑、雕塑、绘画等方面都是专家，并担任诸色人匠总管府达鲁花赤。阿尼哥有子 6 人，其中一子阿述腊也担任诸色人匠总管府达鲁花赤[3]。

至元间，曾"遣桑吉剌失等诣马八儿国（在今印度东南部），访求方伎士"[4]；又派亦黑迷失出使马八儿国，"得其良医善药"[5]，表明应有马八儿的名医入华，也会有其他方技士入华，可能还有人定居下来。元代中国与南亚的海上商业往来频繁，马八儿王子不阿里就很重视与元代的商业关系。至元二十八年（1291 年），元朝派特使召不阿里入元。不阿里由于与马八儿国君意见不合，便舍弃自己产业，率 100 人

---

[1] 张绥：《犹太教与中国开封犹太人》，上海三联书店 1990 年版，第 85—86 页。
[2] 《元史》卷 125《铁哥传》。
[3] 《元史》卷 203《阿尼哥传》。
[4] 《元史》卷 16《世祖纪》，第 336 页。
[5] 《元史》卷 131《亦黑迷失传》，第 3199 页。

随元使来到中国,定居在泉州。后又从泉州移居大都,娶了一位中国女子为妻,后又娶了一位高丽籍女子。大德三年(1299年)不阿里死于大都,遗体运回穆斯林集中的泉州安葬[1]。

十一 钦察人

钦察,又译作钦叉、可弗叉,为生活在押亦河(今乌拉尔河)至黑海以北的突厥游牧民族,王族居地在押亦河和也的里河(今伏尔加河)两河流入里海处。成吉思汗和窝阔台汗两次攻入钦察汗国,于窝阔台汗九年(1237年)春灭其国,大批钦察人被蒙古军俘掠为奴,迁入中原。由于钦察王族移民负责牧养皇家的马群,善制色清味美的黑色马奶酒,蒙古人又称钦察人为哈剌赤[2]。

当时,国王亦纳思的孙子班都察举族迎降,随同蒙军参加西域等地的战斗,后又率领100人随忽必烈从征大理和南宋。班都察之子土土哈在朝廷宿卫,由于屡立战功深得世祖宠任。其部下原有钦察骁骑1 000人以上,至元十五年世祖下令"钦察人为民及隶诸王者,皆别籍之以隶土土哈……选其材勇,以备禁卫"。因此,土土哈管下的哈剌赤军达万人之众,并且多集中在首都周围[3]。原有钦察左、右2卫,35个千户所,英宗至治二年(1322年)又析立龙翊卫[4],共有3卫。至顺三年(1332年),左右钦察卫军士1 490户饥,文宗命上都留守司赈济之[5]。据此,钦察军士当有2 000多户,并且上都开平府(治今内蒙古正蓝旗东)也是钦察卫的防区。此外,元朝又以钦察和阿速军士3 693人设隆镇卫,负责居庸关南、北两口的安全[6]。漠北的称海(今蒙古国科布多东南)是钦察人的另一个重要分布区。当元末分封在漠北的阳翟王阿鲁辉帖木儿举兵叛乱时,元顺帝曾派人"行至称海,起哈剌赤万

---

1 参见刘迎胜:《丝路文化·海上卷》,浙江人民出版社1995年版,第163—164页。
2 《元史》卷128《土土哈传》,第3131—3132页;卷2《太宗纪》,第35页。
3 《元史》卷128《土土哈传》。
4 《元史》卷138《燕铁木儿传》,第3331页。
5 《元史》卷35《文宗纪》,第793页。
6 《元史》卷86《百官志》,第2162页。

人为军"[1]。

至元二十年(1283年),土土哈率所部钦察军在霸州文安县(河北今县)屯田[2],二十四年又在清州(治今青县)等处屯田,天历二年以后在清州屯田的钦察军士达1942人[3]。此外,元代设于东北的东路蒙古军上万户,下辖钦察、乃蛮、捏古思等4000余户[4],在东北也有一定数量的钦察移民。

元代马政发达,太仆寺所管的牧场遍及长城内外。牧人有两种,一为哈赤,一为哈剌赤;哈剌赤即钦察人,人数较多,多担任千户、百户,父子相承服役,在各地逐水草而牧,十月始返回居地。据《元史》卷100《兵志·马政》,下列地方的官牧场均有哈剌赤的千户和百户:折连怯呆儿(在今西辽河下游北)、玉你伯牙(在上都西北)、须知忽都(今地不详)、军脑儿(今蒙古国克鲁伦河上游)、阿剌忽马乞(约在今内蒙古锡林浩特和西乌珠穆沁旗间)、怯鲁连(在今蒙古国克鲁伦河一带)、斡斤川、马塔哈儿哈、应吉列古、亦儿浑察、答兰速鲁、哈儿哈孙不剌(今地均不详)、永平(今河北卢龙)、潮州(今天津武清河西务)、固安州(今河北固安)、青州(山东今市)、涿州(河北今市)。

此外,高邮(江苏今市)、彰德、济阴(今山东菏泽)、辽阳等地也有钦察移民或后裔[5]。

十二 阿速人

阿速,又译阿思、阿速惕、阿宿等,为分布在太和岭(今俄罗斯外高加索山)的伊朗语族部落,信仰希腊东正教。成吉思汗十八年(1223年),速不台率蒙古军越过太和岭,击败钦察,又"略阿速部而还"[6]。

---

1 《元史》卷206《阿鲁辉帖木儿传》,第4597页。
2 虞集:《道园学古录》卷23《句容郡王世绩碑》。
3 《元史》卷100《兵志》,第2560页。
4 《元史》卷131《伯帖木儿传》,第3195页。
5 高邮和济阴见程钜夫《雪楼集》卷6《旺扎勒巴图巴尔传》、卷17《巴特约公墓碑》;彰德见《元史》卷133《完者拔都传》,第3233页;辽阳见《元史》卷131《伯帖木儿传》。
6 《元史》卷121《速不台传》,第2976页。

窝阔台汗十一年(1239年),蒙古军征服阿速,国主杭忽思投降。不久,窝阔台命令杭忽思的长子阿塔赤以及1000名阿速军人随同蒙古军作战[1]。此外,还有一些阿速人因各种原因随同蒙古军作战。例如,蒙古军兵临阿儿思兰之城时,守城的阿儿思兰迎降,窝阔台命令一半的阿速军以及阿儿思兰之子随其征战[2],这些阿速人以后大多迁入中原。元代曾出使中国、并在此生活数年的意大利教士马黎诺里说其所见:"国内诸大酋长,号阿兰(即阿速)人者,有三万之众。"[3]据阿速兵员数(详下)分析,马黎诺里说阿速人有"三万之众"并非虚言。

  阿速移民大多从军。至元九年(1272年)初立阿速拔都达鲁花赤,后召集阿速正军3 000余名,复选阿速揭只揭了温怯薛丹军700人,掌宿卫城禁事项,并在大都周围的潮河、大沽一带屯田。武宗至大二年(1309年)成立阿速右卫和阿速左卫。此外,还有威武阿速卫亲军都指挥使司[4]。守卫大都西北居庸关南、北两口的隆镇卫(共3 693人)也是由阿速人和钦察人所组成[5]。文宗时右阿速卫有百户14员,估计有八九百人左右;左阿速卫有百户130员,估计有6 000—9 000人[6]。

  上述居住大都周围担任守卫任务的阿速军人是阿速移民的主要部分。至顺二年(1331年),元朝命辽阳行省给新戍边的阿速和斡罗思军人以牛具和粮食[7],这些人可能是携家属长驻于此。除此之外,在上都宜兴州(今河北滦平县境)也有世居于此的阿速移民[8]。天历元年(1328年),为了抵御来自辽东的叛军,文宗下令"征左、右两阿速卫军老幼赴京师,不行者斩,籍其家"[9]。在这种背景下,阿速人可能

---

1 《元史》卷132《杭忽思传》,第3205页。
2 《元史》卷123《阿儿思兰传》,第3038页。
3 《中西交通史料汇编》第2册第5章第27节。
4 《元史》卷99《兵志》,第2527页、2530页。
5 《元史》卷86《百官志》,第2162页。
6 百户数据《元史》卷86《百官志》,估算方法依每百户50—70人计,参见史为民:《元代侍卫亲军建置沿革考述》,《元史论丛》第4期。
7 《元史》卷35《文宗纪》,第790页。
8 《元史》卷132《拔都儿传》,第3212页。
9 《元史》卷32《文宗纪》,第710页。

都集中到大都城。

十三　斡罗思人

斡罗思,又译兀罗思、阿罗思,在今俄罗斯莫斯科、乌克兰基辅一带。窝阔台汗十三年(1241年),蒙古军大举进攻斡罗思并掳掠其人民,速不台在攻占秃里思哥城以后"尽取兀鲁思所部而还"[1],便是其中一例,由此一些斡罗思人被迫迁入中原地区。文宗至顺元年(1330年),以1万斡罗斯人立宣忠斡罗思扈卫亲军都指挥司,并拨给田100顷进行屯田[2]。据《元史·文宗纪》,这些斡罗思人原先均分散在各地的诸王属下或其他军中,立卫后以河间路清池(今河北沧州)和南皮县(今县)的牧地供其过冬,斡罗思卫应驻扎在大都城附近。此外,至顺二年(1331年),一些斡罗思军人被派到辽阳行省守戍和屯田[3]。

十四　其他欧洲人

蒙古军在远征欧洲的时候,不仅有一定数量的钦察、阿速和斡罗思等国的人民被掳入中国,其他国家的人民也有迁入。《马可·波罗行记》卷2第145章曾提到一名来自日耳曼的工程师,在攻陷襄阳府的战争中立功。法国旅行家曾在和林的蒙哥汗宫中看到匈牙利仆人,还发现当地有在匈牙利被俘的法国洛林人帕库特,在贝尔格莱德被俘的巴黎金匠威廉,以及很多信仰基督教的匈牙利人、格鲁吉亚人和亚美尼亚人[4]。既然和林有被俘来的欧洲移民,中原免不了也会有。

由于中西交通空前通畅,一些欧洲人辗转前来中国贸易,并定居下来。例如,刺桐港(今福建泉州)"有亚美尼亚某妇人,富于资财,在此建教堂一所,雄壮华丽,为一方冠",此妇人后死于泉州[5]。但是,在

---

1 《元史》卷121《速不台传》,第2978页。
2 《元史》卷100《兵志》,第2562页。
3 《元史》卷35《文宗纪》,第790页。
4 《鲁布鲁克东行记》第28章—30章,[美]柔克义译注,何高济译,中华书局1985年版。
5 亨利玉尔:《古代中国闻见录》,引自张星烺:《中西交通史料汇篇》第1编第5章第20条。

中外文化交流史上最值得一书的是基督教教士的迁入。

元代文献中,常见"也里可温"一词,为时人对基督教教徒和教士的通称。《元史》中颇多命令也里可温当兵和对也里可温征赋的记载[1],可见人数不少。最多见的是被视为异端的聂斯脱里派,法国旅行家鲁布鲁克记载:"远至契丹(指中国),在他们当中有被视作异族的聂思脱里及撒剌逊(即穆斯林)。在契丹有十五个城镇中住着聂思脱里教徒。"[2]聂思脱里派流传的原因比较复杂,一些西亚和欧洲教徒的迁入应是原因之一。据鲁布鲁克的观察,哈剌和林(即和林)的一座小礼拜堂的主人便是一个亚美尼亚的教士,另一个叫薛儿吉思的亚美尼亚教士还说将为蒙哥举行洗礼[3]。元代南北方的许多地方都有聂思脱里派教徒,不过因史料阙失无从得知何地何人是来自欧洲的移民。

罗马天主教元代开始传入中国。1245年,意大利人柏朗嘉宾受教皇英诺森四世之命,奉命出使蒙古,次年到达和林,但不久即从和林返国[4]。世祖至元二十八年(1291年),意大利人约翰·孟德高维奴奉教皇尼古拉四世之命,不远万里前往中国宣教,约于元世祖死前到达中国。至成宗大德年间(1297—1306年),又有日耳曼科龙城人阿尔奴特来此相助传道。由于约翰在中国勋绩卓著,教皇特设汗八里总主教,以约翰充之,并再遣送主教七人前来襄理约翰。此七人中四人死于途中,三人到达中国,相继成为剌桐港的主教。武宗至大四年(1311年),教皇克莱孟五世复派拖玛斯、哲罗姆和彼得三人为主教,往远东襄助约翰。彼得后亦充泉州主教,与安德鲁同在一地,各人主持一个教堂。文宗天历元年(1328年)约翰在来华36年以后卒于大都,时年81,其余几人都留居中国未返。约翰死后,教皇复于顺帝元统元年(1333年)派巴黎大学宗教学教授尼古拉斯为汗八里总主教。关于尼古拉斯,一说并未到达中国;一说已入华,明初明太祖曾派他返国

---

1 见卷5、卷9《世祖纪》。
2 《鲁布鲁克东行记》第26章。
3 《鲁布鲁克东行记》第28章、29章。
4 [法]贝凯:《柏朗嘉宾蒙古行纪·中译者序》,韩百诗译注,耿昇译,中华书局1985年版。

送信[1]。

　　元代的天主教主要集中在大都城和泉州，来华的欧洲教徒也主要集中上述两地（见上）。泉州的最后一位主教詹姆思于至正二十二年（1362年）被杀[2]。

---

[1] 亨利玉尔：《古代中国闻见录》，引自张星烺：《中西交通史料汇篇》第1编第5章第16至20条。
[2] 《蒙古之使·序》，引自周良霄：《元和元以前中国的基督教》，载元史研究会：《元史论丛》第1辑，中华书局1982年版。

第十六章

蒙元时期非汉民族人口的内迁(下)

第一节

色目人的迁移(下)

在色目人的内迁浪潮中,规模最大并对后世影响最为深刻的是回回人民的内迁。

回回是蒙元时期对中亚和西亚信奉伊斯兰教诸国各族人的泛称。唐宋时期,已有一些信仰伊斯兰教的域外人民迁入我国广州、泉州等沿海的重要商港。元代,回回人民从陆路和海路大批迁居中国。元明时期迁入中原的回回人民与其他民族信仰伊斯兰教的人民,例如从西域迁入中原的一些畏兀儿人民,形成回族。由于其他从西域迁入中原的移民在上述两节均有论述,本节仅叙述未曾论述过的西域伊斯兰国家向中原的移民。由于泉州、广州等港口城市宋代海外移民的迁入状况不曾论述过,在此略作追溯。

13世纪来临以前，西域的西辽、花剌子模等国和西南亚的人民已多信奉伊斯兰教，里海和黑海一带也有部分人民信仰伊斯兰教。蒙古军在成吉思汗十三年到蒙哥汗八年（1218—1258年）的三次西征时，攻入上述地区。他们除了大肆屠杀人民，便是将人民大量俘掠为奴。《多桑蒙古史》和拉施特《史集》对此均有详尽的记载。大规模的俘掠人口不仅发生在撒麻耳干和玉龙杰赤（详本章第二节），也发生在其他地方。在马鲁城、你泥不儿城和哥疾宁城，尽杀居民，惟工匠免死徙之北方。马鲁和你泥不儿两城被俘掠的工匠分别是400人，马鲁城还有童男女若干也沦为奴隶被强迫迁移。在也里，窝阔台率领的蒙古军"略其珍宝，并幼年俘虏数千，送蒙古主营"[1]。《元史》也有类似记载，例如《宪宗纪》载：窝阔台汗在阿塔哈帖乞儿蛮地区，"以阿木河（今名阿姆河）回回降民分赐诸王百官"。总之，凡蒙古军武力所及的地区，都发生过大举掳掠人口的行为。

被俘掠的人民除了直接送到东方的蒙古本土，便是随同蒙军在西域作战，以后又随东迁的蒙古军进入中原地区或从漠北南下中原。回回贵族赛典赤赡思丁率千余骑降成吉思汗，以后"入宿卫，从征伐"，迁居中原[2]，便是其中的一例。

虽然因缺少资料无法对蒙古国时期回回人民的迁移进行量的估计，但当时的中外历史文献记载仍能使人获得一些印象。《多桑蒙古史》第1卷《绪言》引《世界侵略者传》说："盖今在此种东方地域之中，已有伊斯兰教人民不少之移殖。或为河中（阿姆河与锡尔河之间）与呼罗珊之俘虏，挈至其地为匠人与牧人者，或因金发而迁徙者，为数亦甚多焉。"巴喇勒哈（在今阿富汗北部）人布都那在蒙军攻占此城以后，"悉族来归"[3]，则是当时举族举家内迁者的代表。类似记载尚多，反映了中原地区的回回移民人数不少。

除了在国亡时被迫迁入外，还有一些回回人民在蒙古军第三次

---

1 ［瑞典］多桑：《多桑蒙古史》，冯承钧译，中华书局1962年版，第1卷第7章。
2 《元史》卷125《赛典赤赡思丁传》，第3063页。
3 程钜夫：《雪楼集》卷18《布都公神道碑铭》。

西征以后因经商或其他原因自发迁入中原。"其自西方赴其地经商求财,留居其地,建筑馆舍,而在偶像祠宇之侧设立礼拜堂与修道院者,为数亦甚多焉。"[1] 世祖忽必烈时,一些木速蛮(即穆斯林)商人从忽里、不儿忽地区和乞儿吉思来到大都城。由于在宰羊方式上与蒙古人不同,一些蒙古贵族乘机鼓动反对他们,甚至使他们在连续4年之内不能为自己的孩子行割礼[2]。这些有小孩的木速蛮商人,可能已定居或准备定居在中原。还有一些回回人,应元朝的征发从西域前来中国。世祖至元八年(1271年),"遣使征炮匠于宗王阿不哥,王以阿老瓦丁、亦思马因应诏"[3]。阿老瓦丁来自木发里(今伊拉克摩苏尔),亦思马因来自伊利汗国。据此推测,除工匠外可能也有其他有技艺或文化的人迁入中原,并有一些人定居下来。

《元史》卷21《成宗纪》载:大德十年(1306年)十二月,"丙辰,诸王合而班答部民溃散,诏谕所在敢匿者罪之"。张星烺先生以为合而班答即《元史》卷107《宗室世系表》旭烈兀大王位下的合而班答,即位于1304年,卒于1316年(元仁宗延祐三年)[4]。据此,在合而班答即位不久伊利汗国内发生动乱,部民溃散,部分人可能逃入中国,故成宗发此诏令。

在《元史》诸本纪中,颇多征全国各地的回回人或木速蛮(即穆斯林)和答失蛮(即伊斯兰教教士)当兵或让其输赋的记载,此外还有多次签发回回军的诏令[5],从一个侧面反映了回回人数颇多。正由于内迁的回回人数不少,故元代人说"今回回皆以中原为家"[6];"回回之人遍天下"[7]。

迁入中原以后,回回人作为色目人中人数较多的一支,参加蒙元军队在各地作战和驻守,并在各路担任同知等官吏,回回商贾则在各

---

1 《多桑蒙古史》卷1,引《世界侵略者传》。
2 拉施特:《史集》第2卷,第346—347页。
3 《元史》卷203《阿老瓦丁传》,第4544页。
4 《中西交通史料汇编》第3册第6编第9章第4节。
5 见《元史》卷5《世祖纪》中统三年三月己未、卷33《文宗纪》天历二年三月丁丑、卷43《顺帝纪》至正十四年五月。
6 周密:《癸辛杂识》续集卷上《回回沙碛》。
7 《重建礼拜寺记》。引自孙贯文:《重建礼拜寺记碑跋》,《文物》1961年第8期。

重要城镇经商,从而分散到中原各地。

元代回回在中原的分布相当广泛(参见图16-1)。

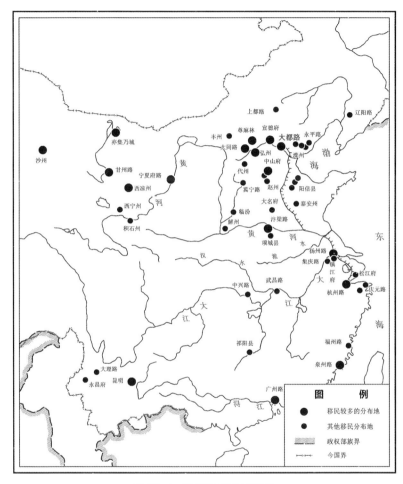

图 16-1　元代回回移民分布图

一　京畿

首都大都城是回回上层人士较为集中的地区。喀喇部首领海兰伯及其子雅克辛迁入后居住在此[1],主持兴建元大都城邑宫殿的大食人也黑迭儿也居此[2]。《元史》中那些在朝廷任官但未载明居住地的回回人,大多居住在大都城。这里还有很多回回工匠,大将刘敏在燕京路任职时手下有西域工匠千余户[3],其中一些应是居住城区的回回人。定都大都以后,为了就地满足蒙古统治者的生活需要,迁入的回回工匠人数更多。据元世祖中统四年(1263年)统计,中都(大都一度改名中都)有回回2 953户,"于内多系富商大贾、势要兼并之家"[4]。如以平均每户5口计,回回户已达1.5万人左右。元代军人、工匠等均不列入民户,因而大都城的回回人民肯定要超过3 000户。

至元以后大都的回回人数仍在增加,至元十六年(1279年)三月就曾将各地能造炮的回回人集中京城[5]。顺帝至正十四年(1354年)五月,在反元农民军力量日趋壮大的形势下,朝廷下令各地有钱的回回人集中京师从军[6]。在这种情况下,大都城的回回人数量可能有较大的提高。明洪武元年(1368年),明军攻下大都,下令居住京城的周边民族移民南迁,回回人民也大批向南迁移[7]。

上都开平府是元世祖早期的首都,此后长期作为陪都,自应有回回人定居于此。《元史》卷27《英宗纪》至治五年五月丙子,卷29《泰定帝纪》泰定元年六月癸亥,均提到上都有回回寺。杨志玖先生认为:"有回回寺,说明有回回人,而且不在少数。"[8]

位于大都城以西的荨麻林、弘州、西京和宣德府是另一个回回人较多的地区。荨麻林(今河北张家口西洗马林)居住着来自原花剌子模国撒麻耳干的3 000户回回工匠,他们在此按家乡的习俗建起了很多花园[9]。弘州(治今阳原)是元初官营手工业比较集中的地方,工匠

---

1 赵孟頫:《松雪斋集》卷7《喀喇公神道碑》。
2 欧阳玄:《圭斋文集》卷9《马合马沙碑》。
3 《元史》卷153《刘敏传》,第3609页。
4 王恽:《秋涧集》卷88《为在都回回户不纳差税事状》。
5 《元史》卷98《兵志》,第2517页。
6 《元史》卷43《顺帝纪》,第915页。
7 据有关回族家谱记载,见马恩惠:《山东部分回族族源问题探索》,《宁夏社会科学》1991年第4期。
8 杨志玖:《回回人的东来和分布》,《回回研究》1993年第2期。
9 拉施特:《史集》第2卷,第324页;《元史》卷122《哈散纳传》,第3016页。

均来自强迫迁来的各地移民,其中有 300 户西域的织金绮纹工[1]。至元十三年六月世祖下令:"西京僧、道、也里可温、答失蛮等有室家者,与民一体输赋。"[2] 答失蛮即穆斯林,如西京(今山西大同)没有一定数量的回回人,世祖便不会专门为此发诏令。马可波罗说:自天德州(今内蒙古呼和浩特白塔镇)东行,"见有城堡不少,居民崇拜摩诃末,然亦有偶像教徒及聂斯脱里派之基督教徒。以商工为业,制造金锦,其名曰纳石失、毛里新和纳克"。其中有一城,名叫申达州[3]。纳石失和纳克均为波斯文织金锦名称,摩诃末即穆罕默德。张星烺、伯希和及杨志玖等学者皆认为申达州即宣德府(治今河北张家口宣化区)[4]。

位于大都城以东的永平(今河北卢龙)、滦州(今滦县)、丰闰(今丰润)和玉田是回回军人的重要驻屯地之一[5]。刻于至正八年(1348 年)的中山府(今定州)《重建礼拜寺记》碑文说:"回回之人遍天下,而此地犹多"[6];显然中山府也有很多回回人。

此外,大名(河北今县南)、真定(今正定)、赵州(今赵县)、雁门(今山西代县)、太原、平阳(今临汾)和解州(今运城西南)一带也有回回移民或后裔[7]。

二 河西

主要包括今甘肃、宁夏及青海和陕西的部分地区,大部分属甘肃行省。有关本区回回移民的记载较多。世祖至元八年(1271 年)九月,"签西夏(西夏旧地即河西)回回军"[8]。二十五年(1288 年),元以

---

1 《元史》卷 120《镇海传》,第 2964 页。
2 《元史》卷 9《世祖纪》,第 183 页。
3 《马可波罗行记》第 1 卷第 73 章。
4 杨志玖:《回回人的东来和分布》。
5 《元史》卷 34《文宗纪》载至顺元年给卜诛地区的西域军士岁钞、布和粮食。据张星烺先生的看法,《元史》中凡不提族别只说西域者"大抵皆指波斯而言,其人则皆回教徒也。"(《中西交通史料汇编》第 2 册第 3 编第 7 章第 4 节按语)
6 引自孙贯文:《重建礼拜寺记碑跋》,《文物》1961 年第 8 期。
7 大名和真定、太原分别见《元史》卷 194《纳剌速丁传》、卷 190《赡思传》、卷 133《怯烈传》。赵州见王沂:《伊滨集》卷 17《克呼穆腾字说》(四库全书本)。雁门见《四库全书总目·雁门集》。平阳见《元史》卷 98《兵志》。解州见程钜夫:《雪楼集》卷 18《伯德公神道碑铭》。
8 《元史》卷 7《世祖纪》,第 137 页。

回回人忽撒马丁任甘肃、陕西等处屯田等户达鲁花赤,"督斡端(今新疆和田)、可失合儿(今喀什)工匠千五十户屯田"[1]。英宗至治二年(1322年)十二月下令:"免回回人户屯戍河西者银税。"[2] 拉施特说:河西"居民大多数为木速蛮,但他们的地主和农民乃为偶像教徒。"分封在此的诸王阿难答从小便随伊斯兰教徒长大,因此信仰伊斯兰教[3]。由于伊斯兰教基本上限于在回回人中流行,木速蛮差不多就是回回人。因此,本区应是元代回回移民重要分布区之一,并是伊斯兰教的重要流行地区。成吉思汗第一次西征结束以后,即率军从中亚东进开始灭西夏战役,许多回回军士和军匠就地定居下来,应是河西地区回回移民较多的主要原因。此外,由于河西地处中西交通要道,回回人自西域东来均要经过,也使得不少人定居于此。

由于河西的回回人数众多,元司天监每年都要把新造的回回历,通过安西王忙哥刺(阿难答父亲)颁发给区内的回回人使用[4]。《明史》卷332《西域传》载:"元时回回遍天下,及是居甘肃者尚多。"直到明初的洪武年间本区的回回人仍然很多。

据《马可波罗行记》,沙州(治今甘肃敦煌)、甘州(治今张掖)、凉州(治今武威)和西宁州(治今青海西宁)都有伊斯兰教徒。考古调查和发掘证实,亦集乃路治所(在今内蒙古额济纳旗东南)的西部有许多回回人居住的遗址,城西南还有礼拜寺,在当地还发现登载回回商人、军人和农民名字的文书[5],说明亦集乃的回回人户颇多,且各色人都有。

元朝末年,世居中亚撒马尔罕的一小支伊斯兰信徒经天山北麓迁到今青海东部,并在循化(元代称积石州)定居,逐步蕃息成今天的撒拉族[6]。

---

1 《元史》卷15《世祖纪》,第316页。
2 《元史》卷28《英宗纪》,第626页。
3 《史集》第2卷,第378—379页。
4 《秘书监志》卷7,四库全书本。
5 参见李逸友编著:《黑城出土文书》,科学出版社1991出版。
6 解书森、陈冰:《青海古代移民考》,《人口研究》1985年第1辑。

三　江南

周密说:"今回回皆以中原为家,江南尤多。"[1] 此江南指今浙江、福建、上海等省市及江苏省的长江以南区域。杨志玖先生于《元代回回人的政治地位》一文[2],统计各行省的回回省臣,是江浙 15 人,江西 12 人,云南 9 人,河南 8 人,陕西 6 人,岭北 4 人,辽阳 4 人,甘肃 3 人,四川 2 人,湖广 2 人。结论是:以省别论江浙回回人最多,次为江西和云南。原因是江浙是天下财赋的主要供给地区,治此省者自当以善于经理财赋者为主,而回回人对此颇能胜任,仕宦往往导致定居。元代色目人"尤多大贾,擅水陆利,天下名城巨邑必居其津要,专其膏腴"[3],江南是元代商业最为发达的地区,因经商而定居的回回人不会少。因仕宦和经商而定居无疑是江南回回移民较多的一个主要原因。

南宋故都杭州是回回移民较多的城市。《西湖游览志》卷 18 载:"元时内附者,又往往编管江浙、闽广之间,而杭州尤多,号色目种,隆准深眸,不啖豕肉,婚姻丧葬不与中国相通。""不啖豕肉"的色目人只能是回回人。此外,杭州出土的元代阿拉伯文墓碑甚多,虽逊于泉州,但多于扬州和广州[4],也反映了杭州回回人较多。元代来华的摩洛哥旅行家伊宾拔都他在杭州看到"回教徒在此者甚夥",他们有自己的居住区(第三城)和市场。"(第三城)甚优雅,市场之布置与西方信回教国相同"。此外,还有礼拜堂和祈祷处。依宾拔都他在杭州时住在一个叫鄂拖曼的埃及富商的后裔家中,"其子孙在此亦甚受人尊敬",并在杭州创办医院[5]。"杭州荐桥侧首有高楼八间,俗谓八间楼",都是"富贵回回所居"[6]。

自唐后期起,泉州即是东南沿海重要的对外贸易港口。宋代在三

---

[1] 《癸辛杂识》续集卷上《回回沙碛》。
[2] 载《历史研究》1984 年第 3 期。
[3] 许有壬:《至正集》卷 53《西域使者哈扎哈津碑》。
[4] 郭成美、郭群美:《杭州伊斯兰教历 707 年碑、730 年碑考》,《回族研究》1993 年第 3 期。
[5] 《拔都他游历中国记》,《中西交通史料汇编》第 2 编第 3 章第 6 节。
[6] 陶宗仪:《辍耕录》卷 28《嘲回回》条。

个地方设立市舶司管理海外贸易,泉州为三市舶司之一。到北宋后期,泉州的海外贸易日趋兴盛,有一些外国人在此长期或临时居住。徽宗大观、政和(1107—1118)年间,广州和泉州的外国人都请求在当地建立番学,以供教育他们的子女[1]。两地如果没有一定数量的外国人及其子女,就没有必要建立蕃学。南宋时,仍有许多"蕃商杂处民间"[2]。南宋后期泉州发展为我国最大的外贸港口,居住于此的海商人数大为增加。他们不仅拥有巨大的财富,而且具有一定的政治权力。屠杀宋宗室、举城降元的蒲寿庚兄弟,就是在南宋亡国前迁居泉州40多年的阿拉伯商人的后代[3]。

元代泉州港仍是我国最大的外贸港口,居住于此的外国商人人数很多。他们中一部分人是宋代海商的后裔,大部分人是在元代为经商而迁入的。时人说泉州:"蕃货远物,异宝奇玩之所渊薮;殊方别域,富商巨贾之所窟宅,号为天下最。"[4] 马可波罗观察到:"印度一切船舶载运香料及其他一切贵重货物咸莅此港……我敢言亚历山大或他港运载胡椒一船赴诸基督教国,乃至此刺桐港(即泉州港)者则有船舶百余,所以大汗在此征收税课为额极巨。"[5] 一些蕃商做完生意即回本国,还有一些则在泉州娶妻生子,留居当地,其中相当一部分便是回回人。

近几十年来,在泉州及其附近发现数以百计的阿拉伯人石棺式墓葬和伊斯兰教、古基督教等石刻。从墓碑上看,他们当中有贵族、官吏、商人及传教士[6]。有的移民并留下后裔,根据族谱记载泉州的丁、金、郭、蒲四姓都是在南宋末或元代定居于此[7]。伊本拔都他说泉州的回回人自成一区,"另居城之一隅,与他人隔绝"。他在此遇见伊斯兰教的"理讼者"、来自伊思法罕(今属伊朗)的传教士和来自塔伯利资

---

1 蔡絛:《铁围山丛谈》卷2。一本无泉州。
2 楼钥:《攻媿集》卷88《赠特进汪公行状》。
3 郑思肖:《郑思肖集·大义略叙》。参见朱维干:《福建史稿》上册,福建教育出版社1985年版,第351—356页。
4 吴澄:《吴文正集》卷28《送姜曼卿赴泉州路录事序》。
5 《马可波罗行记》第2卷第156章。
6 参见编写组:《泉州港与古代海外交通》,文物出版社1982年版,第75页。
7 参见史明:《关于福建泉州回族形成时代的讨论》,《民族研究》1993年第3期。

的大商赛洛夫爱丁[1]。赛洛夫爱丁即乾隆《泉州府志》卷 75 所载皇庆间(1312—1313 年)迁入以后,几代居住泉州的夏不鲁罕丁[2]。元朝末年,泉州的回回人赛甫丁和阿迷里丁等人利用当地的波斯籍居民组织军队实行割据,并一度攻占邻近的兴化路(治今福建莆田)。此次动乱前后持续 10 年之久,给泉州人民带来很大的灾难[3]。

江南的其他一些地区,例如集庆路、镇江路和庆元路、松江府,也有一定数量的回回移民及其后裔。至元二十七年(1290 年)集庆路(治今江苏南京)有色目户 149 户,2 919 人[4],其中大部分可能都是回回人。据《至顺镇江志》卷 3,元至顺(1330—1333 年)年间镇江路侨寓户中回回人有 59 户、374 口,分别占当地蒙古、畏吾儿、回回、也里可温、河西、契丹等非汉民族户数和口数的 34% 和 33%,超过其他周边民族。不仅路治所所在的丹徒县有回回人,丹阳、金坛两县也有。庆元路在至正(1341—1368 年)年间有回回 19 户,另有答失蛮 2 户也可能是回回人,分别居住在鄞县(今浙江宁波)、奉化州、昌国州、慈溪县和定海县[5]。嘉庆《松江府志》卷 27 载,松江有 31 户色目人,可能其中的大部分都是回回人。虽然缺少关于江西的回回人的材料,但既然江西是回回人任官最多的地方之一(仅次于江浙,见上),按理推测应当有一定数量的回回人。此外,福州、新昌(浙江今县)也有回回移民或后裔[6]。

四 云南

元代昆明有一些伊斯兰教徒。《马可波罗行记》卷 2 第 117 章载押赤(昆明):"城大而名贵,商工甚众。人有数种,有回教徒、偶像教徒及若干聂思脱里派之基督教徒。"拉施特《史集》甚至说:"该城居民全

---

1 《拔都他游历中国记》。
2 据《中西交通史料汇篇》第 2 编第 3 章第 6 节张星烺按语。
3 据《中西交通史料汇篇》第 6 编第 9 章第 6 节所引资料。
4 《至大金陵新志》卷 8"户口"。
5 据《至正四明续志》卷 6。
6 福州见《元史》卷 196《忠义传》,第 4434 页;新昌见《元统元年进士录》。

都是穆斯林。"[1] 元代出身于中亚不花剌回回贵族的赛典赤赡思丁主政云南六年,最后死于此。赛典赤赡思丁的五个儿子及其几个孙子均曾在云南长期任官[2],估计已定居在云南。今云南回族中,哈、合、胡、穆、王、杨、李诸姓,据说都是赛典赤的后人[3]。至元二十一年十月,朝廷派探马赤军和蒙古军共2 000人前往金齿镇守[4]。据万历《云南通志》卷2《永昌府古迹》,此探马赤军就是由回回人组成,驻在永昌府(治今云南保山)法明寺东南[5]。随赛典赤迁入中原的千余回回骑兵也一同来到云南,今大理、保山部分回族即所带骑兵的后裔[6]。

五 中州

指今河南和山东两省境,许多人是在金亡以后因屯田而迁入。至元十八年(1281年)七月,世祖命令散居各地的回回炮手,一律"赴南京(路名,相当于本区)屯田"[7]。二十六年十一月,又命宣慰司给居汴梁的回回和昔宝赤(养鹰人)186户田地[8]。今开封市郊的一些回族村庄,例如西郊25里的回回寨村、东北郊的扫街村,据说都是回回人的屯田地[9];而山东回族的许多聚居地,如无棣县五营,阳信县六营,大、小营,济阳县刘家营、马家营,泰安市的前营,可能都沿用元代屯田的村落名称[10]。根据古碑刻资料,元代一批伊斯兰教徒在穆罕默德·阿里带领下,迁入今河南沈丘县(元代为项城县)[11]。另外,山东河北蒙古军大都督府下辖有蒙古回回水军万户府[12]。

---

1 《史集》第2卷,第333页。
2 《元史》卷125《赛典赤赡思丁传》。
3 参见马恩惠:《云南回族族源考略》,《民族研究》1980年第5期。
4 《元史》卷99《兵志》,第2543页。
5 参见方国瑜:《中国西南历史地理考释》下册,第1097页。
6 云南省历史研究所:《云南少数民族》"回族"。
7 《元史》卷11《世祖纪》,第232页。
8 《元史》卷15《世祖纪》,第327页。
9 胡云生:《开封的回回民族》,《宁夏社会科学》1991年第3期。
10 参见丁乐春:《山东回族的今昔》,《宁夏社会科学》1986年第4期。
11 据《沈丘县志》,1987年,第558页。
12 《元史》卷86《百官志》,第2172页。

六 新疆

指今新疆。《元史》卷 16《世祖纪》载：至元二十七年（1290 年），"给滕竭儿回回屯田三千户牛、种"。滕竭儿，指胜纳合儿或特纳格尔，即今新疆昌吉回族自治州阜康市，此后这里一直是新疆重要的回族聚居区[1]。

七 广州

在南宋晚期以前，广州一向是我国最大的对外贸易港口，长期或临时居住的外国海商很多，人称"番禺有海獠杂居"[2]。外国人聚居的居民区被称为蕃坊，设蕃长一人，由外国人担任，管理蕃坊的行政事务，并负责招引各国海商前来贸易。外国人有罪，先送广州官府衙门审问，再送蕃坊处置。这些外国人衣服穿着与中国人不同，但饮食与中国人大略相似，"但不食猪肉而已"。此外，广州一带的富人还蓄养"生海外诸山中"的黑人作为奴隶，称为"鬼奴"或"昆仑奴"[3]。

元代广州仍是我国重要的外贸港口城市，除原有的宋代海外移民的后裔之外，还有元代从海路前来的回回人。伊宾拔都他记秦克兰城（今广东广州）："城中有地一段，回教徒所居也。其处有回教总寺及分寺，有养育场，有市场。有审判一人，及牧师一人。中国各城之内，皆有回教徒。"[4]

此外，位于今内蒙古呼和浩特市东北的丰州，是元代大漠南北和东西交通的重要枢纽，阿鲁浑人哈扎哈津来华便是因生目疾而停留在丰州[5]。因此也有一些西域移民，包括回回移民，大食人鲁坤在成

---

1 参见华林、苏荨等：《新疆的回族》，《宁夏社会科学》1987 年第 6 期。
2 岳珂：《桯史》卷 11。
3 朱彧：《萍洲可谈》卷 2，上海古籍出版社点校本。
4 《伊宾拔都他游历中国记》，《中国交通史料汇编》第 2 编第 3 章第 6 节。
5 许有壬：《至正集》卷 53《西域使者哈扎哈津碑》。

吉思汗时迁入丰州便是其中的一例[1]。四川廉访使金事脱欢上奏朝廷："回回户计,多富商大贾,宜与军民一体应役,如此则赋役均矣。"[2] 脱欢显然是基于当地的情况才有此报告的,此为四川有回回移民或后裔的证据。英宗至治三年辽阳行省答失蛮遭灾,朝廷赈济之[3],今东北地区也有回回移民。此外,湖北武昌(今武汉市武昌)、中兴路(治今江陵县)和湖南祁阳县也有回回移民[4]。

据文献资料和《至顺镇江志》有关色目人的数量来看,各地的回回人数量大多超过其他色目民族,在一些地区可能也超过蒙古族移民的数量,估计是内迁人数最多的民族。除了如上已引用的提到回回的资料,还有一些资料因未曾提到"回回"二字无法判断族别而未引用,其中肯定有一定数量的回回人。

综上所述,元代回回移民的分布极其广泛,不仅中原各行省有,边疆的辽阳行省以及今天新疆等地也有移民或后裔。人数最多的地区,无疑是京畿(特别是其北部)、河西和江南,回回人最集中的城市则是大都城、杭州和泉州。

我们已完成关于色目移民的论述。由于种类繁多、居住地分散、资料阙失等原因,很难估计内迁的色目移民数量。如果说元末中原的蒙古人(移民及其后裔)有40万人的话,色目人至少是其几倍,当不下100多万人。关于色目人在各地的分布状况,依据《元史》卷81《选举志》所载各地色目人的会试录取数额规定,或许可看出大概。色目人共录取75人,其中大都10人、江浙(今浙、闽、沪和皖南赣东)10人、湖广(湘、桂、琼三省区和湖北的长江以南)7人、江西(赣、粤两省的大部)6人、山东(今山东东部)5人、真定等(今河北大部)5人、河南(今河南大部及苏、皖、鄂三省的江淮地区)5人、上都4人、河东(今山西及内蒙古一部)4人、东平等(今山东西部)4人、四川3人、甘肃(今甘

---

1 《元史》卷190《赡思传》,第4351页。
2 《元史》卷134《朵罗台传》,第3266页。
3 《元史》卷29《泰定帝纪》,第642页。
4 武昌见《明史》卷285《文苑传》;中兴路见《元统元年进士录》;祁阳见许有壬《至正集》卷51《于阗公碑铭》。

肃大部和宁夏与青海东部)2人、陕西(陕西和甘肃东部)3人、岭北(主要指今蒙古国)2人、辽阳(今东北三省)2人、云南(今云南及川、黔两省一部)2人、征东(朝鲜半岛)1人。据此数额和上述各族移民分布论述,色目人最多的地区,是今之北京市、河北与山西两省的北部、山东省、浙江及江苏省长江以南地区。

第二节

契丹人和女真人的迁移

金朝后期,契丹人和女真人分布在北方的广大区域。迁入中原腹地的契丹和女真移民,因与汉族及其他民族长期杂居,民族融合的程度已相当深。居住在长城以外和东北地区的契丹和女真人民,则还保持着本民族的特征。蒙古军南下攻金以后,许多居住在长城以外和东北地区的契丹人和女真人迁入中原,原定居中原的契丹和女真人民也重新进行了迁移。

一 契丹人

金代后期,在长城内外和东北地区仍生活着一定数量的契丹人,相当一部分人或为金朝放牧,或为金朝戍边。

蒙古军攻入漠南以后,许多契丹人出于对女真的灭国之恨,欢迎蒙古军南下,希望借此机会把报仇复国的梦想变为现实。当听说成吉思汗率兵南下时,始终不肯出仕金朝的霸州(河北今市)人移剌捏儿便认为"为国复仇,此其时也",率亲党百余人主动投附成吉思汗[1]。居塞北北野山任奚部长的契丹人石抹也先主动北上投成吉思汗,为其

---

1 《元史》卷149《移剌捏儿传》,第3529页。

献计攻金¹。成吉思汗深知契丹人仇恨女真的心理,在南下攻金之初,即"访辽宗室近属",拉拢他们投蒙灭金,元初名臣、契丹人耶律楚材就是在此背景下被征召来的²。还有一些金军中的契丹人,也趁机叛金。例如,金宣宗南迁开封走到大都城以南的涿州时,随同的契丹军队在斫答、比涉儿和札剌儿的率领下叛变,并和同样叛金的塔塔儿部军队联合对金作战³。

类似叛金的契丹军队,以后大多主动投附蒙古军,并参加中原各地的作战。关于参加蒙古军作战的契丹人数,史无明载,据拉施特《史集》,仅契丹人吾也而元帅辖下便有10个千户⁴。成吉思汗十年(1215年)石抹阿辛率北京(治今内蒙古宁城县境)等路民12 000户降蒙,所部军皆猛士,因穿黑衣而被称为黑军。成吉思汗十四年(1219年)分别驻扎在河北的真定、固安和河东的太原、平阳、隰、吉、岢岚等地,不久又随蒙古军参加灭金战争⁵。黑军在当时是一支人数较多的军队。此外,蒙古国时耶律秃花、刘伯林等将领统领的军队中,都有一定数量的契丹族军人⁶。

在金元之际契丹人的反金活动中,以东北契丹人的声势最大。成吉思汗七年(1212年),耶律留哥发动契丹人起事,"数月众至十余万",攻破东京,尽有辽东州郡,建国号为辽,并置咸平府为都城。此后,耶律留哥主动投蒙,并派遣3 000人(包括长子薛阇)赴蒙古军中为人质。这些人,包括留哥子孙薛阇、善哥、收国奴、古乃嗣、天佑等人,以后均随同蒙古军在中原各地作战⁷,他们及其部下难免有人定居在中原。

留哥投附蒙古以后,许多契丹人不愿附蒙,成吉思汗十一年(1216

---

1 《元史》卷150《石抹也先传》,第3541页。
2 宋子贞:《中书令耶律公神道碑》,载《元文类》卷57。
3 拉施特:《史集》第1卷第2分册,第236—237页。
4 载第1卷第2分册,第375页。
5 《元史》卷152《石抹阿辛传》,第3603页。据陈述先生研究,生活在内蒙古东北部根河流域的契丹库烈儿部落元初投附蒙古,组成一支12 000人的军队,参加蒙古军南征(《大辽瓦解以后的契丹人》,《中国民族问题研究集刊》第5期)。这支军队亦名黑军,且某些事迹和此黑军同,未知二者是否同一支军队。
6 参见黄时鉴:《木华黎国王麾下诸军考》,《元史论丛》第1辑,中华书局1982年版。
7 《元史》卷149《耶律留哥传》。

年)金山、元帅六哥等率领契丹及女真部众9万余人逃入高丽,占据江东城。次年,蒙古军进入高丽追击[1]。几年后,蒙古军击败契丹军,降者5万余人被蒙古军迁于临潢,重归留哥统属。但仍有小部分人留居高丽,高丽置"契丹场"以居之[2]。自窝阔台汗二年到九年(1230—1237年)的数年间,留哥子薛阇随蒙军东征高丽和东夏,"复户六千",其中原属留哥的契丹人又被迁于广宁府(治今辽宁北镇)[3]。

除临潢、广宁外,东京(今辽宁辽阳)也是契丹人的重要聚居地,时人曾说"其间渤海、女真、契丹错居,俗各异"[4]。今北京市是另一个重要的聚居地。初,契丹人耶律楚材受成吉思汗信任,负责燕京路(治今北京)事务,"总裁都邑"。可能由于耶律楚材的威望,集中燕京路的契丹人很多,据说此城居民以"契丹人居多"[5]。燕京和东京在金代并不是契丹人的重要聚居地,大批契丹人集聚于此是蒙元初期迁移的结果。文献载:应州(治今山西应县)的萧家寨为契丹人萧君弼一家和其所得俘户的定居地[6]。万户石抹札剌所部千余名契丹人曾在商州(治今陕西商县)屯田[7]。台州(治今浙江临海)、婺州(治今金华)和处州(治今丽水)是南方契丹人的重要聚居地之一。明里帖木儿曾率部分黑军长期驻扎在上述诸州,并定居于此,仅死后埋葬台州的契丹人便达数百人[8]。此外,镇江路(治今江苏镇江)也有契丹人21户,另有契丹军人等146人[9]。

根据陈述先生的研究,生活在内蒙古东北部根河流域的契丹库烈儿部落未曾南征的部众,以及聚居临潢的留哥部落,元代仍保持自己的部落组织、语言以及生活方式。在元明之际,临潢一带的契丹人随着蒙古势力的北撤被迫北迁,散居在我国东北西部边缘地带,而库

---

1 《元史》卷95《高丽传》,第4607页。
2 《高丽史·金就砺传》,汉文本,平壤1957年版。
3 《元史》卷149《留哥传》,第3515页。
4 姚燧:《牧庵集》卷28《赵公墓志铭》。
5 《元史》卷153《刘敏传》,第3610页。
6 刘敏中:《中庵集》卷11《萧公神道碑铭》。
7 《元史》卷5《世祖纪》,第99页。史文未载该部的民族构成,但既然万户为契丹人,所部自应以契丹人为主。
8 参见陈述:《大辽瓦解以后的契丹人》。
9 《至顺镇江志》卷5。

烈儿部落则以后演化为今天内蒙古东北部的达斡尔族[1]。但一些学者，例如张正明先生，认为达斡尔人即契丹遗裔这一说法尚不足以成为定论[2]，至于留哥部落，以后很可能和明代迁入内蒙古东部的蒙古族人民相融合。

二 女真人

蒙古灭金以后，由于饥饿和蒙古军的驱迫，黄河以南地区的人民纷纷向黄河以北的广大地区迁徙，大批女真人夹杂其中，在北方重新选择居住地（详第五章第二节）。还有很多女真人，被编入军队，在华北各地作战或镇守。大都周围是女真军人较多的地区之一，在宿卫军中便有由女真人组成的女直侍卫亲军万户府及女真人参加的右卫率府[3]。远在漠北的和林（今蒙古国鄂尔浑河上游）、称海（在今蒙古国科布多东南）一带，也有女真军人驻守[4]。有的女真军人在驻守地点定居下来。孛术鲁翀的祖先德，原居广平，因从蒙哥汗南征，定居在邓州顺阳（今河南邓州西）[5]，即是其中一例。江南的镇江路也有女真人25户、261口[6]。有的女真人被派到各地屯田。至元三十年（1293年）原居东北隶属乃颜部的400户女真人，由于乃颜起事失败被流放南方，是年安排在扬州屯田[7]。延祐三年朝廷又派千余名女真、高丽军人到滨州（治山东今市）、赵州（治今河北赵县）等地屯田[8]。屯田往往使部分女真人从原居地迁居到屯田地。

东北地区的部分女真人也在一定范围内迁移。成宗元贞元年（1295年），朝廷以蒙古乃颜部和女真人、水达达人在肇州（黑龙江今

---

1 《大辽瓦解以后的契丹人》。
2 见《契丹史略》，中华书局1979年版，第199页。
3 《元史》卷79《兵志》，第2528、2530页。
4 《元史》卷19《成宗纪》，第417页；卷99《兵志》，第2547页。
5 《元史》卷183《孛术鲁翀传》，第4219页。
6 《至顺镇江志》卷3。
7 《元史》卷17《世祖纪》，第370页。
8 《元史》卷25《仁宗纪》，第574页。

县东南)屯田,其中的归附军300户来自女真,此外还有80户水达达人[1]。在此之前的世祖至元四年(1267年)十二月,朝廷签女真和水达达军3 000人[2]。虽然未记载被签为军的女真人的原籍,但既与居住今黑龙江和乌苏里江一带的水达达人并提,其居住地应该也在这一带。沈州(治今辽宁沈阳)的一些女真人,是成宗大德元年(1297年)始迁入的新附户[3]。

至元二年十二月,朝廷增补侍卫亲军,选派女直军3 000人、高丽军3 000人;四年七月又从东京路选侍卫亲军1 800名,并赴中都(今北京)应役[4]。一般认为,这些女直军队并非金朝降蒙的正规军,而是辽东地区女真遗民组成的军队,而四年七月选派的军队中也包括女真人和高丽人[5]。

第三节

高丽人的迁移

自五代以来,今朝鲜半岛的绝大部分地区均处于王氏高丽的统治下,首都王京(今朝鲜开城)。蒙元时期,蒙古军队屡次攻入高丽,将大批高丽人民掳掠到中国。同时,还有许多高丽人,因其他原因迁入中国。移民人数较多,构成唐五代以来朝鲜半岛又一次较大规模的对中国的移民潮,成为元代移民潮中最东的一支[6]。

---

1 《元史》卷100《兵志》,第2566页。
2 《元史》卷6《世祖纪》,第117页。
3 《元史》卷19《成宗纪》,第409页。
4 《元史》卷99《兵志》,第2531页。
5 参见史卫民:《元代侍卫亲军建置沿革考述》,载《元史论丛》第4辑,中华书局1992年版。
6 王崇时《元代入居中国的高丽人》(载《东北师大学报(哲学社会科学版)》1991年第6期)曾对此问题做了比较全面的研究。但王文主要依据朝鲜的《高丽史》,中国史料较少。本节吸收了王文的研究成果并增加了中国史料中的内容。

一　迁移过程

大部分的移民是由于被蒙元军队掳掠,被迫迁居到中国的。

成吉思汗十一年(1216年),在东北的契丹人9万余人逃入高丽。十三年,蒙古军以追击金军为名,进入高丽。高丽王出迎蒙古军队,表示归顺。但自成吉思汗十九年起,高丽和蒙古间连续七年不通使节。窝阔台汗三年(1231年),为迫使高丽就范,撒礼塔奉命率蒙古军出征高丽。成吉思汗十三年时曾投降蒙古的麟州将领洪福源再次归降,蒙古军"得福源所率编民千五百户,旁近州郡亦有来师者"。撒礼塔和洪福源合兵进攻高丽各州郡,并招降国王。高丽王降,奉表称臣,蒙古在王京和各府、县置达鲁花赤72人以监之,此后便班师回国。五年,高丽反蒙,尽杀蒙古达鲁花赤,国王率臣民退居江华岛[1]。

姚燧《牧庵集》卷24《曹公神道碑》载:"初,高丽自太祖世纳款,而国王穆呼哩(即木华黎)方总兵,岁东征不休,虔刘人民而臧获其子女。高丽患之,弃王城,徙其民江华岛。"据所提到历史事件,上文所指的时间范围,是从木华黎东征到窝阔台汗五年高丽反蒙,显然在这段时间中被蒙古军队掳掠而去的高丽人民不在少数。而且,人民的大量被掳是激起高丽国王率人民抗蒙的主要原因。

在国王起兵反蒙以后,忠于蒙古的高丽叛将洪福源招集北部40余城人民划地自守。六年,高丽派兵攻打洪福源控制下的西京(今平壤)等地。洪福源被迫率部众迁入中国,"尽以所招集北界之众来归,处于辽阳(今属辽宁)、沈阳之间"[2]。洪福源所部原有1500户约七八千人,加上所招集的"北界之众",人数至少有一二万人。

窝阔台汗六年(1234年),蒙古任命洪福源为"管领归附高丽军民长官",并担负着"招讨本国未附人民"的任务。同时,"又降旨谕高丽之民,有执(国王)王瞮及元构难之人来朝者,与洪福源同于东京居之,

---

[1] 以上据《元史》卷208《高丽传》,第4607—4608页;卷154《洪福源传》,第3627—3628页。
[2] 同上。

优加恩礼擢用"[1]。此后直到定宗、宪宗之世的十余年中，蒙古数次对高丽用兵，攻占许多城镇。其中，"自定宗二年（1247年）至宪宗八年（1258年），凡四命将征之，凡拔其城十有四"[2]。

蒙古军队在战争中往往大规模的掳掠人口，仅1254年一年，高丽被掳男女即达206 800余人[3]。其中，很大一部分被蒙古军带入中国。此外，很多投降蒙古军队的高丽军人也迁入中国。例如，窝阔台汗十年（1238年），赵玄习、李元佑率2 000名高丽人降元，迁入东京，受洪福源节制。不久，李君式等12人来降，"待之如玄习焉"，可能也迁居东京[4]。

元世祖中统元年（1260年），高丽国王王暾死，原在元长期充任人质的世子王倎在元军护送下归国，任国王，元军退兵，元世祖并答应王倎提出的"还被掳及逃民"的要求[5]。但是，究竟有多少人被送回高丽，却很值得怀疑，因为第二年世祖即命令洪福源之子洪茶丘继承其父的管领归附高丽军民总管一职。并且，至元三年（1266年）又"立沈州（治今辽宁沈阳），以处高丽降民"[6]，而在此之前的数年中元朝和高丽相安无事，并无大批高丽人迁入东北的记载。

至元六年，权臣林衍夺取高丽政权，次年又发生了江华岛的三别抄军起义，元朝再次出兵高丽。在这一次战争过程中，蒙古军也几次将大批高丽人迁入中国。当年，蒙古军宋万户将高丽男女老幼千余人指为"贼党"，"悉虏而归"[7]。次年，攻入珍岛，元世祖下令"家属、奴婢分给战士"[8]；迁入中国的高丽人应不在少数。

自至元初期三别抄军被镇压下去以后，高丽境内的战争较少，因元军掳掠而迁入中国的移民并不多见，但在某些时候仍有一定数量的高丽人民因其他原因迁入中国。例如，成宗大德元年（1297年），元

---

1 《元史》卷154《洪福源传》。
2 《元史》卷208《高丽传》，第4610页。
3 《高丽史》卷24《高宗世家三》。
4 《元史》卷208《高丽传》，第4610页。
5 同上书，第4612页。
6 同上。
7 《高丽史》卷104《全方庆传》。
8 《高丽史》卷27《元宗世家三》。

朝将阁里台所隶的新附高丽人安置在沈州即是其中的一例[1]。1331年,高丽国王给元朝皇帝的信中说:"比年间,本国州县当役人民并官寺奴婢人口逃往辽阳、沈阳、双城(今朝鲜永兴)、女真等处,躲避差役,散漫住坐。"[2]据此看来,因逃避差役、摆脱奴婢身份等原因逃入中国的高丽人民不在少数,大德元年的新附高丽人可能也因此原因而入居。

在不断武装进攻高丽的同时,蒙古统治者多次迫使高丽王室以王子入华,作为人质。窝阔台汗十三年,高丽国王王瞰以族子王綧作为己子,入蒙古充人质,此后王綧及其子均留居中国[3]。至元六年,高丽王遣世子率一批官员入质元朝。一些高丽贵族官僚为了保证自己的地位,嫁女于蒙古贵族,他们嫁女时往往都有一批婢仆乃至亲族随从。此外,元朝还屡屡到高丽强索处女,远迁中原嫁与元军军人,并多次征索高丽人入宫做太监。有些高丽人则因科举而入仕于元。这些移民多数留居中国不返[4]。

二　移民分布

由于资料所限,无法确定高丽移民的人数,估计先后至少有二三十万人口迁入中国。这些移民,主要分布在以辽东—大都为中心的北部地区。

今辽东元代属辽阳行省南部,毗邻朝鲜半岛,是高丽移民的主要迁居地之一。最初的大规模移民主要迁入辽东的沈阳和辽阳一带,在此"初创城郭,置司存",并在辽阳侨置高丽军民万户府。中统四年(1263年),又以高丽质子王綧为安抚高丽军民总管,分领2 000户,理沈阳[5]。由于沈阳一带移民众多,至元三年朝廷"立沈州以处高丽降

1　《元史》卷19《成宗纪》,第409页。
2　《高丽史》卷36《忠惠王世家》。
3　《元史》卷166《王綧传》,第3891页。
4　参见王崇时:《元代入居中国的高丽人》。
5　《元史》卷59《地理志》,第1359页。

民"[1]。元成宗元贞二年，并两司为沈阳等路安抚高丽军民总管府，仍治辽阳故城，下辖总管府5，千户24，百户25[2]。

至顺前后，沈阳路和辽阳路分别有户5 183和3 708[3]。由于沈阳路主要管辖沈州，而沈州系为安置高丽民户所设，辽阳城也是因高丽移民的迁入始修建城郭，估计沈阳路民户的大部分和辽阳路的一半左右民户为高丽人，加上其他未在籍的户数，两州的高丽移民可能在6 000户以上，以每户5口计约有3万余口。此外，在辽河和庆云县（今辽宁康平县境）也有高丽的屯田军人[4]，据此推测辽阳行省南部的其他地方可能也有高丽移民。此外，部分高丽军人被编入高丽万户府，此府与蒙古、肇州并为辽阳行省的主要万户府[5]。

以东京为中心的辽阳行省南部，在金代是汉人、渤海、女真、契丹人的杂居区域。但到了元代，情况已有极大的不同。姚燧说："东京当高丽、倭奴用兵之冲，其间渤海、女真、契丹错居，俗各异"[6]，反映了经过金末和蒙元的民族迁移，汉人人数剧减，而高丽人已成为主要民族之一。

首都大都（今北京）是高丽移民的另一个主要迁入地。元代主要镇守首都及其周围地区的宿卫部队中，有一个高丽女真汉军万户府。至元二年朝廷增加侍卫亲军1万人，其中就有高丽军3 000人。仁宗以后还有一些高丽军人被派到上都开平府（治今内蒙古正蓝旗境）驻守[7]。至正十四年（1354年），高丽将领柳濯率2 000余军人征调入元，赴高邮前线同农民军作战。柳濯所部从大都出发南征时，有"赴征军士及国人在燕京者总二万三千人"[8]。扣除随同入元的2 000余人，"国人在燕京者"约有2万人左右，定居大都的高丽人至少有三四万人。

---

1 《元史》卷6《世祖纪》，第110页。
2 《元史》卷59《地理志》，第1359页。
3 《元史》卷59《地理志》，第1359页。
4 《元史》卷25《仁宗纪》，第574页。
5 《元史》卷33《文宗纪》，第728页。
6 《牧庵集》卷28《赵公墓志铭》。
7 《元史》卷99《兵志》，第2530、2531页；卷24《仁宗纪》，第558页。
8 《高丽史》卷38《恭愍王世家一》。

此外，延祐三年（1316年）曾发高丽、女真、汉军1 500人在滨州（山东今市）、庆云和赵州（治今河北赵县）等地屯田[1]。据此，河北和山东境内也有高丽移民。另外，远在漠北的和林（今蒙古国杭爱省鄂尔浑河上游）、称海（今蒙古国科布多以东）一带，也有高丽守军[2]。元朝规定，诸色人及高丽人为盗三次者流放湖广[3]，这一带也应有若干高丽移民的活动踪迹。

1368年，朱元璋建立明王朝，元朝灭亡。灭元的当年，明太祖派使节给高丽送玺书，第二年送回"其国流人"[4]。当时，辽东一带尚在元残余势力的控制下，明朝能够送还的，只能是原大都城一带以及中原其他地区的高丽移民。这些地区的高丽移民，究竟是全部还是部分遣送回国，因文献阙载，已无法得知。元明之际列高丽人为"汉人八种"之一[5]，显然这些移民已开始了与汉族相融合的进程。

除中原的高丽人被明政府遣送归国外，元末辽东地区也有一部分高丽人因战乱逃回朝鲜半岛。当时，"辽、沈兵起，民避乱，转徙高丽"[6]，辽东的高丽移民因之归国者也应不在少数。但是，辽东的高丽移民中相当一部分，仍继续定居在当地。明前期辽东的民族构成是："华人十七，高丽、土著、归附女直野人十三。"[7]高丽人即元代移民的后裔。直到明后期，开原（今属辽宁）附近仍有一定数量的高丽移民后裔。李承勋《陈言边务疏》说："又一种土人，俗号为土高丽者，住近开原，人素骁勇，旧日亦曾效用。"[8]这些高丽移民的后裔虽然因定居时间很长已被称为"土人"，但仍保有高丽民族的特点，与众不同，因而被称为"土高丽"。

一些高丽移民或后裔曾在元朝政府担任较高职务，或在辽东地区产生了较大的影响。此外，元末从中国归国的高丽移民后裔也在高

---

1 《元史》卷25《仁宗纪》，第574页。
2 《元史》卷19《成宗纪》，第417页；卷99《兵志》，第2547页。
3 《元史》卷21《成宗纪》。
4 《明史》卷320《朝鲜传》，第8279页。
5 陶宗仪：《辍耕录》卷1"汉人八种"。
6 《明史》卷320《朝鲜传》，第8282页。
7 《辽东志》卷1《地理志》，辽海丛书本。
8 陈子龙等选辑：《明经世文编》卷101《李康惠疏》，中华书局影印本。

丽政治中发挥重大作用。李氏朝鲜的建立者李成桂便是一位长期居住中国的高丽移民的后裔。其祖先李安社于元初迁居中国,曾任南京千户所(确地不详,大约在今河南开封)达鲁花赤。元末兵兴,安社的曾孙子春和其子成桂避乱,东归高丽。以后李成桂任大将,通过兵变夺取王氏高丽政权,1392年即王位,建立朝鲜半岛的最后一个王朝李氏朝鲜[1]。

---

[1] 《明史》卷320《朝鲜传》,第8290页。

第十七章

非汉民族人口内迁与蒙元社会

如果说蒙古族移民有 40 万,色目移民有 100 多万,加上内迁的高丽、契丹、女真等族的部分移民,估计有 200 万以上的非汉民族成员迁入中原地区。虽然这一规模逊于辽宋金元时期的另外几次较大规模的人口迁移,但在蒙元这一特定的历史环境下,对当时中国社会经济、政治、文化各方面所产生的影响,却不容轻视。

蒙元初期,在残酷战争之后,中原地区人口数量锐减。窝阔台汗七年(1235 年)北方原金国和西夏统治范围只有 80 余万户,至蒙哥汗二年(1252 年)增加 20 余万户[1]。此后缓慢增长,到世祖中统二年(1261 年)为近 142 万户,至元十一年(1274 年)才上升到 196 万余户[2]。如果估计内迁的非汉民族移民在中统年间有 200 万口、50 余万户,而著籍户仅反映汉族户口的话,二者相加并计算汉族可能的隐漏户口(以三分之一计),大约有 250 余万户,其中的五分之一来自非汉民族移民。显然,非汉民族移民的迁入有助于北方地区人口数量的提高,并对这一区域经济文化的发展产生重要影响。由于蒙古族是统治

---

[1] 《经世大典·版籍》,载《元文类》卷 40。
[2] 《元史》卷 4、卷 8《世祖纪》。参见《元朝史》,第 383 页"《元史》中关于元代户口的统计"。

民族,色目人和其他非汉民族移民是蒙古人治理中国的帮手,这种影响必然要推及全国。

第一节

移民与经济

一 经济的新特点

非汉民族移民既有来自草原的游牧民族,也有来自农业和手工业都相当发达的中亚和西亚地区的农耕民族。他们迁入中原以后,在相当长的时间内仍保持着自己的生产生活习惯,进而影响汉族人民。由此,蒙元时期我国的经济表现出若干不同于以往时期的特点。

牧业经济的发达是特点之一。蒙古族向以游牧为基本经济部门。进入中原初期,一些将领囿于传统,不知农业和农民的重要性,中使别迭等人甚至以为"虽得汉人亦无所用,不若尽去之,使草木畅茂,以为牧地"[1]。虽然由于耶律楚材等人的建议,蒙古统治者逐渐认识到农业经济的重要性,但仍在北方圈占大量耕地作为牧场。赵天麟指出:"今王公大人之家,或占民田近于千顷,不耕不稼,谓之草场,专放孳畜。"[2]这种愚昧政策,在忽必烈即位以后开始得到纠正,但在中原地区仍存在着相当多的牧场。太仆寺所属的官马场:"东越耽罗(在今韩国南部),北越火里秃麻(部族名,在今俄罗斯贝加尔湖一带),西至甘肃,南暨云南等地,凡一十四处,自上都、大都以至玉你伯牙(在上都西北)、折连怯呆儿(在今西辽河下游北),周回万里,无非牧地。"其中永平(今河北卢龙)、固安州(治今河北固安)、乐亭、香河、河西务(在今天

---

1 宋子贞:《中书令耶律公神道碑》,《元文类》卷57。
2 王圻:《续文献通考》卷1《田赋考一》,现代出版社影印万历刻本。

津武清)、漷州(治今北京通州境)、益都(今山东青州)等原先的农业地区都有大片牧场[1]。民间畜牧业同样很发达。可以说,元代牧场分布广泛,畜牧业远较前代发达[2]。

畜牧业发达带来畜产品加工业的兴旺。中统元年(1260年)六月,朝廷诏十路宣抚司造战袄、裘、帽各万计,输送开平。七月,又"敕燕京、北京、西京、真定、平阳、大名、东平、益都等路宣抚司,造羊裘、皮帽、裤、靴,皆以万计,输开平"[3]。上述各地区皮革产品均在万计,显见当地皮革加工业和畜牧业的发达。元代的毛纺织业也很发达,仅《大元毡罽工物记》登记的毡品便有六七十种。主要的官营纺织机构有诸司局人匠总管府,下辖大都、上都、隆兴三个毡局和大都染局,此外还有剪毛花毯蜡布局[4]。与畜产品有关的各种贸易随之得到发展。

一些西域手工业生产技术的传入是特点之二。纳失失是元代一种织金绸缎的名称,为中亚、波斯著名纺织品。蒙古军西征,掳中亚工匠东来,始置局制造。中原地区最主要的产地是弘州(今河北阳原)和荨麻林(今张北县境),至元十五年朝廷"招收析居放良等户,教习人匠织造纳失失",开始在两地置局生产[5]。荨麻林居住着3 000户来自撒麻耳干的回回工匠,弘州居住300户西域的织金绮纹工匠(皆详上),纳失失无疑是他们传入的。此外,至元十三年在别失八里(今新疆吉木萨尔北)也设局生产纳失失,供皇室使用[6]。至元二十四年,朝廷由回回人札木剌丁率工匠制造撒答剌欺,成立撒答剌欺提举司。从"与丝绸同局制造"一语来看,这也是一种流传在西域的丝织品[7]。

我国很早就学会制造赤砂糖和冰糖,但白砂糖在相当长的时间中都是稀有的舶来品,宋代大食人进献的贡品中便有白砂糖一项。元代,随着掌握制糖技术的西域移民的迁入,这一技术逐渐在中国流传开来。据杨瑀《山居新语》卷1记载,元代在杭州主持制糖的都是主鹘

---

1 《元史》卷100《兵志》。
2 参见李干:《元代社会经济史稿》第4章,湖北人民出版社1985年版。
3 《元史》卷4《世祖纪》,第67页。
4 《元史》卷85《百官志》,第2146页。
5 《元史》卷89《百官志》,第2263页。
6 《元史》卷85《百官志》,第2149页。
7 同上。

（犹太人）。又据《马可波罗行记》，福建永春本不知道制白砂糖的方法，只会制造赤糖。入元以后，来自西亚的制糖匠在这里传授了用木炭灰脱色的技术，使这里成为蔗糖的主产地，供应大都需要。因此，制造白砂糖的技术最初是在泉州传播开来的[1]。

元代称烧酒为阿剌吉酒。李时珍说："烧酒非古法也，自元时始创。其法，用浓酒和糟入甑蒸，令气上，用器承取滴露。……其清如水，味极浓烈，盖酒露也。"[2] 阿剌吉来自波斯语，原意为"汗珠"，为液体经过蒸馏而成的形状。一些学者因而认为，元以前我国文献中的烧酒可能是指经过加热而不是蒸馏的酒，烧酒的制法应在元朝从西亚传入[3]。不过，对此仍未取得一致看法。

元代有多种前所未有的器物，其中不少是非汉民族移民所造。巴黎人威廉和尼泊尔人阿尼哥都是来自域外的著名工匠。蒙哥汗时，威廉在和林制造了一株巨大的银树，树的根部是四个银狮，各通有四个管道，喷出四种饮料，树足各有四个特制的银盆，接受每个管子流出的饮料。在顶端的管道间安有手拿喇叭的天使，通过风箱使喇叭不时鸣响。树的下部穹窿中藏着一个人，当听到喇叭叫时便把饮料注入管中[4]。阿尼哥任诸色人匠总管，不仅负责修建庙宇，塑造佛像，而且匠心独运，铸金银牌、海青内牌和设于内廷的大鹏金翅雕及尚酝巨瓮；又"创为镔铁，自运法轮"，在皇帝出巡时"揭以前导"[5]。

一些西域农作物的传入或扩大流传范围是特点之三。回回葱在元代始见于记载，又称为胡葱。李时珍说："似言其来自胡地，故曰胡葱耳。"[6] 运入大都城的回回葱多产自荨麻林，当地居民大多是从中亚撒麻耳干迁来的回回匠人。陈高华先生因此认为："回回葱显然是他们从中亚带来的品种，故以'回回'命名。"根据《饮膳正要》绘制的形状，回回葱就是现在的洋葱[7]。《本草纲目》卷26又载：胡萝卜"元时

---

1 第2卷第154章。参见刘迎胜：《丝路文化·海上卷》，第195—196页。
2 《本草纲目》卷25，四库全书本。
3 杨文骐：《中国饮食文化和食品工业发展简史》，中国展望出版社1983年版，第73页。
4 《鲁布鲁克东行记》第30章。
5 程钜夫：《雪楼集》卷7《凉国敏慧公神道碑》。
6 《本草纲目》卷26。
7 《元代大都的饮食生活》，《中国史研究》1991年第4期。

始自胡地来,气味微似萝卜,故名",并载:"今北上,山东多莳之,淮楚亦有种之者。"陈高华先生认为,胡萝卜最早见于南宋时的《绍定澉水志》,并不是元代始自西域传入,但元代得到广泛的传播。另外,"在元代的宫廷饮食中,回回豆子最受重视,宫廷食谱中各种菜肴应用回回豆子的达千余种之多"[1]。虽然回回豆未必就是豌豆[2],但回回豆既冠以"回回"二字,其传入和流行无疑与回回人有关。

至少在唐五代今山西一带已能酿制葡萄酒,但直到金代这一技术并未能为华北较多地区的人民所掌握,甚至连金末的河东安邑一带"多葡桃(萄),而人不知有酿酒法"[3]。随着善于种植葡萄酿制葡萄酒的西域人民的迁入,元代葡萄种植和葡萄酒酿制日益普遍。大都、太原和平阳(今山西临汾)是北方葡萄酒的主要产地[4]。诗人马组常在《灵州》诗中说:"葡萄怜酒美,苜蓿趁田居。少妇能骑马,高年未识书。"[5]反映了今宁夏中卫一带葡萄种植、葡萄酒酿制与苜蓿种植业的发达。中卫的事例说明,除大都和河东一带外,可能还有一些地区也种植葡萄和酿制葡萄酒。

蒙古贵族和色目商人在元代商业中居有优越地位是特点之四。由于经商可较快致富,他们往往倚仗政治特权经商,极力压抑、排挤民间商人,巧取豪夺,积聚财富。从成吉思汗时期开始,上自蒙古大汗、后妃、诸王、公主、驸马,下到一般官吏,都进行商业和高利贷活动。由于色目商人善于经商,蒙古从皇帝到太子、公主,"皆付回回以银",委托色目商人代为经营,他们坐收其利[6]。贵族威顺王在湖北"多萃名倡巨贾以网大利,有司莫敢忤"[7],则是其他皇室成员网罗色目人经商的事例。

许有壬说:"我元始征西北诸国,而西域最先内附,故其国人柄用,

---

1 《元代大都的饮食生活》,《中国史研究》1991年第4期。
2 上海师范大学朱瑞熙教授告诉笔者,宋代已食用豌豆。
3 元好问:《葡桃酒赋并序》,《金文最》卷2。
4 《元代大都的饮食生活》,《中国史研究》1991年第4期。
5 《石田文集》卷2。
6 彭大雅:《黑鞑事略》。
7 《元史》卷144《星吉传》,第3438页。

尤多大贾,擅水陆利,天下名城巨邑必居其津要,专其膏腴。"[1] 色目商人迁入中原以后,多定居在便于经商和经营高利贷的地方,攫取巨额利润。中统四年燕京路有近3 000户回回人户,"于内多系富商大贾,势要兼并之家。其兴贩营运,百色侵夺民利,并无分毫差役"[2]。燕京的回回商人如此,真定的西域商人也毫不逊色,"郡有西域大贾,称贷取息,有不时偿者,辄置狱于家,拘系榜掠"[3]。南方的回回商人尤多,杭州、泉州等地都有很多富夸天下的回回商人。例如,泉州巨贾回回人佛莲"其家富甚",每次发船赴外国经商都有80余艘,佛莲死后仅珍珠便有130石[4]。即使刚开始重新开发的四川,"回回户计,多富商大贾"[5],也不例外。回回商人在各地已成为巨商、富商和奸商的代名词。

蒙元初期,各地的下级官员和平民因无力支付国家税收,往往向回回商人借债,一年内算一倍的本息,次年则并息又倍之,"谓之羊羔利,积而不已,往往破家散族,至以妻子为质,然终不能偿"。至窝阔台汗十二年(1240年),才下令由政府代偿或减轻债务[6]。元代朝廷中一些负责财政的官员,均出自回回人。最著名的是阿合马,世祖中统三年"始领中书左右部,兼诸路都转运使,专以财赋之任委之。阿合马奏降条画,宣谕各路运司"[7],权势逼人。

二 吃粮当差:元代中国社会的倒退

元代是中国历史上疆域范围空前广大,边疆与中原经济文化联系进一步加强,来自殊方异域的文化在此交汇,中国文化较前五彩缤纷绚丽灿烂的重要时期。但是,元代乃至后世的中国人民,却为元代

---

1 《至正集》卷53《西域使者哈扎哈津碑》。
2 《秋涧集》卷88《为在都回回户不纳差税事状》。
3 《元史》卷160《王磐传》,第3752页。
4 周密:《癸辛杂识》续集卷下《佛莲家赀》。
5 《元史》卷134《朵罗台传》,第3266页。
6 宋子贞:《中书令耶律公神道碑》,《元文类》卷57。此事《太宗纪》十二年有载。
7 《元史》卷205《阿合马传》,第4558页。

的这种变化付出非常沉重的代价。北方地区在蒙古国初期的一二十年间,曾经千里无人烟,城市丘墟,经济残破,而这不过是代价中微小的一部分。中国人民为之付出的最大代价,在于蒙古贵族所代表的落后经济方式的渗透,使得中国社会向后大倒退,由宋代的超迈欧洲诸国到14世纪以后明显地落后于欧洲某些国家。

宋代,我国进入古代封建文明的高峰阶段,经济和文化的发展均居于世界最前列。农业劳动生产率空前提高,手工业、商业和城市经济也以前所未有的步伐迅速发展,封建租佃关系在全国范围内取得主导地位,某些先进地区还出现了以货币为形态的定额地租。农民的身份地位已从不自由或半自由的依附关系中解放出来,契约关系代替了依附关系。尽管佃户身份仍比较低下,但究竟已不是魏晋南北朝隋唐的部曲家丁和农奴了。但是,女真和蒙古的入主中原却影响了社会的继续向前发展。漆侠先生认为:"由于女真贵族、蒙古贵族所代表的落后经济关系的渗透,以及这种关系与汉族大地主阶级所代表的农奴制关系相结合,成为我国社会前进的阻力,因此,从14世纪以后,我国社会的发展逐渐缓慢、迟滞下来。"其中,蒙元时期落后生产关系的渗透危害尤其剧烈[1]。何兹全先生指出:"从中国社会发展史的角度来看一下元代社会的来龙去脉和影响,是有意义的。"[2]移民是政治和文化的载体,蒙古移民建立了蒙元政权,随着这个政权对全国的控制、统治以及蒙古上层移民在全国的分布,中国社会的倒退便成为蒙古向中原移民负面影响的主要方面[3]。

当处于奴隶制时期的蒙古军队(其中的大部分人后来都成为移民)进入中原时,他们除了大肆杀戮,便是把大量的汉族人民掳为奴隶。不仅俘虏沦为奴隶,被征服地区的平民在初期也有很多人被抑配为奴。因此,蒙元初期奴隶数量极多,"(窝阔台汗时)诸王大臣及诸将校所得户口,往往寄留诸郡,几居天下之半"[4]。虽然奴隶制最终没能

---

[1] 《关于中国封建经济制度发展的阶段问题》,《宋代经济史》,上海人民出版社1987年版。
[2] 《中国社会发展史中的元代社会》,《北京师范大学学报》1992年第5期。
[3] 以下论述的内容,主要依据上述两文。
[4] 宋子贞:《中书令耶律公神道碑》,载《元文类》卷57。

充分发展起来,但元代存在大量奴隶(即驱口)。并且,如陶宗仪在《辍耕录》中一再记述的,终元之世,蓄奴成风,买卖奴婢也成风。这种状况必然要影响到一般人民的身份地位,即把奴役制扩散到全体人民的身上。

元代根据人民服役当差的需要,将人民分成民户、匠户和军户等数种。匠户由大规模括取的民匠所组成,他们被迫迁移到首都及其他设立官营工场之地,生产各种手工产品,代代相承,既无离开工作岗位的自由,也无改变专业的自由。军户服兵役,出兵打仗,一入军籍便不可更易。民户不仅要交税粮和科差,而且要服一般"杂泛科差"。根据承担的差役需要,又将民户分成淘户、酒户、冶户、灶户等各种名目。元代这种户籍制度的改变,是人民属性的一次重大改变。它改变了两宋的主户和客户的分籍法,部分恢复了魏晋南北朝的寺户、兵户、丝罗户、杂户等的分籍,强化了人民同封建国家的隶属关系。质言之,将人民重新变为皇帝的农奴和依附民,即"吃粮当差户"。

包括官田在内的各种形式的封建国家土地所有制,由于不适应生产力发展,在宋代已日趋没落。但蒙元时不仅继承了金和南宋时代的各种官田,而且进一步扩大,滥赐给贵族和寺院。此外,皇帝常常将人民赐给王公贵族,贵族也擅招漏籍、逃亡和避役的民户作为他们的私有户。这些人和主人是人身隶属关系,不能随意离开主人。寺院也占有大量的田地和人民(即佃户和农奴)。中国历史上寺院经济最发达的时期有两个,一个是南北朝隋唐,一个即是元代。元代大地主颇多,"每一年有收三二十万石租子的,占著三二千户佃户,不纳系官差发"[1]。据《元史·武宗纪》,江南一带还有一家占有佃户达1万家的,这在宋代也相当少见。元代的佃户附属于土地上,地主买卖土地,可以带佃户一起卖,甚至可以杀死佃户。而宋代的主佃关系是契约关系而非人身隶属关系,主人不好,佃户有离开主人的自由。此外,宋代少数地区仍然存在的庄园农奴制这种落后的经济形态,在元代也有了发展。

---

[1] 《元典章》户部卷10《科添二分税粮》。

元代的社会倒退,对明代社会产生重要影响。朱元璋即位不久,便恢复元朝的租赋差役制度。明洪武二年(1369年),下令各处的漏口脱户到官府出首,收籍当差。凡军、民、匠、医诸色民户各以原服抄籍为定,不许妄行改变,违者治罪,仍从原籍。洪武三年,又置户帖,户帖上写明各色役户应当差役,这种户帖遂成为朝廷据以征调正役(税粮)及杂泛差役的版籍[1]。明代的全国户籍也是按差来分的,多达80多种专业差户。因此,明承元制,在明朝皇帝眼里,亦如在元朝皇帝眼里,全国所有的人民都是为他们当差的,皇家有什么差须有人做,就拨去一部分人专做。王公贵族和一般地主对他们管下的依附户、佃户的役使,大约也差不多。

据上所述,可以说:"编户变成了差户,这是中国历史上的一大变局;这种变局是由元开始,明继承的。全国人户都是皇帝的当差,这是明清专制主义的基础。"[2]

第二节

移民与文化

一 繁花竞放的宗教信仰

随着非汉民族移民向中原的迁徙,吐蕃佛教(即喇嘛教)和天主教开始传入中原,另有一些宗教则随着信徒的增加而扩大了影响。因此,元代的宗教,呈现出过去从来不曾有的门类众多、宗教现象纷繁复杂的现象。

---

1 参见王毓铨:《户役田述略》,《明史研究》1991年第1期。
2 何兹全:《中国社会发展史中的元代社会》。

蒙哥汗三年(1253年)，吐蕃佛教首领八思巴谒忽必烈于潜邸，"与语大悦，日见亲礼"，标志着吐蕃佛教开始传入中原并对蒙古汗廷产生较大的影响。元世祖即位以后，封八思巴为国师，以后又晋封为帝师。至元十一年(1274年)，八思巴西还，世祖以其弟继任。此后，一直到元朝末年，世世以吐蕃僧侣为帝师，不少僧侣死在大都。元代设立宣政院，管理西藏、青海和四川等藏族地区事务，帝师在宣政院中位居第二，宣政院成为"出帝师所辟举，而总其政于内外"的机构。在藏族地区，"帅臣而下，亦必僧俗并用，而军民通摄"，总之于宣政院，"于是帝师之命，与诏敕并行于西土"[1]。

帝师不仅是藏族地区的政、教首领，也是全国佛教的最高统领。其下弟子众多，往往号空、司徒、国公，"佩金玉印章者，前后相望"。其中，杨琏真伽等人相继担任江南释教总统，云南等地的诸王也延请吐蕃人为"王师"[2]。吐蕃僧人在内地建了一些寺院，大都的镇国寺和佛母殿、涿州和全宁路的护国寺等寺院，都有相当的规模[3]。一些僧人还为帝王和王公大臣传授"房中运气"的"秘密法""大喜乐"之类，并在中原和江南化度了少数信奉者。不过，总的说来，吐蕃佛教在内地的流行范围仍相当有限[4]。

随着吐蕃佛教的东来，此教与众不同的佛母及其侍女、摩睺罗佛(即大黑神)的种种塑像，出现在中原的寺院中[5]。延祐七年(1320年)，英宗下令全国各府州普建帝师殿，"务极崇侈，以称国家褒扬振励之意"[6]。于是，祭奠八思巴的庙宇在全国不少府州的治所建立起来。西北地区是吐蕃佛教影响较大的区域，这种教派的塔式建筑形式伴随着教派的流行，遍及今天的青海、甘肃、宁夏和内蒙古[7]。

自唐代开始，伊斯兰教即在留居中国沿海的波斯人和阿拉伯商人中流传，但直至两宋时期传播范围仍相当有限。蒙元时期，100多

---

1 《元史》卷202《八思巴传》。
2 同上。
3 据《郑思肖集·大义略叙》;柳贯:《待制集》卷9《护国寺碑铭》，四部丛刊本。
4 参见韩儒林:《元朝史》第340页。
5 《郑思肖集·大义略叙》。
6 柳贯:《待制集》卷9《温州新建帝师殿碑铭并序》;《元史》卷27《英宗纪》。
7 束锡红:《试论元代宁夏境内的文化融合》，《宁夏社会科学》1991年第2期。

万色目人迁入中国,分布在全国各名郡大州和重要的城镇。这些色目人中,信仰伊斯兰教者(即回回)人数甚多(很可能占大部分)。他们迁入中原以后,大多恪守教规,"而惟其国俗是泥"[1]。因此,随着回回人在全国各地的定居,伊斯兰教徒的宗教活动也推到全国各地。至正二年建的定州《重建礼拜寺记》说:"今近而京城,远而诸路,其寺万余,俱西向以行拜天之礼。"[2] 虽然其中难免有夸张之处,仍反映了元代伊斯兰教徒在全国各地建寺兴教的活动盛况。元代信仰伊斯兰教的人多限于回回人,此外还有一些嫁于回回人的汉人,以及与他们杂居的蒙古人和其他一些西域移民[3]。

唐代,被视为异端的基督教聂斯脱里派(又称为景教)已传入中原。9 世纪中叶以后,聂斯脱里派在内地趋于灭绝,仅在西北非汉民族中有所活动。入元以后,由于信此教的部分西北民族和蒙古族移民迁入中原,聂斯脱里派重新传入内地。据当时波斯国孙丹尼牙城基督教总主教约翰柯拉的记载,中国境内的聂斯脱里派教徒大约有 3 万人[4]。在大都城、长芦镇(今河北沧州市境)、大同(山西今市)、沙州(今甘肃敦煌)、肃州(今酒泉)、甘州(今张掖)、额里折(今武威)、鄯州(今青海西宁)、额里合牙(今宁夏)、天德军(今内蒙古乌拉特旗一带)、喀什噶尔(今新疆喀什)、叶尔羌(今莎车)、赤斤塔拉斯(今地不详)、伊犁(今伊宁)、扬州、镇江、杭州、温州、泉州、昆明等地均有聂斯脱里派教徒和教堂[5]。

至元二十八年(1291 年),意大利人约翰·孟德高维奴奉教皇尼古拉四世之命,不远万里前往中国宣教,基督教的另一教派罗马天主教(即圣方济各会)开始传入中国。此后,教皇数次派主教前往中国,通过这些欧洲移民的努力,终于在中国发展了第一批信徒,建立起天主教堂。大都城、叶尔羌、伊犁、临清、扬州、泉州等地都有天主教徒和

---

1 许有壬:《至正集》卷 53《西域使者哈扎哈津碑》。
2 孙贯文:《重建礼拜寺记碑跋》,《文物》1961 年第 8 期。
3 参见《元朝史》第 351 页。
4 《大可汗国记》,载张星烺:《中西交通史料汇编》第 1 编第 5 章。
5 张星烺:《元代中国各地教堂考》,《中西交通史料汇编》第 1 编第 5 章第 33 节附。

天主教堂。其中,大都城有教堂3所,教徒据说有六七千人[1]。

虽然元代的基督教较前有了很大的发展,但信奉者多为非汉民族的移民,并且至今还没有发现译成汉文的基督教文献。显然,信教的汉人很少,可以说元代的基督教仍不是汉人的宗教[2]。

随着犹太移民的增多,中国境内的犹太教也得到了较大的发展(详上)。《元史》卷77《祭祀志·国俗旧礼》载:凡朝廷中的某些宗教活动,如太庙的四时祭祀、上都六月二十四日的祭祀(洒马奶子)、九月的烧饭、十二月的射草狗,都使用蒙古巫祝。可见蒙古族原始宗教萨满教也进入了元代的宫廷。

二 兼行并用的语言文字

随着非汉民族移民的进入,他们使用的语言文字传入中原,对当时的语言、文字和文学产生了一定的影响。

至今在元曲中仍保存着某些非汉民族移民的白话。据邵循正先生的研究,在《辍耕录》所载元曲的院本名称中,"押刺花赤"即蒙古语的 Qalaqaci,相当于"把门人"。《货郎担》中的"窝脱"即"斡脱"Ortaq,原为土耳其语,意为"商会",转为"赢利"之意,回回商人放的高利贷就叫作斡脱银两。《虎头牌》杂剧有派曳剌抓人的故事,"曳剌"也来自非汉民族,是专管抓人的人。回回人称酸牛奶为水答饼,也在杂剧中留下痕迹[3]。此外,元曲的另外一些词牌名,如阿那忽、也不罗、忽都白、唐兀歹,唱歌中夹杂着的莎塔巴(酒醉)、巴都儿(勇士)、米罕(肉)、抹你(我)、抹邻(马)、虎儿赤(奏乐者)等,都来自蒙古语[4]。

蒙古族是元代的统治民族,但某些蒙古皇帝不了解汉文,也不重视。元代的官府文件往往直接从蒙古语中译出,成为受蒙古语影响的白话文。此外,当时的翻译制度,似乎译者都必须移汉文以迁就蒙文,

---

1 张星烺:《元代中国各地教堂考》。
2 参见《元朝史》第359页。
3 《邵循正先生蒙元史论著四篇·元代的文学与社会》,《元史论丛》第1辑。
4 罗贤佑:《元代蒙古族人南迁活动述略》,《民族研究》1989年第4期。

和现在的硬译(不堪卒读的直译)相仿佛[1]。现存的元代碑文和《元典章》中的皇帝诏令大多有类似的风格。

既然保存至今的元代文献中尚能见到如此多的非汉民族移民的白话,这些语言在元时影响之大、流传范围之广,便可想而知。元初邓剡赋《鹧鸪词》:"南音渐少北音多,肉飞不起可奈何,行不得也哥哥。"[2] 此"北音"除了北方汉语,自然也包括主要自北方和西北迁入的移民。这种语言显然已流传到南方地区。甚至在遥远的海南岛,明代当地语言仍残留着非汉民族移民的语言成分。《正德琼台志》卷7载:"元以胡治郡,又或间杂胡语。若今呼小帽为'古逻',系腰为'答博'是也。"

当蒙古人在漠北崛起时,他们并无文字。成吉思汗时,开始由畏兀儿人塔塔统阿教太子、诸王"以畏兀字书国言"[3],即用畏兀儿文字书写以蒙古口语颁布的诏令圣旨。在初期阶段,蒙古上层都使用这种畏兀儿式的蒙古文,"凡诏诰、典祀、军国massage,皆用辉和尔(即畏兀儿)书"[4]。入主中原以后,随着皇帝写在羊皮上的诏书一再下到各地,这种蒙古文开始在中原使用,"中国人(汉人)亦习之"[5]。

世祖至元初,吐蕃人八思巴奉命创制蒙古文字,至元六年(1269年)颁布,称蒙古新字。此后,凡有诏书颁布,一律用蒙古新字[6]。同年,在各路设立蒙古字学,用蒙古新字教学生,"凡充生徒者,与免一身杂役"。八年春,又下诏建京师蒙古国子学,以蒙古新字教习学生,选朝中蒙古、汉人官员子弟入学。以后确定生员100人,其中除蒙古人外,另有色目人20人,汉人30人[7]。虽然《选举志》没有明确提到各路蒙古字学中是否有汉人子弟,但既然规定京师蒙古国子学约三分之一的学生必须是汉人,而且像婺源州这样偏僻又无蒙古移民的县

---

1 《邵循正先生蒙元史论著四篇·元代的文学与社会》。
2 郑元祐:《遂昌杂录》,四库全书本。
3 《元史》卷124《塔塔统阿传》,第3048页。
4 程钜夫:《雪楼集》卷7《武都忠简王神道碑》。
5 《元诗纪事》卷32,张孟"句"并注(引《升庵书品》),第743页。
6 《元史》卷202《八思巴传》,第4518页。
7 《元史》卷81《选举志》。

级单位也有设立[1],各地蒙古字学的学生显然有汉人和其他民族成员。

从公元10世纪起,波斯语作为东部伊斯兰世界文学语言的地位得到确立。因此,元代内迁的回回移民中有很多人讲波斯语。元朝政府关于伊斯兰教的专用词汇,相当一部分来自波斯语[2]。至元二十六年,由于"亦思替非文字(即波斯文字)宜施于用",尚书省建议:"凡公卿大夫与夫富民之子,皆依汉人入学之制,日肄习之",开始设立回回国子学,延祐元年又设回回国子监[3]。据尚书省言"皆依汉人入学之例",回回国子学及国子监应该也有汉人学生。

在某些地区,阿拉伯文、希伯来文和西夏文也在一些人中使用着。泉州的回回商人中,颇多来自阿拉伯的移民,因此在那里发现的元代伊斯兰教文物,例如墓碑、礼拜寺碑铭,一部分用阿拉伯文或叙利亚等国文字[4]。犹太移民在自己的社区内可能也使用希伯来文,例如,开封的犹太人家谱中便既有希伯来名,也有汉名[5]。

元代,西夏文在有西夏移民的地区广泛使用着。雕印西夏文佛经尤为兴盛,不仅元政府的宣政院雕印,民间也有雕印。此外,在今北京市西北居庸关洞壁的六种文字石刻中,也有西夏文。甚至直到明代,保定和定州一带的西夏移民仍在使用西夏文[6]。

三 来自异方殊域的音乐、建筑

来自异方殊域的移民,不仅语言文字与汉族不同,文学、艺术、建筑诸形式也很不相同。随着他们的迁入,这些方面也在中原地区产生一定的影响。

在乐器方面,元人陶宗仪说:"鞑靼(即蒙古)乐器,如筝、秦琵琶、

---

1 吴师道:《礼部集》卷12《婺源州蒙古字学记》。
2 参见《元朝史》第352页。
3 《元史》卷81《选举志》。
4 参见文物编辑委员会:《文物考古工作三十年》,文物出版社1979年版,第259页。
5 陈垣:《开封一赐乐业教考》,载《陈垣学术论文集》。
6 参见郑绍宗、王静如:《保定出土明代西夏文石幢》,《考古学报》1977年第1期。

胡琴、和必斯之类,所弹之曲,与汉人曲调不同。"[1] 按南宋隆兴元年(1163年),已有南迁的金国移民在临安府(今浙江杭州)"拨胡琴、作胡舞之类"[2],胡琴肯定不是元代蒙古族自域外传入,其他乐器是否都在元代自蒙古族传入仍需考证,但其中的某种自蒙古传入却是可能的。例如,所提到的"和必斯",又称"琥珀椎"。沈德符分析明代的乐器,说:"今乐器中,有四弦、长项、圆鼙者,北人最善弹之,俗名'琥珀槌',而京师及边塞人,又呼'胡博词'"[3]。既然北人"最善弹之",又"与汉人曲调不同",并且无论俗名还是京师或边塞人对它的称呼都来自少数民族的语言,这种乐器很可能在元代自漠北传入。

在上引同一条记载中,陶宗仪还列举了与汉人曲调不同的乐曲。

大曲:哈巴尔图、口温、也葛倘兀、辉和尔、闵古里、起土苦里、跛四土鲁海、舍舍弼、摇落四、蒙古摇落四、闪弹摇落四、阿耶儿虎、桑哥儿苦不丁、答罕、苦只把失。

小曲:阿厮阑扯弼、阿林捺、哈儿火失哈赤、洞洞伯、曲律买、者归、比畴兀儿、把担葛失、削浪沙、马哈、相公、仙鹤、阿下水花。

回回曲:伉里、马黑某当当、清泉当当。

上述乐曲除个别小曲用汉名,均用少数民族语汇,很可能是陶宗仪所说"与汉人曲调不同"的域外乐曲。其中的个别乐曲,如答罕,至今仍能说明其来历。答罕,据陶宗仪在同条所说,又谓之白翎雀双手弹。这是一种"始甚雍容和缓,终则急躁繁促,殊无有余不尽之意"的朝廷教坊大曲,系元世祖命伶人硕德闾根据草原白翎雀"雌雄和鸣,自得其乐"之意而制曲[4]。依名字分析,"教坊国手"硕德闾显然不是汉人,从能根据草原飞禽制作音乐这一点来看很可能是一个蒙古音乐家。也就是说,答罕是蒙古音乐家制作反映草原风物的乐曲。虽然它创作在蒙古入主中原之后,但硕德闾如无蒙古音乐的功底,岂能创作此类作品?同条文献还载:世祖对曲的结尾部分不满意,但是"时谱

---

[1] 《辍耕录》卷28《乐曲》。
[2] 《宋会要辑稿》刑法二之一五六。
[3] 《顾曲杂言》,丛书集成初编本。
[4] 《辍耕录》卷20《白翎雀》。

已传矣,故至今卒莫能改"。答罕如此,其他域外乐曲应该也都得到流行,否则陶宗仪便不可能知道这么多的域外乐曲。

元曲是在宋金戏曲基础上发展形成的元代代表性的文学形式。贺昌群先生著《元曲概论》,认为元曲受蒙古族的影响极多。邵循正先生以为元曲吸收外族的成分确实不少,但主要是受西域与女真的影响较多[1]。无论元曲究竟是受哪一种影响较大,受到非汉民族移民的影响却是各家一致承认的。少数汉化很深的移民中的戏曲家,还对戏曲的发展作出重要贡献,其中最杰出的代表是畏兀儿人贯云石。贯云石为元代一流的散曲大家,他本人会作曲唱曲。时人说:"海盐人以能歌名于浙右,而其始实得自云石之传。"元代江南盛行的"海盐腔"即创自贯云石,"海盐腔"流传到明代,成为昆腔的先驱[2]。

在讲到元代来自域外的能工巧匠时,不能不首先提到精通建筑、雕塑、绘画和打制黄金用具的尼婆罗(今尼泊尔)工匠阿尼哥。中统元年,他年仅17岁便率领80名尼婆罗工匠在吐蕃建造黄金塔。塔修好后入京,在宫廷补好宋代制造的针灸铜像。此后,深得世祖赞赏。不仅大都城西园的玉塔和上都的乾元寺由他负责建造,而且"凡两京寺观之像,多出其手"。所塑的佑圣庙神像"肖貌如生",护国仁王"庄严无上"。还用锦织出蒙古列代帝王的画像,技艺精湛,"图画弗及也"。阿尼哥及其子阿色腊皆在朝廷中担任诸色人匠总管府达鲁花赤,负责都城与各地工程修建事务。汉人刘元从阿尼哥学塑佛像,也深得其妙,"至元中,凡两都名刹,塑土、范金、抟换为佛像;出元手者,神思妙合,天下称之"[3]。虽然现在已无法看到阿尼哥建造的寺庙及他和刘元所塑的佛像,但来自异域的艺术带有自己的特色却是无可怀疑的。

元代传入中原的喇嘛教、天主教,无论是教堂建筑还是内部布置以及喇嘛教的佛像,均带有自己的特点,对于时人而言都是全新的艺术形式。此外,广州的怀圣寺塔,泉州的清净寺塔和摩尼教草庵,杭州

---

1 《邵循正先生蒙元史论著四篇·元代的文学与社会》。
2 王士禛:《香祖笔记》卷1,参见陈垣:《元西域人华化考》卷4(载《励耘书屋丛刻上》,北京师范大学出版社1982年版)。
3 《元史》卷203《阿尼哥传》;《雪楼集》卷7《凉国敏慧公神道碑》。

的真教寺,明州的礼拜寺,镇江的也里可温寺,甘州和扬州的十字寺,都是西域移民所建带有域外文化特点的建筑物,不过今天大多已不存在[1]。

四 域外先进科学技术的输入

元代自域外传入的科学技术,无异以回回炮的使用和制造最为著名。《经世大典·军器》说元代兵器:"其精者,有西域炮,折叠弩,皆前世所未闻。"[2]折叠弩之制不明,西域炮即回回炮,为一种新型的抛石机,可以不费人力即将重达150多斤的石弹或火器抛掷很远[3]。世祖至元八年(1271年),元军准备大举攻宋,派人赴西域诸王阿不哥处征调回回炮匠,木发里(今伊拉克摩苏尔)人阿老瓦丁和伊利汗国人亦思因携家属应召来华。两人在京师首造大炮试射成功。至元十年,亦思马因参加进攻襄阳,在城东南郊向城内发炮,"声震天地,所击无不摧陷,入地七尺"。南宋守将吕文焕不得不举城降元。此外,阿老瓦丁也在潭州(治今湖南长沙)和静江(今广西桂林)的攻城战中发挥了回回炮的威力[4]。襄阳之战以后,回回炮成为元军克敌制胜的重要武器,回回炮手被派赴各地,教元军使用方法。直到英宗至治三年(1323年),仍"遵世祖旧制",派遣回回炮手万户赴汝宁、新蔡等地"教习炮法"[5]。

至元十六年,为了造出新的更厉害的武器,朝廷下令:"括两淮造回回炮新附军匠六百,及蒙古、回回、汉人、新附人能造炮者,俱至京师"[6]。经南北能工巧匠的努力,不久研制成功铜火铳这种世界上第一次出现的金属管火炮。现存世界上最早的两尊火铳,一尊是至顺三年(1332年)所造,一尊是至正十一年(1351年)所造,铳口直径分别是

---

1 参见陈垣:《元西域人华化考》卷5。
2 《元文类》卷41。
3 参见《中国军事史》第1卷《兵器》,解放军出版社1983年版,第188页。
4 《元史》卷203《阿老瓦丁传》和《亦思马因传》。
5 《元史》卷28《英宗纪》,第628页。
6 《元史》卷10《世祖纪》,第210页。

10.5厘米和3厘米,前者适用于攻城破坚,后者适用于远程射击[1]。

元代是我国天文学发展的重要阶段。天文学家一方面继承了我国的传统知识,另一方面采纳了当时世界上比较先进的回回的天文历法知识。据研究,成吉思汗时已用《回回历》,很可能当时已有回回人迁入中国[2]。世祖未即位前已派人去征回回天文学,"札马剌丁等以其艺进"[3]。为了管理回回天文学家并进行天文研究,世祖至元八年设立了回回司天台,后改为回回司天监,作为与汉人依据中国传统方法制订天文历法的司天监平行的科研机构[4]。

回回司天监职掌"观象衍历",即观察天文,推演历法。至元四年(1267年)札马鲁丁完成《万年历》(即太阳历法),世祖颁布各地实行。不过,在至元十八年中国历史上最为精良的历法《授时历》颁行以后,它即停止使用[5]。十五年,司天少监克里马丁按照皇子安西王的吩咐,制成每岁都需要进行推算的《回回历》(伊斯兰教历)[6],专供穆斯林使用。

回回天文学家常常出入宫廷和达官贵人之家,为皇帝和贵族占卜吉凶。作为他们理论基础的阿拉伯著名星占学著作《天文书》也由回回移民传入中国,此书中的一些内容,如气象星占和医学星占,即使在今天看来也还有科学价值。据推测,现见于《七政推步》卷7《黄道南北各像内外星经纬度立成》中所载的277颗恒星,其观测者和星表的编制者很可能是回回天文学家。此外,郭守敬的《授时历》,不少人认为吸收了回回人的天文学知识[7]。

除了观察天文和星占、制订历法,西域移民还制造了几种天文学用的仪器:咱秃哈剌吉(即浑天仪)、咱秃朔八台(即测验周天星曜之器)、鲁哈麻亦渺凹只(即春秋分晷影堂)、鲁哈麻亦木思塔余(即冬夏

---

1 参见《元朝史》第385页和《中国军事史》第1卷第116—117页。
2 陈静:《元回回天算家及其天文工作考论》,《回族研究》1992年第2期。
3 《元史》卷90《百官志》,第2297页。
4 同上。
5 《元史》卷52《历志》,第1120页。
6 《元秘书监志》卷7。
7 陈静:《元回回天算家及其天文工作考论》。

至晷影堂)、苦来亦撒麻(浑天图)、苦来亦阿儿子(即地球仪)、兀速都儿剌不(即确定时间的仪器)[1]。这些仪器都有一定的特点和长处,《元史·天文志》花了很多篇幅逐一予以介绍。《明史·天文志》简述历代天文学仪器的发展,说汉代以来的天文仪器,无非是浑天仪、浑天象之类,"外此,则圭表、壶漏而已。迨元作简仪、仰仪、窥几、景符之属,制器始精详矣"[2]。元代天文仪器较前代精详的主要原因,无疑与西域天文仪器传入有关。

明代人对传入中国的西域天文历法评价甚高,明太祖甚至认为"西域推测天象最精,其五星纬度又中国所无",命令将《回回历法》译成汉文。洪武元年(1368年),在设立司天监的同时,又设立回回司天监,分别作为依据中国传统和西域两种方法制订天文历法的机构。回回司天监由原元回回司天太监黑的儿、台官郑阿里等人参与其事。三年,司天监改名钦天监,下设天文、漏刻、大统历、回回历四科;回回司天监仍然存在,改名回回钦天监。洪武三十一年,回回钦天监罢废,但钦天监的回回历科仍旧不变。在明代,回回历与中国传统的大统历同时参用,达270余年,直到明末西方传教士将欧洲历法传入中国时才停止使用。回回人观察恒星,推算日食月食的方法也为明人所采用。明末徐光启将依据欧洲天文历法知识制订的《界总星图》进呈朝廷时,还特意将此图和反映回回观察天文成就的《立成》进行比较[3]。

以上提到的天文学仪器苦来亦阿儿子,还需从地理学的角度再说几句。这是一个用木材制作的圆球,球面绘上表示土地和海洋、江河及地理区域划分的颜色。水域占球面十分之七,用绿颜色来表示;陆地占球面十分之三,用白颜色来表示。江、河、湖、海绘制在陆地上,就像脉络一样。球面分成若干个小方块,可用来计算各区域的面积和距离[4]。这一地球仪,已经认识到地是圆的,认识到地球上的海洋水

---

1 《元史》卷48《天文志》。
2 《明史》卷25《天文志》,第357页。
3 据《明史》卷31、卷37《历法志》,第516—520页,第745—746页;卷25《天文志》,第342页。
4 《元史》卷48《天文志》载:"苦来亦阿儿子,汉言地理志也。其制以木为圆球,七分为水,其色绿,三分为土地,其色白。画江、河、湖、海,脉络贯串于其中。画作小方井,以计幅圆之广袤、道里之远近。"

域和陆地大约各占地球表面的十分之七和十分之三,这些方面的知识已达到近现代人的认识水平。并且,用绿颜色来表示海洋和用方格来区分区域面积和道里远近的方法,也已相同或接近于近现代地球仪上的表示方法,反映了古代阿拉伯人具有世界最高水平的地理学成就。它显然是首先用于地理观察,尔后被移用于天文观察,用以确定某一天体覆盖下的地区。这一地球仪对当时的中国地理学无疑产生了巨大的影响。

海外著名的中国科学史专家李约瑟博士曾对明初朝鲜人绘制的《混一疆理图》给以极高的评价:"从这幅地图可以看出,绘图者所掌握的西方地理知识是相当广博的,比欧洲人当时所掌握的中国地理知识明确得多。"他指出:"这样广博的地理知识显然是通过阿拉伯人、波斯人、土耳其人的接触得来的,也许在更大的程度上和扎马鲁丁1267年来北京时所带来的地球仪有关……当然,从根本上说,这是蒙古人征服了几乎所有全部'有人居住的世界'的一项具体结果。"并且,朝鲜的这幅世界地图是以元代中国朱思本的世界地图为蓝本绘制的[1]。据上所述,传入中国的地球仪不仅已对中国的绘图学产生重要影响,而且通过中国影响了朝鲜的绘图学。此外,元代绘图学的巨大进步也和中外文化交流扩大带来的地理学知识的空前增加分不开。不过,虽然扎马鲁丁带来了地球仪,但此后"直到耶稣会传教士入华的时候为止,一直都没有制造过"[2]。

回回移民札马剌丁可能是当时最杰出的天文学家和地理学家,他对元代地理学的影响,并不仅仅在于代表当时人类最高认识水平的地球仪,也体现在《经世大典图》等地图的绘制上。我国传统采用方格法画图,而回回人采用圆形地图,并接受了古希腊人的大地为球形的概念。札马剌丁熔两种方法于一炉,绘制成东起河西走廊的沙州(今甘肃敦煌),北至今俄罗斯的伏尔加河下游,西至今埃及和叙利亚,南到印度的大地图,覆盖范围之广在中国历史上是空前的。札马剌丁还建议政府收集回回海图,明代郑和下西洋所用的导航资料中,估计

---

[1] 李约瑟:《中国科学技术史》第5卷第1分册,科学出版社1976年版,第154—159页。
[2] 同上书,第228页。

有回回人绘制的海图[1]。

回回医药是元代医药的重要组成部分之一。朝廷在太医院下设广惠司,负责管理"回回之为医者",并修制皇室用的回回药物及其和剂,广惠司的提举属正三品,地位很高。此外,元朝在大都和上都均设有回回药物院,专掌当地有关回回医药事务[2]。详载回回医药学的大型综合性医著《回回药方》,以及《饮膳正要》《瑞竹堂经验方》等回回医药学著作,都由回回移民撰写或翻译成汉文,从而极大地丰富了祖国医药学宝库[3]。回回医术在外科和药物上颇具独特性,有时有意想不到的显著疗效。元世祖的驸马刚葛勒藏亲王因坠马,得了两眼发黑不见眼珠、长舌伸出无法收回的怪病。医林高手皆无良策,却被广惠司的医师、叶尔羌人能哲呼鼎治好[4]。大都城有一小儿患头疼,疼不可忍。一回回医官用刀从额上割开,取出异物,疼痛很快消失。由于回回外科手术能治好不少的奇疾,时人称赞说:"信西域多奇术哉!"[5]有种叫作"和沙拉卜都"的回回药,据说可治120种疾病[6]。

元代是回回医药的鼎盛时代,明以后文献中已很少提到回回医药。但是,在《本草纲目》和《普济方》等明代药方中,仍保持着很多的回回药物和回回药方。例如,治眼疾的朵梯牙即天然硫酸锌,安咱芦为产自波斯的树胶,阿飞勇即鸦片,均是波斯语或阿拉伯语的译音[7]。现在回族中仍在流传的一些民间疗法以及维吾尔族和蒙古族的医药学,都包含着一定的古代传入的阿拉伯医药学的内容[8]。

五 社会风尚的部分胡化

郑思肖说:元平江南以后,南方的社会风尚开始发生变化,"今南

---

1 参见刘迎胜:《丝路文化·海上卷》,第166—170页。
2 《元史》卷88《百官志》,第2221页;陶宗仪:《辍耕录》卷9《奇疾》。
3 参见张俊智、陈卫川:《中国回族医药文化探讨》,《回族研究》1992年第4期。
4 《辍耕录》卷9《奇疾》。
5 《辍耕录》卷22《西域奇术》。
6 《辍耕录》卷7《回回石头》。
7 参见宋岘、宋莉:《对〈普济方〉和〈本草纲目〉中的回回药方的考证》,《回族研究》1992年第2期。
8 参见《中国回族医药文化探讨》。

人衣服、饮食、性情、举止、气象、言语、节奏,与之俱化,惟恐有一毫不相似"[1]。"与之俱化,惟恐有一毫不相似"一语显然有夸张,但江南开始受到非汉民族移民的影响却是毋庸置疑的。江南人口的绝大部分是南方人,来自北方的异域民族和汉族移民只在人口中占很小的比重,统一不过数年即在社会风尚方面受到移民的影响,非汉民族移民在人口中占一定比重的北方地区的胡化程度可想而知。

首先受到影响的是生活方式。蒙古人常将牛奶、羊奶加工成奶油、奶酪等食品,称为牛酥、羊酥、乳饼;又认为鹿肉是一种滋补品,通过打猎得来的狐肉和狼肉等野物也有美味。因此,奶油、奶酪、鹿肉、狐肉、狼肉、塔剌不花(即土拨鼠)、野鸡、黄羊及秃秃麻食(手撒面,回回食品)、搠罗脱因(畏兀儿食品)等食品都是宫廷菜肴,其中一些食品也为大都的汉族士大夫所喜好。自域外传入的主要产于大都西北的荨麻林的回回葱,可能因域外移民嗜食而得到广泛传播的胡萝卜,都是大都一带人民的蔬菜。蒙古族人民喜爱的饮料马奶酒,自西域传入的阿拉吉酒,斡罗斯人喜喝的树奶子(从外地运来的白桦树树汁),均是大都流行的饮料[2]。

在这里,需要将葡萄酒、阿拉吉酒、清真食品的流行稍微多说几句。

金代北方的葡萄种植和掌握葡萄酒酿制技术的地区相当有限,元代随着嗜好葡萄酒的西域和蒙古移民的迁入,葡萄种植和葡萄酒酿制地区大大扩大。许多人喜喝葡萄酒,汪元量诗"葡萄酒熟浇驼髓,萝卜羹甜煮鹿胎"[3],说得便是大都城的生活状况。大都城已公开出售葡萄酒,政府对公开出售的葡萄酒征收30分取1之税[4]。今流行全国各地的烧酒,元代称为阿剌吉酒,至迟在元后期已在大都流行。陈高华先生认为:"阿剌吉酒的出现和推广,是中国造酒史上的一件大事。"[5]至明代,烧酒已是我国主要的酒类之一,"北人四时饮之,南人

---

1 《郑思肖集·大义略叙》。
2 以上据陈高华:《元代大都的饮食生活》。
3 孔凡礼辑:《增订湖山类稿》卷3《冬至日同舍会拜》,中华书局1984年版。
4 《元典章》户部卷8。
5 《元代大都的饮食生活》。

只暑月饮之"[1]。谢肇淛《五杂俎》卷11说及明代酒类："北方有葡萄酒、梨酒、枣酒、马奶酒。南方有蜜酒、树汁酒、椰浆酒……此皆不用曲蘖，自然而成者，亦能醉人，良可怪也。"可见明代喝葡萄酒和马奶酒的人很多，而南方的树汁酒是否从斡罗斯人的树奶子中得到启发或许也值得研究。

伊斯兰教徒的日常食品与其他民族的人民有一定的区别，他们的肉食以牛、羊肉为主，不吃猪肉，不用猪油。今天流行各地的清真饭店，无不如此。为了避免破戒，清真饭店也不允许顾客私带菜肴进店。元代的回回人差不多都信仰伊斯兰教，随着回回移民分布到全国各地，清真食品开始在各地流行，成为我国食品体系的组成部分。

蒙古人戴的帽子称为胡帽，元世祖皇后弘吉剌氏曾对之进行改造，加出帽子的前檐。她又制出"前有裳无衽，后长倍于前，亦无领袖，缀以两襻，名曰比甲"，便于骑乘时穿的衣服。这种胡帽和比甲在当时都得到流行[2]。汪元量《幽州歌》说："汉儿辫发笼毡笠，日暮黄金台上立。"[3]可见非汉民族移民的服饰和发型也曾对汉族产生一定的影响。

除了生活方式以外，在体现伦理道德的孝道、节烈观和丧葬习俗等方面也发生了不可忽视的变化。变化原因是蒙古人入主中原以后，在不自觉地被迫接受中原先进文化的同时，用游牧民族的眼光审视高度发达的农耕社会的封建道德规范，试图用游牧民族的文化习俗，通过提倡和行政命令两种方式，对其进行限制和改造[4]。

孝道向为元以前的历代统治者所提倡，宋代尤其如此。宋代宣扬"冠冕百行莫大于孝"，因此"太祖、太宗以来，子有复仇而杀人者，壮而释之；刲股割肝，咸见褒赏；至于数世同居，辄复其家"[5]。但蒙古族因

---

1 李时珍：《本草纲目》卷25。
2 《元史》卷114《后妃传》，第2872页。
3 《增订湖山类稿》卷2。
4 参见韩志远：《关于元代社会风尚的几个问题》，《社会学研究》1991年第3期。本节有关孝道、节烈观和丧葬习俗方面的论述多依据此文。
5 《宋史》卷456《孝义传》，第13386页。

长期过着分散、流动的游牧生活,又无大量财富集中在男性家长之手,因而并不讲什么孝道。元朝对宋代视为最高孝行的某些行为,例如为父母卧冰求鱼、为父母治病而不惜对自己割股、刲肝、剜眼,不但不予褒奖,反而屡次明令禁止[1]。文宗时,大臣僧家奴说:"自古求臣,必于孝子之门。今官于朝者,十年不省觐者有之,非无思亲之心,实由朝廷无给假省亲之制,而有擅离官次之禁。"[2]可见宋代健全的省亲制度,元代已不存在。维持宗族关系的孝道一经破坏,家族的纽带必然有所松懈。父母仍健在便析居异产的人越来越多,"随处诸色人家,往往父母在堂,子孙分另,别籍异财"。对这种现象,一些官员要求依照《唐律》明令禁止。元朝却以"随代沿革不同,拟合酌古准今"为理由,下令"自后如祖父母、父母许令支析别籍者听"[3]。

要求妇女从一而终不再改嫁,为保持贞节可以去死的节烈观,宋代以来开始逐渐形成,南宋以后要求妇女守节反对再嫁的现象日益增多[4]。古代蒙古人对于妇女再嫁和娶寡妇并没有什么耻辱的观念,甚至长期实行父死子可娶父之妻(除生母)、兄死弟可收兄之妻的收继婚制[5]。因此,元代中原在婚俗方面出现了与节烈观大相径庭的现象。元代规定:"诸夫妇不相睦,卖休买休者禁之,违者罪之,和离者不坐。诸出妻妾,须约以书契,听其改嫁"[6],表明法律许可妇女离婚和改嫁。由于受蒙古人收继婚的影响,在汉族人民中也出现"父没子收其庶母,兄没弟收其嫂"这种现象。虽然元朝法律禁止汉人和南人实行收继婚俗,但由于官府对收继婚的纵容,其约束力是相当有限的。此外,典雇他人妻女同居生子的现象也开始在社会上流行[7]。

元以前,中国历代皇帝和士大夫大多崇尚厚葬,并有很长的守丧服纪的时间和一套繁琐的制度,平民百姓也受到厚葬风的影响。而蒙

---

[1] 《元史》卷105《刑法志》,第2682页。
[2] 《元史》卷35《文宗纪》。
[3] 《元典章》户部卷3。
[4] 参见姚瀛艇主编:《宋代文化史》,河南大学出版社1992年版,第529—530页。
[5] 《元史》卷187《乌古孙良桢传》,第4288页。
[6] 《元史》卷103《刑法志》,第2644页。
[7] 参见《关于元代社会风尚的几个问题》。

古人向以薄葬简丧为特点,死者冠服一如平时,葬后既无冢,也无碑铭墓志,更没有繁琐的丧葬礼仪制度[1]。入主中原以后,元朝先后下达几次诏令,禁止厚葬久丧,宣布"除纸钱外,据纸糊房子、金钱、人马,并彩帛、衣服、帐幕等物,钦依圣旨事意,截日尽行禁断";不许用金银玉器厚葬,"违者以不孝坐罪";并对丧礼、出殡仪式、守丧服纪的时间从法律上作了各种限制[2]。由于元朝政府禁止厚葬提倡薄葬简丧,崇尚厚葬的社会风气得到了一定的纠正,"习俗之变,士大夫亦恬不为怪矣"[3]。

下辈需要孝敬上辈,但过分和虚伪的孝道与节烈观以及厚葬之风却是封建文化中最腐朽的部分之一。因此,元代对上述部分的冲击具有进步意义。不过,元朝灭亡以后,明朝统治者重新恢复了元之前的各种道德规范,并使之达到了登峰造极的地步。

南宋人楼钥叙其在金国所见下辈见上辈、下级见上级的礼节:"或跪或喏,跪者北礼,喏者犹是中原礼数。"[4]《黑鞑事略》载蒙古人礼节:"其礼,交抱以揖,左跪以为拜。"《郑思肖集·大义叙略》记蒙古人礼节:"鞑法:人凡相见,来不揖,去不辞,卑求尊,跪而语。鞑礼止于一跪而已。双足跪为重,单足跪次之。"据上可见,北宋时中原地区这方面的礼节是唱喏而非下跪,下跪是女真和蒙古等北方边疆民族的礼节。随着女真人和蒙古人的内迁,这种礼节逐渐推之于全国。

还有极少数汉族将领或大臣,改用蒙古族的名字。例如,河东人刘氏因精于医术而留侍世祖左右,世祖将其名改为哈剌斡脱赤,后又改为哈剌八都鲁[5]。

---

1 参见《关于元代社会风尚的几个问题》。
2 《元典章》礼部卷30。
3 唐元:《筠轩集》卷13《论近世丧礼》,四库全书本。
4 《攻媿集》卷111《北行日录》。
5 《元史》卷169《刘哈剌八都鲁传》,第3973页。

第三节

移民与民族

一 民族变化和新的民族杂居局面的形成

元代的民族数量比以前有了较大的增加。活动于今新疆地区的民族与中原地区的经济文化联系开始较早,并且早在隋唐时代已有一些人民通过丝绸之路迁入中原。位于新疆以西今哈萨克斯坦、土库曼斯坦、吉尔吉斯斯坦、阿富汗、伊朗诸中亚共和国,乃至西亚的民族,元之前和中国内地也有一定的来往,并有一些人因经商等原因定居在中原。至于欧洲的民族,由于距中国路途遥远,虽互有所闻和偶尔的辗转贸易,仍缺少直接的经济文化联系,对中国的移民更几乎不曾有过。蒙古军队的远征和辖境广袤的大帝国的建成,不仅为东西方的经济文化联系带来极大的方便,也使钦察、康里、阿速、斡罗思、啰哩回回等中国人过去闻所未闻的民族迁入中国内地[1]。这是蒙元时期非汉民族内迁对中国民族影响的第一个方面。

影响的第二个方面表现在长城内外形成新的民族聚居区域。今内蒙古草原在辽金时代主要是契丹、奚、汪古、乌古迪烈诸部,以及汉、女真和渤海移民的生活地区。到金代末期,奚、渤海已逐渐融合于其他民族,乌古部则移到大兴安岭以东。经过蒙元时期的再迁移,内蒙古地区契丹族的人数显然已大大减少,活动范围限于东部临潢等几个地方。上都周围开始集聚较多的汉人及一些女真人,而金代作为重要聚居区的西拉木伦河流域可能已无很多的汉人和女真人。蒙古族

---

[1] 本节系建立在各民族移民研究基础上,除非新引用资料,均不注明出处。

大举南迁以后,内蒙古成为以蒙古族为主的民族聚居区域。今甘肃、宁夏一带在西夏统治时是汉人和西夏人(即党项族)的家园。蒙元时西夏人民大批外迁,蒙古、回回人民大量迁入,畏兀儿移民一度也以此作为主要栖身之地。随着伊斯兰教在各族影响的日渐扩大,奠定了回族人民以宁夏为最大聚居区的基础。上述地区,除了蒙古、回回等民族以外,还有许多民族以及汉族移民。特别是上都开平府,可以说就是一个民族构成复杂、文化多种多样的城市。

除了内蒙古和宁夏,辽阳行省的南部(相当今辽宁省)、大都城周围(相当今北京市)、山后(今山西北部和河北西北部)也是各民族的聚居区域。

以东京(今辽阳市)为中心的辽阳行省南部在金代即是汉人、渤海、女真、契丹错居区域。姚燧说:"东京当高丽、倭奴用兵之冲,其间渤海、女真、契丹错居,俗各异。"[1]反映了蒙元初期辽阳南部的民族聚居情况。元代,蒙古移民大量迁入西部地区,至元后期已近20万人。此外,高丽军民大量迁入行省南部,至元三年还设立沈州(今沈阳)"以处高丽降民",估计沈阳路民户的大部分和辽阳路民户的一半左右为高丽人。由于元代和明初移民的结果,到明朝前期辽东的民族构成是"华人十七,高丽、土著、归附女直野人十三"[2]。

大都城不仅是非汉民族移民中上层人物最主要的聚居地,各民族军队的集中屯戍地区,还是各族官工匠的主要迁入地,因此移民很多。元代会试录取名额中,大都居蒙古族各地名额的第一,在色目人和北方汉人的各地名额中均居第二位。如果统计上述各节提到的大都非汉民族移民数量,大约可得15万到20万人左右。如果将《元史·地理志》所载的大都路户口数视为汉族著籍户口数的话,估计非汉民族约占当地人口的三分之一左右。

山后,指今五台山、太行山和军都山以北、以西的山西北部和河北西北部。这一带是漠北蒙古贫民的主要迁入地之一,海都叛乱时南迁的数十万人大都散居云州(治今山西大同)、朔州(治今市)二州。大同

---

[1] 《牧庵集》卷28《赵公墓志铭》。
[2] 《辽东志》卷1《地理志》。

一带又是西夏人的主要迁入地之一，并有很多的回回人。东面的隆兴路(治今河北张北)的蒙古民户和鹰坊户至少在11 000户以上，境内的荨麻林(今万全西)有3 000回回工匠和阿儿浑军。位于西南的弘州(治今阳原)有来自西域的织金绮纹工300余户。

除了上述地区，还有不少的路和府州的移民，至少来自两个以上的非汉民族。例如，真定路(治今河北正定)不仅是蒙古军的重要驻地，也有畏兀儿、哈剌鲁和回回等民族移民；永平路(治今卢龙)既有宗仁卫所属的3 000户蒙古子女，也有畏兀儿人、哈剌鲁人和回回军人。南阳府(治今河南南阳)在元后期是畏兀儿人的主要迁居地，又曾是哈剌鲁人的主要居住地，此外还有蒙古移民。大名(在今河北大名境)、洛阳、开封等路都是多民族聚居地之一。

其影响的第三个方面表现在昔日清一色汉族地区，特别是江南地区和江淮地区，成为非汉民族的分布地区，反映了移民分布极其广泛。自六朝以后，上述两地区的人民差不多全是汉族，虽然在南宋时期有极少数女真、契丹移民南迁，但人数微乎其微，影响极其有限。元统一南方以后，随着蒙古军和探马赤军以及其他有非汉民族成员参加的军队进入南方，江南和江淮的非汉民族移民人数颇多。元代会试的蒙古人和色目人的录取名额中，江浙行省分别是5人和10人，江西行省分别是3人和6人，反映了两行省都有一定数量的移民。周密所言"今回回皆以中原为家，江南尤多"更表明江南是回回人的主要迁入区之一。镇江路的蒙古、回回、唐兀、契丹、女真和畏兀儿人有151户，1 042人[1]。扬州是江淮重镇，蒙古诸王的驻地，常驻1 000名蒙古军。杭州是江浙行省省会，有一定数量的蒙古人、西夏人、畏兀儿人、犹太人，回回人尤其多。泉州是元代最大海港，当地的西域移民在元末曾发动较长时间的武装割据。此三州的非汉民族移民都应远远超过镇江路。

其影响的第四个方面表现在回族的形成。回回人并非来自同一个种族或民族，迁入中原之前除了共同信奉伊斯兰教以外，他们的语

---

[1] 据《至顺镇江志》卷3合计。

言文字并不相同。波斯语虽在他们之中比较流行,但也不是普遍通用。进入中原以后,在共同的生活环境中,通过学习汉语和汉文以后,他们才有了交流思想感情、传递信息的共同工具,才有了认同感;并在融合了部分汉人和蒙古人以及其他民族成员的基础上,逐渐形成一个以伊斯兰教为共同信仰,以汉语为共同语言,以我国广大版图为共同地域的新民族——回回族(即回族)。这个过程,大约是在元代中期才逐渐完成的[1]。今天,回族是我国民族大家庭中的重要成员,对其形成发展的历史而言,元代无疑是最为关键的时期,元代信奉伊斯兰教的西域诸族人民的内迁是最重要的事件。

二 民族融合

文化的影响是双向的,在非汉民族移民对汉族人民产生文化影响的同时,他们更受到高度发达的汉文化的深刻影响。因此,这些移民在元代已开始与汉族和其他民族融合的进程。

蒙古、钦察、康里等族的经济本以游牧为主,很少有人务农。他们迁入中原以后,作战空闲在中原各地进行屯田。王恽谈屯田之利时,说:"又令向里一切蒙古、奥鲁亦编民间屯,使之杂耕,不惟调习水土可使久居,且免每岁疲于奔命之役。"[2]通过定居屯田,游牧民族的移民逐渐习惯农耕生活,其他农耕民族的移民因与汉人杂耕定居也缩小了彼此间的经济差距。共同的经济生活为文化的趋同创造了良好的条件。

在婚姻上,蒙古统治者不禁止各族间的通婚。不仅蒙古、色目等内迁民族人民可以娶汉族女子为妻,汉族人民也可以娶蒙古、色目等内迁民族的女子为妻[3]。不同民族的通婚必然大大促进民族融合的进程。

---

1 杨志玖:《〈元代回族史稿〉绪言》,《回族研究》1992年第4期。
2 《秋涧集》卷86《论屯田五利事状》。
3 参见杨志玖:《元代回汉通婚举例》,《元史三论》,人民出版社1985版;[日]池内功:《元代的蒙汉通婚及其背景》,郑信哲译,《民族译丛》1992年第3期。

吴师道说:"国朝以武定天下垂五十年,民不识兵,老臣宿将传子若孙,变习而徙志。或挟册吟诵,操数寸管以与数行墨者竞,于是时方右文矣。"[1]可见自元代中期以后,许多移民的后裔习文已成风气。

陈垣先生于《元西域人华化考》中深入论述色目人在儒学、宗教、文学、美术等方面所取得的成就。他指出:"惟畏兀儿、突厥、波斯、大食、叙利亚等国本有文字,本有宗教;畏兀儿外,西亚诸国去中国尤远,非东南诸国比,然一旦入居华地,亦改从华俗,且于文章学术有声焉。是真前所未闻而独元所有也。"以往学者囿于清代史学家赵翼影响,认为元代蒙古人不论地位高低,多是中原汉文化的门外汉。近年来,萧启庆等海内外学者的研究已经证明,不惟元朝帝王多通汉文,而帝王以外之蒙古人中汉文化造诣颇深者亦不乏其人[2]。

统治者的提倡是非汉民族汉化的一个重要原因。元世祖时开始引用汉族儒学家许衡等人,制订礼仪,推崇儒学。太子真金从姚枢、窦默等人学习《孝经》《资治通鉴》和《贞观政要》,讲论经典[3]。武宗和仁宗时,将《孝经》《大学衍义》《列女传》和《贞观政要》等儒家经典翻译成蒙古文,分送给诸王和臣下。关于《孝经》,武宗说:"此乃孔子之微言,自王公达于庶民,皆当由是而行。"[4]在统治者的提倡下,一些蒙古人和色目人热心学习儒家学说,儒家思想在他们的脑子中占了主导地位。例如,蒙古大臣朵尔直,"以扶持名教为己任,荐拔人才而不以为私恩。留心经术,凡伊洛诸儒之书,未尝去手"。并写《治原通训》一书,阐雄儒家治理天下的一套理论[5]。蒙古大臣铁木儿塔识"天性忠亮,学术正大,伊、洛诸儒之书,深所研究。帝尝问为治何先,答曰'法祖宗'"[6]。色目人赡思"邃于经,而易学尤深,至于天文、地理、钟律、算数、水利,旁及外国之书,皆究极之",著述甚多[7]。类似的人物还有

---

[1] 《礼部集》卷14《送北野萧侯序》。
[2] 参见萧启庆:《论元代蒙古人之汉化》,载氏著《蒙元史新研》,允晨文化实业股份有限公司1994年版;原刊于《台湾大学历史学系学报》第17期,1992年。
[3] 《元史》卷115《裕宗传》,第2888页。
[4] 《元史》卷22《武宗纪》,第486页。
[5] 《元史》卷139《朵尔直班传》,第3360页。
[6] 《元史》卷140《铁木尔塔识传》,第3374页。
[7] 《元史》卷190《赡思传》,第4353页。

很多。

作为汉族传统文化一部分的伦理道德,一方面受到蒙古等非汉民族文化的冲击,一方面又影响了一部分非汉民族移民,使他们自觉不自觉地接受部分内容。例如,在节烈观方面,元代中后期已有一些蒙古族妇女从一而终,成为"节妇"。拜住之母怯烈氏自22岁起便寡居守节;忽必烈孙女鲁国大长公主出嫁三年,其夫病丧,守节终身;都是其中的例子[1]。蒙古族传统的父死子收其庶母、兄死弟收其嫂的收继婚制,已为部分移民所唾弃。雍吉剌氏妇女脱脱尼在26岁时死去丈夫,"前妻有二子皆壮,无妇,欲以本俗制收继之,脱脱尼以死自誓",即为一证。在她看来,子娶其庶母是"禽兽行"[2]。还有个别人,如大宁和众县何千的妻子柏都赛儿,甚至在丈夫死时以身殉葬[3]。

在丧葬礼仪方面,在厚葬久丧之风受到异域习俗冲击的同时,也有一些非汉民族移民受到汉族丧葬礼仪的影响。通过卜地选址安葬先人,守丧时服斩衰三年甚至庐墓终身,祭墓时列陈酒肉,诸如此类的汉族丧葬礼仪,都为不少的移民所接受[4]。泰定帝致和元年(1328年),塔失帖木儿、倒剌沙要求"凡蒙古、色目人效汉法丁忧者,除其名",为泰定帝同意[5]。但才过了八个月,这一决定便被文宗取消[6]。据《元史·选举志》,文宗诏令的内容是:"官吏丁忧,各依本俗,蒙古、色目仿效汉人者,不用部议。蒙古、色目人愿丁父母忧者听。"换言之,蒙古、色目人采用本族习惯还是采用汉法,朝廷一律不再干涉。

蒙古族入主中原前,在草原上过着以毡帐为家、逐水草而居的游牧生活,自然没有房屋。进入燕京(今北京)以后,"渐学居屋,亦荒陋";到世祖至元以后,依照开封大内的形式,"增大新创,始略华洁"[7]。此后,蒙古和色目移民纷纷修建房屋,上层移民的房屋多舒适气派,一如汉族富人。有的移民还学习汉族的习俗,为有功的人建祠

---

1 《元史》卷136《拜住传》、卷33《文宗纪》。
2 《元史》卷200《列女传》,第4495页。
3 《元史》卷35《文宗纪》,第789页。
4 参见陈垣:《元西域人华化考》卷6。
5 《元史》卷30《泰定帝纪》,第686页。
6 《元史》卷32《文宗纪》,第723页。
7 《郑思肖集·大义略叙》。

造像[1]。

随着民族融合的加深，移民纷纷改易汉姓汉名。如燮理普化改姓燮，名元溥；贯只哥云石的儿子改姓贯，名云石；哈巴实改姓丁，字文苑；畏兀儿人唐古直的子孙改姓唐，阿思兰的后代改姓兰[2]。安熙说："近世种人居中国者，类以华言译其旧名而称之，且或因名而命字焉。"[3]揭傒斯说："元溥，蒙古人，名燮理普化，无氏姓，故人取名之首字加其字之上若氏姓云者，以便称谓，今天下之通俗也。"[4]不过，除了取本人或父亲名字之首字音节的汉译为姓外，还有以父名的最后一个音节的汉译为姓（如阿思兰之后代改姓兰）、以官名为姓（如月合乃氏任马步军指挥使因畏马）、随母姓等多种取姓方法[5]。

总的说来，元代非汉移民的汉化进程一直在持续中，但各民族的汉化速度并不完全一致。蒙古统治者在采用汉族统治方式的同时，采取了许多防范措施，防止被汉族同化。可以说，终元一代，在元统治集团内部都存在着"国俗"（蒙古族文化）和"汉俗"（汉族文化）之争。直到元末，仍有人提议"汉人、南人勿学蒙古、畏兀儿字书"，以加强文化隔离[6]。宠臣伯颜甚至要求杀绝天下"张、王、刘、李、赵五姓汉人"[7]，此五姓为汉族中人数较多的姓，表明仍有少数蒙古贵族采取视汉族若仇敌的顽固态度。虽然已有部分蒙古人接受汉族的节烈观，但当乌古孙良桢于天历后（1330年以后）、郑咺于至正十五年（1355年），上疏或建言要求废除"父死则妻其从母，兄弟死则收其妻，父母死无忧制"的"国俗"时，都没有结果[8]。在宫廷的祭祀礼仪方面，"元之五礼，皆以国俗行之，惟祭祀稍稽诸古"[9]。

据上所述，与金代女真统治集团自觉接受汉化的态度相比，蒙古

---

1 参见陈垣：《元西域人华化考》卷6。
2 见揭傒斯：《揭傒斯全集》文集卷4《送燮元溥序》；《元诗纪事》卷11小云石海涯小传；许有壬：《丁文苑哀辞》，载《元文类》卷48；《元史》卷134《唐仁祖传》；《元史》卷192《许都剌传》
3 《默庵集》卷4《御史哈喇公名字序》，四库全书本。
4 《揭傒斯全集》文集卷4《送燮元溥序》。
5 据许有壬《至正集》卷46《马文贞公神道碑铭》；《郑思肖集·大义略叙》。
6 《元史》卷182《许有壬传》，第4202页。
7 《元史》卷39《顺帝纪》，第843页。
8 《元史》卷187《乌古孙良桢传》、卷44《顺帝纪》。
9 《元史》卷72《祭祀志》，第1779页。

统治者的态度无疑要不自觉得多。不过,汉化进程是无法阻挡的,上述材料以及禁止汉人和南人学习蒙古文、畏兀儿文,杀绝汉族五姓人等愚蠢建议没有得到采纳,都是证明。

萧启庆先生对蒙古族的汉化问题进行了深入研究。他认为,由于蒙古长期是游牧社会,工商业落后,没有文字,在文化上与汉人社会差距甚大;作为征服民族,他们享有政治上的特权,轻易改就"亡国之俗"于政治上有害无利。此外,元朝采取多元的文化政策,汉文化与其他文化处于平等地位,而来自西域和吐蕃的文化由于背景相似,容易为蒙古人所接受。因此,蒙古族在接受汉化方面,较其他内迁民族要困难得多。尽管这样,由于与人数众多、文化较高的汉人杂居、交往与通婚,接受汉文化的影响成为不可避免的趋势。这种影响,体现在改用汉式姓名、采用汉族礼俗、研习汉族士大夫专擅的儒学、文学和艺术等方面。但终元一代,蒙古人汉化程度不如色目人,特别是他们并未放弃原有的认同而与汉人融为一体,要到明初才完成这一过程[1]。

色目人作为第二等人,其上层贵族对待汉化的态度,据《元西域人华化考》所示,应该说较蒙古贵族要主动一些,也积极得多。但是,色目人并非在所有的方面都非常主动地接受汉化的。许有壬说:西域人"求其善变者则无几也。居中土也,服食中土也,而惟其国俗是泥也"[2]。回回人迁入中原以后,信仰的伊斯兰教不但不曾消失反而得到发展,是"惟其国俗是泥"的最主要表现。

元明鼎革以后,蒙古人和色目人丧失原先的优越地位,除了极少数人因参加朱元璋队伍依然富贵,其他人差不多都是普通的平民。为了避免民族歧视,未曾改姓的人纷纷改为汉姓以不暴露民族成分。许多人甚至隐姓埋名,改变职业。元亡后,贯云石卖药于杭州,人无识者;原元代学士、色目人元明浚削发为僧[3],便是其中的例子。明朝政府为了削弱蒙古人和色目人的力量,推行强迫同化政策,规定:"蒙古、

---

1 《论元代蒙古人之汉化》。萧先生另有《元代蒙古人的汉学》,专论蒙古人在儒学、文学和艺术方面的汉化问题,载于《蒙元史新研》。
2 《至正集》卷53《西域使者哈扎哈津碑》。
3 郎瑛:《七修类稿》卷32、卷47。

色目人氏既居中国,许与中国人家结婚姻,不许本类自相嫁娶","违者杖八十,男女入官为奴"[1]。在这种环境下,蒙古人和色目人被迫加速了汉化的步伐,除了回回人依然存在并因宗教等原因形成回族外,其他民族多融合于汉族或回回等民族之中。

---

[1] 《明律》卷6,"蒙古色目人婚姻"条。

第十八章

蒙元时期汉族人口的迁移

蒙元时期,在蒙古人、色目人和其他边疆民族进行迁移的同时,一部分中原汉人,包括北方和南方的汉人,也在蒙古贵族的武力下被迫在较大的范围内进行迁移。

第一节

迁 移 原 因

中原汉人的迁移原因,主要有以下几个方面。

第一,因被掳掠而迁移。

蒙古军队在攻入中原的初期,以掳掠、烧杀为主要目的,往往采取残酷的屠杀和掳掠人口的做法。成吉思汗八年(1213年)冬至次年春天,蒙古军攻入北方,"凡破九十余郡,所过无不残灭。两河、山东数千里,人民杀戮几尽,金帛、子女、牛羊马畜皆席卷而去,屋庐焚毁,城郭丘墟矣"[1]。《元史》卷202《丘处机传》载当时蒙古军攻金:"时国兵践踩中原,河南、北尤甚,民罹俘戮,无所逃命。"可以说,各地的人民大多不是被屠杀,就是被掳掠北去。永清县富户史秉直降蒙后,受命领蒙古军所掠的十余万家降人迁到漠北[2],即是中原人民被俘掠北上的一例。成吉思汗十二年(1217年)木华黎受命经略中原,在中原降臣的劝说下开始注意安集百姓,但有时在战争过程中蒙古军仍有掳掠汉人之举。成吉思汗十六年(1221年)蒙古军攻占河中(今山西永济西南),"他们掳掠了这些人的妻子和儿女"[3]。蒙古军攻占洛阳,"渠帅尽驱(当地人民)以北"[4],都是证明。

如同在周边地区作战一样,在战争中发生屠城时蒙古军往往不杀工匠,因此在被掳掠的人民中不少人是工匠。被蒙古军在裕州(治今河南方城)俘掠的人口中,"多百工,有技艺"[5],便是其中的一例。此外,儒生、僧人、道士、医生、阴阳人(即以算卦、看风水等为职业的人)在屠杀时往往能幸免于难,但不少人要被强制迁移到指定的地方。蒙古军攻下汴梁,"时避兵在汴者户一百四十七万,仍奏选工匠、儒、释、道、医、卜之流散居河北,官为给赡。其后攻取淮汉诸城,因为定例"[6]。元初著名的理学家赵复就是在这种背景下来到大都城的[7]。

值得注意的是,蒙古军在江淮和四川地区展开攻宋战争时,依然以相当规模的掳掠人口作为削弱南宋国力的基本手段之一。窝阔台汗七年(1235年),曲出夺取襄阳(湖北今市)和邓州(治河南今市)等地,"虏人民、牛马数万而还"[8]。蒙哥汗九年(1259年),蒙将杨大渊攻合州(治今四川合川),"俘男女八万余"[9];忽必烈在鄂州(治今湖北武汉市武昌)作战,命将领文谦发俘掠的2万人民北归[10]。世祖至元三

---

1 李心传:《建炎以来朝野杂记》乙集卷19《鞑靼款塞》。
2 《元史》卷147《史天倪传》,第3478页。
3 拉施特:《史集》第2卷,第34页。
4 同恕:《榘庵集》卷5《窦周臣先生行状》。
5 程钜夫:《雪楼集》卷19《田府君神道碑铭》。
6 宋子贞:《中书令耶律公神道碑》,载《元文类》卷57。
7 《元史》卷189《赵复传》,第4314页。
8 《元史》卷2《太宗纪》,第34页。
9 《元史》卷3《宪宗纪》,第53页。
10 《元史》卷4《世祖纪》,第63页。

年(1266年),大将阿术略地蕲州(治今蕲春北)和黄州(今湖北黄冈),"俘获以万计"。次年,阿术略地至襄阳,又"俘生口五万"[1]。元军攻至长江以南以后,朝廷禁止掳掠江南人民,但此事仍时有发生。《元史》卷170《雷膺传》载:"是时,江南新附,诸将市功,且利俘获,往往滥及无辜,或强籍新民以为奴隶。"仅山南湖北提刑按察副使雷膺下令复为民籍的奴隶便达数千人。元军入台州(治今浙江临海),北归时掳掠人民,"衣冠妇女相随俱北"[2]。在广西静江(今桂林),大批人民被掠为奴,从主人北上,仅逃回故乡的人便达3 000人[3]。

被掳掠的人,不少人因蒙古军虐杀和饥饿等原因途中便死于非命[4],也有一些人被有同情心的部将放回[5],但仍有不少人被强制送到北方,其中一部分沦为奴隶。元代法律明确规定:"诸蒙古、回回、契丹、女直、汉人军前所俘人口,留家者为奴婢,居外附籍者即为良民。"[6]许可主人将俘掠之民化为家奴。有时,朝廷也将俘户赐给将臣作为家奴,世祖在灭宋后一次便将1 700户俘户送给钦察人土土哈[7]。列入《元史·孝友传》的赵一德,为燕人郑留守的家奴,他是在龙兴新建(江西今县)被俘掠北上的。类似赵一德这种遭遇的人不在少数,成吉思汗时仅丘处机帮助脱奴为良和"滨死而得更生"的人便"毋虑二三万人"[8]。

第二,因被编入军队而迁移。

元军由四支军队所组成,其中由原金国的人民组成的称汉军,由南宋军队改编的称新附军。汉军一般由每20户或每20丁出一卒组成[9],新附军是平定南宋以后以宋军改编。汉军和新附军均要参加各地的战争和守成。汉族军人也与非汉民族的军队一样,调往长期驻守的地方时往往全家同行[10]。由于一些军人长驻一地,往往成为移民,

---

1 《元史》卷6《世祖纪》,第112页,第115页。
2 舒岳祥:《阆风集》卷3《去年大兵入台……》,四库全书本。
3 姚燧:《牧庵集》卷16《史公神道碑》。
4 例如,《元史》卷158《窦默传》载:"会国兵伐金,默为所俘。同时被俘者三十余人,皆见杀,惟默得脱归其乡。"
5 例如,《元史》卷149《刘伯林传》载:"部曲所获俘虏万计,悉纵之。"
6 《元史》卷103《刑法志》,第2640页。
7 《元史》卷128《土土哈传》,第3134页。
8 《元史》卷202《丘处机传》,第4525页。
9 《元史》卷98《兵志》,第2508页。
10 如《元史》卷99《兵志》载:"(至元)十六年四月,选扬州省新附军二万人,充侍卫亲军,并其妻子,迁赴京师。"

对不少人而言参加军队即意味着开始了被迫迁移的生活。

第三,因被强制征用而迁移。

蒙古统治者不仅在西域广征手工业工匠,将其迁入中原和漠北,也在中原广征手工业工匠,编为匠户,强迫他们迁到首都和其他一些官营手工工场所在地。窝阔台汗八年(1236年),蒙古在中原"括其民匠,得七十二万户,以三千户赐五部将"[1]。世祖至元二十一年(1284年),朝廷在江南征发30万户工匠,后将缺少技术的人员剔除,仍有10万余户被编为匠户[2]。由于官营手工工场只分布在某几个地方,对许多工匠而言编为匠户即意味着要迁居他乡。

对于某些具有特殊社会身份和作用的人物,蒙元也注意搜访,将其中较为著名的人物迁到首都等地,以满足不时之需。至元十二年,元军刚刚渡过长江,朝廷便派人到江南"搜访儒、医、僧、道、阴阳人等"[3]。次年春攻占南宋首都临安,除了将南宋君臣召到大都,也发三学诸生赴大都[4]。二十一年二月,又"括江南乐工",将其送到大都[5]。

第四,因军事上的需要而被迁移。

在战争胜负尚未确定的情况下,将处于争夺地区的人民迁到自方控制区是一种削弱敌人增强自己力量的手段,蒙古军在作战时曾几次出于这一原因进行近距离的移民。最为典型的是汉水流域人民的迁移。金朝灭亡时蒙古军南下,从南宋夺取邓、唐(治今河南唐河)、均(治今湖北丹江口市境)三州。因担心三州靠近襄阳难以固守,又逢饥荒,蒙古将三州的十余万人民分别迁到洛阳以西的长水、福昌和永宁县(均在今河南洛宁附近)[6]。由于息州(治今河南息县)靠近南宋,人民于世祖中统三年(1262年)被迁到蔡州(治今河南汝南)[7]。这种迁移在南方地区也发生过。中统三年泸州(四川今市)的南宋守军降蒙,不

---

1 《元史》卷123《阔阔不花传》,第3023页。
2 《元史》卷13《世祖纪》,第266页。
3 《元史》卷8《世祖纪》,第169页。
4 《元史》卷9《世祖纪》,第180页。
5 《元史》卷13《世祖纪》,第264页。
6 姚燧:《牧庵集》卷18《邓州长官赵公神道碑》。
7 《元史》卷5《世祖纪》,第83页。

久南宋增援部队来到,蒙古军"遂徙庐州民于成都、潼川(今三台)"[1]。

第五,因被卖买而迁移。

元代买卖人口的活动相当兴盛。郑思肖说:"入北愈深,妇人愈少愈贵,易银二三百两;亦欲少壮男子,价杀于妇人;尤喜童男童女。处处有人市,数层等级,其坐贸易甚盛,皆江南赤子,至易十数主。今贫乏之人,甘绝售与其子女。有酷嗜利者,诱骗民家子女颇众,甚至用麻药街市懵少壮男子,匿取之……德祐乙亥抵今八年,所房所卖江南赤子,转徙深入鞑靼、回回极北,实莫数计。"[2] 至元三十一年(1294年),色目人在江淮迄南一带,"将南人男女以转房乞养为名",贱价收养,然后到北方"货卖作驱"。时人指出,如此下去,"不一二年,良人半为他人之驱矣"[3]。

实际上,被人口贩子不幸买卖的,不仅有江南人民,也有很多北方人民。张养浩说:"间岁京师编民男女之未年者,因事而出,多为奸民所攘匿,或女胁为婢,子压为奴,不然则载之遐徼殊域,若辽海,若朔漠,易羊、马、牛、驼以规赢入,幸而败者常少,不幸而转市互鬻,使其父子、昆弟、妻女死生不闻者,比比有焉。"[4]

第六,因屯田、垦荒、充实都城等方面的需要而被迁移。

蒙元出于某种考虑,常常在北方一些地区组织屯田和垦荒,由此导致一定规模的人口迁移。随着全国形势的变化,都城从塞外的和林(在今蒙古国哈尔和林)迁到上都,最后又迁到大都。每建设一个新都,均需要通过一定规模的人口迁移来充实都城人口。

蒙元时期汉族人民的迁移,在各时期的主要方向并不相同。在蒙古国攻入中原初期,主要通过掳掠的办法将汉族人民大批迁往漠北,或随蒙古军进兵进入西域。在灭金之后,主要将移民安排在中原各地区,特别是靠近南宋的地区进行屯田,迁都燕京以后迁民实都城成为移民的新内容。灭南宋以后,汉军大批南下镇守,新附军和南方的工匠往北方迁移,还有少数人迁往边疆地区(参见图18-1)。自元中后

---

[1] 《元史》卷129《纽璘传》,第3145页。
[2] 《郑思肖集·大义略叙》,第187—188页。
[3] 《元典章》刑部卷19。
[4] 张养浩:《归田类稿》卷7《驿卒佟锁柱传》,四库全书本。

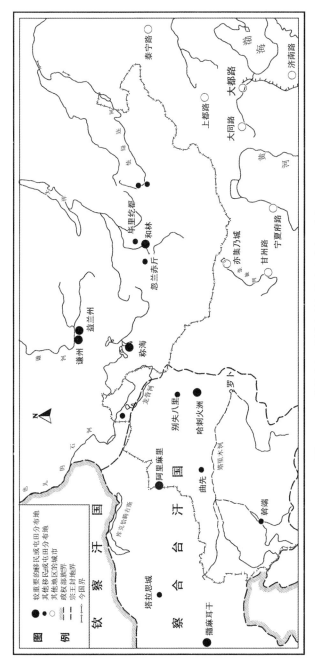

图 18-1 元代漠北和西域东部的汉族移民式屯田分布

期起,由于北方水旱灾害频仍,北方人民大批流往南方,一些士大夫主动迁往江南。

第二节

汉族移民与漠北草原的经济发展

成吉思汗六年(1211年),蒙古军大举攻入中原。至八年,金朝黄河以北地区的郡县除去11城外均为蒙古军攻拔。金主被迫讲和,"奉卫绍王女岐国公主及金帛、童男女五百、马三千以献"[1]。在当时情况下,这些人只能都迁到漠北。在战争过程中,被掳掠的北方人民也大多被强制送到漠北草原。成吉思汗八年,降蒙的永清县富户史秉直奉命领十余万家降人迁到漠北,即是规模较大的一次[2]。《清容居士集》卷28《刘公墓志铭》载:刘伯杰"副使随军而北也,诸匠官所领道亡过半,独副使整部伍,工作皆完缮"。可见随刘伯杰一同迁移的工匠来自许多个地方,分多支队伍迁入漠北。蒙古统治者移民漠北的目的,是要汉族人民为其从事耕垦、放牧、筑城、家务等多项劳动和手工业生产,并制造武器,以满足他们日常生活和扩大战争的需要。甚至蒙古族人民传统的经济生活畜牧业,主要劳动者也是被掳掠来的汉族等人口。《黑鞑事略》记蒙古国时的漠北草原:"牧者谓之兀剌赤,回回居其三,汉人居其七。"随着汉族和其他民族移民的迁入,草原的经济开始得到较快的发展。

成吉思汗早在西征之前,就命大将镇海率领所俘的汉人及其他民族的万余人在阿鲁欢屯田,并建立了称海城(一称镇海,在今蒙古国科布多东南),并生产手工业产品[3]。同时,千余名汉族工匠被迁到谦

---

[1] 《元史》卷1《太祖纪》,第17页。
[2] 《元史》卷147《史天倪传》,第3478页。
[3] 许有壬:《圭塘小稿》卷10《克㷆神道碑铭》,四库全书本。

谦州(一作俭俭州、谦州,在今俄罗斯西伯利亚叶尼塞河上游),在此种植粮食[1]。和林以北的毕里纥都,和林以西的忽兰赤斤,也都是汉族工匠的聚居地[2]。漠北草原上土壤和气候适宜农耕的地区,往往被汉族农民垦辟出来,建成定居的农业居民点。成吉思汗十四年(1219年)丘处机在镇海城,"喜见此地秋稼已成"[3]。贵由汗二年(1247年)张德辉入漠北,在胪朐河(今蒙古国克鲁伦河)两岸看见:"濒河之民,杂以蕃汉,稍有屋室,皆以土冒之,亦颇有种艺麻麦而已。"在和林川看见:"居人多事耕稼,悉引水灌之,间有蔬圃。"[4]显然在张德辉入漠北时,当地的农业区又得到扩大,并发展了引水灌溉。

成吉思汗兴起之前,蒙古人民过着白帐黑车逐水草而居的游牧生活,务农是个别和零星的现象,没有乡村,没有城市,农业和城市的发展完全是农业民族迁入的产物。虽然强迫迁徙给广大汉族人民带来了巨大的痛苦,但在短短十余年间(丘处机赴西域时离成吉思汗立为大汗才14年),草原面貌已经发生了重大变化。就蒙古人民而言,以前"其为生涯,止是饮马乳以塞饥……出入止饮马乳,或宰羊为粮"。但是,"近年以来,掠中国之人为奴婢,必米食而后饱"[5],经济生活发生了巨变。

大约在宪宗前后,随着蒙古军队对金战争胜利的扩大和战区的南推,将俘掠人民大举迁入漠北的举动渐趋停止,但由于大批汉军迁入又形成另一种形式的迁移。这些军人在漠北不仅守戍,也进行屯田。随着对宋战争的胜利,来自南方的移民也进入漠北。世祖至元九年,"减乞里吉思屯田所入租,仍遣南人百名,给牛具以往"[6],即是较早的一次。还有一些南方人,因拐卖等原因迁入漠北。江西人佟锁柱便被拐卖到漠北牧羊,与他一起放牧的"十数辈皆中国良家子,为奸民所贩至此"[7]。元代遣往漠北守戍、屯田的汉族军民人数无法统计,至

---

1 李志常:《长春真人西游记》卷下,丛书集成初编本。
2 张德辉:《纪行》,载王恽《秋涧集》卷100。
3 李志常:《长春真人西游记》卷下,丛书集成初编本。
4 张德辉:《纪行》,载王恽《秋涧集》卷100。
5 《蒙鞑备录·粮食》。
6 《元史》卷7《世祖纪》,第141页。
7 张养浩:《归田类稿》卷7《驿辛佟锁柱传》。

元中刘国杰统侍卫军万人北征并屯田[1];武宗大德十一年(1307年),汉军万人屯田和林[2];可能是人数最多的两次[3]。

元代漠北的屯田规模空前,称海、怯绿连河、和林、杭海山麓、五条河、呵札、益兰州、谦谦州、吉利吉思等地先后都进行了屯田。规模较大者有三次。一次在至元十四五年刘国杰等率部分汉军留称海、和林屯田;一次在至元后期逐出海都叛乱势力以后,恢复了曾遭到破坏的屯田;还有一次在大德三年海山出镇称海,随从的诸卫军经营屯田以助军食[4]。大德(1297—1307年)末年到至大(1308—1311年)年间,漠北的汉人屯田达到高潮。大德末汉军万人屯田和林,次年获得秋收9万余石的好收成,得到朝廷奖赏[5]。同时,行省左丞相哈刺哈孙经理称海屯田,"岁得米二十余万斛"。于是,哈刺哈孙"益购工治器,择军中晓耕稼者杂教部落,又浚古渠,灌溉田数千顷,谷以恒贱,边政大治"[6]。虞集赞美漠北的发展,提到各族移民在这一区域的生活:"数十年来婚嫁耕殖比于土著,羊牛马驼之属,射猎贸易之利,自金山称海沿边诸塞蒙被涵煦,咸安乐富庶,忘战斗转徙之苦久矣。"[7]虽然其中难免溢美之词,仍反映出移民大多安居,社会有所发展的状况。

和林较长时间是蒙古国的首都,世祖中统四年(1263年)移都开平以后仍是漠北的中心,因此是汉族移民最多的地方。窝阔台汗时,当地已有汉族移民建立的居民点[8],并开始经营农业[9]。窝阔台汗七年(1235年)开始建城,相继营建万安宫、伽坚茶寒殿和苏胡迎驾殿。汉族大将刘敏主持建城和宫殿建设,山东十路、山西五路两个总管府

---

[1] 见许有壬:《至正集》卷48《刘平章神道碑》。
[2] 见《元史》卷22《武宗纪》。
[3] 参见韩儒林:《元朝史》下册,第182页注释。
[4] 同上书,第187页。
[5] 《元史》卷23《成宗纪》,第510页。
[6] 刘敏中:《中庵集》卷15《丞相顺德忠献王碑》。
[7] 《道园学古录》卷15《苏公墓碑》。
[8] 据张德辉:《纪行》,载王晖《秋涧集》卷100。
[9] 拉施特《史集》第2卷第93页载:"在哈拉和林境内,由于过于寒冷而没有农业,所以在合罕(窝阔台)统治的时代才开始经营农业。"

的工匠和500名西域工匠是主要的建设者[1]。和林城中有专供汉人工匠居住的城区,有主要供他们进行宗教活动的12座佛寺和道观[2]。驻扎在和林周围的汉军人数可能也超过漠北的其他地方,仅大德十一年在此屯田的汉军便达万人[3]。

如上所述,自大将镇海以所率领的汉人及其他民族的万余名俘户建城以来,称海便是漠北汉人较多的地方之一,也是汉军驻戍和屯田的重要地区。仁宗皇庆元年(1312年)朝廷下令给称海屯田者牛2 000头[4],拨给如此多的耕牛表明屯田者人数不少。英宗时在称海立屯田万户府,下辖4 648户,有田6 400顷[5]。

谦谦州虽然偏居今俄罗斯叶尼塞河上游,却也是汉人较多的地方,为漠北重要的手工业生产基地。千余名汉族工匠自成吉思汗时迁到此地,在此生产铁器和绫罗锦绮等产品[6]。《元史》卷63《地理志》载:当地"有工匠数局,盖国初所徙汉人也"。显然这些汉人迁入以后多定居于此。元朝负责兵器制造和供应的武备寺下属有欠州(即谦谦州)武器局,"秩从五品",为诸局司中地位较高者[7],可见谦谦州是元代武器的重要产地。

益兰州(位于今俄罗斯叶尼塞河上游)原来经济比较落后,"数部民俗,皆以杞柳为杯皿,剡木为槽以济水,不解铸作农器"。世祖至元七年(1270年),汉人刘好礼来此担任断事官,开始修仓廪,置传舍,建城镇以为治所;并请朝廷从中原派工匠来此,教当地人民制造陶器、农具、使用船只,当地的面貌有了较大的改变[8]。但不知这些中原工匠是否有人定居下来。

---

1 据《元史》卷153《刘敏传》,元好问,《遗山集》卷28《刘德孝先茔神道碑》,四部丛刊本。
2 《鲁布鲁克东行纪》第32章。
3 《元史》卷22《武宗纪》,第492页。
4 《元史》卷24《仁宗纪》,第550页。
5 《元史》卷100《兵志》,第2565页。
6 李志常:《长春真人西游记》卷下。
7 《元史》卷90《百官志》。
8 《元史》卷63《地理志》,第1574页。

第三节

西域地区的汉族移民

随着蒙古军向西域的进军,汉族移民也来到广阔的西域地区。在蒙古军的远征队伍中,一部分是汉人将领和兵士。例如,华州郑县(今陕西渭南华州区)人郭宝玉举军降蒙,后从成吉思汗征西辽,收别失八里、别失兰等城,入铁门,屯大雪山。其子郭德海又从蒙将柘柏西征,渡乞则里海,攻铁山,越雪岭西北万里,直到答里国。其孙郭侃从旭烈兀西征,一直攻到西亚的密昔儿和天房[1]。郭氏三代只是许多随蒙古军西征的汉人的代表。在西征过程中,一些汉族军人和随军的工匠、伎乐人等,便在西域各地定居下来。

今新疆天山以北地区为蒙古高原进入中亚的必经之地,定居于此的汉人较多。蒙哥汗九年(1259年)常德西行,在龙骨河(今乌伦古河)西北近500里处看见当地"多汉民,有二麦黍谷"。阿里麻里城(在今新疆霍城西)汉人尤多,"回纥与汉民杂居";他们受汉人影响,"其俗渐染,颇似中国"。城北面有关名铁木尔忏察,"守关者皆汉民"。城南面有赤木儿城,"居民多并(州,治今山西太原)、汾(州,治今山西汾阳)人"[2]。

天山以东的别失八里(一作鳖思马城,在今新疆吉木萨尔北)和哈喇火州(在今吐鲁番东南),扼蒙古高原、中亚和中原之间的交通要道,也有汉族移民西征时定居于此。当长春真人路过别失八里城时,回纥上层热情招待他,席间表演歌舞的侏儒伎乐都是中原人[3]。蒙古国时

---

1 《元史》卷149《郭宝玉传》。
2 刘郁:《西使记》,丛书集成初编本。张星烺谓"此辈皆耶律大石所统汉军之后也"(《中西交通史料汇编》第7编第9章第4节)。按随耶律大石西迁的汉人此时大多已融合于当地民族之中,这些人只能是随成吉思汗西迁的汉人。此时迁入已四五十年,故云"其俗渐染"。
3 《长春真人西游记》卷上。

曾在平阳(今山西临汾)搜刮纺织工匠,并将一些人迁到哈喇和卓[1]。

除了我国的新疆,今中亚乌兹别克斯坦、哈萨克斯坦等国境内也有一定数量的汉人移民。原花剌子模国都城撒麻耳干(今乌兹别克斯坦撒马尔罕),除了主要居民回纥人,还有"汉人工匠杂处城中";由于田地多为各族移民占有,回纥人"田园不能自主,须附汉人及契丹、河西(即西夏)等"[2]。塔拉思城(今哈萨克斯坦江布尔城)有来自河中府(治今山西永济西南)的豪民子弟400余人在此屯田[3]。耶律楚材在中亚时,赋诗提到:"素袖佳人学汉舞,碧髯官妓拨胡琴。"[4]估计有汉族伎乐人迁入,否则"素袖佳人"便学无对象了。

不仅邻近新疆的中亚各国,甚至遥远的西亚乃至东欧地区也有汉人移民。在钦察汗国境内有来自中国的手工业匠人,他们给当地带来了铸造铜镜的技术[5]。伊利汗国(都城帖必烈思,今伊朗大不里士)境内的中国移民人数,可能比钦察汗国多得多。第七代汗合赞汗的保姆及其丈夫伊升均是迁自中国的汉族移民,估计是随蒙古军西征时定居于此的。合赞汗最初信奉佛教,于是巴黑失(佛教徒)们被十分尊敬地从印度和中国的华北送来[6],难免有人定居下来。旭烈兀西征时带去1 000名中国的抛石机手、火炮手和弓弩手,以及精通天文历法的学者,元朝时还有一些中国学者到伊利汗国任职。世祖时枢密副使孛罗以丞相职衔出使伊利汗国,后留任汗廷不返,拉施特《史集》的蒙古史和元史的一部分可以说是与孛罗合作的结果[7]。随着蒙古军西征、汉族人民迁居和中西交通往来的扩大,中国的火药武器及其制造技术、医学、天文、钞法、驿传制度、牌符制度也随之西传。

忽必烈继位以后,西北诸王屡屡发动叛乱。至元十三年平定南宋,忽必烈开始腾出手来对付西北叛王,元军陆续开进西域,又一批汉

---

[1] 同恕:《榘庵集》卷7《陈君墓志铭》。
[2] 《长春真人西游记》卷上。
[3] 耶律楚材:《西游录》,向达校注本。
[4] 《湛然居士集》卷5《赠蒲察元帅七首》。
[5] 转引自《元朝史》,第392—393页。
[6] 拉施特:《史集》第3卷,第235、349页。
[7] 参见《元朝史》,第398—401页。

人随军队进入新疆。别失八里因控制中原进入西域的交通要道,成为主要的屯兵地区。至元十八年,万户綦公直率汉兵1 000人,首次进入别失八里[1]。次年,在此设工场,生产农具[2]。二十三年十月,来自南方的新附兵1 000人又被派到别失八里屯田,并置元帅府以统之。十一月,又增派新附军400人[3]。不久,屯田地区扩大到合迷玉速曲之地(今地不详)[4]。在此之前,元朝在斡端(今新疆和田)和曲先(今库车)都驻有新附军和汉军[5]。由于世祖后期元军和西北诸王在新疆东部展开争夺,这一带的元军调动频繁,估计长期驻扎并定居下来的可能性较小。

第四节

河南、陕甘和四川的汉族移民与重新开发

蒙元初期,残酷的战争给华北和四川地区造成极其严重的破坏,往往是千里无人烟,城镇丘墟,田园荆棘。为了恢复经济,当时在华北和四川地区进行了一系列的移民。移民中北方人较少,南方人较多。攻宋战争开始以前的移民以北方人为主,此后即以南宋境内的南方人为主。移民迁入较多的地区,是两京周围(详见下节)、河南、陕甘和四川。

一 河南

本区位于元代黄河以南长江以北,大致包括今河南省、湖北大部、

---

1 《元史》卷11《世祖纪》,第232页。
2 同上书,第243页。
3 《元史》卷14《世祖纪》,第293页。
4 同上书,第303页。
5 见《元史》卷99《兵志》,第2541页;卷12《世祖纪》,第248页。

江苏和安徽两省的长江以北区域,元代属河南行省范围。其中,淮河以北的河南地区原属金国疆域,以南的江淮地区原属南宋领土。本区的移民以世祖至元十六年(1279年)为界线分成两个阶段,第一阶段集中在河南地区,第二阶段扩大到江淮地区。

河南最早的汉族人口迁移,发生在窝阔台汗四年(1232年)蒙古军大破金兵于钧州(今河南禹州西)三峰山以后。当时,"天下荒饥,独山北为乐土,四方之人其来如归"[1],很多人迁入今河南和陕西交界的山区。三年后,又发生了另一次重要迁移。该年,蒙古军将邓、唐、均三州十余万人民迁到洛阳以西。第二年攻至襄阳一带,又将襄阳人民迁到洛阳。十余年以后,蒙古军经略河南,屯田汉上,复将上述诸州人民尽数迁回原籍,只有襄阳人民安置在城以西地区[2]。类似这种短距离的人口迁移还有多次,虽然大多数人未能够长期定居,但在当时条件下对迁入地区的经济恢复具有重要意义。

蒙元、南宋战争期间,河南是蒙古军的前沿地区。由于战争旷日持久,而"河南兵荒之后,遗民无几"[3],既无人力也无财力支持战争,屯田成了急务。蒙哥汗二年(1252年),在忽必烈的建议下,在汴梁(今河南开封)设立河南道经略司,以杨惟中等人为使,在唐、邓、申(治今南阳)、裕(治今方城)、嵩(治在今嵩县境)、汝、蔡(治今汝南)、陈(治今淮阳)、息(治今息县)、亳(治今安徽亳州)、颍(治今阜阳)等州屯田,"授之兵、牛,敌至则御,敌去则耕",并在邓州设立屯田万户府以统之[4]。世祖至元二年(1265年),朝廷下令"孟州(治今河南孟州)之东,黄河之北,南至八柳树、枯河、徐州等处,凡荒闲地土,可令阿术、阿剌罕等所领士卒,立屯耕种,并摘各万户所管汉军屯田"[5]。一时间,河南经略司"总兵十万,屯田千里",达到相当规模[6]。

姚燧说:"世祖潜藩岁壬子(1252年),尝置屯田万户府于邓,后易

---

1 姚燧:《牧庵集》卷16《瓜尔佳公神道碑》。
2 姚燧:《牧庵集》卷18《邓州长官赵公神道碑》。
3 《元史》卷153《杨奂传》,第3621页。
4 《元史》卷4《世祖纪》,第58页;卷146《杨惟中传》,第3467页。
5 《元史》卷100《兵志》,第2566页。
6 姚燧:《江汉堂记》,载《元文类》卷28。

为都督府,又易为统军司。戍兵积谷,与襄(阳)犄角,凡十五年。乃大集天下之兵,又长围六年而下之。"[1] 据此看来,在蒙古军包围南宋边防重镇襄阳之前,河南屯田已进行15年,经过长期"戍兵积谷"才具备包围襄阳的实力。

蒙古军在攻入南宋北部地区之后,即强迫大批南方人民迁入北方。但是,在夺取襄阳以前,由于蒙古军仍未占明显的军事优势,不敢将他们安置在邻近南宋的河南地区,只能将他们迁入河西或黄河以北。世祖中统二年(1261年)七月,朝廷将"渡江新附民留居蔡州(今河南汝南)者",徙居黄河以北的怀孟路(治今河南沁阳),便是一例。同月,自鄂州(治今湖北武汉武昌区)青山矶、浒黄洲等地迁到长江以北的人民,再迁到怀孟路[2]。三年十二月,世祖下令"给怀州新民耕牛二百,俾种水稻"[3],这些人可能是刚刚迁到的。

根据王恽的一份报告,位于河南的南京路(治今河南开封)屯田户近2万户[4],而蒙哥汗二年(1252年)南京路户数只有30 018户[5]。据此,南京路的户数中半数以上是屯田户。元代中原的屯田户或系军户,或系由外地迁入的民户,很少有入屯的当地人[6]。因此,南京路的人口主要是外来移民,其中相当部分是汉族移民。南京路如此,其他地区可想而知。

河南的屯田以南阳府(治今河南南阳)的民屯规模最大,文宗至顺元年(1330年)有屯田户6 000户,垦田10 600顷[7]。不过,由于有关户数的年代相差甚大,无从比较南阳府屯田户所占的比重。

位于长江和淮河之间的江淮地区是宋金战争和宋蒙战争的主要战场,由于"闲歇岁久,膏肥有余,虽有居民耕种,甚是稀少"[8],经济残破。元统一南北以后,开始招民进行较大规模的屯田。

---

1 《牧庵集》卷7《南平楼记》。
2 《元史》卷4《世祖纪》,第72页。
3 《元史》卷5《世祖纪》,第89页。
4 《秋涧集》卷87《为除豁河南屯田户差发事》。
5 《元史》卷59《地理志》,第1401页。
6 参见王颋:《元代屯田考》,载《中华文史论丛》1983年第4期。
7 据《元史》卷100《兵志》和《经世大典·屯田》(载《元文类》卷41),以下有关数据如未指出者皆据此。上述数据均无年代,《经世大典》成于至顺二年,姑系年于至顺元年。
8 王恽:《秋涧集》卷91《开种两淮地土事状》。

世祖至元十七年(1280年)十二月,淮西宣抚使昂吉儿要求派军士在江淮西部地区屯田。由于考虑到"发民兵非便","募民愿耕者耕之",并采取免除三年租税的优惠政策[1]。次年十月,朝廷再次下令"募民淮西屯田"[2]。二十一年十一月,由于"江淮间自襄阳至于东海多荒田",世祖命令司农司立屯田法,募人开耕,并免去屯田者六年租税和一切杂役[3]。此后,募民屯田便从江淮的西部扩大到东部。为了吸引更多的百姓,朝廷于至元二十二年九月、二十五年、三十年正月几次下令"听民自实两淮荒地",并均采取免税三年的优惠政策[4]。除了农民,参加屯田的还有很多军人,大德元年(1297年)在两淮地区至少有两万名屯田军[5]。

江淮地区的招民屯田,主要集中在洪泽(江苏今地一带)、芍陂(在今安徽安丰境)、德安(今湖北安陆)和涟海(在今江苏涟水和连云港境)四地。

涟海移民屯田开始最早。至元十六年,募民开垦荒地,由政府提供种子,农民自备耕牛和农具,所得收成政府得十分之四,农民得十分之六,设淮东淮西屯田打捕总管府以管理之。德安的屯田始于至元十八年。同年,以各翼取到汉军和新附军分别设立10个屯,设德安屯田万户府以统之。至元二十一年,江淮行省奏道:"安丰之芍陂可溉田万顷,若立屯开耕,实为便益。"开始派军士2000人在芍陂屯田,亦立万户府统之。二十三年主要以来自南宋的新附军开始在洪泽屯田,在白水塘、黄家疃等地设立南北3屯,各立万户府以统之[6]。三十年三月,洪泽和芍陂的4个屯田万户府撤掉2个,另立民屯20个[7]。至顺元年,涟海有屯户11 743户,垦田15 193顷;洪泽有屯户16 000户,垦田35 300顷;芍陂有屯户6 000余户,垦田10 600顷;德安有屯户9 300

---

1 《元史》卷11《世祖纪》,第228页。
2 同上书,第234页。
3 《元史》卷13《世祖纪》,第270页。
4 《元史》卷13《世祖纪》,第279页;卷166《罗璧传》,第3895页;卷17《世祖纪》,第370页。
5 《元史》卷19《成宗纪》,第416页。
6 《元史》卷59《地理志》,第1412页;卷100《兵志》,第2567页。
7 《元史》卷17《世祖纪》,第372页。

户,另有军人5 900人,垦田8 800顷[1]。

除了因参加屯田而进行的迁移,还有很多南北人民自发迁入江淮地区垦荒。在这方面,可举光州(治今河南固始)为例。光州在宋蒙战争中为双方拉锯之地,人民死亡者"无虑十八九",田亩荒芜,成为"虎豹之所宫,狐狸之所号"的荒凉之区。世祖至元十二年归元,此后"不四十年,陈、蔡、曹、宋、吴、楚、瓯越之民"纷纷迁入垦荒,"杂耕于野,交居于郛",使这一区域重新获得开发[2]。

光州经济的初步发展是河南地区的一个缩影。至元二十三年七月,江淮行省要求把治所由杭州迁到扬州,理由是"两淮、江东诸路财赋军实,皆南输又复北上,不便";而置治所于江海之交的扬州,可以做到"转输无往返之劳"[3]。可见江淮归元虽然才十年,但已能向北方提供一定的财赋。成宗元贞(1295—1297年)以后,原先"自扬州至中原七百余里无人烟"的江淮地区,经济"复盛"[4],表明经济已有了一定的恢复。

二 陕甘

本区相当于今之陕西、甘肃和宁夏三省区,元代属陕西、甘肃两行省。

由于离蒙宋主战场江淮地区较远,战争开始不久蒙古军即将大批俘掠来的南方人民安置于此。陕西是南方俘户较多的地区,由于土著居民在金末战争中大量死亡,许多地区,例如京兆府(约相当今陕西渭河流域)"其居民太半南驱放良、归顺等户"[5]。位今宁夏境内的中兴府(治今宁夏银川)是另一个南方俘户较多的地区,世祖至元元年

---

[1] 芍陂的《兵志》屯田户数少于《经世大典》所载,在无法判别前姑依后者。
[2] 马祖常:《石田文集》卷8《固始县重建县治记》。
[3] 《元史》卷14《世祖纪》,第291页。参见吴宏岐:《元代北方汉地农牧经济的地域特征》,《中国历史地理论丛》1989年第3辑。
[4] 孔齐:《至正直记》卷4《钟山王气》,上海古籍出版社点校本。
[5] 王恽:《秋涧集》卷85《论关陕事宜状》。

(1264年)以前,已有一定数量的来自四川的俘户在此当奴仆[1]。至元以后,随着蒙古军对宋战争的胜利进展,迁入陕甘,特别是迁入中兴府及其所在的河西地区的南宋移民人数大增。

七年十二月,原已迁入怀孟路的南方人1 800余户迁入河西(指宁夏和甘肃一带)[2]。八年,来自随州(治湖北今市)和鄂州(治今湖北武汉武昌区)的人民1 107户约万余人迁入中兴府居住,十一年被编为屯田户[3]。十二年三月,由于4 800余户南方人迁入中兴府,增设怀远、灵武二县以安置之[4]。世祖时屯聚在中兴府的南宋军人很多,并且"子弟蕃息稍聚",朝廷将其中的成丁"别编入籍"进行屯田,专门设立新民总管以统之[5]。

窝阔台汗十年(1238年),南宋姓雷和姓李的二员将领率民户降蒙,迁到成州(治今甘肃成县),在此设立金洋州,朝廷同意他们"自行金、洋州事"[6]。南宋时金州、洋州均隶属于兴元路,治所分别在今陕西秦岭以南的安康县和洋县,显然因金、洋二州的部分遗民随雷、李二将迁入成州,故在此设立金洋州。据此推测,在宋蒙战争过程中迁入陕甘南部山区的南宋移民不在少数,只是缺少类似金洋州那样的史料罢了。

在平宋以前,除了南方俘户,还有少量的屯田民来自北方。窝阔台汗时,"发平阳(今山西临汾)、河中(在今永济市境)、京兆民二千屯田凤翔(陕西今县),实侨客其地"[7],便是其中的一例。

至元十六年元朝最后平定南宋,大批编入新附军的南宋军人迁入陕甘。此后在陕甘各地全面展开的屯田,即是以他们为主力而进行的。屯田地方甚多,主要有:

宁夏府路和六盘山区诸府州(二者相当于今之宁夏和甘肃东部)。

---

[1] 李谦:《中书左丞张公神道碑》,《元文类》卷58。
[2] 《元史》卷7《世祖纪》,第132页。
[3] 《元史》卷100《兵志》,第2569页。
[4] 《元史》卷8《世祖纪》,第164页。
[5] 《元史》卷134《朵儿赤传》,第3254页。
[6] 《元史》卷60《地理志》,第1432页。
[7] 《牧庵集》卷24《程公神道碑》。

至元十九年三月,新附军1382户迁入宁夏府路(以中兴府改名)等地屯田[1];二十三年十月,原戍守甘州的新附军1000人又迁入此地屯田[2]。居陕、甘两行省交界地的六盘山区是西北重要的军事要冲,屯田军人特别多。至元二十一年到元贞二年(1284—1296年)的十余年间,朝廷先后派了五批军人来此屯田。其中,有原戍守燕京的新附军463户,原驻守四川的5000名军人,原驻巩昌的5000名军人,来自延安、凤翔、京兆三路的3000名军人,以及元贞二年派来的万名军人[3]。除了人数众多的军人,还有很多平民在六盘山区屯田,至元二十九年,立镇原、彭原屯田,次年改为民屯,在镇原(甘肃今县)、彭原(今镇原东)、平凉等地约有屯田户2400户[4]。

甘、肃、瓜、沙四州(相当于河西走廊的中段和西段)。虽然在至元十七年十月已有一批汉军迁入甘州(治今甘肃张掖)和沙州(治今敦煌西)屯田[5],但本区的正式屯田仍始于次年的正月。是月,世祖下令于肃州(治今酒泉)、甘州、沙州置立屯田[6]。甘州的屯田军人5000人都是原驻守太原的新附军[7],其他州的屯田者中新附军可能也占较大的比例。

至元二十八年,瓜(治今甘肃安西西南)、沙二州由于居民向东迁到甘州和肃州[8],屯田军人成为移民的主要部分。大德元年(1297年),仅瓜州的屯田军人便达万人[9]。顺帝至正十二年(1352年),南宋末帝瀛国公之子和尚赵完普及其亲属被迁到沙州[10]。

亦集乃路(在今内蒙古额济纳旗一带)。本路为蒙古高原通往河西走廊和西域的重要交通孔道。元朝为了维持交通线的安全,在此驻

---

[1] 《元史》卷100《兵志》,第2569页。
[2] 《元史》卷14《世祖纪》,第293页。
[3] 见《元史》卷100《兵志》;卷14《世祖纪》,第301页;卷15《世祖纪》,第312页;卷17《世祖纪》,第362页;卷19《成宗纪》,第402页。
[4] 《元史》卷100《兵志》。
[5] 《元史》卷11《世祖纪》,第227页。
[6] 《元史》卷100《兵志》,第2569页。
[7] 《元史》卷11《世祖纪》,第231页。
[8] 据《元史》卷60《地理志》,第1451页;卷18《成宗纪》,第385页。
[9] 《元史》卷19《成宗纪》,第416页。
[10] 《元史》卷41《顺帝纪》,第900页。

兵，并于至元十六年开始调来新附军在绿洲开渠屯种[1]。文宗至顺元年，路内有屯户200户，垦田91顷。

除了上述地区以外，今陕西境内的延安、安西（治今陕西西安）和凤翔也有一定规模的移民屯田，世祖至元二十八年九月朝廷下令于三路分设屯田总管府[2]。文宗至顺元年，各地的屯田户数分别是：凤翔1 127户、栎阳650户、泾阳658户、安西262户、终南713户、渭南811户、鏊屋847户。

金元之际，陕甘地区受到战争的严重破坏，人口锐减，经济残破。即使一向以人烟稠密、经济水平较高称著于西北的关中平原，在"兵火之余，八州十二县，户不满万，皆惊忧无聊"[3]，景象也极为凄惨。在这种背景下，虽然无法得知移民在人口中所占的比重，并且移民并非都是汉人，但汉族移民对区域经济开发的作用仍是极其明显的，有关记载颇多。

凤翔一带原来"荒错荆棘"，虎狼出没。窝阔台汗时，来自北方的2 000人来此屯田，"侨客其地"，开垦田畴，当地经济开始得到恢复[4]。中兴路境内原来"土瘠旷野，十未垦一"。朵儿赤任新民总管，"录其（南方军人）子弟之壮者垦田，塞黄河九口，开其三流。凡三载，赋额增倍"[5]。泾河两岸的数千顷肥田沃土曾长期化为牧地，至元十年左右安西王相李德辉安排贫民2 000家迁此屯田，"起庐舍，疏沟浍"，当年初见成效[6]。京兆以西地区"荒野数千顷"，商挺为安西相时募民立屯田，"三年，屯成，果获其利"[7]。其他移民屯垦地区莫不如此。甚至亦集乃这样位置偏僻环境较差的地区，通过屯田兴修水利也获得一定开发。

移民还对迁入区的文化发展做出贡献，原西夏境内的变化是个

---

1 《元史》卷100《兵志》，第2569页。
2 《元史》卷16《世祖纪》，第350页。
3 《元史》卷159《商挺传》，第3738页。
4 姚燧：《牧庵集》卷24《程公神道碑》。
5 《元史》卷134《朵儿赤传》，第3255页。
6 《元史》卷163《李德辉传》，第3816页。
7 《元史》卷191《许楫传》，第4358页。

证明。这一区域原来文化比较落后，人称"素鄙野，事无统纪"，官方书写的文件多不合格式。地方官张文谦将在此作奴隶的五六个四川士人免奴为民，升为文吏，才改变这种状况。在此影响下，"羌人始遣子弟读书，土俗为之一变"[1]。

三 四川

指今四川省和陕西的秦岭以南地区，元代属四川行省和陕西行省的南部几路。宋蒙战争中四川人口减少极多，南宋嘉定十六年（1223年）全境约有259万余户，元世祖至元二十七年（1290年）不过10万户，下降了96.1%[2]。因此，蒙元时期的人口增长和经济恢复，主要依赖外来移民。

最早进入四川的主要是因作战、镇守而留居的各族军人。时人说"西川军人俱系山东、河北、山后户"[3]，即以北方汉人为主。许多北方人因留戍而定居，如临潢（在今内蒙古巴林左旗境）全州人张庭瑞中统二年授元帅府参议，留戍青居（今四川南充东南），以后一度北返，但由于"思成都"，重新入川定居[4]；潞州上党人李唐，历仕秦、蜀，最后徙居汉中[5]；都是其中的例子。四川自然条件很好，像张庭瑞那样因"思成都"而留居的人必不在少数。至元十一年（1264年），世祖"命西蜀四川经略使起立屯田"[6]，许多地方的军人都参加了屯田。

各地以军人和外来移民为主的屯田，以成都平原上的崇庆州（治今四川崇州）和灌州（治今都江堰市）规模最大。至元二十一年，四川行省上奏，要求"除沿边重地，分军镇守，余军一万人，命官于成都诸处择膏腴地，立屯开耕"，获得批准，在成都附近共创立14屯。至顺元年下有屯户近9700户，屯田1500余顷。从各万户府军屯的名称来看，

---

1 李谦：《中书左丞张公神道碑》，《元文类》卷58。
2 参见附表3。
3 《秋涧集》卷86《论西川军役事状》。
4 《元史》卷167《李庭瑞传》，第3922—3923页。
5 《元史》卷175《李孟传》，第4084页。
6 《元史》卷100《兵志》，第2571页。

不仅有来自四川各地的军人,也有来自兴元(治今陕西汉中)、金州(治今安康)、平阳(今山西临汾)和河东、陕西等路的北方军人[1]。

此外,下述地方也有军人和外来移民为主的屯田:夔州路(一称夔路,治今重庆奉节),有新附军内的老弱人户56户。保宁(今四川阆中),以本府士卒和夔路守镇军人设,有军人1329名。叙州(治今宜宾),有屯军239人。重庆,有屯军1200人。顺庆府(治今南充),在汉初(在今岳池县境)等处屯种,有656户。广安府(治今广安),有汉军118户。广元路(治今广元),有褒州(治今陕西汉中)人和新得州编民77户。此外,至元十六年还发新附军500人和汉军400人前往西部高原的碉门(今四川天全)、鱼通(今地不详)、黎(今汉源北)、雅(今雅安)等地镇守[2]。

与汉军和新附军的镇守、屯田相比,从各地自发迁入四川的移民规模无疑要大得多,对区域重新开发的作用更加显著。有关这些自发移民的材料,以绍熙府、夔州路和泸州较多。

南宋时在今四川荣县、威远及自贡市境设绍熙府,元初因人口过少废去府和属县。元后期汉水流域、江淮及陕西人民"见彼中(旧绍熙府和附近地区)田畴广阔"、"土饶利厚",纷纷迁入垦荒。到顺帝至元四年(1338年),"开垦成业者,凡二十余万户"。移民不仅从事农业生产,而且"私开盐井,自相部署,往往劫囚徒,杀巡卒"。为了维持地方秩序,一度于至元四年设立绍熙等处军民宣抚司,下隶资、普、昌、隆四州和盘石、内江、安岳、昌元、贵平五县[3]。

元代的夔州路拥有今四川盆地东北部的广阔地区。元初在此"立保置屯田,得流民三十九万余,以实边鄙"[4]。川东山深林密,是宋末四川人避难的重要处所。不过,元初距蒙古军攻入四川已有半个世纪以上,难民多已定居,此39万流民中大部分应是外来移民。

---

1 《元史》卷100《兵志》。本志"夔路万户府军屯"条下文字混乱,使人费解。细加分析,"凡创立十四屯"乃指夔路万户府军屯以下至嘉定万户府军屯的14个军屯。此14个军屯,均分布在成都附近,由于在"夔路万户府军屯"条已表明至元二十一年这一立屯时间,故介绍13屯的文字中均未载立屯时间。另据《元文类》卷41《经世大典·屯田》,志中的屯田户"为户××名"之"名"字系衍文。
2 《元史》卷10《世祖纪》,第213页。
3 据《元史》卷92《百官志》,第2340页;卷190《赡思传》,第4352页;卷39《顺帝纪》,第846页。
4 欧阳玄:《圭斋文集》卷9《虞集神道碑》。

泸州及附近的纳溪等县是元代外来移民的重要迁入区之一。明代泸州《图经志》追溯说："昔元时地广人稀,四方之民流寓于泸者倍于版籍所载。"《纳溪图经志》记纳溪县："本县昔因兵革之余,居民十无八九,附籍者皆四方流寓,因而成家。"[1]

绍熙府、夔州路和泸州是元代四川的一个缩影。既然上述三地区的人口都以外来移民为主,其他地区自然不能例外。而且,考虑到三地区偏居四川西南和东部山区,尚且有如此多的外来移民,那些交通方便、农业条件较好的地区的移民数量应当更多,移民在当地人口中所占比重应当更大。《元史·地理志》中登录的四川户数不过十余万户,而上举集聚在绍熙府境的外来移民却已达二十余万户。虽然在时代上绍熙府户数要晚一些,但全川未纳入户籍登记的户口之多于此可见一斑。泸州《图经志》说元代"四方之民流寓于泸者倍于版籍所载",便是对此很好的说明。考虑到类似绍熙府这种移民数量很多的府州,在《元史·地理志》无论是户口和州县建置都不曾得到反映,全四川未纳入户籍登记的户口当远远不止"倍于版籍所载"。由于元代外来移民众多而南宋末"土著之姓十亡七八",四川各地"五方之俗更为宾主"[2],在经济得到一定恢复的同时,文化面貌也会发生相应的变化。

不过,由于原来人口基数过低,元代的移民数量对四川广阔区域而言仍然是杯水车薪,有限的发展只是艰难的重新开发过程的第一步,全面开发还有待于明清的大移民。

第五节

京畿地区的汉族移民

蒙元的三个都城中,后两个都城上都开平府(今内蒙古正蓝旗东

---

[1] 引自《永乐大典》卷2217"泸"字。
[2] 揭傒斯:《揭傒斯全集》文集卷6《彭州学记》。

北闪电河北岸)和大都路(治今北京)位于今长城内外。大都路周围的今河北、山西、山东、天津和内蒙古等省区(市)属中书省直辖地区,称为腹里,意即心腹之地。在两京及其周围的京畿地区,都有一定数量的汉族移民。

一 上都开平府

开平府所在地原是牧民逐水草游牧的草原地区,蒙古札剌儿部兀鲁郡王营幕地。蒙哥汗五年(1255年),这一带成为忽必烈所部的居住地。次年,忽必烈命令僧人子聪在桓州以东、滦水以北的龙岗选择城址,开始建设宫殿和房屋[1]。中统元年(1260年)三月,忽必烈在此即皇帝位,称此为开平府,立为首都。五年,加号上都。建都以后,开始采取各种奖倡措施,吸引移民实上都。至元二年(1265年)五月,世祖"敕上都商税、酒醋诸课毋征,其榷盐仍旧;诸人自愿徙居永业者,复其家"[2]。蒙元时期从事商业活动的西域商人很多,但承担赋役的绝大多数人是汉族人民。因此,"自愿徙居永业"得以免除赋役的人只能是汉族人民。

此外,还有很多的汉族人民因充军、充当官工匠而迁入上都。

元代在上都驻军甚多。至元十六年设立虎贲卫,以统长期驻守上都路的军人,专掌上都修造和屯田事宜[3]。虎贲卫有军人万人[4]。虽然文献不曾明确记载其民族成分,但相当部分是汉人应无问题。傅进的祖先是一位宿卫人,"世祖建国开平,驿致其家属,因占籍焉"[5],就是一个因从军而定居开平的汉人。上都军人中,有三千人参加屯田,立34屯,垦田4 202顷[6]。

至元三十年五月,居住在上都的官工匠有2 999户,大约一万四

---

1 《元史》卷4《世祖纪》,第60页。
2 《元史》卷6《世祖纪》,第107页。
3 《元史》卷86《百官志》。
4 《元史》卷17《世祖纪》,第368页。
5 黄溍:《黄文献集》卷8上《傅公墓志铭》。
6 《元史》卷100《兵志》,第2564页。

五千人[1]。

元军攻取临安以后,南宋的三宫被迫迁到上都[2]。至元十九年,原居住在大都的南宋恭帝赵㬎、平原郡公赵与芮也被再迁于上都[3]。

开平府有41 062户,118 191口[4]。考虑到元代蒙古诸王、勋贵的直属部众和非汉民族成员所在的军户都未列入户口数,此一数字仅仅反映汉族人口数。而且,由于工匠和达官贵人的奴隶也未列入户口数[5],汉族的实际人口数远不止这些。元代朝廷规定的全国会试录取的汉人名额中,分配上都4人,比云南、甘肃、辽阳、岭北诸行省都要多[6],从一个侧面反映了上都的汉人人数不少。上都是在草原上建立的新城,汉族人口都是新迁入的移民。

至元四年,元迁都燕京,上都仍为陪都。每年的四月,当草原上的绿草开始发青的时候,皇帝便率领宫妃百官,在大批军队的护卫下赴上都避暑,八月草开始枯萎再回大都。在皇帝巡幸时,上都往往增加大量的临时人口。这一制度,终元一代始终都存在着[7]。

二 大都

大都城在金代称中都,担任首都半个世纪以上,是金代人口最多最为繁华的城市。蒙古攻金战争和宣宗南迁使中都的人口数量严重下降,致使在蒙古人统治时期仅在今北京市域相当的范围内即减少了130余万人[8]。

蒙元初期,这里称燕京路,世祖至元元年(1264年)设为陪都,称中都。四年,在原中都城的东北建设新城,并迁都于此,九年改称大

---

1 《元史》卷17《世祖纪》,第373页。
2 杨㻞:《山居新语》卷4。
3 《元史》卷12《世祖纪》,第248页。
4 《元史》卷58《地理志》,第1350页。
5 参见邱树森等:《元代户口刍议》,《元史论丛》第2辑,中华书局1983年版。
6 《元史》卷81《选举志》,第2021页。
7 参见叶新民:《两都巡幸制和上都的宫廷生活》,《元史论丛》第4辑。
8 据韩光辉:《辽金元明时期北京地区人口迁移研究》,《历史地理》第11辑,上海人民出版社1993年版。

都,成为元的政治经济文化中心。

虽然建都是在至元四年,但在此以前燕京已是华北北部最重要的城市,而且离蒙元前期都城和林或开平比其他华北城市要近一些。因此,在建设塞北的同时,蒙古统治者并未忘记经营燕京,开始将中原的大批人口,特别是工匠迁入燕京。《经世大典·诸匠》记载:"国家初定中夏,制作有程,乃鸠天下之工聚之京师,分类置局,以考其程度而给之食,复其户,使得以专于其艺,故我朝诸工制作精巧,咸胜往昔矣。"[1]此"京师"系沿袭金代对燕京的旧称,和林和开平虽然曾任首都但似乎未有人称之为"京师"。此外,时人刘因也指出:"金人南徙,国朝迁诸州工人实燕京。"[2]可见燕京是蒙元初期官工匠的主要迁入地。

在迁入燕京的汉族官工匠中,既有迁自中原的工匠,如弘州(治今河北阳原)的锦工绣女[3],也有原已迁入塞北复自塞北南迁的工匠。例如,肃山住储、普化两局人匠"俱系迤北人匠,抛失家业,移来中都"[4]。中统二年,"徙和林、白八里(别失八里)及诸路金玉、玛瑙诸工三千余户于大都,立金玉局"[5];至元二年,徙漠北"镇海、百八里、谦谦州诸色匠户于中都……又徙奴怀、忒木带儿炮手人匠八百名赴中都,造船运粮"[6];都是其中规模较大的迁移。此外,还有相当数量的非汉民族工匠。

另外,定都以前已有一定数量的汉族军人迁入燕京,至元元年正月将原驻益都(今山东青州)的武卫军1 000人迁到燕京屯田,即是证明[7]。

定都以后,大都的移民人数迅速增加。特别是至元九年改号大都以后,"迁居民以实之"[8],实施较大规模的移民。据《元史》数十次的

---

1 载《元文类》卷42。
2 刘因:《静修集》卷17《洛水李君墓表》。
3 《元史》卷5《世祖纪》,第83页。
4 王恽:《秋涧集》卷89《论肃山住等局人匠偏负事状》。
5 《经世大典·玉工》,载《元文类》卷42。
6 《元史》卷6《世祖纪》,第105页。
7 《元史》卷5《世祖纪》,第95页。
8 《元一统志》卷1,大都路,第3页。

迁移资料，迁入大都的人口包括军人、匠户、官员及其家属、罪没官员的妻孥及被俘的军人眷属等等。城市户口自至元元年到十八年的十七八年间，由4万户增加到近22万户，增加了近18万户，新增加人口的90%来自移民。郊区的人口也在迅速增加[1]。大都的移民民族构成复杂，不过以人数计汉族无疑是最多的。至元七年，大都路（相当于今北京市和邻近的天津、河北数县）有147 590户，401 350口[2]。依照元代户口统计的通例，这些户口数可能只是汉族户口，而且汉族居民的实际人口数远不止于此。

在建都以后迁入大都的汉族移民中，下列数种移民是比较引人注目的，并且大多未列入户口统计范围：

官工匠。至元十一年十二月，"以诸路逃奴之无主者二千人，隶行工部"[3]，这些人都应迁入大都。平定南宋以后，来自南方的匠户开始大批迁入大都。十六年三月，朝廷命令两淮将能造回回炮的军匠送到京师，其中便有"新附军匠六百人"，以及其他"汉人、新附人能造炮者"[4]。二十一年（1284年），朝廷将江南的十万余户匠人编为匠户[5]，其中应有一定数量的工匠迁入大都。

军人。大都城及其周围是元朝重要的屯兵地区，有很多汉人卫军[6]，先后建立了前、后、左、中、右、武6卫。武卫有汉军1万人，专在京城"营屯田，修城隍"[7]。其他5卫每卫设百户250人，如以每百户统50人至70人计，每卫约有12 000到17 000人，5卫大约6万到8万人。前卫屯营在涿州范阳县（今河北涿州），在霸州、涿州和雄州（今雄县）屯田。后卫屯营于白雁口（今信安北），曾一度迁昌平县太平庄（今北京昌平西南），在霸州和永清屯田。中卫屯营漷州（今天津武清西北），屯田武清、香河和宝坻县。右卫屯营永清县内，在永清和霸州

---

1 据韩光辉：《辽金元明时期北京地区人口迁移研究》。
2 《元史》卷58《地理志》，第1347页。
3 《元史》卷8《世祖纪》，第158页。
4 《元史》卷98《兵志》，第2517页。
5 《元史》卷13《世祖纪》，第266页。
6 元三卫亲军中原有部分蒙古人和色目人，平宋以后逐渐分离出去组成独立的卫军，原有的卫军则以汉人和南人为主。参见史为民：《元代侍卫亲军建置沿革考述》，《元史论丛》第4辑。
7 《元史》卷99《兵志》，第2526页。

屯田。左卫屯营东安州(今河北廊坊西)和永清一带,也在此屯田。武卫屯营涿州以南,屯田涿州、霸州和保定的定兴县。此外,在大都路境内还有左、右翼屯田万户府、右卫率府、营田提举司等统兵屯田机构,约有屯田汉军和新附军7 000余名[1]。大都路境内的汉族军人及其家属估计可达10万人以上。

有特殊社会身份和作用的人。最主要部分来自南宋。至元十二年,元军刚渡过长江,朝廷便派人到江南"搜访儒、医、僧、道、阴阳人等"[2]。攻占临安以后,除了将南宋君臣召到大都,还发三学诸生赴大都[3]。二十二年正月,又"徙江南乐工八百家于京师"[4]。

至元成宗以后,政府有组织迁移到大都的人口大大减少,同时还有部分人口往外地流散。此外,在元末随顺帝北逃蒙古草原的人口中,也有大批汉人[5]。

三　两京的外围地区

早在成为首都之前,两京的外围地区已有一定数量的汉族移民。蒙古军攻下汴梁,"时避兵在汴者户一百四十七万,仍奏选工匠、儒、释、道、医、卜之流散居河北者,官为给赡"[6],无疑会有相当部分的人居住在这一带。开平附近的草原地区由于位居大漠南北的交通要冲,也不例外。张德辉于贵由汗三年(1248年)经此到漠北,便看见昌州(今内蒙古太仆寺旗西南)有"居民仅百家。中有廨舍,乃国王(蒙将木华黎)所建也。亦有仓廪,隶州之盐司"。鱼儿泊(今内蒙古达里泊,在克什克腾旗西)的东岸"有(蒙古)公主离宫。……宫之东有民匠杂居,稍成聚落"[7]。据文意,这些汉人都不是土著居民,而是蒙元初期迁入的移民。

---

[1]《元史》卷100《兵志》。
[2]《元史》卷8《世祖纪》,第169页。
[3]《元史》卷9《世祖纪》,第180页。
[4]《元史》卷13《世祖纪》,第272页。
[5] 参见韩光辉:《辽金元明时期北京地区的人口迁移研究》。
[6] 宋子贞:《中书令耶律公神道碑》,载《元文类》卷57。
[7]《纪行》,载王恽:《秋涧集》卷100。

建都以后,为了拱卫首都,元将许多汉军和新附军迁入外围区域。仅至元十六年一次迁往太原和大名镇守的新附军,便各达5 000人[1]。迁入这一地区的还有南宋宗室和士大夫。郭应木于宋亡后不到十年自南方赴燕,一路上看见"内而金马玉堂之署,外而阃府州县之间,往往皆宋宗臣"[2]。元好问亦说:"南中士大夫归河朔者在所有之。"[3]这些人的居地便包括大都的外围。

在两京外围,也有一些进行屯田的汉族军人和百姓。主要分布地是:

应昌路(治今内蒙古克什克腾旗西)。至元二十五年,桑哥上奏世祖:"自至元丙子(1276年)置应昌和籴所,其间必多盗诈,宜加钩考。扈从之臣,种地极多,宜依军站例,除四顷之外,验亩征租。"[4]在此种地必然是"扈从之臣"的奴仆,但不知是否长期定居于此。

三不剌川(在今内蒙古四子王旗东北)。袁桷《清容居士集》卷19《竹凤石屏记》载:三不剌"地旷衍,均成沙,居民鲜少,地所宜惟瓜。悉发南戍卒垦树之,瓜绝甘美"。

大宁(在今内蒙古宁城西)。英宗至治二年,发5卫汉军5 000人,于大宁等处创立屯田,属宗仁卫,分置两翼屯田千户所,耕田2 000顷。

红城(在今内蒙古和林格尔南)和燕只哥赤斤(在今卓资境)。至元二十九年以各处军人4 000人在这一带立屯开耕,属西京宣尉司统领。后一度外迁,延祐二年以后复在此屯田,属忠翊侍卫。

大同的黄华岭(在今山西神池东)。大德四年(1300年)以军民9 000在此屯田。文宗至顺元年有军户4 020户,民户5 945户。

滦州(今河北滦县)。至元二十四年八月,以原在北京(今内蒙古宁城境)采伐木材的百姓3 000户立屯,属永平屯田总管府。

清州(今河北青县)和沧州。至元二十二年置,属广济署,有屯户

---

1 《元史》卷99《百官志》,第2541页。
2 真逸:《宋东莞遗民录》上卷引郭应木《复瓶集序》。
3 《上耶律中书书》,载《元文类》卷37。
4 《元史》卷15《世祖纪》,第311页。

1 230 户[1]。

直沽口海滨(在今天津东部)。至大二年四月,以汉军 5 000 人在此屯种[2]。

四 移民与京畿地区的音乐和理学发展

综上所述,上都开平府原来只是一片草原,城市经济和文化的发展完全是移民特别是汉族移民迁入的结果。大都在金末遭受战争的严重破坏,蒙元时期重新成为我国的经济文化中心之一,也多得力于移民,其中汉族是移民的主要部分。不必经过详细论述就可以得出结论:没有移民,就没有两京地区经济文化的恢复和发展。

这里,仅举宫廷音乐和理学发展的两个例子,说明移民对两京文化发展的影响。

金灭北宋之后,宫廷乐师分别往南、北两个方向迁移,因而在南宋、金对立时期,传统的宫廷音乐分别保存在南宋的临安和金的中都等地。经金元鼎革,北方宫廷音乐从中都传到开封,以后又随乐师东逃传到东平(山东今县)[3]。此外,西夏的音乐也颇有特色。

蒙古统治者很早就对各国的宫廷音乐产生兴趣。成吉思汗初年,即"征用西夏旧乐"。窝阔台汗十年,接受孔子后代建议,下令各地"如有亡金知礼乐旧人,可并其家属徙赴东平"。次年,由孔氏送原在金掌乐、掌礼之人及乐工共 92 人到燕京,开始制礼作乐。至元三年,东平乐工 400 余人来到燕京,其中的 92 户乐工后留居燕京[4]。至元二十二年正月,又"徙江南乐工八百家于京师"[5]。南、北乐工云集大都城,必然使其朝着元代我国音乐艺术中心的方向发展。

南宋、金对立时期,当理学在南方获得发展时,北方的理学却比较衰落。南宋末年蒙古军攻至汉水流域,将人民俘掠北上,理学家赵复

---

1 以上据《元史》卷 100《兵志》。
2 《元史》卷 23《武宗纪》,第 511 页。
3 据第五章第四节和第十四章第二节。
4 《元史》卷 68《礼乐志》。
5 《元史》卷 13《世祖纪》,第 272 页。

和砚弥坚被迫随至北方。赵复居燕京,"出其橐中伊洛诸书传授学徒,而中原名公巨儒亦始得因其说以求圣贤之学"[1]。学者从者达百余人,并得到世祖的召见。在赵复的影响下,当地士人建太极书院,请赵复讲学其中,还为程、朱等理学大师建立了祠庙[2]。砚弥坚后来定居真定,"亦以经术为训,郡人翕然从之,往往以儒著名"[3]。在二人的影响下,元初著名的士大夫,例如姚枢、窦默、许衡、刘因等人,"得闻程朱之学以广其传。由是北方之学郁起,如吴澄之经学(按:原文如此),姚燧之文学,指不胜屈,皆彬彬郁郁矣"[4]。

金末北方儒生已有人品评程朱之书,但建立书院,广收门徒,却从赵复开始。此后,姚枢、许衡、窦默等人成为元代北方名儒,并在他们周围形成了一个汉人儒士集团,对元朝统治者接受汉文化起了较大的作用[5],大都成为北方的重要理学中心。随着元朝的统一,理学推向全国,对明清乃至近代社会产生深刻影响。

第六节

北方人往东南地区的迁移

东南地区是南宋的基本统治区。南宋后期,当四川地区遭到蒙古军的残酷破坏时,东南地区特别是长江以南区域的经济文化仍在继续向前发展。因此,元统一以后,全国的户口总数中,东南占了绝大部分,并且这种趋势在元统一之后并未得到改变。卷末附表3提供的数据表明,在至元十二年、十三年和至元二十七年都有著籍户数的原南宋七路中,淮南东、淮南西两路的著籍户数减少,两浙增加13%,江东

---

[1] 苏天爵:《滋溪文稿》卷29《题国子司业砚公遗墨》。
[2] 《元史》卷189《赵复传》。
[3] 苏天爵:《滋溪文稿》卷29《题国子司业砚公遗墨》。
[4] 黄宗羲:《宋元学案》卷90《鲁斋学案》。
[5] 参见蔡美彪等:《中国通史》第七册,人民出版社1983年版,第451页。

增加109%,江西增加82%,荆湖北增加41%,荆湖南增加122%。江东、江西和荆湖南三路的至元十二年或十三年的户数过低,疑人口数字不准确[1],此后的十余年间户数即使有较大增长也断无翻一番之理。除上述三路外,其他各路该年之户数均离事实不太远。据上所述,作为南宋腹心地区的两浙、江西、江东以及湖北、湖南五路在元初十余年内户数都有一定的增长。

当北方尚处在蒙古国统治时期,北方人民因不堪蒙古贵族的残暴统治,纷纷向南宋境内迁移,靖康之乱以后北方人民南迁的第六个阶段即蒙古攻宋阶段的迁移主要是在此背景下发生的。由于蒙古军队大肆屠杀人民和部分人民南迁,北方的人口数量急剧减少。世祖中统二年(1261年),蒙古国所辖土地面积大致与金朝统治范围相当,而该年户数不过141.8万户[2],仅及金泰和年间(1201—1208年)的六分之一左右。在元统一全国以后半个多世纪的至顺年间(1330—1332年),南北户口的比例大致是8比2,达到历代南北差距的顶点[3]。由于四川著籍户口不过十余万,江淮之间和岭南仍地广人稀,绝大部分的人口都集中在东南的江浙、江西等行省,即今之浙江、福建、江西三省和江苏、安徽两省的长江以南部分及上海市。

元统一以后,北方经济恢复较慢,人民负担沉重,自然灾害接连不断。据《元史·五行志》资料统计,北方各省仅水灾便达254次,占全国总数的70%强;黄河泛滥带来的灾难尤其严重。相比之下,南方地区受战争破坏较少,经济很快恢复并继续发展,与北方形成强烈反差。宋元间人郑思肖评论南北经济差异:

> 杭、湖、苏、秀,不与贼战,虏掠之后,民虽虚空,幸丁丑至壬午,岁岁薄稔,未大狼狈。……北地有真定府最为繁华富庶,有南人北游,归而言曰:"曾不及吴城十之一二。"他州城郭,更荒凉不可取。宜乎儿人未南,遇有所见,率私欢喜咤讶……所以鞑人绝

---

1 三路至元十二三年户数皆只有至元二十七年一半左右,比南宋嘉定十六年还要少很多。宋末元军在此三路作战时间不长,亦未遇激烈抵抗,即使人口有下降也不应很多。三路户数偏低,可能是当时人口隐匿山林避兵乱而漏计之故。
2 《元史》卷4《世祖纪》,第77页。
3 葛剑雄:《中国人口发展史》,第347页。

望江南如在天上,宜乎谋居江南之人,贸贸然来。[1]

此话表明,基于生活水平上的巨大差异,不少北方人来到南方,便不愿返回,从而定居在南方。

除郑思肖外,许有壬、张养浩等元代人都留下有关北方人进入东南留居不归的记载。许有壬说:"昔江南平,中土人南走若水趋下,家而占籍者有之,衔命仕者又倍蓰焉。芬华因循,忘弃乡里,至葬其亲而不归。"[2]张养浩说:"凡游宦于江之南者,无曰岁久与否,往往利其庶饶,辄恋嫪忘归。"[3]许有壬、郑思肖和张养浩三人的记载,表明迁居东南的北方人为数不少。

在留居东南的北方人中,相当一批是官员。元代"江南官吏多是北人",而且赴任时"万里携家"[4],因任官而留居的人不在少数。至元二十三年(1286年)四月,朝廷一道关于禁止北方人民留居东南的诏令中,特意提到"从官南方者秩满多不还",下令"遣使尽徙北还"[5]。据《至顺镇江志》卷18,彰德人辛仲实,益都人王昌,北京人李春,沂州人王玺,济南人刘福,东平人于子椿,晋宁人董邦用,宛平人曹鉴,都是因任官而留居镇江的侨寓。

还有一些文士艺伶来江南施展才能,因而定居这里。"自北来南,喜江浙人才之多,羡钱塘景物之盛,因而家焉"的北方戏曲家曾瑞,原居真定后迁金陵(今江苏南京)的著名戏曲家白朴,都是他们的代表[6]。周贻白先生甚至认为,在元代末叶,原为北方生长的作家,也多迁居到江、浙一带安家落户,导致元代戏剧中心由北方的大都转向南方的杭州一带[7]。

元代流民众多,除了自然灾害,沉重的赋税和劳役负担也驱使大批人外出流浪。成宗继位初,赵天麟上书谈流民问题:"顷年以来,水

---

1 《郑思肖集·大义略叙》。
2 许有壬:《至正集》卷53《葛公墓碑》。
3 《归田类稿》卷11《章邱杨氏先茔碑铭》。
4 程钜夫:《雪楼集》卷10《江南官吏家远俸薄又不能皆有职田……》。
5 《元史》卷14《世祖纪》,第289页。
6 见钟嗣成:《录鬼簿》;苏明仁:《白仁甫年谱》,《文学年报》第1期,1932年5月。
7 《中国戏曲发展史纲要》第九章《元代的南戏》,第197页。

旱相仍,蝗螟蔽天,饥馑洊臻,四方迭苦,转互就食。隆寒盛暑,道途之中,襁属不绝。……延及京畿,亦尝如是,不亦痛哉!"[1] 可见在忽必烈的后期,流民已成为严重的社会问题。据陈高华先生研究:"严重的流民问题,几乎与有元一代相终始。在大蒙古国时期,流民常达全体居民的三分之一以上。全国统一以后,流民仍然大量存在。进入十四世纪以后,越演越烈。"江南地区是流民的主要迁移方向[2]。

至元十九年(1282年),"真定以南旱,民多流移",已有许多人流往江南[3]。尽管这样,真定流民仍不过是大量北方流民的一小部分。次年,崔彧上书言事,提到"内地百姓流移江南避赋役者,已十五万户"[4],如以每户5口计约可达六七十万口。至元八年政府统计北方户数,所得约在130余万到200万之间,据此可知全国统一不过四五年,由北向南逃亡的人户已占北方全部户数的十分之一[5]。这种现象显然到至元二十三年并无好转。该年,由于"汉民就食江南者多,又从官南方者秩满多不还",朝廷除下令"遣使尽徙北还"外,并决定"仍设脱脱禾孙(蒙语,意为查验者)于黄河、江、淮津渡,凡汉民非赍公文适南者止之,为商者听"[6]。不过,这种措施并无多少效果。大德末年(1307年),"岁凶,民流东南者逾甚,死者无算"[7]。延祐四年(1317年),腹里地区百姓因饥荒流移江西隆兴(治今江西南昌)、袁州(治今宜春)、建康(治今江苏南京)、太平(治今安徽当涂)和宁国(治今宣州市)等路,"千百成群",为数不少[8]。其他一些年份也有类似记载。

按照元朝原来的规定,流民一般都要回乡复业。但在长期有流民南下的情况下,事实上很难做到这一点。因此,在至元二十年崔彧上书中,便建议流民"其徙江南不归者,与土著一例当役",即将流民就地安置落籍,使之成为承担赋税差役的编户齐民。至元二十六年,"朝廷

---

[1] 《历代名臣奏议》卷240《荒政》。
[2] 《元代的流民问题》,《元史论丛》第4辑。本节流民部分吸收了陈先生的研究成果。
[3] 《元史》卷12《世祖纪》,第245页。
[4] 《元史》卷173《崔彧传》,第4040页。
[5] 陈高华:《元代的流民问题》,《元史论丛》第4辑。
[6] 《元史》卷14《世祖纪》,第289页。
[7] 《雪楼集》卷21《王君墓志铭》。
[8] 《元典章》台纲卷2。

以中原民转徙江南,令有司遣还",后在地方官的建议下停止遣返[1]。同年,在下令登记江南户口时,规定"凡北方诸色人寓居者亦就籍之"[2]。武宗在大德七年和九年的两次诏书,仁宗在延祐元年的改元诏书,都提到准许流民"从便居住","愿务农者,验各家人力,官为给田耕种"一类话[3]。

北方流民的迁入地区并不仅仅限于江南,四川也是迁入地之一。绍熙府境内高达 20 余万户的移民,显然也是从来自南、北方的流民演变而来(详见第四节)。除了流民定居之外,还有一些流民自己不曾过江但却将子女转卖南人为奴,从而定居江南。至正五年(1345 年),"北方饥,子女渡江转卖与人为奴、为婢"[4],便是其中的一个事例。据上所述,定居江南的北方流民人数不少,可能在定居于此的各类北方人口中占了多数。

除了因任官和因流徙而留居以外,还有一些北方人口是因驻军和屯田而定居在东南。按照元朝统一全国以后的驻兵方针,蒙古军屯河洛、山东,"汉军、特默旗军(即探马赤军)戍淮江之南以尽南海"[5]。因此,屯驻东南的北方军人必然不少。元统一南方之初,曾以"扈驾南伐骁勇十一万户,留籍汉湘,命枢密院即江陵之松滋置总管府"[6],即是驻扎在今湖北境内的汉军。甚至一些北方平民,也被迫前往东南戍守。至元十三年正月,便曾"徙大都等路猎户戍大洪山(今湖北随州南)之东"[7]。此外,还有一些工匠从北方迁入南方。大德元年七月"徙甘(州,治今甘肃张掖)、凉(治今武威)御匠五百余户于襄阳"[8],即是其中的一次。

元代东南的屯田,以海北(今广东雷州半岛)和海南(今海南岛)规模最大。

---

1 《元史》卷 131《忙兀台传》,第 3189 页。
2 《元史》卷 15《世祖纪》,第 319 页。
3 《元典章》圣政卷 2。参见陈高华:《元代的流民问题》。
4 孔齐:《至正直记》卷 3。
5 《经世大典·屯戍》,《元文类》卷 41。
6 柳贯:《待制集》卷 10《伍公墓志铭》。
7 《元史》卷 9《世祖纪》,第 175 页。
8 《元史》卷 18《世祖纪》,第 395 页。

至元三十年(1293年)，开始招募民户并发新附士卒4 000人，于海北和海南等处设立屯田。成宗元贞元年(1295年)以后仍留2 000人与招募的民户屯种。大德三年(1299年)，罢屯田万户府，只留民户屯田。其中，琼州路(治今海南琼山)5 011户，雷州路(治今广东海康)1 566户，高州路948户，化州路(治今化州)843户，廉州路(治今广西合浦)60户[1]。

虽然无法对南迁的北方汉人数量进行估计，但从若干方志记载的南北方人口数字中可得一印象。

据下表，镇江路汉人在当地人口中所占的比重远大于其他路和府，古田、永福两县则大于其他县，这可能和它们处于重要的交通要道有关。尽管广州路是元代重要的外贸港口，但广州路及其属下的增城县北方汉人数量比较少，这一分析和文献中关于北方移民主要迁入江南的记载相符合。估计在江南类似镇江路、集庆路的地区，北方汉人约占当地人口数量的2%—3%，其他移民较少的地区北方汉人可能都只占迁居地人口的几百分之一。虽然对于人口较少的北方而言迁出的人口数量为数不少，已影响到北方的经济发展，但对于人口众多的东南而言这些移民数量是微不足道的，不足以对当地人口和经济开发产生重要影响。

表18-1 北方汉人在南方若干地区户数中所占比例

地区名	治所今地	总户数	其中北方汉人	北方汉人占比例(%)	资料来源
集庆路	江苏南京	226 379	4 117	1.82	至大金陵新志8/
镇江路	江苏镇江	103 910	3 671	3.53	至顺镇江志3/
松江府	上海松江	177 348	1 031*	0.58	嘉庆松江府志27/
广州路	广东广州	180 873	550*	0.3	大德南海志6/
增城县	广东增城	7 628	2*	0.03	嘉靖增城县志9/
古田县	福建古田	26 996	3 009*	11.11	万历古田县志4/
福宁州	福建霞浦	21 111	52*	0.2	嘉靖福宁州志2/

---

[1] 《元史》卷100《兵志》，第2578页。

续表

地区名	治所今地	总户数	其中北方汉人	北方汉人占比例（%）	资料来源
永福县	福建永泰	13 670	2 001*	1.46	乾隆永福县志 3/
连江县	福建连江	20 438	65*	0.3	嘉庆连江县志 2/
宁德县	福建宁德	15 566	33*	0.2	嘉靖宁德县志 1/
合 计		793 919	14 531*	1.83	

说明：有*者包括非汉民族移民和北方汉人。资料来源中，/前的数字指卷数，如"8/"即指第8卷。

不过，移民南迁对北方语言在南方广大地区的流播所起的作用，却不能低估。南宋时期南迁的北方移民后裔，元代在移民较多的地方仍讲北方语言自不必说，还有大批新来的北方移民，甚至许多南方人也逐渐使用北方方言。元初邓剡赋《鹧鸪词》："南音渐少北音多，肉飞不起可奈何，行不得也哥哥。"[1] 完泽赋诗说杭州西湖："游人来往多如蚁，半是南音半北音。"[2] 这都反映了讲北方方言的人不断增多这种现象。周德清于《中原音韵》中指出："五十余年，言语之间，必以中原之音为正。""（元代）混一日久，四海同音，上自缙绅讲论治道及国语翻译、国学教授言语，下至讼庭理民，莫非中原正音。"因此，李新魁先生认为"可见这个'中原之音'在元朝的流布，场合已甚为普遍，时间已甚为长久"[3]。显然，这是南宋和元代两朝北方一再向南方移民的结果。

第七节

其他地区

除了华北、四川和东南地区以外，东北、云南等地区也有一定数量

---

1 郑元祐：《遂昌杂录》。
2 《前题》，载《元诗纪事》卷24。
3 《中古音》第11页。

的汉族移民。

迁往今东北的汉族移民人数不多,主要集中在辽东半岛一带。至元二十年八月,原屯驻在腹里的大名、真定、北京、卫辉四路的新附军迁于东京(今辽宁辽阳)屯田[1]。二十一年,新附军1281户在金州(治今大连金州区)和复州(治今瓦房店)开始屯田,置金复州万户府。二十六年,迁入京师新附军1000人,三十年又迁入新附军1360户。此外,三十一年又以无主的逃奴240户在广宁(今北镇)和沈州(治今沈阳)开采银矿和屯田[2]。

云南的屯田和其他行省不同,主要劳动者是当地的漏籍人户和少数民族土军,只有设于乌蒙路(治今云南昭通)的军屯以汉军为主。至元三十年(1293年),立梁千户翼军屯,以汉军1000人置立屯田,一部分人后不再屯田而在此担任镇戍巡逻任务,以后屯田军又移新兴州(治今玉溪)。延祐三年(1316年),又立乌蒙军屯,发畏吾儿和新附汉军5000人在此屯田[3]。除了参加镇戍云南的汉军和新附军以外,还有一些迁自云南以外地区的汉族平民。《景泰云南志》卷1"云南府"说:"云南土著之民,不独僰人(白族)而已,有曰白罗罗(彝族)、曰达达(蒙古族)、曰色目人及四方之商贾军旅移徙者曰汉人,错杂而处焉。"一般认为,明前期成为土著的汉人多是元代迁入的移民后裔。

---

1 《元史》卷12《世祖纪》,第256页。
2 《元史》卷17《世祖纪》,第368页。
3 《元史》卷100《兵志》,第2577—2578页。

附录

附表 1　北宋南、北方各路主客户数

路　名	太平兴国	元丰三年
南方部分	3 974 855	10 927 735
两浙西路	276 353	928 952
两浙东路	230 344	850 011
江南东路	332 341	1 031 927
江南西路	568 858	1 382 530
淮南东路	172 853	295 233
淮南西路	197 440	738 499
京西南路	57 292	210 923
荆湖北路	178 830	675 931
荆湖南路	126 434	871 214
福建路	467 878	1 043 839
成都府路	597 459	864 403
梓州路	299 408	478 171
利州路	209 209	520 825
夔州路	110 103	254 361
广南东路	92 964	579 253
广南西路	70 729	226 217
北方部分	2 554 484	5 662 836

续　表

路　名	太平兴国	元丰三年
开封府	178 631	235 599
京东东路	283 548	756 869
京东西路	238 950	663 210
京西南路	27 804	67 476
京西北路	303 096	583 662
河北东路	366 887	668 167
河北西路	257 677	566 762
河东路	230 597	574 208
永兴军路	317 367	845 405
秦凤路	136 334	384 147
淮南东路	213 593	317 331

资料来源：
1. 乐史：《太平寰宇记》，金陵书局刻本。据梁方仲《中国历代户口、田地、田赋统计》甲表35后所附的编者按，书所记大约为太平兴国五年（980年）至端拱二年（989年）间事。中山大学图书馆善本室所藏的《太平寰宇记》抄本（以下简称抄本），有毛子晋及曾钊面城楼等藏印，所载少数数字与金陵书本互异（详见《中国历代户口、田地、田赋统计》甲表35附录），可据此纠正金陵书局本的错误。
2. 王存：《元丰九域志》，王文楚、魏嵩山点校本，中华书局版。

说明：
（1）两浙西路秀州元丰户只有主户139 137。《元丰九域志》卷5载：秀州"无客户"。按《云间志》卷上"版籍"："华亭一邑，旧图经所书，主户五万四千九百四十一，口十万三千一百四十三。今见管户九万七千。"华亭为秀州属县，《云间志》所引之旧图经户口，未云所系年代，但既然也未载客数，则应与元丰三年秀州户口同一来源。据此，《元丰九域志》所说"无客户"应为"不存在客户，故无客户数"之意。
（2）两浙东路婺州太平兴国户数据抄本。金陵书局本载婺州太平兴国时主户2 982，客户64，合计为3 046户，数量过少，显误。抄本载主户32 982，客户64，合计为33 046户，兹从之。
（3）淮南东路（南方部分）的泗州太平兴国和元丰户分别是7 390和26 982。泗州淮河以南部分约占州境的一半，县的分布亦大体如此，因此南方部分人口应占一半左右，上述户数即依州户数除以二得出。又，楚州元丰户63 796为估计数。楚州下属五县中，涟水军熙宁改县后来隶楚州，元祐二年复为军。因涟水军属北方，故将楚州户数减去1/5。
（4）淮南西路寿州户数分别是26 803和98 214。北宋寿州地跨淮河南北，4县在南，5县在北，上述数字系依此比例推算。
（5）荆湖北路辰州、沅川和诚川的太平兴国户分别估计为3 402户、4 032户和3 000户。三州户数原缺，此系据邻近的鼎州太平兴国户数和元丰三年户数之比例推算。
（6）荆湖南路桂阳监太平兴国户2 730为估计数。原作主客户4 047丁，又有山河户262，计丁430。据山河户丁比例，4 047丁约有2 468户。二者合计户2 730。
（7）福建路漳州和汀州太平兴国户均为24 007。此书所载二州的主、客户均完全一样，必有一误，在无法辨别前暂依之。
（8）成都府路茂州太平兴国户和元丰户分别为326和557。《太平寰宇记》原载主客户326，部落户829。本州元丰和崇宁户数远少于太平兴国户数，原因可能是后二年度未载部落户。为资比较，本表仅取太平兴国主客户数。 邛州的太平兴国户48 926为估计数。 原仅载主户数38 497，无客户，客户系据本州元丰三年主客户数比例推算。 维州（后改名威州）的元丰和崇宁户数远少于太平兴国户数，原因可能是后二年度未载蕃户数。 为资比较，本表太平兴国年间户数仅取汉户数54。

(9) 梓州路泸州太平兴国户，原载汉主户2 047，獠户2 415。 考虑到成都府路各边州的元丰户和崇宁户均不载蕃户，为资比较仅取其汉主户（边地当无汉客户）。 又，金陵书局本载荣州主户为50 011，客户16 704，合计66 715户，已超过梓州路治所所在的梓州，而其面积、所辖县均远不及之，疑有误。 抄本载荣州主户5 011，客户16 704，合计为21 715，较金陵本合理，兹从之。

(10) 利州路凤州太平兴国户13 723为估计数。 凤州户数原缺，此据邻州兴州太平兴国户与元丰户的比例推算。 天水军于南宋时以秦州1县左右地建，为资比较姑分秦州1/4户数于此，分别作10 830和16 761。

(11) 夔州路施州太平兴国户9 959为估计数。 户数原缺，此数系据邻州忠州太平兴国户与元丰户数比例推算。

(12) 广南东路广州的太平兴国户18 225为估计数。 原书仅有主户16 059，"客未有数"。此数系依邻州英州的主客户比例估算出客户数，再加上主户数所得。 又，惠州太平兴国户数原缺，据邻州潮州太平兴国户与元丰户比例推算，估计为4 767。

(13) 广南西路容州原书载其于太平兴国时主客丁数为2 922，据广西路元丰年间主客户之户数与丁数（见《文献通考》卷11）比例1:2.86推算，约有户1 022。 高州太平兴国原仅有主户数，据邻州南恩州同年的主客户比例，估计有户3 068。 郁林州太平兴国户数原缺，据邻州化州太平兴国户与元丰户之比例推算，约有385户。 南仪州、廉州、琼州和儋州（后改名南宁军）原书均仅载丁数，据广西路元丰年间主客户之户数与丁数比例1:2.86推算，约分别有223户、1 665户、1 229户和239户。 崖州（后改名朱崖军）元丰年间的主客户数皆与太平兴国相同，疑有误，在无其他资料前暂依之。

(14) 京东东路齐州的元丰户原缺。 相近的淄州同年户数为太平兴国年间的188%，据此比例推算为60 413。

(15) 河北东路滨州太平兴国只有主户9 185，缺客户。 按邻州棣州同年主、客户之比高达1:2.58，本州不可能没有客户。 兹依此比例估算客户为23 697户，主客户合计为32 882。

(16) 河北西路易州和平塞军太平兴国户分别为2 643、830，后地入辽，此处不计。 赵州太平兴国户原缺，邻州邢州太平兴国户数是元丰户数的49%，据此估计为户20 451。

(17) 河东路宥州太平兴国户200，后地入辽，此处不计。 丰州太平兴国户原缺，据邻州府州该年与元丰三年户数之比例，估计为67户。

(18) 永兴军路夏州后地入西夏，此处不计其太平兴国户数。

(19) 秦凤路灵州后地入西夏，此处不计其太平兴国户。

(20) 淮南东路泗州淮河以北部分约占州境的一半，县的分布亦大体如此，因此位于河北的北方人口应占一半左右。 将依州户数除二，估计北方部分的太平兴国户和元丰户数分别是7 390和26 982。 又，涟水军元丰时已并入楚州，其元丰户15 949系依其占楚州五分之一估算。

附表2 南宋各路户数升降

路 名	崇宁元年至绍兴卅二年	绍兴卅二年至乾道九年	乾道九年至嘉定十六年	崇宁元年至嘉定十六年户数升降%	嘉定十六年至元初户数升降%	
淮南东路	-205 147	-6 429	22 901	415 255	-64%	326%
淮南西路	-597 752	14 644	91 439	285 577	-69%	135%
荆湖北路	-406 480	12 899	102 820	433 595	-44%	117%
京西南路	-244 373	5 122	-41 517	13 503*	-97.3%	216%

续　表

路　名	崇宁元年至绍兴卅二年	绍兴卅二年至乾道九年	乾道九年至嘉定十六年	崇宁元年至嘉定十六年户数升降%	嘉定十六年至元初户数升降%	
荆湖南路	16 533	36 203	246 086	- 690 090	31.4%	- 55.2%
两浙路	268 507	52 315	- 75 542	763 351	12.4%	34%
福建路	328 807	33 730	174 918	- 298 397*	50.6%	- 18.7%
江南东路	- 45 740	- 36 362	116 206	- 214 420	3.4%	- 20.5%
江南西路	226 647	- 28 778	405 369	- 1 216 154	36.2%	- 53%
广南东路	- 51 823	13 202	- 81 007	- 67 406*	- 21.1%	- 15.1%
广南西路	246 546	17 228	22 337	93 879*	118.2%	17.8%
成都府路	215 268	37 568	4 435	四川四路合为* - 2 489 405	29.2%	四川四路合为 - 96.1%
潼川府路	243 466	25 425	10 340		49.7%	
利州路	- 76 372	2 555	27 522		- 10.3%	
夔州路	140 457	- 4 863	- 174 116		- 15.6%	

资料来源：据附表3。
说明：元初户数，除有 * 者为至元二十七年，其余均指至元十二年或十三年。

附表3　宋元南方地区户数

路　名	崇宁元年	绍兴卅二年	乾道九年	嘉定十六年	至元十二或十三年	至元廿七年
淮南东路	356 044	110 897	104 468	127 369	542 624	390 586
淮南西路	709 919	112 167	126 811	218 250	513 827	136 183
京西南路	28 650	42 707	47 829	6 252		19 755
荆湖北路	660 590	254 101	267 000	369 820	803 415	1 134 494
荆湖南路	952 398	968 931	1 005 134	1 251 202	561 112	1 248 419
两浙路	1 975 041	2 243 548	2 295 863	2 220 321	2 983 672	3 381 237
福建路	1 061 759	1 390 566	1 424 296	1 599 214		1 300 817
江南东路	1 012 168	966 428	930 066	1 046 272	831 852	1 740 047
江南西路	1 664 745	1 891 392	1 862 614	2 267 983	1 051 829	1 909 550
广南东路	565 534	513 711	526 913	445 906		378 500
广南西路	242 109	488 655	505 883	528 220		622 099

续 表

路 名	崇宁元年	绍兴卅二年	乾道九年	嘉定十六年	至元十二或十三年	至元廿七年
成都府路	882 519	1 097 787	1 135 355	1 139 790		
潼川府路	561 898	805 364	830 789	841 129		100 687
利州路	447 469	371 097	373 652	401 174		
夔州路	246 521	386 978	382 115	207 999		

说明：

（1）崇宁户数据《宋史·地理志》，绍兴三十二年和乾道九年户数据《宋会要辑稿》食货六九，嘉定十六年户数据《文献通考》卷11，元至元十二年、十三年户数据《元史·世祖本纪》，至元二十七年户数据《元史·地理志》。

（2）各路政区以南宋嘉定元年为准，某些路户数因经过折算与原书所载不同。

（3）夔州、广东、广西缺崇宁户数，以元丰年间数字补。《宋史·地理志》所载福建各州军崇宁户，大部分州军皆误以元丰户数作崇宁户（详吴松弟：《读书札记》，《历史地理研究》第2期，复旦大学出版社1990年版）。元至元二十七年户项中两浙、江东、京西南、荆湖北四路的个别州并非当年户数。

（4）淮南西路的绍兴三十二年户数，仅有舒、蕲、黄三州，余缺。表中户数系据三州绍兴三十二年户数与崇宁元年户数之比例推算。

参考文献

一、古代文献

刘昫等：《旧唐书》，中华书局1975年点校本。

欧阳修、宋祁：《新唐书》，中华书局1975年点校本。

薛居正等：《旧五代史》，中华书局1976年点校本。

欧阳修：《新五代史》，中华书局1974年点校本。

脱脱等：《辽史》，中华书局1974年点校本。

脱脱等：《金史》，中华书局1975年点校本。

宋濂等：《元史》，中华书局1976年点校本。

张廷玉等：《明史》，中华书局1974年点校本。

叶隆礼：《契丹国志》，上海古籍出版社1985年点校本。

宇文懋昭：《大金国志》，崔文印校证，中华书局1986年版。

厉鹗：《辽史拾遗》，丛书集成初编本。

《宋史全文》，四库全书本。

徐梦莘：《三朝北盟会编》，上海古籍出版社1987年影印许刻本。

李心传：《建炎以来系年要录》，中华书局1956年排印本。

李焘：《续资治通鉴长编》，上海古籍出版社1986年影印浙江书局本。

刘时举：《续宋编年资治通鉴》，丛书集成初编本。

陈邦瞻：《宋史纪事本末》，中华书局1955年点校本。

《宋季三朝政要》,丛书集成初编本。

《两朝纲目备要》,四库全书本。

徐自明:《宋宰辅编年录》,四库全书本。

马端临:《文献通考》,商务印书馆 1936 年排印本。

王圻:《续文献通考》,现代出版社 1986 年影印万历刻本。

解缙等:《永乐大典》,中华书局 1986 年影印本。

王溥:《五代会要》,中华书局 1998 年点校本。

徐松:《宋会要辑稿》,中华书局 1957 年影印本。

《全唐文》,上海古籍出版社 1990 年影印本。

陈述辑校:《全辽文》,中华书局 1986 年版。

金吾编:《金文最》,中华书局 1990 年排印本。

苏天爵编:《元文类》,四库全书本。

陈子龙等:《明经世文编》,中华书局 1962 年影印本。

厉鹗:《宋诗纪事》,上海古籍出版社 1981 年标点本。

沈嘉辙等:《南宋杂事诗》,四库全书本。

徐照等:《永嘉四灵诗集》,浙江古籍出版社 1985 年点校本。

乐史:《太平寰宇记》,金陵书局本。

王存:《元丰九域志》,中华书局 1984 年版。

赵万里辑校:《元一统志》,中华书局 1966 年版。

李贤等:《大明一统志》,三秦出版社 1990 年影印本。

王象之:《舆地纪胜》,江苏广陵刻印社影印惧盈斋刻本。

祝穆:《方舆胜览》,上海古籍出版社 1981 年版。

王士性:《广志绎》,中华书局 1981 年点校本。

任洛等:《辽东志》,辽海丛书本。

《析津志辑佚》,北京古籍出版社 1983 年点校本。

张铉:《至大金陵新志》,四库全书本。

范成大:《吴郡志》,江苏古籍出版社 1986 年点校本。

朱长文:《吴郡图经续记》,民国乌程蒋氏景宋刻本。

陈大震、吕桂孙:《大德南海志》,元刊本。

陈公亮:《淳熙严州图经》,光绪渐西村舍刊本。

罗愿：《新安志》，嘉庆刻本。

徐硕：《至元嘉禾志》，道光十九年刻本。

俞希鲁：《至顺镇江志》，道光丹徒包氏刻本。

田汝成：《西湖游览志》，四库全书本。

江少虞：《宋朝事实类苑》，上海古籍出版社1981年点校本。

李心传：《建炎以来朝野杂记》，中华书局1985年排印本。

王夫之：《宋论》，中华书局1964年点校本。

杨士奇编：《历代名臣奏议》，四库全书本。

包拯：《包孝肃奏议集》，四库全书本。

栾贵明辑：《四库辑本别集拾遗》，中华书局1983年标点本。

安熙：《默庵集》，四库全书本。

蔡勘：《定斋集》，四库全书本。

曹勋：《松隐集》，四库全书本。

曹彦约：《昌谷集》，四库全书本。

曾丰：《缘督集》，四库全书本。

晁补之：《鸡肋集》，四部丛刊本。

陈与义：《陈与义集》，中华书局1982年点校本。

陈藻：《乐轩集》，四库全书本。

陈造：《江湖长翁集》，四库全书本。

程端学：《积斋集》，四库全书本。

程钜夫：《雪楼集》，四库全书本。

邓肃：《栟榈集》，四库全书本。

邓文原：《巴西集》，四库全书本。

董嗣杲：《庐山集》，四库全书本。

杜范：《清献集》，四库全书本。

范成大：《范石湖集》，上海古籍出版社1981年点校本。

范祖禹：《范太史集》，四库全书本。

方孝孺：《逊志斋集》，四部丛刊本。

高登：《东溪集》，丛书集成初编本。

高启：《高青丘集》，上海古籍出版社1985年点校本。

高斯得：《耻堂存稿》，丛书集成初编本。
葛仲胜：《丹阳集》，四库全书本。
顾清：《东江家藏集》，四库全书本。
韩淲：《涧泉集》，四库全书本。
韩维：《南阳集》，四库全书本。
韩元吉：《南涧甲乙稿》，丛书集成初编本。
洪适：《盘洲文集》，四库全书本。
洪咨夔：《平斋集》，四库全书本。
胡次焱：《梅岩文集》，四库全书本。
胡寅：《斐然集》，四库全书本。
胡祗遹：《紫山大全集》，四库全书本。
黄榦：《勉斋集》，四库全书本。
黄庭坚：《山谷集》，四库全书本。
黄仲元：《四如集》，四部丛刊本。
李曾伯：《可斋续稿》，四库全书本。
李纲：《梁溪集》，四库全书本。
李光：《庄简集》，四库全书本。
李祁：《云阳集》，四库全书本。
李昭玘：《乐静集》，四库全书本。
廖刚：《高峰文集》，四库全书本。
廖行之：《省斋集》，四库全书本。
刘攽：《彭城集》，四库全书本。
刘鹗：《惟宾集》，四库全书本。
刘克庄：《后村集》，四部丛刊本。
刘壎：《水云村稿》，四库全书本。
刘弇：《龙云集》，四库全书本。
刘因：《静修集》，四部丛刊本。
刘岳申：《申斋集》，四库全书本。
刘挚：《忠肃集》，四库全书本。
刘子翚：《屏山集》，四库全书本。

柳贯：《待制集》，四部丛刊本。

柳开：《河东集》，四部丛刊本。

楼钥：《攻媿集》，四部丛刊本；

陆九渊：《象山集》，四部丛刊本。

陆文圭：《墙东类稿》，四库全书本。

吕陶：《净德集》，四库全书本。

吕祖谦：《东莱集》，四库全书本。

马廷鸾：《碧梧玩芳集》，四库全书本。

马祖常：《石田集》，四库全书本。

慕容彦逢：《摛文堂集》，四库全书本。

穆修：《穆参军集》，四库全书本。

欧阳守道：《巽斋文集》，四库全书本。

欧阳玄：《圭斋文集》，四库全书本。

秦观：《淮海集》，四部丛刊本。

丘濬：《重编琼台稿》，四库全书本。

任士林：《松乡集》，四库全书本。

沈括：《长兴集》，四库全书本。

舒岳祥：《阆风集》，四库全书本。

司马光：《传家集》，四库全书本。

宋濂：《文宪集》，四库全书本。

宋祁：《景文集》，丛书集成初编本。

苏颂：《苏魏公文集》，四库全书本。

苏天爵：《滋溪文稿》，四库全书本。

孙觌：《鸿庆居士集》，四库全书本。

唐元：《筠轩集》，四库全书本。

同恕：《榘庵集》，四库全书本。

汪元量：《增订湖山类稿》，孔凡礼辑，中华书局1984年版。

汪藻：《浮溪集》，四部丛刊本。

王安石：《临川集》，四部丛刊本。

王柏：《鲁斋集》，四库全书本。

王礼:《麟原集》,四库全书本。
王炎:《双溪集》,四库全书本。
王恽:《秋涧集》,四库全书本。
王之望:《汉滨集》,四库全书本。
魏了翁:《鹤山集》,四部丛刊本。
文同:《丹渊集》,四库全书本。
吴澄:《吴文正集》,四库全书本。
吴莱:《渊颖集》,四部丛刊本。
吴师道:《礼部集》,四库全书本。
吴泳:《鹤林集》,四库全书本。
熊禾:《勿轩集》,四库全书本。
徐明善:《芳谷集》,四库全书本。
徐元杰:《楳野集》,四库全书本。
许翰:《襄陵文集》,四库全书本。
许应龙:《东涧集》,四库全书本。
许有壬:《圭塘小稿》,四库全书本。
许有壬:《至正集》,四库全书本。
薛季宣:《浪语集》,永嘉丛书本。
阳枋:《字溪集》,四库全书本。
杨简:《慈湖遗书》,四库全书本。
杨万里:《诚斋集》,四库全书本。
杨瑀:《山居新话》,四库全书本。
姚燧:《牧庵集》,四部丛刊本。
叶梦得:《建康集》,四库全书本。
尹洙:《河南集》,四部丛刊本。
余靖:《武溪集》,四库全书本。
虞集:《道园学古录》,四部丛刊本。
元好问:《中州集》,四部丛刊本。
员兴宗:《九华集》,四库全书本。
袁桷:《清容居士集》,四部丛刊本。

袁燮：《絜斋集》，丛书集成初编本。
翟汝文：《忠惠集》，四库全书本。
张端义：《贵耳集》，四库全书本。
张方平：《乐全集》，四库全书本。
张耒：《柯山集》，四库全书本。
张嵲：《紫微集》，四库全书本。
张孝祥：《于湖集》，四部丛刊本。
张养浩：《归田类稿》，四库全书本。
赵秉文：《滏水集》，四部丛刊本。
赵鼎：《忠正德文集》，四库全书本。
赵蕃：《章泉稿》，四库全书本。
赵孟頫：《松雪斋集》，四库全书本。
真德秀：《西山文集》，四部丛刊本。
郑思肖：《郑思肖集》，上海古籍出版社1991年点校本。
郑獬：《郧溪集》，四库全书本。
郑元佑：《遂昌杂录》，四库全书本。
仲并：《浮山集》，四库全书本。
周必大：《文忠集》，四库全书本。
周孚：《蠹斋铅刀编》，四库全书本。
周南：《山房集》，四库全书本。
周紫芝：《太仓稊米集》，四库全书本。
朱熹：《晦庵集》，四库全书本。
庄绰：《鸡肋编》，中华书局点校本。
邹浩：《道乡集》，四库全书本。
蔡絛：《铁围山丛谈》，中华书局1983年点校本。
陈舜系：《乱离旧闻录》，高凉耆旧本。
陈元靓：《岁时广记》，四库全书本。
范成大：《揽辔录》，丛书集成初编本。
方勺：《泊宅编》，中华书局1983年点校本。
郭彖：《睽车志》，四库全书本。

韩淲:《涧泉日记》,四库全书本。

洪皓:《松漠纪闻》,学津讨原本。

洪迈:《容斋随笔》,南京大学出版社1994年点校本。

洪迈:《夷坚志》,中华书局1981年点校本。

孔齐:《至正直记》,上海古籍出版社1987年点校本。

郎瑛:《七修类稿》,中华书局1959年点校本。

刘祁:《归潜志》,四库全书本。

陆游:《老学庵笔记》,中华书局1979年点校本。

陆友:《墨史》,丛书集成初编本。

马纯:《陶朱新录》,四库全书本。

孟珙:《蒙鞑备录》,丛书集成初编本。

孟元老:《东京梦华录》,中华书局1982年点校本。

年翌:《猗觉寮杂记》,丛书集成初编本。

彭乘:《墨客挥犀》,四库全书本。

彭大雅:《黑鞑事略》,徐霆疏证,丛书集成初编本。

沈德符:《顾曲杂言》,丛书集成初编本。

陶宗仪:《辍耕录》,丛书集成初编本。

田况:《儒林公议》,丛书集成初编本。

王明清:《挥麈录》,中华书局1961年点校本。

王明清:《玉照新志》,上海古籍出版社1991年点校本。

王栐:《燕翼贻谋录》,中华书局1981年点校本。

文莹:《玉壶清话》,中华书局1984年点校本。

吴曾:《能改斋漫录》,上海古籍出版社1979年点校本。

吴坰:《五总志》,四库全书本。

吴自牧:《梦粱录》,浙江人民出版社1981年标点本。

熊克:《中兴小纪》,丛书集成初编本。

叶绍翁:《四朝闻见录》,丛书集成初编本。

叶盛:《水东日记》,四库全书本。

叶寘:《爱日斋丛钞》,丛书集成初编本。

袁褧:《枫窗小牍》,丛书集成初编本。

袁文：《瓮牖闲评》，上海古籍出版社1985年点校本。
岳珂：《金陀续编》，四库全书本。
曾敏行：《独醒杂志》，上海古籍出版社1986年点校本。
张邦基：《墨庄漫录》，丛书集成初编本。
张瀚：《松窗梦语》，上海古籍出版社1986年标点本。
张知甫：《张氏可书》，四库全书本。
周密：《癸辛杂识》，四库全书本。
周密：《齐东野语》，四库全书本。
周密：《武林旧事》，浙江人民出版社1984年点校本。
周去非：《岭外代答》，四库全书本。
朱弁：《曲洧旧闻》，四库全书本。
朱彧：《萍洲可谈》，上海古籍出版社1989年点校本。
耶律楚材：《西游录》，向达校注，中华书局1981年版。
刘郁：《西使记》，丛书集成初编本。
李志常：《长春真人西游记》，丛书集成初编本。
夏文彦：《图绘宝鉴》，四库全书本。
刘道醇：《宋朝名画评》，四库全书本。

二、近代以来论著

蔡美彪等：《中国通史》，人民出版社1983年版。
陈得芝等：《元朝史》，人民出版社1986年出版。
陈高华、吴泰：《宋元时期的海外贸易》，天津人民出版社1981年版。
陈垣：《陈垣学术论文集》，中华书局1980年版。
陈垣：《元西域人华化考》，北京师范大学出版社1982年版。
陈正祥：《中国文化地理》，生活·读书·新知三联书店1983年出版。
董锡玖：《中国舞蹈史》，文化艺术出版社1984年版。
额尔登泰：《蒙古秘史》（校勘本），内蒙古人民出版社1980年版。
方国瑜：《中国西南历史地理考释》，中华书局1987年版。

葛剑雄:《中国人口发展史》,福建人民出版社 1991 年版。

韩茂莉:《宋代农业地理》,山西古籍出版社 1993 年版。

胡朴安:《中华全国风俗志》,河北人民出版社 1986 年版。

华林甫:《唐代主粮生产布局的初步研究》,复旦大学硕士学位论文,1989 年。

贾大泉:《宋代四川经济述论》,四川社会科学院出版社 1985 年版。

江天健:《北宋对于西夏边防研究论集》,台湾华世出版社 1993 年版。

蒋安全:《宋代文学的文化阐释》,复旦大学博士学位论文,1996 年。

金毓黻:《东北通史》,五十年代出版社 1944 年版。

李范文:《西夏研究论集》,宁夏人民出版社 1983 年版。

李干:《元代社会经济史稿》,湖北人民出版社 1985 年版。

李新魁:《中古音》,商务印书馆 1991 年版。

李逸友编:《黑城出土文书》,科学出版社 1991 出版。

李约瑟:《中国科学技术史》,科学出版社 1976 年版。

梁方仲:《中国历代户口田地田赋统计》,上海人民出版社 1980 年版。

廖奔:《宋元戏曲文物与民俗》,文化艺术出版社 1989 年版。

林正秋:《南宋都城临安》,西泠印社 1986 年版。

刘念兹:《南戏新证》,中华书局 1986 年版。

刘迎胜:《丝路文化·海上卷》,浙江人民出版社 1995 年版。

罗香林:《客家源流考》,中国华侨出版公司 1989 年版。

蒙默、刘琳等:《四川古代史稿》,四川人民出版社 1989 年版。

漆侠、乔幼梅:《辽夏金经济史》,河北大学出版社 1994 年版。

漆侠:《宋代经济史》,上海人民出版社 1987 年出版。

宋德金:《金代社会生活》,陕西人民出版社 1988 年版。

谭其骧:《长水集》,人民出版社 1987 年版。

谭其骧主编:《中国历史地图集》第六册,中国地图出版社 1982

年版。

童教英：《中国古代绘画简史》，复旦大学出版社1991年版。

王运熙、顾易生：《中国文学批评史》，上海古籍出版社1981年版。

魏良弢：《西辽史研究》，宁夏人民出版社1987年版。

文物编辑委员会编：《文物考古工作三十年》，文物出版社1979年版。

萧启庆：《蒙元史新研》，台湾允晨文化实业股份有限公司1994年版。

杨文琪：《中国饮食文化和食品工业发展简史》，中国展望出版社1983年版。

姚瀛艇主编：《宋代文化史》，河南大学出版社1992年版。

云南历史研究所：《云南少数民族》，云南人民出版社1983年版。

张博泉：《金史论稿》，吉林出版社1986版。

张国雄：《明清时期两湖移民研究》，武汉大学博士论文，1992年。

张家驹：《两宋经济重心的南移》，湖北人民出版社1957年版。

张绥：《犹太教与中国开封犹太人》，上海三联书店1990年版。

张星烺编注，朱杰勤校订：《中西交通史料汇篇》，中华书局1977年版。

张正明：《契丹史略》，中华书局1979年版。

中国硅酸盐学会编：《中国陶瓷史》，文物出版社1982年版。

周伟洲：《唐代党项》，三秦出版社1988年版。

周贻白：《中国戏曲发展史纲要》，上海古籍出版社1979年版。

朱维幹：《福建史稿》，福建教育出版社1984年版。

朱新予主编：《浙江丝绸史》，浙江人民出版社1985年版。

邹逸麟主编：《黄淮海平原历史地理》，安徽教育出版社1993年版。

［法］贝凯著，耿昇译：《柏朗嘉宾蒙古行纪》，中华书局1985年版。

［法］鲁布鲁克著，何高济译：《鲁布鲁克东行纪》，中华书局1985

年版。

〔日〕三上次男著,金启孮译:《金代女真研究》,黑龙江人民出版社1984年版。

〔瑞典〕多桑著,冯承钧译:《多桑蒙古史》,中华书局1962年版。

〔日〕池内功:《元代的蒙汉通婚及其背景》,郑信哲译,《民族译丛》1992年第3期。

安介生:《北宋初年山西向外移民考》,《晋阳学刊》1996年第3期。

陈建中:《成都市郊的宋墓》,《文物参考资料》1956年第6期。

陈静:《元回回天算家及其天文工作考论》,《回族研究》1992年第2期。

陈乐素:《珠玑巷史事》,《学术研究》1982年第6期。

陈显昌:《渤海国史概要(五)》《齐齐哈尔师范学院学报》1984年第3期。

程民生:《略论宋代地域文化》,《历史研究》1995年第1期。

丛佩远:《元代辽阳行省境内的契丹、高丽、色目与蒙古人》,《史学集刊》1993年第1期。

丁乐春:《山东回族的今昔》,《宁夏社会科学》1986年第4期。

冯继钦:《金代奚族初探》,《求是学刊》1986年第2期。

福建省博物馆:《福州市北郊南宋墓清理简报》,《文物》1977年第7期。

郭成美、郭群美:《杭州伊斯兰教历707年碑、730年碑考》,《回族研究》1993年第3期。

韩光辉:《辽代中国北方人口的迁移及其社会影响》,《北方文物》1989年第2期。

韩光辉:《辽金元明时期北京地区的人口地理研究》,《北京大学学报》1990年第5期。

韩志远:《关于元代社会风尚的几个问题》,《社会学研究》1991年第3期。

何维鼎：《宋代人口南迁和珠江三角洲的农业开发》，《学术研究》1987年第1期。

何兹全：《中国社会发展史中的元代社会》，《北京师范大学学报》1992年第5期。

黑龙江省博物馆：《黑龙江阿城县小岭地区金代冶铁遗址》，《考古》1965年第3期。

黑龙江省文物考古工作队：《从出土文物看黑龙江地区的金代社会》，《文物》1977年第4期。

洪剑民：《略谈成都近郊五代至南宋的墓葬形制》，《考古》1959年第1期。

胡云生：《开封的回回民族》，《宁夏社会科学》1991年第3期。

华林、苏尊等：《新疆的回族》，《宁夏社会科学》1987年第6期。

黄宽重：《略论南宋时代的归正人》，《食货月刊》复刊第7卷第3—4期，1977年。

解书森、陈冰：《青海古代移民考》，《人口研究》1985年第1辑。

景爱：《历史时期东北农业的分布与变迁》，《中国历史地理论丛》1987年第2期。

李绍云：《岭东地理与客家文化》，《地理杂志》第3卷第5期，1930年。

梁庚尧：《南宋城市的发展》，《食货月刊》复刊第10卷第10—11期，1981年。

刘子健：《略论南宋的重要性》，《大陆杂志》第71卷第2期，1985年。

罗贤佑：《金、元时期女真人的内迁及其演变》，《民族研究》1984年第2期。

罗贤佑：《元代蒙古族人南迁活动述略》，《民族研究》1989年第4期。

马恩惠：《山东部分回族族源问题探索》，《宁夏社会科学》1991年第4期。

马恩惠：《云南回族族源考略》，《民族研究》1980年第5期。

孟楠：《浅析元代西夏人组成的军队》，《中央民族学院学报》1991年第6期。

任崇岳：《论辽代契丹族对汉族文化的吸收和继承》，《中州学刊》1983年第3期。

荣盛：《贵州省余姓蒙古族族籍试考》，《内蒙古社会科学》1989年第5期。

荣盛：《河南省南阳地区的蒙古族》，《内蒙古社会科学》1992年第3期。

阮西潮：《C.B.吉谢列夫通讯院士在北京所作的学术报告》，《考古》1960年第2期。

史金波、吴峰云：《西夏后裔在安徽》，《安徽大学学报》1983年第1期。

史明：《关于福建泉州回族形成时代的讨论》，《民族研究》1993年第3期。

史为民：《元代侍卫亲军建置沿革考述》，《元史论丛》第4辑，中华书局1992年版。

束锡鸿：《试论元代宁夏境内的文化融合》，《宁夏社会科学》1991年第2期。

苏德彪：《山东鄄城县蒙古族苏氏族源考》，《内蒙古社会科学》1993年第5期。

孙贯文：《重建礼拜寺记碑跋》，《文物》1961年第8期。

王曾瑜：《宋代人口浅谈》，《天津社会科学》1984年第6期。

王崇时：《元代入居中国的高丽人》，《东北师大学报》1991年第6期。

王颋：《元代屯田考》，《中华文史论丛》1983年第4期。

王星麟：《宋代的刻书业》，《史学月刊》1986年第1期。

王毓铨：《户役田述略》，《明史研究》1991年第1期。

吴松弟：《宋代福建人口研究》，《中国史研究》1995年第2期。

吴松弟：《唐代铁勒族的内迁》，《西北史地》1994年第1期。

杨志玖：《元代回汉通婚举例》，《元史三论》，人民出版社

1985年版。

杨志玖：《〈元代回族史稿〉绪言》，《回族研究》1992年第4期。

杨志玖：《回回人的东来和分布》，《回回研究》1993年第2期。

杨志玖：《元代的吉普赛人——啰哩回回》，《历史研究》1991年第3期。

张俊智、陈卫川：《中国回族医药文化探讨》，《回族研究》1992年第4期。

张荣铮：《论金代民族融合》，《天津师大学报》1984年第3期。

张家驹：《靖康之乱与北方人口的南迁》，《文史杂志》第2卷第3期，1942年。

赵桐茂、陈琦等：《中国人免疫球蛋白同种异型的研究：中华民族起源的一个假说》，《遗传学报》第18卷第2期，1991年。

肇东县博物馆：《黑龙江肇东县八里城清理简报》，《考古》1960年第2期。

郑绍宗、王静如：《保定出土明代西夏文石幢》，《考古学报》1977年第1期。

曹树基：《湖南人由来新考》，《历史地理》第9辑，上海人民出版社1990年版。

韩光辉：《辽金元明时期北京地区的人口迁移》，《历史地理》第11辑，上海人民出版社1993年版。

司徒尚纪：《明代广东经济地理初探》，《历史地理》第4辑，上海人民出版社1986年版。

司徒尚纪：《海南岛历代民族迁移和人口分布初探》，《历史地理》第7辑，上海人民出版社1990年版。

吴松弟：《宋代东南沿海丘陵地区的经济开发》，《历史地理》第7辑，上海人民出版社1990年版。

周振鹤：《现代汉语方言地理的历史背景》，《历史地理》第9辑，上海人民出版社1990年版。

胡道修：《宋代人口的分布和变迁》，《宋辽金史论丛》第2辑，中华书局1991年版。

邱树森等:《元代户口刍议》,《元史论丛》第 2 辑,中华书局 1983 年版。

史卫民:《元代侍卫亲军建置沿革考述》,《元史论丛》第 4 辑,中华书局 1992 年版。

叶新民:《两都巡幸制和上都的宫廷生活》,《元史论丛》第 4 辑,中华书局 1992 年版。

周良霄:《元和元以前中国的基督教》,《元史论丛》第 1 辑,中华书局 1982 年版。

韩儒林:《元代的吉利吉思及其邻近诸部》,《穹庐集》,上海人民出版社 1982 年版。

李健才:《金代东北的交通路线》,《东北史地考略》,吉林文史出版社 1986 年版。

许怀林:《试论江西经济文化的大发展》,《宋史研究论文集》,上海古籍出版社 1982 年版。

卷后记

无论是对中国古代史还是对中国移民史而言,辽宋金元都是一个重要的承前启后的时期。我国北方人口的大规模南迁和周边非汉族的大规模内迁,均以辽宋金元为最后阶段,并在此期间达到新的高潮。正是靖康乱后北方人口的大规模南迁和金元时期周边非汉民族的大举内迁,为中华民族的形成和发展奠定了最后的基础,从而对中国历史和南、北两大地域的经济、文化发展产生不可忽视的影响。其间发生的福建、江西、江南等地区对湖南、湖北、广东、两淮的移民,也达到相当规模,标志着以南方地少人多地区的移民为动力的南方落后地区的经济开发,已经开始全面展开。此外,辽金元时期无论是外区域对东北的移民,还是东北内部的民族迁移,都达到前所未有的规模,对东北的民族构成和经济文化发展产生重要影响。

由于本时段移民运动在中国历史上的重要性,在笔者之前已有许多学者从不同的侧面进行过研究。在靖康之乱以后的北方移民南迁问题上,张家驹先生是主要的开拓者。《宋史》对此次南迁缺乏明确的记载,这一重要问题之所以能引起史学界的重视,在一定程度上要归功于张先生的研究。有关其他各次迁移运动,也有不少论文,并有某些著作涉及与移民有关的一些问题。特别是陈垣、谭其骧、韩儒林、陈述、三山次男、杨志玖、萧启庆、黄宽重、李新魁、张博泉等先生的研究,已解决了某次或某些区域移民史研究领域的若干重要问题。其他学者在这方面进行的研究工作,也给笔者良多启发。

按照我们的意图,移民的迁移过程、移民分布和移民对社会政治、经济、文化的影响都是移民史研究应该包括的范围。就此而言,笔者以前的有关研究成果,因受论文篇幅或著作内容限制,都不是涵盖本卷全部内容的专著,甚至没有一篇论文或专著能够涵盖某次移民的全部内容。因此,笔者的研究目标,就是在他人基础上,充分拓展研究范围,广泛搜集资料,利用各种研究手段,使各次移民的迁移过程、形式、路线,移民的数量、主要迁出地、分布状况,移民对当时和后世政治、经济、文化等方面的影响,只要在历史文献中留下痕迹,尽量都能得到反映。

在广泛搜集资料基础上进行考证是历史地理的基本研究方法,也是本卷的基本研究方法之一。为了能够进行比较精细的研究,除了那些反映历次移民运动概貌的史料需要搜集之外,还需要搜集移民个案资料。近年来,国内外学者利用家谱研究人口变动取得不少成果。但迄今为止,利用家谱进行的研究主要限于明清时期,以前的时期较为少见。本卷也只有在史料较少的客家和广东境内的移民研究时,参考了一些家谱,其他部分较少利用,而比较多地利用辽宋金元及稍后时期人所写的墓志铭和神道碑。其原因主要是现存家谱大多修于明清以后,距该时段较远,不少家谱在追溯此期间祖先的迁徙时往往有错误,不能利用。另外,本时段不少地区因战争、饥荒、瘟疫等原因,人口变迁甚剧,后迁入的家族的家谱不可能反映当时的状况。与家谱相比,有关墓志铭、神道碑的作者距传主生活时代较近,一般只相差一二十年乃至几年,记载比较可靠;即使元代人追溯传主祖先在宋代的迁徙情况,也不过相隔数代,可靠性仍高于明清以后修的家谱。

本卷列有十余份移民实例表,用以反映几个主要移民运动中单个移民的迁移状况,包括他们的迁出地、迁入地、迁移时间和后裔定居状况。考虑到靖康之乱以后北方人口南迁在本卷所占的重要性,并且此次迁移缺少类似《辽史·地理志》,以及《金史·百官志》和《元史·选举志》那样有关记载可供分析移民的全国分布状况的文献,所以在所列各表中反映得较为详尽,共搜集了1 702个移民的个案资料。台湾昌彼得、王德毅等先生编的《宋人传记资料索引》中之南宋人物,约有1 400人属北方移民或其后裔,本卷均予搜罗列表,另外的300余人则来自宋元笔记小说和一些明清文献。在上述移民实例表的基础上,进行量化处理,以结合文献记载,分析各时期的迁移规模和移民在各地区的分布状况,有助于读者获得比较清楚的印象。

移民史研究有两个基本任务,一是研究移民的迁移过程和空间分布状况,包括迁移形式、经由路线、移民的数量估计、主要迁出地等,二是研究移民对当时和后世政治、经济和文化诸方面的影响。两部分是有机结合的整体,前者是后者研究的基础,后者是前者的落脚点,只有将后者研究透彻,移民史对历史研究的贡献才能得到充分的体现。但研究后者无疑较研究前者要困难得多,因为移民影响的范围极为广泛,不仅涉及所研究时代的政治、经济和文化的各个方面(为此需要较好的断代史素养),而且需要了解前后时代的政治、经济、文化概况(为此需要较好的中国通史和专门史的素养),这已远远超出笔者的专业。为避免流于泛泛而谈,笔者将具体事物的发展演变过程和移民在其中的作用作为研究对象,逐项进行考证,在此基础上再依据前后时代的变迁特点,深入论述移民影响,因而又增加了难度。笔者不得不借助于前贤和今人的研究成果。但是,很多方面仍然需要开拓和发掘。有鉴于此,笔者不得不努力学习各方面的知识,扩大爬梳史料的范围,在考证基础上连缀成文。但限于时间和学力,许多问题或一知半解,或挂一漏万,语焉不详,甚至可能存在错误。这些不足之处,祈望专家学者多多赐教,以求完善。

1983年到1986年,我在邹逸麟教授指导下撰写硕士论文时,开始注意到移民对区域经济文化的重要性。此后,在靖康乱后北方移民南迁部分的构思和写作过程中,他提过很多重要的意见,我受惠良多。

我内心充满了对先师谭其骧(季龙)教授的怀念和感激之情。季龙师是最早研究中国移民史的学者之一,公开发表的第一篇论文《湖南人由来考》即以湖南历史上的人口迁移为研究对象。此后,陆续有关于移民的重要论文发表。1990年,我有幸成为季龙师的在职博士研究生,不久先生便同意将靖康乱后北方人民的南迁作为我学位论文的内容。此课题既是《中国移民史》本卷的研究重点，也是难点所在。此后，在一次一次的授课和讨论中，季龙师确定了论文的研究范围、资料来源和主要研究方法，并对可能遇到的一些难题，例如客家人问题，提出了指导性的意见，从而为论文的顺利进行扫清了障碍。此外，季龙师关于中国历史和历史地理的一系列精湛论述，严谨而又不盲从他人的学风，都对《中国移民史》各卷的完成起了不可替代的作用。

《中国移民史》全套书的完成，无疑要归功于葛剑雄教授的策划和组织。1988年，葛先生策划申报国家社会科学基金项目，选择中国移民史作为研究课题，邀请我和曹树基参加，此后我们三人开始了长达八年的合作。《中国移民史》中，有关移民的定义、研究的内容和时空范围、全书的体例等重大问题，主要都是葛先生确定的。在葛剑雄先生率领下撰写的6卷本《中国移民史》，1998年获上海社会科学优秀成果著作奖一等奖，1999年9月获中共中央宣传部"五个一工程奖"入选奖，约二三年后已销售一空。本版修订中，因时间关系，增加内容有限，主要集中在浙南区域。

此外，姜义华、徐规、朱瑞熙、史念海、陈桥驿、石泉、周振鹤、王文楚、赵永复、梁太济诸教授，都对靖康乱后北方移民南移部分的完善做出了贡献。台湾地区的宋史专家宋晞、翁同文、程光裕、黄宽重、江天健，元史专家萧启庆，中国海洋发展史专家李东华等教授，或赠我大作，或发表实事求是的书评，使我得以了解海外宋元史研究的最新动态和对我研究成果的反应，也有助于本卷有关内容的充实与提高。谨在此对他们并向所有帮助过我的人表示真诚的感谢。

我也应该对我的爱妻蔡雅臻女士表示感谢。1988年葛剑雄教授邀我参加移民史研究时，我的一对双胞胎孩子才两岁。在此后的八年中，我埋头工作和学习，由于住房和经济的原因又请不起保姆。除了单位的工作之外，抚育孩子和做家务的沉重担子都落在妻子的肩上。她总是尽量做好这一切，很少让我为孩子和家务而分心，尽管她在本单位也有繁忙的工作需要认真完成。每当我发表新作和看到孩子茁壮成长时，对她的感激之情便会涌上心头。

时光匆匆，在孩子成长的同时，白发悄悄爬到我们夫妻的头上。完成了人口史、移民史的研究之后，我又带领我指导毕业的博士，并在历史地理学界和近代史界朋友的参与下，完成了九卷本《中国近代经济地理》的研究，该书先后获得上海市第十四届哲学社会科学优秀成果著作类一等奖（2018年）、教育部第八届社科优秀成果著作一等奖（2020年）。由我担任主编、五六十位专家参加的"十年磨一剑"的《温州通史》，2021年也陆续出版。此外，我还培养了三十余位博士生及硕士生，其中20人分别在复旦大学、南开大学、厦门大学、华东师大、上海社科院、中国军事科学院等著名单位从事教学和研究工作。在再过几年即将退休的时候，回顾走出山乡，从孤儿到军人再到大学教师的历程，我认为我对得起为我提供过十年五保的生产队，对得起所有指导过我的老师，对得起复旦史地所，对得起复旦大学。人生苦短，但愿老天爷继续赐我二十年，我还能为学术、为学生再工作二十年。

吴松弟

草于上海走马塘北侧

2021年8月31日

图书在版编目(CIP)数据

中国移民史.第四卷,辽宋金元时期/葛剑雄主编;吴松弟著.—上海:复旦大学出版社,2022.1
ISBN 978-7-309-15224-1

Ⅰ.①中… Ⅱ.①葛…②吴… Ⅲ.①移民-历史-研究-中国-辽宋金元时代 Ⅳ.①D632.4

中国版本图书馆 CIP 数据核字(2020)第 138108 号

审图号:GS(2021)5079 号

中国移民史 第四卷 辽宋金元时期
葛剑雄　主编　吴松弟　著

出 品 人/严　峰
责任编辑/史立丽
装帧设计/袁银昌

复旦大学出版社有限公司出版发行
上海市国权路 579 号　邮编:200433
网址:fupnet@ fudanpress.com　http://www.fudanpress.com
门市零售:86-21-65102580　团体订购:86-21-65104505
出版部电话:86-21-65642845
上海盛通时代印刷有限公司

开本 890×1240　1/32　印张 21.625　字数 602 千
2022 年 1 月第 1 版第 1 次印刷

ISBN 978-7-309-15224-1/D・1053
定价:128.00 元

如有印装质量问题,请向复旦大学出版社有限公司出版部调换。
版权所有　侵权必究